Dominik Leyendecker

Unfreiheit und Recht
Die *servi* in den karolingischen Kapitularien (742–840)

Quellen und Forschungen zum Recht im Mittelalter

Herausgegeben von Ludger Körntgen und Karl Ubl
Band 14

Dominik Leyendecker

Unfreiheit und Recht

Die *servi* in den karolingischen Kapitularien (742–840)

JAN THORBECKE VERLAG

MIX
Papier | Fördert gute Waldnutzung
FSC® C022176

Die Verlagsgruppe Patmos ist sich ihrer Verantwortung gegenüber unserer Umwelt bewusst. Wir folgen dem Prinzip der Nachhaltigkeit und streben den Einklang von wirtschaftlicher Entwicklung, sozialer Sicherheit und Erhaltung unserer natürlichen Lebensgrundlagen an. Näheres zur Nachhaltigkeitsstrategie der Verlagsgruppe Patmos auf unserer Website www.verlagsgruppe-patmos.de/nachhaltig-gut-leben
Übereinstimmend mit der EU-Verordnung zur allgemeinen Produktsicherheit (GPSR) stellen wir sicher, dass unsere Produkte die Sicherheitsstandards erfüllen. Näheres dazu auf unserer Website www.verlagsgruppe-patmos.de/produktsicherheit. Bei Fragen zur Produktsicherheit wenden Sie sich bitte an produktsicherheit@verlagsgruppe-patmos.de

Bibliografische Information der Deutschen Nationalbibliothek
Die Deutsche Nationalbibliothek verzeichnet diese Publikation in der Deutschen Nationalbibliografie; detaillierte bibliografische Daten sind im Internet über http://dnb.dnb.de abrufbar.

Dissertation, angenommen von der Philosophischen Fakultät der Universität zu Köln

Verlagsgruppe Patmos in der Schwabenverlag AG, Senefelderstr. 12, 73760 Ostfildern
www.thorbecke.de

Umschlaggestaltung: Finken & Bumiller, Stuttgart
Umschlagabbildung: St. Paul im Lavanttal, Stiftsbibliothek, Cod. 4/1, fol. 1v
Satz: Schwabenverlag AG, Ostfildern
Druck: Memminger MedienCentrum, Memmingen
Hergestellt in Deutschland
ISBN 978-3-7995-6094-8

Inhalt

Vorwort

Die vorliegende Studie wurde im Wintersemester 2023/2024 von der Philosopischen Fakultät der Universität zu Köln als Dissertation angenommen und für den Druck geringfügig überarbeitet. Danken möchte ich an dieser Stelle zunächst meinem Doktorvater Professor Dr. Karl Ubl. Ohne seine herausragende Unterstützung und Förderung wäre diese Studie nie zustande gekommen. Dank ihm erhielt ich, zunächst als wissenschaftliche Hilfskraft und später als wissenschaftlicher Mitarbeiter, die Möglichkeit, ein Teil des Akademie-Projekts „Edition der fränkischen Herrschererlasse" zu sein. Von der Themenfindung bis zur Drucklegung dieser Arbeitstand er mir stets mit wertvollen Anregungen, Hilfestellungen und Hinweisen zur Seite und ermöglichte mir zudem die Teilnahme an zahlreichen (internationalen) Tagungen. Darüber hinaus gebührt mein Dank Professor Dr. Stefan Esders und Professor Dr. Étienne Doublier für die Übernahme des Zweit- bzw. Drittgutachtens meiner Arbeit. Beide haben mich mit wertvollen Anregungen und Hinweisen unterstützt.

Professor Dr. Ludger Körntgen und Professor Dr. Karl Ubl möchte ich für die Aufnahme meiner Studie in die Reihe „Quellen und Forschungen zum Recht im Mittelalter" herzlich danken ebenso wie dem Jan Thorbecke-Verlag für die hervorragende Zusammenarbeit während des Publikationsprozesses.

Für die umfangreiche Unterstützung bei der Drucklegung meiner Arbeit möchte ich insbesondere Dr. Dominik Trump sowie Bernhard Wißmann, Clara Oepen und Maximilian Lange herzlich danken.

Darüber hinaus gilt mein Dank allen (ehemaligen) MitarbeiterInnen des Kapitularienprojekts, Dr. Britta Mischke, Dr. Sören Kaschke und insbesondere Dr. Dominik Trump, für wertvolle Hinweise, herausragende Kollegialität und anregende Gespräche zu Themen innerhalb und außerhalb der Welt des frühmittelalterlichen Rechts.

Für ihre immer bedingungslose und liebevolle Unterstützung in allen Lebenslagen möchte ich mich bei meinen Geschwistern Chiara und Jannik sowie meinen Eltern Petra und Markus Leyendecker herzlichst bedanken. Widmen möchte ich die vorliegende Studie meiner Ehefrau Lea Carolin Leyendecker – das Ausmaß ihrer Unterstützung lässt sich an dieser Stelle nicht in Worte fassen.

Köln, im Juni 2024 — Dominik Leyendecker

1. Einleitung

1.1 Fragestellung

Quia non est amplius nisi liber et servus.[1] „Denn es gibt nicht mehr außer Frei und Unfrei".

Mit diesen Worten endet die Antwort Karls des Großen auf die erste von verschiedenen Fragen eines seiner Missi. Dieser hatte unter anderem angefragt, als wessen Besitz Kinder, die aus einer Ehe zwischen einem *servus* und einer *colona*[2] entstanden waren, zu betrachten sei. In diesem Fall, so antwortet Karl seinem *missus*, solle so verfahrenen werden, als ob es sich um Kinder des Unfreien eines anderen (*servus alterius*) mit der eigenen Unfreien (*ancilla propria*) oder umgekehrt handeln würde.[3] Das lediglich in den beiden Schwesterhandschriften Paris Lat. 9654[4] und Vatikan Pal. Lat. 582[5] überlieferte Kapitel stellt also eine konkrete Antwort auf eine bezüglich eines konkreten Sachverhalts gestellte Frage dar.

Trotz der dünnen Überlieferung der sogenannten Responsa misso cuidam data (BK 58)[6] und der keineswegs allgemeinen Gültigkeit[7] der Aussage Karls wird das Kapitel in der mediävistischen Forschung immer wieder als „sozialgeschichtliches Schlüsselzeugnis"[8] verstanden. So deutete etwa Theodor Mayer

---

1 Nr. 58 c. 1 (MGH Capit. 1), S. 145.

2 Zum Begriffspaar *colonus/colona*, vgl. Kapitel 1.6.5.

3 Nr. 58 c. 1 (MGH Capit. 1), S. 145.

4 Zur Handschrift: Mordek, Bibliotheca, S. 562–578.

5 Zur Handschrift: ebd., S: 780–797. Zur Verwandtschaft der beiden Handschriften vgl. S. 781.

6 Im Verlauf dieses Buches wird grundsätzlich auf Verwendung der Kunsttitel einzelner Kapitularien verzichtet. Die Texte werden stattdessen mit Nummern bezeichnet. Diese Kunsttitel werden zur besseren Einordnung der Texte allerdings teilweise, meist bei Ersterwähnung (innerhalb eines Kapitels) im Obertext, genannt. Vgl. dazu bereits: Depreux, Nützlichkeit, insb. S. 100. Aus dieser Vorgehensweise ergibt sich allerdings die bereits von Depreux aufgeworfene Frage nach der „Reihenfolge" der gezählten Kapitel (ebd.). Da die Kapitularien immer nach der jeweils aktuellsten gängigen Edition zitiert werden, ist eine durchgängige Zählung nicht möglich. Die Erlasse werden deshalb nach ihrer Nummer in den jeweils verwendeten Editionen gezählt und im Obertext mit einer entsprechenden Sigle versehen. In den Fußnoten wird (ohne die Verwendung von Siglen) jeweils auf die Nr. der zitierten Edition verwiesen. Daraus ergibt sich die Verwendung von insgesamt drei Siglen. Für Stücke der Edition von Boretius und Krause (MGH Capit. 1 und 2): BK Nr.; für Stücke, die nach Mordek (MGH Hilfsmittel 15) zitiert werden: M Nr.; und für Stücke, die nach der Neuedition des aktuellen Akademieprojekts von Esders, Kaschke, Mischke, Patzold, Trump und Ubl (MGH Capit. N. S. 4) zitiert werden: CNS Nr. Stücke, die nach keiner dieser drei Editionen zitiert werden, werden nicht systematisch gezählt – hier wird zumeist auf die gängigen Kurztitel zurückgegriffen, um eine Zuordnung der Stücke zu gewährleisten.

7 Dies betont bereits: Brunner, Deutsche Rechtsgeschichte 1, S. 358 Anm. 25. Ähnlich scheint die Stelle auch Nelson (England and the Continent, S. 9–10) einzuschätzen.

8 Als solches bezeichnet die Responsa etwa Gabriele von Olberg (Schlüsselzeugnis, S. 123–136).

Karls Antwort als Nachweis für die Nicht-Existenz eines fränkischen Adels.[9] Einschlägigen Handbüchern zufolge sind die Responsa Karls Ausdruck des „Selbstverständnis[ses] der fränkischen Gesellschaft", nach dem es nur Freie und Unfreie, aber eben keine rechtlichen Zwischenpositionen, sogenannte Minderfreie,[10] geben könne.[11] Ähnlich deutet die Responsa unter anderem auch Jan Ziekow, der unter Rückbezug auf die Responsa betont, dass zumindest aus rechtlicher Perspektive im „Selbstverständnis des Frühmittelalters ... von einem Einheitsstand der Freien auszugehen" sei.[12]

Ziekows Deutung vertrat bereits Eckhard Müller-Mertens in seiner 1963 erschienenen Untersuchung der *liberi homines* in den Kapitularien Karls des Großen und Ludwigs des Frommen. Er schließt aus den Responsa, dass „alle, die nicht servi waren, liberi [waren]. Die Kapitularien lassen zunächst erkennen, daß die von ihnen genannten Freien offenbar durch einen grundsätzlich gleichen Rechtsstand und im Prinzip gleiche Pflichten gegenüber dem König verbunden waren."[13] Dennoch betont Müller-Mertens, dass die Freien des frühmittelalterlichen Frankenreichs nicht als homogene soziale „Klasse" verstanden werden sollten.[14] Diese Feststellung wird in der mediävistischen Forschung „als allgemein konsentiert" angesehen.[15] Als weiteres Ergebnis seiner Untersuchung der Kapitularien stellt Müller-Mertens darüber hinaus fest, dass Karl der Große seit seiner Kaiserwerdung und nach ihm Ludwig der Fromme in der Zeit vor 819 Schutzmaßnahmen für die Freien des Karolingerreiches ergriffen.[16] Als Hintergrund für diese Maßnahmen vermutet Müller-Mertens, dass die Karolingerherrscher „doppelt auf die Freien angewiesen" gewesen seien, „um ihre Leistungen zu genießen [und] um in ihnen Rückhalt und Stütze zu finden."[17] Für die Zeit nach 821/822 vermutet Müller-Mertens hingegen ein Übergewicht jener Kräfte, „deren Interesse sich nicht mit dem Schutz der Freien verband", nämlich der sogenannten Großen.[18] In den sogenannten Wormser Kapitularien von 829 sieht Müller-Mertens einen letzten Versuch, die Schutzpolitik gegenüber den Freien wiederaufleben zu lassen, bevor der „Staatsstreich von 830", der Konflikt zwischen Ludwig und der Aristokratie zugunsten jener Großen entschieden war und die Freienpolitik beziehungsweise deren Schutz durch die Kapitularien

---

9 Mayer, Königtum und Gemeinfreiheit, S. 350. Mayers These darf als widerlegt betrachtet werden. Vgl. u. a. Zotz, Adel, S. 13 mit Anm. 71. Zotz bietet an dieser Stelle weitere Literatur.

10 Vgl. Kapitel 1.7.

11 Hägermann, Unfreie, S. 436–437. Ähnlich: Hammer, Slave Society, S. 12; Pitz, Leben im Mittelalter, S. 144; Schlotheuber, Stände, S. 477–478.

12 Vgl. Ziekow, Freizügigkeit, S. 26–27 mit weiterer Literatur.

13 Müller-Mertens, Liberi homines, S. 60.

14 Ebd.

15 Ziekow, Freizügigkeit, S. 26.

16 Vgl. Müller-Mertens, Liber homines, S. 120–142, insb. S. 141–142. Müller-Mertens verweist in diesem Zusammenhang mehrfach auf die Forschungsergebnisse von Christel Cleff (Schutz), die bereits auf jene Schutzmaßnahmen hingewiesen hatte.

17 Müller-Mertens, Liberi homines, S. 132.

18 Ebd., S. 140.

endete.[19] Müller-Mertens erhebt in diesem Zusammenhang die eingangs zitierten Responsa Karls zum „politische[n] Programm der frühen Karolinger: Alle, die nicht servi waren, sollten vor dem König gleich sein."[20] Stets betont Müller-Mertens in seiner Studie die große Bedeutung der mindermächtigen Freien, die in ihrer Produktivität stets „den Oppressionen der Großen, der Königsbeamten und Kleriker" ausgeliefert und somit in ihrer „Leistungskraft" beeinträchtigt waren. Ziel der Freienpolitik der frühen Karolinger in den Kapitularien war ihm zufolge, diese wichtige Stütze der Ordnung des Karolingerreichs zu erhalten.[21]

Gut ein Jahrzehnt später setzte sich Johannes Schmitt in seiner 1977 an der Universität Trier entstandenen Dissertation umfangreich mit den Thesen Eckhardt Müller-Mertens' auseinander.[22] Er zweifelt an der großen Bedeutung der armen und mindermächtigen Freien für die wirtschaftliche und militärische Stabilität des Karolingerreichs[23] und versteht Müller-Mertens Deutung der karolingischen Freienpolitik als überwiegend marxistisch-ideologisch motiviert.[24]

Schmitt kommt wie bereits François Louis Ganshof[25] und Theodor Mayer[26] zu dem Schluss, dass sich Karl der Große nach 800 weniger der territorialen Ausweitung des Reichs, sondern vielmehr der inneren Organisation des Frankenreichs gewidmet habe.[27] Ein Teilaspekt dieser innenpolitischen Orientierung sei auch die vermehrte Auseinandersetzung mit den (freien) Subjekten des Karolingerreichs gewesen. Dass diese Auseinandersetzung mit jenen *liberi* in den Kapitularien der Zeit zwischen 800 und 819 vielfach den Schutz der *pauperes* beinhaltet, wie bereits Müller-Mertens festgestellt hatte, bestätigt auch Schmitt.[28] Allerdings sieht Schmitt, anders als Müller-Mertens, den Grund für diese schützende Zuwendung Karls des Großen zu den vermeintlich durch die Großen unterdrückten und ausgebeuteten *minus potentes* nicht in deren vonseiten des Herrschers erkannten Bedeutung für die Stabilität des Reichs. Vielmehr deutet Schmitt diese Zuwendung als Ausdruck eines neuen, „von einer religiösen Verantwortung" geprägten herrscherlichen Selbstverständnisses,[29] dass er als Bezugsrahmen für die „Pauperes-Politik" der frühen Karolinger vorschlägt.[30]

Unabhängig von der Deutung ist eine Freienpolitik im Sinne einer Hinwendung zu den *liberi homines* vonseiten der frühen Karolinger in diesem Zeitraum also unumstritten. Dass „die Kapitularien ... in vieler Hinsicht Regierungsprogramm [blieben], das nicht [immer] in die Wirklichkeit des politischen

---

19 Vgl. Müller-Mertens, Liberi homines, S. 139–140.
20 Ebd., S. 143.
21 Ebd.
22 Schmitt, Liberi homines.
23 Vgl. ebd., S. 186–187 und öfter.
24 Ebd., insb. S. 180–193.
25 Vgl. Ganshof, Le programme, S. 95.
26 Vgl. Mayer, Staatsauffassung, S. 172.
27 Schmitt, Liberi homines, S. 190.
28 Vielmehr äußert er sich diesbezüglich zustimmend. Vgl. Schmitt, Liberi homines, S. 184, 188 und öfter.
29 Schmitt, Liberi homines, S. 190.
30 Vgl. ebd., S. 194–244.

Lebens umgesetzt wurde", ist allerdings ebenso unstrittig.[31] Insbesondere unter Rückbezug zu der in den Responsa Karls an seinen *missus* vermeintlich vorgenommenen dichotomischen Unterteilung der Bewohner des Frankenreichs in Freie und Unfreie ergibt sich aus der Feststellung einer Freienpolitik auch die Frage nach einer möglichen Unfreienpolitik in den karolingischen Kapitularien. Unlängst konstatierte Alice Rio in ihrer viel beachteten Studie „Slavery after Rome": „If anything, it looks as if kings' main concern in legislating about unfreedom was not to control the criteria for membership, nor to define and protect a citizen-like body of 'the people of the Franks', as [Georges] Duby put it, but instead to offer a maximal possible reading of property rights for the benefit of their kingdom's elite. ... In most cases, what was being offered was a hard-line starting point, which could evidently be negotiated according to the relative bargaining positions of both lord and dependant".[32]

Wird Rios These auf die frühen Karolinger bezogen, müsste also davon ausgegangen werden, dass jene in ihren Kapitularien versuchten, den Großen ihres Reichs ein Instrument zur wirkungsvollen Unterdrückung der unfreien Bewohner des Frankenreichs zur Verfügung zu stellen. Dieses Instrument sollte ihr zufolge im Streit um individuelle Machtverhältnisse dann als für die Großen möglichst günstige Verhandlungsgrundlage dienen. Während Müller-Mertens in den Kapitularien also ein herrscherliches Instrument zur Wahrung der eigenen Position in Abgrenzung zum aufstrebenden Adel sieht und Schmitt die Kapitularien zum Ausdrucksmedium eines religiös motivierten Herrscherethos erhebt, sieht Rio im frühmittelalterlichen Schriftrecht eine Art Unterdrückungswerkzeug der Großen gegen weniger Mächtige, in diesem Fall die Unfreien. Rio geht also von einer durch das (Kapitularien-)Recht unterstützten oppressiven Unfreienpolitik frühmittelalterlicher Herrscher wie den frühen Karolingern aus. Obwohl Rios Studie eine breite Quellenbasis heranzieht, widmet sie sich den Kapitularien nicht ausführlich genug, um das Potenzial dieser Quellengattung voll auszuschöpfen.

Es ist daher sinnvoll, die Frage nach einer Unfreienpolitik der frühen Karolinger genauer zu untersuchen. Sie steht im Zentrum der vorliegenden Studie. In welchen Kontexten greifen die Karolingerherrscher Unfreie und Unfreiheit in ihren Kapitularien auf? Lassen sich regionale oder zeitliche Tendenzen und Entwicklungen feststellen? Kann für Untersuchungszeitraum und -material eine zielgerichtete Strategie im Sinne einer ‚Politik' festgestellt werden?

Wie bereits in Müller-Mertens' Studie bilden auch hier die Kapitularien der Karolingerherrscher[33] die Quellengrundlage. Anders als Müller-Mertens be-

31 Mayer, Staatsauffassung, S. 174. Ihm folgt: Schmitt, Liberi homines, S. 191.

32 Rio, Slavery after Rome, S. 236.

33 Zu den Kapitularien als Quellengruppe, vgl. Kapitel 1.4.1. Wenngleich mit den Kapitularien grundsätzlich normative Texte im Zentrum der Studie stehen, handelt es sich nicht um einen Versuch der Rekonstruktion eines ‚karolingischen Unfreienrechts' im Stile von Hermann Nehlsen (Sklavenrecht). Nicht zuletzt wegen der Heterogenität der Kapitularien scheinen diese für ein solches Projekt ungeeignet. Hinzu kommt allerdings auch, dass „die Karolinger mit ihren Kapitularien nicht eine neue Rechtslage [zu schaffen suchten]; sie erweiterten lediglich einen

rücksichtigt die vorliegende Studie allerdings auch die wenigen uns bekannten Kapitularien aus der Zeit Pippins des Jüngeren, sodass der Untersuchungszeitraum (742 bis 840) die vermeintlich traditionelle Ära der Kapitularien nach vorne erweitert.[34]

1.2 Methodisches Vorgehen

Wie eingangs bereits festgestellt, ist das Ziel dieser Arbeit, die Untersuchung einer möglichen ‚Unfreienpolitik' der karolingischen Herrscher (und Eliten).[35] Diese soll anhand ihrer Kapitularien identifiziert werden. Die Kapitularien werden dementsprechend dahingehend betrachtet, inwiefern sich in ihnen Strategien und Absichten der karolingischen Herrscher und ihrer Berater manifestieren.[36] Diese Perspektiven, Strategien und Absichten lassen sich in Bezug auf einzelne Erlasse nicht zuletzt wegen ihrer oftmals kaum zu erfassenden Entstehungskontexte teilweise schwer einordnen. Dennoch soll – wann immer möglich – versucht werden, die einzelnen Texte zum einen auf einer isolierten ‚Mikroebene' zu betrachten, um diese Ergebnisse dann in einen größeren, thematischen Zusammenhang zu setzen. Somit können die legislativen Strategien auf drei Ebenen erfasst werden: Erstens auf der des einzelnen Erlasses beziehungsweise Kapitels, zweitens auf der Ebene eines Herrschers – etwa Karls des Großen – und drittens in Bezug auf den gesamten Untersuchungszeitraum also für die Zeit des karolingischen Gesamtreichs.

Da die Grundlage der Untersuchung mit den karolingischen Kapitularien aus der Zeit zwischen 742 und 840 – unter Verwendung eines sehr breiten Verständnisses des Kapitularienbegriffs – ein grundsätzlich geschlossenes Quellenkorpus ist, ist eine vollständige, systematische Betrachtung des Materials sinnvoll. Alle relevanten Textpassagen werden zunächst gesammelt. In einem nächsten Schritt werden die innerhalb des Quellenkorpus als relevant identifizierten Abschnitte sogenannten Inhaltsclustern[37] zugeordnet, um besonders häufige und somit vermeintlich besonders relevante Themenfelder zu identifi-

bereits existierenden und als autoritativ anerkannten Bestand an alten und weiterhin geltenden Normen um einige weitere." (Patzold, Presbyter, S. 160).

34 Dazu zuletzt: Tsuda, Ära der Kapitularien.

35 Vgl. Pössel, Authors and Recipients, S. 253–274.

36 Diese Herangehensweise an Texte als analytischer Ansatz ist inspiriert vom Konzept des sogenannten hermeneutischen Intentionalismus. Tilmann Köppe und Simone Winko (Neue Literaturtheorien) stellen in ihrem Kapitel zu diesem Ansatz einleitend fest: „Vertreter des Hermeneutischen Intentionalismus sind der Auffassung, dass der Autor eines Textes eine wesentliche Bezugsgröße bei der Interpretation sein muss. Wer einen Text verstehen will, so lautet die Kernannahme des hermeneutisch-intentionalistischen Interpretationsprogramms, will verstehen, was der Autor mit dem Text (aller Wahrscheinlichkeit nach) zu verstehen geben wollte." (S. 133).

37 Eine Einführung zu den Zielen und Methoden der Clusteranalyse bietet u. a.: Hennig et al., Cluster Analysis.

zieren. Ergebnis dieses Vorgehens ist die Identifikation von insgesamt fünf Themenfeldern: Erstens Veränderungen des Rechtsstatus (Freilassungen und Verlust der Freiheit), zweitens die Bestrafung von Unfreien und durch Unfreie begangene Delikte, drittens die Flucht von Unfreien beziehungsweise der Umgang mit flüchtigen Unfreien, viertens Unfreie und Ehe und fünftens die Ordination von Unfreien. Zumindest drei der genannten Inhaltsfelder (Ehe, Bestrafung und Flucht) konnte bereits Rachel Stone als besonders häufige Themenfelder in Bezug auf Unfreiheit in karolingischen „capitularies and councils" identifizieren.[38] Alle Themenfelder entsprechen zudem, mehr oder minder direkt, Elementen des von Alice Rio aufgestellten Kriterienkatalogs zur Definition von Unfreiheit.[39]

Die für die jeweiligen Inhaltsfelder relevanten Quellenstellen werden chronologisch betrachtet, präsentiert, eingeordnet und analysiert. Jeweils vorgeschaltet ist den Kapiteln ein Überblick zur Behandlung der einzelnen Themen in vorkarolingischen Rechtstexten: Die Kapitel bieten zunächst eine Zusammenfassung des für das jeweilige Inhaltsfeld relevanten römischen Rechts mit Fokus auf der Spätantike. Darauf folgt ein Überblick zum entsprechenden Themenkomplex unter Berücksichtigung des merowingischen Rechts, hauptsächlich der Lex Salica, der Lex Ribuaria und der (wenigen) bekannten merowingischen Herrschererlasse. Diese werden beginnend mit den Erlassen Pippins des Jüngeren über die Karls des Großen und endend mit den Kapitularien Ludwigs des Frommen präsentiert. Aufgrund der bereits angesprochenen, oftmals problematischen Einordnung von Entstehungszeitpunkt und -kontext einzelner Kapitularien wird auch dieser Aspekt betrachtet.

Durch den grundsätzlichen Fokus der Studie auf ein (mehr oder minder)[40] klar umrissenes Quellenkorpus ergeben sich in Bezug auf den Untersuchungszeitraum einige Schwierigkeiten, die bei der inhaltlichen Betrachtung der Texte berücksichtigt werden müssen: Sowohl in Bezug auf eine chronologische Streuung der Entstehungszeitpunkte der Texte als auch in Bezug auf die jeweiligen Herrscher, denen die Texte zugeordnet werden können, lassen sich erhebliche Ungleichgewichte feststellen. In die Zeit Pippins des Jüngeren fallen, selbst unter Berücksichtigung der ‚Hausmeierzeit' und den als Kapitularien verstandenen Texten aus dem Teilreich seines Bruders Karlmann, nur wenige Texte. Die Zahl der überlieferten Kapitularien Karls des Großen und Ludwigs des Frommen ist hingegen weit größer. Auch die Ordnung nach Vierteln innerhalb eines Jahrhunderts ergibt, wie bereits Bernhard Jussen und Karl Ubl in ihrer semantischen Betrachtung der Kapitularien feststellen,[41] eine ähnlich un-

38 Stone, Morality and Masculinity, S. 186–187.

39 Rio (Legal Practice, S. 215) stellt diesbezüglich fest: „… the most commonly accepted [definitions of slavery] involve total social exclusion and an associated sense of dishonour, typically characterised by the inability to participate in the justice system, to own property, to marry free persons or to form families freely; the restriction of free movement; the threat of physical violence, and of being bought and sold without one's consent".

40 Vgl. Kapitel 1.4.1.

41 Jussen / Ubl, Sprache der Kapitularien, S. 19–22.

gleichmäßige Verteilung mit einer enormen Konzentration auf das letzte Viertel des 8. und das erste Viertel des 9. Jahrhunderts. Erschwert wird diese Problematik noch durch Texte, die nicht genau datiert, oder nicht einmal einem Herrscher zugeordnet werden können. Dieses Ungleichgewicht in der chronologischen Verteilung gilt es bei der Auswertung der Texte beziehungsweise bei den jeweils abschließenden Betrachtungen der Inhaltsfelder zu berücksichtigen.

1.3 Forschungsstand

Sowohl die karolingischen Kapitularien als auch der Themenkomplex der frühmittelalterlichen Unfreiheit erfuhren in den letzten Jahren und Jahrzehnten große Aufmerksamkeit vonseiten der mediävistischen Forschungsgemeinschaft. Jeglicher Versuch, die Forschungsgeschichte dieser beiden großen Felder aufzuarbeiten, wäre dementsprechend ein ausuferndes Unterfangen. Ziel des folgenden Abschnitts kann es folglich nur sein, einen Überblick zur Erforschung von Unfreiheit im Kontext des Rechts im frühen Mittelalter zu bieten.

Beginnen mag ein solcher Überblick im ausgehenden 19. und frühen 20. Jahrhundert. Studien aus Frankreich und Deutschland (etwa von Heinrich Brunner, Ignaz Jastrow und Paul Leseur)[42] versuchen entweder die rechtliche Situation von Unfreien im Frankenreich anhand eines ausgewählten Phänomens aufzuzeigen oder die Entwicklung eines solchen Phänomens im Verlauf des frühen Mittelalters nachzuzeichnen. Die 1878 erschienene Studie von Jastrow betrachtet etwa die strafrechtliche Stellung von Unfreien im frühen Mittelalter. Im fränkischen Recht meint Jastrow eine Entwicklung von der Lex Salica über die Lex Ribuaria bis hin zur karolingischen Zeit – womit er sich hauptsächlich auf die karolingischen Kapitularien bezieht – feststellen zu können, in der sich die rechtliche Stellung des Sklaven von einer Gleichstellung mit „dem Vieh" zur „Person geringeren Rechts" veränderte.[43] Diese Entwicklung versucht Jastrow überwiegend anhand von durch und an Sklaven begangenen Delikten festzumachen.[44] Auch für Paul Leseur stehen strafrechtliche Inhalte im Zentrum des Interesses seiner Forschung. In seiner 1888 erschienenen Untersuchung[45] bietet er eine umfangreiche Zusammenstellung von Quellenmaterial zu dem von ihm untersuchten Thema der Bestrafung von durch Unfreie begangenen Delikten.[46]

---

42 Vgl. Brunner, Freilassung durch Schatzwurf; Jastrow, Stellung der Sklaven; Leseur, Délit de l'esclave.

43 Jastrow, Stellung der Sklaven, S. 26–27.

44 Ebd., S. 13–27.

45 Leseur, Délit de l'esclave.

46 Ergänzend erwähnt seien an dieser Stelle noch: Meyer, Gerichtsbarkeit, S. 83–114; ders., Gerichtsbarkeit (Schluß), S. 102–135. Ein weiterer von der Forschung der Jahrzehnte zwischen 1880 und 1940 viel betrachteter Aspekt des Unfreienrechts im Frankenreich ist die Freilassung. Ute Maass (Freilassung durch Schatzwurf, S. 4–5) bietet einen guten Überblick über die Forschungsgeschichte. Hinzuzufügen wäre ihrer Bibliographie lediglich die unveröffentlichte und schwer zugängliche Dissertation von Otto Amon (Freilassungen).

Große Bedeutung kommt in diesem Zusammenhang auch der Forschung Heinrich Brunners zu,[47] dessen „Bild von der Entwicklung der Unrechtsverfolgung bei unfreien Tätern" nach Hermann Nehlsen auch in den 1970er Jahren noch „weitestgehende Zustimmung" fand.[48]

Nehlsen stellt in seiner Studie von 1972 zu Recht fest, „daß die Frage nach dem Anteil des germanischen, römischen und christlichen Elements [in Rechtsbüchern] keineswegs durch eine summarische Betrachtung der Quellen beantwortet werden kann, sondern nur durch eine Untersuchung einzelner Rechtsgebiete beziehungsweise Vorschriften".[49] Als für seine Studie passendes Inhaltsfeld identifiziert auch er – wie bereits Leseur und Jastrow – die „rechtliche Behandlung der Unrechtstaten von Sklaven" und betrachtet diesen Aspekt umfangreich in verschiedenen Leges und den merowingischen Kapitularien, um Beziehungen zwischen, Entwicklungen in und Einflüsse von diesen Texten in Bezug auf das von ihm gewählte Inhaltsfeld aufzuzeigen.[50] Der Umstand, dass seine Studie auch heute, immerhin ein halbes Jahrhundert später, noch von Bedeutung ist, ist Nachweis ihrer Qualität.

Allerdings bemerkte bereits Nehlsen, dass sich in der Mitte des 20. Jahrhunderts Historiker wie Charles Verlinden nicht mit der Untersuchung von Sklaven- beziehungsweise Unfreienrecht beschäftigten, sondern vielmehr – auch unter Berufung auf normative Texte – versuchten, den Fortbestand der römischen Sklaverei im frühen Mittelalter nachzuweisen.[51] Verlinden, wie bereits Marc Bloch einige Jahre vor ihm,[52] geht von einem Fortbestand der Sklaverei bis in das 9. Jahrhundert aus und stellt sich damit der bis dahin weit verbreiteten Meinung entgegen, mit dem Ende des weströmischen Reichs sei auch die antike Sklaverei untergegangen.[53] Bloch und insbesondere Verlinden, der eine über mehrere regional strukturierte Bände reichende Studie vorlegte, untersuchen allerdings neben klassischen rechtshistorischen auch sozial- und wirtschaftsgeschichtliche Fragen, etwa die Herkunft der Unfreien, ihre Anzahl und ihre Tätigkeitsfelder. Bereits in der unmittelbaren Rezeption von Verlindens Arbeit wurde allerdings bemängelt, dass dieser zwar vorgäbe, sich diesen Themenfeldern zu widmen, dann aber doch primär eine Zusammenstellung von Quellenmaterial liefert.[54]

Dennoch darf konstatiert werden, dass Verlindens und Blochs Forschung in den folgenden Jahrzehnten (und bis heute) nachwirkt: Wohl keine Frage ist in

47 Vgl. u. a. Brunner, Missethat, S. 815–842.

48 Nehlsen, Sklavenrecht, S. 57–58. Nehlsen bietet an dieser Stelle auch weitere Literatur zu diesem Thema.

49 Ebd., S. 51.

50 Ebd., S. 51–52.

51 Verlinden, L'esclavage.

52 Bloch, L'esclavage antique, S. 30–44; ders., L'esclavage antique (fin), S. 161–170.

53 Interessanterweise wurde diese Annahme sowohl als Resultat der wachsenden Einflussnahme des Christentums als auch im Rahmen marxisitischer Theorien interpretiert. Einen Überblick zu entsprechenden Forschungspositionen bietet Vogt, Sklaverei als Forschungsproblem, S. 97–111. Knapper auch bei Nehlsen, Sklavenrecht, S. 53 Anm. 81.

54 Painter, Review, S. 730–731.

Bezug auf die Unfreien des Karolingerreichs öfter gestellt (und vermeintlich beantwortet) worden als die, ob es sich bei den *servi* der frühmittelalterlichen Quellen um Sklaven oder Knechte, Hörige beziehungsweise Leibeigene gehandelt habe.[55] Die angestoßenen sozial- und wirtschaftshistorischen Themenkomplexe, etwa der Sklavenhandel, die Stellung der unfreien Frau und die Dimensionen der Unfreiheit, wurden seit der Mitte des 20. Jahrhunderts ins Zentrum zahlreicher größerer und kleinerer Studien gestellt.[56] Der wohl eher traditionellen Frage nach einem ‚Unfreienrecht' für das Karolingerreich als Fortsetzung von Nehlsens Arbeit wurde von der Forschung bisher keine nennenswerte Aufmerksamkeit gewidmet; Nehlsen selbst behandelt die Karolinger lediglich in wenigen Nebensätzen, in denen er etwa aufzeigt, dass sich auch im 9. Jahrhundert „Grundbesitzer auf den Wortlaut" der Lex Salica bezogen.[57] Dieser Umstand bedeutet allerdings keineswegs, dass rechtlichen Aspekten, Fragestellungen und Quellen seit Nehlsen keine Aufmerksamkeit mehr geschenkt wurde. Im Gegenteil: Die zahlreichen neueren Studien zur Ehe im Frühmittelalter, die auch die Unfreienehe mehr oder minder umfangreich mitbetrachten, beziehen beispielsweise allesamt Rechtsquellen wie Kapitularien, Leges und Konzilsbeschlüsse mit ein. Zu nennen sind in diesem Zusammenhang etwa die Studien von Ruth Mazo Karras, Christian Saar, Emmanuelle Santinelli-Foltz, Christiane Walter und Ines Weber.[58] Diese Feststellung gilt gleichermaßen auch für Studien zu anderen Aspekten von frühmittelalterlicher Unfreiheit.[59] Im Zentrum umfangreicherer Studien der Unfreienforschung stehen Rechtsquellen hingegen selten – eine Ausnahme bildet hier sicherlich die Forschung von Alice Rio.[60] Auch in ihrer jüngsten Monographie, 2017 unter dem Titel „Slavery after Rome" erschienen, betrachtet Rio ein breites Spektrum an Rechtstexten. Die sowohl zeitlich als auch geographisch sehr breit angelegte Untersuchung steht letztlich in der Tradition Verlindens und Blochs und greift erneut die Frage nach der Transformation der Unfreiheit zwischen Antike und Mittelalter auf. Diese Frage

---

55 Vgl. Rio, Alice, Slavery in the Carolingian Empire, S. 450–452.

56 Insbesondere der Sklavenhandel wurde aufgrund der Forschungen und Thesen Michael McCormicks zu einem von der mediävistischen Forschung viel und kontrovers diskutierten Themengebiet. Vgl. insbesondere: McCormick, Origins. Spezifischer zum Sklavenhandel vgl.: ders., New Light, S. 17–54. Reaktionen auf McCormicks Thesen finden sich u. a. in: Henning, Slavery or Freedom, S. 269–277; ders., Strong Rulers, S. 33–54; Paolella, Human Trafficking. Da sich der Sklavenhandel kaum in den karolingischen Kapitularien findet, ist das Thema für diese Arbeit weitestgehend unbedeutend. Eine Ausnahme bilden einige Einschränkungen des Verkaufs von Unfreien. So wird etwa im Kapitular von Herstal (Nr. 20 c. 19, MGH Capit. 1, S. 51) der Verkauf über die Grenzen (*foris marca*) verboten.

57 Nehlsen, Sklavenrecht, S. 356.

58 Vgl. Karras, Unmarriages; Saar, Ehe; Santinelli-Foltz, Couples; Walter, Ehe; Weber, Ein Gesetz. Unter den zahlreichen weiteren kleineren Forschungsbeiträgen zu diesem Themenfeld ist zudem hervorzuheben: Stone, Overlooked Husbands.

59 Beispielhaft angeführt werden können hier etwa: Obermeier, Ancilla; Hammer, Slave Society; Paolella, Human Trafficking.

60 Vgl. u. a.: Rio, Legal Practice; dies., Half-free; dies., Penal Enslavement; dies., Self-sale. Eine weitere Ausnahme findet sich in der 2007 fertiggestellten Dissertation von Ute Maass (Freilassung durch Schatzwurf).

wurde auch nach Verlinden und Bloch bereits viel diskutiert; zu erwähnen sind hier etwa die größeren Studien von Pierre Bonnassie von 1991[61] und Didier Bondue von 2011,[62] sowie zahlreiche kürzere Beiträge.[63] Dennoch ist Rios Studie nicht zuletzt durch ihre breite Anlage als äußerst wertvoller Forschungsbeitrag einzuordnen.[64] Rio sucht in ihrer Studie die Verbindung von Normsetzung und Rechtspraxis. Sie sucht zu ergründen, „how and why it [unfree status] was produced and reproduced, both for individuals and collectively",[65] um so die Motive für die (systematische) Reproduktion von Unfreiheit zu rekonstruieren. Insbesondere auf der von Rio angesprochenen kollektiven Ebene der Reproduktion von unfreier Statusterminologie sind schriftrechtliche Zeugnisse von größter Bedeutung.[66] Diese schriftrechtlichen Zeugnisse, zu denen zweifellos auch die karolingischen Kapitularien gehören, werden von Rio durchaus berücksichtigt – sie kommt zu dem Schluss, dass diese Rechtssätze von den Herrschern formuliert wurden, um den Großen des Reichs einen „hard-line starting point" als Unterdrückungswerkzeug zur Verfügung zu stellen, von dem aus diese dann individuell mit den Unterdrückten um die genaue Auslegung des unfreien Status verhandeln konnten.[67] Diese Folgerung bezüglich der Intentionen frühmittelalterlicher Gesetzgeber scheint allerdings insbesondere unter Berücksichtigung der enormen Heterogenität von Quellengruppen wie den Kapitularien zu kurz zu greifen. Zurückzuführen ist Rios Interpretation wohl auf die knappe Betrachtung des Kapitularienmaterials, die Resultat der breiten Anlage ihrer Studie ist. Diese eher periphere Behandlung der Kapitularien durch Rio ist allerdings keineswegs ein Einzelfall; vielmehr ist dies insgesamt für größer angelegte Studien der Unfreienforschung festzustellen. Dieser Umstand mag sich darauf zurückführen lassen, dass auf einer isolierten oder zumindest intensiven Betrachtung des Kapitularienmaterials basierende Studien nur schwer an die größeren Forschungsdiskurse und -narrative der Wirtschafts- und Sozialgeschichte angedockt werden können.

Dass die Kapitularien allerdings dennoch gewinnbringend ausgewertet werden können, steht hingegen außer Frage. Für Steffen Patzold stellt diese Quellengruppe „Überreste der Kommunikation zwischen Kaiser und Eliten in einer politischen Praxis" dar.[68] Ähnlich positioniert sich Jennifer Davis, wenn sie

---

61 Bonnassie, Slavery to Feudalism.

62 Bondue, Servus.

63 Exemplarisch angeführt werden können hier etwa: Goetz, Serfdom; Irsigler, Servus; Rösener, Sklaven.

64 Dies betonen auch die grundsätzlich positiven Rezensionen, wie etwa: Kasten, Rezension; Kuchenbuch, Rezension.

65 Rio, Slavery after Rome, S. 11.

66 Dies gilt allerdings nicht ausschließlich auf einer kollektiven, sondern auch auf einer individuellen Ebene, wie etwa Gerichtsprotokolle und Urkunden zeigen. Freiheitsprozesse des frühen 9. Jahrhunderts finden sich bei: Ubl, Maurinus. Urkunden beziehungsweise Formeln etwa zum Selbstverkauf in die Unfreiheit behandeln u. a.: Liebs, Sklaverei aus Not, insb. S. 295–309; Rio, Freedom and Unfreedom, insb. S. 27–32; dies., Self-sale, S. 671.

67 Rio, Slavery after Rome, S. 236.

68 Patzold, Integration, S. 207–208.

feststellt: „Capitularies are fundamentally texts about power: they encode expressions of royal will … The capitularies were one of the major tools with which Charlemagne and his men sought to govern".[69] Und auch für die Unfreienforschung ist ihr Wert offensichtlich. Rio stellt zwar zu Recht fest, dass frühmittelalterliche Rechtssätze oftmals nicht realistisch flächendeckend durchgesetzt werden konnten,[70] betrachtet man Kapitularien jedoch aus der „Ebene und Perspektive …, aus der heraus sie entstanden sind, … sind sie dann als Dokumente definiert, die die interesse- und situationsbedingte Reaktion auf ‚historische Wirklichkeit' enthalten, eine Reaktion, in der historische Wirklichkeit vermittelt ist durch die Sicht der Herrscher und derer, die an der Abfassung, Verteilung und Durchsetzung von Kapitularien beteiligt waren".[71] Die Kapitularien bieten also einen Anhaltspunkt, herauszuarbeiten, in welchen Kontexten der Themenkomplex der Unfreiheit für die karolingischen Herrscher (und Eliten) von Bedeutung war und welche Ziele und Strategien diesbezüglich von ihnen verfolgt wurden und eignen sich folglich als Grundlage für die in dieser Studie gestellte Frage nach einer Unfreienpolitik der frühen Karolinger.

1.4 Quellen

Bevor allerdings der Frage nach einer Unfreienpolitik der frühen Karolinger anhand der Kapitularien nachgegangen werden kann, gilt es, diese kaum zu definierende Quellengattung und auch die wichtigsten anderen für diese Studie relevanten Quellengattungen näher zu betrachten. Nicht zuletzt, weil sich die Kapitularien regelmäßig, wenngleich oftmals unspezifisch, auf die beiden großen fränkischen Rechtsbücher beziehen,[72] widmet sich dieses Kapitel im Anschluss an die Kapitularien der Lex Salica und der Lex Ribuaria. Das Kapitel endet mit einem kurzen Kommentar zu einer Gruppe von weiteren normativen Quellen, die für diese Studie nur in Bezug auf einzelne Inhaltsfelder relevant sind. Zu diesen zählen neben weiteren Rechtsbüchern des Frühmittelalters (z. B. die Leges Langobardorum) primär rechtspraktische Quellen (etwa Formulae und Urkunden), bedingt aber auch das spätantike römische Recht (und seine Rezeption im 8. und 9. Jahrhundert) sowie kirchenrechtliche Quellen (Konzilsbeschlüsse und Bischofskapitularien).

69 Davis, Cross-referencing, S. 234.
70 Vgl. Rio, Slavery after Rome, S. 236.
71 Schmitt, Liberi homines, S. 53.
72 Vgl. Coumert, Lois, S. 61–94.

1.4.1 Die Kapitularien

Nicht zuletzt durch das Langzeitprojekt der (Neu-)Edition der fränkischen Herrschererlasse[73] erfährt die Kapitularienforschung in den letzten Jahrzehnten ein hohes Maß an wissenschaftlicher Aufmerksamkeit. Wenngleich die Kapitularien nicht als karolingische Erfindung betrachtet werden können,[74] wird die frühe Karolingerzeit – insbesondere die Herrschaftszeiten Karls des Großen und Ludwigs des Frommen – traditionell als „die eigentliche Ära der Kapitularien" bezeichnet.[75] Diese Kapitularien sind als Quellengattung, wie noch detaillierter zu erörtern sein wird, keineswegs leicht zu fassen – im weitesten Sinne mag an dieser Stelle von Herrscherlassen gesprochen werden.[76] Zu den zahlreichen Gründen, dass die Kapitularien als Gattung kaum zu definieren sind, zählt auch die Heterogenität ihrer Inhalte.[77]

Die Definition der Kapitularien als Quellengattung wird in der Forschung auch weiterhin rege diskutiert. Entsprechend problematisch ist es, diese Gattung an dieser Stelle klar zu benennen und ihr zugehörige Texte in Abgrenzung zu anderen Texten zu identifizieren. Dennoch soll im Folgenden das dieser Arbeit zugrundeliegende Verständnis des Kapitularienbegriffs ebenso umrissen werden, wie die Problematik der Verwendung des Konzepts der Kapitularien.

Der Kapitularienbegriff leitet sich zunächst einmal vom Quellenterminus *capitulare* ab, „der mit geringer Varianz (*capitularis, capitularius, capitularium*) immer wieder verwendet wird"[78] und im fränkischen Recht[79] erstmals im Ka-

73 Vgl. MGH Capit. N. S. 4.

74 Bereits Hubert MORDEK (Fränkische Kapitularien, S. 2) verweist auf päpstliche und langobardische Einflüsse und die Merowinger.

75 So zuletzt: TSUDA, Ära der Kapitularien, insb. S. 22. Erwähnt sei an dieser Stelle, dass sich Tsuda in seinem Aufsatz gegen diese ‚traditionelle' Sichtweise stellt. Weniger kritisch äußerst sich Gerhard SCHMITZ (Kapitularien, Sp. 1604–1612), der von einer „Blüte" des „Kapitularien-Zeitalters" unter Karl dem Großen und Ludwig dem Frommen spricht. Insbesondere im Westen des geteilten Frankenreichs unter Karl dem Kahlen entstanden allerdings auch nach dem Ende des fränkischen Gesamtreichs weiterhin Kapitularien. Die Kapitularien Karls des Kahlen dürfen als (im Vergleich mit denen seiner Vorgänger) weiterhin eher wenig erforscht betrachtet werden. Nennenswerte Studien zu den Kapitularien Karls des Kahlen sind: KIKUCHI, Herrschaft, S. 167–185; KRAH, Entstehung; DIES., Kapitulariengesetzgebung, S. 565–581; NELSON, Legislation, S. 91–116. Ein kurzer Überblick mit weiterer Literatur findet sich in KASCHKE / MISCHKE, Capitularies.

76 Insbesondere Steffen PATZOLD (Normen im Buch, S. 349) plädierte zuletzt dafür, die Textkategorie der Kapitularien als „modernes wissenschaftliches Konstrukt" zu begreifen. Vgl. auch DERS., Wie regierte Karl der Große?, S. 70–74.

77 Vgl. KASCHKE / MISCHKE, Capitularies, S. 1 mit Anm. 1. Dort heißt es: „The body of documents traditionally subsumed under the term 'capitularies' incorporates a broad variety of texts, be it regarding authorship, mode of speech, topics covered, or legal force".

78 SCHMITZ, Kapitularien, Sp. 1604–1612.

79 Der Begriff hält spätestens 750 unter Aistulf Einzug in das langobardische Recht (vgl. Leges Langobardorum, MGH LL 4, S. 195). MORDEK (Fränkische Kapitularien, S. 2) verweist zudem auf ältere (und mehrdeutige) Verwendungen des Begriffs, die bereits für Gregor den Großen nachweisbar sind.

pitular von Herstal (BK 20) 779 genutzt wird.[80] Allerdings wäre es irrig anzunehmen, dass nur solche Texte, die sich selbst als *capitulare* bezeichnen, auch als Kapitular verstanden werden sollten.[81] Ebenso irrig wäre es, im Kapitular von Herstal das erste beziehungsweise älteste fränkische Kapitular zu sehen: Zumindest ein höchstwahrscheinlich vor 779 entstandener Text aus der Zeit Karls des Großen – die sogenannte Notitia Italica (BK 88)[82] – wird dieser Textgruppe selbst in einem engeren Verständnis des Begriffs zugeordnet. Darüber hinaus wird zumindest das sogenannte Königskapitular (BK 13)[83] Pippins als Kapitular betrachtet, zumeist auch weitere unter Pippin und dessen Bruder Karlmann entstandene Texte. Ob auch die von Boretius als merowingische Kapitularien bezeichneten Texte als solche bezeichnet werden sollten, wird von der Forschung unterschiedlich bewertet.[84]

Als Quellengattung werden die Kapitularien erstmals durch die Edition von Etienne Baluze von 1677 greifbar.[85] Die Kapitularien werden traditionell als Verlautbarungen beziehungsweise Erlasse der fränkischen Herrscher verstanden. Dieses sehr offene Verständnis des Kapitularienbegriffs führt allerdings dazu, wie in der Kapitularienforschung immer wieder festgestellt wird, dass der Quellengattung der Kapitularien eine „broad variety of texts" zugeordnet werden kann.[86] Steffen Patzold fasst diese Situation passend zusammen, wenn er schreibt: „Etliche Kapitularien sehen *irgendwie* aus wie Gesetze, manche aber auch wie Verordnungen oder Erlasse oder Verwaltungsakte, wieder andere er-

---

80 Vgl. Nr. 20 (MGH Capit. 1), S. 47. Näheres zum Kapitular von Herstal bei: Haack, Kapitular von Herstal. Dort findet sich auch weitere Literatur.

81 Vgl. Davis, Cross-referencing, insb. S. 232.

82 Zur Datierung des Textes vgl. Kapitel 2.3.2. In der Forschung vertretene Datierungen reichen von 774 (z. B. McKitterick, Charlemagne, S. 111–113; Davis, Cross-referencing, S. 233 Anm. 17), über 776 (z. B. Manacorda, Ricerche, Tab. 2 [ohne Seite]; Azzara / Moro, Capitolari Italici, S. 50) bis hin zu einer Spätdatierung in das Jahr 781 (vgl. Mordek, Anfänge, S. 17–27; Manacorda, Ricerche, Tab. 2 [ohne Seite] erwägt ebenfalls 781).

83 Eine umfangreiche Untersuchung zum Königskapitular Pippins ist: Breternitz, Königtum.

84 Die aktuellste umfangreiche Betrachtung dieser Texte findet sich bei: Woll, Untersuchungen. Für eine Bewertung der Texte als Kapitularien spricht sich Hubert Mordek (Fränkische Kapitularien, S. 4–5 und 8–10) aus. In diesem Zusammenhang (S. 2) verweist er auch auf päpstliche Einflüsse bei der Verwendung des Begriffs *capitulare* und deren Übernahme ins langobardische Recht durch Aistulf im Jahr 750. Dagegen zuvor: Ganshof, Recherches, S. 4. Jüngst konnte über verschiedene Ansätze festgestellt werden, „dass die Dekrete der merowingischen Könige nicht viel mit den Kapitularien der Karolinger gemein haben". (Jussen / Ubl, Sprache der Kapitularien, S. 30). Ob dies nun zu einer Berücksichtigung dieser Texte führt oder nicht, ist zweifellos von der individuellen Fragestellung abhängig. Dass die Karolinger trotz des „reflektierten Umgangs mit Geschichte" und der Kenntnis zumindest von Auszügen dieser „Texte ihrer Vorgänger" (ebd.), wie von Gerda Heydemann und Helmut Reimitz (Novae et antiquae consuetudines, S. 35–60) gezeigt, nirgends explizit an diese anknüpfen, führt dazu, dass sie für die vorliegende Studie nur selten von Bedeutung sind. Eine genaue Einschätzung der in Frage stehenden Texte darf in der aktuell in Bearbeitung befindlichen Neuedition der merowingischen Kapitularien durch Michael Glatthaar erwartet werden.

85 Baluze, Capitularia regum Francorum 1–2.

86 Kaschke / Mischke, Capitularies, S. 1.

innern sogar eher an Predigten."[87] Diese von Patzold beschriebene Varianz ergibt sich unter anderem aus Autorenschaft, Sprache, Inhalt oder auch Rechtsgültigkeit.[88] Zu Recht mahnt Gerhard Schmitz daher an, ‚die Kapitularien' nicht „allzu strikt den Rechtsquellen zuordnen" zu wollen.[89] Er verweist darauf, dass Versuche, die Erlasse durch ein erweitertes Begriffssystem zu erfassen „nicht recht glücken".[90] Nach Schmitz bleiben nur zwei definierende Kriterien für Kapitularien bestehen: Erstens die Verlautbarung (in jeglicher Form) durch den Herrscher und zweitens die Gliederung in Kapitel. Dem pflichten auch Hubert Mordek[91] und Steffen Patzold bei.[92] Letzterer konstatiert: „Was die Texte vereint, ist nichts anderes als die Tatsache, dass sie Einzelpunkte listenförmig zusammenstellen. Die Frage nach der Normativität und dem Geltungsanspruch ist für die weite Kategorie dagegen von vornherein falsch gestellt und gar nicht zu beantworten."[93]

Doch selbst diese beiden vermeintlich definierenden Kriterien eines Kapitulars lassen sich durchaus hinterfragen. So zählen sowohl Boretius in seiner Edition der Kapitularien als auch die Neueditoren der Kapitularien Ludwigs des Frommen um Stefan Esders, Steffen Patzold und Karl Ubl Texte zu den Kapitularien, die nicht ohne Weiteres in Kapitel eingeteilt werden können.[94] Darüber hinaus finden sich dort auch als Kapitularien verstandene Texte, die durch Königssöhne beziehungsweise Unterkönige erlassen werden[95] und solche Texte, die nur als Entwurf an den entsprechenden Herrscher herangetragen wurden.[96] Treffend stellt Jennifer Davis fest: „... just about all aspects of our understanding of the genre, including whether or not there was such a recognizable genre, have been contested [by recent scholarship]".[97] Diese definitorische Problematik führte unlängst dazu, dass Steffen Patzold, dazu aufrief, man solle „vielleicht am besten eine Weile gar nicht mehr von ‚den Kapitularien' sprechen".[98] Die für

87 Patzold, Integration, S. 204.

88 Ebd.

89 Ähnlich auch McKitterick (Charlemagne, S. 230) und zustimmend Davis (Cross-referencing, S. 232 Anm. 13).

90 Schmitz, Kapitularien, Sp. 1604.

91 Vgl. Mordek, Karolingische Kapitularien, S. 27: „Kapitularien erfüllen ja in der Tat nur zum Teil eine normative Funktion, andere regeln den Einzelfall, und ebenso wie auf die juristische und politische könnte man auf die bislang weniger beachtete religiöse Komponente vieler Kapitularien abheben ...".

92 Patzold, Normen im Buch, S. 349–350.

93 Ebd., S. 349. Vgl. erneut auch: Patzold, Wie regierte Karl der Große?, insb. S. 70–74.

94 Vgl.: Nr. 17 (MGH Capit. 1), S. 42; Nr. 76 (MGH Capit. 1), S. 169.

95 So etwa: Nr. 91 (MGH Capit. 1), S. 191–193; Nr. 20 (MGH Capit. N. S. 4), S. 254–259. Wie bereits festgestellt, werden auch diese Texte in der vorliegenden Studie berücksichtigt.

96 Ubl, Kapitularien, S. 1.

97 Davis, Cross-referencing, S. 231.

98 Patzold, Integration, S. 205–207. Damit wiederholt Patzold letztlich eine bereits früher von ihm geäußerte Forderung. Bereits 2007 hatte er festgestellt: „Die wissenschaftliche Kategorie des ‚Kapitulars' verwischt großzügig alle diese Unterschiede (jedenfalls solange wir annehmen, es handele sich bei Kapitularien um eine in ihrer Normativität bestimmbare Sorte von Rechtstexten, die vom Herrscher ausgegangen sind). Für den Quellenwert und für die historische

Patzold allzu juristische Herangehensweise, wie sie sich auch in der weiterhin gängigen Kapitularienedition von Alfred Boretius (und Viktor Krause) niederschlägt,[99] identifiziert er als Hauptgrund für die Entstehung von Kunsttexten, „die in dieser Form aus dem 8./9. Jahrhundert gar nicht überliefert sind".[100] Patzold vertritt allerdings gegenüber den Kapitularien als Quellengattung eine sehr kritische Position. Dieser stehen unter anderem Jennifer Davis und Karl Ubl gegenüber, welche die Idee der Betrachtung von Kapitularien als – wenngleich in sich durchaus heterogene – Quellengattung befürworten.[101] Hier ist die Tendenz, den Kapitularienbegriff offener zu interpretieren und die Heterogenität der Texte als Anreiz zu nehmen, diese individuell zu betrachten.[102] Insgesamt werden die Kapitularien als Quellengattung, anders als in der älteren Forschung Leseurs und Jastrows, von der heutigen Geschichtswissenschaft insbesondere in Bezug auf ihre Normativität differenzierter betrachtet; einige, aber nicht alle Kapitularien können in einem modernen Sinn als Gesetze interpretiert werden.[103]

Zudem geht die Kapitularienforschung davon aus, dass Kapitularien nicht nur Auskunft über die ‚tatsächliche Rechtslage' im Karolingerreich geben, sondern durch die Herrschererlasse auch Perspektiven und Strategien ihrer Verfasser, also der karolingischen Herrscher und ihres Umfelds, offenbar werden. Sie sind „parts of a communication process between the king and his elites".[104] Die Inhalte der Erlasse werden etwa als Reaktion auf tatsächliche (wenngleich teils abstrakte) Gegebenheiten ihres Entstehungskontexts verstanden.[105] Regelmäßig werden die Kapitularien in ihrer Funktion als bedeutsames Instrument zur Regierung des Frankenreichs betrachtet. Dies geschieht teilweise mit Fokus auf einen Herrscher oder eine politische Institution; erwähnt werden sollen in diesem Kontext etwa Jennifer Davis' Studie zur Herrschaftspraxis Karls des Großen, in der die Kapitularien als bedeutsamer Aspekt einer flexiblen Administrationsstrategie identifiziert werden,[106] aber auch ihre Studie zu den karolingischen Missi,[107] einer karolingischen „Institution" die jüngst von Shigeto

---

Aussagekraft der einzelnen Liste sind jedoch genau diese Unterschiede zwischen den Stücken von überragender Bedeutung. Es täte der wissenschaftlichen Präzision daher sicher gut, wenn Historiker zumindest eine Zeit lang nicht mehr von ‚den Kapitularien der Karolinger' sprächen, sondern von ‚Kapitellisten in Codices der Karolingerzeit'" (Normen im Buch, S. 73–74). Ähnlich positioniert sich auch Takuro Tsuda (Ansegis, insb. S. 209–231; ders., Ära der Kapitularien).

99 Vgl. Patzold, Integration, S. 207.

100 Ebd., S. 206.

101 Vgl. u. a. Davis, Cross-referencing, S. 229–234; Jussen / Ubl, Sprache der Kapitularien, S. 11–15.

102 Vgl. Ubl, Kapitularien.

103 Vgl. Patzold, Normen im Buch, S. 349–350.

104 Kaschke / Mischke, Capitularies, S. 5. Nach Christina Pössel (Authors and Recipients, S. 253–274) dienten die Kapitularien zunächst zur Kommunikation zwischen Herrscher und lokalen Amtsträgern. Bernhard Jussen und Karl Ubl (Sprache der Kapitularien, S. 13) ergänzen zustimmend, dass die an dieser Kommunikation beteiligten Personen über das „notwendige Kontextwissen" verfügten, um die „häufig unklar formulierten Texte zu verstehen".

105 Exemplarisch angeführt werden kann in diesem Zusammenhang etwa der Ehediskurs der Mitte des 8. Jahrhunderts. Vgl. u. a.: Ubl, Inzestverbot, S. 240–270.

106 Vgl. Davis, Practice of Empire.

107 Vgl. Davis, Inventing the Missi, S. 13–51.

Kikuchi noch umfangreicher untersucht wurde.[108] Oftmals verfolgen neuere Studien, die sich umfangreich auf Kapitularien stützen, aber auch inhaltliche oder regionale Fragestellungen. So betrachtet beispielsweise Maximilian McComb die Kapitularien im Kontext der körperlichen Züchtigung als politisches Instrument zur Demonstration des eigenen Machtanspruchs.[109] Felix Grollmann sieht im Schriftrecht der Karolingerzeit ein Medium der Integration für das Herzogtum Baiern.[110] Igor Santos Salazar zieht in seiner Studie zur karolingischen Herrschaft über das ehemalige Langobardenreich unter anderem die (italienischen) Kapitularien heran, um Ideologien, Prinzipien und Strategien karolingischer Herrschaft in Italien zu identifizieren.[111]

Festzuhalten bleibt, dass die Kapitularien, wenn sie denn – anders als von Patzold gefordert – weiterhin als Quellengattung beziehungsweise -gruppe betrachtet werden sollen, in keinerlei Hinsicht homogen sind. Im Angesicht dieser Problematik berücksichtigt diese Studie Texte, die einem möglichst weit gefassten Kapitularienbegriff entsprechen.[112] Berücksichtigt wurden zunächst einmal alle Texte, die von Boretius (und Viktor Krause) in seine (oder ihre) Edition aufgenommen wurden und deren Entstehungszeitpunkt in die Herrschaftszeit von Pippin dem Jüngeren, Karl dem Großen und Ludwig dem Frommen fällt oder zumindest für diesen Zeitraum vermutet wird. Darüber hinaus wurden auch die von Hubert Mordek identifizierten „Kapitularien und verwandten Texte" berücksichtigt, die in der Edition von Boretius / Krause fehlen.[113] Zudem sollen die behandelten Texte jeweils sorgfältig individuell auf ihren Inhalt, Entstehungszeitpunkt und -kontext geprüft werden, insofern dies denn möglich ist. Die sogenannten merowingischen Kapitularien dienen der Studie zunächst als Bezugsobjekt für die karolingischen Kapitularien und sind aufgrund ihres Entstehungszeitraums nicht primärer Untersuchungsgegenstand.

Dieses Vorgehen ergibt sich letztlich aus der der Studie zugrundeliegenden Fragestellung: Herrscherliche Perspektiven, Absichten, Meinungen und Einschätzungen – oder kurz: ‚Politik'[114] – lässt sich schließlich nicht nur in Kapiteln formulierten- und für das gesamte Frankenreich gültigen Erlassen vermuten und fassen.

Während die MGH-Editionen von Boretius und Krause und ihre Ergänzung durch Mordek das untersuchte Quellenkorpus umreißen, wurde für die Kapitularien Ludwigs des Frommen die Neuedition durch Esders, Kaschke, Mischke,

---

108 Kikuchi (Herrschaft, S. 5–7) hinterfragt in diesem Zusammenhang, ob die *missi* tatsächlich als karolingische ‚Institution' verstanden werden können.

109 McComb, Strategies of Correction.

110 Grollmann, Stammesrecht.

111 Santos Salazar, Lombardia Carolingia.

112 Somit orientiert sich das hier angewendete Verständnis des Kapitularienbegriffs an den Ausführungen von Jennifer Davis. Davis (Cross-referencing, S. 259) postuliert: „What capitularies were was legal statements that conveyed royal orders. ... This does result in a definition of the capitularies as a genre that is loose."

113 Mordek, Bibliotheca, S. 969–1028.

114 Vgl. Kapitel 1.8.

Patzold, Trump und Ubl benutzt. Gleiches gilt für die vereinzelten Kapitularien, die in den letzten Jahrzehnten Neueditionen erhalten haben, wie etwa die Admonitio generalis Karls des Großen.[115]

Während eine systematische Berücksichtigung aller Handschriften von dieser Studie nicht geleistet werden kann, wurde die handschriftliche Überlieferung in Einzelfällen dennoch genauer betrachtet. Dies gilt insbesondere für unikal (oder sehr selten) überlieferte Texte und Kapitel aus ‚Sammelkapitularien' wie den Capitula Italica (BK 105) Karls des Großen.[116] Gleichermaßen wurde die Analyse der Editionstexte auch in Fällen, in denen sich aus Varianten einzelner Handschriften maßgebliche Sinnveränderungen des Textes ergaben, wie etwa den Kapitelreferenzierungen des Capitulare legi Ribuariae additum (BK 41), durch eine eingehende Betrachtung der einzelnen Handschriften ergänzt.[117]

1.4.2 Lex Salica und Lex Ribuaria

„Das Recht der karolingischen Kapitularien beruht in wesentlichen Teilen auf dem fränkischen Rechtsbuch [der Lex Salica]".[118] Und auch die Lex Ribuaria, die aus dem frühen 7. Jahrhundert stammende Revision der Lex Salica, die stark von römischen Rechtstraditionen beeinflusst ist,[119] ist keineswegs ohne Wirkung auf die Erlasse der karolingischen Herrscher geblieben. Die beiden großen fränkischen Rechtsbücher bieten, insbesondere in Kombination mit dem wenig umfangreichen Material der uns bekannten merowingischen Herrschererlasse, ein solides Fundament zur Verortung der Befunde, die sich aus der Untersuchung der Kapitularien des Untersuchungszeitraums ergeben. Allerdings müssen beide Rechtsbücher – die Lex Salica mehr als die Lex Ribuaria –, nicht zuletzt aufgrund ihrer Überlieferungsgeschichte, als äußerst komplexes Quellenmate-

---

115 Vgl. Admonitio generalis (ed. Glatthaar et. al). Zur aus dieser Situation entstehenden Problematik in Bezug auf Bezeichnung bzw. Zählung der einzelnen Texte vgl. S. 5 Anm. 6.

116 Bei Nr. 105 (MGH Capit. 1, S. 215–220) handelt es sich um eine Liste von insgesamt 22 Kapiteln, die jeweils nur als Einzelkapitel (oder in kleinen Gruppen wie bei cc. 4–5) in anderen Sammlungskontexten auf uns gekommen sind. Boretius vermutet in seiner eine Entstehung der Kapitel unter Karl dem Großen. Oftmals beruht dieser Umstand wohl auf der Tatsache, dass sich die Kapitel in verschiedenen Handschriften des sogenannten Liber Papiensis und dort im Kapitularienteil Karls des Großen finden (so z. B. die cc. 9–14). Sowohl der Entstehungszeitpunkt als auch die Tatsächliche Einschätzung, dass es sich bei den Kapiteln um Teile eines Kapitulars handelt, muss in den relevanten Einzelfällen jeweils kritisch hinterfragt werden. Zur Entstehung und Entwicklung des Liber Papiensis vgl.: Radding, Giurisprudenza medievale, insb. cc. 5 und 6.

117 Nr. 41 (MGH Capit. 1, S. 117–118) von 803 findet sich in insgesamt 15 Handschriften und in der Kapitulariensammlung des Ansegis überliefert. Allerdings tradieren nur sieben Handschriften auch die vermeintliche Bezugsgröße des Textes – die Lex Ribuaria. Die Kapitelreferenzierung des Kapitulars in Bezug zu den Inhalten der Lex zu setzen ist folglich durchaus problematisch, wie bereits Thomas Faulkner (Law and Authority, S. 126–127) feststellt.

118 Ubl, Sinnstiftungen, S. 28. Ubl verweist in diesem Zusammenhang auf die Arbeit von Mayer-Homberg (Volksrechte), in der trotz einiger mittlerweile widerlegter Annahmen weiterhin „reichlich Anschauungsmaterial" (Ubl, Sinnstiftungen, S. 28 Anm. 76) zu finden ist.

119 Ubl, Sinnstiftungen, S. 27.

rial betrachtet werden. Dieses Material gilt es im Folgenden in der gebotenen Kürze vorzustellen.

Die Lex Salica, wohl „das berühmteste aller germanischen Stammesrechte", wie bereits Rudolf Buchner in den 1950er Jahren feststellte[120] wurde nach heutigen Erkenntnissen noch „bevor Chlodwig in den Jahren um 500 das Frankenreich zur neuen hegemonialen Macht in Gallien machte" erstmals niedergeschrieben.[121] Im Verlauf der Jahrhunderte bis in die Zeit Karls des Großen wurde das Rechtsbuch mehrfach – wenngleich, wie bereits Hermann Nehlsen feststellte, nie substanziell[122] – überarbeitet. Diese Überarbeitungen schlagen sich in verschiedenen, mehr oder weniger gut greifbaren Textfassungen der Lex Salica die sich auf etwa 90 Handschriften[123] aufteilen nieder; teilweise wird von bis zu acht verschiedenen Fassungen gesprochen.[124] Drei dieser Fassungen (D, E und K) können den beiden ersten karolingischen Herrschern Pippin und Karl zugeschrieben werden.[125] Nehlsen geht in diesem Zusammenhang allerdings davon aus, dass die Lex Salica unter den Karolingern als Rechtsbuch kaum mehr von Bedeutung war und lediglich der Selbstdarstellung der fränkischen Herrscher diente. Diese Position wird heute deutlich abgeschwächt beziehungsweise nuancierter betrachtet.[126] Befreit von der modernen Prämisse, „der ‚Buchstabe des Gesetzes' sei einzuhalten",[127] können die Titel der Lex Salica, in ihrer auch unter den Karolingern noch aktuellen Funktion als „gemeinschaftsbildende, symbolische und mystische" Normen, die weiterhin grundsätzlich als „verpflichtend und mit Autorität versehen, wahrgenommen werden".[128] Diese weiterhin bestehende und über bloße Symbolpolitik hinausgehende Relevanz des Rechtsbuchs schlägt sich auch in der handschriftlichen Überlieferung nieder. Die sogenannte K-Fassung, die unter Karl dem Großen entstand, findet sich bei weitem am häufigsten überliefert. Diese doch beachtliche Überlieferung wird in der Forschung zu Recht als Argument für eine weiterhin bestehende Relevanz des Rechtsbuchs angeführt. Dennoch enthält auch die Lex Salica, ebenso wie alle anderen „Rechtsbücher des Frankenreichs" für das 8. und 9. Jahrhundert „obsolete und nicht mehr gültige Regeln". Allerdings wäre es falsch, diese Feststellung auf alle Bestimmungen der Lex Salica zu beziehen. Anhand zahlreicher Beispiele kann die Aktualität von Teilen beziehungsweise Prinzipien der Lex Salica bis in das 10. Jahrhundert aufgezeigt werden, sodass das Rechtsbuch auch

---

120 Buchner, Rechtsquellen, S. 15.

121 Ubl, Sinnstiftungen, S. 11.

122 Nehlsen, Aktualität, S. 465.

123 Vgl. die Datenbank der Bibliotheca legum (http://www.leges.uni-koeln.de/lex/lex-salica/ [zuletzt eingesehen am 17.05.2023]), die insgesamt 92 Handschriften anführt.

124 Lück, Lex Salica, Sp. 924–940. Lück bezieht sich hier auf die Klassifizierung von Eckhardt (Lex Salica [MGH LL. nat. Germ. 4,1], S. IX–XI), merkt allerdings an, dass dieses Klassifizierungsmodell keineswegs unumstritten ist. In der Bibliotheca legum werden sieben Fassungen gezählt (vgl. http://www.leges.uni-koeln.de/lex/lex-salica/ [zuletzt eingesehen am: 06.03.2023]).

125 Ubl, Leges-Reform.

126 Ubl, Sinnstiftungen, S. 24–28.

127 Ebd., S. 28.

128 Ebd., S. 30.

etwa 300 Jahre nach seiner ersten Verschriftlichung von den karolingischen Herrschern als Bezugsgröße für ihre Gesetzgebung betrachtet wurde.[129]

Dies gilt gleichermaßen auch für die Lex Ribuaria, das zweite große Rechtsbuch der Franken, das zu Beginn des 7. Jahrhunderts niedergeschrieben wurde und in immerhin 35 Handschriften – teils vollständig, teils fragmentarisch – überliefert ist. Diese Handschriften lassen sich zwei Textklassen (A und B) zuordnen.[130] Die Entstehung der Lex Ribuaria wird heute im Kontext der *civitas* Köln verortet, während sie in der Karolingerzeit als aktualisierte Fassung des Rechts aller Franken verstanden wurde.[131] Diese Revision unterscheidet sich von der Lex Salica insbesondere durch die Anerkennung der Bedeutung schriftlicher Dokumente für rechtliche Sachverhalte und das Fehlen einer „strikten Abgrenzung vom römischen Recht, welches die *Lex Salica* prägte".[132] An der Lex Salica als Vorbild des Buchs bestehen dennoch keine Zweifel.[133] Mit der Lex Salica gemein hat die Lex Ribuaria, neben umfangreichen inhaltlichen Parallelen wie der auf Kompensationszahlungen basierenden Logik des Bestrafens,[134] auch ihre schwierige Überlieferungssituation.[135]

Auf diese schwierige Überlieferungssituation der beiden Leges kann zumindest teilweise zurückgeführt werden, dass die weiterhin gängigen Editionen nicht ohne Probleme sind.[136] Dieser Umstand gilt zweifellos für die meisten Editionen in der Leges-Reihe der MGH, wie bereits Wilfried Hartmann in seiner unter dem Titel ‚Brauchen wir neue Editionen der Leges?' veröffentlichen Bestandsaufnahme feststellt.[137] Da aktuellere Editionen der beiden Rechtsbücher

---

129 Vgl. ebd., S. 24–28.

130 Lück, Lex Ribuaria.

131 Vgl. auch die Vita Karoli Magni (MGH SS rer. Germ. 25, S. 33): … *nam Franci duas habent leges* … eine eingeschränkte Gültigkeit der Lex Ribuaria wird nicht erwähnt. Zur Entstehung der Lex Ribuaria: Ubl, Köln, S. 109–116, insb. S. 113–114. Anders: Mordek, Leges und Kapitularien, S. 493. Zur Frage nach den vermeintlichen Salfranken: Springer, Volk der Salier, S. 59–60.

132 Ubl, Sinnstiftungen, S. 27.

133 Vgl. Lück, Lex Ribuaria.

134 Freilich handelt es sich bei dieser Kompensationslogik keineswegs um ein rein fränkisches Phänomen. Vgl. u. a.: Esders, Eliten, S. 261–282.

135 Vgl. u. a.: Ubl, Sinnstiftungen, S. 25–27, 106–107 und öfter; in Bezug auf die Lex Salica zudem: Hartmann, Editionen der Leges, S. 233–236.

136 Die Problematik der Edition(en) beginnt in Bezug auf die Lex Salica bereits mit deren Titel, wie Ubl (Sinnstiftungen, S. 69) festhält: „Die Eigenart des Titels ist durch die problematische Ausgabe von Karl August Eckhardt zum Gegenstand der Diskussion geworden. Eckhardt unterschied nämlich die karolingische Lex Salica von der merowingischen Fassung mit dem Titel Pactus legis Salicae und stiftete damit mehr Verwirrung als Klarheit." Dementsprechend muss an dieser Stelle auf zwei Editionen verwiesen werden: Pactus legis Salicae (MGH LL nat. Germ. 4,1) und Lex Salica (MGH LL nat. Germ. 4,2). In dieser Studie werden beide Editionen als Lex Salica bezeichnet. Zu Problemen der beiden Editionen von Eckhardt äußert sich: Hartmann, Editionen der Leges, S. 233–239. Die gängige Edition der Lex Ribuaria (MGH LL nat. Germ. 3,2) wird von Hartmann (Editionen der Leges) nicht kritisiert, was zweifellos nicht bedeuten muss, dass die Edition ohne Probleme bleibt.

137 Dazu ausführlich: Hartmann, Editionen der Leges, S. 233–245. Der immerhin erst gut ein Vierteljahrhundert alte Beitrag Hartmanns wirft ungewollt ein weiteres Problem in Bezug auf die Neuedition solch umfangreicher Texte auf, wenn festgestellt wird: „Für die Schaubilder der

nicht vorliegen, muss die vorliegende Studie auf die genannten Editionen von Eckhardt respektive Beyerle und Buchner zurückgreifen. In einigen, besonders zweifelhaften Fällen wurde auf entsprechende Digitalisate einiger Handschriften zurückgegriffen. Dieser Ansatz wurde allerdings (wie bereits in Bezug auf die Kapitularien erwähnt) bereits wegen des schieren Volumens der handschriftlichen Überlieferung nicht systematisch verfolgt. Sowohl die Lex Salica als auch die Lex Ribuaria stellen für diverse karolingische Kapitularien explizit und implizit relevante Bezugsgrößen dar und sind folglich von großer Bedeutung für diese Arbeit.[138]

1.4.3 Weitere relevante Quellen

Weitere für das 8. und 9. Jahrhundert grundsätzlich relevante normative Quellen sind für die vorliegende Arbeit seltener relevant und wurden folglich nur partiell herangezogen. Diese geringere Bedeutung anderer Rechtstexte ist auf die Anlage der Studie zurückzuführen, deren Ziel es schließlich ist, herrscherliche Positionen beziehungsweise die ‚Politik' der Karolinger zu rekonstruieren. Dennoch sollen an dieser Stelle einige Quellengruppen kurz präsentiert werden, die jeweils für einzelne Aspekte oder Kapitel der Studie relevant sind und entsprechend berücksichtigt werden.

Zu nennen sind in diesem Zusammenhang etwa weitere frühmittelalterliche Leges, insbesondere die sogenannten Leges Langobardorum,[139] teilweise aber auch die Leges Baiwariorum[140] und Frisionum,[141] die allesamt teils explizit, teils implizit von den karolingischen Kapitularien rezipiert werden und in diesen Kontexten entsprechend betrachtet werden.

Ähnlich wird in Bezug auf Beschlüsse von Kirchenversammlungen verfahren, die während des Untersuchungszeitraums im Frankenreich entstanden. Eine scharfe Trennung von weltlichem und kirchlichem Recht ist für das 8. und 9. Jahrhundert freilich unmöglich. Dementsprechend wurden solche Versammlungen, die nachweislich mit der Autorität der weltlichen Gesetzgeber versehen wurden – zu nennen wären hier etwa die Versammlungen in Ver,[142] Compiègne[143] und Verberie[144] unter Pippin – als Kapitularien verstanden und systematisch ausgewertet. Darüber hinaus sind insbesondere solche Konzilsbeschlüsse von Interesse für diese Studie, die aus Versammlungen hervorgingen, die auf

---

Juristen des 11. Jahrhunderts in den Handschriften des Liber Papiensis z. B. wäre die Darstellung auf einer CD-ROM sicher von größtem Interesse." (ebd., S. 245). In Anbetracht des zu erwartenden Aufwands eines solchen Projekts muss befürchtet werden, dass die technische Umsetzung bereits veraltet ist, bevor die Editionsarbeiten überhaupt abgeschlossen sind.

138 Vgl. die bereits genannte Studie von Magali Coumert (Lois).

139 Leges Langobardorum (MGH LL 4).

140 Lex Baiwariorum (MGH LL nat. Germ. 5,2).

141 Lex Frisionum (MGH LL 3); Lex Frisionum (MGH Fontes iuris 12).

142 Nr. 14 (MGH Capit. 1), S. 32–37.

143 Nr. 15 (MGH Capit. 1), S. 37–39.

144 Nr. 16 (MGH Capit. 1), S. 39–41.

Initiative beziehungsweise unter Mitwirkung eines weltlichen Herrschers stattfanden. Exemplarisch angeführt werden können hier etwa die Versammlungen des Jahres 813 in Arles, Chalon-sur-Saône, Mainz, Reims und Tours.[145]

Nicht in größerem Umfang berücksichtigt wurden das (spätantike) römische Recht und seine Rezeption im Karolingerreich,[146] Bischofskapitularien[147] und ‚rechtspraktische' Quellen wie Formulae und (königliche) Urkunden.[148] Dieser Umstand ergibt sich schlicht aus der Tatsache, dass sie für die Fragestellung der Studie selten von Interesse sind und nur in wenigen Fällen als Bezugspunkt für die Herrscher(erlasse) dienen.

1.5 Unfreie und Unfreiheit im Karolingerreich – terminologische Vorüberlegungen

Nachdem nun die dieser Studie zugrundeliegende Forschungsfrage und die Quellengrundlage vorgestellt wurden, gilt es, sich dem Forschungsgegenstand zuzuwenden. Da die Unfreienpolitik der frühen Karolinger untersucht werden soll, muss zunächst danach gefragt werden, was unter Berücksichtigung der Perspektive frühmittelalterlicher Herrschererlasse unter ‚Unfreien' beziehungsweise ‚Unfreiheit' zu verstehen ist.

Zweifellos zählt die Diskussion um den Freiheitsbegriff zu den zentralen Fragen der Menschheitsgeschichte. Außer Frage steht zudem, „daß das moderne Bild von ‚Freiheit', insbesondere wie es vom Grundgesetz ausgeformt worden ist, mit dem früherer Zeiten nicht identisch ist".[149] Der Freiheit, unabhängig von der kontextabhängigen Bedeutung dieses Begriffs, gegenüber steht die nicht minder schwer zu fassende Unfreiheit. In Bezug auf die Terminologie der dieser Arbeit zugrunde liegenden Quellen ist diese Gegenüberstellung prinzipiell in den Begriffen *liber* beziehungsweise *ingenuus* auf der einen[150] und *servus* auf der anderen Seite zu finden. Ziel dieses Kapitels kann es nicht sein, die Frage nach

---

145 Vgl. MGH Conc. 2,1, S. 245–306. Allgemein zu den Versammlungen und der Rolle Karls des Großen, vgl. u. a.: Hartmann, Weg zur bischöflichen Dominanz, S. 177–181; Schmitz, Reformkonzilien,
S. 1–31; Scholz, Normierung durch Konzile, S. 271–280.

146 Das römische Recht im Karolingerreich darf weiterhin als wenig beachtetes Forschungsfeld verstanden werden. Jüngere Studien zu Aspekten dieses Themenkomplexes sind: Kaiser, Epitome Iuliani; Trump, Römisches Recht.

147 Zu dieser Quellengattung vgl. insb. die umfangreichen Vorbemerkungen in der Edition von Rudolf Pokorny (MGH Capit. episc. 4, S. 3–66).

148 Jüngere Studien zu den Formulae bzw. einzelnen Formelsammlungen sind: Patt, Formulae imperiales; Rio, Legal practice. Neben der genannten Studie von Sarah Patt wurden karolingische Urkunden zuletzt umfangreich untersucht von: Mersiowsky, Urkunde. Ebenfalls zu erwähnen sind in diesem Zusammenhang die zahlreichen Beiträge von Theo Kölzer und insb. die umfangreiche Einführung zu diesem Thema in MGH DD LdF 2,1 (S. XVII–LXXVI).

149 Ziekow, Freizügigkeit, S. 20.

150 Vgl. Kuchenbuch, Rezension.

Freiheit und Unfreiheit im Frankenreich des frühen Mittelalters aus einer rechtsphilosophischen Perspektive zu betrachten. Stattdessen sollen einige in der Forschung immer wieder behandelte Fragestellungen diskutiert werden.

Wie noch zu zeigen sein wird, stellt *servus* den mit Abstand am häufigsten verwendeten Begriff für die Unfreien des Karolingerreichs dar.[151] Doch wer waren die *servi* des Frankenreichs? Auf einer terminologischen Ebene ist diese Frage knapp und dennoch abschließend beantwortet: Es handelt sich schlicht um eine Übernahme des römischrechtlichen Begriffs für Unfreie beziehungsweise Sklaven. Eine in Bezug auf das frühe Mittelalter (und insbesondere das Karolingerreich) auch in der neuesten Forschung immer wieder diskutierte Frage ist, ob es sich bei den *servi* tatsächlich um Sklaven handelte.[152]

Der Umstand, dass die Beantwortung dieser Frage teils sehr unterschiedlich ausfällt, kann, wie bereits Rachel Stone feststellte, nicht zuletzt auf die Verwendung verschiedener Definitionen des Konzepts der Sklaverei zurückgeführt werden.[153] Zwar existieren völkerrechtliche Definitionsansätze für Sklaverei seit 1926, die den Menschen als Eigentum als primäres Kriterium von Sklaverei feststellen,[154] jedoch wird dieser rein rechtliche Ansatz von vielen Historikern als „too narrow to be helpful" verstanden.[155] Der auf das römische Recht spezialisierte Jurist Tony Honoré beschreibt die rechtliche Position eines Sklaven vage und ohne definitorischen Anspruch als einen Zustand, in dem „[ones live could be] disrupted without our consent by the decision of an individual in whose power we find ourselves".[156] Eine solche Beschreibung ist wohl ‚too broad to be helpful'. Oft herangezogen wird die Definition des Soziologen Orlando Patterson. Er stellt den „social death" in den Mittelpunkt seines Versuchs, den Begriff der Sklaverei zu definieren. Ein Sklave ist für ihn eine Person ohne „social

---

151 Vgl. Kapitel 1.6.

152 Als Ausgangspunkt für diese Debatte mag die Studie von Marc Bloch zum Ende der antiken Sklaverei (L'esclavage antique, S. 31–44 und S. 161–170) betrachtet werden. Selbst für die vergangenen Jahrzehnte ist die Zahl der wissenschaftlichen Positionen zur Frage, ob die *servi* des frühen Mittelalters Sklaven waren oder nicht zu umfangreich, um sie in ihrer Gänze wiederzugeben. Einen guten Überblick mit weiterer Literatur und wichtigen Entwicklungen bietet: Rio, Slavery in the Carolingian Empire, S. 450–452. Ergänzt werden dürfen für den deutschen Sprachraum noch: Hoffmann (Kirche und Sklaverei, S. 1–24 und 42) und die bereits auf S. 15 in Anm. 64 angeführten Titel. Keineswegs ist diese Frage auf den deutschsprachigen Raum begrenzt. In der anglo-, franko- und italophonen Forschung wird diese Frage zumeist im Zusammenhang mit der Gegenüberstellung von slaves und serfs, esclaves und serfs bzw. sclavi und schiavo diskutiert. Wie bereits Ludolf Kuchenbuch (Rezension, Anm. 1) feststellt, existieren die genannten Begriffspaare in der deutschen Sprache nicht. Dem Sklaven werden Knechte, Hörige oder allgemeiner Unfreie gegenübergestellt.

153 Stone, Morality and Masculinity, S. 94–95.

154 Deutsche Übersetzung des Sklavereiabkommens (0.311.37) vom 25. September 1926, Artikel 1,1: „Sklaverei ist der Zustand oder die Stellung einer Person, an der die mit dem Eigentumsrechte verbundenen Befugnisse oder einzelne davon ausgeübt werden." Zitiert nach: https://www.lexfind.ch/tolv/158697/de [zuletzt eingesehen am: 07.03.2023].

155 Rio, Formulae, S. 215.

156 Honoré, Nature of Slavery, S. 14.

existence outside his master".[157] Er bezieht diese Definition auch auf die Sklaven der römischen Antike[158] – ein Umstand, der jüngst von Martin Schermaier als „inaccurate ... description of Roman conditions" kritisiert wurde.[159] Schermaiers Kritik lässt sich zweifellos auch auf das frühe Mittelalter übertragen, sodass Pattersons Ansatz für die Untersuchung frühmittelalterlicher Unfreiheit nur bedingt hilfreich ist.

Es gilt also, sich spezifisch geschichtswissenschaftlichen Definitionsversuchen zuzuwenden. Eike Hamann etwa sieht im Sklaven etwa wenig differenziert eine Person, die der „unbeschränkten Gewalt ihres Herrn unterworfen" ist.[160] Hamann selbst betont allerdings, dass sein Ansatz, ebenso wie alle weiteren Definitionsansätze, gewisse Limitationen in Bezug auf ihre Verwendung bei der Betrachtung mittelalterlicher Gesellschaften mit sich bringen.[161] Zur Beurteilung, ob eine Person oder eine Personengruppe in einer mittelalterlichen Gesellschaft als Sklave bezeichnet werden sollte oder nicht, schlägt Alice Rio die Benutzung eines Kriterienkatalogs vor, anhand dessen die Unfreiheit eines Individuums bemessen und daran anknüpfend entschieden werden kann, ob (und in welchem Grad) die festgestellten Einschränkungen zu einem „state of unfreedom" aufsummiert werden können.[162] Inspiriert ist diese Herangehensweise von einem ähnlichen durch Moses Finley popularisierten Ansatz.[163] Finleys Katalog umfasst sieben Kriterien, wie etwa familiäre Privilegien (Eheschließung und Erbe), Besitzrechte oder Zugang zum Rechtssystem. Ob eine Person als Sklave bezeichnet werden kann oder nicht, hängt allerdings, so Finley selbst, nicht davon ab, wie viele Kriterien erfüllt werden oder nicht. Er spricht daher von einem Spektrum oder Kontinuum von Freiheit und Unfreiheit, auf dem sich eine jede Person in der griechischen und römischen Antike – denn diese Epoche betrachtet er – bewegte.[164] Keiner dieser Definitionsansätze erlaubt also die abschließende Beantwortung der Frage, wie Sklaven (oder Sklaverei) in Bezug auf die frühmittelalterliche Gesellschaft definiert werden können; und, soviel sei an dieser Stelle vorweggenommen, kann auch an dieser Stelle nicht angeboten werden. Dementsprechend wird der Begriff *servus* im Folgenden – wie in der aktuellen Forschung üblich – nicht mit ‚Sklave', sondern neutraler mit ‚Unfreier' übersetzt.

Auf die terminologische Übernahme des römischen *servus* im Frankenreich wurde bereits hingewiesen. Auch hier finden als Quellenbegriffe hauptsächlich

157 Patterson, Social Death, S. 38
158 Ebd., S. 40.
159 Schermaier, Without Rights, S. 5.
160 Hamann, Sklavenstatus, S. 18.
161 Hamann (Sklavenstatus, S. 18) betrachtet in seiner Studie die Postglossatoren des späten Mittelalters. Die von ihm identifizierten Probleme können allerdings vorbehaltlos auch auf das 8. und 9. Jahrhundert übertragen werden. Seine Einschätzungen zu den Unfreien des frühen Mittelalters (ebd., S. 21–25) müssen allerdings kritisch gesehen werden.
162 Rio, Formulae, S. 215.
163 Vgl. Finley, Slavery and Freedom, S. 247–248.
164 Ebd., S. 248.

die *servi*, seltener die *ancillae* und *mancipia*, Verwendung.[165] Fest steht freilich, dass eine terminologische Übereinstimmung keineswegs auch eine tatsächliche bedeuten muss.[166] Dennoch scheint es sinnvoll, einen Einordnungsversuch der *servi* des Karolingerreichs mit einem kurzen Blick auf die römische Sklaverei zu beginnen.

Zunächst war zumindest theoretisch ein jeder Sklave nach römischem Rechtsverständnis vollständig der Besitzgewalt und somit der Willkür seines Besitzers ausgeliefert. Gesetze zum Schutz der römischen Sklaven lassen sich seit der Kaiserzeit beobachten, sodass zumindest schwerste Missbräuche wie die willkürliche Tötung des eigenen Sklaven untersagt wurden.[167] Die Entstehung des Sklavenverhältnisses kann im römischen Reich verschieden begründet sein. So werden Nachkommen einer unfreien Mutter grundsätzlich ebenfalls Sklaven. Zudem sind nach römischem Rechtsverständnis Mitglieder eines befeindeten Volkes im Kriegsfall (zumeist) völlig rechtlos. Personen wie Sachen, deren sich jemand während eines Krieges bemächtigt, werden im Regelfall zu (persönlichem) Eigentum. Als dritte Möglichkeit in Sklaverei zu geraten, existierte zudem der Verlust der persönlichen Freiheit als Bestrafung.[168] Diese Wege in die Unfreiheit, durch Geburt, durch Kriegsgefangenschaft und (wenngleich nur indirekt über den Selbstverkauf) durch Bestrafung, finden sich in ähnlicher Weise auch im fränkischen Recht wieder.[169]

Es ist ein Gemeinplatz, dass der Rechtsstatus der *servi* auch im römischen Reich Personen mit sehr heterogenen Freiheiten umfasste und zur Beschreibung dieser benutzt wurde. Römische Sklaven müssen rechtlich zugleich als Sache (*res*) und *persona* betrachtet werden. Die im Verlauf der römischen Antike gleichbleibend homogene Terminologie darf allerdings keineswegs darüber hinwegtäuschen, dass sich die soziale Position der Sklaven mit der Zeit maßgeblich veränderte.[170] Darüber hinaus unterschieden sich die römischen Sklaven teils ganz erheblich in Bezug auf ihre gesellschaftliche Stellung und ihren Weg in die Unfreiheit. Viele der Sklaven des römischen Reichs arbeiteten ab dem

---

165 Die im Verlauf dieses Kapitels verwendeten quantitativen Daten bezüglich der Verwendung verschiedener Begrifflichkeiten wurden mittels des Spezialkorpus Kapitularien des Latin Text Archive (LTA) der Berlin-Brandenburgischen Akademie der Wissenschaften in Berlin erhoben. Die Datenbank liegt aktuell in einer durchaus gut verwendbaren Beta-Version vor. Vgl. dazu: https://lta.bbaw.de/corpus/capitularies [zuletzt eingesehen am: 07.03.2023]. Zur „Texterschließung nach dem Print-Zeitalter" vgl.: Jussen / Ubl, Sprache der Kapitularien, S. 17–19.

166 Vgl. Rio, Slavery after Rome, S. 11–14.

167 Vgl. Kaser et al., Römisches Privatrecht, S. 147.

168 Vgl. u. a.: Scheidel, Slave Supply, insb. S. 293–308. Die Praxis der Versklavung von Kriegsgefangenen wurde auch im 9. und 10. Jahrhundert durch das byzantinische Reich weitergeführt. Vgl. Kolia-Dermitzaki, Prisoners of War, S. 583–620.

169 Hinzu tritt der Verlust der Freiheit bei Eheschließung mit einem Unfreien nach Lex Salica c. 25,3 (MGH LL nat. Germ. 4,1, S. 94). Vgl. auch Voss, Grundsatz, S. 170. An dieser Stelle wird auch auf den Umstand hingewiesen, dass Unfreiheit durch Geburt für das fränkische Recht nur impliziert ist. Zum Selbstverkauf im fränkischen Recht vgl.: Liebs, Sklaverei aus Not, S. 294. Zu Unfreien als Kriegsbeute vgl.: Rio, Slavery in the Carolingian Empire, S. 433–435. Rio geht von einer untergeordneten Bedeutung dieses Faktors aus.

170 Dazu knapp: Kaser et al., Römisches Privatrecht, S. 146.

3. Jahrhundert v. Chr. „als Massenarbeiter in den Großbetrieben, auf den Latifundien, im Großhandwerk, in den Bergwerken sowie als Lastträger und Schiffsruderer".[171] Weitere Sklaven finden sich in den Haushalten der römischen Oberschicht, wo sie als Bedienstete arbeiteten, aber auch in gewerblichen beziehungsweise kaufmännischen Kontexten. Die gesellschaftliche Stellung dieser Personen muss als teils erheblich abgestuft betrachtet werden. In seltenen Fällen konnten Sklaven aufgrund ihrer (geistigen) Fähigkeiten in einflussreiche Positionen aufsteigen. Allerdings müssen diese Situationen wohl als statistische Seltenheit betrachtet werden.

Auch chronologisch und regional muss die Heterogenität der Gruppe der römischen *servi* betont werden. Stefan Esders konstatiert etwa, dass „Begriffe wie servus und servitium schon in der Spätantike ihre standesrechtliche Trennschärfe eingebüßt [hatten]".[172] Kyle Harper betont auf der einen Seite: „The successor societies of the post-Roman west, from ca. AD 450–650 inherited sizeable slave populations, and the violence of the age continually created new captives, new slaves". Er bezieht sich hier ausdrücklich auch auf das merowingische Frankenreich.[173] Auf der anderen Seite bemerkt er allerdings ebenfalls die quantitativ schwindende Bedeutung der Sklaverei und begründet dies überwiegend mit fallenden Sklavenpreisen.[174] Für Harper steht deshalb fest, dass „*servi* of the eighth- and ninth-century polyptychs are slaves in the same way that Charles was the Roman emperor".[175]

Diese Sichtweise spiegelt letztlich eine durchaus verbreitete Forschungsposition von römischen Sklaven und karolingischen Knechten, Hörigen oder Unfreien wider. Zahlreiche Studien bemühen sich Unterschiede zwischen ‚römischer Sklaverei' auf der einen und ‚fränkischer Unfreiheit' auf der anderen Seite aufzuzeigen.[176] Diese Versuche, eine Entwicklung von der antiken Sklaverei zur modernen Lohnarbeit – und somit eine Transformation von Abhängigkeitsverhältnissen – aufzuzeigen, verkennen allerdings teilweise und in unterschiedlichem Maße, dass die Unfreien des römischen und des fränkischen Reichs nach dem Schriftrecht eine mehr oder minder homogene Gruppe darstellen mögen, sich aber sowohl im römischen, als auch im fränkischen Reich in Bezug auf ihre soziale und ökonomische Stellung teils drastisch unterschieden. Deshalb greift Harpers Betrachtungsweise meines Erachtens zu kurz. Für das spätere Kerngebiet des karolingischen Frankenreichs sind auch aus der römischen Antike kaum archäologische Nachweise für die massenhafte Existenz von Sklaven als

171 Ebd.

172 Esders, Zensualität, S. 97.

173 Harper, Slavery, S. 502. Er ergänzt weiter: „The slaves in the post-Roman sources – on papal estates, in the will of Remigius, in the letters of Gregory the Great or the histories of Gregory of Tours – are slaves, and it would be unwise to deny this fact." (ebd, S. 503).

174 Vgl. Harper, Slavery, S. 503. Harpers Argumentation scheint hier durchaus fragwürdig. Einen Rückgang der Sklaverei lediglich aus dem sinkenden Gegenwert eines Sklaven in Goldgewicht zu schließen ist m. E. unzulässig.

175 Ebd.

176 Vgl. etwa, S. 15 mit Anm. 64 und öfter.

Landarbeiter bekannt[177] – in der Forschung finden sich vermehrt Behauptungen, dass es eine „Sklavenwirtschaft wie in den mediterranen Ländern … in Mittel- und Nordgallien und in den germanischen Provinzen nicht [gab]".[178] Zumindest für die Spätantike gehen Chris Wickham und ihm folgend Allen Jones von einem „general lack of a (plantation) slave system in Late Antiquity, Gaul included" aus.[179] Während Thierry Groff vollkommen zu Recht darauf hinweist, dass auch solche Extremdeutungen angesichts einer mangelhaften Quellenlage keineswegs sinnvoll sind,[180] scheint es ebenso unzulässig für den hier relevanten Untersuchungsraum, also das nordalpine Frankenreich mit seinem weit vom Mittelmeer entfernten Kerngebiet, für die Spätantike oder wie Harper auch für die Mitte des 6. Jahrhunderts von Sklaven zu sprechen und ohne jegliche Nachweise für eine Veränderung im 8. und 9. Jahrhundert im gleichen Raum eine gänzlich veränderte Situation anzunehmen. Wer die *servi* des Karolingerreichs nicht als Sklaven bezeichnet – und zweifellos gibt es für diese Haltung gewichtige Argumente –, wohl aber die *servi* in Nordgallien und den germanischen Provinzen als Sklaven betrachtet, bleibt den Nachweis einer entsprechenden Entwicklung schuldig. In Bezug auf die Lebensrealität der *servi* im Gebiet des Frankenreichs muss bisweilen konstatiert werden, dass in Bezug auf Freiheiten oder deren Fehlen in Bezug auf Einzelpersonen nur selten belastbare Aussagen getroffen werden können. Folglich ist die Bewertung, ob es sich bei einer als *servus* bezeichneten Person im 9. Jahrhundert um einen Sklaven handelt oder nicht, anhand eines wie auch immer gearteten Kriterienkatalogs kaum möglich. Hinzu kommt, wie auch Finley betont, dass selbst die Frage „where on your continuum do you draw the line between free and slave, free and unfree" selbst bei einem vollständig ausgefüllten Kriterienkatalog noch nicht beantwortet ist.[181]

Aus einer rein rechtstheoretischen Perspektive ist die Frage, ob es sich bei den *servi* des Karolingerreichs um Sklaven handelte, obwohl wenig zielführend, leichter zu beantworten: Durch die zumindest theoretische (nahezu) vollständige Abwesenheit persönlicher Rechte[182] waren die *servi* des Karolingerreichs

---

177 Vgl. Groff, Landwirtschaft, S. 6: „Wohngebäude, die als Sklavenbehausungen oder *ergastulae* gedient haben könnten, wurden ebenfalls nur vereinzelt in Germanien, in Mittel- und Nordgallien, in Aquitanien, in der *Gallia Narbonensis* (Villa von Chiragan; Dép. Haute-Garonne) sowie im direkt benachbarten Spanien entdeckt. Dabei könnten diese Gebäude aber auch ganz einfach als Unterkünfte für Lohn- oder Saisonarbeiter bzw. als Abstellkammern gedient haben, weshalb bei der Deutung dieser Hinterlassenschaften keine vorschnellen Schlüsse gezogen werden sollten."

178 Vgl. Heimberg, Villa rustica, S. 26–27. Ähnlich auch Drexhage et al. (Wirtschaft, S. 87): „… der massenhafte Gebrauch von Sklaven … nördlich der Provinz Gallia Narbonensis … [kann] weitgehend ausgeschlossen werden". Zu Nachweisen für *servi* in den römischen Städten Mainz und Trier vgl.: Schipp, Sklaven und Freigelassene, S. 75–114; Schwinden, Menschen, insb. S. 189–191.

179 Vgl. Jones, Social Mobility, S. 172 Anm. 174 unter Bezugnahme auf Wickham, Framing, S. 281–282.

180 Groff, Landwirtschaft, S. 6.

181 Finley, Slavery and Freedom, S. 248.

182 Herangezogen werden könnte hier etwa der bereits erwähnte vorgeschlagene Kriterienkatalog von Rio (Formulae, S. 215).

wie die *servi* des römischen Rechts nach allen oben angeführten Definitionen des Begriffs grundsätzlich Sklaven. Allerdings konnten bereits mehrfach Situationen aufgezeigt werden, in denen Einzelnen oder ganzen Gruppen von Unfreien gewisse Rechte eingeräumt wurden – Resultat und Ausdruck der ‚negotiability of legal status'. Dass diese Rechte allerdings erstritten werden mussten beziehungsweise konnten, zeigt bereits auf, dass sie den *servi* zunächst einmal (zumindest in der Theorie) durch das fränkische Recht verwehrt waren. Ein Versuch, statistisch belastbare Aussagen bezüglich der Frage zu treffen, wie viele *servi* in vollkommener Abwesenheit der verschiedenen Rechte lebten und somit auch de facto Sklaven waren und wie viele Menschen sich einzelne oder mehrere dieser Rechte erstreiten konnten, verbietet sich in Ermangelung statistisch belastbarer Quellen. Insgesamt darf in Bezug auf die Frage, ob es sich bei den *servi* des Karolingerreichs um Sklaven handelte, der Ansicht von Rachel Stone zugestimmt werden, wenn sie feststellt, dass die Unfreien des Karolingerreichs je nach definitorischem Ansatz „as either slaves or serfs or both simultaneously" betrachtet werden können.[183] Ohnehin ergibt sich die Frage, inwiefern ein solch allgemeiner Kategorisierungsversuch einer in sich heterogenen Gruppe epistemologisch sinnvoll ist. Zweifellos feststellen lässt sich im diachronen Vergleich für das Gebiet des Frankenreichs nur eine (überwiegend)[184] konsistente Terminologie.

Die Feststellung konsistenter Quellenterminologie zwingt allerdings zu hinterfragen, welche Bedeutung diese Begrifflichkeit(en) zur Zeit der Entstehung der Quelle(n) hatte. Aus der beschriebenen Verhandelbarkeit von Aspekten des eigenen Rechtsstatus ergibt sich schließlich auch die Frage, welche Bedeutung diesem im Karolingerreich beigemessen wurde. Teilweise wird in der jüngeren Forschung die Position vertreten, dass es sich lediglich um ein terminologisches Relikt der römischen Antike handelte, dem in der Lebensrealität des 8. und 9. Jahrhunderts wenig bis keine Bedeutung zukam.[185] Die Verhandelbarkeit einzelner Aspekte des eigenen Status mag in diesem Zusammenhang als Anzeichen einer Aufweichung von Statusgrenzen gedeutet werden. Gleiches gilt für die Ausdifferenzierung verschiedener Statusgruppen zwischen den Freien und Unfreien,[186] die ebenfalls als Aufweichung der Dichotomie Frei und Unfrei

183 Stone, Morality and Masculinity, S. 94.

184 Zu den seltener für verschiedene mehr oder minder unfreie Personen oder Gruppen verwendeten Begriffen und ihrer Häufigkeit vgl. die Unterkapitel zu 1.6 und 1.7.

185 Vgl. Rio (Slavery after Rome, S. 16), die diesbezüglich feststellt: „Terminology appears, on the surface, to be the level most resistant to change, the most dependent on inheritance, and the least responsive to changes in practice. As we have seen, our source material continues to use the same Latin vocabulary to designate unfree people (servus, mancipium, ancilla) throughout the first millennium and beyond. It is clear that these terms were not straightforward descriptors entailing any particular conditions of life or work: it is almost impossible to tell what exactly the word servus was intended to describe when it is found in an early medieval text without further contextual information."

186 Vgl. Liebs, Sklaverei aus Not, S. 301–311. Einschränkend angemerkt werden muss in diesem Zusammenhang allerdings zum einen, dass es sich hier nicht um eine neue Entwicklung der Karolingerzeit handelt. Entsprechende Formeln, in denen die temporäre bzw. bedingte Über-

verstanden werden können, insbesondere dann, wenn die diversen Vermischungsphänomene zwischen verschiedenen Statusgruppen miteinbezogen werden.[187]

Dennoch sind auch in der zweiten Hälfte des 9. Jahrhunderts noch Situationen greifbar, in denen sich Gruppen durch ihren Rechtstatus von anderen abzugrenzen suchten.[188] Irrelevant war der Rechtsstatus eines Individuums im Karolingerreich also keineswegs. Weshalb sollte der Fiskus – in diesem Fall repräsentiert durch den Advokaten Fredelus – die vermeintliche Unfreiheit des Angeklagten Maurinus nachweisen wollen?[189] Und weshalb sollten die *censuales* daran interessiert sein, ihre Zugehörigkeit zu den freien in Abgrenzung von den unfreien Bevölkerungsgruppen zu betonen?[190] Und auch der bereits erwähnte Umstand, dass Unfreie sich gewisse Rechte erstreiten konnten und Freie ihre Rechte (vollständig oder teilweise) verkaufen konnten, muss vielmehr als Nachweis einer zumindest begrenzten Bedeutung von Rechtsstatus betrachtet werden, nicht als Nachweis seiner vermeintlichen Bedeutungslosigkeit. Dennoch deutet einiges darauf hin, dass Rechtsstatus im 9. Jahrhundert in bestimmten Situationen nur noch bedingt bedeutsam war. Exemplarisch angeführt werden kann in diesem Zusammenhang etwa der wenig konsequente Umgang mit der Bestrafung von Unfreien.[191]

Zumindest in der durch die Kapitularien ausgedrückten Perspektive und Wahrnehmung der Herrscher und ihrer Berater kommt dem Rechtstatus allerdings weiterhin eine große Bedeutung zu.[192] Damit ist freilich keineswegs gesagt, inwiefern diese vermeintlichen „generic statements about unfree status made in formal written law"[193] aussagekräftig für ihre Durchsetzung waren. Dennoch lassen sich ‚die Unfreien' auch in den Kapitularien als (sicherlich heterogene)[194] große[195] sozial und rechtlich umrissene Gruppe aus- und festmachen, der in

---

gabe seiner selbst an einen Gläubiger behandelt werden, sind auch aus dem 6. Jahrhundert bekannt. Vgl. dazu etwa: Angers Nr. 18 und 38 (MGH Formulae), S. 10 und 17. Zum anderen handelt es sich beim Selbstverkauf freilich um einen Sonderfall, bei dem die Verhandlungsgrundlage eine ungleich andere ist als bei unfrei geborenen Personen.

187 So finden sich etwa sogenannte *mansi ingenuiles* die von *servi* bewirtschaftet werden, da „der Rechtsstand der Bauern nicht zwingend mit dem Stand der Hufe korrespondieren musste" (Goetz, Palaiseu, S. 219). Ebenso ist eine Aufweichung der Rechtsstände durch standesungleiche Ehen anzunehmen. Vgl. dazu ebd., S. 217–218.

188 Goetz, Palaiseu, S. 217. Ein weiteres Beispiel bietet Esders (Zensualität, S. 78).

189 Vgl. Ubl, Maurinus, S. 106.

190 Vgl. Esders, Zensualität, insb. S. 77–80. Einen weiteren Fall aus der zweiten Hälfte des 9. Jahrhunderts in dem die Freiheit einer Gruppe von Bauern von entscheidender Bedeutung ist, erwähnt: Nelson, Dispute Settlement, S. 51–52.

191 Vgl. Leyendecker, Punishment.

192 Vgl. dazu die große Zahl der Nennungen von *servi* und anderen unfreien Gruppen auf der einen und der *liberi homines* auf der anderen Seite. Vgl. dazu in Bezug auf Freie die Studien von Müller-Mertens (Liberi homines) und Schmitt (Liberi homines).

193 Rio, Slavery after Rome, S. 14.

194 Erneut sei an dieser Stelle betont, dass diese Heterogenität keineswegs eine drastische Veränderung im Vergleich mit den Unfreien bzw. Sklaven des römischen Reichs konstituiert.

195 Stone, Morality and Masculinity, S. 95 mit Anmerkungen.

unterschiedlichem Maße theoretisch und praktisch gewisse Rechte verwehrt wurden. Diese Gruppe steht im Zentrum des Interesses der vorliegenden Studie.

In Bezug auf die Frage, ob diese Gruppe(n) als Sklaven verstanden werden sollten oder nicht, ist abschließend festzustellen, dass ihre Beantwortung zweifellos von der Fragestellung und der verwendeten Definition des Sklavereibegriffs abhängig und dementsprechend nicht abschließend zu beantworten ist. Ohnehin muss die Frage erlaubt sein, inwiefern der Versuch „to describe and classify ancient [or in this case medieval] slavery with modern concepts" nicht eher „harm than good" bedeutet, da der Begriff zu „multi-layered and imprecise" bleibt.[196]

Die Kapitularien der Karolingerzeit nutzen für die Beschreibung der Gruppe der vollständig Unfreien oder teilweise in ihrer Freiheit eingeschränkten Bevölkerungsgruppen des Frankenreichs eine Vielzahl an verschiedenen Begriffen. Letztere werden in der älteren Forschung meist als halbfrei oder jüngst eher als minderfrei bezeichnet.[197] Für die (zumindest theoretisch) vollständig unfreien Personengruppen werden die Begriffe *servi, ancillae* und *mancipia* verwendet. Neben diesen Bezeichnungen finden sich, wenngleich weit seltener, weitere Termini, die sich ausschließlich auf die im Besitz der Kirche (*ecclesiastici*) beziehungsweise des Fiskus (*fiscalini*) beziehen.[198] Minderfreie werden unter anderem als *liti*, in eindeutig italienischen Kontexten als *aldii* bezeichnet. Darüber hinaus finden sich in selteneren Fällen auch *coloni, tributarii, cartularii* und weitere Begriffe, die jeweils eine mehr oder minder gut zu fassende Gruppe von zumeist minderfreien Personen beschreiben. Diese Vielzahl an Begrifflichkeiten deutet bereits auf die Komplexität bei der Frage nach der Bedeutung des Rechtsstatus im Karolingerreich hin. Vollständig beantwortet werden kann diese Frage auf Grundlage der uns bekannten Quellen freilich nicht. Es handelt sich allerdings nicht um ein bloßes Überlieferungsproblem, wie die eingangs zitierte Antwort Karls des Großen auf eine entsprechende Anfrage eines seiner *missi* zeigt: Auch die höherrangigen Amtsträger des 8. und 9. Jahrhunderts stellte das Nebeneinander dieser verschiedenen Begrifflichkeiten offensichtlich vor Herausforderungen.[199] Nichtsdestotrotz oder gerade deshalb sollen im nun folgenden Kapitel die verschiedenen Quellenbegriffe kurz vorgestellt werden, wobei jene Bezeichnungen, die sich auf (vollständig) unfreie Personen beziehen, aufgrund des thematischen Schwerpunkts dieser Studie umfassender betrachtet werden.

---

196 Schermaier, Without Rights, S. 1–4.
197 Vgl. von Olberg-Haverkate, Minderfreie, Sp. 1518–1522.
198 Vgl. Kapitel 1.6.4.
199 Vgl. die bereits mehrfach zitierte Nr. 58 c. 1 (MGH Capit. 1), S. 145.

1.6 Bezeichnungen für Unfreie in den Kapitularien

1.6.1 *servus*

Unzählige Kapitel, aufgeteilt auf etwa 70 Herrschererlasse, erwähnen den *servus* beziehungsweise die *servi.*[200] *Servi* finden sich somit in rund einem Drittel der etwa 200 bekannten ‚Kapitularien', deren Entstehung dem Untersuchungszeitraum von 742–840 zugeordnet werden kann. Wie im Verlauf dieses Kapitels noch aufgezeigt werden wird, finden sich andere Begriffe, die sich auf Unfreie beziehen – etwa *ancilla* oder *mancipium* – jeweils nur in 10 bis 20 Erlassen. Es kann daher kaum überraschen, dass der aktuelle Forschungsdiskurs zur Unfreiheit im Karolingerreich[201] – ebenso wie die vorliegende Studie – primär ebenjene *servi* in den Blick nimmt. Beschrieben werden mit dem Begriff *servus* Personen(gruppen), die zumindest theoretisch grundsätzlich vollständig ihrem Besitzer unterworfen sind und somit keine persönliche Freiheit besitzen.

Eine chronologische Entwicklung der Verwendung des Begriffs innerhalb des Untersuchungszeitraums konnte nicht festgestellt werden. An dieser Stelle muss kurz zur Vorsicht in Bezug auf die statistische Relevanz der hier und im Verlaufe des Kapitels genannten Zahlen gemahnt werden. Ein erstes Problem in Bezug auf die statistische Auswertung ergibt sich bereits bei der Definition des Quellenkorpus. Je nach Verständnis des Kapitularienbegriffs kann die Anzahl der relevanten Texte drastisch variieren, was zweifellos zu Verschiebungen in Bezug auf die Häufigkeit der Verwendung der Quellenbegriffe führt. Darüber hinaus ist davon auszugehen, dass der uns bekannte Bestand an Herrschererlassen keineswegs eine repräsentative oder gar vollständige Abbildung des Gesamtkorpus des 8. und 9. Jahrhunderts darstellt. Ebenso erschweren die von den MGH-Editoren der Kapitularien Alfred Boretius und Viktor Krause konstruierten Sammelkapitel, eine Auswertung nach Erlassen, da die jeweiligen Kapitel in diesen Fällen nicht einem einzelnen Erlass zuzuordnen sind, sondern von den Editoren lediglich unter den entsprechenden Nummern subsummiert wurden; exemplarisch angeführt seien an dieser Stelle nur die Capitula Italica Karls des Großen (BK 105). Dementsprechend sollten die hier präsentierten Zahlen mehr als eine ungefähre Einordnung betrachtet werden denn als belastbare statistische Daten. Aus diesem Grund erscheint es auch wenig ergiebig, die ermittelten Kapitel systematisch in kleinere Datencluster, etwa nach Entstehungszeitpunkt, -ort oder Herrscher, zu ordnen und entsprechend zu analysieren. Allerdings kommt es teilweise zu auffälligen Häufungen, so etwa in Bezug auf die Entstehung in Italien oder im zeitlichen Zusammenhang mit der soge-

200 Ignoriert wurden in diesem Zusammenhang selbstverständlich die *servi Dei,* dies gilt gleichermaßen für die *ancillae Christi* des nächsten Kapitels. Beide Fälle sind nicht als Rechtstatus zu verstehen.

201 Umfangreiche Studien zu einzelnen minderfreien Gruppen sind mir nicht bekannt und wohl bereits wegen der schlechten Überlieferungssituation schwer umzusetzen.

nannten Leges-Reform von 802/803, die in den entsprechenden Kapiteln aufgezeigt werden.

1.6.2 *ancilla*

Das weibliche Pendant zum *servus* findet sich auch im 8. und 9. Jahrhundert in der *ancilla.* Anders als von Monika Obermeier angenommen,[202] darf allerdings davon ausgegangen werden, dass *servus* / *servi* durchaus nicht nur als spezifisch männliche Bezeichnung betrachtet werden kann, sondern zumindest in rechtlichen Kontexten teilweise auch als generisches Maskulinum Verwendung fand und somit auch weibliche Unfreie mit einbezog. So deutet beispielsweise nichts daraufhin, dass der Diebstahl durch einen *servus,* der in c. 12,1 der Lex Salica behandelt wird,[203] nicht gleichermaßen auch den von einer weiblichen Unfreien, also einer *ancilla* begangenen Diebstahl meint. Auch der Umgang mit einem flüchtigen *servus,* wie beispielsweise im sogenannten Capitulare Italicum (BK 98) Karls des Großen behandelt,[204] wird auch bei weiblichen Flüchtigen Geltung besessen haben. Vergleichbare Fälle in denen die *ancilla* nicht explizit genannt, aber aller Wahrscheinlichkeit nach ebenfalls gemeint ist, finden sich vielfach in fränkischen Rechtsquellen.[205] Die explizite Verwendung des Begriffs *ancilla* ist – zumindest in den fränkischen Herrschererlassen – verhältnismäßig selten.[206] Nur 19 Kapitel nutzen den Begriff, von denen wiederum drei auf eine *ancilla Christi* oder *Dei* anspielen[207] und folglich für diese Untersuchung nicht relevant sind. Die verbleibenden 16 Kapitel verteilen sich zudem auf nur 11 Kapitularien.[208] Der

---

202 Vgl. Obermeier, Ancilla, S. 64.

203 Lex Salica c. 12,1 (MGH LL nat. Germ. 4,1), S. 58.

204 Vgl. Nr. 98 c. 8 (MGH Capit. 1), S. 206. Der Befund bestätigt sich durch Betrachtung von Nr. 91 c. 9 (MGH Capit. 1), S. 193. Dort werden *ancillae* in ähnlichem Kontext explizit erwähnt.

205 Exemplarisch angeführt werden kann hier etwa Lex Ribuaria c. 8 (MGH LL nat. Germ. 3,2, S. 77) zur Tötung eines *servus.* Eine Bestimmung für getötete *ancillae* findet sich nicht, obwohl bei Freien durchaus nach Geschlecht unterschieden wird (vgl. Lex Ribuaria cc. 7 respektive 12 [MGH LL nat. Germ. 3,2], S. 77–78).

206 Freilich darf dieser Umstand keineswegs dazu verleiten, von einer rechtlichen Gleichbehandlung von Männern und Frauen im Frankenreich auszugehen.

207 Dabei handelt es sich um Nr. 14 c. 11, S. 35; Nr. 42 c. 5, S. 119 und Nr. 72 c. 13, S. 164 allesamt in MGH Capit. 1. Nr. 72 findet sich zudem ediert bei: Ganshof, Notes, S. 20–25 mit c. 13 auf S. 25.

208 In MGH Capit. 1: Nr. 16, cc. 6, 7, 8, 13, 19 und 20, S. 40–41; auf dieses Kapitular (beziehungsweise dessen c. 7) bezieht sich zudem Nr. 4 (MGH Hilfsmittel 15), S. 973 – hier als kapitulariennaher Text zu verstehen. Hinzu kommen: Nr. 26 c. 15, S. 69; Nr. 33 c. 18, S. 95; Nr. 43 c. 11, S. 122; Nr. 58 c. 1, S. 145; Nr. 91 c. 9, S. 193; Nr. 100 c. 1, S. 207; Nr. 105 c. 1, S. 215 allesamt MGH Capit. 1. Zudem: Nr. 15 c. 3, S. 200–201; Nr. 51 c. 12, S. 670–671 (beide MGH Capit. N. S. 4) und Nr. 13 c. 14 (MGH Hilfsmittel 15), S. 992. Da an dieser Stelle lediglich ein Überblick geboten werden soll, wird die Qualität der einzelnen Quellenbelege an dieser Stelle nicht beurteilt. Dies gilt gleichermaßen für die Auflistung der Quellenbelege für die im Folgenden behandelten Quellenbegriffe. Nur in einzelnen Codices überlieferte Kapitel oder Abschnitte von Kapiteln, werden an dieser Stelle und im Folgenden zu den weiteren Quellenbegriffen nicht berücksichtigt. Ein Beispiel findet sich in Nr. 140 (MGH Capit. 1, S. 286), in der Überlieferung von Paris Lat. 4995, wo *ancillae, coloni, servi*

überwiegende Anteil der Verwendungen des Begriffs bezieht sich auf eheliche beziehungsweise sexuelle Verbindungen, bei denen das Geschlecht der betroffenen Personen freilich von besonderem Interesse war. Die Annahme einer geschlechterübergreifenden Verwendung des Begriffs *servus* macht zumindest teilweise verständlich, weshalb die *servi* im fränkischen Recht weit häufiger vertreten sind als die *ancillae*.

Wie bereits für den *servus* festgestellt, muss auch für die *ancillae*, wenn sie denn erwähnt werden, grundsätzlich von einem Fehlen gewisser Rechte ausgegangen werden. Wie bereits in Bezug auf die *servi* betont, darf dieser Umstand allerdings keinesfalls insofern missverstanden werden, dass allen *ancillae* des Frankenreichs diese Rechte allesamt und ausnahmslos vorenthalten wurden. Auch die unfreie Frau konnte, abhängig von ihrer Verhandlungsposition, einige der ihr grundsätzlich fehlenden Rechte erhalten.

Der Begriff *ancilla* bezeichnet die unfreie Frau allerdings grundsätzlich nicht nur in Abgrenzung zum unfreien Mann, sondern eben auch in Abgrenzung zur freien und freigelassenen Frau. Auffällig ist in diesem Zusammenhang allerdings, dass diese Assoziation nur in dem Fall eines von Pippin von Italien erlassenen Kapitulars (BK 100, c. 1) aufkommt, in dem Geistlichen verboten wird, mit Frauen zusammenzuwohnen, unabhängig davon, ob es sich um eine freie Frau (*mulier*), eine unfreie Frau (*ancilla*) oder eine Minderfreie (*aldia*) handelt.[209]

1.6.3 *mancipium*

Ähnlich wie bereits für die *ancilla(e)* festgestellt, wird auch *mancipium* / *mancipia* in den fränkischen Herrschererlassen im Vergleich mit den *servi* deutlich seltener genutzt. Der Begriff findet in 25 Kapiteln, die sich auf 21 Kapitularien aufteilen Verwendung.[210]

---

ecclesiastici erwähnt werden. Die ermittelte Anzahl der hier und im Folgenden genannten Kapitel erfolgte über die Datenbank des Latin Text Archive (https://lta.bbaw.de/corpus/capitularies [zuletzt eingesehen am 24.04.2023]) und soll mehr einen Überblick bieten, denn für belastbare quantitative Auswertungen dienen.

209 Nr. 100 c. 1 (MGH Capit. 1), S. 207: *De episcopis, presbiteris, diaconibus vel clericis: interdixit per omnia magna sinodus, ut nulli episcopo vel presbitero atque diacono sive clerico introductam non liceat habere mulierem, simul nec ancillam aut aldiam quae in opinione adulterii manet aut diffamatur, nisi forte matrem aut sororem aut amitam; simul nec et ipse in casas ubi ipsi manent esse non debeant. Et qui hoc facere ausus fuerit, bannum nostrum ad partem nostram componat.*

210 Nr. 20 c. 19, S. 51; Nr. 28 c. 4, S. 74; Nr. 32 c. 67, S. 89; Nr. 45 c. 11, S. 128–129; Nr. 48 c. 2, S. 134–135; Nr. 52 c. 2, S. 139 (wenngleich an dieser Stelle nicht sicher ist, ob *res et mancipia* wirklich auf Unfreie zu beziehen ist – vergleichbare Stellen [z.B. Nr. 65 c 15] bei denen die Bezugnahme ebenfalls nicht sicher ist, werden im Folgenden nicht als solche gekennzeichnet); Nr. 55 c. 2, S. 142; Nr. 65 c. 15, S. 154; Nr. 74 c. 2, S. 166; Nr. 77 cc. 5 und 7, S. 171; Nr. 80 c. 4, S. 176; Nr. 90 c. 7, S. 190; Nr. 95 c. 12, S. 201; Nr. 102 cc. 18–20, S. 211; Nr. 156 c. 3, S. 315; Nr. 167 c. 5, S. 334 allesamt MGH Capit. 1. Einige Kapitel von Nr. 167 wurden zwar in die Neuedition der Kapitularien Ludwigs des Frommen aufgenommen, nicht aber c. 5. Vgl. dazu den Kommentar von Kaschke (MGH Capit. N. S. 4, S. 794–796). Nr. 156 stammt zwar nach Boretius (MGH Capit. 1, S. 315) aus der Zeit Ludwigs des Frommen, wurde allerdings nicht in die MGH Capit. N. S. 4 aufgenom-

Bereits Ludolf Kuchenbuch verweist darauf, dass der „alte [dem römischen Recht entstammende] sachenrechtl. Sinnkern" des Begriffs *mancipium / mancipia* in seiner Verwendung im 7.–10. Jahrhundert „zugunsten verschiedener seigneurialer und patronaler Sinnaspekte abgeschwächt" wurde.[211] Sein Befund, dass *mancipia* meist „dann benutzt wird, wenn es um [die] anonyme und pauschale Verfügung des Herrn als Eigner geht (Sammelwort)"[212] bestätigt sich auch in Bezug auf die Verwendung des Begriffs in den untersuchten Herrschererlassen. Als häufigste Themenfelder sind verschiedene Formen der Transaktion (z. B. Kauf, Schenkung oder Erbe) festzustellen.

1.6.4 *servi ecclesiastici und servi fiscalini*

Weitere Bezeichnungen finden sich in den *servi ecclesiastici* und *fiscalini*. Die Begriffe meinen ebenjene Unfreien, die sich im Besitz der Kirche respektive des Fiskus befanden. Beide Gruppen haben terminologisch keine römischrechtlichen Ursprung.[213] Es wird sich um zahlenmäßig durchaus erhebliche Gruppen gehandelt haben, da davon auszugehen ist, dass Kirche und Fiskus – gerade im Vergleich mit privaten Besitzern von Unfreien – sehr viele Unfreie besaßen.

Servi ecclesiastici und *fiscalini* finden sich ebenfalls in nur wenigen Kapitularien erwähnt, wobei die Unfreien der Kirchen etwas häufiger genannt werden.[214] Auffällig ist, dass die Begriffe sehr häufig zusammen genannt werden.

---

men. Unter den in die Neuedition (MGH Capit. N. S. 4) aufgenommenen Kapitularien finden sich *mancipia* erwähnt in: Nr. 10 cc. 1 und 6, S. 146–147 und 150–151; Nr. 17 c. 2, S. 214–215; Nr. 31 c. 7, S. 408–409; Nr. 50 c. 7, S. 644–645; Nr. 51 c. 1, S. 664–665.

211 Kuchenbuch, Mancipia, Sp. 1223–1227.

212 Ebd.

213 Die Verwendung des Begriffs außerhalb der fränkischen Herrschererlasse ist mit einigen entsprechenden Stellen im Mittellateinischen Wörterbuch Welcher Band?? (*fiscalinus* Sp. 282–282; *ecclesiasticus* Sp. 1084–1087) belegt. In diesem Zusammenhang ist für die *servi ecclesiastici* ein gewisses Maß an Vorsicht geboten, da sie teilweise schlicht als *ecclesiastici* bezeichnet werden. So z. B. in Nr. 25 c. 4 (MGH Capit. 1), S. 67. Die Frage, ob es sich um Unfreie der Kirche (also *servi ecclesiastici*) oder aber schlicht um Inhaber kirchlicher Ämter handelt muss dementsprechend aus dem Kontext der entsprechenden Quellenstellen erschlossen werden.

214 Gemeinsam genannt werden beide Gruppen in: Nr. 25 c. 4, S. 67; Nr. 31 (ohne Kapitel), S. 81; Nr. 41 c. 2, S. 117; Nr. 82 c. 4, S. 180–181; Nr. 98 c. 8, S. 206 (wobei der *servus fiscalinus* hier als *servus regius* bezeichnet wird) allesamt MGH Capit. 1. Zudem: Nr. 36 c. 5, S. 454–456; Nr. 43 c. 8, S. 556–559; Nr. 44 c. 1, S. 572–575 alle in MGH Capit. N. S. 4. Ohne die *fiscalini* erwähnt finden sich die *servi ecclesiastici* in vier weiteren Kapiteln aus der Zeit Ludwigs, nämlich in: Nr. 9 c. 18, S. 136–137; Nr. 15 c. 7, S. 202–203; Nr. 17 c. 3, S. 214–215; Nr. 51 c. 9, S. 668–667 (wobei es sich hier um eine Übernahme von Nr. 9 c. 18 handelt) allesamt in MGH Capit. N. S. 4. Hinzu kommt mit Nr. 173 (MGH Capit. 1 1, S. 355–356) ein von Boretius edierter Text, bei dem es sich nicht um ein Kapitular handelt. Erwähnungen von *servi fiscalini* ohne ihr kirchliches Pendant finden sich in: Nr. 33 c. 4, S. 92; Nr. 40 c. 10, S. 115; Nr. 44 c. 22, S. 125–126; Nr. 56 c. 4, S. 143; Nr. 98 c. 6, S. 205 allesamt in MGH Capit. 1. Zudem Nr. 12 cc. 40 und 42 (MGH Hilfsmittel 15), S. 989. Zum Charakter von Nr. 12 (MGH Hilfsmittel 15), bei dem es sich nicht um ein Kapitular Karls handelt vgl.: Glaathaar et al., Admonitio generalis, S. 127–135. Bemerkenswerterweise sind diese Belege alle der Herrschaftszeit Karls zuzuordnen.

Dieser Umstand wird wohl auf eine intendierte rechtliche Gleichstellung der Unfreien von Kirche und Fiskus zurückzuführen sein.[215] Diese (rechtliche) Gleichstellung bestand mit den einfachen *servi* wohl nicht.[216] Hier ist eine erhebliche Besserstellung der Unfreien von Kirche und Fiskus anzunehmen.[217] Für beide Gruppen wird beispielsweise ein Wergeld von 100 Solidi festgelegt, was dem des *litus* entspricht und deutlich höher ist als die für die Tötung eines *servus* fällige Summe.[218]

1.6.5 *colonus*

Verstand man in „der Rechtssprache der Kaiserzeit" unter dem Begriff *colonus* zumeist noch „Pächter fremden Grund und Bodens", sind die *coloni* in der Gesetzgebung des 4. Jahrhunderts bereits deutlich schlechter gestellt. De facto besitzen die Kolonen spätestens seit der konstantinischen Gesetzgebung keine Freizügigkeit, dürfen ihren Gutsherren nur in Ausnahmefällen gerichtlich belangen und können sogar, wenngleich nur mitsamt des bewirtschafteten Grundbesitzes, verkauft werden. Auch in der Auswahl des Ehepartners sind die spätantiken Kolonen eingeschränkt, sodass sich insgesamt eine den *servi* ähnliche rechtliche Stellung ergibt. Diese Form des Kolonats findet sich in den fränkischen Gesetzbüchern der Leges Salica und Ribuaria allerdings nicht explizit erwähnt.

Dieser Umstand, gepaart mit dem Befund von Oliver Schipp, dass das Kolonat hauptsächlich innerhalb der romanischen beziehungsweise nach römi-

---

215 Zum Ausdruck kommt die Gleichstellung der beiden Gruppen beispielsweise in Nr. 9 c. 1 (MGH Capit. N. S. 4, S. 118–121), wo es heißt: *De ecclesiastico et fiscalino et beneficiario servo volumus, ut pro una vice vvirgildus eius pro eo conponatur, altera vice ipse servus ad supplicium tradatur.* Das Kapitel wird in der Kapitulariensammlung des Ansegis aufgenommen und wird auch 829 in Worms im Rahmen eines weiteren Erlasses (Nr. 44 c. 1, MGH Capit. N. S. 4, S. 572–575) erneut thematisiert. Ähnlich auch c. 8 von Nr. 43 (MGH Capit. N. S. 4, S. 556–559; ebenfalls von 829). Dort heißt es: *Si vero servi ecclesiastici aut fiscalini nostri aut comitum aut vasallorum nostrorum hoc facere presumpserint, LX ictibus vapulent.* Allerdings lassen sich auch im Vergleich zwischen *servi ecclesiastici* und *fiscalini* gewisse Unterschiede in ihrer rechtlichen Stellung feststellen. So wird etwa in c. 22 von Nr. 44 (MGH Capit. 1, S. 125–126) festgelegt, dass Freie, die sich ehelich mit Unfreien des Fiskus verbinden, weiterhin das Recht zu erben, sowie das Recht vor Gericht auszusagen garantiert wird. Ein vergleichbares Privileg ist für Unfreie der Kirche nicht bekannt.

216 Zumindest für Diebstähle wird dies allerdings in Nr. 7 c. 13 (MGH Capit. 1, S. 17) festgelegt.

217 Wenngleich ein vermeintlicher Nachweis dieser Besserstellung, der bisweilen in Nr. 31 (MGH Capit. 1, S. 81–82) gesehen wurde, jüngst durch Charles West (Carolingian Kingship, S. 227–244) einer Neubewertung unterzogen wurde und nunmehr in vielerlei Hinsicht mit Vorsicht zu betrachten ist.

218 Nr. 41 c. 2 (MGH Capit. 1), S. 117: *Homo regius, id est fiscalinus, et aecclesiasticus vel litus interfectus centum solidis conponatur.* Demgegenüber stehen 36 Solidi für die Tötung eines *servus* (vgl. Lex Ribuaria c. 8 [MGH LL nat. Germ. 3,2], S. 77). Zur Frage, ob es sich bei diesen 36 Solidi um ein Unfreienwergeld handelt, oder lediglich um Schadensersatz vgl. zuletzt: Bothe, Triplice Weregeldum, S. 183, Anm. 4). Die explizite Erwähnung eines Unfreienwergelds findet sich erstmals in Nr. 52 c. 2 (MGH Capit. 1), S. 139. Dazu ausführlicher Kapitel 3.3.4.

schem Recht lebenden Bevölkerungsteilen verbreitet war,[219] mag erklären, weshalb die *coloni* im untersuchten Quellenkorpus nur selten Erwähnung finden. Nur acht beziehungsweise neun hier relevante Texte nennen *coloni*.[220] Ob es sich bei den *coloni* im Frankenreich um faktisch und rechtlich Un- oder Minderfreie handelte, ist letztlich von der zugrundeliegenden Definition der beiden Begriffe und der Perspektive der Fragestellung abhängig und lässt sich wohl nicht abschließend bestimmen. Für die Vermutung, dass das Kolonat in den Augen der fränkischen Gesetzgeber eine Form der Unfreiheit darstellte, spricht allerdings zum einen der Umstand, dass die *coloni* in gleich sechs der neun Erwähnungen in einer Aufzählung mit anderen unfreien Gruppen, *servi*, *fiscalini* und *ecclesiastici* in verschiedenen Konstellationen, genannt werden. Zum anderen wird diese These untermauert von der bereits zitierten Antwort Karls des Großen an einen seiner *missi*, der fragt, wie mit den Kindern aus Ehen zwischen einem *servus* und einer *colona* zu verfahren sei. Karl setzt in diesem Zusammenhang die *colona* mit der *ancilla* gleich.[221] Wenngleich Karls Antwort nicht überinterpretiert werden sollte, deutet sie dennoch an, dass die Karolinger in Bezug auf ehe- und statusrechtliche Fragen *coloni* und *servi* kaum unterschieden. Dies lässt sich in vergleichbarer Weise auch in Bezug auf Freizügigkeit sowie Eigentum und Bestrafung feststellen.[222] Dennoch kommt Oliver Schipp in seiner umfangreichen Betrachtung des Kolonats zu dem Schluss, dass die *coloni* im Frankenreich des 8. und 9. Jahrhunderts personenrechtliche Freiheit besaßen.[223] Vollständig überzeugen kann diese Einschätzung allerdings nicht.[224] Jedoch ließe sich wohl ebenfalls für eine Einordnung der Kolonen unter den Minderfreien argumentieren.

Insgesamt darf festgehalten werden, dass die Erlasse des Untersuchungszeitraums zwar ein gewisses Maß an terminologischer Varianz aufweisen, aber der Begriff *servus* deutlich dominiert.

---

219 Vgl. Schipp, Kolonat, S. 579–580.

220 Nr. 25 c. 4, S. 67; Nr. 40 c. 10, S. 115; Nr. 56 c. 4, S. 143; Nr. 58 c. 1, S. 145 allesamt in MGH Capit. 1. Zudem Nr. 12 c. 42, S. 989; Nr. 14 c. 2, S. 995 (beide in MGH Hilfsmittel 15). Hinzu kommen: Nr. 26 c. 6, S. 342; Nr. 47, S. 610 (beide in MGH Capit. N. S. 4). Bei Nr. 154 c. 9 (MGH Capit. 1, S. 313) handelt es sich nicht um ein Kapitular, sondern um Konzilskanones.

221 Nr. 58 c. 1 (MGH Capit. 1), S. 145: *Continebatur namque in primo capitulo, utrum, ubi colonam servus cuiuslibet uxorem acceperit, infantes illorum pertinere deberent ad illam colonam an ad illum. Considera enim, si proprius servus tuus alterius propriam ancillam sibi sociaverit, aut alterius servus proprius tuam propriam ancillam uxorem acceperit, ad quem ex vobis eorum procreatio pertinere debeat, et taliter de istis fac; quia non est amplius nisi liber et servus.*

222 Schipp, Kolonat, S. 431–451.

223 Vgl. ebd.

224 Warren Brown (Monastery Walls, S. 286) stellt diesbezüglich treffend fest: „*Coloni* are repeatedly referred to as ‚free' even when their freedom of action and rights are obviously constrained".

1.7 Bezeichnungen für Minderfreie

1.7.1 *liti und aldiones*

Sowohl in den Leges Salica und Ribuaria als auch im friesischen und sächsischen Recht finden sich die *liti* mit einer gewissen Häufigkeit.[225] In den fränkischen Herrscherlassen hingegen wird die Bezeichnung nur äußerst selten verwendet. Insgesamt wird der *litus* in zehn Einzelkapiteln erwähnt. Allerdings entfallen sieben dieser Erwähnungen auf die Capitulatio de partibus Saxoniae (BK 26, fünf Erwähnungen) und auf das Capitulare Saxonicum (BK 27, zwei Erwähnungen). Hinzu kommen drei weitere Kapitel, die allesamt aus den Jahren 802/803 stammen, wobei sie in c. 13b der sogenannten Capitularia missorum specialia im direkten Zusammenhang mit *liberi homines, qui circa maritima loca habitant* stehen.[226] Insgesamt entsteht der Eindruck, dass es sich bei den Liten im 8. Jahrhundert um ein regional begrenztes Phänomen handelte. Diese Vermutung wird bestärkt durch die besondere regionale Konzentration von Urkunden aus dem heutigen Nordwesten Deutschlands, die *liti* erwähnen.[227] Darüber hinaus ist auffällig, dass sich die Liten ausschließlich in den Kapitularien Karls des Großen finden;[228] ein Umstand, der möglicherweise ebenfalls auf eine überwiegend regionale Verbreitung dieser Gruppe schließen lässt, da nur für die Herrschaftszeit Karls Erlasse speziell für die in dieser Region häufiger siedelnden Friesen und Sachsen bekannt sind.[229] Möglicherweise war die Verbreitung der Liten auch im 8. Jahrhundert noch (hauptsächlich) auf ebenjene Regionen begrenzt, in denen die Franken, Friesen und Sachsen im 6. und 7. Jahrhundert ansässig waren. Die Beantwortung dieser Frage bedarf allerdings weiterer Untersuchung.

Die für die Liten hier nur angenommene regionale Verbreitung kann für die Gruppe der *aldiones* als sicher betrachtet werden: Sie sind eindeutig dem langobardischen Raum beziehungsweise Recht zuzuordnen, wenngleich sich die Bezeichnung auch in einigen wenigen Fällen, „wohl nach langobardischem Vorbild", im bairischen Raum findet.[230] Die *aldiones* finden sich in insgesamt sechs Erlassen erwähnt, die allesamt italienischen Kontexten entstammen. Anders als die *liti* finden die *aldiones* allerdings auch in den (italienischen) Kapitularien Ludwigs des Frommen beziehungsweise Lothars I. Erwähnung.

225 Vgl. von Olberg-Haverkate, Liten, Sp. 1013–1015.

226 Capitularia missorum specialia c. 13b (ed. Eckhardt), S. 502. Vgl. dazu auch Kapitel 3.3.2.

227 Vgl. von Olberg-Haverkate, Liten, Sp. 1013–1015.

228 Dieser Umstand gilt gleichermaßen für die Kapitulariengesetzgebung nach 840.

229 Eine Ausnahme bildet Nr. 9 c. 2 (MGH Capit. N. S. 4, S. 120–121), in dem das Wergeld von Friesen und Sachsen von dem der unter der Lex Salica lebenden Personen unterschieden wird.

230 Bemerkt wird dieser Umstand bereits von Schipp, Kolonat und Aldionat. Schipp verweist in diesem Zusammenhang auf die Freisinger Traditionen Nr. 46, 50, 58, 62, 63 (ed. Bitterauf). Auffällig ist in diesem Zusammenhang sicherlich die zeitliche Nähe der Privilegien mit der Eroberung des Langobardenreichs durch Karl den Großen 773/774. Zur Eroberung vgl. u. a.: Bachrach, Charlemagne's Early Campaigns, S. 139–176 und 310–426.

Genaue Aussagen über die rechtliche Situation beider Gruppen zu treffen, gestaltet sich anhand der relevanten Rechtstexte äußerst schwierig. Dennoch scheinen beide Gruppen auch in der frühmittelalterlichen Wahrnehmung als vergleichbar identifiziert worden zu sein, wie c. 6 des sogenannten Capitulare Italicum (BK 98) Karls des Großen veranschaulicht, in dem es heißt: *De aldiones. Aldiones vel aldianae ad ius publicum pertinentes ea lege vivant in Italia in servitute dominorum suorum, qua fiscalini vel lites vivunt in Francia.*[231]

Die rechtliche Stellung der *liti* im fränkischen Recht ist schwer zu fassen, sodass an dieser Stelle lediglich der Versuch eines Überblicks über die Rechtslage dieser Gruppe im Frankenreich vorgenommen werden kann: Durch *denariatio* können Liten (wie *servi*) die volle Freiheit erlangen.[232] Sie haben (wie der *civis Romanus*) ein Wergeld, welches mit 100 Solidi die Hälfte des Wergelds eines freien Franken beträgt.[233] Dies wird auch im Capitulare legi Ribuariae additum (BK 41 von 803) bestätigt.[234] Durch *liti* begangene Vergehen werden in der Lex Salica teilweise analog zu den *servi*[235] und teilweise analog zu freien Tätern, also durch Kompensationszahlung,[236] gesühnt, insgesamt aber selten genannt. Diese Kompensationszahlung fällt allerdings zumindest im 9. Jahrhundert geringer aus als die entsprechende Summe bei freien Tätern.[237] In den Status eines *litus* gelangte man durch Freilassung,[238] wohl aber auch durch Geburt,[239] möglicherweise durch Heirat.[240]

---

231 Nr. 98 c. 6 (MGH Capit. 1), S. 205. Dazu bereits Schipp, Kolonat und Aldionat, S. 69 mit Anm. 67. Schipp weist in diesem Zusammenhang auch auf den erneuten Vergleich der beiden Gruppen in einer 934 entstandenen Urkunde aus Pavia hin. Die Urkunde findet sich ediert von Alexandre Bruel (Recueil, Nr. 417, S. 403).

232 Lex Salica c. 26,1 (MGH LL nat. Germ. 4,1), S. 96. Dazu auch: Maass, Freilassung durch Schatzwurf, S. 56.

233 Lex Salica c. 42,2 (MGH LL nat. Germ. 4,1), S. 164.

234 Nr. 41 c. 2 (MGH Capit. 1), S. 117.

235 So z. B. in: Lex Salica c. 35,8 (MGH LL nat. Germ. 4,1), S. 131.

236 So z. B. in: Lex Salica c. 50,1 (MGH LL nat. Germ. 4,1), S. 189.

237 So z. B. Nr. 26 c. 21 (MGH Capit. 1), S. 69. Einen Sonderfall stellt das nur in der Hs. Leiden VLQ 119 überlieferte c. 13b der Capitularia missorum specialia (ed. Eckhardt, S. 502) dar, in dem die Bestrafung von solchen Personen geregelt wird, die in Küstenregionen leben und einem Aufruf zur Hilfeleistung nicht nachkommen. Einen besseren Überblick zur Überlieferung des Textes mitsamt Kommentar bietet: Eckhardt, Capitularia missorum specialia, S. 498–516. Das Kapitel stellt insofern einen Sonderfall dar, als dass der Litus sowohl eine Kompensationszahlung zu leisten hat (*sol. XV componat ad populum*), als auch einer physischen Strafe unterzogen werden soll (*et fredo dominico in dorso accipiat*). Somit steht er in der Art und Weise der Bestrafung dem *servus* deutlich näher als dem Freien. Letzterer ist über die Zahlung von 20 Solidi zu bestrafen (*… sol. XX componat, medietatem in dominico, medietatem ad populum*), während der *servus* 10 Solidi zu zahlen hat und physisch gezüchtigt werden soll (*Si servus fuerit, sol. X ad populum et fredo dorsum*). Vgl. dazu umfangreich: Kapitel 3.3.2.

238 So etwa zu erschließen aus: Lex Ribuaria c. 64,1 (MGH LL nat. Germ. 3,2), S. 117.

239 Dieser Umstand findet sich in der Lex Salica allerdings nicht explizit ausformuliert.

240 Die entsprechende Bestimmung der Lex Salica (c. 13,10 [MGH LL nat. Germ. 4,1], S. 62–63) sanktioniert die Eheschließung mit einem fremden Litus lediglich mit einer Kompensationszahlung. Die Bestimmung ist zudem nicht in der merowingischen Lex Salica A-Fassung enthalten.

Dies gilt gleichermaßen auch für die *aldiones:* Auch dieser Status wurde durch Geburt, Heirat oder Freilassung erlangt.[241] Anders als bei den Liten betont die Forschung bezüglich der *aldiones* immer wieder eine gewisse Heterogenität innerhalb dieser Gruppe,[242] was freilich nicht bedeutete, dass sich die individuelle Situation der *liti* nicht ebenfalls stark unterschieden haben könnte.

Ob die liti und aldiones als ‚unterpriviligierte Freie' oder ‚bessergestellte Unfreie' betrachtet werden müssen ist von der Forschung nicht abschließend geklärt. Zumeist werden beide Gruppen schlicht als ‚Minderfreie' bezeichnet, die sich jeweils nach oben beziehungsweise unten von den Freien und Unfreien abgrenzen lassen.[243] Somit befinden sich die Gruppen – anders als die *denariales* im fränkischen beziehungsweise *fulcfree* im langobardischen Recht[244] – in einem sozialen und rechtlichen „Zwischenfeld, das sowohl Romanen als auch fränk. Handwerker und eine heterogene Gruppe Freigelassener umfassen konnte".[245]

1.7.2 Weitere Bezeichnungen für Minderfreie

In diese „heterogene Gruppe Freigelassener"[246] beziehungsweise Minderfreier fallen auch die *cerarii, tabularii* und *cartularii.* Es handelt sich bei den Gruppen um sogenannte Wachszinnsige[247] und durch „unter Einbeziehung einer Tafel in einer Kirche" beziehungsweise „mittels einer Urkunde" Freigelassene.[248] Die Gruppen finden sich im Kapitular von Herstal (BK 20) erwähnt, was in Bezug auf die *cerarii* und *tabularii* auch die einzige Nennung in den Herrschererlassen darstellt. Festgelegt wird dort recht unspezifisch: *De cerariis et tabulariis atque cartolariis, sicut a longo tempore fuit, observetur.*[249] Die *cartularii* finden sich zudem bereits unter Pippin in c. 20 des Decretum Vermeriense (BK 16). In diesem Kapitel wird den *cartularii* untersagt, nach ihrer Freilassung erneut zu heiraten, wenn sie zuvor bereits mit einer *ancilla* ihres Herrn verbunden waren.[250] Darüber hinaus finden sich die *cartularii* in c. 10 des Capitulare legi Ribuariae additum (BK 41),

---

241 Vgl. von Olberg-Haverkate, Freigelassene, Sp. 1736–1740. Marc Bloch (Colliberti, S. 231–238 und insb. S. 233 Anm. 3) ging davon aus, dass sowohl die *aldiones,* als auch die *liti* als synonym mit Freigelassenen zu betrachten seien. Seine Annahme basiert auf einer Glosse in einer Hs. des Edictum Rothari (vgl. Lindenbrog, Codex Legum, S. 1351). Allerdings stellen Roy Flechner und Janel Fontaine (Admission, S. 594–595) zu Recht fest, dass eine solche Annahme nicht über eine einzelne Glosse nachgewiesen werden kann. Auch Rio (Slavery after Rome, S. 83) sieht in den *aldii* neben Freigelassenen auch weitere Personengruppen.

242 Von Olberg-Haverkate, Liten.

243 So etwa bei: Kuhn / Wenskus, Aldius.

244 Bei beiden Gruppen handelt es sich um zur ‚Vollfreiheit' freigelassene, die grundsätzlich mit frei Geborenen rechtlich gleichgestellt waren.

245 Von Olberg-Haverkate, Liten.

246 Ebd.

247 Vgl. Seeliger, Forschungen, S. 327

248 Esders, Zensualität, S. 21. Esders beschäftigt sich zudem an anderer Stelle (ebd., S. 51–53) ausführlicher mit diesen Gruppen.

249 Nr. 20 c. 15 (MGH Capit. 1), S. 50.

250 Vgl. Nr. 16 c. 20 (MGH Capit. 1), S. 41.

wo ihnen, ebenso wie den *denariales* in c. 9,[251] die Erbfähigkeit erst in der dritten Generation zugestanden wird.[252]

Diese *denariales*, durch Schatzwurf Freigelassene,[253] nehmen unter den Freigelassenen insofern eine privilegierte Position ein, als dass sie grundsätzlich den Freien vollständig gleichgestellt sind. Auch sie finden sich, wie die *cartularii*, an zwei weiteren Stellen innerhalb der fränkischen Herrschererlasse: In c. 4 der Capitula ad legem Baiwariorum addita (BK 68) von 803[254] und in c. 16 der Capitula adhuc conferenda
(CNS 13) von 819.[255] Insgesamt darf festgehalten werden, dass Freigelassene, aller terminologischen Vielfalt zum Trotz, verhältnismäßig selten vonseiten der karolingischen Gesetzgeber betrachtet werden.[256]

Wenn also im Verlauf dieser Studie nach Unfreien und einer auf sie ausgerichteten Politik gefragt wird, möchte ich unter diesem Begriff insbesondere jene Gruppe verstehen, denen vonseiten des fränkischen Rechts zumindest theoretisch jegliche Rechte abgesprochen werden: *servi*, und weniger häufig *ancillae* und *mancipia*. Die in den Kapitularien erwähnten Minderfreien vollständig zu ignorieren, scheint in diesem Zusammenhang allerdings wenig sinnvoll, sodass auch diese Gruppen von dieser Studie grundsätzlich berücksichtigt werden. Nicht zuletzt aufgrund der weit selteneren Nennung dieser Gruppen liegt der Fokus der vorliegenden Studie auf den *servi* der karolingischen Kapitularien.

1.8 Karolingische ‚Unfreienpolitik' und der Politikbegriff

Bereits 1919 hatte der Soziologe Max Weber den Politikbegriff als Versuch, „die Machtverteilung zwischen und innerhalb politischer Gebilde zu beeinflussen", definiert.[257] Legitimiert werden könne eine solche Politik, so Weber, durch Tradition, Charisma und Legalität. Diese letzte Möglichkeit der „Herrschaft kraft ‚Legalität', kraft des Glaubens an die Geltung legaler Satzung und der durch rational geschaffene Regeln"[258] ist bei einer Betrachtung der Kapitularien, die ja,

251 Vgl. Nr. 41 cc. 9–10 (MGH Capit. 1), S. 118.

252 Zu den *denariales* als besondere Gruppe unter den Freigelassenen vgl. u. a.: Maass, Freilassung durch Schatzwurf.

253 Vgl. ebd., insb. S. 93–118 zum Schatzwurf als Freilassungsakt.

254 Vgl. Nr. 68 c. 4 (MGH Capit. 1), S. 158. Zum Kapitular Grollmann, Stammesrecht, S. 229–387.

255 Vgl. Nr. 13 c. 16 (MGH Capit. N. S. 4), S. 182–183. Karl Ubl (ebd., S. 180) stellt in diesem Zusammenhang in Bezug auf die als Capitula adhuc conferenda bezeichnete Liste fest: „Es handelt sich eher um eine Sammlung unterschiedlicher Rechtsfragen, die zum Teil von iudices des ribuarischen Rechts, zum Teil vom Kaiser oder von einer Reichsversammlung entschieden werden sollten. Damit könnte das Dokument der Vorbereitung einer Beratung von iudices gedient haben". Er geht von einer Entstehung 818/819 aus.

256 Zu Freilassungen und Verlust der Freiheit vgl. Kapitel 2.

257 Weber, Politik als Beruf, S. 10. Literatur zu Versuchen, den Begriff der ‚Politik' auf das Frühmittelalter zu beziehen, fasst zusammen: Suchan, Hirte, S. 95 mit Anm. 1.

258 Weber, Politik als Beruf, S. 5.

wie oben festgestellt, grundsätzlich den Rechtstexten zuzuordnen sind, von besonderem Interesse. Zumindest vordergründig scheint Webers Definition allerdings zu implizieren, dass feststellbar sein muss, wann, wo und für wen die durch rational geschaffene Regeln formulierten legalen Satzungen Geltung beanspruchen können. Widersprüche innerhalb gleichermaßen gültiger Rechtssatzungen scheinen der Durchsetzung von Herrschaft durch Legalität im Wege zu stehen.

Nun ist aber das Recht des frühen Mittelalters bekanntermaßen (und somit anders als Recht im modernen europäischen Verständnis) keineswegs frei von Widersprüchen. Im Gegenteil: Recht ist im frühen Mittelalter „von einem starken Rechtspluralismus beziehungsweise einer Multinormativität geprägt".[259] Hinzu tritt zum einen die Problematik, dass frühmittelalterliches Recht keineswegs lückenlos war, geschweige denn lückenlos rekonstruiert werden kann. Dies liegt freilich an dem Verlust entsprechender Quellen, aber auch an der partiellen Oralität des Rechts.[260] Zum anderen ist der Geltungsanspruch frühmittelalterlicher Rechtstexte weder universell noch immer rekonstruierbar.[261]

Es ergibt sich die Frage, ob der Politikbegriff als Untersuchungskategorie für Betrachtungen frühmittelalterlicher Rechtstexte überhaupt geeignet ist. Weit verbreitet und viel genutzt ist der Begriff allemal.[262] Timothy Reuter umgeht diese Definitionsproblematik, indem er „‚politics' [as] merely neutral signifiers for past human activities to which we would probably apply similar terms in our own societies" versteht.[263] Muss dem Begriff in Bezug auf das Frühmittelalter jegliche definitorische Trennschärfe genommen werden? Dies ist wohl zu verneinen. Festgestellt werden muss lediglich, inwiefern auch von frühmittelalterlichen Rechtstexten wie den Kapitularien Normativität ausgeht. An dieser Stelle soll nach Jürgen Weitzel schlicht vorausgesetzt werden, dass von allen frühmittelalterlichen Rechtstexten auch „ein rechtliches Sollen, das in irgendeiner

---

259 Breternitz, Königtum, S. 14. Breternitz bietet (ebd., S. 14–24) umfangreiche Ausführungen zu diesem Thema mit aktueller Literatur.

260 Vgl. dazu umfassend Esders (Herrschaft und Gewohnheit) mit einem guten Forschungsüberblick.

261 Veranschaulicht werden mag dies etwa mit der von Boretius als Capitula excerpta de canone bezeichneten, der Vetus Gallica entnommenen Rubrikenliste (Nr. 47, MGH Capit. 1, S. 133–134). Für Ansegis und seine Kapitulariensammlung (MGH Capit. N. S. 1, S. 505–508 und 666–667) besaßen diese knappen Überschriften offenbar Sammlungswert als Herrschererlass. Ihre Geltungskraft ist hingegen fragwürdig. Zur Identifikation des Kapitulars vgl. Mordek, Kirchenrecht, S. 189. Zur Kapitulariensammlung des Ansegis vgl. Schmitz, Ansegis.

262 Bereits die Zahl der Studien, die den Politikbegriff im Titel führen, ist zu umfangreich, um sie an dieser Stelle wiederzugeben. Folglich sollen an dieser Stelle bloß einige wenige nach 2000 veröffentlichte Beispiele der Nutzung des Politikbegriffs in verschiedensten Zusammenhängen der Frühmittelalterforschung aufgezeigt werden: MacLean, Legislation and Politics; Renard, Politique militaire; Scholz, Politik; Sernagiotto, L'azione politica; Stofferahn, Politics of Education.

263 Reuter, Assembly politics, S. 432.

näher zu bestimmenden (das heißt auch: zu erforschenden) Weise Verbindlichkeit ausdrückt".[264]

Die Karolinger präsentierten sich über ihre Kapitularien im „politischen Feld", die Betrachtung dieser Quellen ermöglicht es also, politische Kommunikationsprozesse oder zumindest deren „Überreste" zu erschließen.[265] Wenn Müller-Mertens und Schmitt aufzeigen, dass Karl der Große und Ludwig der Fromme Kapitularien erlassen, um die *liberi homines* zu schützen, so darf dies durchaus als karolingische ,Freienpolitik' bezeichnet werden. Schließlich stimmen die beiden darin überein, dass diese Kapitularien erlassen wurden, um die ,Machtverteilung' innerhalb des ,politischen Gebildes' des Karolingerreichs zu verschieben.[266] Wenn Alice Rio davon ausgeht, dass die Karolinger und andere frühmittelalterliche Herrscher Gesetze erließen, um diese zur Legitimation ihrer Besitzrechte an Unfreien heranzuziehen,[267] so würde es sich auch hier um eine ,Unfreienpolitik' handeln. Bei der Suche nach einer ,Unfreienpolitik' der frühen Karolinger in ihren Kapitularien ist allerdings Vorsicht geboten. Ich gehe davon aus, dass Konzilsbeschlüsse und Kapitularien Überreste von Kommunikationsprozessen zwischen dem Herrscher und den sozialen und politischen Eliten des Reiches waren. In und mit diesen Normen präsentierten sich der Episkopat, die laikalen Magnaten und der Herrscher selbst in einer je spezifischen Art und Weise im politischen Feld. Bereits angeklungen ist der Umstand, dass Kapitularien nicht als homogene Quellengruppe verstanden werden können.[268] Dementsprechend dürfen nicht bloß Quellenstellen zu Unfreien aus den Kapitularien „zusammengetragen" und „harmonisiert"[269] werden, um so ein ,Unfreienrecht' zu rekonstruieren, dass im gesamten Karolingerreich Gültigkeit beanspruchen konnte. Ziel dieser Studie muss vielmehr sein, alle relevanten Quellenstellen in ihrem jeweiligen inhaltlichen Entstehungs- und Geltungskontext zu fassen. Über diese Einzelbetrachtungen kann dann kontextabhängig versucht werden, Tendenzen, Perspektiven und Strategien der frühen Karolinger und ihrer Eliten in Bezug auf die Unfreien des Karolingerreichs zu identifizieren. Die Äußerung dieser Tendenzen, Perspektiven und Strategien in den Kapitularien mag dann als ,Politik' und in diesem Fall als ,Unfreienpolitik' im Sinne der Definition von Weber verstanden werden. Keineswegs muss eine solche Politik durchgängig auf ein vordefiniertes Ziel ausgerichtet sein oder gar über den gesamten Untersuchungszeitraum frei von Entwicklungen oder gar Widersprüchen bleiben.

---

264 Weitzel, Zweiter Paradigmenwechsel, S. 64–65. Breternitz (Königtum, S. 17) ergänzt diesbezüglich, dass diese „Normativität [der Kapitularien] im Sinne eines einfachen Sollens" auch den Bewohnern des Karolingerreichs bewusst gewesen sein wird.

265 Patzold, Presbyter, S. 159.

266 Vgl. Müller-Mertens, Liberi homines; Schmitt, Liberi homines. Dass die identifizierten Gründe für diese Freienpolitik von beiden sehr unterschiedlich bewertet werden, braucht an dieser Stelle nicht zu interessieren.

267 Vgl. Rio, Slavery after Rome, S. 236.

268 Vgl. Kapitel 1.4.1.

269 Breternitz, Königtum, S. 15.

1.9 Arbeitshypothesen

Aus diesen Vorüberlegungen ergeben sich nun einige Arbeitshypothesen, die an dieser Stelle kurz zusammengefasst und im Rahmen dieser Studie vorausgesetzt werden sollen. Erstens möchte ich davon ausgehen, dass von den als Kapitularien und kapitulariennah bezeichneten Texten immer zumindest ein grundsätzlicher normativer Anspruch im Sinne eines ‚rechtlichen Sollens' ausgeht.[270] Die Qualität dieses Anspruchs und somit auch die Frage, ob den Texten der Charakter eines Gesetzes in einem modernen Verständnis zugesprochen werden kann, muss für jedes Kapitular einzeln beurteilt werden.

Zweitens gehe ich davon aus, dass politische Strategien und politisches Handeln der karolingischen Herrscher und Eliten zwar nie vollständig zu fassen ist, da wir nur „Überreste"[271] umfangreicherer Kommunikationsprozesse dieser Zeit kennen, aber dieses Produkt, die Kapitularien in ihrer vielfältigen Form, dennoch Rückschlüsse auf Intentionen und Absichten dieser Gruppe zulassen.

Drittens möchte ich unter ‚Politik' die in Form von normativen Aussagen formulierten Ergebnisse dieser Kommunikationsprozesse verstehen, wie sie sich im untersuchten Quellenmaterial darstellen. Inkohärenzen, Veränderungen und gar Widersprüche sind nicht nur wegen des drei Generationen umfassenden Untersuchungszeitraums, sondern auch wegen der Heterogenität des Materials und des teils nur regionalen Geltungsanspruchs zu erwarten und ohnehin als natürlicher Aspekt politischen Handelns zu betrachten. Die Intentionen der politischen Akteure sind zwar niemals vollständig zu erschließen, der Versuch, die Hintergründe der Entscheidungsfindung zu rekonstruieren ist dennoch notwendig.

Viertens möchte ich unter den Unfreien der Kapitularien insbesondere die als *servi* bezeichneten Personen verstehen, aber allgemeiner auch all jene Personen(-gruppen), denen in den Kapitularien zumindest theoretisch Rechte wegen ihres Rechtsstatus abgesprochen beziehungsweise nicht gewährt werden. Dass die theoretische Abwesenheit von Rechten in Bezug auf die individuellen Lebensumstände einzelner Personen kaum Aussagekraft besitzt, ist allerdings ebenso anzunehmen. Obwohl die Kapitularien einen Sitz im Leben hatten und oftmals auf „Probleme der sozialen Wirklichkeit" reagierten,[272] sind Ableitungen bezüglich der Lebensumstände einzelner *servi* oder anderer Unfreier ohnehin nicht rekonstruierbar.

---

270 Weitzel, Zweiter Paradigmenwechsel, S. 64–65.

271 Ebd., S. 161.

272 Patzold, Presbyter, S. 159.

2. Veränderungen des Rechtstatus

Im folgenden Kapitel wird – anders als in den folgenden Kapiteln – kein inhaltlicher Aspekt von Freiheit und Unfreiheit untersucht. Vielmehr betrachtet das Kapitel den rechtlichen Auf- und Abstieg in den karolingischen Kapitularien, also den rechtlich vorgezeichneten Weg des Individuums in die Unfreiheit beziehungsweise Freiheit und eventuelle Stufen zwischen diesen beiden Extrempunkten. Diese Veränderungen des Rechtsstatus sind insbesondere vor dem Hintergrund eines vermeintlich dichotomen Systems von Frei und Unfrei im römischen Recht relevant, dass sich bis zum Ende des Mittelalters zu einem überwiegend hierarchischen System mit bilateralen Verbindungen zwischen „lordship and dependance" entwickelt haben soll.[273] Da auch in diesem Zusammenhang normative Texte die Grundlage der Untersuchung bilden, kann es nicht das Ziel dieses Kapitels sein, sozio-ökonomische Folgen der Veränderung des individuellen Rechtsstatus' systematisch aufzuzeigen, obwohl diese freilich nicht vollständig ignoriert werden dürfen. Vielmehr soll an dieser Stelle die Perspektive der karolingischen Gesetzgeber untersucht werden, aus der sie die Veränderung des Rechtsstatus' von Individuen in ihren Erlassen betrachten: Unter welchen Umständen behandeln die karolingischen Kapitularien Veränderungen des Rechsstatus'? Lassen sich diesbezügliche Strategien identifizieren? Sind im fränkischen Recht Entwicklungen oder Tendenzen zu erkennen, die von einer vermeintlichen „radical opposition between categories of ‚free' and ‚slave'" zum „inherently" relationalen Feudalsystem des späten Mittelalters führten?[274]

Zunächst soll nun ein Überblick zur rechtlichen Auseinandersetzung mit diesem Themenkomplex im vorkarolingischen Recht gegeben werden. Dieser Überblick umfasst eine kurze Betrachtung des (spätantiken) römischen und des fränkischen Schriftrechts.

2.1 Veränderung des Rechtsstatus im vorkarolingischen Recht

2.1.1 Freilassungen im römischen Recht

Wie bereits angedeutet, handelte es sich bei der Freilassung von Sklaven spätestens in der römischen Kaiserzeit um ein häufig auftretendes Phänomen.[275] Allerdings sind signifikante Unterschiede zwischen urbanen Zentren und dem

---

273 Rio, Half-Free, S. 159 unter Bezugnahme auf Finley, Slavery in classical antiquity.

274 Rio, Half-Free, S. 159.

275 Alice Rio (Slavery after Rome, S. 75) stellt zudem fest: „It also seems that manumissions were unusually common under Rome in comparison with most other slave societies". Die „scale of manumission" im römischen Reich behandelt ausführlich Henrik Mouritsen (Freedman, S. 120–141).

ruralen Raum auszumachen: Die Wahrscheinlichkeit, dass ein Sklave (meist zwischen dem 30. und 40. Lebensjahr) freigelassen wurde, war in den Städten deutlich höher als im agrarisch geprägten Raum.[276] Zurückzuführen ist dieser Umstand möglicherweise auf die in ruralen Kontexten selteneren Gelegenheiten zur Entstehung von persönlichen Beziehungen zwischen Besitzer und Unfreiem.[277] Während die Umstände, in denen ein Sklave arbeitete, die Wahrscheinlichkeit, mit der er freigelassen wurde, beeinflusste, hatten diese freilich im Falle einer Freilassung keinerlei rechtliche Auswirkungen. Hier war lediglich die Form oder Methode der Freilassung entscheidend.

Bereits das altrömische und das klassische römische Recht kennen verschiedene Formen der Freilassung. Unterschieden werden muss hier zunächst zwischen staatlichen Freilassungen, etwa zur „Belohnung für Verdienste um das Gemeinwohl",[278] und privatrechtlichen Freilassungen durch den Herrn. Es muss davon ausgegangen werden, dass letztere das bei weitem häufiger auftretende Phänomen darstellten und Freilassungen durch den Staat als Ausnahmen verstanden werden müssen.[279] Bereits vor der Kaiserzeit unterscheidet das römische Recht zwischen verschiedenen Formen der Freilassung durch den Herrn.[280]

Die weit verbreitete *manumissio vindicta*[281] darf wohl als nachgestellter Freiheitsprozess (*vindicatio in libertatem*) verstanden werden, in dem ein Dritter als Kläger auftritt und behauptet, der betroffene Sklave sei frei. Der Herr des Sklaven widerspricht dieser Behauptung nicht und erkennt so die Behauptung des Klägers als richtig an, was dann durch amtlichen Zuspruch bestätigt wird.[282] Diese Form der Freilassung veränderte sich bereits in klassischer Zeit in eine einseitige Erklärung des Herrn, der verkündet, seinen Sklaven freilassen zu wollen. Die *manumissio vindicta* besteht, zumindest in ähnlicher Gestalt, auch im 6. Jahrhundert weiter.[283] Der Freigelassene wurde nunmehr als *libertus* bezeich-

---

276 Kaser et al., Römisches Privatrecht, S. 153.

277 So vermutet zumindest Rio (Slavery after Rome, S. 76).

278 Kaser et al., Römisches Privatrecht, S. 150. Neben dieses Motiv für die staatlich angeordnete Freilassung treten in der Kaiserzeit weitere (vgl. ebd.).

279 Vgl. ebd.

280 William Buckland (Roman Law of Slavery, S. 447–448) und ihm folgend auch Bernhard Vetter (Methods of Manumission, S. 357 Anm. 9) merken an, dass in klassischer Zeit zwei weitere Freilassungsformen (die *manumissio sacrorum causa* und die Adoption des Sklaven durch seinen Herrn) existierten. Da die Nutzung dieser beiden Formen in nachklassischer Zeit wohl nicht mehr vorkam und beide bereits zu diesem frühen Zeitpunkt äußerst selten waren (vgl. ebd.), werden sie an dieser Stelle nicht näher betrachtet. Auch die *manumissio censu*, die „Freilassung durch Eintragung in die Bürgerliste", stirbt bereits in der Prinzipatszeit aus und wird dementsprechend nicht weiter berücksichtigt. Vgl. dazu: Kaser et al., Römisches Privatrecht, S. 154. Auch die Freilassungsgesetze des Augustus können im Rahmen dieser Arbeit nicht diskutiert werden.

281 Vgl. Mellusso, La schiavitù, S. 63–65 und weniger ausführlich Kaser et al., Römisches Privatrecht, S. 153.

282 Vgl. Mellusso, La schiavitù, S. 63–64; Kaser et al., Römisches Privatrecht, S. 150.

283 Vgl. Institutiones Iustiniani 1,5.1 (ed. Krüger), S. 9. Vgl. dazu auch Kaser et al., Römisches Privatrecht, S. 153.

net. Der Freilasser (*manumissor*) wurde zum *patronus* beziehungsweise Schutzherrn des Freigelassenen.[284]

Die zweite weit verbreitete Form[285] der Freilassung des römischen Rechts findet sich in der sogenannten *manumissio testamento*, also der Freilassung durch Testament.[286] Der Besitzer eines Sklaven erklärte in diesem Fall seinen Freilassungswillen für einen oder mehrere Sklaven in seinem Testament. Die Freilassung erfolgte, sobald das Testament wirksam wurde. Teilweise war die Freilassung durch Testament mit einer aufschiebenden Bedingung, zumeist die Zahlung einer bestimmten Geldsumme an die Erben, verbunden. In diesem Fall erhielt der Freizulassende seine Freiheit erst nach Erfüllung dieser Bedingung und galt in der Zwischenzeit als *statuliber* (Bedingtfreier).[287]

Diese Formen der Freilassung bedeuteten für die ehemaligen Sklaven auch den Erwerb des römischen Bürgerrechts.[288] Erst in der späten Republik entstanden mit den sogenannten prätorischen Freilassungen auch solche Formen der Freilassung, die keine Erhebung in den Stand des römischen Bürgers bedeuteten.[289] Da die so Freigelassenen auch weiter vermögensunfähig und rechtlich im Besitz ihres Herrn blieben, spricht Kaser von einer faktischen, aber nicht rechtlichen Freilassung.[290] Erst unter Justinian wird diese Form der Freilassung mit anderen Formen gleichgesetzt.[291] Wenngleich wohl von dieser prätorischen Freilassung beeinflusst beziehungsweise als Spezialfall ebendieser entstanden,[292] bedeutete die sogenannte *manumissio in ecclesia*[293] bereits unter Konstantin automatisch auch den Erwerb des römischen Bürgerrechts.[294]

Allerdings bedeutete der Umstand, dass Freigelassene römische Bürger wurden, keineswegs, dass sie den Freigeborenen gleichgestellt waren. Neben dem Ausschluss von einer möglichen politischen Karriere werden die Freige-

284 Vgl. ebd., S. 150.

285 Während Watson (Roman Slave Law, S. 26) und ihm folgend Vetter (Methods of Manumission, S. 357) von der *manumissio testamento* als häufigster Form der Freilassung im römischen Reich ausgehen, vermutet Mellusso (La schiavitù, S. 63) „La *manumissio vindicta* era la forma più diffusa tra quelle risalenti al *ius civile*." Welche der beiden Freilassungsmethoden tatsächlich häufiger vorkam, ist wohl kaum festzustellen. Es soll deshalb genügen, davon auszugehen, dass beide Formen der *manumissio* mit einer gewissen Häufigkeit vorkamen.

286 Vgl. Impallomeni, Le manumission mortis causa, S. 266; Kaser et al., Römisches Privatrecht, S. 154.

287 Vgl. Kaser et al., Römisches Privatrecht, S. 154.

288 Vgl. ebd. S. 153.

289 Diese Form der Freilassung wird auch als Freilassung unter Zeugen oder *manumissio inter amicos* bezeichnet. Vgl. dazu: Mellusso, La schiavitù, S. 65–66.

290 So auch Kaser et al., Römisches Privatrecht, S. 154–155.

291 Vgl. u. a. Cod. Iust. 7,6.1 (ed. Krüger), S. 637–639. Vgl. dazu: Kaser et al., Römisches Privatrecht, S. 155.

292 Vgl. Sargenti, Il diritto privato, S. 67–68; Harper, Slavery, S. 476. Vorsichtiger: Kaser et al., Römisches Privatrecht, S. 154.

293 Ausführlich zu dieser Form der Freilassung äußert sich: Harper, Slavery, S. 471–477. Zur Entwicklung der *manumissio in ecclesia* vgl. insbesondere: Esders, Late Antique Legal Texts, S. 55–66. Einen kurzen Überblick zu diesem Thema bietet: Barschdorf, Freigelassene, S. 32–33.

294 Konstantin hatte diese bereits zuvor gängige Praxis 316 und umfangreicher 321 offiziell anerkannt. Umfangreich zu diesem Thema: Lenski, Constantine and Slavery, S. 235–260.

lassenen Schutzbefohlene ihres Patrons beziehungsweise ihres Freilassers. Sie standen auch weiterhin in einem ausgeprägten Abhängigkeitsverhältnis zu diesem.[295] In der zweiten Generation galten die Nachkommen der meisten Freigelassenen dann als *ingenui*, also Freigeborene, die zumeist auch nicht weiter in einem Patronatsverhältnis standen.[296]

Unabhängig von den verschiedenen Entwicklungen kann festgestellt werden, dass die Form der Freilassung signifikante Auswirkungen für die Beteiligten hatte. Ebenso kann festgestellt werden, dass (abgesehen von wenigen Ausnahmen) die Freilassung nicht gleichbedeutend mit der vollständigen Freiheit der freigeborenen römischen Bürger war. Über das Patronat beziehungsweise die Patronatsdienste blieben die Freigelassenen ihren vormaligen Besitzern weiterhin, wenngleich wohl in abgemildeter Form, verpflichtet.[297]

2.1.2 Straf- und Selbstversklavung im spätantiken römischen Recht

Grundsätzlich kann für den Beginn der meisten Sklavenverhältnisse des römischen Reichs die Geburt durch eine unfreie Mutter oder aber Kriegsgefangenschaft angenommen werden.[298] Über diese beiden Phänomene hinaus wurde der Freiheitsverlust auch als Strafe verhängt.[299] Hinzu kam der besondere Fall des Verkaufs der eigenen Freiheit.

Besonders anschaulich wird die Position des römischen Rechts zum Selbstverkauf in einer Formulierung in den Paulussentenzen: *homo enim liber nullo*

---

295 Dieses Verhältnis schwächte sich im Verlauf der Spätantike allmählich ab. Detaillierter zum Patronatsverhältnis u.a.: Barschdorf, Freigelassene, S. 55–92; Mouritsen, Freedman, S. 36–65. Allgemein üblich blieb aber, dass sich Freilasser beziehungsweise Patrone durch Eid den Anspruch auf gewisse durch den Freigelassenen zu leistende Dienste zusichern lassen konnten. Diese in *operae* (Tagwerken) bemessenen Dienste wurden in seltenen Fällen auch durch einen Anteil am Einkommen des Freigelassenen ergänzt (vgl. ebd., S. 54 mit Anm 107). Zu den *operae libertorum* vgl.: Waldstein, Operae libertorum, S. 82 und ihm folgend Esders, Zensualität, S. 22.

296 Bereits erwähnt wurde der Ausnahmefall der Freilassung durch Kaiser beziehungsweise Staat. Diese privilegierte, aber kleine Gruppe von Freigelassenen hatte keine Patronatsdienste zu leisten. Über die Möglichkeit der kaiserlichen Freilassung hinaus, konnten auch bereits freigelassene Personen durch einen kaiserlichen Gnadenakt in die Stellung eines Freigeborenen erhoben und somit von ihren Patronatsdiensten entbunden werden. Kaser et al. (Römisches Privatrecht, S. 156) merken zudem an, dass im nachklassischen Recht „zahlreiche [Ausnahmef]älle" gesetzlich anerkannt werden, in denen bereits der Freigelassene und nicht erst seine Nachkommen als Freigeborene gelten konnten. Exemplarisch angeführt sei an dieser Stelle der Fall, dass ein Freigelassener mit seiner eigenen Sklavin Kinder zeugt und diese später ehelicht. In diesem Fall kann er seine Kinder, die aufgrund der Unfreiheit ihrer Mutter (zum Zeitpunkt ihrer Geburt) ebenfalls unfrei geboren wurden, nach der Eheschließung (und Freilassung) der Mutter, in die Stellung von Freigeborenen erheben. Vgl. dazu auch: Melluso, La schiavitù, S. 159–160.

297 Zumeist wird in der Forschung vermutet, dass dieser Zwischenschritt zwischen Freilassung und vollgültiger Freiheit einen „allzu abrupten und unkontrollierten Übergang" zwischen den Statusgrenzen verhindern soll (Esders, Zensualität, S. 22).

298 Umfangreich äußert sich Alice Rio (Slavery after Rome, S. 42–45) zum „Entry into Unfreedom" im römischen und byzantinischen Recht.

299 Vgl. McClintock, Servi poenae, insb. S. 188–190; Burdon, Slavery as a Punishment, S. 68–87.

pretio aestimatur.[300] Die (persönliche) Freiheit wird also als zu wertvoll betrachtet, um bepreist zu werden. Selbstverkäufe sollten also grundsätzlich nicht möglich sein. Auch im Verlauf der Kaiserzeit wurde die ablehnende Haltung, die hier zum Ausdruck kommt, grundsätzlich beibehalten.[301] Dennoch war die Versklavung des zahlungsunfähigen Schuldners ein dem römischen Recht bekanntes Konzept.[302] Bereits im 4. Jahrhundert lassen sich vonseiten der christlichen Kaiser Tendenzen feststellen, den Übergang in die Sklaverei aus materieller Not zu legalisieren. So erkannte beispielsweise Konstantin 329 den Sklavenstatus eines von den Eltern verkauften freigeborenen Kindes an und räumte lediglich die, wohl oftmals illusorische, Möglichkeit der Lösung durch Rückkauf ein.[303] Das theoretisch bestehende Recht des Rückkaufs bedeutete ein Privileg freigeborener und in Unfreiheit geratener Menschen gegenüber den unfrei geborenen Sklaven. Spätestens unter Justinian wurde der Verkauf der eigenen Freiheit gar als Straftat betrachtet, der ironischerweise den Verlust der Freiheit als Strafe nach sich zog.[304] Letztlich handelt es sich hier also nur um die quasi Bestätigung des Status quo.

Die uns bekannten Quellen suggerieren, dass Selbstverkäufe im römischen Reich nicht in nennenswertem Ausmaß stattfanden.[305] Dieser Umstand mag begründen, weshalb auch die neuere Forschung diesem Phänomen bisher keine größere Aufmerksamkeit gewidmet hat.[306] Unter Verweis auf die bereits 1981 veröffentlichten Forschungsergebnisse von Jacques Ramin und Paul Veyne[307] stellte Alice Rio diese Einschätzung der Forschung zur Häufigkeit von Selbstverkäufen jüngst infrage. Sie argumentiert, dass trotz der vermeintlichen Unveräußerlichkeit der Freiheit Selbstverkäufe in der Praxis weit häufiger auftraten als gemeinhin angenommen.[308] Freilich erlauben weder die Studien von Ramin und Veyne noch die Ausführungen von Rio eine Quantifizierung des Phänomens, geschweige denn eine Möglichkeit, dieses Prinzip in Relation zu anderen Formen der Versklavung zu setzen. Allerdings darf angenommen werden, dass

300 Vgl. Pauli Sententiae 5,1.1 (ed. Baviera), S. 386. Vgl. dazu auch: Rio, Self-Sale, S. 663; dies., Slavery after Rome, S. 43.

301 Zu Selbstverkäufen im römischen Recht vgl.: Liebs, Sklaverei aus Not, S. 290–294.

302 Liebs, Sklaverei aus Not, S. 290. Liebs verweist in diesem Zusammenhang auch darauf, dass die Selbstverknechtung bei verschiedenen Fremdvölkern, deren Siedlungsräume an das römische Reich grenzten, praktiziert wurde und das Konzept somit im Bewusstseinshorizont der römischen Bevölkerung blieb (vgl. ebd., S. 289–290). Vgl. dazu auch Kaser, Das römische Zivilprozessrecht, S. 142–143.

303 Vgl. Cod. Theod. 5,10.1 (ed. Mommsen, S. 226–227). Bereits 313 hatte Konstantin ähnlich entschieden. Zu beiden Texten vgl. Simon, Konstantinisches Kaiserrecht, S. 35–45. Weitere Beispiele kaiserlicher Gesetzgebung, die letztlich eine (partielle) Anerkennung des Verkaufs der eigenen Freiheit bedeuteten, finden sich bei Liebs (Sklaverei aus Not, S. 291–294).

304 Zum Verlust der Freiheit als Strafe bei Selbstverkauf vgl.: Rio, Slavery after Rome, S. 42–43; Harper, Slavery, S. 79.

305 Vgl. Rio, Self-Sale, S. 662.

306 Vgl. dazu die umfangreichen Verweise auf entsprechende Literatur bei Alice Rio (ebd., S. 662 bzw. 678–679 Anm. 4).

307 Ramin / Veyne, Droit romain, S. 472–497; erneut gedruckt in Veyne, La societé romaine, S. 247–280.

308 Vgl. Rio, Self-Sale, S. 661–665.

die Bedeutung der Selbstverkäufe insbesondere im westlichen Reichsteil ab der Mitte des 5. Jahrhunderts[309] höher gewesen sein wird als bisher vermutet.

Über den Selbstverkauf hinaus wurde auch der Freiheitsverlust als Konsequenz bestimmter Vergehen bereits erwähnt.[310] Zunächst wurden versklavte Straftäter ausschließlich außerhalb der Landesgrenzen verkauft.[311] Diese Verfahrensweise änderte sich allerdings während der Kaiserzeit, sodass Straftäter nun auch innerhalb des römischen Reichs als Sklaven verkauft werden konnten.[312] Die „Verurteilung zum Tod, zum Tierkampf oder (vor Just[inian]) zur Bergwerksarbeit" zog den Verlust der eigenen Freiheit nach sich.[313] Unter anderem wurden „draft-dodgers and those who eluded the census" als Resultat der sogenannten *capitis deminutio maxima* zu *servi poenae*.[314] Ebenfalls zieht, wie bereits erwähnt, die Heirat einer Freien mit einem Sklaven gegen den Willen Besitzers den Freiheitsverlust nach sich.[315] Zumindest die *servi poenae* unterschieden sich allerdings von anderen Sklaven insofern, dass sie offiziell keinen Besitzer hatten.[316] Trotz der Möglichkeit des Freiheitsverlusts als Strafe bestand also rechtstheoretisch weiterhin ein Unterschied zwischen frei geborenen Sklaven und bereits unfrei geborenen Sklaven.[317]

Diese Unterscheidung je nach Geburtsstand lässt sich auch als themenübergreifendes Konzept festhalten. Sowohl der Erwerb als auch der Verlust der Freiheit waren im römischen Reich unter gewissen Voraussetzungen (durchgängig) möglich. In beiden Fällen lassen sich allerdings auch nach der Veränderung des Rechtsstands Aspekte feststellen, die auf den ursprünglichen angeborenen Rechtsstand hinweisen beziehungsweise zurückzuführen sind. Trotz

309 Vgl. dazu Kaser et al. (Römisches Privatrecht, S. 151), der feststellt, dass „wirtschaftlicher Niedergang, Hungersnöte und weitverbreitete materielle Not … im Westen ab der Mitte des 5. Jh. zu häufigen Selbstverkäufen oder Verkäufen von Kindern und Eltern in die Sklaverei …" führte.

310 Ausführlich zu diesem Thema: McClintock, Servi della pena; dies., Servi poenae.

311 Vgl. Burdon, Slavery as a Punishment, S. 70.

312 Vgl. Kaser et al., Römisches Privatrecht., S. 150.

313 Burdon (Slavery as a Punishment, S. 73–75) weist darauf hin, dass zwar auch Freie zur lebenslangen Zwangsarbeit (in den Minen) verurteilt werden konnten, diese Verurteilung aber rechtlich betrachtet nicht den Verlust der Freiheit bedeutete. Während diese Verurteilten also de facto Sklaven wurden, können sie auch weiterhin von „ordinary slaves" unterschieden werden, da sie z. B. nicht im Besitz von jemandem standen. Allerdings räumt Burdon (Slavery as a Punishment, S. 78) ein: „Whatever the former condition of the criminal, it was destroyed by a sentence of penal slavery".

314 Scheidel, Slave Supply, S. 298.

315 Der Freiheitsverlust tritt allerdings erst ein, wenn die Ehegemeinschaft auch nach dreimaliger Warnung seitens des Besitzers des Sklaven nicht aufgelöst wurde. Vgl. dazu u. a.: Liebs, Sie liebte ihren Sklaven,S. 409; Sirks, Zweck, S. 138. Weitere Literatur bei Kaser et al., Römisches Privatrecht, S. 150.

316 Vgl. allgemein: Burdon, Slavery as a Punishment, S. 68–87; Hirt, Imperial Mines, S. 97–98. Hirt bietet zudem dort auch eine ausführlichere Betrachtung der *servi poenae* als Minenarbeiter.

317 Alice Rio (Penal Enslavement, S. 79) spricht in diesem Zusammenhang gar von einer „conceptual distinction between slaves and convicts" im römischen Recht. Allerdings konnten auch die *servi poenae* mittels physischer Züchtigung (gleich den unfrei geborenen Sklaven) bestraft werden.

der vermeintlichen „radical opposition“[318] zwischen den beiden Extremen ‚frei‘ und ‚unfrei‘ existierte demnach durch die Möglichkeit von Statusveränderungen des und den weiterhin bestehenden ‚angeborenen‘ Aspekten des eigenen Rechtsstatus' bereits im römischen Recht durchaus ein gewisses Kontinuum. Die „radical opposition“ darf also bereits in der römischen Spätantike höchstens als theoretisches Konstrukt betrachtet werden.[319]

2.1.3 Veränderungen des Rechtsstatus im fränkischen Recht der Merowingerzeit

Ebenso wie im (spätantiken) römischen Recht kennen sowohl die fränkische als auch alle anderen bekannten Rechtsordnungen des frühen Mittelalters in Europa die Veränderung des Rechtsstatus in beide Richtungen: Es finden sich sowohl verschiedenste Formen der (partiellen) Freilassung als auch der Verlust der persönlichen Freiheit aus (wirtschaftlicher) Not und als Konsequenz eines strafbaren Vergehens. Im Folgenden sollen die entsprechenden Bestimmungen kursorisch besprochen werden, da sie als Grundlage für die Untersuchung dieses Themenfeldes in den karolingischen Kapitularien dienen. Ein besonderer Fokus liegt erneut auf dem vorkarolingischen fränkischen Recht, insbesondere den Leges Salica und Ribuaria, obwohl auch das langobardische Recht und weitere gentile Rechtsordnungen vereinzelt angeführt werden. Vorab sei bemerkt, dass der Umstand, dass viele im Folgenden betrachtete Phänomene bereits im römischen Recht existierten, nicht zwingend und in allen Fällen gleichermaßen als Anzeichen oder gar als Nachweis direkter Rechtskontinuitäten missverstanden werden sollte.[320]

Wie bereits für das römische Recht festgestellt, existierten auch im vorkarolingischen Frankenreich verschiedene Formen der Freilassung. Die Art beziehungsweise Form, nach der ein potentieller *manumissus* freigelassen wurde, war zweifellos von erheblicher Relevanz: Die verschiedenen Formen der *manumissio* bedeuteten (zumindest theoretisch) erhebliche Unterschiede in Bezug auf die zu erhaltenden Rechte, sodass nicht jede Freilassung zur Erlangung der Vollfreiheit führte.[321]

Zunächst erwähnt sei in diesem Zusammenhang die sogenannte Freilassung durch Schatz- beziehungsweise Münzwurf, die *denariatio.* Im Allgemeinen wird davon ausgegangen, dass die Freilassung durch Schatzwurf ein Phänomen

---

318 Rio, Half-free, S. 129 unter Bezugnahme auf die Forschung von Moses Finley.

319 Rio (ebd., S. 150) betont in diesem Zusammenhang allerdings zu Recht, dass die Bedeutung von vermeintlich leeren Rechtskategorien und Unterscheidungen zwischen solchen, bezogen auf das Individuum, keineswegs zu unterschätzen sind.

320 Vgl. Rio, Penal Enslavement, S. 79. Rio bezieht ihre Bemerkung zwar ausschließlich auf die Versklavung als Strafe, doch darf ihr Gebot zur Vorsicht wohl auch auf Freilassung(en) und Schuldknechtschaft übertragen werden.

321 So bereits Brunner, Deutsche Rechtsgeschichte 1, S. 142.

fränkischen Ursprungs darstellt.[322] Erstmalig anhand von Schriftquellen nachweisbar ist die *denariatio* über die frühesten Fassungen der Lex Salica für das frühe 6. Jahrhundert.[323] Dort wird die (unrechtmäßige) Freilassung eines fremden *litus*[324] beziehungsweise *servus*[325] durch Schatzwurf mit 100 beziehungsweise 35 Solidi sanktioniert.[326] Spätestens im frühen 6. Jahrhundert darf die *denariatio* folglich als im Frankenreich etablierte Rechtspraxis angesehen werden. Über die konkrete Ausführung des Freilassungsaktes gibt die Lex Salica allerdings verhältnismäßig wenig Auskunft. Lediglich vier Aspekte lassen sich feststellen. Erstens, dass die Freilassung *ante regem*, also vor beziehungsweise in Anwesenheit des Königs stattfinden muss. Zweitens, dass der Besitzer des Unfreien (oder womöglich ein von diesem Bevollmächtigter), und nicht wie im in der Lex Salica als strafwürdig präsentierten Fall ein anderer Freier, als Freilasser auftreten muss. Drittens, dass der Freizulassende als Konsequenz des Aktes zum *ingenuus*, also zum Freien, wird. Und viertens, dass dies unabhängig davon der Fall ist, ob jener Freizulassende zuvor ein *servus* oder ein *litus* war.

Details über die der Ausführung der Freilassung durch Schatzwurf finden sich in der Lex Ribuaria.[327] Die Freilassung durch Schatzwurf wird dort in c. 60 genauer behandelt. In c. 60,1 wird der genaue, aus vier Akten bestehende Ablauf beschrieben, der in Anwesenheit des Königs vollzogen werden muss.[328] Zunächst erklärt der Besitzer des Unfreien oder ein von ihm Bevollmächtigter die Absicht der Freilassung. Dann erfolgt der sogenannte Schatzwurf, bei welchem dem Unfreien ein Denar aus der Hand geschlagen wird. Über die symbolische Bedeutung und die genaue Ausführung dieses Aktes können kaum definitive Aussagen getroffen werden;[329] vermutlich handelt es sich um einen symbolisch

---

322 Vgl. u. a.: Maass, Freilassung durch Schatzwurf, S. 114; Amon, Freilassungen, S. 54; Brunner, Deutsche Rechtsgeschichte 1, S. 366–367. Heinrich Brunner (ebd.) und zuvor bereits Arthur Stock (Freilassungen, S. 8) gehen davon aus, dass sich diese Form der Freilassung von den Franken ausgehend auch „zu den übrigen Stämmen" verbreitete, ein Umstand, den Ute Maass (Freilassung durch Schatzwurf, S. 114) anzweifelt, indem sie auf den fehlenden Einzug in die entsprechenden Rechte verweist.

323 Vgl. Maass, Freilassung durch Schatzwurf, S. 56.

324 Lex Salica c. 26,1 (MGH LL nat. Germ. 4,1), S. 96–97.

325 Ebd. c. 26,2 (MGH LL nat. Germ. 4,1), S. 97.

326 Anders als von Clausdieter Schott (Freigelassene, S. 72) und ihm folgend von Olberg-Haverkate (Freilassung, Sp. 1768–1770) vermutet, ist letztere Bestimmung, die unrechtmäßige Freilassung eines *servus*, nicht auf eine rechtliche Änderung des 9. Jahrhunderts zurückzuführen. Beide Kapitel sind, wenngleich als cc. 26,1–2 und nicht als cc. 37,1–2, bereits in den früheren Fassungen der Lex Salica enthalten. Erneut sei in diesem Zusammenhang darauf hingewiesen, dass die karolingischen Revisionen der Lex Salica ohnehin keine inhaltliche Überarbeitung intendierten.

327 Vgl. Maass, Freilassung durch Schatzwurf, S. 57.

328 Lex Ribuaria c. 60,1 (MGH LL nat. Germ. 3,2), S. 107.

329 So gehen u. a. Beyerle in seinem Sachkommentar zur Lex Ribuaria (MGH LL nat. Germ. 3,2, S. 159) und Brunner (Deutsche Rechtsgeschichte 1, S. 366) davon aus, dass es der Besitzer des Unfreien ist, der diesem den Denar aus der Hand schlägt, während Maass (Freilassung durch Schatzwurf, S. 110) annimmt, dass es der König bzw. später der Kaiser ist, der diese Handlung vornimmt. Amon (Freilassungen, S. 51) sieht den König nur dann als Münzwerfenden an, wenn er Unfreie aus seinem eigenen Besitz in die Freiheit entlässt, was letztlich also eine Überein-

abgelehnten Freikauf.[330] Darauf folgt die Erklärung der Vollfreiheit des Freizulassenden durch den König und die Ausstellung einer entsprechenden Urkunde. Die so erhaltene Freiheit ist unwiderruflich.[331]

Auch wenn diese Beschreibung der *denariatio* nur in der Lex Ribuaria enthalten ist, darf davon ausgegangen werden, dass die Freilassung durch Schatzwurf bereits vor deren Entstehung einem ähnlichen oder gar identischen Ablauf folgte.[332]

Der durch Schatzwurf freigelassene *denarialis* ist nach der Lex Ribuaria dem freien Ribuarier in Bezug auf sein Wergeld gleichgestellt und genießt grundsätzlich die Vollfreiheit.[333] Gleiches darf wohl auch für die *denariales* der Lex Salica angenommen werden.[334] Diese äußert sich zwar nicht explizit zum Wergeld des *denarialis*; dass es dem vollen Wergeld eines Freien entsprach, scheint allerdings wahrscheinlich.

Der These von Ute Maass, dass nur Unfreie „von gehobenem sozialen Status" für die *denariatio* in Betracht kamen,[335] ist zwar grundsätzlich zuzustimmen, schließlich musste der Besitzer des Freizulassenden zumindest eine gewisse Königsnähe haben; explizite rechtliche Einschränkungen in Bezug auf die Herkunft des prospektiven *denarialis* kennt das fränkische Recht allerdings nicht. Gleiches darf wohl auch über den vorherigen Rechtsstatus des Freizulassenden behauptet werden. Heinrich Brunner geht davon aus, dass zumindest in „ältester Zeit" nur bereits zur Minderfreiheit Freigelassene, also etwa der *litus*, zum *denarialis* erhoben werden konnten, da *servi* nicht vermögensfähig seien. Der *servus* konnte nach seiner Einschätzung also nur sukzessiv nach der Freilassung zum *litus* auch zum *denarialis* erhoben werden.[336] Spätestens ab dem frühen 6. Jahrhundert sind die *servi* des fränkischen Rechts allerdings definitiv nicht vermö-

---

stimmung mit der Position von Beyerle und Brunner bedeutet. Weder der genaue Ablauf des Münzwurfs noch die symbolische Bedeutung sind an dieser Stelle allerdings von weitergehender Bedeutung.

330 Vgl. Maass, Freilassung durch Schatzwurf, S. 110–111. Ähnlich u. a.: Brunner, Freilassung durch Schatzwurf, S. 250; Tamassia, La manumissione, S. 421. Anders: Winogradoff, Freilassung, S. 600. Entfernt erinnert dieser symbolisch abgelehnte Freikauf an den symbolischen Freiheitsprozess der römischrechtlichen *manumissio vindicta*. Vgl. Kapitel 2.1.1.

331 Eine Ausnahme findet sich formuliert in c. 5 der sogenannten Praeceptio Chlotarii (Esders, Römische Rechtstradtion, S. 82): *Si quis auctoritatem nostram subrepticie contra legem elicuerit fallendo principem, non valebit.*

332 Vgl. dazu auch Formel Nr. 22 aus den Formulae Marculfi (MGH Formulae, S. 57). Dazu bereits Maass, Freilassung durch Schatzwurf, S. 7.

333 Maass (Freilassung durch Schatzwurf, S. 80–88) bietet einen umfangreichen Überblick zur „Freiheit des Denarialis" im Kontext der Frage, ob die *denariales* tatsächlich mit Freigeborenen gleichgestellt wurden.

334 Vgl. ebd., S. 82–83.

335 Ebd., S. 57.

336 Vgl. Brunner, Freilassung durch Schatzwurf, S. 254–256. Auch Beyerle in seinem Sachkommentar zur Lex Ribuaria (MGH LL nat. Germ. 3,2, S. 165–166) und Mayer-Homberg (Volksrechte, S. 28 Anm. 87) gehen von einer „notwendigen Durchgangsstufe" über die Minderfreiheit aus.

gensunfähig.[337] Wie bereits Maass feststellt, gibt es somit keine Argumente, die grundsätzlich gegen die direkte Freilassung eines *servus* zum *denarialis* sprechen.[338] Ohnehin erscheint es fragwürdig, die direkte Freilassung von *servi* in die Vollfreiheit über die (mangelnde) Vermögensfähigkeit widerlegen zu wollen, bloß weil im Freilassungsritual, das ja in seiner symbolischen Bedeutung nicht abschließend zu rekonstruieren ist, eine Münze Verwendung findet.[339]

Allerdings äußert sich auch Maass vorsichtig in Bezug auf die Frage, ob die direkte Freilassung eines *servus* zum *denarialis* rechtlich möglich sei oder ob eine sukzessive Freilassung, zunächst in eine Minderfreiheit und erst dann zum *denarialis*, das einzig mögliche Verfahren darstellte. Ihr zufolge sei diese Frage „problematisch und letztlich nicht zu beantworten, weil die diesbezüglichen Quellen keine eindeutigen Aussagen" träfen. Sie verweist auf cc. 64,1 und 3 sowie 65,1–2 der Lex Ribuaria.[340] Den Umstand, dass eine direkte Freilassung eines *servus* zum *denarialis* möglich war, impliziert allerdings c. 26,2 der Lex Salica. Das Kapitel regelt die Bestrafung für den Fall, dass jemand den *servus* eines anderen ohne dessen Zustimmung (und damit widerrechtlich) durch den König per *denariatio* hat befreien lassen.[341] Das Kapitel schließt an c. 26,1 an, in

337 Zur Vermögensfähigkeit von Unfreien in der Lex Salica vgl.: Maass, Freilassung durch Schatzwurf, S. 111–112. Anders: Nehlsen, Sklavenrecht, S. 270.

338 Vgl. Maass, Freilassung durch Schatzwurf, S. 111–112.

339 Bereits in der Mitte des 19. Jahrhunderts erwog Felix Dahn (Könige der Germanen, S. 260) die Möglichkeit, dass selbst wenn der Unfreie grundsätzlich vermögensunfähig gewesen sein sollte, dieser Umstand für das Freilassungsritual nicht zwingend von Bedeutung gewesen sei. Otto Amon (Freilassungen, S. 55) scheint diese Vermutung unter Bezugnahme auf Dahn ebenfalls nicht ausschließen zu wollen.

340 Vgl. Maass, Freilassung durch Schatzwurf, S. 111 und Lex Ribuaria cc. 64,1 und 3 sowie 65,1–2 (MGH LL nat. Germ. 3,2, S. 117): c. 64,1: *Si quis servum suum libertum fecerit et civem Romanum portasque apertas conscribserit, si sine liberis discesserit, non alium quam fiscum habeat heredem*; c. 64,3: *Quod si dominus eius eum ante regem dinariari voluerit, licentiam habeat*; c. 65,1: *Si quis servum suum tributarium aut litum fecerit, si quis eum interfecerit, 36 solidos culpabilis iudicetur*; c. 65,2: *Quod si dinariari eum voluerit, licentiam habeat. Et tunc ducentos solidos valeat.* Maass (Freilassung durch Schatzwurf, S. 112) plädiert dafür, dass sich *eum* in cc. 64,3 und 65,2 sowohl auf den *servus* der jeweiligen Bestimmungen, aber eben auch auf den *libertus / civis Romanus* bzw. *tributarius / litus* beziehen könne. Folglich sei nicht eindeutig, ob die Freilassung in einen der angeführten vier Rechtsstatus notwendige Bedingung für die Freilassung zum *denarialis* sei. Da allerdings nirgends einschränkende Elemente für diese vermeintliche schrittweise Freilassung zu finden sind, wäre es wohl möglich und (wenn gewünscht) nötig gewesen, den *servus* zunächst mitsamt der entsprechenden Beurkundung in eine Minderfreiheit zu entlassen. Unmittelbar darauffolgend hätte er dann (diesmal durch den König beurkundet) in die Vollfreiheit entlassen werden können. Ein solch umständliches Verfahren erscheint tatsächlich wenig pragmatisch. Ebenso ist es sprachlich durchaus richtig, da sich *eum* in cc. 64 und 65 auf den *servus* beziehen könnte. Dies ist allerdings insofern unwahrscheinlich, dass sich *eum* im von Maass nicht berücksichtigten c. 64,2 eindeutig auf den zuvor freigelassenen *civis Romanus* bezieht. Vgl. Lex Ribuaria c. 64,2 (MGH nat. Germ. LL 3,2), S. 117: *Quod si aliquid criminis amiserit, secundum legem Romanam iudicetur. Et qui eum interfecerit, centum solidum multetur.* Dass sich, ohne weitere Erwähnung eines solchen, *eum* nun in c. 64,3 wieder auf den *servus* aus c. 64,1 beziehen soll, scheint doch sehr abwegig.

341 Vgl. Lex Salica c. 26,2 (MGH LL nat. Germ. 4,1), S. 97.

dem der gleiche Fall für einen fremden *litus* geregelt wird.[342] Während der unberechtigte Freilasser in beiden Fällen bestraft wird, ist dennoch von einer Umkehrung der unrechtmäßigen Freilassung keine Rede.[343] Brunners Argument, dass es sich um eine unrechtmäßige Freilassung handelt und eine rechtmäßige direkte Freilassung des *servus* zum *denarialis* nicht möglich sei,[344] mag nicht zu überzeugen. Unter Rückbezug auf die Ergebnisse von Maass, dass es sich bei den *per denarium* Freigelassenen wohl zumeist ohnehin um unfreie Personen handelte, die von (für einen Unfreien) gehobenem sozialem Status waren,[345] darf angenommen werden, dass es sich in der Tat in vielen Fällen um minderfreie und nicht vollständig unfreie Personen(gruppen) gehandelt haben dürfte. Grundsätzlich ist zwar richtig, dass die Frage nach einer möglicherweise notwendigen sukzessiven Freilassung des *servus* auf dem Weg zur Vollfreiheit nicht abschließend zu beantworten ist;[346] allerdings spricht, abgesehen von den uneindeutigen Formulierungen in den cc. 64 und 65 der Lex Ribuaria, nichts für eine solche Einschränkung, sodass die Annahme der theoretischen Möglichkeit einer direkten Freilassung eines *servus* zum *deniarialis* nicht unplausibel ist.[347]

Bereits durch die Betrachtung der Freilassung durch Schatzwurf wird ersichtlich, dass im fränkischen Reich weitere Freilassungsformen existierten. Ebenso ersichtlich wurde, dass diese, anders als die *denariatio*, nicht zur Erlangung der Vollfreiheit führten. Diese Unterscheidung zwischen Freilassungen in die Voll- beziehungsweise Minderfreiheit hat das fränkische Recht nicht nur mit dem römischen,[348] sondern auch mit anderen frühmittelalterlichen Rechtsordnungen gemein.[349]

Während die schwer zu fassende und äußerst heterogene Gruppe der Minderfreien bereits betrachtet wurde,[350] ist an dieser Stelle nun ausschließlich von Interesse, durch welche Vorgänge der Rechtsstatus der Minderfreiheit im fränkischen Recht erreicht wurde. Allerdings ist die Lex Salica in Bezug auf andere im fränkischen Reich praktizierte Freilassungsformen, noch weniger ergiebig als für die *denariatio*. Über die Umstände, unter welchen die entspre-

342 Vgl. Lex Salica c. 26,1 (MGH LL nat. Germ. 4,1), S. 96–97.

343 Maass (Freilassung durch Schatzwurf, S. 69) schließt diese Möglichkeit gar kategorisch aus.

344 Vgl. Brunner, Freilassung durch Schatzwurf, S. 254–256.

345 Vgl. Maass, Freilassung durch Schatzwurf, S. 57.

346 Vgl. ebd., S. 111.

347 Verwiesen sei an dieser Stelle aber auf eine sukzessive Freilassungspraxis im langobardischen Recht. Vgl. Edictus Rothari c. 224 (MGH LL 4, S. 54–55) und Liutprandi leges cc. 23 und 140 (ebd., S. 118 und 169–170). Dazu bereits: Rio, Half-Free, S. 139–140.

348 Vgl. Kapitel 2.1.1.

349 Vgl. Brunner, Freilassung durch Schatzwurf, S. 242–243 und öfter.

350 Vgl. Kapitel 1.7. Dazu zählen wohl auch der *puer* bzw. *homo regis* und der *homo ecclesiasticus*, deren Tötung nach Lex Ribuaria cc. 9–10 (MGH LL nat. Germ. 3,2, S. 77) ein Wergeld von 100 Solidi zur Konsequenz hatte – also die Hälfte des freien Ribuariers und die gleiche Summe wie der römische Bürger. Da, wie bereits Franz Beyerle in seinem Sachkommentar zur Lex Ribuaria (MGH LL nat. Germ. 3,2, S. 138–139) feststellt, nicht abschließend zu klären ist, ob es sich hierbei um Minderfreie oder Unfreie mit durch ihre Besitzer erhöhtem Wergeld handelt, werden beide Gruppen an dieser Stelle nicht näher betrachtet.

chenden Personen(gruppen) zu dem entsprechenden Status gelangten, schweigt die Lex Salica vollständig. Erneut ist es die Lex Ribuaria, die näheres erläutert. Dieser Umstand lässt sich wohl auf eine zunehmende kulturelle und rechtliche Vermischung zwischen Römischem und Fränkischem zurückführen, die für die etwa anderthalb Jahrhunderte zwischen der Entstehung der Lex Salica um 500 und der Lex Ribuaria in der Mitte des 7. Jahrhunderts stattfand.[351] In der Lex Ribuaria können neben der *denariatio* drei weitere, also insgesamt vier Freilassungsformen festgestellt werden.[352] Es handelt sich dabei um die Freilassung zum *civis Romanus*, zum *tabularius* und zum *tributarius* beziehungsweise *litus*. Es handelt sich bei diesen vier Varianten um ein hierarchiches Modell (mit einem Einschub) von der Freilassung in die Vollfreiheit (*denariatio*), über die Freilassung zum römischen Bürger (*civis Romanus*) bis hin zu einer wohl geringeren Verbesserung des Status bei der Freilassung zum *tributarius* beziehungsweise *litus*.[353] Die in der Kirche zu vollziehende Freilassung zum *tabularius* hingegen ist nach Franz Beyerle einer späteren Textschicht aus dem frühen 7. Jahrhundert zuzuordnen, wie im Folgenden noch genauer betrachtet wird.[354] Zunächst gilt es, die verbleibenden, vermeintlich älteren Freilassungsformen zu betrachten.

Die Möglichkeit der Freilassung zum römischen Bürger wird sehr knapp im bereits erwähnten c. 64 der Lex Ribuaria thematisiert. Festgelegt werden für den Freizulassenden dort die Anwendung des römischen Rechts,[355] ein Wergeld von 100 Solidi, die Freizügigkeit und dass der Fiskus den *civis Romanus* beerbt, wenn dieser keine Nachkommen hinterlässt.[356] Genaueres zum Freilassungsprozedere bietet die Bestimmung nicht. Das in c. 64,1 enthaltene *conscribserit* macht allerdings ein schriftliches Festhalten des Aktes wahrscheinlich.[357] Die Form des auszustellenden Dokuments ist allerdings nicht genauer spezifiziert. Stefan Esders verweist im Zusammenhang mit der Freilassung zum römischen Bürger auf zahlreiche vorkarolingische Testamente und Urkunden aus der Zeit zwischen dem 6. und der Mitte des 8. Jahrhunderts.[358] Angeführt sei an dieser Stelle exemplarisch das wohl aus dem Jahre 633 oder 634 stammende Testament einer Burgundofara, in dessen c. 14 es heißt: *De mancipiis vero meis per quasque villas vel loca superius nominatas, quaeque exinde per tabulas vel cartas conscripsi nomine in-*

---

351 Die Entwicklung beschreibt umfangreich: Ubl, Sinnstiftungen, S. 107–135.

352 So auch Bothe, Triplice Weregeldum, S. 190–191.

353 Vgl. Beyerle in seinem Sachkommentar zur Lex Ribuaria (MGH LL nat. Germ. 3,2, S. 159–160); ihm folgt Bothe (Triplice Weregeldum, S. 191).

354 Vgl. Beyerle in MGH LL nat. Germ. 3,2, S. 160–163. Erneut folgt Bothe (Triplice Weregeldum, S. 191–194) dieser Einschätzung.

355 Dieser Umstand steht der Feststellung von Lukas Bothe (Subordination, S. 368) entgegen, der davon ausgeht, dass die Bezeichnung als *Romanus* zum Zeitpunkt der Entstehung der Lex Ribuaria eine „mere legal category" geworden war.

356 Lex Ribuaria c. 64,1–3 (MGH LL nat. Germ. 3,2), S. 117. Vgl. auch den Sachkommentar von Beyerle (MGH LL nat. Germ. 3,2, S. 165–166).

357 So bereits Beyerle in seinem Sachkommentar zur Lex Ribuaria (MGH LL nat. Germ. 3,2, S. 166).

358 Vgl. Esders, Zensualität, S. 39–44.

genuitatis, liberi liberaeve permaneant, cum omni eorum peculiari re concessa.[359] Inwiefern hier zwischen *tabulae* und *cartae* unterschieden werden soll oder die beiden Begriffe synonym verwendet werden, ist letztlich nicht festzustellen. Abgesehen von der Verschriftlichung des Rechtsakts der Freilassung, die offenbar keinen strengen formellen Vorgaben unterworfen war, mag dies auch für die Freilassung an sich gegolten haben. Es ist durchaus vorstellbar, dass verschiedene der oben angeführten Freilassungsformen des spätantiken römischen Rechts im merowingischen Frankenreich weiter Anwendung fanden.

Eine weitere Freilassungsform ist die *manumissio in ecclesia*, bei der es zu Beginn des 7. Jahrhunderts, wie oben angedeutet, zu maßgeblichen Veränderungen im Vergleich mit der spätantiken Variante kam. Es ist von einer Verbreitung dieser Praxis über das gesamte Gebiet des merowingischen Frankenreichs auszugehen. Diese Veränderung der *manumissio in ecclesia* steht im Zusammenhang mit der Freilassung zum *tabularius*. Diese wird umfangreich in c. 61 der Lex Ribuaria behandelt. Bereits in c. 61,1 wird das Freilassungsritual ebenso umfangreich beschrieben wie das Motiv einer solchen Freilassung.[360] Der Freizulassende wird in Anwesenheit des Klerus dem Bischof übergeben, der dann durch einen Erzdiakon eine *tabula*, daher der Name *tabularius*, zur Freilassung des Betroffenen anfertigen lässt.[361] Ausdrücklich wird an dieser Stelle darauf verwiesen, dass es sich um eine Praxis des römischen Rechts handelt (*secundum legem Romanam*); das Verfahren entstammt eindeutig der im frühen 4. Jahrhundert offiziell anerkannten *manumissio in ecclesia.*[362] Anders als im römischen Recht wird allerdings nach der Lex Ribuaria die Kirche Patron des Freigelassenen. Dies gilt gleichermaßen für seine Nachkommen.[363] Anders als im 4. Jahrhundert wird der Freigelassene nicht zum römischen Bürger.[364] Franz Beyerle vermutet, dass es sich bei diesem Kapitel um eine jüngere, zu Beginn des

---

359 Testament der Burgundofara (ed. Guerout), S. 819. Dazu auch Esders, Zensualität, S. 39. Zu merowingischen Testamenten und Urkunden vgl. neben den umfangreichen Ausführungen bei Esders auch: Nonn, Merowingische Testamente, S. 1–129; Semmler, Testament, S. 573–597.

360 Als Motive für eine solche Freilassung *per tabulam* in der Kirche werden das eigene Seelenheil (des Freilassers) oder der Freikauf genannt. Vgl. Lex Ribuaria c. 61,1 (MGH LL nat. Germ. 3,2), S. 108–109: *Hoc etiam iubemus, ut, qualiscumque francus Ribvarius seu tabularius servum suum pro animae suae remedium seu pro pretium secundum legem romanam liberare voluerit, ut eum in ecclesia coram presbyteris et diaconibus seu cuncto clero et plebe in manu episcopi servo cum tabulas tradat, et episcopus archidiacono iubeat, ut ei tabulas secundum legem Romanam, quam ecclesia vivit, conscribere faciat; et tam ipse quam et omnis procreatio eius liberi permaneant, et sub tuitione ecclesiae consistant vel omnem reditum status eorum ecclesiae reddant. Et nullus tabularium [aut servum tabularii] denariare ante regem praesumat. Quod si fecerit, ducentos solidos culpabilis iudicetur et nihilominus ipse tabularius et procreatio eius tabularii persistant, et omnis reditus status eorum ad ecclesiam reddant; et non aliubi quam ad ecclesiam, ubi relaxati sunt, mallum teneant.* Die *manumissio in ecclesia* wird ebenfalls erwähnt in: Lex Romana Burgundionum c. 3 (ebd., S. 127). Dazu auch: Amon, Freilassungen, S. 62.

361 Vgl. Lex Ribuaria c. 61,1 (MGH LL nat. Germ. 3,2), S. 108–109.

362 Vgl. Kapitel 2.1.1.

363 Bleibt der *tabularius* kinderlos, so wird er durch die Kirche beerbt. Vgl. Lex Ribuaria c. 61,4 (MGH LL nat. Germ. 3,2), S. 110.

364 Vgl. Bothe, Subordination, S. 365.

7. Jahrhunderts entstandene, Bestimmung handeln muss. Mit dieser Anpassung gehe in c. 61,2 einher, dass in der Kirche freigelassenen Personen beziehungsweise *tabularii* keine freie Wahl des eigenen Patrons zustand. Eine sukzessive Freilassung in die Vollfreiheit durch *denariatio* wird an dieser Stelle ebenfalls explizit ausgeschlossen.[365] Die *manumissio in ecclesia* sowohl in der Variante mit freier Wahl eines (privaten) Patrons als auch mit Patronat der Kirche lässt sich anhand entsprechender Formulae nachweisen: erstere in den sogenannten Formulae Arvernenses, letztere in den Formulae Salicae Mercelaniae.[366] Über die Betrachtung von c. 61,2 der Lex Ribuaria[367] lassen sich die von Alice Rio geäußerten Zweifel bezüglich einer frühen Entstehung der Formulae Arvernenses[368] zumindest für deren Nummern 3 und 4 relativieren, in denen diese Manumissionsform für eine *ancilla* beziehungsweise einen *servus* Anwendung findet. Die Bestimmung der Lex Ribuaria verbietet ausdrücklich, bei Freilassungen in der Kirche Privatpersonen als Patron auszuwählen. Der Ursprung der beiden Formeln aus der Auvergne ist vor der für Lex Ribuaria c. 61,2 angenommenen Entstehung im frühen 7. Jahrhundert zu vermuten.[369] Dennoch trifft zu, dass vermeintliche „archaic traits" keineswegs als Nachweis einer frühen Entstehung betrachtet werden sollten.[370] Zumindest für die vermeintlich spätere Variante der *manumissio in ecclesia* aus den Formulae Salicae Mercelaniae, die offenbar Elemente des fränkischen Rechts aufweist,[371] ist anzunehmen, dass sie im gesamten Frankenreich Anwendung fand. Bestärkt wird diese Vermutung durch die Nähe der Formel zu Formulae imperiales Nr. 33[372] und einem Kapitular Ludwigs des Frommen.[373] Darüber hinaus sei in diesem Zusammenhang auf c. 7 des Edikts Chlothars II. von 614 verwiesen. Dort wird festgelegt, dass ein *libertus*, der, wenn es in seiner *charta ingenuitatis* so festgehalten ist, von den *sacerdotes* zu verteidigen und nur in Gegenwart eines höherrangigen Geistlichen zu richten beziehungsweise an einen königlichen Beamten (*publicus*)[374] zu übergeben sei.[375] Eindeutig

---

365 Vgl. Beyerle in seinem Sachkommentar zur Lex Ribuaria (MGH LL nat. Germ. 3,2), S. 161.

366 Vgl. Formulae Arvernenses Nr. 3 (MGH Formulae), S. 30 und Formulae Salicae Mercelaniae Nr. 44 (ebd., S. 257–258).

367 Lex Ribuaria c. 61,4 (MGH LL nat. Germ. 3,2), S. 109–110: *Quod si quis tabularium seu ecclesiasticum homine contra episcopum defensare voluerit, 60 solid. culpabilis iudicetur, et insuper hominem cum omnibus rebus suis ecclesiae restituat. Quia inlicitum esse dicimus, quod dudum ecclesiis concessimus, iterum ab ecclesiis revocare.*

368 Rio, Formulae, S. 80–81.

369 Zur Datierungsfrage vgl. ebd., S. 80.

370 Ebd., S. 81.

371 Vgl. Rio (Formulae, S. 128) mit Zweifeln an dieser Einschätzung der älteren Forschung.

372 Formulae imperiales Nr. 33 (MGH Formulae), S. 311–312. Zu Nr. 33 und der Verbindung zu Ludwigs Capitulare ecclesiasticum (Nr. 8) vgl. u. a.: Rio, Formulae, S. 81, 130 und öfter; dies., High and Low,
S. 22–23. Zu den Formulae imperiales allgemein vgl.: Patt, Formulae imperiales mit einer Einordnung der Formelsammlung auf S. 43–46.

373 Vgl. Kapitel 2.4.1.

374 Zu dieser Deutung von *publicus* vgl. Niermeyer, MLLM, S. 1134.

wird hier von herrscherlicher Seite die Schutzherrschaft der Kirche über einen in der Kirche Freigelassenen und somit auch die Gültigkeit der *manumissio in ecclesia* anerkannt.

Zuletzt soll an dieser Stelle noch auf die in c. 65 der Lex Ribuaria thematisierte Freilassung zum *tributarius* beziehungsweise *litus* eingegangen werden,[376] bei dem es sich erneut nicht um ein gesamtfränkisches Phänomen gehandelt haben wird. Der *tributarius* könnte möglicherweise das römischrechtliche Äquivalent zum *litus* bilden.[377] Wie Beyerle feststellt, ist über die Form der Freilassung in der Lex Ribuaria keine Information enthalten. Zudem geht er davon aus, dass das schriftliche Festhalten einer Freilassung zum *tributarius* oder *litus* nicht notwendig gewesen sei.[378] Während der ersten Aussage vorbehaltlos zugestimmt werden kann, scheint in Bezug auf die zweite Vorsicht geboten. Zugegebenermaßen finden sich in c. 65 keine Hinweise auf eine Verschriftlichung bei dieser Form der *manumissio.* Dennoch scheint es unwahrscheinlich, dass Freilassungen zum *tributarius* oder *litus* nicht schriftlich festgehalten wurden. Da die *tributarii* einen „obscure rent-paying status"[379] einnahmen, scheint es durchaus wahrscheinlich, dass der Umfang der zu leistenden Abgaben und auch andere Aspekte des neuen Abhängigkeitsverhältnisses in schriftlicher Form festgehalten wurden. Der Einschätzung von Lukas Bothe, dass die „manumission to rent-paying status" nur eine sehr geringe Verbesserung im Vergleich zur vollständigen Unfreiheit gewesen sei,[380] kann nicht vollständig zugestimmt werden, da den Liten in der Lex Salica einige Rechte eingeräumt werden, die Unfreie in diesem Maße nicht besaßen. So belegt etwa c. 50,1 der Lex Salica die grundsätzliche Geschäftsfähigkeit des *litus,*[381] während ihm der Pactus pro tenore pacis (BK 3 c. 8) eine partielle Rechtsfähigkeit zukommen lässt.[382] Ohnehin kann ein solcher Vergleich höchstens auf einer grundsätzlichen und pauschalen Ebene betrachtet werden, da die tatsächlichen Rechte und Pflichten der Liten wohl sehr heterogen waren. Folglich lässt sich an dieser Stelle nur festhalten, dass die Freilassung zum Liten beziehungsweise Tributaren möglich war, vermutlich schriftlich festgehalten wurde und sicherlich im Vergleich mit anderen Manumissionsformen den geringsten Aufstieg bedeutete.

Insgesamt darf für die *manumissio* im fränkischen Recht der Merowingerzeit festgehalten werden, dass (wie bereits im römischen Recht) verschiedene Formen der Freilassung koexistierten, die für den Betroffenen äußerst unter-

---

375 Nr. 9 c. 7 (MGH Capit. 1), S. 22: *Libertus cuiuscumque ingenuorum a sacerdotibus, iuxta textus chartarum ingenuetatis suae contenit, defensandus, nec absque praesentia episcopi aut praepositi aeclesiae esse iudicandus vel ad publicum revocandus.*

376 Vgl. Lex Ribuaria c. 65 (MGH LL nat. Germ. 3,2), S. 117.

377 Die Verbindung zur römischrechtlichen Kopfsteuer deutet vorsichtig Stefan Esders (Zensualität, S. 28) an. Für diese Vermutung spricht der Umstand, dass in c. 41,10 der Lex Salica (MGH LL nat. Germ. 4,1, S. 157) explizit ein *romanus tributarius* erwähnt wird.

378 Vgl. Beyerle in seinem Sachkommentar zur Lex Ribuaria (MGH LL nat. Germ. 3,2, S. 166).

379 Bothe, Triplice Weregeldum, S. 191.

380 Vgl. ebd.

381 Vgl. Lex Salica c. 50,1 (MGH LL nat. Germ. 4,1), S. 189–190.

382 Nr. 3 c. 8 (MGH Capit. 1), S. 5.

schiedliche Folgen hatten. Das Spektrum dieser Folgen reichte von der Erlangung der Vollfreiheit bis zu relativ geringen (rechtlichen) Verbesserungen. Von einer Dichotomie Frei und Unfrei kann also bereits für die Merowingerzeit keine Rede sein. Bei den weiteren im kodifizierten fränkischen Recht zu findenden Freilassungsformen handelt es sich um Übernahmen aus dem römischen Recht, die möglicherweise zunächst nur von der römischen Restbevölkerung genutzt wurden. Der grundsätzliche Vorbehalt, dass Parallelen nicht zwingend Kontinuitäten nachweisen müssen, ist in diesem Zusammenhang wohl nicht von Bedeutung. Die Kontinuitäten werden schließlich teilweise explizit gemacht.[383] Der Umstand, dass die Freilassungspraktiken des merowingischen Frankenreichs teils auf römische Vorlagen zurückgehen, bedeutet freilich nicht, dass diese unverändert blieben, wie das ab dem frühen 7. Jahrhundert Patronat der Kirche bei der *manumissio in ecclesia* zeigt.

Neben dem rechtlichen Aufstieg in die Freiheit ist an dieser Stelle freilich auch der Verlust der Freiheit und der damit verbundene rechtliche Abstieg zu diskutieren. Im römischen Recht existierte die Versklavung als Bestrafung hauptsächlich als staatliche Sanktionierungsmaßnahme[384] und kann beziehungsweise sollte somit von der römischen Sklaverei im Allgemeinen unterschieden werden. Diese Unterscheidung kann in den nachrömischen Rechtssystemen Europas nicht festgestellt werden.[385] Die meisten dieser Rechtssysteme – und so auch das fränkische – basierten auf festgelegten Kompensationszahlungen für Straftaten und konnten nicht auf einen umfangreichen Staatsapparat zurückgreifen. Der Verlust der Freiheit ist dementsprechend häufig in solchen Fällen als Konsequenz auszumachen, in denen der Straftäter oder sein soziales Netzwerk nicht in der Lage beziehungsweise nicht gewillt waren, etwaige Strafzahlungen zu leisten.[386] Folglich handelt es sich bei dem aus einer Straftat resultierenden Verlust der persönlichen Freiheit letztlich auch um den Verlust der Freiheit aus materieller Not.[387] Detlef Liebs weist in diesem Zusammenhang darauf hin, dass in einem Rechtssystem, in dem „selbst schwerste Verbrechen in erster Linie mit Geld abzumachen sind", ein Selbstverkauf aus Zahlungsunfähigkeit eines Straftäters nur schwerlich als Versklavung als Strafe bezeichnet werden kann.[388] Eine direkte Bestrafung durch Verlust der Freiheit ist dem vorkarolingisch-fränkischen Recht insgesamt fremd, wenn die oben vertretene Position akzeptiert wird, dass die in der Lex Salica häufige Formulierung *de sua vita conponat* zwar die pragmatische Interpretation der Selbstversklavung zu-

---

383 Vgl. Lex Ribuaria c. 61,1 (MGH LL nat. Germ. 3,2), S. 108.

384 Knapp zur Entwicklung und Ausnahmen vgl.: Liebs, Sklaverei aus Not, S. 290 mit weiterführender Literatur.

385 Vgl. Rio, Penal Enslavement, S. 79.

386 Vgl. ebd.

387 Vgl. Liebs, Sklaverei aus Not, S. 294; Rio, Penal Enslavement, S. 79.

388 Liebs (Sklaverei aus Not, S. 294) stellt treffend fest: „Freilich versteckt sich auch hinter so mancher vertraglich begründeter Sklaverei Überschuldung und Zahlungsunfähigkeit wegen verwirkter Deliktsbußen".

lässt, diese aber eben nicht direkt intendiert.[389] Keineswegs bedeutet dieser Umstand aber, dass Selbstverkauf oder der Verkauf von Familienmitgliedern, sei es aus Zahlungsunfähigkeit nach begangener Straftat oder aus anders begründeter ökonomischer Notlage, im vorkarolingischen Frankenreich nicht existierten. Das Gegenteil ist der Fall, wie insbesondere Alice Rio betont.[390] Allerdings handelt es sich bei diesen Vorgängen im weitesten Sinne um freiwillige Entscheidungen, die eben nicht durch Autoritäten veranlasst wurden.[391] Trotz der Existenz dieser Phänomene kann es kaum überraschen, dass die fränkischen Rechtsbücher der Leges Salica und Ribuaria das Abrutschen von Individuen in die Unfreiheit nicht thematisieren. Folglich ist zu vermuten, dass der Selbstverkauf ein gesellschaftlich akzeptiertes Mittel zur Abwendung vermeintlich schlimmerer Konsequenzen, wie etwa des Todes durch Strafe oder Hunger, gewesen sein wird. Erwähnt werden muss an dieser Stelle noch die (theoretische) Temporalität der Unfreiheit bei Selbstverkauf,[392] während die von einem Elternteil ererbte Unfreiheit grundsätzlich, mit Ausnahme der Möglichkeit einer Freilassung, zeitlich unbegrenzt war. Ebenso werden bei Selbstverkäufen teilweise Einschränkungen der Unterwerfung vorgenommen.[393] Die Annahme einer ‚Verhandelbarkeit' der Unfreiheit[394] scheint also in Bezug auf die Schuldknechtschaft durchaus sinnvoll. Festzuhalten bleibt dennoch, dass das Phänomen der Schuld- beziehungsweise Schuldknechtschaft aufgrund der Möglichkeit einer zeitlichen Begrenzung der Unfreiheit oder der Einschränkung der Verfügungsgewalt des *dominus* nicht vollständig mit der angeborenen Unfreiheit gleichgesetzt werden kann. Dennoch gilt: Selbstverkauf beziehungsweise -verknechtung waren, wenngleich in unbekanntem Ausmaß, durchaus akzeptierte Optionen in Situationen der ökonomischen Not und zwar unabhängig davon, ob diese durch ein eigenes Vergehen oder nicht herbeigeführt wurden. Obwohl sich die fränkischen Rechtsbücher zu diesen Themen nicht äußern, besteht zumindest in Bezug auf den Selbstverkauf eine stillschweigende inhaltliche Übereinstimmung mit der spätantik-römischen Position. Ob beziehungsweise inwiefern die fränkische Praxis des Selbstverkaufs auf römische Traditionen zurückzuführen ist, muss offenbleiben. Verneint werden kann diese Frage in Bezug auf die

389 Vgl. Kapitel 3.1 und öfter.

390 Erneut verwiesen sei in diesem Zusammenhang auf die Beiträge von Liebs (Sklaverei aus Not) und Rio (Self-sale). Rio (Self-sale, S. 676) stellt diesbezüglich fest: „In fact I would argue that self-sales were happening everywhere, all the time, though they are not always equally visible".

391 Rio (ebd., S. 661) fast zusammen: „By and large we tend to assume that self-enslavement in the Roman and medieval worlds was never in fact voluntary, but always coerced in one way or another, by force or by necessity. … This apparent continuity between medieval and modern ways of thinking about self-sale is, however, more superficial than real, and has had a deeply distorting effect on modern scholarship on this topic".

392 Rio, Penal Enslavement, S. 96. Bemerkt sei in diesem Zusammenhang, dass Selbstverkaufsformeln diese Temporalität nicht enthalten. Vgl. u.a.: Formulae Andecavenses Nr. 2 (MGH Formulae, S. 5); Formulae Arvernenses Nr. 5 (ebd., S. 31).

393 Vgl. Liebs, Sklaverei aus Not, S. 301–306 mit Verweis auf Unterschiede zwischen „fränkisch" und „romanisch" geprägten Formeln auf S. 306.

394 Vgl. Rio, Slavery after Rome, S. 50, 73 und öfter.

Strafversklavung. Während diese im römischen Recht noch eine von der allgemeinen Unfreiheit abzugrenzende, durch staatliche Behörden verordnete und durchgesetzte Institution darstellte,[395] existiert diese Praxis unter den Merowingern nicht. Der Verlust der Freiheit kann zwar über den Umweg des Selbstverkaufs Konsequenz eines begangenen Verbrechens sein, ist aber, anders als bei den *servi poenae* des römischen Reichs, nie direkte rechtliche Konsequenz.

Dennoch sind im Zusammenhang mit dem Wechsel des Rechtsstatus, insbesondere unter Berücksichtigung der oben besprochenen Freilassungspraktiken, gewisse Kontinuitäten zwischen römischer und fränkischer Rechtspraxis nicht zu leugnen.[396] Dass diese Kontinuitäten in Bezug auf Freilassungspraktiken und Rechtsstatus festgestellt werden können, weist letztlich den Fortbestand der römischrechtlichen Idee einer Dichotomie von ‚frei' und ‚unfrei' nach. Ebenso wie für das römische Recht festgestellt, existieren auch im merowingischen Frankenreich zwischen den beiden Extremen des Vollfreien und dem gänzlich Unfreien Zwischenstufen. Die vermeintliche Dichotomie bleibt also in beiden Fällen ein theoretisches Konstrukt. Diese Zwischenstufen manifestierten sich hauptsächlich in den unterschiedlichen Begrifflichkeiten, die für die unterschiedlichen Gruppen der Freigelassenen verwendet wurden. Über die Begrifflichkeiten, die Einzug in die fränkischen Rechtsbücher und andere Rechtsdokumente wie Freilassungsurkunden und Testamente hielten, wurden diese Zwischenkategorien wohl auch fester Bestandteil der fränkischen Gesellschaft und zum Selbstverständnis der in dieser Gesellschaft lebenden Individuen.[397] Im Folgenden gilt es nun zu untersuchen, wie Veränderungen des Rechtsstatus in den Kapitularien der frühen Karolinger behandelt werden.

2.2 Pippin (und Karlmann): Rechtsstatus im Kontext der Reform des Eherechts

Selbstverkauf beziehungsweise -verknechtung werden vor Pippins Königswerdung weder im Ost- noch im Westteil des Frankenreichs rechtlich behandelt. Dies gilt gleichermaßen für Freilassungen beziehungsweise Freigelassene. Kanon 4 des Concilium Germanicum (742)[398] und c. 5 der Synode von Soissons (744)[399] untersagen zwar recht unspezifisch die Zulassung unbekannter Priester und Bischöfe zum Gottesdienst, allerdings richten sich die beiden Kapitel wohl

395 Vgl. Kapitel 2.1.2.

396 Diesen Umstand verdeutlicht ausführlich exemplarisch: Esders, Zensualität.

397 Vgl. Rio, Half-Free, S. 150.

398 Concilium Germanicum can. 4 (MGH Conc. 2,1), S. 3: *Satuimus, ut secundum canonicam cautelam omnes undecumque supervenientes ignotos episcopos vel presbiteros ante probationem synodalem in aecclesiasticum ministerium non admitteremus.*

399 Concilium Suessionense can. 5 (MGH Conc. 2,1), S. 35: *Et statuemus, ut supervenientes episcopus vel presbyteris de aliis regionibus non suscipiautur in ministerio ecclesiae, nisi prius fuerint probati ab episcopo, cuius parrochia est.*

nicht gegen unfreie Geistliche, die ihren Rechtsstatus in der Fremde zu verschleiern versuchten; vielmehr ist hier der Einschätzung Wilfried Hartmanns zu folgen, dass die Bestimmungen Geistlichen verbieten sollen, „ohne festen Wohnsitz durch die Lande zu vagieren".[400] Dies gilt gleichermaßen für die später zahlreichen Wiederholungen dieses Sachverhalts.[401]

Somit lässt sich erst für die Zeit nach Pippins Königswerdung eine gesetzgeberische Auseinandersetzung mit dem hier relevanten Themenkomplex von Veränderungen des Rechtsstatus feststellen. Eine solche findet sich zuerst im ersten Kapitel des Königskapitulars Pippins des Jüngeren (BK 13).[402] Die Bestimmung regelt inhaltlich die genauen Verwandtschaftsgrade der pippinischen Inzestgesetzgebung sowie die Ahndung von Verstößen gegen diese Regelung: Wer entgegen der Bestimmungen eine inzestuöse Ehe eingeht, verliert sein Vermögen; wer solche Personen aufnimmt, wird mit dem Königsbann von 60 Solidi bestraft.[403] Relevant wird die Bestimmung an dieser Stelle aufgrund der Formulierung: *Et si pecuniam non habet, si liber est, mittatur in carcere usque ad satisfactionem.*[404] Der Zahlungsunfähige wird in diesem Fall also bis zur Zahlung der fälligen Summe *in carcere* genommen. Während bereits festgestellt worden ist, dass die Formulierung *de sua vita conponat* eine Schuldverknechtung ohnehin nicht intendiert, sondern diese nur als Alternative zulässt,[405] besteht diese Möglichkeit hier nicht. Durch die Form der Bestrafung unterscheidet sich das Vergehen an der öffentlichen Ordnung also maßgeblich von einem Vergehen im privaten Kontext, wie es in der Lex Salica behandelt wird: BK 13 c. 1 erwähnt die (temporäre) Verknechtung oder Tötung von insolventen Straftätern nicht. Während für die Merowingerzeit die Todesstrafe für Freie bei Delikten gegen die öffentliche Ordnung bekannt ist,[406] gilt dies nicht für die Verknechtung durch den König beziehungsweise die öffentliche Hand. Folglich stellt die Inhaftierung an dieser Stelle zwar durchaus eine Veränderung zur Merowingerzeit dar, allerdings nicht in Bezug auf die Verknechtung als Strafe durch die öffentliche Hand. Diese bleibt dem fränkischen Recht auch unter Pippin fremd.

Das erste Kapitel des Königskapitulars beschäftigt sich primär mit den Ehereformen Pippins, wobei die Veränderung des Rechtsstatus beziehungsweise der Rechtsstatus im Allgemeinen nur am Rande von Bedeutung sind. Gleiches gilt auch für c. 6 des Decretum Vermeriense (BK 16, a. 756). Dort wird unter anderem festgelegt, dass der Verlust der Freiheit dem Ehepartner das Recht zugesteht, die Ehe aufzulösen und neu zu heiraten, wenn der unfreie Ehepartner nicht zurückgekauft werden kann. Eine Ausnahme bildet der Fall, dass ein

400 Hartmann, Synoden, S. 420.

401 Vgl. u. a. Nr. 14 c. 15 (MGH Capit. 1, S. 36) und Nr. 16 c. 14 (ebd., S. 41).

402 Vgl. Kapitel 3.2 und öfter.

403 Vgl. Ubl, Inzestverbot, S. 263 und Breternitz, Königtum, S. 51–52.

404 Vgl. Nr. 13 c. 1 (MGH Capit. 1), S. 31. Darauf folgt die entsprechende Bestrafung von Unfreien, die mit vielen Schlägen (*plagis multis*) zu bestrafen sind.

405 Zur Interpretation der Formulierung *de sua vita conponat* vgl. Kapitel 3.1 und öfter.

406 Allgemein zu Todestrafen im Frankenreich vgl.: Brunner / von Schwerin, Deutsche Rechtsgeschichte 2, S. 780–781.

Ehepartner sich unter Zustimmung des anderen verkauft hat, um den Partner so vor Hunger zu schützen. In diesem Falle darf die eheliche Verbindung nicht aufgelöst werden.[407] Freilich lässt sich BK 16 c. 6 nicht als herrscherlicher Interventionsversuch in Bezug auf die Praxis des Selbstverkaufs deuten. Das Kapitel muss zweifellos (wie auch BK 16 insgesamt) im Kontext der Eherechtsreformen Pippins und des Versuchs, die Unauflösbarkeit der Ehe mit „der Wirklichkeit des Lebens" in Einklang zu bringen, betrachtet werden.[408] Der Verlust der Freiheit stellt, zumindest im Falle des Selbstverkaufs aus Hunger, eine dieser Ausnahmen dar. Es scheint also wahrscheinlich, dass der Selbstverkauf, der aus einem Vergehen respektive der dafür zu zahlenden Strafsumme resultiert, die Auflösung der Ehe weiterhin zulassen sollte.

Erneut thematisiert BK 16 Freilassungen in c. 8. Wenig überraschend geschieht dies wiederum im Zusammenhang mit Pippins Ehereformen. Das Kapitel bestimmt, dass ein Freigelassener, sollte er nach seiner Freilassung eine sexuelle Verbindung mit einer *ancilla* seines vormaligen Besitzers eingegangen sein, vom Besitzer verpflichtet werden kann, diese zu ehelichen oder aber niemals heiraten zu dürfen.[409] Es handelt sich primär um eine besitzrechtliche Bestimmung. Der Freigelassene missachtete, indem er ohne Erlaubnis sexuelle Kontakte mit einer *ancilla* seines ehemaligen Herrn hatte, dessen Besitzrechte an der *ancilla* und musste entsprechende rechtliche Konsequenzen erwarten. Erneut wird der Freigelassene in diesem Zusammenhang rechtlich gänzlich anders behandelt als ein Freier. Dieser hätte laut der Lex Salica nach Schuldfeststellung lediglich eine Bußsumme von 15 Solidi an den ‚geschädigten' Besitzer der *ancilla* zu entrichten gehabt.[410] Bemerkenswert ist das Kapitel insofern, dass es einen Einblick in das Verhältnis zwischen *manumissor* und *manumissus* nach der Freilassung bietet. Die Lex Salica behandelt die Bestrafung von sexuellen Kontakten zwischen Unfreien eines Besitzers erwartungsgemäß nicht. Die Ahndung wird dem Besitzer überlassen. Handelt es sich aber um die *ancilla* eines anderen Besitzers, ist der Unfreie zu bestrafen.[411] Gleichermaßen behandelt die Lex Salica

407 Nr. 16 c. 6 (MGH Capit. 1), S. 40: *Si quis ingenuus homo ancillam uxorem acceperit pro ingenua, si ipsa femina postea fuerit inservita, si redimi non potest, si ita voluerit, liceat ei aliam accipere. Similiter et mulier ingenua, si servum accipiat pro ingenuo, et postea pro qualicumque causa inservitus fuerit – nisi pro inopia fame cogente se vendiderit, et ipsa hoc consenserit, et de precio viri sui a fame liberata fuerit – si voluerit, potest eum dimittere et, si se continere non potest, alium ducere. Similiter et de muliere, si se vendiderit, et vir eius ita consenserit, taliter potest stare. Si se separaverint, poenitentia tamen amborum necessaria est: nam qui de pretio paris sui de tali necessitate liberatus fuerit, in tali coniugio debent permanere et non separari.*

408 Hartmann, Synoden, S. 75.

409 Nr. 16 c. 8 (MGH Capit. 1), S. 40–41: *Si quis servus, libertate a domino suo accepta, postea cum ancilla eius adulterium perpetraverit, si dominus eius vult, velit nolit, ipsam ad uxorem habebit. Quod si ipsam dimiserit et aliam duxerit, cogatur omnino, ut posteriorem dimittat, et ipsam cum qua prius adulterium fecit recipiat, aut illa vivente nullam aliam habeat.*

410 Vgl. Lex Salica c. 25,1 (MGH LL nat. Germ. 4,1), S. 93: *Si quis ingenuus cum ancilla aliena moechatus fuerit et ei fuerit adprobatum, mallobergo the(ua)lasina uuertico sunt, <domino ancillae> DC denarios qui faciunt solidos XV culpabilis iudicetur.* Im darauffolgenden c. 25,2 wird diese Summe auf 30 Solidi verdoppelt, sollte es sich bei der *ancilla* um eine *ancilla regis* handeln.

411 Vgl. Lex Salica c. 25,5–6 (MGH LL nat. Germ. 4,1), S. 94–95.

freilich nur die erwähnten sexuellen Kontakte von Freien mit Unfreien anderer Besitzer, nicht die aber mit eigenen. Der betroffene *dominus* aus BK 16 c. 8 kann also nicht mehr vollständig über seinen Freigelassenen verfügen. Allerdings wird ihm weiterhin eine gewisse Verfügungsgewalt über seinen ehemaligen Unfreien zugesprochen, die er über einen Freien nicht gehabt hätte. Für Pippin und die Teilnehmer der Synode in Verberie stand offenbar außer Frage, dass Freigelassene keineswegs als von ihren ehemaligen Besitzern vollkommen unabhängig betrachtet werden sollten; diese Feststellung erinnert unmittelbar an das spätantike Patronat.

Wenngleich das Kapitel primär im Kontext der Ehereformen Pippins und sekundär aus besitzrechtlicher Perspektive relevant ist, bietet es zumindest einen Anhaltspunkt in Bezug auf die Frage nach dem Verhältnis zwischen (ehemaligen) Besitzern und Freigelassenen. Bedingt offenbleiben muss allerdings, welche Motivation hinter BK 16 c. 8 zu vermuten ist. Die Besitzrechte an der *ancilla* wären schließlich auch gewahrt worden, wenn der Freigelassene rechtlich wie ein Freier (oder fremder Unfreier) nach den Bestimmungen aus c. 25 der Lex Salica bestraft worden wäre. Kapitel 8 muss hier wohl im Gesamtzusammenhang der Versammlung in Verberie betrachtet werden. Die dort getroffenen Beschlüsse sind insgesamt von einer „rigoroseren Disziplin" hinsichtlich des Prinzips der Unauflöslichkeit der Ehe gekennzeichnet als die Beschlüsse des Folgejahres in Compiègne (BK 15).[412] Möglicherweise bezieht sich das Kapitel auch auf eheähnliche Verbindungen zwischen zwei Unfreien des gleichen Besitzers. Diesem würde dann die Verantwortung übertragen und das Recht gegeben, dafür Sorge zu tragen, dass diese Verbindung nicht durch eine erneute Heirat des dann Freigelassenen aufgelöst wurde. Es lässt sich zusammenfassen: Die Freilassung stellte für die Teilnehmer der Versammlung in Verberie keinen Auflösungsgrund für Ehen oder eheähnliche Verbindungen zwischen Unfreien dar. Dass der Freigelassene ob seines nun verbesserten sozialen und rechtlichen Status versuchte, eine, verglichen mit der *ancilla* seines ehemaligen Besitzers, ‚bessere Partie' als Ehefrau zu finden, scheint durchaus vorstellbar. In welchem Ausmaß beziehungsweise mit welcher Häufigkeit Freigelassene diesen Versuch unternahmen, lässt sich selbstverständlich nicht rekonstruieren.

Zumindest unter der (nicht nachzuweisenden) Prämisse, dass die entsprechende Regelung der Lex Salica im 8. Jahrhundert noch gängige Rechtspraxis war, ergibt sich bei genauerer Betrachtung von BK 16 c. 8 durchaus ein gewisses Maß an Handlungsspielraum für den ehemaligen Besitzer des Freigelassenen. Sollte der Freigelassene nämlich tatsächlich einwilligen, die betroffene *ancilla* zu ehelichen, müsste er nach c. 13,9 der Lex Salica (erneut) in Unfreiheit und in den Besitz seines (vormaligen) Herrn gelangen.[413] Das Kapitel bietet so also tatsächlich den von Alice Rio imaginierten „hard-line starting point" für Verhandlungen zwischen „lord and dependant", die dann je nach Situation zu mehr

412 Ubl, Inzestverbot, S. 266–267. Explizit verweist Ubl in Anm. 240 auch auf das hier betrachtete c. 8.

413 Vgl. Lex Salica c. 13,9 (MGH LL nat. Germ. 4,1), S. 62.

oder minder strengen Auslegungen der Rechtssätze führen konnten.[414] Allerdings scheint es allzu pessimistisch, Pippin und seinen Bischöfen zu unterstellen, dass dies ihre Absicht war. Insbesondere im Gesamtzusammenhang von BK 16, dass nun einmal primär das Prinzip der Unauflöslichkeit der Ehe und nicht die rechtliche Legitimation für die Unterdrückung von Unfreien zum Ziel hatte,[415] muss davon ausgegangen werden, dass dieses Ziel auch im Rahmen von c. 8 verfolgt wurde. Dies gilt insbesondere deshalb, weil die erneute Versklavung des Freigelassenen unter Berufung auf die Lex Salica ein nicht unerhebliches Maß an Rechtskenntnissen voraussetzt. Freilich schließt diese Einschätzung keineswegs aus, dass die Bestimmung aus BK 16 oder anderen Herrschererlassen von Unfreienbesitzern zur Unterdrückung von Unfreien genutzt wurde, wie von Rio vermutet.[416]

Ähnlich kann auch in Bezug auf die cc. 7 und 8 der Beschlüsse des Folgejahres in Compiègne (BK 15) argumentiert werden. Dort wird festgelegt, dass Wissen oder Unwissen über den unfreien Rechtsstatus des Ehepartners bei Eheschließung eine Auflösung (bei Wissen) nicht zulassen beziehungsweise (bei Unwissen) zulassen.[417] Der Verhandlungsspielraum ist offensichtlich: Der Besitzer des beteiligten Unfreien könnte der freien Heiratspartei zusichern, diese oder die aus der Ehe entstehenden Nachkommen nicht zu verknechten, wie es grundsätzlich bei standesungleichen Ehen rechtlich vorgesehen wäre,[418] wenn die Verbindung nicht aufgelöst wird. Im Gegenzug könnte sich die freie Heiratspartei etwa zu Diensten gegenüber dem Besitzer des Ehepartners verpflichten, wobei die exakten Bedingungen von der Verhandlungsposition der jeweiligen Parteien abhängig waren. Erneut muss allerdings betont werden, dass die pippinischen Bestimmungen diesen Handlungsspielraum zwar zulassen, aber eben nicht intendieren.

Pippins Haltung zu Freigelassenen oder Menschen, die sich aus Not selbst verkauften, deckt sich mit den Befunden der vorangegangenen Kapitel: Diese Personengruppen werden nur dann von den herrscherlichen Erlassen behandelt, wenn sie in anderen Zusammenhängen (hauptsächlich den Ehereformen) Ausnahmefälle bedeuten, die einer rechtlichen Präzisierung bedurften. Dieser Umstand zeigt sich deutlich an den betrachteten Kapiteln aus BK 16 und 15. Hauptziel dieser war es, die Unauflösbarkeit der Ehe durchzusetzen beziehungsweise Ausnahmen zu diesem Prinzip klar zu definieren. Der Verlust der Freiheit bildet prinzipiell eine solche Ausnahme, es sei denn er wird in Über-

414 Rio, Slavery after Rome, S. 236.

415 Vgl. Ubl, Inzestverbot, S. 266–267.

416 Ohnehin muss in diesem Zusammenhang die Frage gestattet sein, ob vonseiten des Herrschers erlassenes Schriftrecht tatsächlich das effektivste Mittel zur Unterdrückung von Unfreien gewesen sein kann.

417 Vgl. Nr. 15 cc. 7–8 (MGH Capit. 1), S. 38: *7. Si Francus homo acceperit mulierem et sperat quod ingenua sit, et postea invenit quod non est ingenua, dimittat eam, si vult, et accipiat aliam. Similiter et femina ingenua. 8. Si femina ingenua accepit servum et sciebat tunc quod servus erat, habeat interim quo vivit. Una lex est de viris et feminis.*

418 Vgl. Lex Salica c. 25,3 (MGH LL nat. Germ. 4,1), S. 94. Vgl. dazu u. a. Kapitel 5.2.1.

einstimmung mit dem Partner und zu dessen Vorteil herbeigeführt. Das Erlangen der Freiheit bildet keine solche Ausnahme.

2.3 Karl der Große: Schuldknechtschaft und ‚Freigelassenenrecht‘

2.3.1 Freigelassene und das Konzil von Neuching (771?)

In den Kapitularien Karls des Großen begegnet uns der Themenkomplex der Veränderung des Rechtsstatus bereits in der zweiten Hälfte der 770er Jahre.[419] Wohl bereits 770/771[420] entstanden die Bestimmungen der Versammlungen von Dingolfing und Neuching. Diese werden bisweilen als „Herzogskapitularien" betrachtet.[421] Erstere enthält mit can. 10 eine inhaltlich mit BK 15 c. 7 vergleichbare Bestimmung.[422] Anders als unter Pippin wird in Dingolfing nur der *mulier nobilis* und nicht allen Freien die Möglichkeit der Auflösung der Ehe bei Unwissenheit über die Unfreiheit ihres Gatten eingeräumt.[423]

Mit den cann. 8–10 widmen sich gleich drei Kapitel der Versammlung von Neuching Freilassungen beziehungsweise Freigelassenen.[424] Kapitel 8 legt fest, dass sich durch die Hand des Herzogs Freigelassene den sogenannten urteila zu unterwerfen haben.[425] Trotz der trügerischen Kürze dieser Anordnung ist die Deutung der Bestimmung insgesamt äußerst kompliziert.[426] In diesem Kontext soll es deshalb genügen, auf einen Befund von Thomas Holzner aufmerksam zu machen: Kapitel 8 weist nach, dass mit der Freilassung durch den Herzog im

---

419 Als chronologisch erste gesetzgeberische Auseinandersetzung vonseiten Karls muss Nr. 88 (MGH Capit. 1, S. 187–188) betrachtet werden, die wohl zwischen 774 und 781 verfasst worden sind (zur Datierung vgl., S. 249 Anm. 1405). Des Weiteren wird der Themenkomplex in den 770er Jahren im Kapitular von Herstal von 779 (Nr. 20, MGH Capit. 1, S. 46–51) behandelt. Hinzu kommt möglicherweise ein Kapitel von Nr. 114 (MGH Capit. 1, S. 232). Das Kapitular ist allerdings nicht näher datierbar und vermutlich nicht in den 770er Jahren entstanden.

420 Zur Datierung der beiden Versammlungen vgl. umfangreich Holzner, Decreta Tassilonis, S. 47–51. Siems (Herrschaft und Konsens, S. 303) blieb auch zuletzt vorsichtig und gibt „770?" bzw. „771?" für die Versammlungen in Dingolfing respektive Neuching an. In Anm. 6 bietet Siems einschlägige Literatur zu den beiden Versammlungen.

421 Vgl. Mordek, Karolingische Kapitularien, S. 57; ausführlich zur Einordnung der Texte vgl. Holzner, Decreta Tassilonis, S. 58–61.

422 Vgl. Concilium Dingolfingense can. 10 (MGH Conc. 2,1), S. 95. Wilfried Hartmann (Synoden, S. 95) bemerkt diesbezüglich: „Auch in einer Zeit der Entfremdung zwischen Baiern und dem Frankenreich hat man es in Baiern nicht verschmäht, einem fränkischen Vorbild zu folgen".

423 Dazu ausführlich: Holzner, Decreta Tassilonis, S. 353–357. Eine solche Formulierung wäre für das fränkische Recht nicht denkbar, da in den Rechtstexten keine Abgrenzung einer Adelsschicht vorgenommen wird. Vgl. Ubl, Sinnstiftungen, S. 187–188.

424 Vgl. Concilium Neuchingense cann. 8–10 (MGH Conc. 2,1), S. 101.

425 Ebd. c. 8: *Ut hii, qui ducali manu libere dimissi sunt, ad eadem cogantur iudicia quae Bawarii urteila dicunt.*

426 Dies zeigt sich bereits an der umfangreichen Behandlung des Kapitels durch Thomas Holzner (Decreta Tassilonis, S. 393–407), der c. 8 ein umfangreiches Subkapitel widmet.

bairischen Recht (wie bereits mit der denariatio für das fränkische Recht festgestellt) auch in Baiern eine Form der Freilassung durch die höchste zuständige weltliche Autorität existierte, die auch in ihrer symbolischen Form der denariatio des fränkischen Rechts ähnlich ist.[427] Die beiden folgenden Bestimmungen aus Neuching (cann. 9–10) betrachten die in der Kirche Freigelassenen.[428] In der Kirche Freigelassene können nach can. 9 „ausnahmsweise"[429] zurück in die Unfreiheit fallen, wenn sie einen Schaden verursachen, den sie nicht begleichen können. Eine Haftungsverpflichtung für die Kirche besteht offenbar nicht. Im anschließenden can. 10 wird im Falle der Tötung eines in der Kirche Freigelassenen die Zahlung eines nicht näher spezifizierten pretium an die Kirche festgesetzt, in der die manumissio des Freigelassenen stattgefunden hatte. Bei diesem pretium könnte es sich um die Summe von 40 Solidi gehandelt haben, die in der Lex Baiwariorum (c. 5,9) bei Tötung eines Freigelassenen angedroht wird.[430]

Es ist anzunehmen, dass es sich bei den in cann. 9 und 10 behandelten Personen um in den Besitz der Kirche Freigelassene und nicht grundsätzlich um in einer Kirche (unter geistlicher Aufsicht) Freigelassene handelt.[431] Holzner verweist im Zuge der Betrachtung der Kapitel auch auf die Parallelbestimmung der Lex Ribuaria (c. 61).[432] Bei der in der Lex Ribuaria präsentierten Form der *manumissio in ecclesia* handelt es sich um eine Veränderung einer römischrechtlichen Tradition im Frankenreich des frühen 7. Jahrhunderts.[433] Es scheint nicht unwahrscheinlich, dass diese Freilassungsform auch in Baiern eine vergleichbare Entwicklung durchlaufen hat, die sich über die Kapitel aus Neuching nun auch im bairischen Recht des 8. Jahrhunderts finden lässt. Jeder Versuch, eine genauere Chronologie dieser angenommenen Entwicklung vorzunehmen, verbietet sich allerdings bereits durch die weiterhin unübersichtliche Entstehungsgeschichte des bairischen Rechts beziehungsweise der Lex Baiwariorum.[434]

Die gemeinsame Betrachtung der drei Kanones aus Neuching (und von can. 10 der Versammlung in Dingolfing) scheint nahezulegen, dass Freilassun-

---

427 Vgl. ebd., S. 395 mit Anm. 1839. Eine fränkische Form der Freilassung in Baiern vermutet in diesem Kontext: Quitzmann, Rechtsverfassung, S. 46–47.

428 Concilium Neuchingense cann. 9–10 (MGH Conc. 2,1), S. 101: *VIIII. Ut hi, qui in aecclesia libertatem conquirebant, deinceps tam ipsi quam eorum posteritas in secura libertate permaneant, nisi forte ipsi sibimet insolubilem damnum inferant, quod componere minime quiverint. X. Qui ex eis occiderint, pretium eius his solvatur aecclesiis, ubi liberi dimissi fuerint.*

429 Grollmann, Stammesrecht, S. 326.

430 Vgl. Lex Baiwariorum c. 5,9 (MGH LL nat. Germ. 5,2), S. 341. Vorsichtiger äußert sich Holzner (Decreta Tassilonis, S. 294–296). Für die Summe von 40 Solidi spricht allerdings die identische Summe, die bei Tötung eines in der Kirche Freigelassenen etwa ein Vierteljahrhundert später in Nr. 68 (c. 5, MGH Capit. 1, S. 158) bestätigt wird. Näher zu den der Lex Baiwariorum beigefügten Kapiteln (Nr. 68) vgl.: Grollmann Stammesrecht, S. 229–387.

431 Vgl. Holzner, Decreta Tassilonis, S. 202–203.

432 Vgl. ebd., wenngleich er nach der Kapitelzählung von Sohm noch von c. 58 spricht. Vgl. die Konkordanz in: Lex Ribuaria (MGH LL nat. Germ. 3,2), S. 64.

433 Vgl. den Sachkommentar von Beyerle (ebd., S. 161). Vorsichtiger: Grollmann, Stammesrecht, S. 324.

434 Dazu zuletzt und umfangreich: Siems, Herrschaft und Konsens, S. 303–320 und zusammenfassend S. 358–360.

gen und Freigelassene nach dem bairischen Recht des 8. Jahrhunderts ähnlich eingeordnet wurden wie im fränkischen Recht dieser Zeit.[435] Diese Feststellung ist insofern von Bedeutung, weil nicht davon auszugehen ist, dass es nach der Eingliederung des bairischen Herzogtums in das fränkische Reich in den 790er Jahren[436] zu konkurrierenden Rechtssätzen kam, die einer gesetzgeberischen Intervention durch Karl den Großen (oder später Ludwig den Frommen) bedurft hätten.

2.3.2 ‚Besondere Bedingungen': Schuldknechtschaft und Freigelassene (774–800)

Anders gestaltet sich die Situation erneut in Bezug auf die Eroberung des Langobardenreichs und das langobardische Recht. Die getroffene Regelung in c. 1 der sogenannten Notitia Italica Karls des Großen (BK 88), die zwischen 774 und 781 verfasst wurde,[437] darf allerdings nicht als Resultat eines Konflikts zwischen fränkischem und langobardischem Recht betrachtet werden. Vielmehr handelt es sich um einen Versuch Karls, die Gunst der lokalen Bevölkerung Norditaliens zu gewinnen.[438] Dies sollte durch „Wiedergutmachung von Unrecht, das während der Kriegswirren, die die Eroberung des Langobardenreiches durch die Franken begleiteten, begangen wurde", gelingen.[439] Zu diesem Unrecht wurde auch die in c. 1 und somit prominent an erster Stelle behandelte erzwungene Selbstverknechtung gezählt.[440] Die während des Konflikts entstandenen *cartulae obligationis*, in denen sich Personen ins *servitium* anderer übergaben, sollten zerstört werden. Alle Betroffenen sollten erneut frei sein, wie sie es zuvor (*sicut primitus*) gewesen waren. Zunächst mag es nachvollziehbar wirken, das Kapitel als Argument gegen die vermeintlich intendierte Unterdrückung der ‚Schwa-

---

435 Holzner (Decreta Tassilonis, S. 405–406) äußert sich diesbezüglich eher vorsichtig, während Quitzmann (Rechtsverfassung, S. 45–47), auf den auch Holzner in diesem Zusammenhang verweist, von diesem Umstand überzeugt zu sein scheint.

436 Dazu umfangreich: Freund, Agilolfinger, S. 144–210.

437 Der genaue Entstehungszeitpunkt von Nr. 88 ist weiterhin unklar. McKitterick (Charlemagne, S. 111–113) vermutet diesen bereits 774. Ihr folgt: Davis, Practice of Empire, S. 286, 288 und 411; dies, Cross-Referencing, S. 233 mit Anm. 17. Manacorda (Ricerche, S. 36–43) und Ganshof (Was waren die Kapitularien, S. 176) datieren den Text auf 776. Mordek (Anfänge, S. 17–25) und ihm folgend Bougard (Tempore barbarici, S. 343) gehen von einer Entstehung im Jahr 781 aus. Die Einschätzung von Davis (Practice of Empire, S. 411, Anm. 180), dass eine Spätdatierung auf 781 äußerst unwahrscheinlich ist, überzeugt. Dementsprechend handelt es sich bei Nr. 88 nicht nur um das älteste Kapitular Karls für Italien (ebd., S. 410), sondern auch um die früheste Behandlung eines für unser Thema relevanten Inhalts durch Karl. Als terminus post quem für die Entstehung des Kapitulars darf die Eroberung Pavias im Juni 774 angenommen werden.

438 Bereits deshalb wirkt die Annahme einer Entstehung kurz nach der Eroberung Pavias plausibel.

439 Vgl. Mischke in der Vorbemerkung zu Nr. 56a (MGH Capit. N. S. 4, S. 739). So bereits: McKitterick, Charlemagne, S. 112–113.

440 Nr. 88 c. 1 (MGH Capit. 1), S. 187: *Primis omnium placuit nobis, ut cartulas obligationis, quae factae sunt de singulis hominibus qui se et uxores, filios vel filias suas in servitio tradiderunt, ubi inventae fuerint, frangantur, et sint liberi sicut primitus fuerunt.*

chen' durch die karolingischen Kapitularien[441] ins Feld zu führen. Schließlich widerruft Karl der Große an dieser Stelle die Selbstverknechtungen von Personen, die durch die Kriegswirren in eine außerordentlich schlechte „bargaining position"[442] gegenüber ihren Unterdrückern geraten waren. Vordergründig betrachtet könnte Karl der Große hier gar als ‚Beschützer der Unterdrückten' präsentiert werden. Eine solche Deutung verbietet sich allerdings. Wie bereits betont, muss BK 88 als Reaktion auf eine Extremsituation verstanden werden. Ihr Inhalt ist auf Italien begrenzt und behandelt lediglich jene (erzwungenen) Selbstverknechtungen, die in direktem Zusammenhang mit der gewaltsamen Eroberung des Langobardenreichs durch die Franken standen. Keineswegs darf an dieser Stelle angenommen werden, dass der Selbstverknechtung aus (ökonomischer) Not grundsätzlich entgegengetreten werden sollte. Im Gegenteil: Gesellschaftliche Veränderungen sind nicht intendiert. Ihre Freiheit erlangen sollten schließlich nur jene, die zuvor Freie waren.[443] Die Bestimmung, und dies darf wohl auch jenseits von c. 1 über die Inhalte von BK 88 behauptet werden,[444] ist grundsätzlich als konservativ, als Rückkehr zum Status quo vor dem Konflikt zu betrachten.[445] Insgesamt ist dennoch nicht zu leugnen, dass der Erlass ebensowenig verfasst wurde, um günstige Verhandlungspositionen für die besser gestellten Franken zu schaffen.

Ähnlich wie mit BK 88[446] in Italien entsteht wenige Jahre später auch im nordalpinen Teil des Frankenreichs mit dem Kapitular von Herstal (BK 20) ein herrscherlicher Erlass in einer außergewöhnlichen (Not-)Situation.[447] Bereits die Lorscher Annalen erwähnen für das Jahr 779: *Fames vero magna et mortalitas in Francia.*[448] In diesem Kontext berief Karl der Große eine Versammlung seiner

441 Vgl. Rio, Slavery after Rome, S. 236.

442 Ebd.

443 Dies betont auch McKitterick, Charlemagne, S. 112–113.

444 Die anschließenden Kapitel behandeln u. a. Güter, die unter Wert verkauft wurden, sowie Schenkungen und Verkäufe an geistliche Institutionen (*loci venerabiles*). Vgl. Nr. 88 cc. 2 und 4 (MGH Capit. 1), S. 187–188.

445 Ähnlich scheint auch Mischke (MGH Capit. N. S. 4, S. 739) den Text zu beurteilen, wenn sie von einer „Wiedergutmachung von Unrecht" spricht.

446 Die hier angenommene Chronologie basiert auf der Prämisse, dass McKittericks (Charlemagne, S. 111–113) Argumente, die gegen eine Datierung der Notitia in das Jahr 781 sprechen, akzeptiert werden, siehe unten: S. 259, Anm. 1405.

447 Zuletzt zum Kapitular von Herstal und der Krise des Jahres 779 vgl. den Sammelband von Close et al. (Les Carolingiens) und insbesondere die Aufsätze von Devroey (Mauvaise, S. 39–56) und Maquet (Capitulaire de Herstal, S. 57–74). Einen Überblick bietet zudem: Haack, Kapitular von Herstal. Ebenfalls mit Herstal 778/779 beschäftigen sich u. a.: Ebert, Starvation, S. 211–230; Hartmann, Synoden, S. 99–101; Patzold, Human Security, S. 406–422.

448 Annales Laureshamenses a. 779 (MGH SS 1), S. 31. Ähnliche Formulierungen in weiteren Annalenwerken finden sich bei Devroey, Mauvaise, S. 42 Tab. 2. Christoph Haack (Kapitular von Herstal) bezeichnet 779 dramatisch als das „erste Krisenjahr der Herrschaft Karls des Großen"; Steffen Patzold (Human Security, S. 408) konstatiert, dass spätestens im „Frühjahr 779 bestand, was man heute wohl ‚Handlungsbedarf' nennen würde".

Großen ein, wie es in der Vorrede des Kapitulars heißt.[449] Ergebnis waren zwei Erlasse. Der eine, aufgeteilt in einen kirchlichen (cc. 1–7) und einen weltlichen Abschnitt (cc. 8–23), zielt auf „Grundsätzliches, auf Strukturen"[450] ab; der zweite, kürzere, der erst von Hubert Mordek als zweites Kapitular von Herstal identifiziert wurde,[451] beschließt Sofortmaßnahmen zur Bekämpfung der Notsituation.[452] Zwei Kapitel jenes ersten, allgemeineren Erlasses sind an dieser Stelle hervorzuheben: cc. 15 und 19.

In c. 15 wird knapp bestimmt: *De cerariis et tabulariis atque cartolariis, sicut a longo tempore fuit, observetur.*[453] Trotz seiner Kürze ist das Kapitel dennoch von nicht unerheblichem Erkenntniswert. Erstens stellt das Kapitular den frühesten „Gruppenbezeichnung *cerarii*" dar.[454] Esders' Einschätzung, dass die Formulierung *sicut a longo tempore fuit* auf eine merowingerzeitliche Herausbildung dieser Gruppe der *cerarii* beziehungsweise Wachszinsigen hindeutet, ist ausdrücklich zuzustimmen.[455] Mit dieser Formulierung zeigt c. 15 auch eindeutig auf, dass Karl der Große zu diesem frühen Zeitpunkt seiner Herrschaft in Bezug auf Freigelassene Kontinuität zur Merowingerzeit anstrebte. Obwohl nicht explizit erwähnt, scheint es nur allzu wahrscheinlich, dass Karls Position zu den *servi* eine ähnliche war.

Weit umfangreicher sind die Ausführungen von c. 19 des (ersten) Kapitulars von Herstal. In diesem wird zum einen festgelegt, dass Verkäufe von Unfreien nur in Gegenwart eines (geistlichen oder weltlichen) Offiziellen stattfinden durften. Zudem wird der Verkauf von Unfreien über die Grenze (*foris marca*)

---

449 Nr. 20 (MGH Capit. 1), S. 47: *Anno feliciter undecimo regni domni nostri Karoli gloriosissimi regis in mense Martio factum capitulare, qualiter, congregatis in unum sinodali concilio episcopis, abbatibus virisque inlustribus comitibus, una cum piissimo domno nostro secundum Dei voluntatem pro causis oportunis consenserunt decretum.*

450 Patzold, Human Security, S. 408.

451 Vgl. Mordek, Herstal.

452 Diese Sofortmaßnahmen enthalten überwiegend religiöse Anweisungen, wie etwa die Anzahl der zu lesenden Messen und die Länge von Fastenzeiten (vgl. die Edition des sogenannten Capitulare Haristallense secundum speciale [Mordek, Herstal, S. 44–52]). Insbesondere im Kontext der Corona-Pandemie und der nicht immer effektiven Sofortmaßnahmen erhält die Forderung von Patzold (Human Security, S. 422) neues Gewicht, wenn er schreibt, „die überkommene Dichotomie von (nichtstaatlicher) Vormoderne versus (staatlicher) Moderne als Interpretationsraster" müsse überwunden werden, um „stattdessen in weiter Diachronie historische Formen der Organisation von Macht und der Herstellung von Sicherheit in ihrem Erkenntniswert für die Gegenwart neu zu erschließen".

453 Nr. 20 c. 15 (MGH Capit. 1), S. 50.

454 Vgl. Esders, Zensualität, S. 69. Als synonyme Bezeichnungen für diese Gruppe führt Esders die *cerocensuales* und die *luminarii* an (vgl. ebd, S. 13). Die *cerocensuales* finden sich, wie Esders (ebd., S. 19, insb. Anm. 24) bemerkt, wenig später auch in einer für St. Severin in Köln ausgestellten Urkunde erwähnt. Vgl. Urkunde Nr. 15 a. 794–800 (ed. Lacomblet): … *se cum omni successione sua ad altarem beati Severini extra muros civitatis Coloniensis cere censuales pro remedio animarum suarum tradiderunt, ea tamen conditione, ut singuli huius posteritatis homines, qui ad annos pervenerint virilis etatis, singulis annis in festo praenominati confessoris duas nummatas cere ad idem altarem persolverent. Pro licentia vero maritali custodi altaris 6 denarios, in morte autem uniuscumque viri sive mulieris 6 denarios, tantum etiam custodi assignarent.*

455 Vgl. Esders, Zensualität, S. 69.

untersagt. Zuwiderhandlungen werden mit hohen Strafzahlungen sanktioniert: Für jeden entgegen der Bestimmung verkauften Unfreien muss der Königsbann, also 60 Solidi, gezahlt werden. Zahlungsunfähige müssen sich selbst als Schuldknecht (*in wadio pro servo*)[456] an den zuständigen *comes* übergeben, bis die fällige Summe bezahlt worden ist.[457] Das gesamte Kapitel hat Unfreiheit zum Thema.[458] Dennoch ist an dieser Stelle lediglich der Schluss der Bestimmung von Interesse, in dem die temporäre Verknechtung des insolventen Straftäters bestimmt wird.[459] Freilich bietet die Bestimmung keinerlei Informationen, unter welchen Bedingungen sich der Schuldner an den *comes* zu übergeben hat. Konnte er seine Schulden abarbeiten? Musste er abwarten bis (oder ob) jemand seine Schulden bezahlte? Bei der doch beachtlichen Summe von 60 Solidi je unrechtmäßig veräußertem Unfreien wird es in vielen Fällen ohnehin unwahrscheinlich gewesen sein, dass die Schulden auf die eine oder andere Weise beglichen werden konnten. Während die Bestimmung die Verknechtung ganz eindeutig als temporär ansieht und der Straftäter nicht dauerhaft in die Unfreiheit fallen sollte, scheint es wahrscheinlich, dass dies oftmals dennoch der Fall war. Der Umstand, dass der Straftäter sich an einen öffentlichen Beamten zu übergeben hat, verdeutlicht zudem den öffentlichen Strafanspruch, den das Kapitel hier zum Ausdruck bringt. Dieser war bezüglich der Inhaftierung von Menschen, die inzestuöse Ehen eingegangen waren und diese nicht lösen wollten, bereits unter Pippin festgestellt worden und wird von seinem Sohn nun bereits früh in seiner gesetzgeberischen Aktivität wieder aufgegriffen.[460] Der unrechtmäßige Verkauf von Unfreien, sei es aufgrund eines fehlenden öffentlichen Zeugen oder aufgrund des Verkaufs in nicht-fränkische Gebiete, wird also ebenso wie eine unrechtmäßige Eheschließung als Vergehen an der Öffentlichkeit betrachtet. Höchstwahrscheinlich orientiert sich Karl der Große in Bezug auf das geforderte Verbot, christliche Sklaven an Nicht-Christen zu verkaufen, an den Beschlüssen

---

456 Zum Begriff *wadium* vgl.: Tiefenbach, Studien, S. 103–105 und Schwab, Volkssprachige Wörter, S. 520–524.

457 Nr. 20 c. 19 (MGH Capit. 1), S. 51: *De mancipia quae vendunt, ut in praesentia episcopi vel comitis sit, aut in praesentia archidiaconi aut centenarii aut in praesentia vicedomni aut iudicis comitis aut ante bene nota testimonia; et foris marca nemo manicipias vendidit; et si non habet pretium, in wadio pro servo semetipsum comiti donet usque dum ipsum bannum solvat.* Den Verkauf von Menschen außerhalb des Frankenreichs behandelt u. a. auch Lex Salica c. 39,2. Vergleichbare Bestimmungen in weiteren Leges erwähnt Beyerle (Lex Ribuaria [MGH LL nat. Germ. 3,2], S. 140).

458 Zum Sklavenhandel im Frankenreich des frühen Mittelalters aus verschiedenen mediävistischen Perspektiven vgl. u. a.: Henning, Strong Rulers, 33–53; MacMaster, Transformative Impact, S. 160–164, 170–173 und öfter; McCormick, Origins; ders., New Light, S. 17–54; Rio, Slavery after Rome, S. 19–41; Toch, Jewish Slave Trade, S. 421–444.

459 Die Bestimmung behandelt ebenso wie später von Karl dem Großen erlassene Kapitularien insolvente Schuldner und drohende Schuldknechtschaft. Vgl. u. a.: Nr. 41 c. 3 (MGH Capit. 1), S. 117 und Nr. 74 c. 1 (MGH Capit. 1), S. 166. Diese beiden Bestimmungen werden im Verlauf dieses Kapitels noch diskutiert und unterscheiden sich von c. 19 des Herstaler Kapitulars insofern, als dass jeweils private Gläubiger und nicht die öffentliche Hand behandelt werden.

460 Vgl. Kapitel 3.2. und 3.3.

des Konzils von Les Estinnes von 743.[461] Anders als noch in BK 88 darf den beiden Kapiteln von 779 trotz der Notlage dieses Jahres durchaus ein allgemeingültiger und auch langfristiger Charakter zugesprochen werden.

Dieser allgemeingültige Charakter kann der Capitulatio de partibus Saxoniae (BK 26) nicht zugesprochen werden. Es handelt sich um ein Ausnahmegesetz „zur Christianisierung der Sachsen",[462] das 782 oder 785[463] auch nur für diese erlassen wurde. Zwei (oder möglicherweise vier) der insgesamt immerhin 34 Bestimmungen sind an dieser Stelle von Interesse. Zum einen heißt es in c. 25: *De pignore: ut nullatenus alterum aliquis pignorare praesumat; et qui hoc fecerit, bannum persolvat.*[464] Den Sachsen wird (in der Deutung von Ernst Schubert) unter Androhung des Königsbanns untersagt, andere in Schuldknechtschaft zu nehmen.[465] Die Hintergründe dieses Verbots werden in der Capitulatio selbst nicht näher erläutert und werden auch in den zahlreichen Forschungsbeiträgen, die sich mit dem Text befassen, ignoriert.[466] Auch an dieser Stelle kann keine Erklärung zur Entstehung von c. 25 angeboten werden. Die Verknechtung zahlungsunfähiger Schuldner in Form von Selbstverkäufen darf für das Frankenreich unter Privatpersonen als gängige Praxis betrachtet werden[467] und wurde, wie anhand des Kapitulars von Herstal gezeigt werden konnte, unter Karl dem Großen auch vonseiten der öffentlichen Hand genutzt. Weshalb die Anwendung dieser Praxis den Sachsen verwehrt werden sollte, ist unklar. Ausgeschlossen werden kann ohnehin nicht, dass c. 25 schlicht ein allgemeines Verbot eigenmächtiger Pfändungen und nicht die Schuldknechtschaft meint, sodass die Deutung des Kapitels von Schubert ebensowenig eindeutig ist wie die Relevanz des Kapitels an dieser Stelle.

Als Argument für die Deutung von *pignorare* als allgemeineres ‚pfänden‘ könnte zudem c. 21 von BK 26 angeführt werden. Dort wird zunächst festgelegt, dass verschiedene heidnische Bräuche von *nobiles* mit 60, von *ingenui* mit 30 und von *liti* mit 15 Solidi zu sühnen sind.[468] Der zahlungsunfähige Täter muss sich ins

---

461 So bereits Hartmann, Synoden, S. 55 und ihm folgend Ubl, Inzestverbot, S. 275.

462 Ebd., S. 276 mit weiterer Literatur.

463 Die von Yitzhak Hen (Charlemagne's Jihad, S. 26–42) vertretene These einer Entstehung des Textes in der Mitte der 790er Jahre (S. 40) überzeugt nicht. Einen Überblick zu gängigen Datierungsansätzen bietet Ubl (Inzestverbot, S. 276 mit Anm. 288).

464 Nr. 26 c. 25 (MGH Capit. 1), S. 70.

465 Zu dieser Deutung von *pignorare* vgl.: Schubert, Capitulatio, S. 28. Niermeyer (MLLM, S. 1038), der explizit auf c. 25 der Capitulatio verweist, übersetzt *pignorare* etwas weniger spezifisch mit „als Schuldner in Arrest nehmen".

466 Nicht betrachtet wird c. 25 etwa von: Flierman, Religious Saxons; Rembold, Conquest; Schäferdiek, Christianisierung. Lintzel (Capitulatio, S. 380) verweist zwar auf den Verfassungsstil von c. 25, den es mit den cc. 24 und 28 gemein hat, ignoriert aber den Inhalt der Bestimmung.

467 Entsprechende Formeln finden sich in verschiedenen Sammlungen. Vgl. u. a. Formulae Andecavenses Nr. 2 (MGH Formulae, S. 5); Formulae Arvernenses Nr. 5 (MGH Formulae, S. 31).

468 Vgl. Nr. 26 c. 21 (MGH Capit. 1), S. 69: *Si quis ad fontes aut arbores vel lucos votum fecerit aut aliquit more gentilium obtulerit et ad honorem daemonum commederet, si nobilis fuerit solidos sexaginta, si ingenuus triginta, si litus quindecim. Si vero non habuerint unde praesentaliter persolvant, ad ecclesiae servitium donentur usque dum ipsi solidi solvantur.* Eine solche Unterscheidung zwischen einem Freienwergeld und einem Adligenwergeld kennt das fränkische Recht nicht, wohl aber die zu

servitium der Kirche übergeben, bis seine Schuld bezahlt ist. Hier wird also für die temporäre Verknechtung eines insolventen Schuldners von einem *servitium* gesprochen, eine eindeutige Formulierung, die sicherlich auch für c. 26 hätte genutzt werden können, wenn dort der gleiche Sachverhalt gemeint wäre.

Ob die Verknechtungsklausel von c. 21 tatsächlich als Teil dieses Kapitels angelegt wurde und sich auch nur auf dieses bezieht, muss allerdings hinterfragt werden. Die Edition von Boretius (die diesbezüglich auch in der Forschung bisher nicht hinterfragt worden ist) zählt die Klausel zu c. 21 und auch der einzge Überlieferungsträger des Kapitulars (Vatikan Pal. Lat. 289)[469] bietet keinen Anlass, dies zu bezweifeln. Die Vorbehalte an dieser Zuordnung sind folglich ausschließlich inhaltlicher Natur. Insgesamt finden sich in der Capitulatio lediglich drei Kapitel, in denen vom Rechtsstatus abhängige Bußsummen als Folge eines Vergehens festgelegt werden. Es handelt sich um die cc. 19–21, die wohl nicht zufällig unmittelbar aufeinander folgen. In c. 19 werden die Bußsummen bei versäumter Taufe eines Neugeborenen innerhalb von Jahresfrist behandelt.[470] Darauffolgend wird in c. 20 unter Bußandrohung das Schließen von verbotenen oder unerlaubten Ehen (*prohibitum vel inlicitum coniugium*) untersagt.[471] Es schließt das bereits betrachtete c. 21 an, das mit der erwähnten Verknechtungsklausel endet. Es ist in allen drei Fällen möglich, dass der Straftäter zahlungsunfähig war; die Bußsummen in cc. 20 und 21 sind identisch, während c. 19 sogar die doppelte Summe aufruft. Insbesondere aufgrund des Umstands, dass es sich mit Taufe, Eheschließung und heidinischen Bräuchen um religiöse Themenfelder handelt, die in den Kapiteln behandelt werden, scheint es plausibel zu vermuten, dass sich die Verknechtungsklausel auf alle drei Bestimmungen bezieht. Nachweisbar ist diese Vermutung freilich nicht. Dagegen spricht, dass die in c. 19 angedrohte Zahlung, obwohl es um die Taufe geht,[472] an den *fiscus* zu zahlen wäre.[473] Es wäre also grundsätzlich davon auszugehen, dass in Bezug auf c. 19 es auch der *fiscus* als Gläubiger ist, in dessen *servitium* sich der zahlungsunfähige

---

Beginn des 9. Jahrhunderts kodifizierten *leges* der Sachsen und der Friesen. Vgl. Ubl, Sinnstiftungen, S. 187–188.

469 Zur Handschrift vgl.: Mordek, Bibliotheca, S. 769–771.

470 Nr. 26 c. 19 (MGH Capit. 1), S. 69: *Similiter placuit his decretis inserere, quod omnes infantes infra annum baptizantur; et hoc statuimus, ut si quis infantem intra circulum anni ad baptismum offerre contempserit sine consilio vel licentia sacerdotis, si de nobile generi fuerit centum viginti solidos fisco conponant, si ingenuus sexaginta, si litus triginta.*

471 Nr. 26 c. 20 (MGH Capit. 1), S. 69: *Si quis prohibitum vel inlicitum coniugium sibi sortitus fuerit, si nobilis solidos sexaginta, si ingenuus triginta, si litus quindecim.* Über die besagten verbotenen Ehen und deren Vorkommen in Sachsen hatte sich bereits Bonifatius in einem Brief beklagt. Vgl. Nr. 73 (MGH Epp. 3), S. 342. Dazu bereits: Schubert, Capitulatio, S. 16.

472 Schubert (Capitulatio, S. 14) begründet diesen Umstand damit, dass die Taufe in diesem Zusammenhang weniger als Bekenntnis zum christlichen Glauben, sondern vielmehr als „eine Art Lehenseid" zu verstehen sei und deshalb eine weltliche und keine kirchliche Angelegenheit darstellte.

473 Es muss davon ausgegangen werden, dass der Begriff *fiscus* in diesem Zusammenhang als öffentliche (königliche) Kasse, also als *fiscus dominicus* zu verstehen ist. Zwar wird in c. 19 von Nr. 26 der Priester (*sacerdos*) erwähnt, ein *fiscus sacerdotalis* ist allerdings erst ab dem 11. Jhd. belegt. Vgl. Niermeyer, MLLM, S. 571.

Schuldner zu begeben hätte. Allerdings wird auch nur in c. 19 explizit erwähnt, an wen die angedrohte Bußsumme zu zahlen ist, während cc. 20–21 diesbezüglich schweigen. Martin Lintzel geht deshalb davon aus, dass diese Zahlungen in allen drei Fällen an den *fiscus* zu leisten seien,[474] während er die Frage nach dem Umgang mit Insolvenz der Schuldner ignoriert. Selbst wenn die Verknechtungsklausel am Ende von c. 21 tatsächlich nur in Bezug auf dieses Kapitel verfasst worden ist, scheint es allerdings ohnehin denkbar (wenn nicht gar wahrscheinlich), dass die Verknechtung bis zur Begleichung der fälligen Summe auch in den beiden anderen Fällen als pragmatische Lösung betrachtet wurde.

Unabhängig von dieser Frage erinnert besagte Verknechtungsklausel allein wegen des explizit temporären Charakters des *servitium* an das eben besprochene c. 19 von BK 20. Insbesondere die Formulierungen über die Beendigung der Knechtschaft fallen ins Auge. Während BK 20 c. 19 mit ... *usque dum ipsum bannum solvat*[475] schließt, endet BK 26 c. 21 mit ... *usque dum ipsi solidi solvantur.*[476] In beiden Fällen ist trotz unterschiedlicher Vergehen die Prozessmäßigkeit die gleiche, wobei in letzterem Fall der Begriff des (Königs-)Banns nicht explizit gemacht wird.[477] Die beiden Bestimmungen unterscheiden sich allerdings insofern, als dass der Straftäter in einem Fall ins *servitium* der Kirche, im anderen in das des Grafen gerät. Dies könnte durchaus in der Art des Vergehens begründet sein. Während der unrechtmäßige Verkauf von Sklaven offensichtlich eine weltliche Angelegenheit darstellte, handelte es sich bei der Durchführung von heidnischen Ritualen um eine kirchliche.

Beide Bestimmungen verdeutlichen, sowohl auf einer weltlichen als auch auf einer kirchlichen Ebene, den hoheitlichen Autoritätsanspruch, der durch öffentliche Strafmaßnahmen durchgesetzt beziehungsweise vollstreckt werden sollte. Ähnliches konnte für Pippin bereits im Rahmen seines Königskapitulars und der darin angedrohten Inhaftierung von zahlungsunfähigen Straftätern festgestellt werden. Dieser schuf damit ein Novum im Vergleich mit der merowingischen Kapitulariengesetzgebung. Diese drohen von öffentlicher Seite lediglich entweder Geld- oder Todesstrafe an.[478] Karl greift mit der Androhung der temporären Schuldknechschaft also ein von seinem Vater etabliertes Prinzip auf und nuanciert dieses. Ob mit der angedrohten Inhaftierung in BK 13 bereits Arbeitsleistungen verbunden waren, geht aus der entsprechenden Bestimmung nicht hervor.[479] Ob Karls Nuancierung also mit einer praktischen Veränderung einhergegangen ist oder lediglich eine präzisierte Formulierung dargestellt hat,

---

474 Vgl. Lintzel, Capitulatio, S. 381, insb. Anm. 5.

475 Nr. 20 c. 19 (MGH Capit. 1), S. 51.

476 Nr. 26 c. 21 (MGH Capit. 1), S. 69.

477 Für Lintzel (Capitulatio, S. 381) steht es dennoch außer Frage, dass es sich um Bannbußen handelt, was seiner Auffassung nach „völlig unbestritten und auch unbestreitbar" ist. Bei einer angenommenen Höhe des Königsbanns von 60 Solidi in ersterem Fall, ist ausgehend vom *ingenuus* die Höhe der Strafe bei c. 19 identisch und beträgt bei cc. 20–21 die Hälfte. Wird der *nobilis* betrachtet, so entspräche die fällige Summe bei cc. 20–21 dem Königsbann von 60 Solidi, während bei c. 19 der doppelte Königsbann fällig würde.

478 Vgl. Kapitel 3.1.

479 Vgl. Nr. 13 c. 1 (MGH Capit. 1), S. 31.

muss offenbleiben. Fakt ist allerdings, dass die temporäre Schuldknechtschaft ein grundsätzlich von der Unfreiheit zu unterscheidendes Phänomen darstellt. Schließlich ist davon auszugehen, dass der Schuldner rechtlich grundsätzlich weiterhin als frei galt.[480] Es muss betont werden, dass der angedrohte (temporäre) Freiheitsverlust sowohl für Pippin als auch für Karl nicht im Zentrum der jeweiligen Bestimmungen steht, sondern lediglich eine alternative Bestrafungsmaßnahme darstellt. In beiden Fällen wird, in Übereinstimmung mit der in der Lex Salica etablierten Praxis und in Kontinuität zur Merowingerzeit, zunächst eine Kompensationszahlung als Bestrafung festgesetzt.[481] Der Freiheitsverlust stellt lediglich eine Option zur ansonsten bei Insolvenz drohenden Todesstrafe dar. Teilweise wird in der Forschung vermutet, dass dies im Frankenreich zumindest im privaten Rahmen ohnehin etablierte Praxis war.[482] Unter dem Vorbehalt, dass dieser Forschungsbefund zutreffend ist, würde die Aufnahme der Strafverknechtung also lediglich die Übernahme einer gängigen Rechtspraxis in einen schriftrechtlichen Kontext bedeuten.

Alle bisher betrachteten Erlasse Karls des Großen sind auf ‚besondere Umstände' zurückzuführen. Seien es die Kriegswirren in Norditalien, die Hungersnot von 778/779 oder die Konflikte mit den Sachsen. Dies lässt sich von den Capitula incerti anni (BK 86),[483] die sich unikal in der Handschrift Brüssel KBR 8654–72[484] überliefert finden, nicht behaupten. Entstehungskontext und -zeitpunkt der Handschrift, die abgesehen von der Admonitio generalis, BK 23 (beide von 789) und den erwähnten undatierten Kapiteln „patristische und kanonistische" Texte enthält,[485] sind nicht rekonstruierbar. Ein erster Anhaltspunkt für die Datierung der Bestimmungen ist durch den Überlieferungszusammenhang in der Brüsseler Handschrift gegeben. Die fünf Kapitel folgen dort unmittelbar auf die Admonitio und das besagte Doppelkapitular an die *missi*.[486] Der Schreiber zählt die besagten fünf Kapitel gar als cc. 22–26 des zweiten Teils des Doppelkapitulars und geht folglich von einer Entstehung der Kapitel im Jahr 789 und als Teil der Anweisungen an die *missi* aus. Gegen diese Vermutung spricht allerdings, dass die fünf Kapitel abgesehen von der Brüsseler Handschrift nirgends überliefert sind, während das Doppelkapitular an die *missi* eine sehr weite Verbreitung (zumeist in Kombination mit der Admonitio generalis) erfahren hat[487] und in mindestens 16 Handschriften auf uns gekommen ist, von denen etwa ein Drittel noch in der ersten Hälfte des 9. Jahrhunderts entstanden sind.

480 Damit besteht hier eine nicht zwingend auf eine entsprechende Kontinuität hinweisende Übereinstimmung von fränkischem und römischem Recht.

481 Die kompensatorische Logik des Strafens im fränkischen Recht wurde bereits mehrfach betont, sodass an dieser Stelle lediglich auf den jüngst von Stefan Esders zu diesem Thema formulierten Überblick verwiesen werden soll: vgl. Esders, Monetary Logic, insb. S. 3–14.

482 Vgl. u. a. Fischer-Drew, Another Look, S. 810.

483 Vgl. Nr. 86 (MGH Capit. 1), S. 185.

484 Zur Handschrift vgl.: Mordek, Bibliotheca, S. 85–90.

485 Glatthaar, Admonitio generalis, S. 64.

486 Vgl. Nr. 23 (MGH Capit. 1), S. 63–64.

487 Vgl. Nelson, King and Emperor, S. 310.

Für die Zuordnung (und Datierung) des Schreibers spricht wiederum der insgesamt knappe, mit *de* oder *ut* beginnende Stil der Bestimmungen.[488] Beide Feststellungen sind freilich im Vergleich mit anderen Kapitularien keine Alleinstellungsmerkmale, sodass diese stilistische Übereinstimmung kaum als starkes Argument für die Behauptung betrachtet werden kann, dass die Bestimmungen aus BK 86 dem Doppelkapitular von 789 (BK 23) angehört haben oder zumindest im gleichen Kontext entstanden sind. Neben der stilistischen Nähe passen die Bestimmungen allerdings auch inhaltlich in den Kontext des Jahres 789. Sowohl das Doppelkapitular als auch die Admonitio generalis und ein Kapitular mit Instruktionen an die nach Aquitanien entsandten *missi*, ebenfalls von 789,[489] behandeln „ecclesiastical orders ..., while others are concerned directly with the State and its agents".[490] Gleiches kann auch über die fünf Kapitel der Brüsseler Handschrift gesagt werden. Diese mahnen allesamt öffentliche Amtsträger[491] zur ordentlichen Einhaltung des Rechts. Auch dieser Umstand beweist eine Entstehung zusammen mit den weiteren Anweisungen an die *missi* von 789 allerdings nicht. Dennoch darf Michael Glatthaars Vermutung,[492] dass auch BK 86 im Jahr 789 entstand, hier unterstützt werden.

Die vorgestellten Argumente, die für eine Entstehung 789 sprechen, dürfen in jedem Fall ausreichen, um eine Entstehung des Textes im Kontext der ersten Leges-Reform[493] Karls des Großen am Ende der 780er Jahre für wahrscheinlich zu erachten. Zwei Kapitel des Erlasses sind an dieser Stelle von Interesse. Es handelt sich mit den cc. 4 und 5 um die beiden letzten Kapitel. In c. 4 wird zunächst angemahnt, dass die *comites* und *centenarii* nicht durch ihre unrechtmäßige Zustimmung zulassen sollen, dass *servi* widerrechtlich die Freiheit erlangen und zu *bargildiones* werden.[494] Das widerrechtliche Erlangen der Freiheit soll also, was

---

488 Eine Ausnahme bildet lediglich c. 37 von Nr. 23 (MGH Capit. 1, S. 64). Dort ist der eigentlichen Bestimmung (*... ut bona quae aliis per verbum nostrum docent facere factis in se ipsis ostendant*) die Anmerkung *Et omnino missis nostris praecipimus...* vorangestellt.

489 Vgl. Nr. 24 (MGH Capit. 1), S. 65–66.

490 Ganshof, Impact, S. 48.

491 Genannt werden in den Kapiteln u. a. *comites, centenarii, scabini* und *advocati.* Vgl. Nr. 86 (MGH Capit. 1), S. 185.

492 Vgl. Glatthaar, Admonitio generalis, S. 64. Glatthaar begründet seine Vermutung an dieser Stelle allerdings nicht. Matthew Innes (Charlemagne, S. 191) geht fälschlicherweise davon aus, dass Rudolf Pokorny (Brief-Instruktion) von einer Entstehung 802 ausgehen würde. Vermutlich handelt es sich bei Innes' Behauptung schlicht um einen Schreibfehler. Seine Aussage, dass Kapitular sei nur in einer Hs. überliefert ist zwar zutreffend, allerdings datiert Boretius die Bestimmung nicht auf das Jahr 813 (vgl. Innes, Charlemagne, S. 191). Möglicherweise liegt eine Verwechselung mit Nr. 84 (nicht Nr. 86!) vor. Nr. 84 (MGH Capit. 1, S. 182–183), ebenfalls unikal (allerdings in der Hs. Vatikan Reg. Lat. 520, nicht in der oben erwähnten Brüsseler Handschrift) überliefert wird von Boretius tatsächlich auf 813 (?) datiert.

493 Vgl. Ubl, Leges-Reform, S. 75–92, insb. S. 86–88.

494 Dass in diesem Zusammenhang eine bewusst widerrechtliche Handlung von beiden Parteien, dem *servus* und dem öffentlichen Amtsträger, zu Lasten des Besitzers des Unfreien gemeint ist, steht außer Frage. Dieser Umstand geht aus der Formulierung des Kapitels eindeutig hervor. Vgl. Nr. 86 c. 4 (MGH Capit. 1), S. 185: *De hominibus qui per ingenia vel iniuste consentiente comiti et centenario se ingenuare voluerint et facere se bargildiones qui multo tempore fuerunt servi.* In diesem

wenig überrascht, keinesfalls vonseiten der öffentlichen Amtsträger unterstützt werden. Das anschließende c. 5 regelt, den umgekehrten Fall. Hier wird angemahnt, dass *advocati* nicht durch ihr Einverständnis zulassen sollen, dass ein Freier der Verpflichtung zur Heerfolge entkommt, indem er sich in Unfreiheit begibt.[495] Beide Fälle verstoßen nicht gegen bekannte, explizit ausformulierte Schriftsätze des fränkischen Rechts und sind dennoch nicht im Sinne des Gesetzgebers. Durch die sehr spezifischen Beschreibungen, etwa den Verweis auf die *bargildiones*,[496] entsteht der Eindruck, dass es sich in beiden hier präsentierten Fällen um herrscherliche Reaktionen auf konkrete Fälle beziehungsweise Missstände handelt. Beide Kapitel fordern dementsprechend, wie auch die übrigen drei Kapitel von BK 86, dass die öffentlichen Beamten durch die *missi* zur gewissenhaften Rechtspflege und -interpretation aufgerufen werden.

Allerdings zeigen beide Kapitel darüber hinaus, dass der Wechsel des Rechtsstatus in beide Richtungen im Frankenreich einen bedeutsamen juristischen Vorgang darstellte. Was zunächst offensichtlich erscheinen mag, muss für das 8. und 9. Jahrhundert mit dieser Deutlichkeit hervorgehoben werden. Denn, wie bereits mehrfach angeklungen ist, war es im Karolingerreich zum einen keine Seltenheit, dass Menschen nicht um ihren Rechtsstatus wussten oder dies zumindest vorgaben.[497] Zum anderen betont bereits Karl Ubl, dass der Freiheitsprozess des karolingischen Rechts „die königlichen Amtsträger zum

---

Zusammenhang darf *ingenium* nach Niermeyer (MLLM, S. 701) wohl als „Kunstgriff, Trick, Intrige, böser Plan" verstanden werden, wobei der juristische Kontext den „Kunstgriff" wohl zur passendsten Deutung werden lässt. Wie die Gruppe der wohl minderfreien Bargilden für das karolingische Frankenreich genau zu definieren ist, ist weiterhin unklar. Seebold (Wortschatz, S. 1012) versteht den Bargilden als „Abgabepflichtigen". Stutz (Grundlagen, S. 127 Anm. 3) sieht in ihnen „zahlende Freie". Mayer (Königtum und Gemeinfreiheit, S. 157) vermutet hinter dem Begriff Menschen, „die auf Königsland angesiedelt waren und unter der Gerichtsbarkeit und Verwaltung des Grafen standen". Zu den Bargilden vgl. auch: Lück, Bargilden, Sp. 448–450 und Brunner / von Schwerin, Deutsche Rechtsgeschichte 2, S. 290–291.

495 Nr. 86 c. 5 (MGH Capit. 1), S. 185: *De illis hominibus qui per ingenia advocati volunt dimittere exercitum nostrum et facere se servos consenciente advocati.* Auch hier sind, wie bereits in c. 4, die *ingenia advocati* als juristischer Kunstgriff zu verstehen. Zum Kapitel vgl. Esders, Sacramentum fidelitatis, S. 339.

496 Selbst bei einer Datierung von Nr. 86 in das Jahr 813 handelt es sich noch um die früheste belegte Verwendung des Begriffs. Vgl. Brunner / von Schwerin, Deutsche Rechtsgeschichte 2, S. 290 Anm. 2.

497 Alice Rio (Slavery after Rome, S. 197) verweist in diesem Zusammenhang auf einen Fall aus dem Jahr 815, in dem die Brüder Allafred und Allifred von der Abtei Nouaillé bezichtigt werden, unfrei zu sein, da die Freilassungsurkunde ihres Vaters eine Fälschung sei. Dieser Umstand wird dann auch, so wird es in der entsprechenden Urkunde (Nouaillé, Nr. 10, [ed. Salmon], S. 17–18) festgehalten, gerichtlich festgestellt. Rio äußert zu Recht Zweifel daran, dass die gerichtliche Feststellung (über deren Details wir nichts erfahren) nicht zwingend bedeutet, dass die Freilassungsurkunde des Vaters der besagten Brüder tatsächlich gefälscht war. Letztlich weist der Fall diesbezüglich nur nach, „wie einfach es war, … Personen wieder in den Stand der Unfreiheit zu drängen" (Ubl, Maurinus, S. 118). Jedoch zeigt dieses Beispiel (ebenso wie einige der weiteren von Ubl angeführten Fälle), dass die Frage nach dem eigenen Rechtsstand für viele sozial und ökonomisch schlechter gestellte Personen im Frankenreich weniger trivial zu beantworten war, als anzunehmen wäre.

Missbrauch geradezu ermutigte“,[498] sodass angenommen werden muss, dass dies auch mit einer gewissen Häufigkeit geschah. Die hier betrachteten Kapitel richten sich allerdings explizit gegen eine Missachtung des Rechts durch Beamte (in cc. 4–5 im Zusammenhang mit dem Statuswechsel) und dürfen keineswegs als Werkzeug zur Unterdrückung missverstanden werden.

Es kann hier letztlich nur der Versuch festgestellt werden, auf einer normativen Ebene zu verhindern, dass unrechtmäßige Veränderungen des eigenen Rechtstatus zur Verbesserung der individuellen Situation führten. In den Jahrzehnten vor seiner Kaiserkrönung widmen sich die Erlasse Karls des Großen also vornehmlich in ‚Ausnahmesituationen‘, wie etwa der Eroberung des Langobardenreichs, in Zeiten ökonomischer Krisen und den Sondergesetzen für die Sachsen, der Veränderung des Rechtsstatus von Personen. Erst im Rahmen der ersten Leges-Reform wird der Themenkomplex in einem allgemeineren Kontext betrachtet. Rechtliche Veränderungen entstehen allerdings nicht. Dass weder der freiwillige Verzicht auf die eigene Freiheit, um der Heerfolge zu entkommen, noch eine widerrechtliche Erlangung der Freiheit rechtlich intendiert waren, steht außer Frage. Die legislative Behandlung dieser beiden Fälle stellt also die Verschriftlichung bekannter Rechtsinhalte dar. Die in der Merowingerzeit ausgebildeten neuen Rechtskategorien existierten ebenso weiterhin wie das Spektrum an Rechtsstatus’ zwischen Frei und Unfrei.

2.3.3 Statusveränderungen und die Rechtsreform Karls des Großen von 802/803

Ist die Bezugnahme auf das fränkische Recht in BK 86 noch implizit, so wird sie gut ein Jahrzehnt später im sogenannten Capitulare legibus additum (BK 39) explizit gemacht. Denn 803 entstand mit diesem Erlass „erstmals ein Kapitular, das als Ergänzung zu den *leges* verstanden werden sollte.“[499] Diese reichsweite[500] Ergänzung des fränkischen Rechts wurde, wie bereits Steffen Patzold festgestellt hat, mit großer Sorgfalt und Systematik vollzogen, was sich unter anderem auch in der mit über 50 Handschriften beeindruckenden Überlieferung des Kapitulars niederschlägt.[501] Das Kapitular steht allerdings nicht für sich, sondern muss im Kontext eines „legislativen Schub[s]“ in den Jahren 802/803 betrachtet werden,

498 Ubl (Maurinus, S. 118) bezieht sich in diesem Zusammenhang auf die Prozessordnung des Freiheitsprozesses und die Intention, einen Freien in die Unfreiheit zu drängen. Jedoch ist ein ähnlicher Missbrauch der eigenen Position durch die Beamten (und vermutlich zu ihrem eigenen Vorteil) auch in den beiden hier betrachteten Fällen nur allzu gut vorstellbar.

499 Ubl, Sinnstiftungen, S. 183.

500 Dass es sich trotz der teilweise recht eindeutigen Bezüge auf fränkische Rechtssätze in der Tat um eine reichsweite Ergänzung handeln sollte, wird, wie bereits Ubl (Sinnstiftungen, S. 183–184) feststellt, bei Betrachtung von Nr. 40 c. 19 von 803 (MGH Capit. 1, S. 116) deutlich. Dass diese Intention nicht flächendeckend verinnerlicht worden ist, zeigt ein Brief von Karl an seinen in Italien als Unterkönig eingesetzten Sohn Pippin (vgl. Nr. 103 [MGH Capit. 1], S. 212). Dazu ebenfalls bereits Ubl, Sinnstiftungen, S. 184.

501 Dazu: Patzold, Veränderung, S. 84; zustimmend Ubl, Sinnstiftungen, S. 183.

dem zahlreiche Erlasse und die „neuen Rechtsbücher der Nordostprovinzen des Frankenreichs" zuzuordnen sind.[502] Im Rahmen dieser Ergänzung des fränkischen Schriftrechts wurden auch drei Bestimmungen verfasst, die an dieser Stelle näher betrachtet werden sollen: cc. 5, 7 und 8.

Die erste dieser Bestimmungen (c. 5) widmet sich dem Fall, dass jemand ein Mitglied seiner Verwandschaft tötet, weil er fürchtet, durch besagte Verwandte in Unfreiheit zu geraten. Ein solches Vergehen soll nicht nur mit dem Tode geahndet werden, sondern auch dazu führen, dass seine Nachkommen und seine Blutsverwandtschaft (*agnatio vero et consanguinitas eius*) unfrei werden. Leugnet der Angeklagte die Tat, soll er seine Unschuld durch ein Gottesurteil beweisen.[503]

Doch inwiefern könnte der Tod eines Verwandten verhindern, dass der Täter in Unfreiheit gerät? Die Bestimmung steht zweifellos im Zusammenhang mit einem Rechtsstreit um die persönliche Freiheit des mutmaßlichen Täters. In einem solchen Freiheitsprozess konnte die Freiheit oder Unfreiheit einer Person über die Befragung von Verwandten väter- und mütterlicherseits festgestellt werden.[504] Der Nachweis eines unfreien Elternteils oder Blutsverwandten konnte in diesem Zusammenhang aufgrund der Vererbbarkeit des Rechtsstatus als Beweis für die Unfreiheit des Beklagten angeführt werden.[505] Die Furcht um die Feststellung des unfreien Rechtstatus eines Elternteils (oder eines anderen Blutsverwandten) ist also Motiv für die in c. 5 besprochene Tat, die mit großer Strenge bestraft werden soll. Ziel der Bestimmung ist eindeutig, die Vertuschung der Wahrheit beziehungsweise den rechtmäßigen Verlauf des Prozesses durch eine Strafttat zu verhindern. Der hypothetische Täter wird also entweder um den Rechtsstatus seines Opfers gewusst oder dessen Unfreiheit zumindest vermutet haben; andernfalls wäre ihm durch die Tat schließlich kein Vorteil in seinem Freiheitsprozess erwachsen.

Auch BK 39 c. 7 hat offenkundig den Freiheitsprozess zum Inhalt. Zunächst heißt es in diesem Kapitel: *Si quis per cartam ingenuitatis a domino suo legitime libertatem est consecutus, liber permaneat.*[506] Wer also durch seinen Besitzer freigelassen worden ist, soll auch frei bleiben. Es folgt eine Ergänzung, die diese recht unspezifische Aussage kontextualisiert und den Fall behandelt, dass ein

---

502 Ebd., S. 186.

503 Nr. 39 c. 5 (MGH Capit. 1), S. 113: *Si quis de libertate sua fuerit interpellatus et timens ne in servitium cadat aliquem de propinquis suis, per quem se in servitium casurum timens, occiderit id est patrem, matrem, patruelem, avunculum vel quamlibet huiusmodi propinquitatis personam, ipse qui hoc perpetraverit moriatur; agnatio vero et consanguinitas eius in servitutem cadat. Et si negaverit se illum occidisse, ad IX vomeres ignitos iudicio dei examinandus accedat.*

504 Vgl. Brunner / von Schwerin, Deutsche Rechtsgeschichte 2, S. 516–517. Anhand eines Beispiels führt Ubl (Maurinus, S. 106–107) durch einen solchen Freiheitsprozess im Jahr 815.

505 Auch wenn die Lex Salica sich nicht explizit zum Prinzip der Ärgeren Hand bekennt, darf der Umstand, dass c. 5 von Nr. 39 (MGH Capit. 1, S. 113) sowohl die Tötung des Vaters als auch der Mutter erwähnt, als Hinweis auf die Anwendung des Prinzips betrachtet werden. Zum Prinzip der Ärgeren Hand vgl.: Olechowski, Ärgere Hand, Sp. 293–294; Voss, Grundsatz.

506 Nr. 39 c. 7 (MGH Capit. 1), S. 114. Das Kapitel findet sich auch in der Kapitularensammlung des Ansegis (c. 3,28 [MGH Capit. N. S. 1], S. 586).

Dritter versucht, den Freigelassenen zurück in die Unfreiheit zu drängen. Sollte ihm dieser Versuch nachgewiesen werden, wird er zur Zahlung einer in der Freilassungsurkunde festgelegten Strafe verurteilt.[507] Beispiele solcher in Freilassungsurkunden festgelegten Geldstrafen finden sich in den Formulae.[508] Die Formel schließt mit einem Sonderfall, in dem der Täter die Freilassungsurkunde, die ja als Beweisstück gegen ihn angeführt werden könnte, bereits zerstört hat, um den Nachweis der Freilassung des anderen zu verhindern. In diesem Fall erhöht sich die zu zahlende Strafe auf das Wergeld desjenigen, den er zu Unrecht verknechten wollte. Zwei Drittel der Summe fallen dabei an den Freigelassenen, ein Drittel ist an den König zu zahlen.[509]

In letzterem Fall müsste dann freilich der Beweis der Freilassung über Aussagen der bei der Freilassung anwesenden Zeugen erbracht werden. Inwiefern dies in solchen Streitfällen eine realistische Möglichkeit darstellte, hing sicherlich von individuellen Faktoren wie etwa der seit der Freilassung verstrichenen Zeit ab. Dennoch garantiert c. 7 Freigelassenen ein gewisses Maß an Rechtssicherheit. Schließlich wird festgelegt, dass die Freilassung nicht rückgangig gemacht werden kann.[510] Darüber hinaus wird die Androhung von Strafmaßnahmen sicherlich einen präventiven Effekt gehabt haben und widerrechtliche Versuche, Freigelassene in die Unfreiheit zu drücken, reduziert haben. Dass die Ergänzung des fränkischen Rechts durch eine solche Bestimmung von Karl dem Großen und seinen Beratern für notwendig befunden worden ist, deutet wohl darauf hin, dass solche Versuche (wenngleich in unbekannter Zahl) durchaus vorgenommen worden sind. Abgesehen vom spezifischen Inhalt von c. 7 muss auch dieses aus der gleichen Perspektive wie bereits BK 39 c. 5 und die Kapitel von BK 86 (a. 789) betrachtet werden. Diese Bestimmungen hatten weder zum Ziel, den Großen eine günstige Verhandlungsposition beim Versuch der Unterdrückung anderer zu verschaffen[511] noch den Schutz der ‚Schwachen'. Primäres Ziel dieser Bestimmungen ist schlicht die Ermahnung zur Einhaltung geltender Rechtspraktiken und deren Präzisierung, Nuancierung und Klarstellung. Dass es sich bei den Inhalten der hier betrachteten Kapitel nicht um grundsätzliche Veränderungen, sondern um Bestätigungen beziehungsweise Präzisierungen des fränkischen Rechtsverständnisses handelt, muss in diesem

---

507 Nr. 39 c. 7 (MGH Capit. 1), 114: *Si vero aliquis eum iniuste inservire temptaverit, et ille cartam ingenuitatis suae ostenderit et adversarium se inservire velle comprobaverit, ille qui hoc temptavit multam quae in carta scripta est solvere cogatur.*

508 So etwa: Formulae Salicae Lindenbrogianae Nr. 9 (MGH Formulae), S. 273: … *Et si postmodum quispiam contra hanc ingenuitatem venire aut eam caluminare praesumpserit, cui litem intulerit auro uncias tantas, argento libras tantas coactus exsolvat, et quod repetit nullum obtineat effectum, sed praesens ingenuitas [ista] omni tempore forma et stabilis permaneat, [cum] stipulatione subnexa diuturno tempore maneat inconvulsa…* Vgl. dazu ausführlicher: Rio, Formulae, S. 224.

509 Formulae Salicae Lindenbrogianae Nr. 9 (MGH Formulae), S. 273: *Si vero carta non paruerit sed iam ab illo qui eum inservire voluerit disfacta est, weregeldum eius componat, duas partes illi quem inservire voluerit, tertiam regi, et ille iterum per praeceptum regis libertatem auam conquirat.*

510 Maass (Freilassung durch Schatzwurf, S. 69) hatte diesen Umstand bereits in Bezug auf c. 26,1–2 der Lex Salica vermutet.

511 Vgl. Rio, Slavery after Rome, S. 251.

Zusammenhang angenommen werden, auch wenn das Kapitular als „Ergänzung"[512] der Lex Salica verfasst worden ist.

Eine solche Präzisierung stellt auch das anschließende c. 8 dar. Es behandelt den Fall, dass sich ein Freier in die Schuldknechtschaft eines anderen begeben und, während er sich in dieser befand, einem Dritten einen Schaden (*damnum*) zugefügt hat. Dem (temporären) Besitzer werden in diesem Fall zwei Möglichkeiten aufgezeigt: Entweder er zahlt im Rahmen einer Herrenhaftung den entstandenen Schaden oder er verzichtet auf die noch ausstehenden Schulden. Der Schuldknecht, der den Schaden verursacht hat, haftet in diesem zweiten Fall selbst. Da er bereits insolvent war (schließlich befand er sich bereits in Schuldknechtschaft), wird er nun in die Schuldknechtschaft des neuen Gläubigers gelangt sein. Ergänzt wird, dass seine Ehefrau und seine Kinder weiterhin frei bleiben sollen.[513] Unter Rückbezug auf die Annahme, dass es sich bei der Schuldknechtschaft um ein grundsätzlich von der Unfreiheit abzugrenzendes Phänomen gehandelt hat, bei dem der Schuldner rechtlich frei blieb,[514] muss davon ausgegangen werden, dass dies auch für hypothetische Kinder gelten sollte, die während der Schuldknechtschaft geboren beziehungsweise gezeugt worden sind. Die hier relevante Bestimmung beschäftigt sich also primär mit einer haftungsrechtlichen Frage und ist diesbezüglich auch eindeutig. Grundsätzlich bestand bei Schuldknechtschaft also Herrenhaftung.[515] Die Möglichkeit der körperlichen Züchtigung von Schuldknechten durch ihren Gläubiger ist durch entsprechende Vereinbarungen für einige Fälle nachweisbar.[516] Jedoch überträgt der (freigeborene) Schuldner dieses Recht ausdrücklich nur seinem Gläubiger. Zudem war die Erlaubnis zur körperlichen Züchtigung keineswegs in allen Selbstverknechtungsvereinbarungen enthalten, wie Detlef Liebs unter Verweis auf entsprechende Formulae aufzeigt.[517] Dennoch musste der in c. 8 besprochene angerichtete Schaden kompensiert werden. Ob der bereits vorhandene Gläubiger beziehungsweise der temporäre *dominus* des Schadenver-

512 Ubl, Sinnstiftungen, S. 183.

513 Nr. 39 c. 8 (MGH Capit. 1), S. 114: *Liber qui se loco wadii in alterius potestatem commiserit ibique constitutus damnum aliquod cuilibet fecerit, qui eum in loco wadii suscepit aut damnum solvat aut hominem in mallo productum demittat, perdens simul debitum propter quod eum in wadio suscepit; et qui damnum fecit, demissus iuxta qualitatem rei cogatur emendare. Si vero liberam feminam habuerit usque dum in pignus extiterit et filios habuerit, liberi permaneant.* Das Kapitel findet sich, wie auch c. 7, in der Kapitulariensammlung des Ansegis und folgt dort auf besagtes c. 7. Vgl. Ansegis c. 3,29 (MGH Capit. N. S. 1), S. 586–587. Zudem wurde das Kapitel 864 von Karl dem Kahlen im Edictum Pistense (Nr. 273) als c. 34 (MGH Capit. 2, S. 326–327) aufgegriffen.

514 Diesen Umstand betont auch die Bezeichnung des Schuldners als *liber.* Erneut sei in diesem Zusammenhang auf die wichtige Feststellung von Jean-Pierre Devroey (Puissants, S. 164–165) und Alice Rio (Formulae, S. 231) verwiesen, dass diese Unterscheidung oftmals rein juristischer Natur gewesen sein wird.

515 Erneut lässt sich also entgegen der These von Nehlsen (Sklavenrecht, S. 352–354) für das 9. Jahrhundert eine partielle Herrenhaftung nachweisen.

516 Liebs, Sklaverei aus Not, S. 302–303. Vgl. dazu auch: Rio, Formulae, S. 229–230.

517 Liebs, Sklaverei aus Not, S. 303–304. Liebs weist an dieser Stelle ebenfalls nach, dass sich die in den Formulae zu findende Verknechtungsvereinbarungen sowohl in Bezug auf die verwendete Terminologie als auch auf die vereinbarten Dienstpflichten stark unterscheiden konnten.

ursachers nun auf die noch ausstehenden Schulden verzichtete oder aber den entstandenen Schaden zahlte, wird sehr unterschiedlich entschieden worden sein. Abhängig war diese Entscheidung zumeist wohl von den entsprechenden Summen der noch ausstehenden Schuld beziehungsweise des verursachten Schadens. Auch im Zusammenhang mit BK 39 c. 8 sollte nicht von einer grundsätzlichen Abkehr von geltenden Rechtsprinzipien ausgegangen werden. Allerdings scheint es, dass die dem Kapitel zugrundeliegende haftungsrechtliche Frage aufgrund des komplizierten Sachverhalts einer legislativen Präzisierung bedurft hat. Die Komplexität der Problematik ergibt sich in diesem Zusammenhang aus dem uneindeutigen Rechtszustand des ‚Täters', der als Schuldknecht zwar grundsätzlich frei, aber nicht nur insolvent, sondern bereits verschuldet war. Der Umstand, dass auch solche komplexen Sachverhalte diskutiert und geklärt werden konnten, betont erneut wie „systematisch, funktional, planvoll" die legislative Reform der Jahre 802 und 803 gewesen sein muss.[518]

Im Rahmen dieser legislativen Reform Karls des Großen entstand neben BK 39 auch das Capitulare legi Ribuariae additum (BK 41). Das Kapitular bietet gleich mehrere hier relevante Kapitel.[519]

Während die Frage nach einer zu Beginn des 9. Jahrhunderts bestehenden Herrenhaftung für das gerade besprochene BK 39 c. 8 nicht mit Sicherheit geklärt werden kann, ist dies für BK 41 c. 5 eindeutig möglich. Der Besitzer eines Unfreien haftet nach der Bestimmung für den von seinem Unfreien angerichteten Schaden, selbst wenn er den Verursacher des Schadens nachträglich freilässt.[520]

Genauer betrachtet sei nun BK 41 c. 3. Dem freien, aber insolventen Schuldner wird in diesem Zusammenhang erstmalig explizit das Recht auf Selbstverpfändung eingeräumt.[521] Das Kapitel gibt nach Beyerles Edition an, sich

---

518 Patzold, Veränderung, S. 84.

519 Die Verweise zu Beginn eines jeden Rechtssatzes beziehen sich auf Bestimmungen der Lex Ribuaria, wie bereits der Kunsttitel des Kapitulars veranschaulicht. Dass dieser grundsätzlich sinnvolle Gedanke die Zuordnung der Kapitel nicht erleichtert, ist auf die uneinheitliche Kapitelzählung der uns überlieferten Handschriften der Lex Ribuaria zurückzuführen. Auf diesen Umstand hatte bereits Franz Beyerle in der Einleitung seiner Edition der Lex Ribuaria aufmerksam gemacht (vgl. Lex Ribuaria [MGH LL nat. Germ. 3,2], S. 11).

520 Nr. 41 c. 5 (MGH Capit. 1), S. 117–118: *XX. cap. Nemini liceat servum suum propter damnum ab illo cuilibet inlatum dimittere…* Ausführlicher dazu Kapitel 3.3.3.

521 Nr. 41 c. 3 (MGH Capit. 1), S. 117: *Homo ingenuus qui multa qualibet solvere non potuerit et fideiussores non habuerit, liceat ei semetipsum in wadium ei cui debitor est mittere usque dum multa quam debuit persolvat.* Knapp erwähnt auch Lukas Bothe (Triplice Weregeldum, S. 190) das hier betrachtete Kapitel im Kontext seiner Überlegungen zur sozialen Mobilität im Frankenreich. In einem spezifischeren Kontext wiederholt wird das Prinzip in einem ausschließlich bei Ansegis überlieferten Kapitel: Nr. 70 c. 3 (MGH Capit. 1), S. 159: *Si quis liber homo aliquod tale damnum cuilibet fecerit, pro quo plenam conpositionem facere non valeat, semtipsum in wadio pro servo dare studeat, usque dum plenam compositionem adimpleat.* Hier wird festgelegt, dass ein Freier, der Schäden verursacht, die er nicht kompensieren kann, sich bemühen soll (*studeat*), sich in Schuldknechtschaft zu begeben, bis die Schuld abgegolten ist. Das Kapitel findet sich bei Ansegis als c. 3,65 (MGH Capit. N. S. 1, S. 601–602). Allerdings deutet bereits Gerhard Schmitz (S. 601 Anm. 264) an, dass der von Boretius als eigenes Kapitel behandelte Satz mit großer Wahrscheinlichkeit noch zu c. 2 gehört und lediglich den Sonderfall behandelt, dass der freie Straftäter

auf c. 12 der Lex Ribuaria zu beziehen. Diese Zuschreibung scheint zutreffend, da c. 12,2 der Lex Ribuaria den Fall eines insolventen, freien Straftäters behandelt, dessen Schulden an die nächsten drei Generationen ‚vererbt' werden.[522] Damit unterscheidet sich das ribuarische Recht in diesem Punkt maßgeblich von der Lex Salica. Dort hatte der zahlungsunfähige Schuldner schließlich – zumindest theoretisch – mit seinem Leben zu bezahlen. Diese Herangehensweise ist der Lex Ribuaria unbekannt. Folglich könnte es sich bei BK 41 c. 3 um eine Anpassung des ribuarischen Rechts an ohnehin gebräuchliche Praktiken handeln. Die Aufnahme des Selbstverkaufs in das fränkische Schriftrecht bedeutet die Anerkennung dieser Gepflogenheit als offizielle Rechtspraxis im Umgang mit insolventen Straftätern.[523]

Während BK 41 c. 3 also den Weg in die (temporäre) Abhängigkeit behandelt, haben cc. 9–10 des Erlasses die Freilassung beziehungsweise deren Konsequenzen zum Thema. Die beiden Kapitel bestimmen, dass der *homo denarialis* (c. 9) beziehungsweise der *homo cartularius* (c. 10) *non ante haereditare in suam agnationem poterit, quam usque ad terciam generationem perveniat.*[524] Die Kapitel beziehen sich auf cc. 60 und 64 der Lex Ribuaria.[525] Zumindest für den *homo denarialis* wird dort auch das Recht auf Vererbung behandelt. Dort heißt es: *Si autem homo denariatus absque liberis discesserit, non alium quam fisco nostro heredem relinquat.*[526] Sollte der durch Schatzwurf Freigelassene ohne Erben versterben, wird der Fiskus zum Erben. Dieser Umstand impliziert, dass der *homo denarialis* grundsätzlich an seine Nachkommen vererben durfte, sofern diese existierten. BK 41 cc. 9–10 ist demnach als deutliche Verschlechterung der Rechte von Freigelas-

insolvent ist; in c. 2 wird der Einbruch (mit Diebstahl oder Entführung) thematisiert und streng bestraft. Eine inhaltliche Neuerung oder Veränderung wäre, selbst wenn es sich bei dem von Boretius als c. 3 bezeichneten Satz um ein eigenes Kapitel handelte, nicht gegeben. Die Datierung von Boretius auf 810/811 basiert lediglich auf der Stellung des Kapitels bei Ansegis und ist dementsprechend, wie auch Boretius kenntlich macht, nicht gesichert.

522 Vgl. Lex Ribuaria c. 12,2 (MGH LL nat. Germ. 3,2), S. 78.

523 Eine eingehendere Untersuchung des Umgangs mit insolventen Straftätern in frühmittelalterlichen Rechtssystemen liegt bisher nicht vor. Zu Versuchen der Angleichung von Schriftrecht und Rechtspraxis vgl. Ubl, Rechtsordnung, S. 185.

524 Nr. 41 cc. 9–10 (MGH Capit. 1), S. 118: *LVII. cap. Homo denarialis non ante haereditare in suam agnationem poterit, quam usque ad terciam generationem perveniat. LXIIII. cap. Homo cartularius similiter.*

525 Alfred Boretius (MGH Capit. 1, S. 118 Anm. a und c) verweist in Bezug auf die beiden Kapitel (9–10) auf die unterschiedlichen Kapitelverweise in den Handschriften. Die Zuschreibung an cc. 57 bzw. 64 der Lex Ribuaria scheint zunächst grundsätzlich einleuchtend, da in diesen die Erbfolge bei Kinderlosigkiet (c. 57) bzw. die Freilassung nach römischem Recht, also zum *cartularius* (c. 64), behandelt werden. Allerdings wird in c. 9 deutlich gemacht, dass die behandelte Person nicht kinderlos geblieben ist. Daher ist diese Zuschreibung wenig sinnvoll. Die Freilassung durch *denariatio* wird in c. 60 der Lex Ribuaria besprochen und enthält mit c. 60,4 auch einen Absatz zum Erbe des *homo denarialis.* Von einer Bezugnahme auf c. 60 der Lex durch c. 9 des Kapitulars geht auch Beyerle (MGH LL nat. Germ. 3,2, S. 11) aus, der allerdings fälschlicherweise c. 10 auf c. 63 bezieht. Hier muss es sich schlicht um einen Schreibfehler handeln, da c. 63 den Verkauf liegenden Gutes behandelt, c. 64 aber die Freilassung nach römischem Recht.

526 Lex Ribuaria c. 60,4 (MGH LL nat. Germ. 3,2), S. 108.

senen einzuschätzen, da festgelegt wird, dass dem durch Schatzwurf oder Urkunde Freigelassenen das Recht, an seine Nachkommen zu vererben, bis in die dritte Generation (*ad terciam generationem*) abgesprochen wird.[527] Diese Bestimmung steht im Gegensatz zur grundsätzlichen Tendenz Karls des Großen, geltendes Recht zu bestätigen und wenn nötig zu präzisieren. BK 41 cc. 9–10 müssen als tiefgreifende Veränderungen geltenden Rechts zu Ungunsten des ansonsten mit Freigeborenen gleichgestellten[528] *homo denarialis* verstanden werden.[529]

Während sich die Inhalte von c. 3 auf der einen und cc. 9–10 auf der anderen Seite trotz ihres Bezugs zum Wechsel des Rechtsstatus deutlich unterscheiden, darf ihre Entstehung vor dem gleichen Hintergrund vermutet werden: Es handelt sich erneut um einen Versuch der Bestätigung (c. 3) beziehungsweise Präzisierung (cc. 9–10) geltenden Rechts.

Nachdem nun die Erlasse zur Ergänzung der Lex Salica und der Lex Ribuaria betrachtet worden sind, die beide im Rahmen der Rechtsreform von 802/803 entstanden, muss auch die vermeintlich dritte, in diesem Kontext entstandene Ergänzung einer Lex durch ein Kapitular betrachtet werden: Die sogenannten Capitula ad legem Baiwariorum addita (BK 68).[530] In seiner Studie zum baierischen Stammesrecht widmete sich zuletzt Felix Grollmann umfangreich diesem, zu den „in der Forschung nur am Rande behandelten Kapitularien" zählenden Erlass.[531] Grollmann weist zu Recht darauf hin, dass weder die direkt intendierte Beifügung des Kapitulars an die Lex Baiwariorum noch die genaue Datierung abschließend und zweifellos festgestellt werden können. Allerdings überzeugt in beiden Fällen seine Einschätzung, dass der Erlass trotz „bleibender, geringer Zweifel" als „Ergänzungskapitular" der bairischen Lex zu betrachten ist[532] und

527 Diese Bedeutung der Bestimmung nimmt auch Grollmann (Stammesrecht, S. 329–330) an.

528 Diese Gleichstellung betont auch Bothe (Triplice Weregeldum, S. 190–191).

529 Alternativ ließe sich vermuten, in der dritten *generatio* den dritten Verwandtschaftsgrad zu sehen. Die mögliche Deutung von *generatio* als „(Verwandtschafts-)Grad" bestätigt auch Niermeyer (MLLM, S. 609). Festgelegt würde bei dieser Deutung der Bestimmung, dass Verwandte nur bis zu diesem dritten Grad als erbberechtigt galten. Weiter entfernte Verwandte wären hingegen zugunsten des Fiskus (im Falle des *denarialis*) beziehungsweise des Freilassers oder Patrons (im Falle des *cartularius*) nicht erbberechtigt. Diese Deutung der Bestimmung ließe sich dann erneut als Präzisierung geltenden Rechts verstehen. Die entsprechende Bestimmung der Lex Ribuaria (c. 60,4) lässt schließlich offen, wer als erbberechtigter Verwandter eines Freigelassenen zu betrachten war. Ebenso wäre bei dieser Deutung keine Herabsetzung des *denarialis* im Vergleich mit dem Freigeborenen vorgenommen worden. Diese Interpretation wird allerdings durch den Charakter des Kapitels, der durch die Formulierung *non ante, quam …* offensichtlich wird, widerlegt. Eine weitere Alternativdeutung des Kapitels bietet Mayer-Homberg (Volksrechte, S. 359), der vorschlägt, in der *agnatio* die „fernere Verwandtschaft" zu sehen, die bis zur dritten Generation vom Erbe ausgeschlossen werden soll.

530 Vgl. Nr. 68 (MGH Capit. 1), S. 157–158.

531 Vgl. Grollmann, Stammesrecht, S. 229–387.

532 Ebd., S. 229–243, insb. S. 242–243.

eine Entstehung 802/803 im Kontext der Rechtsreform Karls des Großen „am wahrscheinlichsten" sei.[533]

Die Zweifel bezüglich der Bestimmungen als direkt intendierte Ergänzung der Lex Baiwariorum gründen nicht zuletzt in der mangelnden direkten inhaltlichen Bezugnahme auf die Rechtssätze der Lex.[534] Besonders zweifelhaft scheint diese angenommene direkte Bezugnahme bei Betrachtung von BK 68 c. 4. Dort heißt es knapp: *De denarialibus, ut si quis eos occiderit regi conponatur.*[535] Die Bußsumme für die Tötung eines *denarialis* ist also an den König zu entrichten, der der Lex Baiwariorum unbekannt ist. Zudem ist eine direkte Bezugnahme auf das bairische Recht auch deshalb fragwürdig, da die Freilassung durch Schatzwurf in diesem nicht nachweisbar ist.[536] Allerdings ist davon auszugehen, dass in der Freilassung durch Schatzwurf ein „fränkischer Brauch nach Bayern übertragen" wurde,[537] der dort wohl in den Jahren nach der Eingliederung Baierns in das Frankenreich[538] die Freilassung durch den Herzog[539] als höchste Form der Freilassung, durchgeführt in Anwesenheit der höchsten weltlichen Autorität, ersetzte. Wenn also davon ausgegangen wird, dass die Freilassung durch Schatzwurf zwar nicht dem bairischen Recht entstammt, aber als in der bairischen Rechtspraxis etabliert betrachtet wird, würde die Erwähnung der Freilassung durch Schatzwurf im Kapitular nicht mehr grundsätzlich gegen die Bezugnahme des Erlasses auf das bairische Recht sprechen. Da die Freilassung durch Schatzwurf der Lex Baiwariorum allerdings definitiv fremd ist, scheint es sinnvoll, nicht von einem „Ergänzungskapitular ausschließlich zur Lex Baiwariorum",[540] sondern höchstens von einem Ergänzungskapitular ‚zum bairischen Recht oder den bairischen Rechtsgewohnheiten' zu sprechen.

Doch auch über diese Betrachtungen hinaus bedarf c. 4 einer eingehenderen Untersuchung. Während die in dem Kapitel erwähnte Zahlung zwar eindeutig an den König zu entrichten ist, bleibt unklar, weshalb dies nicht insofern eingeschränkt wird, als dass der König nur dann die anfallende Bußsumme erhält, wenn der getötete *denarialis* keine rechtmäßigen Erben hatte.[541] Ebenso bleibt die zu zahlende Summe unerwähnt. Da die Freilassung durch Schatzwurf, wie gerade erwähnt, dem vorkarolingischen bairischen Recht fremd war, wird man

533 Ebd., S. 243–248, insb. S. 248. Eine Entstehung im Kontext der Rechtsreform 802/803 vermuten u. a. auch: Ganshof, Was waren die Kapitularien, S. 148–149; Patzold, Veränderung, S. 69; Theuerkauf, Lex, S. 57.

534 Umfangreich zu diesem Thema: Grollmann, Stammesrecht, S. 229–233.

535 Nr. 68 c. 4 (MGH Capit. 1), S. 158.

536 Vgl. Maass, Freilassung durch Schatzwurf, S. 125.

537 Grollmann, Stammesrecht, S. 323.

538 Vgl. u. a.: Becher, Macht und Recht, S. 39–55; Freund, Agilolfinger, S. 144–241.

539 Grollmann (Stammesrecht, S. 326) merkt an, dass eine Freilassung durch den Herzog formell nicht zwingend von der regulären *manumissio per manum* zu unterscheiden war, da auch der Herzog *per manum* freilässt. Von einer Sonderstellung der herzoglichen Freilassung geht Amon (Freilassungen, S. 61) aus.

540 Grollmann, Stammesrecht, S. 243.

541 Dieser Fall ist etwa in der Lex Ribuaria c. 60,4 (MGH LL nat. Germ. 3,2, S. 108) und in Nr. 41 c. 9 (MGH Capit. 1, S. 118) festgelegt.

dort keine Aussage zur in Frage stehenden Summe erwarten dürfen. Es bleibt der Verweis auf das fränkische Recht, nach dem der *denarialis* dem Freigeborenen grundsätzlich und so auch in Bezug auf sein Wergeld gleichzustellen ist.[542] Somit wäre nach c. 4,29 der Lex Baiwariorum die Summe von 160 Solidi auch bei Tötung eines *denarialis* zu zahlen.[543] Da diese Summe beziehungsweise der Umstand, dass das Wergeld des *denarialis* dem des freien Baiern entsprechen sollte, im Kapitular nicht explizit gemacht wird, bleibt diese Annahme spekulativ.

Zweifel über die Deutung des Inhalts kommen auch für das anschließende c. 5 auf. Wie bereits in c. 4 für die *denariales* wird hier die zu zahlende Bußsumme für jene bestimmt, die *per cartam in ecclesia* freigelassen wurden.[544] Erste Zweifel ergeben sich in Bezug auf das einleitende *similiter* der Bestimmung. Grollmann interpretiert dies als Bezugnahme auf c. 4 und geht dementsprechend von einer Bußsumme von 40 Solidi auch bei Tötung eines *denarialis* aus.[545] Diese Deutung würde eine drastische Verschlechterung des Denarialenstatus im bairischen Recht bedeuten; eine solche konnte bereits in BK 41 c. 9 festgestellt werden. Gegen eine solche Deutung von BK 68 c. 5 spricht allerdings, dass im anschließenden c. 6, das noch genauer zu betrachten sein wird, ebenfalls eine Bußsumme bei Tötung eines (wiederum *per cartam*, aber ohne den Zusatz *in ecclesia*) Freigelassenen geregelt wird. In c. 6 wird wie in c. 5, explizit von einer Bußsumme in Höhe von 40 Solidi gesprochen: *Hi vero per cartam ingenuitatis dimissi sunt liberi, ubi nullum patrocinium et defensionem non elegerint, similiter regi conponatur quadraginta solidis.*[546] Hier ist die Bezugnahme von *similiter* auf die Bußsumme jedoch eindeutig. Sollte sich *similiter* in c. 5 auf die Bußsumme beziehen, wäre nur schwerlich zu erklären, weshalb nicht eine ähnlich eindeutige Formulierung wie in c. 6 gewählt wurde. Erneut sei betont, dass eine Gleichsetzung des *denarialis* mit anderen, grundsätzlich als niedriger zu betrachtenden Freilassungsformen nur schwer vorstellbar ist. Daher scheint es eher plausibel, dass sich *similiter*, gefolgt von *de his qui per cartam ingenuitatis dimissi sunt liberi*, auf das einleitende *De denarialibus* in c. 4 bezieht und somit eine Art Überleitung von c. 4 zu c. 5 bilden soll. Die nicht genannte Bußsumme könnte in diesem Fall über die als bekannt vorausgesetzte Gleichbehandlung des *denarialis* mit einem Freien erklärt werden. Nachweisbar ist diese Annahme freilich nicht, zumindest aber gut möglich.

542 Vgl. Maass, Freilassung durch Schatzwurf, S. 5. Maass verweist in diesem Zusammenhang auf Lex Ribuaria cc. 60,1 und 65,2.

543 Vgl. Lex Baiwariorum c. 4,29 (MGH LL nat. Germ. 5,2), S. 334. Dort findet sich die etwas seltsam und umständlich anmutende Formulierung: *Si quis liberum hominem occiderit, solvat parentibus suis, si habet, si autem non habet, solvat duci vel cui commendatus fuit, dum vixit, bis LXXX sol., hoc sunt CLX.* Zum Wergeld im karolingischen Baiern vgl.: Esders, Wergeld, S. 147–154.

544 Nr. 68 c. 5 (MGH Capit. 1), S. 158: *Similiter de his qui per cartam in ecclesiam iuxta altare dimissi sunt liberi, cum quadraginta solidis regi conponatur.*

545 Vgl. Grollmann, Stammesrecht, S. 323–324.

546 Nr. 68 c. 6 (MGH Capit. 1), S. 158. Die doppelte Verneinung der Bestimmung ist nach Grollmann (Stammesrecht, S. 324) „stilistischer Natur“.

Auch abgesehen von der ungeklärten Bezugnahme von *similiter* kommen für c. 5 weitere Unklarheiten auf. Wie bereits in c. 4 (und anschließend in c. 6) steht auch hier die zu zahlende Bußsumme eindeutig dem König zu. Zu erwarten wäre allerdings bei einer *manumissio in ecclesia*, dass die Bußsumme an die Kirche, in der die *manumissio* stattgefunden hatte, fiele.[547] Bestärkt wird diese Erwartung durch das bereits behandelte c. 10 des wenige Jahrzehnte älteren bairischen Concilium Neuchingense, in dem eben dies festgelegt wurde.[548] Weshalb diese Bestimmung, die bereits in Übereinstimmung mit der Rechtslage des gesamten Frankenreichs stand, an dieser Stelle widerrufen werden sollte, bleibt unklar.

Umso überraschender ist diese Regelung, weil auch die folgende Bestimmung in c. 6 vollständig in Einklang mit der fränkischen und bairischen Rechtslage zu bringen ist. Wie erwähnt, wird auch hier die anfallende Bußsumme bei Tötung eines Freigelassenen geregelt. Es handelt sich um den Sonderfall, dass ein getöteter Freigelassener nicht in *patrocinium* und *defensio* eines selbsterwählten Schutzherrn stand. Auch in diesem Fall sollte die Bußsumme von 40 Solidi an den König fallen. Implizit ist, dass diese Summe dem gewählten Patron des Freigelassenen[549] zugefallen wäre, wenn ein solcher existiert hätte. Dieser Umstand würde ebenso mit c. 5,9 der Lex Baiwariorum übereinstimmen wie die dort festgelegte Summe von 40 Solidi.[550] Da auch hier die Existenz eines Patrons als bevorzugtem Erben des Freigelassenen nur angedeutet wird, könnte unter Rückbezug auf die fehlende Erwähnung eines solchen in c. 4 vermutet werden, dass auch dort die bevorzugte Beerbung des Verstorbenen durch eventuelle Nachkommen gemeint ist. Recht überzeugen mag diese Vermutung allerdings nicht.

Die Betrachtung der sicher im Rahmen der Rechtsreform Karls des Großen von 802/803 entstandenen Kapitularien[551] zeigt deutlich, dass der Statuswechsel

547 Vgl. Esders, Wergeld, S. 152; ders., Late Antique Legal Texts, S. 65; ihm folgend: Grollmann, Stammesrecht, S. 324–325.

548 Concilium Neuchingense can. 10 (MGH Conc. 2,1), S. 101: *Qui ex eis occiderint, pretium eius his solvatur aecclesiis, ubi liberi dimissi fuerint.*

549 Grundsätzlich konnte ein Freigelassener nach fränkischem Recht seinen Patron selbstständig erwählen. Teilweise „wurde die Entscheidungsfreiheit aber auch nur fingiert", wie Grollmann (Stammesrecht, S. 324 Anm. 657) unter Verweis auf Brunner (Deutsche Rechtgeschichte 1, S. 363) feststellt. Nachweise zur freien Wahl des Patrons durch Freigelassene finden sich in zahlreichen Formeln. Für entsprechende Beispiele vgl.: Dopsch, Freilassung und Wirtschaft, S. 98 und Rio, Formulae, S. 176 Anm. 13.

550 Lex Baiwariorum c. 5,9 (MGH LL nat. Germ. 5,2), S. 341: *De interfectione liberti hominis. Si eum occiderit, conponat eum domino suo cum XL sold.*

551 Wenngleich inhaltlich passend, kann ein als Capitulare Aquisgranense (Nr. 77 [MGH Capit. 1], S. 170–172) bezeichneter Erlass – Innes (Charlemagne, S. 191) verweist in diesem Zusammenhang auf die inhaltliche Nähe zu den Themen von 802/803 in den cc. 1–4, 13 und 18 des Kapitulars – dem hier diskutierten Kontext der Rechtsreform von 802/803 nicht sicher zugeordnet werden. In c. 6. wird festgelegt, dass jene, die durch urkundliche Bestätigung (*litterarum conscriptione*) freigelassen wurden, vom Fiskus beerbt werden sollen, wenn sie kein Testament hinterlassen haben. Die Bestimmung erinnert an die
cc. 4–6 der Capitula ad legem Baiwariorum addita, die ebenfalls den König als Erben von

im Zusammenhang mit dieser Reform erheblichen Raum eingenommen hat. Sowohl die Schuldknechtschaft als auch die Freilassung und deren rechtliche Folgen werden gleich mehrfach thematisiert. Auffällig ist zwar, dass sich die Bestimmungen hauptsächlich als Präzisierungen geltenden Rechts verstehen lassen, allerdings ist die schiere Zahl der offenbar notwendigen Präzisierungen, insbesondere im Zusammenhang mit Freilassungen, durchaus bemerkenswert. Grundsätzlich plausibel scheint, in dieser „normativen Befassung mit den Freigelassenen einen Reflex auf eine gewachsene soziale Bedeutung" dieser Gruppe zu sehen.[552] Allerdings muss betont werden, dass die Quellenlage quantitative Aussagen zu den Freigelassenen des Karolingerreichs nicht zulässt.[553] Der Umstand, dass Freigelassene im Kontext der Reform und Verschriftlichung der *leges* in so hoher Frequenz behandelt werden, könnte auch darin liegen, dass das vorkarolingische Schriftrecht diese Gruppe kaum behandelt. Die zahlreichen Präzisierungen bezüglich Unumkehrbarkeit der Freilassung, Haftungsfragen oder Erbe werden von den *leges* kaum beziehungsweise nicht eindeutig geklärt. Dieser Umstand könnte in Kombination mit der von Grollmann angenommenen gewachsenen Bedeutung der Freigelassenen – ob dies nun quantitativ oder qualitativ zu verstehen ist, sei dahingestellt – der Hauptgrund für die intensive Behandlung dieses Themas in den Kapitularien von 802/803 gewesen sein. Betont sei an dieser Stelle auch noch einmal der Umstand, dass die Institution der Schuldknechtschaft, die bereits im vorkarolingischen Frankenreich verbreitet war, in den Kapitularien Karls des Großen (zaghaft 789, intensiver 802/803) überhaupt erst Anerkennung durch das fränkische Schriftrecht erhielt.[554] Die rechtliche Anerkennung der Existenz der Schuldknechtschaft und der gestiegenen Relevanz der Freigelassenen bedurfte einer normativen Verortung dieser Gruppen im Rechtssystem.

Für den hier angenommenen Versuch einer Verortung (und Verankerung) dieser Gruppen im fränkischen Schriftrecht spricht auch, dass viele der betrachteten Bestimmungen sich mit recht spezifischen Fragen auseinandersetzen,

---

Freigelassenen erwähnen (vgl. Grollmann, Stammesrecht, S. 328). Eine chronologische Nähe zur Rechtsreform wäre also durchaus plausibel. Zuletzt wies allerdings Steffen Patzold (Capitulare Aquisgranense, S. 459–473) darauf hin, dass die von François Louis Ganshof (Datierung, S. 62–66) vorgeschlagene Datierung dieses Aachener Kapitulars auf 802/803 nicht länger haltbar ist, da Ganshof fälschlicherweise davon ausgeht, dass der von Boretius dem Kapitular zugeschriebene Prolog nicht ursprünglich Teil des Erlasses war. Als Argument für 802/803 verbleibt nun lediglich eine inhaltliche Nähe der Bestimmungen. Den Erlass allein über diese zu datieren, verbietet sich, zumal bereits Innes (Charlemagne, S. 191) Themen im Aachener Kapitular feststellt, die sonst nicht im Rahmen der Rechtsreform betrachtet wurden.

552 Grollmann, Stammesrecht, S. 329.

553 Carl Hammer (Slave Society, S. 57–58) weist darauf hin, dass für Baiern zwar nachweisbar sei, dass Freilassungen stattfanden, aber keine Hinweise bekannt seien, dass dies häufig der Fall war. Ähnlich, aber allgemeiner auf das Karolingerreich bezogen: auch Rio, Slavery after Rome, S. 99. Rio stellt an dieser Stelle allerdings fest: „… lands that had been granted to churches were far more likely to have freedmen living on them".

554 Vgl. Brunner / von Schwerin, Deutsche Rechtsgeschichte 2, S. 487–489; Rio, Slavery after Rome, S. 42–74.

die im Rahmen eines Rechtsstreits um Freiheit oder Unfreiheit aufgekommen sein könnten. Ebenfalls bemerkenswert scheint an dieser Stelle, dass von einer intendierten Unterdrückung politisch schwacher Personen kaum die Rede sein kann. Tatsächlich konnten mehrfach Bestimmungen identifiziert werden, welche die Rechte der Freigelassenen schützen, ein Umstand, der an die von Müller-Mertens und Schmitt konstatierte Freienpolitik erinnert.[555]

Dennoch sollte die Identifizierung solcher Bestimmungen nicht als Nachweis für gegenteilige Behauptungen angeführt werden. In den betrachteten Rechtssätzen eine systematische Unterdrückung Unfreier und Freigelassener zu vermuten, scheint ebenso wenig zutreffend wie eine programmatische Unterstützung dieser Gruppen. Veranschaulicht wird dieser Umstand in dem bereits mehrfach erwähnten Antwortschreiben Karls (BK 58) an einen seiner *missi*,[556] das neben zwei weiteren nicht genauer datierbaren Stücken aus der Zeit Karls des Großen in einzelnen Kapiteln ebenfalls den Themenkomplex der Freilassung betrachtet. In allen drei Fällen gibt es mehr oder minder belastbare Argumente, dass sie ebenfalls in Kontext der Rechtsreform von 802/803 entstanden sein könnten. Im Folgenden sollen diese drei Bestimmungen – neben den Responsa ist die Rede von c. 7 der sogenannten Capitula Francica (BK 104)[557] und c. 6 des sogenannten Capitulare Aquisgranense (BK 77)[558] – in Bezug auf Inhalt und Entstehungszeitpunkt besprochen werden.

Zunächst zu BK 58: Der in acht Kapitel unterteilte Text ist als Antwort an einen *missus* „somewhere in Gaul"[559] verfasst, der sich mit einigen Fragen schriftlich an den Kaiser gewandt hat. Dass von Boretius zusammen mit den Kapitularien edierte[560] Antwortschreiben zeichnet sich stilistisch insbesondere dadurch aus, dass die (nicht sonderlich gute) Stimmung Karls des Großen ob der erneuten Anfrage dieses bestimmen *missus* offensichtlich ist.[561] Eine genauere Bestimmung des Entstehungszeitpunkts ist nicht möglich. Matthew Innes ver-

---

555 Vgl. Müller-Mertens, Liberi homines und Schmitt, Liberi homines.

556 Nr. 58 (MGH Capit. 1), S. 145–146.

557 Nr. 104 c. 7 (MGH Capit. 1), S. 215.

558 Nr. 77 c. 6 (MGH Capit 1), S. 171.

559 Nelson, Voice of Charlemagne, S. 80. Charles West (Reframing, S. 21) vermutet aufgrund der handschriftlichen Überlieferung, dass die Anfrage von einem Grafen aus der Region um Reims stammt. Jennifer Davis (Practice of Empire, S. 294–295) teilt seine Einschätzung, dass es sich bei Karls Adressaten um einen Grafen handelt, der allerdings wohl als *missus* agiert. Dass der Adressat über die Handschriften lokalisiert werden kann, bezweifelt sie allerdings.

560 Davis (Practice of Empire, S. 36 Anm. 188) weist zu Recht darauf hin, dass es sich bei dem Schreiben nicht um ein Kapitular im engeren Verständnis des Begriffs handelt. Da es allerdings in den Schwesterhandschriften Paris Lat. 9654 und Vatikan Pal. Lat. 582 in zwei bedeutenden Rechtshandschriften überliefert ist und wohl „some broader application" erfahren hat, da die Antworten auch für andere *missi* von Bedeutung waren, schlägt Davis vor, dass der Text dennoch als „legal document" betrachtet werden sollte.

561 Rosamond McKitterick (Charlemagne, S. 219) beschreibt Karl als „markedly testy about the thick-headedness of the *missus*"; Janet Nelson (Voice of Charlemagne, S. 80) beschreibt die Situation ähnlich: „Evidently this is not the first time that the emperor has heard from this man; nor is be hearing some of the queries for the first time, and on these points the tone of the replies becomes accordingly tetchy".

weist mit äußerster Vorsicht auf den Umstand, dass die in den Responsa behandelten Inhalte Themenfelder der Rechtsreform von 802/803 aufgreifen.[562]

In BK 58 c. 3[563] stellt Karl fest, dass es nicht möglich sein soll, durch falsches Zeugnis (*falsum testimonium*) die Freiheit zu erlangen; er betont dabei, dass er dem *missus* diesen Umstand bereits mehrfach mitgeteilt habe. Wer seine Freiheit in Übereinstimmung mit dem Recht (*secundum legis ordinem*) erlangt habe, soll frei bleiben. Wenn nicht, dürfe der *missus* diese nicht rechtmäßige Freiheit unter keinen Umständen unterstützen. Die Bestimmung erinnert an c. 7 von BK 39, in dem festgelegt wurde, dass die rechtmäßige Freilassung nicht umkehrbar sei und unrechtmäßige Versuche einen Freigelassenen in die Unfreiheit zu drücken, zu bestrafen seien.[564] Möglicherweise ist es die anklingende Unumkehrbarkeit einer rechtmäßigen Freilassung, die den *missus* verunsichert und zur erneuten Nachfrage bewegt hat. Gänzlich unbegründet ist seine Nachfrage nicht. Schließlich wird in c. 26,1–2 der Lex Salica festgelegt, dass auch die unrechtmäßige *denariatio* nicht umkehrbar ist.[565] Allerdings äußert sich bereits die Lex Ribuaria (c. 60,2) gegenteilig und erlaubt die Anfechtung (und Umkehrung) einer unrechtmäßigen Freilassung.[566] Die bereits in frühen Fassungen der Lex Salica enthaltene Bestimmung findet sich als c. 68,1–2 auch in der K-Fassung der Lex Salica. Allerdings bedeutet die Übernahme des Kapitels in die Lex Salica Karolina nicht zwingend, dass die Bestimmung noch Anwendung fand.[567] Es ist nicht auszuschließen, dass die *denariatio* nach fränkischem Rechtsverständnis einen Sonderfall dargestellt haben könnte und – im Gegensatz zu anderen Freilassungsformen – auch zu Beginn des 9. Jahrhunderts nicht rückgängig gemacht werden konnte, selbst dann nicht, wenn sie unrechtmäßig erwirkt wurde.

Das betrachtete c. 3 zeigt zudem eindeutig und aus einer besonders persönlichen Perspektive,[568] dass Karl der Große weder an der Parteinahme für die Großen (beziehungsweise die Besitzer von Unfreien) noch für Andere (in diesem Fall die Freigelassenen) interessiert war, sondern lediglich an der Einhaltung der jeweils geltenden rechtlichen Bestimmungen. Dass dazu selbst der königliche

---

562 Vgl. Innes, Charlemagne, S. 186 Anm. 85.

563 Nr. 58 c. 3 (MGH Capit. 1), S. 145: *Continebatur quippe in tercio capitulo de his qui per falsos testes libertatem consecuntur, quid ex his facere deberes interrogasti. Nos vero ubique vobis praecipimus, ut nequaquam cum falso testimonio ullus se potuisset liberare de servitio; et si secundum legis ordinem se liberare potuerit, liber permaneat, si vero cum falsis testibus, nequaquam illi consentias.*

564 Vgl. oben, S. 92.

565 Lex Salica c. 26,1–2 (MGH LL nat. Germ. 4,1), S. 96–97. Der zu Unrecht Freigelassene bleibt frei. Stattdessen hat in diesem Fall der unberechtigte Freilasser dem ehemaligen Besitzer des Freigelassenen ein Bußgeld zu entrichten.

566 Lex Ribuaria c. 60,2 (MGH LL nat. Germ. 3,2), S. 108. Vgl. dazu bereits: Maass, Freilassung durch Schatzwurf, S. 82–83 mit Anm. 382.

567 Schon mehrfach betont wurde, dass Karl der Große mit seiner Redaktion des Rechtsbuchs keine maßgeblichen inhaltlichen Veränderungen an der Lex Salica intendiert hat (vgl. Ubl, Sinnstiftungen, S. 180). Wie Ubl (ebd., S. 178–179) betont, wurden allerdings durchaus Versuche unternommen, den Text verständlicher zu machen.

568 Vergleichbar lässt sich der kaiserliche Wille für die Zeit Karls des Großen nur in einer zweiten Brief-Instruktion feststellen, auf die Pokorny (Brief-Instruktion) aufmerksam gemacht hat. Ähnlich bereits Davis (Practice of Empire, S. 294 Anm. 6).

missus nicht fähig war, erklärt die Frustration Karls, die in BK 58 zum Ausdruck kommt, nur allzu gut. Die erwähnten widersprüchlichen Aussagen in der Lex Salica und der Lex Ribuaria, die Wiederholung der Bestimmung aus der Lex Salica in der K-Fassung und die Betonung von BK 39 c. 7, dass rechtmäßige[569] Freilassungen nicht umgekehrt werden sollten, erklären allerdings auch, weshalb der *missus* sich mehrfach ob der Rechtslage versichern wollte.

Betrachten wir nun c. 7 der Responsa: Dort stellt Karl fest, dass der Nachweis über die in Frage stehende Authentizität einer vorgelegten Freilassungsurkunde (*carta*) nicht vonseiten des *servus*, sondern vonseiten des Anklägers zu erbringen sei.[570] Auch hier liegt eine Bezugnahme auf BK 39 c. 7 nahe. Die dortige Formulierung zeigt auf, dass der Nachweis über die eigene Freilassung zunächst über die Vorlage einer Urkunde durch den Angeklagten geschieht.[571] Der durch den *missus* geschilderte Fall ist von diesem Kapitel allerdings nicht abgedeckt. Schließlich ist implizit, dass eine Freilassungsurkunde präsentiert, diese aber vom Kläger in ihrer Echtheit angezweifelt wird. Der Umstand, dass beide hier relevanten Kapitel der Responsa eine inhaltliche Nähe zu BK 39 (beziehungsweise dessen c. 7) aufweisen, bestätigt Innes' vorsichtigen Verweis auf die thematischen Parallelen der Responsa zur Rechtsreform von 802/803. Eine Entstehung der Responsa in den Jahren (kurz) nach 802/803 zu vermuten, scheint also durchaus plausibel. Allerdings sind die Argumente für diese Vermutung äußerst vage, sodass die gängige offene Datierung in die Zeit zwischen 802 und 813 weiterhin sinnvoll ist.[572]

Die bereits in BK 58 c. 7 angeklungene Frage nach der Verfahrensweise im Falle einer vermeintlich gefälschten Freilassungsurkunde wird in BK 104 c. 7[573]

---

569 Der Umstand, dass unrechtmäßige Freilassungen, die nicht vor dem König stattgefunden hatten, rückgängig gemacht werden konnten, wird nirgends infrage gestellt und spätestens 803 mit Nr. 39 c. 7 eindeutig festgelegt.

570 Nr. 58 c. 7 (MGH Capit. 1), S. 145: *In septimo autem capitulo, ubi referebatur qualiter post querelas dominorum servi eorum cartas ostendant, et ipsi servi a scabineis sententia accepta eas veras esse comprobare debeant. Nequaquam hoc volumus, quod servus suam cartam proprium probare debeat; sed dominus, qui ipsum servum quaerit, ipse, si poterit, ipsam cartam falsam depraehendat.* In dem durch den *missus* vorgetragenen Fall war dieser Umstand von den Schöffen (*scabinei*) anders behandelt worden. Dazu auch: Davis, Practice of Empire, S. 52 und 295. Fried (Karl der Große, S. 243) meint in diesem Kapitel ein Verbot für Unfreie erkennen zu können, ihre Freilassungsurkunde eigenständig zu präsentieren. Seine Deutung ist abzulehnen.

571 Nr. 39 c. 7 (MGH Capit. 1), S. 114: *Si quis per cartam ingenuitatis a domino suo legitime libertatem est consecutus, liber permaneat. Si vero aliquis eum iniuste inservire temptaverit, et ille cartam ingenuitatis suae ostenderit et adversarium se inservire velle comprobaverit, ille qui hoc temptavit multam quae in carta scripta est solvere cogatur. Si vero carta non paruerit sed iam ab illo qui eum inservire voluerit disfacta est, weregeldum eius componat, duas partes illi quem inservire voluerit, tertiam regi, et ille iterum per praeceptum regis libertatem suam conquirat.*

572 In diesem Zeitraum vermutete zuletzt Mordek (Bibliotheca, S. 566) die Entstehung des Antwortschreibens.

573 Vgl. Nr. 104 c. 7 (MGH Capit. 1), S. 215. Bei der von Boretius unter der Nr. 104 zusammengefassten Gruppe von Kapiteln handelt es sich um einzeln überlieferte Bestimmungen, die Karl dem Großen zugeschrieben werden (Capitula singillatim tradita Karolo Magno adscripta). Zur wahrscheinlichen Zuschreibung von c. 7 an Karl den Großen, vgl.: Leyendecker, Blogpost des

detailliert beschrieben. Wenn eine Person, die behauptet, ein Freigelassener zu sein, von einem anderen in Unfreiheit gedrückt wird, soll der Freigelassene seinen *auctor libertatis*, gemeint ist wohl sein *manumissor*, nennen, um die eigene Freiheit zu beweisen. Gelingt dies, soll er frei bleiben.[574] Ist dieser nicht auffindbar, sollen in einem zweiten Schritt *boni homines*,[575] die bei der Freilassung zugegen waren, diese bezeugen. Ist auch dies dem (vermeintlichen) Freigelassenen nicht möglich, kann er in einem dritten Schritt über die Vorlage zweier weiterer Urkunden des gleichen *cancellarius* nachweisen, dass seine Freilassungsurkunde echt ist.[576] Doch selbst wenn diese drei Schritte nicht gelingen, bedeutet dies nicht, dass der Fall für den (vermeintlich) Freigelassenen verloren ist. Nun ist es am Ankläger, die Urkunde als Fälschung zu entlarven. Gelingt ihm dies, fällt der Beklagte in das *servitium* des Klägers. Kann der Beklagte seine Freiheit in einem der drei beschriebenen Schritte nachweisen, oder gelingt der Nachweis einer gefälschten Urkunde nicht, hat der Kläger die in der Urkunde für diesen Fall festgelegte Summe an den Beklagten zu zahlen.[577]

Was also zunächst wie eine Beweispflicht aufseiten des Beklagten scheint, ist vielmehr ein Beweisrecht, das ihm zukommt, solange er im Besitz einer Freilassungsurkunde ist. Nur wenn dies nicht der Fall ist, kann die Verfahrensweise als Pflicht betrachtet werden, da in diesem Fall ohne *auctor libertatis* oder entsprechende Zeugen die Unfreiheit droht.[578] Dennoch besteht auch für den Kläger ein nicht unerhebliches (finanzielles) Risiko bei einem solchen Prozess. Das Verfahren betont die enorme Bedeutung der Verschriftlichung von Freilassungen in Form von Urkunden (*cartae*).[579] Diese Bedeutung von offiziellen Doku-

---

Monats Dezember 2022 (https://capitularia.uni-koeln.de/blog/kapitel-des-monats-dezember-2022/ [zuletzt eingesehen am: 22. 06. 2023]).

574 Nr. 104 c. 7 (MGH Capit. 1), S. 215: *Si quis per cartam ingenuus dimissus fuerit et a quolibet homine ad servitium interpellatus fuerit, primo legitimum auctorem suae libertatis proferat et in sua libertate perseveret. Si vero legitimus auctor defuerit, testimonium bonorum hominum, qui tunc aderant quando liber dimissus fuit, se defendere permittatur. Si vero testes defuerint cum duabus aliis cartis quae eiusdem cancellarii manu firmatae sunt vel subscriptae suam cartam quae tertia est veracem et legitimam esse confirmet. Cancellarius tamen talis esse debet, qui pagensibus loci illius notus fuisset et acceptus. Si vero qui interpellatus fuerit nec auctorem nec testimonia nec cartae collatione ostendere potuerit, ipse qui eum inscripsit secundum legem cartam ipsam falsam efficiat et servum suum conquirat. Si vero interpellator aut auctorem aut testimonia aut cartarum collatione victus fuerit et hoc quod voluerit efficere non potuerit, multam quae in ipsa ingenuitatis carta continetur cogatur exsolvere.*

575 Zu den *boni homines* des Frankenreichs vgl.: Nehlsen-von Stryk, Boni homines.

576 Diese Möglichkeit besteht offenbar nur, wenn der *cancellarius* dem Gebiet, in welchem der Prozess stattfindet, entstammt bzw. dort bekannt ist. Zur Urkunde als Beweismittel in der Karolingerzeit vgl.: Mersiowsky, Urkunde, S. 729–740. Neben Mersiowsky ist weiterhin als relevantes Standardwerk für mittelalterliche Urkunden zu nennen: Bresslau / Klewitz, Urkundenlehre.

577 Auf die in Freilassungsurkunden festgelegten Summen wurde bereits verwiesen. Vgl. Rio, Formulae, S. 224. Ein Beispiel bietet Formulae Salicae Lindenbrogianae Nr. 9 (MGH Formulae), S. 273.

578 Ein Beispiel eines Freiheitsprozesses führt Ubl (Maurinus, S. 106) an. Nicht rekonstruierbar ist, ob dem Beklagten Maurinus zunächst die Möglichkeit eingeräumt wurde, die eigene Freiheit zu beweisen.

579 Darauf weist in Bezug auf c. 7 bereits Davis (Practice of Empire, S. 296) hin.

menten für Freigelassene führt zu der Annahme, dass auch in den unteren sozialen Schichten der frühmittelalterlichen fränkischen Gesellschaft eine (wenngleich wohl oftmals sehr basale) Literalität vorhanden gewesen sein muss.[580] Zumindest die Annahme essenzielle Wörter oder Phrasen erkennen zu können, scheint für viele Freigelassene des Karolingerreichs plausibel.

Ob der *missus*, dem Karl der Große in BK 58 antwortete, von der in BK 104 c. 7 festgelegten Verfahrensweise wissen konnte, ist letztlich von der Entstehung beider Texte abhängig. Es ist davon auszugehen, dass die *scabini*, von denen der *missus* in seiner Anfrage berichtete,[581] die in besagtem c. 7 verschriftlichte Verfahrensweise nicht befolgten. Die Anfrage mit Bitte um Klärung ist also grundsätzlich berechtigt, da der verunsicherte *missus* (zu Recht) eine falsche Vorgehensweise vermutete. Allerdings ist nicht davon auszugehen, dass die Verfahrensweise aus c. 7 eine inhaltliche Veränderung bedeutete – vielmehr muss von der Festsetzung der ohnehin vorgesehenen Praxis ausgegangen werden. Somit würde eine hypothetische Datierung von BK 104 c. 7 nicht zur weiterhin offenen Datierung der Responsa beitragen. Es scheint allerdings dennoch plausibel, dass Fälle wie der durch den *missus* beschriebene zur Verschriftlichung des Beweisverfahrens im Freiheitsprozess führten.

Ebenso wie BK 58 muss auch BK 104 c. 7 weiterhin offen datiert werden. Das Kapitel findet sich in insgesamt sechs Handschriften. Es ist zudem als c. 3,43 in der Kapitulariensammlung des Ansegis[582] und als fünftes, Ludwig dem Frommen zugeschriebenes Kapitel im Liber Papiensis[583] überliefert. Die Textzeugen können in zwei Gruppen unterteilt werden. Auf der einen Seite stehen mit Ivrea XXXIII sowie den eng verwandten Handschriften Cava de' Tirreni 4 und Vatikan Chigi F. IV. 75[584] drei Handschriften allesamt oberitalienischer Provenienz sind, und aus der Mitte des 9. Jahrhunderts stammen beziehungsweise auf eine entsprechende Vorlage zurückgehen. In allen drei Handschriften steht c. 7 hinter der sogenannten Karoli Magni notitia Italica von 776 (BK 88)[585] und wird von einem in der Edition von Boretius als c. 8 der Capitula Francica (BK 104)[586] edierten Stück gefolgt. Dem gegenüber stehen die Handschriften Cologny Bodmer 107 sowie Paris Lat. 4632 und Lat. 9654. In diesen drei Handschriften steht c. 7 jeweils

---

580 Dies vermutet auch: Nelson, Literacy, S. 262–263. Ihr folgen u. a.: Geary, Land, S. 169 und Rio, Formulae, S. 14. Nelson (Literacy, S. 262–263) betont in diesem Zusammenhang, dass neben der Freilassungsurkunde auch das Testament bzw. die Nachlasserklärung von großer Bedeutung war. Zur Bedeutung des Testaments für Freigelassene vgl. auch: Nr. 77 c. 6 (MGH Capit. 1), S. 171. Eine gewisse Verbreitung von produktiver Schriftlichkeit nimmt für das Karolingerreich Rosamond McKitterick (Written Word) an. Ihren Thesen widerspricht Michael Richter (Laienschriftlichkeit, insb. S. 400–403). Unfreie werden von McKitterick lediglich als Verkaufsgegenstand bzw. Freizulassende behandelt, bei Richter finden sie keinerlei Erwähnung.

581 Nr. 58 c. 7 (MGH Capit. 1), S. 145: ... *et ipsi servi a scabineis sententia accepta eas veras esse comprobare debeant.*

582 Vgl. Ansegis c. 3,43 (MGH Capit. N. S. 1), S. 591–592.

583 Vgl. Liber Papiensis c. 5 (MGH LL 4), S. 524.

584 Zu den Handschriften: Mordek, Bibliotheca, S. 98–111, 172–177 und 756–768.

585 Nr. 88 (MGH Capit. 1), S. 187–188.

586 Nr. 104 c. 8 (MGH Capit. 1), S. 215.

ohne das vermeintlich zugehörige c. 8.[587] Alle drei sind nordalpiner Provenienz.[588] Zwei Fragen sollen in Bezug auf die Überlieferung diskutiert werden, um dann eine kurze Einschätzung zum Entstehungszeitpunkt von c. 7 zu geben.

Zunächst gilt es der Frage nachzugehen, ob die von Boretius durch seine Edition implizierte gemeinsame Überlieferung der cc. 7 und 8 gerechtfertigt ist. Die Handschriften sind wie beschrieben in zwei Gruppen aufzuteilen. Allerdings bietet keine der drei Handschriften, die c. 8 überliefern, Argumente, die für eine gemeinsame Herkunft der Kapitel sprechen. Der Umstand, dass alle drei Handschriften die beiden Kapitel BK 88 anhängen, lässt in Kombination mit ihrer ähnlichen Provenienz vielmehr vermuten, dass alle drei auf eine ähnliche Vorlage zurückgehen, in der die drei Stücke in der übernommenen Reihenfolge vorlagen.[589] Dafür spricht auch, dass die Texte der drei Handschriften deutlich weniger Unterschiede aufweisen als die von Boretius mitedierte Pariser Handschrift. Gegen eine gemeinsame Herkunft der beiden Kapitel spricht auch der Umstand, dass c. 8 selbst in fünf einzelne Kapitel untergliedert ist, wie aus den Handschriften deutlicher hervorgeht als es die Edition von Boretius vermuten lässt. Während eine gemeinsame Herkunft der beiden Kapitel nicht mit Gewissheit ausgeschlossen werden kann, scheint dieser Umstand dennoch unwahrscheinlich. Vor dem Hintergrund, dass c. 8 nur in den italienischen, nicht aber in den nordalpinen Handschriften überliefert ist, käme für das Kapitel möglicherweise ein italienischer Entstehungskontext infrage.

Darüber hinaus wirft Alfred Boretius die Frage auf, ob das Kapitular überhaupt Karl dem Großen zugeschrieben werden kann oder möglicherweise aus der Zeit Ludwigs des Frommen stammt.[590] Bereits Gerhard Schmitz hält die „Urheberschaft Karls des Großen“ für „wahrscheinlich“.[591] Zumindest Boretius kannte allerdings die Handschrift Cologny Bodmer 107 nicht, über die mit einer gewissen Wahrscheinlichkeit behauptet werden kann, dass sie nur Erlasse Karls des Großen enthielt; durch Pergamentabriss ist c. 7 nicht vollständig erhalten, aber eindeutig identifizierbar. Die auf c. 7 folgenden Folioseiten fehlen.[592] Die Meinung von Schmitz kann also bereits auf dieser Grundlage mit einem weiteren Argument unterstützt werden.

---

587 Dies gilt gleichermaßen auch für die Überlieferung bei Ansegis und im Liber Papiensis, die c. 8 jeweils nicht kennen.

588 Charles West (Carolingian Advocate, S. 197) scheint von einer Verbindung der drei Handschriften nach Reims und zu Erzbischof Hinkmar auszugehen.

589 Für die Handschriften Cava und Chigi ist eine Verwandtschaft ohnehin nachweisbar (vgl. Mordek, Bibliotheca, S. 99). Zudem scheint wahrscheinlich, dass auch der Liber Papiensis auf eine ähnliche Vorlage wie Cava und Chigi zurückzuführen ist. Diese Vermutung ergibt sich aus den gemeinsamen Varianten *cartulam* (statt *cartam*) und *esse faciat* (statt *efficiat*). Detailstudien zu Cava und Chigi finden sich in den Beiträgen von Britta Mischke und Sören Kaschke, allesamt zu finden unter: https://capitularia.uni-koeln.de/mss/cava-dei-tirreni-bdb-4/ [zuletzt eingesehen am: 03.05.2023].

590 Nr. 104 (MGH Capit. 1), S. 214.

591 Schmitz, Ansegis (MGH Capit. N. S. 1), S. 591 Anm. 170.

592 Vgl. Mordek, Bibliotheca, S. 113–118. Alle Mordek bekannten verwandten Handschriften enthalten ebenfalls nur Erlasse aus der Zeit Karls des Großen.

Die Überlieferung bei Ansegis deutet darüber hinaus stark auf einen Entstehungskontext im Rahmen der Rechtsreform von 802/803 hin. Die Kapitel 3,25–32 sind dem Capitulare legibus additum von 803 (BK 39) entnommen.[593] In den cc. 3,33–42 folgen Teile des Capitulare missorum von 803 (BK 40).[594] Es folgen unser c. 7 aus BK 104 (bei Ansegis c. 3,43)[595] und mit cc. 3,44–46 drei Kapitel von BK 41, ebenfalls von 803.[596]

Wie bei Ansegis folgt c. 7 in Paris Lat. 4632 auf die beiden Kapitularien von 803, BK 39 und 40, wobei diese an die K-Fassung der Lex Salica anschließen. Auch hier ist also über den Überlieferungszusammenhang eine direkte Verbindung zur Rechtsreform gegeben. Dies gilt bedingt auch für die zweite Pariser Handschrift Lat. 9654, in der c. 7 zwischen dem kurzen Prolog der Lex Salica und der K-Fassung der Lex Salica steht. Während die weiteren vier Handschriften c. 7 zwar nicht unmittelbar neben Texte von 803 stellen, sind zumindest BK 39 und 40 in allen vier Handschriften enthalten. Die Lex Salica Karolina fehlt in Cava de' Tirreni 4, ist in den anderen drei Handschriften aber enthalten. Wenngleich diese Hinweise keineswegs ausreichen, um die Entstehung von c. 7 eindeutig im Kontext der Rechtsreform 802/803 zu verorten, darf wohl behauptet werden, dass dies sowohl im handschriftlichen Überlieferungszusammenhang als auch inhaltlich durchaus plausibel ist.

Wie die beiden gerade besprochenen Texte behandelt auch das bereits erwähnte Capitulare Aquisgranense (BK 77) ein mit der Freilassung verbundenes Thema. In c. 6[597] wird festgelegt, dass jene, die durch urkundliche Bestätigung (*litterarum conscriptione*) freigelassen wurden, vom Fiskus beerbt werden sollen, wenn sie kein Testament hinterlassen haben. Die Bestimmung erinnert an die cc. 4–6 von BK 68, die ebenfalls den König als Erben von Freigelassenen erwähnen.[598] Hier eine chronologische Nähe zur Rechtsreform zu vermuten, wäre durchaus nachvollziehbar. Matthew Innes verweist in Zusammenhang mit den cc. 1–4, 13 und 18 auf inhaltliche Anknüpfungspunkte zur Rechtsreform.[599] Seit François Louis Ganshof das Kapitular über den Prolog in den Kontext der Reform von 802/803 datierte, galt dies als gesicherter Entstehungszeitpunkt.[600] Zuletzt konnte allerdings Steffen Patzold[601] plausibel machen, dass der von Bo-

---

593 Nr. 39 cc. 1–3, 4 und 7–11 (MGH Capit. 1), S. 113–114 bzw. Ansegis cc. 3,25–32 (MGH Capit. N. S. 1), S. 583–588.

594 Nr. 40 cc. 3–5, 10–11, 15, 17–18 und 21 (MGH Capit. 1), S. 115–116 bzw. Ansegis cc. 3,33–42 (MGH Capit. N. S. 1), S. 588–591.

595 Nr. 104 c. 7 (MGH Capit. 1), S. 215 bzw. Ansegis cc. 3,43 (MGH Capit. N. S. 1), S. 591–592.

596 Nr. 41 cc. 5–7 (MGH Capit. 1), S. 117–118 bzw. Ansegis cc. 3,44–46 (MGH Capit. N. S. 1), S. 593–594.

597 Nr. 77 c. 6 (MGH Capit. 1), S. 171: *De his qui a litterarum conscriptione ingenui fuerint, si sine traditione mortui fuerint, hereditas eorum ad opus nostrum recipiatur; nec comis nec vicarius illud sibi societ, sed ad opus nostrum revocetur. Similiter volumus ut banni nostri de illis unde censa exigunt, ut ipsa censa ad nostrum opus vel ubi nos iubemus veniant.*

598 Vgl. Grollmann, Stammesrecht, S. 328.

599 Vgl. Innes, Charlemagne, S. 191.

600 Vgl. Ganshof, Datierung, S. 62–66. Zustimmend auch: Davis, Practice of Empire, S. 357.

601 Vgl. Patzold, Capitulare Aquisgranense, S. 459–473.

retius dem Kapitular zugeschriebene Prolog wohl ursprünglich kein Teil des Erlasses war. Als Argument für eine Datierung auf 802/803 bleibt seitdem lediglich eine inhaltliche Nähe der Bestimmungen. Den Erlass allein aufgrund von inhaltlicher Nähe zu datieren, verbietet sich, sodass auch hier eine Verbindung zur Rechtsreform nur vermutet werden kann. Eine Entstehung vor 800 kann zudem nicht ausgeschlossen werden, da der Aussteller des Erlasses zwar im (unabhängigen) Prolog als *imperator*, in den Kapiteln hingegen als *rex* bezeichnet wird.[602]

Doch weshalb ist die Frage nach einer Datierung der drei behandelten Stücke überhaupt von Bedeutung? Bereits festgestellt wurde, dass im Kontext der Rechtsreform viele Fragen rund um den Themenkomplex der Freilassung und Schuldknechtschaft diskutiert und entsprechende Rechtspraktiken verschriftlicht und unklare Rechtssätze präzisiert wurden. Unter Bezugnahme auf die Erlasse Karls aus dem 8. Jahrhundert[603] ließe sich behaupten, dass Karl der Große sowohl im Rahmen seiner ersten Leges-Reform 789 als auch bei seiner zweiten 802/803 die Rechtslage der Freigelassenen intensiv behandelt hat, sodass eine gewisse Programmatik angenommen werden könnte, die allerdings 802/803 deutlich stärker ausgeprägt ist als 789. Diese bereits von Grollmann[604] angedeutete These einer ‚Freigelassenengesetzgebung' im Rahmen der Rechtsreformen ließe sich durch eine Entstehung eines oder mehrerer der drei behandelten, nicht genau zu datierenden Stücke in den Jahren 802/803 noch bestärken. Innovation im Sinne einer nennenswerten inhaltlichen Veränderung bestehender Rechtsprinzipien findet sich in den betrachteten Bestimmungen dennoch kaum.

Wenn als Grund für die Entstehung der ‚Freigelassenengesetze' die normative Anerkennung einer gewachsenen Bedeutung dieser Gruppe in der Gesellschaft des Frankenreichs angenommen wird, gilt es noch, nach einer möglichen Strategie zu fragen. Unabhängig davon, ob die drei zuletzt diskutierten Stücke 802/803 entstanden sind oder nicht, scheint eine solche Strategie durchaus feststellbar. Die betrachteten Erlasse verfolgen primär die Absicht, die Freigelassenen und Schuldknechte im fränkischen Rechtssystem zu verankern. Die Notwendigkeit für diese Intervention ergab sich dabei schlicht aus der mangelhaften Behandlung beider Gruppen im existierenden fränkischen Schriftrecht. Belegbar wird diese These unter Berücksichtigung der Bedeutung, die die Rechtssätze auf Aspekte wie den Freiheitsprozess und die Freilassungsurkunde, aber auch die rechtlichen Konsequenzen von Freilassung und Eintritt in ein Schuldknechtschaftsverhältnis legen.

602 Vgl. Nr. 77 cc. 7, 12 und öfter (MGH Capit. 1), S. 171. Dies stellt bereits fest: Patzold, Capitulare Aquisgranense, S. 459.

603 Vgl. Kapitel 2.3.2.

604 Vgl. Grollmann, Stammesrecht, S. 328–330.

2.3.4 Zwei Sonderfälle und das Ende der Reform des ‚Freigelassenenrechts'? (802/803–813)

Für die These von einer programmatischen Behandlung des ‚Freigelassenenrechts' 802/803 ließe sich zudem das Argument anführen, dass der Themenkomplex nach 803 nur noch sehr sporadisch Beachtung durch Karl den Großen fand, freilich eingeschränkt durch die unklare Datierung der zuletzt behandelten drei Stücke. Es lassen sich lediglich zwei Erlasse zu Freilassungen oder Freiheitsverlust sicher in die Zeit nach 803 datieren: Die Capitula cum primis constituta (BK 52)[605] von 808 (c. 2) und das Capitulare Bononiense von 811 (BK 74, c. 1).[606]

BK 52, ein zusammen mit den Großen des Reiches erlassenes Kapitular, ist das Resultat einer Beratung, dem eine Liste von zu besprechenden Themen zugrunde lag, von Boretius als Capitula cum primis conferenda (BK 51) bezeichnet.[607] Sieben der dreizehn sehr breit gefächerten Themen von BK 51 wurden als Einzelkapitel in BK 52 aufgenommen, wobei nur die Schwesterhandschriften Paris Lat. 9654 und Vatikan Pal. Lat. 582 den vollständigen Erlass überliefern.[608] Die beiden ebenfalls miteinander verwandten Handschriften München Lat. 3853 und Heiligenkreuz 217 kennen nur die cc. 1, 2 und 5. Beachtung findet BK 52 in der Forschung zumeist wegen der in c. 7 festgelegten Beschränkung der Münzprägestätten.[609] Es findet sich in c. 2 ein durchaus erwähnenswerter, weil kurioser Weg aus der Unfreiheit. Das Kapitel verbietet grundsätzlich, *latrones* ohne Gerichtsverfahren aufzuhängen. Zuwiderhandlungen werden streng bestraft.[610] Dieses Verbot gilt auch für den Fall, dass es sich bei dem Gefassten um einen *servus* handelt, wie die Bestimmung ergänzt, allerdings nur, wenn es sich um den Unfreien eines Dritten (*servus alterius*) handelt. Der Fall, dass der Unfreie durch das Hängen zu Tode kommt, hat zur Folge, dass dessen Besitzer das Wergeld des Unfreien zukommt; der Besitzer wird also für den Verlust seines

605 Nr. 52 c. 2 (MGH Capit. 1), S. 139–140.

606 Nr. 74 c. 1 (MGH Capit. 1), S. 166.

607 Nr. 51 (MGH Capit. 1), S. 138–139.

608 Die beiden ebenfalls miteinander verwandten Handschriften München Lat. 3853 und Heiligenkreuz 217 kennen lediglich die cc. 1, 2 und 5. Mehrfach verweist Mordek (Bibliotheca, S. 159, 171 und öfter) auf die Nähe zwischen beiden Handschriften. Umfangreicher dazu auch: Hansen, Rechtscorpora.

609 So etwa: Coupland, Charlemagne and his Coinage, S. 435; Strothmann, Karolingische Staatlichkeit, S. 428. Zu c. 1 und den Marken vgl.: Rentschler, Marken, S. 52, 77 und 960.

610 Nr. 52 c. 2 (MGH Capit. 1), S. 139: *De latronibus, ut melius distringantur. Et ut nullus hominem pendere praesumat nisi per iudicum. Si vero aliquis sine culpa penditus fuerit et ibi moritur, tunc ab eo qui eum sine iudico pendidit proximis parentibus sit compositus; et si ibi mortuus non fuerit sed vivens evaserit, tunc sibimet sit compositus et res et mancipia sua in fisco non cadant. De servis vero, si quis alterius servum absque iudicio et sine culpa pendiderit et ibi mortuus fuerit, weregildus eius domino solvatur: et si de ipsa morte evaserit, ipse ipsam liudem recipiat et liber postea permaneat.* Eine Einschränkung des Besitzrechts bzw. des Tötungsrechts am eigenen Unfreien kennt die Bestimmung also nicht.

Eigentums (großzügig) entschädigt.[611] Sollte der Unfreie allerdings überleben, so soll er selbst eine Entschädigung erhalten[612] und wird danach frei (*liber postea permaneat*). Dass in diesem Fall der Besitzer des Unfreien vollkommen unverschuldet seinen Unfreien verliert, ohne dafür entschädigt zu werden, scheint unwahrscheinlich.[613] Bemerkenswert ist an dieser Stelle auch, dass das Aufhängen des Freien *sine iudicio* bestraft wird, während es in Bezug auf den Unfreien *absque iudicio et sine culpa* heißt. Welche Bedeutung dieser Unterscheidung beigemessen werden darf, ist allerdings fraglich. Möglicherweise nimmt die Bestimmung damit indirekt auf c. 40,5 der Lex Salica Bezug. Dort wird festgelegt, dass Unfreie, die unter Folter ein schweres Verbrechen gestehen, dass von einem Freien mit 45 Solidi zu sühnen gewesen wäre, mit ihrem Leben bezahlen sollen.[614] Außer Frage steht jedoch, dass BK 52 c. 2 primär die Einhaltung der „regular iudicial procedure" anmahnt, selbst wenn der Täter „in the act" aufgegriffen worden ist.[615] Der Umstand, dass die Bestimmung auch das Hängen eines Unfreien behandelt, wird darauf zurückzuführen sein, dass dieses Vergehen nicht mit dem Aufhängen eines Freien gleichzusetzen war.

Einen weiteren Sonderfall, allerdings in Bezug auf die Schuldknechtschaft, behandelt das erste Kapitel von BK 74 (a. 811): Festgelegt wird zunächst, dass Freie, die einem Aufruf, sich dem Heer anzuschließen, nicht nachkommen, mit dem Königsbann von 60 Solidi zu bestrafen sind. Können sie diesen nicht aufbringen, sollen sie sich in die Schuldknechtschaft des *princeps* begeben, bis die Schuld beglichen ist.[616] Sollte die Person allerdings versterben, bevor noch offene Schulden beglichen sind, sollen deren Nachkommen weiterhin frei bleiben und

---

611 Der Umstand, dass es sich hier um den ersten bekannten Nachweis eines Unfreienwergelds im fränkischen Recht handelt, wird in Kapitel 3.3.4 ausführlicher behandelt. Dort finden sich auch Verweise auf die Behandlung von Tötungsdelikten an fremden Unfreien in verschiedenen *leges*. Zum Unfreienwergeld vgl. ebenfalls: Nehlsen, Sklavenrecht, S. 270. Brunner (Deutsche Rechtsgeschichte 1, S. 232 Anm. 8) verweist in diesem Zusammenhang auf einen Brief Einhards, der zwischen 828 und 840 verfasst worden ist (vgl. Einharti Epistolae Nr. 48 [MGH Epp. 5], S. 133–134) und eine Formel aus den 840er Jahren aus dem Reich Ludwigs des Deutschen (vgl. Collectio Pataviensis Nr. 2 [MGH Formulae], S. 457; zur Datierung und Lokalisierung der Sammlung vgl.: Rio, Formulae, S. 135–138). Ob es sich, wie Brunner annimmt, auch bei dem im Brief diskutierten Fall um ein Unfreienwergeld handelt, hängt davon ab, ob es sich bei dem *socius* der beiden erwähnten Unfreien Williramnus und Otbertus ebenfalls um einen Unfreien handelt. Dies scheint aufgrund der Benutzung des Begriffs *socius* allerdings wahrscheinlich. Vgl. Brunner, Deutsche Rechtsgeschichte 1, S. 220 Anm. 19. Die Existenz eines Unfreienwergelds in der Merowingerzeit lehnt Nehlsen (Sklavenrecht, S. 268–270) ab.

612 Unklar ist, ob diese hier als *liudis* bezeichnete Entschädigung die gleiche zuvor als Wergeld bezeichnete Summe meint oder eine geringere. Zur Verwendung von *liudis* bzw. *leudis* als Synonym für das Wergeld und als geringere Entschädigung vgl. Niermeyer, MLLM, S. 783.

613 Möglicherweise wurde der Besitzer des Unfreien ein Teil der oder gar die gesamte zu zahlende Summe zugesprochen, auch wenn die Bestimmung diesen Umstand nicht hergibt. Die Verletzung oder Tötung eines fremden Unfreien wird u. a. in c. 35 der Lex Salica (MGH LL nat. Germ. 4,1, S. 128–132) sanktioniert.

614 Vgl. Lex Salica c. 40,5 (MGH LL nat. Germ. 4,1), S. 148.

615 Ganshof, Impact, S. 147.

616 Die Schuldverknechtung durch die öffentliche Hand wird bereits in Nr. 20 (MGH Capit. 1, S. 46–51) und Nr. 26 (MGH Capit. 1, S. 68–70) als Strafmaßnahme eingeführt. Vgl. Kapitel 3.3.2.

nicht für die ausstehenden Schulden haften müssen.[617] Grundsätzlich betont BK 74 c. 1 erneut den nur temporären Charakter der Schuldknechtschaft. Darüber hinaus besteht eine ausschließlich persönliche Haftung, die nicht auf die Verwandtschaft übertragen werden sollte. Allerdings ist denkbar, dass diese rein persönliche Haftung nur auf den konkreten Fall des Capitulare Bononiense, die verweigerte Heeresfolge, zu beziehen ist und keine allgemeine Gültigkeit erlangen kann.[618]

Da sowohl BK 52 c. 8 als auch BK 74 c. 1 sehr spezifische ‚Sonderfälle' in Bezug auf das Erlangen der Freiheit (c. 8) beziehungsweise die Schuldknechtschaft (c. 1) behandeln, ist für die Zeit nach 803 keine systematische Auseinandersetzung mit dem ‚Freilassungs- und Freigelassenenrecht' mehr feststellbar. Dieser Umstand könnte als weiteres Argument vorgebracht werden, um zum einen eine ‚programmatische' Behandlung dieses Themas im Rahmen der Rechtsreform anzunehmen und zum anderen, um die drei undatierten Erlasse in eben diesem Kontext zu verorten. Allerdings besteht hier die Gefahr einer Zirkelschluss-Argumentation. Sollte einer dieser drei Erlasse doch aus der Zeit nach 803 stammen,[619] würde die Wahrscheinlichkeit, dass die beiden anderen aus demselben Kontext (der Rechtsreform von 802/803) stammen, reduziert und die vermutete ‚Freigelassenenpolitik' unwahrscheinlicher oder zumindest in ihrem Umfang reduziert. Betont werden muss abschließend zudem, dass die Behandlung von Veränderungen des Rechtsstatus und 802/803 nur ein Thema unter vielen darstellte.

2.4 Ludwig der Fromme

2.4.1 Die frühen Herrscherjahre bis zur Reform von 818/819 – Umkehr und Vermeidung von Unrecht?

Die 818/819 aus der ersten großen Reforminitiative Ludwigs des Frommen enstandenen Kapitularien behandeln eine Vielzahl verschiedener Themen. Wenig überraschend ist dementsprechend, dass beide für dieses Kapitel relevanten Themenfelder, der Gewinn der persönlichen Freiheit beziehungsweise die Freilassung und der (temporäre) Verlust der Freiheit beziehungsweise die Schuldknechtschaft, in Kapiteln der Texte von 818/819 berührt werden.

---

617 Nr. 74 c. 1 (MGH Capit. 1), S. 166. Das Kapitel findet sich auch bei Ansegis (c. 3,67 [MGH Capit. N. S. 1], S. 603).

618 Ein weiterer Fall, in dem die Haftung für von Verwandten begangene schwere Verbrechen ausgeschlossen wird, findet sich in einem Kapitular der Zeit Ludwigs des Frommen (nach 819). Es handelt sich um Nr. 12 c. 15 (MGH Capit. N. S. 4), S. 176–177: *Ut, qui hereditatem hominis suspendio mortui acceperint, capitali et dilatura solvere non cogantur.* Vgl. Mordek, Unbekannte Texte, S. 468.

619 Aufgrund ihres ungewöhnlichen Charakters bildet Nr. 58 (MGH Capit. 1, S. 145–146) eine Ausnahme.

Kapitel 6 des Capitulare ecclesiasticum (CNS 8) wird im Kontext der Ordination von Unfreien noch umfangreich diskutiert.[620] Da es allerdings nicht nur in Bezug auf dieses Thema, sondern auch für Freilassungen relevant ist, muss es hier erneut aufgegriffen werden. Das Kapitel bestimmt letztlich, dass *servi* keine kirchlichen Weihegrade erlangen sollen, bevor sie durch ihren Besitzer freigelassen worden sind.[621] Wurde ein Unfreier unrechtmäßig geweiht (etwa andernorts, nachdem er geflohen war), sollte die Weihe rückgängig gemacht werden. Dies konnte auch dann geschehen, wenn die eigene Unfreiheit aufgrund der Abstammung von einem unfreien Großvater oder Vater (*avus vel pater*) festgestellt werden konnte. Wie bereits betont, wird hier eindeutig das Besitzrecht des *dominus* über die Unumkehrbarkeit des Sakraments der Weihe gestellt. Durch die detaillierte Beschreibung der Freilassung in c. 6 wird deren Bedeutung betont: das Prozedere beginnt mit dem Verlesen einer kaiserlichen Urkunde in Anwesenheit der Gemeinde. Es darf wohl davon ausgegangen werden, dass die hier getroffenen Regelungen in Bezug auf Freilassungen auch jenseits des Kontextes der Ordination Geltungskraft beanspruchen konnten. Zweifellos ließe sich die isolierte Betrachtung des Kapitels so deuten, dass Ziel der Bestimmung sei, den Besitzern von Unfreien eine besonders günstige Verhandlungsposition einzuräumen. Selbst wenn ein Unfreier bereits kirchliche Weihen empfangen hatte, konnte der *dominus* seine Besitzrechte geltend machen. Die Betrachtung eines weiteren Kapitulars von 818/819 zeigt allerdings, dass dies nicht Ziel der Bestimmung gewesen sein kann.

Die cc. 1 und 2 des sogenannten Capitulare missorum (CNS 11) sehen die Freilassung in einer Weise, die nicht zu einer erleichterten Unterdrückung von Unfreien und Armen durch ‚die Großen' passt. Der von Boretius vergebene Kunsttitel und die Rubrik des Textes (*Haec sunt capitula praecipue ad legationem missorum nostrorum ob memoriae causam pertinentia…*)[622] geben dem Kapitular den

---

620 Vgl. u. a. Kapitel 6.4.

621 Nr. 8 c. 6 (MGH Capit. N. S. 4), S. 82–84: *De servorum vero ordinatione, qui passim ad gradus ecclesiasticos indiscrete promovebantur, placuit omnibus cum sacris canonibus concordari debere; et statutum est, ut nullus episcoporum deinceps eos ad sacros ordines promovere praesumat, nisi prius a dominis propriis libertatem consecuti fuerint. Et si quilibet servus dominum suum fugiens aut latitans aut adhibitis testibus munere conductis vel corruptis aut qualibet calliditate vel fraude ad gradus ecclesiasticos pervenerit, decretum est, ut deponatur et dominus eius eum recipiat. Si vero avus vel pater ab alia patria in aliam migrans in eadem provincia filium genuerit et ipse filius ibidem educatus et ad gradus ecclesiasticos promotus fuerit et, utrum servus sit, ignoraverit et postea veniens dominus illius legibus eum adquisiverit, sanccitum est, ut, si dominus eius illi libertatem dare voluerit, in gradu suo permaneat; si vero eum catena servitutis a castris dominicis extrahere voluerit, ut gradum amittat, quia iuxta sacros canones vilis persona manens sacerdotii dignitate fungi non potest. De ecclesiarum vero servis communi sententia decretum est, ut archiepiscopi per singulas provincias constituti nostram auctoritatem, suffraganei vero illorum exemplar illius penes se habeant. Et quandocumque de familia ecclesiae utilis inventus aliquis ordinandus est, in ambone ipsa auctoritas coram populo legatur, et coram sacerdotibus vel coram fidelibus laicis ante cornu altaris, sicut in nostra auctoritate continetur, remota qualibet calliditate, libertatem consequatur et tunc demum ad gradus ecclesiasticos promoveatur. Similiter quoque de his agendum est, quos laici de familia ecclesiarum ad sacros ordines promovere voluerint; sed et de his, quos praepositi canonicorum aut monachorum ordinandos expetiverint, eadem forma servanda est …*

622 Nr. 11 (MGH Capit. N. S. 4), S. 162–163.

Anschein einer bloßen Anweisung beziehungsweise Gedächtnisstütze an die Königsboten. Auch Shigeto Kikuchi betrachtet die „Kapitelliste“ als „Memorandum“. Er geht davon aus, dass „alle Missi, die nach dem Abschluss der Versammlung, wahrscheinlich im Frühjahr 819, ausgesendet wurden, auf ihrer Legation BK 138–141 [beziehungsweise CNS 8–11] als Dossier mit sich trugen, denn diese Dokumente erhalten [sic!] viele Querverweise“.[623] Karl Ubl stellt zwar in der Vorbemerkung der Neuedition des Erlasses fest, dass das Kapitular „einige Bestimmungen des Gesetzgebungspakets von 818/819“ enthält;[624] allerdings betont er zugleich, dass keine Bestimmungen von CNS 8 übernommen wurden. Dass von Kikuchi angenommene Dossier umfasste wohl lediglich BK 139–141 beziehungsweise CNS 9–11.[625] Ebenfalls von Ubl festgestellt wird, dass CNS 11 „bedeutend mehr“ enthält als Wiederholungen der beiden anderen Erlasse.[626] Enthalten sind zum Beispiel auch neue Bestimmungen, die das Vorgehen auf der Legationsreise präzisieren und den *missi* besondere Schwerpunkte einschärfen.[627] Zu diesen Schwerpunkten ist auch die Verfolgung von Amtsmissbrauch zu zählen, der unter anderem auch in den an dieser Stelle relevanten cc. 1 und 2 thematisiert wird.[628]

In c. 1 wird zunächst bestimmt, dass zu Unrecht entzogene Freiheitsrechte wiederhergestellt werden sollten.[629] Dies solle unabhängig davon geschehen, wer sich der unrechtmäßigen Unterdrückung schuldig gemacht habe. War es ein *comes vel actor dominicus vel alter missus palatinus*, so soll zudem eine gründliche Untersuchung mitsamt schriftlicher Dokumentation vorgenommen werden, die dann durch ein herrscherliches Urteil abgeschlossen werden sollte. Das anschließende c. 2 regelt dann detailliert den Ablauf solcher Untersuchungen: Zunächst solle eine Inquisition durch die *optimi* vorgenommen werden.[630] Falls

---

623 Kikuchi, Herrschaft, S. 150.

624 Vgl. Ubl in seiner Vorbemerkung zu Nr. 11 (MGH Capit. N. S. 4), S. 155.

625 Dieser Befund schlägt sich auch in der handschriftlichen Überlieferung nieder. Während „dieses Kapitular [Nr. 11] nie alleine, sondern immer gemeinsam mit Nr. 9 und Nr. 10 überliefert ist“ (ebd., S. 156), findet sich das Capitulare missorum in sieben (möglicherweise acht) von insgesamt 19 Handschriften, in denen das Capitulare ecclesiasticum nicht enthalten ist. Ob Paris nouv. acq. Lat. 204 als achte Handschrift hinzuzuzählen ist, ist aufgrund von Blattverlust nicht gesichert. Es fehlen am Ende der Handschrift einige Kapitel, zu denen „wohl die Capitula per se scribenda a. 818/819“ (Mordek, Bibliotheca, S. 621) zählten. Ob auch das Capitulare ecclesiasticum ursprünglich in der Handschrift enthalten war, ist unklar.

626 Vgl. Ubl in seiner Vorbemerkung zu Nr. 11 (MGH Capit. N. S. 4), S. 156.

627 Ebd.

628 Darüber hinaus findet sich diese Thematik auch in den cc. 19–21 und 23 von Nr. 11 (MGH Capit. N. S. 4, S. 168–169).

629 Ebd. c. 1, S. 273–274: *Primo ut, sicut iam aliis missis iniunctum fuit, iustitiam faciant de rebus et libertatibus iniuste ablatis et si episcopus aut abbas aut vicarius aut advocatus aut quislibet de plebe hoc fecisse inventus fuerit, statim restituatur. Si vero vel comes vel actor dominicus vel alter missus palatinus hoc perpetravit et in nostram potestatem redegit, res diligenter investigata et descripta ad nostrum iudicium reservetur.*

630 Ebd. c. 2 (MGH Capit. N. S. 4), S. 162–163: *Volumus autem, ut de his libertatibus et rebus reddendis, quae in nostra vestitura sunt, primo per optimos quosque inquiratur et si per illos inveniri non possit, tunc per eos, qui post illos in illa vicinia meliores sunt et si discordaverint, secundum constitutionem a nobis*

diese nicht zum Erfolg führt, soll eine Befragung jener folgen, die *in illa vicina meliores sunt.* Führt auch diese Befragung nicht zur Findung der Wahrheit, sollen die Streitparteien Zeugen vorbringen.

Während Ludwigs Initiative, unrechtmäßige Versklavungen zu verhindern erst 818/819 in einem Kapitular behandelt wird, ist durch verschiedene Quellen nachweisbar, dass bereits 814 und 815 *missi* entsandt wurden, um solche Fälle zu identifizieren und zu revidieren,[631] wie in der Forschung bereits mehrfach festgestellt werden konnte.[632] Ludwigs Versuche, unrechtmäßige Verknechtungen zu revidieren und zu verhindern waren wohl nicht unbegründet. Unter Karl dem Großen beziehungsweise zu Beginn von Ludwigs Herrschaft scheinen königliche Amtsträger ihren „prozessuale[n] Vorteil" beim Freiheitsprozess vermehrt ausgenutzt zu haben.[633] Dass CNS 11 cc. 1 und 2 keineswegs auf einen legislativen Kontext beschränkt blieben, sondern durchaus auch rechtspraktische Folgen nach sich zogen, zeigt sich in den Formulae imperiales.[634] Deutlich wird dieser Umstand auch in urkundlich belegten Prozessen, in denen die Freiheit des Angeklagten infrage steht.[635] Es lässt sich, insbesondere unter Rückbezug auf die Ergebnisse zu den Kapitularien Karls des Großen, in der Frühphase der Herrschaft Ludwigs des Frommen ein weiterer Aspekt im Zusammenhang mit dem Rechtsstatus feststellen, der für die Zeit Karls weniger gut greifbar ist. In BK 88 hatte Karl noch, wie Ludwig knapp ein halbes Jahrhundert später, jenen, die im Kontext der Eroberung des Langobardenreichs in Unfreiheit geraten waren, versprochen, dass sie ihren freien Rechtsstatus zurückerhalten sollten.[636] Spätestens gegen Ende von Karls Herrschaft, so entsteht der Eindruck, kam es zu zahlreichen Fällen, in denen Freie in die Unfreiheit gedrückt wurden. Dies

---

promulgatam examinentur. Genauer bestimmt, wer in diesem Fall befragt werden soll, wird durch das Kapitel freilich nicht. Karl Ubl (ebd., S. 163 Anm. 2) merkt diesbezüglich an, dass die „Inquisition in Fiskalsachen unter Ludwig dem Frommen" häufig verwendet wurde und verweist zudem auf: Ganshof, Réformes judiciaires, S. 423–425; Davis, Practice of Empire, S. 265; Mischke, Kapitularienrecht, S. 57–61.

631 Vgl. Annales regni Francorum a. 814 (MGH SS rer. Germ. 6), S. 141: … *ad iustitias faciendas et oppressiones popularium relevandas legatos in omnes regni sui partes dimisit.* Zur Rückgabe von Freiheit und Eigengütern vgl.: Chronicon Moissiacense a. 815 (MGH SS 1), S. 312 und Ermoldus Nigellus, Carmen in honorem Hludovici a. 824–847 (ed. Faral, S. 64–66). Thegan (Gesta Hludowici imperatoris c. 13 [MGH SS rer. Germ. 64], S. 194) erwähnt, „dass sich diese Maßnahmen gegen königliche Amtsträger richteten", wie bereits Ubl (Nr. 11 c. 2 [MGH Capit. N. S. 4], S. 162–163 Anm. 1) feststellt.

632 Vgl. u. a.: Schmitz, Kapitulariengesetzgebung S. 499–500; Boshof, Ludwig der Fromme, S. 110. Deutlich wird die Aktualität des Themas etwa bei Betrachtung eines Gedichts von Ermoldus Nigellus, in dem der Beginn der Herrschaft Ludwigs dargestellt wird. Ausführlich behandelt die Stelle: Ubl, Maurinus, S. 118–119.

633 Ubl, Maurinus, S. 117–118.

634 Vgl. Formulae imperiales u. a. Nr. 5, 9, 14 und 51 (MGH Formulae, S. 291, 293, 296 und 324–325). Auf die Formeln Nr. 5 und 9 verweist in diesem Zusammenhang: Geary, Judicial Violence, S. 86–87 mit Anm. 33 und 34. Nr. 9, 14 und 51 behandelt: Ubl, Maurinus, S. 119–120. Zu den Formulae imperiales allgemein sei erneut auf die Studie von Sarah Patt (Formulae imperiales) verwiesen.

635 Erneut verwiesen sei in diesem Zusammenhang auf: Ubl, Maurinus, insb. S. 116–124.

636 Vgl. Nr. 88 c. 1 (MGH Capit. 1), S. 187. Vgl. dazu auch Kapitel 2.3.2.

schlägt sich nicht nur in den oben genannten Quellen wie den Annales regni Francorum nieder, sondern auch in den bereits erwähnten Freiheitsprozessen. Alice Rio geht davon aus, dass Rechtsstatus und juristische Argumente bei solchen Freiheitsprozessen weniger bedeutend gewesen seien, als „the particular state of play of power relations in the here and now".[637] Karl Ubl hingegen plädiert dafür, den rechtlichen Argumenten in solchen Kontexten nicht jegliche Bedeutung abzusprechen.[638] Doch wie in den jeweiligen Prozessen geurteilt wurde, wird für Ludwig kaum von Interesse gewesen sein. Vielmehr scheint das Ziel Ludwigs die Rechtmäßigkeit der Verfahren bei solchen Freiheitsprozessen und die ‚Verhinderung von Unrecht' gewesen zu sein, die sich in der Entsendung der *missi*, den Formulae imperiales und in den Kapitularien von 818/819 manifestierten.

Während der unrechtmäßige Verlust der Freiheit beziehungsweise dessen Verhinderung in der Frühphase der Herrschaft Ludwigs des Frommen eine durchaus prominente Position einnimmt, kann dies über den rechtmäßigen Verlust der Freiheit in Form der Selbstverknechtung oder Schuldknechtschaft nicht behauptet werden. Gänzlich unerwähnt bleibt die Thematik allerdings nicht. Bereits angesprochen wurde, dass CNS 11 in enger Verbindung mit zwei Erlassen steht, die aus den Versammlungen 818/819 hervorgegangen sind: Den Capitula legibus addenda (CNS 9) und den Capitula per se scribenda (CNS 10).

Kapitel 2 von CNS 9[639] behandelt zunächst Verbrechen, die an Geistlichen in Kirchen begangen werden. Diese Verbrechen sollen, so legt es die Bestimmung fest, je nach Weihegrad des Geistlichen bestraft werden. Aufgrund der besonderen Schwere der Tat, die freilich dadurch entsteht, dass das Verbrechen in der Kirche begangen worden ist, sind diese Summen allerdings in dreifacher Höhe zu zahlen.[640] Hier werden verschiedene Kapitularien Karls des Großen aufgegriffen: Die Höhe des Wergelds für verschiedene Weihegrade wird in BK 39 c. 1 von 803 festgelegt und in Ludwigs Kapitular (CNS 9) vorausgesetzt;[641] die Entehrung von Kirchen (hier durch Körperverletzung innerhalb der Kirche) wird

637 Rio, Slavery after Rome, S. 209. Vgl. auch ebd., S. 198: „Legal status, in this context, was an ideal proxy through which to fight over minute differences in internal estate hierarchy and the distribution of duties".

638 Ubl, Maurinus, S. 123–124.

639 Nr. 9 (MGH Capit. N. S. 4), S. 118–139.

640 Ebd. c. 2, S. 120–121: *Sanguinis effusio in ecclesiis facta cum fuste, si presbiter fuerit, triplo conponatur: duas partes eidem presbitero, tertia pro fredo ad ecclesiam, insuper bannus noster. Similiter de diacono iuxta conpositionem eius in triplo cum banno nostro conponatur; de subdiacono similiter triplo secundum suam conpositionem, et de uniuscuiusque ordinis clerico secundum suam conpositionem triplum persolvatur et insuper bannus noster. Similiter et de ictu sine sanguinis effusione de uniuscuiusque ordinis clerico secundum suam conpositionem triplo et bannus noster …*

641 Nr. 39 c. 1 (MGH Capit. 1), S. 113: *De homicidiis clericorum. Si quis subdiaconum occiderit, CCC solidos componat; qui diaconum, CCCC; qui presbiterum, DC; qui episcopum, DCCCC solidos componat; qui monachum, CCCC solidis culpabilis iudicetur.* Vgl. dazu bereits die Anmerkung von Ubl (Nr. 9 c. 2 [MGH Capit. N. S. 4], S. 121 Anm. 14), der in diesem Zusammenhang auch auf einen Brief Karls des Großen an Pippin von Italien, in dem ebenfalls eine Verdreifachung des Wergeldes bei an Priestern begangenen Verbrechen erwähnt wird, verweist. Vgl. Nr. 103 (MGH Capit. 1), S. 212. Zur Verdreifachung des Wergelds allgemein vgl.: Bothe, Triplice Weregeldum.

bereits in c. 1 der Summula de bannis (BK 110) genannt.[642] Der hier relevante Aspekt von CNS 9 c. 2 findet sich am Ende der Bestimmung: *Et qui non habet, unde ad ecclesiam persolvat, tradat se in servitium eidem ecclesiae, usque dum totum debitum persolvat.*[643] Wie bereits mehrfach für frühere Kapitularien festgestellt, soll sich der insolvente Straftäter also in Schuldknechtschaft der geschädigten Partei – hier der Kirche – begeben.[644] Erneut knüpft das Kapitel also an bestehendes Recht an. Bemerkenswert ist in diesem Zusammenhang lediglich, dass es sich um den frühesten Fall handelt, in dem der Gläubiger weder eine Privatperson noch der Fiskus, sondern die Kirche ist. Die Tat wird offenbar nicht als Vergehen an der geschädigten Person, dem Geistlichen, sondern als Vergehen an der Kirche betrachtet, da es die Kirche ist, in deren *servitium* sich der insolvente Täter begeben muss.

2.4.2 Diskussionsbedarf nach der Reform: CNS 13 und CNS 15

Auch nach den Reformkapitularien von 818/819 scheinen Fragen um Rechtsstatuswechsel im herrscherlichen Umfeld weiterhin relevant geblieben zu sein; dennoch findet sich dieser weit gefasste Themenkomplex lediglich in einem Kapitel wieder, dass nach 819 entstand und Ludwig zugeschrieben werden kann.[645] Doch wie lassen sich diese beiden Feststellungen miteinander vereinbaren? Hier müssen wir unsere Aufmerksamkeit zwei Texten zuwenden, die wohl als ‚kapitulariennah' beschrieben werden dürfen: Die von Boretius als Capitula legi Salicae addita (CNS 15) bezeichneten Kapitel und die erstmals von Hubert Mordek edierten Capitula adhuc conferenda (CNS 13).[646] Beide Texte können weiterhin nicht genau datiert werden, in beiden Fällen scheint allerdings eine Entstehung mehr oder weniger kurz nach der Reform von 818/819 wahrscheinlich.[647]

---

642 Vgl. Nr. 110 c. 1 (MGH Capit. 1), S. 224. Auch dazu bereits Ubl (Nr. 9 c. 2 [MGH Capit. N. S. 4], S. 121 Anm. 13).

643 Ebd., S. 231–232.

644 Zu Schuldknechtschaft und Selbstverkäufen allgemein sei erneut verwiesen auf: Liebs, Sklaverei aus Not, insb. S. 310; Rio, Slavery after Rome, S. 48; dies., Self-sale.

645 Vgl. Nr. 56a (MGH Capit. N. S. 4), S. 740–741.

646 Vgl. Mordek, Unbekannte Texte, S. 450–468 mit Edition auf S. 469–470.

647 Zu Nr. 15 vgl. die umfangreiche Einleitung von Ubl (MGH Capit. N. S. 4, S. 195–199) sowie ders., Intentionen, S. 97. Faulkner (Law and Authority, S. 128) mahnt, „[to] date this text only to 818–40 rather than the more precise '819 or shortly after' proposed by Boretius." Seine Vorsicht scheint hier allerdings unbegründet. Für Nr. 13 vermutet Mordek (Unbekannte Texte, S. 456–457) einen Entstehungszusammenhang mit 818/819. Patzold (Ich und Karl, S. 115) folgt Mordek und geht von einer Entstehung kurz vor den Beratungen von 819 aus. Declercq (Capitula, S. 328–329) hingegen vermutet eine Entstehung in den Jahren nach 819 beziehungsweise zwischen 820 und 825. Ubl (Nr. 13 [MGH Capit. N. S. 4], S. 181) stimmt dem von Declercq angenommenen terminus post quem (820) zu, „weil die c. 1 und c. 14 die Aachener Gesetzgebung [von 818/819] voraussetzen". Da dieses Argument stichhaltig zu sein scheint, ist davon auszugehen, dass die Liste „nach 820" (ebd.) entstanden ist, wahrscheinlich aber nicht bedeutend später.

Zunächst sei CNS 13 betrachtet: Die insgesamt 18, inhaltlich sehr heterogenen Kapitel finden sich unikal „auf einem einzelnen Pergamentblatt (saec. IX 2/4, französisch) überliefert."[648] Mordek stellte bereits in dieser ersten Betrachtung des Textes fest, dass „die Überschrift *de his capitulis interrogandum est*" zweifellos belegt, dass es sich nicht um ein Kapitular im engeren Sinne handeln kann.[649] Er nahm stattdessen an, dass es sich um eine noch zu besprechende Vorstufe eines Kapitulars handelte. George Declercq äußerte allerdings Zweifel an dieser These und vermutete stattdessen, dass der Text entweder aus der Perspektive der Klostergemeinschaft St. Bavo formuliert sein könnte[650] oder aber (und dies hält er für wahrscheinlicher) eine von Einhard durch persönliche Anliegen ergänzte Überarbeitung einer am Hof Ludwigs in Vorbereitung einer Reichsversammlung entstandenen Liste darstellt.[651] Beiden widerspricht Karl Ubl: Er geht davon aus, dass es sich um „eine Sammlung unterschiedlicher Rechtsfragen handelt, die zum Teil von *iudices* des ribuarischen Rechts, zum Teil vom Kaiser oder von einer Reichsversammlung entschieden werden sollten. Damit könnte das Dokument der Vorbereitung einer Beratung von *iudices* gedient haben."[652] Einigkeit besteht also nur darin, dass die Liste nicht als endgültiger Herrschererlass zu verstehen ist.[653]

Inhaltlich sind zwei Punkte der Liste an dieser Stelle relevant: Diese beiden Kapitel fragen, wie in Fällen gehandelt werden soll, in denen Freigelassene der Kirche (c. 11)[654] oder *denariales* (c. 16),[655] also durch den König zur Vollfreiheit erhobene Personen, nicht als solche anerkannt werden, sondern von Dritten weiterhin als unfrei betrachtet werden.[656] Es ist wohl davon auszugehen, dass dem Autor der Liste „ganz konkrete Missstände vor Augen" waren, als er die

648 Mordek, Unbekannte Texte, S. 468. Der Inhalt der Kapitel findet sich zusammengefasst ebd. auf S. 450–462. Befand sich das besagte Pergamentblatt 1986 noch im Privatbesitz eines Sammlers in Düsseldorf (vgl. ebd.), ist es mittlerweile in der Handschriftenabteilung der Yale University.: New Haven, Yale University, The Beinecke Rare Book and Manuscript Library, MS 808. Zu Nr. 13 vgl. auch: Ders. Recently Discovered Capitulary Texts, S. 440–451.

649 Mordek, Bibliotheca, S. 1009.

650 Declercq, Capitula, S. 332.

651 Ebd., S. 333–334. Auch Patzold (Ich und Karl, S. 116) vermutet: „Es ist gut denkbar, wenn nicht wahrscheinlich, dass Einhard für den Text verantwortlich zeichnete".

652 So Ubl bezüglich Nr. 13 (MGH Capit. N. S. 4, S. 180).

653 Diese Einschätzung wird wohl auch Patzold teilen, der die Liste zwar als „Kapitular" (Ich und Karl, S. 115) bezeichnet, aber wohl schlicht ein breiteres Verständnis des Kapitularienbegriffs voraussetzt, da er den „Beratungs- und Diskussionsbedarf" (ebd.) der auf der Liste zu findenden Themen ebenfalls erwähnt.

654 Nr. 13 c. 11 (MGH Capit. N. S. 4), S. 182–183: *De libertis, qui ceram vel alium censum ad ecclesia solvunt et pro servis tenentur.* Zu den Wachszinsigen vgl.: Esders, Zensualität, S. 12 Anm. 3 mit umfangreichen Literaturangaben.

655 Nr. 13 c. 16 (MGH Capit. N. S. 4), S. 182–183: *De cartis denarialibus, quas quidam homines sicut alias cartas, quae coram comite factae sunt, frangere volunt.* Zu den *denariales* vgl. u. a. Maass, Freilassung durch Schatzwurf, S. 80–92.

656 Auch in den cc. 9, 12 und 15 der Liste (Nr. 13) werden Unfreie (cc. 9 und 12) bzw. Freigelassene (c. 15) erwähnt. Alle drei Kapitel sind allerdings für die in dieser Arbeit untersuchten Themenfelder nicht relevant.

Kapitel (und darüber hinaus auch die cc. 12, 14, 15, 17 und 18) verfasste.[657] Es scheint also, dass die Versuche Ludwigs des Frommen, unrechtmäßige Verknechtungen zu revidieren und zu verhindern, die für die Jahre 814–819 festgestellt werden konnten, nicht von unmittelbarem, flächendeckendem Erfolg gekrönt waren: Der Verfasser von CNS 13 berichtet schließlich, dass sogar Freigelassene der Kirche und des Königs weiterhin um die Anerkennung ihrer Freiheit ringen mussten. Wenngleich die in der Liste angedeuteten Missstände wohl entweder der Region des Klosters St. Bavo in Gent oder aber dem Gut Cologne bei Cambrai zuzuordnen sind,[658] darf wohl davon ausgegangen werden, als dass auch in anderen Teilen des Frankenreichs die Anerkennung von Freilassungen, selbst wenn die Freigelassenen wie im Fall von c. 16 eine entsprechende Urkunde vorweisen konnten, nicht selbstverständlich war. Dieser Umstand ist insofern bemerkenswert, dass hier eine Diskrepanz zwischen herrscherlich-gesetzgeberischem Anspruch und der gelebten Rechtspraxis des frühen 9. Jahrhunderts deutlich wird. Ob eine Freilassung vor Ort anerkannt worden ist, scheint auch 820 keineswegs garantiert gewesen zu sein. Die Vermutung, „legal status, in this context, was an ideal proxy through which to fight over minute differences in internal estate hierarchy and the distribution of duties",[659] findet sich hier bestätigt. Die Erlangung von Freiheit, der Nachweis der Freilassung durch eine Urkunde und die Anerkennung dieser Urkunde scheinen in der Tat individuell durchzusetzen gewesen zu sein. Ebenso eindeutig weisen cc. 11 und 16 allerdings auch nach, dass die Gesetze und der Gesetzgeber sowie auch der Verfasser von CNS 13 in diesen Verhandlungen keineswegs Unterdrückungsinstrument sind. Wie bereits Mordek feststellt, wird in den Capitula mit „aller Deutlichkeit [be]klagt", dass Freilassungen im Frankenreich nicht die gewünschte Anerkennung erlangten, was keineswegs „Ludwigs … Bemühen um den Schutz der Kirchen und der *minus potentes*" entsprach.[660] Es scheint, dass die in CNS 13 festgestellten Klagen durchaus nicht unberechtigt waren. Dass Freilassungen beziehungsweise der Prozess um vermeintliche Freilassungen nicht zwingend dem eigentlich vorgesehenen Verfahren folgten, legt zumindest eine weitere Quelle nahe; gemeint ist in diesem Fall CNS 15 c. 11.

CNS 15 „kommentiert eine Auswahl von Kapiteln der Lex Salica und prüft deren Gültigkeit. In der Rechtsgeschichte wird der Text daher als Weistum eingeordnet, da er keine rechtlichen Neuerungen vornimmt, sondern nur das geltende Gewohnheitsrecht aufzeichnet."[661] Es handelt sich dementsprechend wie

657 Nr. 13 (MGH Capit. N. S. 4), S. 180.

658 Vgl. die Ausführungen von Ubl zu Nr. 13 (MGH Capit. N. S. 4, S. 180).

659 Rio, Slavery after Rome, S. 198.

660 Mordek, Unbekannte Texte, S. 458–459.

661 Vgl. die Einleitung zu Nr. 15 (MGH Capit. N. S. 4, 195) von Ubl. Ähnlich bereits Geffcken, Lex Salica, S. 279–280 mit der einschlägigen älteren Literatur. Die Capitula werden in der jüngeren Forschung nur selten genauer betrachtet, sodass an dieser Stelle lediglich Faulkner (Law and Authority, insb. S. 127–133) und Ubl (Intentionen, S. 95–106) genannt werden kann, die sich umfangreich mit dem Text auseinandersetzen. Kapitel 3 und 8 werden aufgrund ihrer eherechtlichen Inhalte bisweilen in der entsprechenden Literatur angeführt, ohne dass die Capitula

CNS 13 nicht um einen Herrschererlass.[662] Vielmehr dürfte dieses Weistum auf einer Beratung von Rechtskundigen nach 819 enstanden sein, auf der die Konsequenzen der Erlasse von 818/819 für das fränkische Recht diskutiert wurden.[663] Bezüge von CNS 15 zu den Capitula legibus addenda (CNS 9) sind vielfach festzustellen,[664] sodass eine Entstehung nicht lange nach 818/819 zu vermuten ist. Während Unfreie auch in den cc. 3, 6 und 7 thematisiert werden, sind an dieser Stelle die c. 2 und das bereits erwähnte c. 11 von inhaltlicher Bedeutung.[665]

Kapitel 2 zufolge wurde von allen (*ab omnibus*) geurteilt, dass unrechtmäßige Freilassungen umgekehrt werden können, der zu Unrecht Freigelassene soll zurück in den Besitz seines rechtmäßigen Besitzers gebracht werden und nicht durch einen anderen Unfreien ersetzt werden können. Diese Regelung, so heißt es in c. 2, sei zu befolgen, obwohl einige eingewandt hatten, dass Freilassungen nicht umkehrbar seien.[666] Dieser Einwand ist möglicherweise auf die Lex Salica zurückzuführen, wenngleich diese nicht explizit im Kapitel erwähnt wird. Bereits hingewiesen wurde auf Lex Salica c. 26,1–2,[667] das unrechtmäßige Freilassungen behandelt. Obwohl nicht explizit gemacht, geht Ute Maass davon aus, dass die Lex Salica die Umkehrung von Freilassungen (durch Schatzwurf vor dem König) ausschließt, auch wenn diese unrechtmäßig vorgenommen worden

insgesamt aber eingeordnet bzw. problematisiert werden. So z. B.: Weber, Ein Gesetz, S. 60, 310 und 323; Esmyol, Geliebte, S. 182–183.

662 Vgl. Ubl, Intentionen, S. 98. Ubl spricht sich explizit gegen die Möglichkeit aus, es habe sich um ein Dokument in Vorbereitung eines Herrschererlasses gehandelt und sei später von Ludwig mit Gesetzeskraft versehen worden. Faulkner (Law and Authority, S. 132–133) geht wie Ubl davon aus, dass die Capitula nie Gesetzeskraft erlangten.

663 Uneinigkeit besteht darüber, ob Nr. 15 Ludwig dem Frommen vorgelegt werden sollten. Während Faulkner (Law and Authority, S. 128–130) sich gegen diese Möglichkeit ausspricht und eine ausschließlich lokale Relevanz des Textes annimmt, widerlegt Ubl (Intentionen, S. 102–103) diese Position.

664 Ubl, Intentionen, S. 104–105.

665 Kapitel 7 (MGH Capit. N. S. 4, S. 64–69), welches den Umgang mit Unfreien der Kirche und Unfreien auf Leihegut, die sich eines Tötungsdelikts schuldig gemacht haben, zum Thema hat, besitzt für die vorliegende Studie keine weitergehende Relevanz. Kapitel 6 (ebd.) greift eine Bestimmung Karls des Großen auf, wenn es heißt: *Iudicatum est ab omnibus, ut, si francus homo in servitio sponte sua se inplicaverit, … et, si filios vel filias, dum in sua fuit libertate, generavit, ipsi liberi permaneant.* Die Bestätigung, dass Kinder, deren Eltern zum Zeitpunkt ihrer Geburt frei waren und erst später in Unfreiheit gerieten, frei bleiben sollen, stellt hier allerdings nicht den Kern der Bestimmung, sondern lediglich eine Ergänzung dar. Zuvor wird festgelegt, dass Besitzungen, die an die Kirche oder irgenjemanden übergeben worden sind (*ecclesiae dei aut cuilibet legibus tradidit*), während der Schenkende frei war, auch dann im Besitz des Beschenkten bleiben, wenn sich der Schenkende später freiwillig in Unfreiheit begibt.

666 Nr. 15 c. 2 (MGH Capit. N. S. 4), S. 200–201: *De XI. capitulo legis Salice: Si quis servum alienum occiserit vel vendiderit vel ingenuum dimiserit, mille CCCC denarios, qui faciunt solidos XXXV, culpabilis iudicetur excepto capitale et dilatura. De hoc capitulo iudicatum est ab omnibus, ut, si ille servus, qui iniuste venditus vel ingenuus dimissus apparet, non alter pro eo in locum illius restituatur, quia dixerunt aliqui, quod idem servus, qui ingenuus dimissus fuerat, denuo ad servitium redire non debeat, sed pristino et domino et servitio restitutus fiat, iudicaverunt.*

667 Vgl. Lex Salica c. 26,1–2 (MGH LL nat. Germ. 4,1), S. 96–97.

waren.[668] Der Einwand in CNS 15 c. 2 zeigt, dass diese Position zumindest teilweise auch im frühen 9. Jahrhundert geteilt wurde. Wie oben erwähnt, wurde diese (mögliche) Interpretation der Lex Salica bereits in der Lex Ribuaria revidiert und war ohnehin nur auf den Sonderfall der Freilassung durch Schatzwurf begrenzt.[669] Auch Karl der Große hatte unrechtmäßige Freilassungen für revidierbar erklärt und somit der Lex Ribuaria und nicht der Lex Salica Vorrang gegeben.[670] Während das Kapitel in Bezug auf Freilassungen also wenig neue Erkenntnisse bietet, zeigt sich hier zum einen die auch unter Ludwig dem Frommen weiter bestehende Relevanz der Lex Salica[671] (einige Rechtskundige plädierten schließlich für die Befolgung der dort festgeschriebenen Regelung), und zum anderen, dass diese Regelungen durchaus an veränderten Umstände angepasst werden konnten.

CNS 15 c. 11 behandelt ein mit den cc. 11 und 16 von CNS 13 verwandtes Thema – in diesen wurde die durch eine Urkunde nachgewiesene Freilassung behandelt. CNS 15 c. 11 stellt nun fest, dass es gebräuchlich sei, dass ein *dominus* die Freilassungsurkunde eines seiner (vermeintlichen) *servi* für falsch erklären kann, sollte dieser nicht in der Lage sein, den Gewährsmann (*legitimus auctor*) der Urkunde vorzubringen.[672] Dieses Vorgehen bei Freiheitsprozessen ermöglichte es zweifellos nur allzu leicht, auch rechtmäßig Freigelassene zurück in die Unfreiheit zu drücken.[673]

Bemerkenswert ist, dass der Inhalt von c. 11 nur bedingt den älteren Bestimmungen des fränkischen Rechts entspricht: In BK 58 c. 7 aus der Zeit Karls des Großen war die Beweispflicht bezüglich der Authentizität von Freilassungsurkunden dem vermeintlichen Besitzer, in diesem Fall also dem Kläger, zugewiesen worden.[674] Auch ein weiteres Kapitel Karls (BK 104 c. 7) erwähnt den *legitimus auctor* der Urkunde zum Nachweis ihrer Echtheit. Allerdings ist Ubls Feststellung einer deutlichen Übereinstimmung dieses Kapitels mit CNS 15 c. 11 nur bedingt zuzustimmen.[675] Denn, wie auch Ubl bemerkt, werden in BK 104 c. 7 zwei weitere notwendige Schritte, die Stellung von Zeugen und ein Schriftvergleich, angeführt, bevor die Freilassungsurkunde als falsch eingestuft werden

---

668 Vgl. Maass, Freilassung durch Schatzwurf, S. 69.

669 Lex Ribuaria c. 60,2 (MGH LL nat. Germ. 3,2), S. 108. Vgl. Maass, Freilassung durch Schatzwurf, S. 82–83 mit Anm. 382.

670 Nr. 58 c. 3 (MGH Capit. 1), S. 145: *Continebatur quippe in tercio capitulo de his qui per falsos testes libertatem consecuntur, quid ex his facere deberes interrogasti. Nos vero ubique vobis praecipimus, ut nequaquam cum falso testimonio ullus se potuisset liberare de servitio; et si secundum legis ordinem se liberare potuerit, liber permaneat, si vero cum falsis testibus, nequaquam illi consentias.*

671 Vgl. Ubl, Sinnstiftungen, S. 98, 105 und öfter.

672 Nr. 15 c. 11 (MGH Capit. N. S. 4), S. 204–205: *Et hoc iudicaverunt, ut, si servus cartam ingenuitatis adtulerit, si servus eiusdem carte auctorem legitimum habere non potuerit, domino servi ipsam cartam falsare liceat.*

673 Vgl. Ubl, Maurinus, S. 118–119.

674 Vgl. Nr. 58 c. 7 (MGH Capit. 1), S. 145. Zur Bestrafung fälschlicherweise angezweifelter Freilassungsurkunden vgl.: Nr. 39 c. 7 (MGH Capit. 1), S. 114.

675 Vgl. die Anmerkung von Ubl zu Nr. 15 c. 11 (MGH Capit. N. S. 4, S. 204 Anm. 24).

darf.[676] Die Auslassung dieser beiden Schritte in der Darstellung von CNS 15 erleichtert die Anfechtung einer Freilassungsurkunde erheblich und verändert somit die Erfolgschancen bei Freilassungsprozessen zu Ungunsten der (vermeintlichen) Unfreien. Der Vergleich zwischen Gewohnheitsrecht beziehungsweise Weistum und Kapitulariengesetzgebung weist also in Bezug auf Freiheitsprozesse eine nicht unerhebliche Diskrepanz auf. Erneut bestätigt sich hier, was bereits bei der Betrachtung von CNS 13 festgestellt werden konnte: Auch eine rechtmäßige Freilassung garantierte dem Freigelassenen nicht zwingend ein Leben als Freier. Für die Anfechtung von Freiheitsurkunden scheint auch um 820 ein „prozessualer Vorteil" aufseiten der ‚Großen' existiert zu haben. Dieser Vorteil ist zumindest den „Rechtskundigen",[677] aus deren Beratungen die Capitula legi Salicae addita (CNS 15) entstanden, offenbar bekannt gewesen.

Der in den Kapitularien von 818/819 deutlich erkennbare Versuch, den Freiheitsprozess herrscherlicher Kontrolle zu unterwerfen, war zumindest unmittelbar danach nur teilweise erfolgreich – Freiheitsprozesse um 820 verliefen offenbar nur sehr bedingt nach den herrscherlich vorgesehenen Bedingungen. Freigelassene mussten weiterhin um die Anerkennung ihrer Freilassung fürchten, wie durch die Betrachtung von CNS 13 und 15 gezeigt werden konnte.

2.4.3 Veränderungen des Rechtsstatus unter Lothar I.

Veränderungen des Rechtsstatus sind, wie bereits erwähnt, in den Kapitularien Ludwigs, die nach 819 entstanden, kaum mehr von Bedeutung.[678] Allerdings finden sich unter den Kapitularien Lothars I., die ausschließlich für Italien erlassen wurden,[679] in diesem Kontext relevante Stücke.

Zunächst zu nennen sind an dieser Stelle einige Kapitel jener beiden Texte, die im Rahmen von Lothars erstem Italienaufenthalt 822/823 entstanden, das Capitulare Olonnense (CNS 19) und die Memoria Olonnae comitibus data (CNS 20).[680] Statuswechsel wird in besagten Kapiteln zwar ebenfalls erwähnt, darf allerdings als nur sekundärer Inhalt der Kapitel betrachtet werden, sodass eine erneute umfangreiche Analyse der Kapitel an dieser Stelle nicht notwendig ist. In den Kapiteln, die etwa Freiheitsverlust als Resultat von Ehebruch oder (nicht eintretende) Schuldknechtschaft behandeln, werden bereits bestehende Rechts-

---

676 Vgl. Nr. 104 c. 7 (MGH Capit. 1), S. 215.

677 Ubl, Intentionen, S. 106.

678 Eine Ausnahme könnte Nr. 56a (MGH Capit. N. S. 4, S. 740–741) bilden. Das Kapitel kann nicht genauer datiert werden, stammt aber möglicherweise von Ludwig dem Frommen. Vgl. Breternitz / Mischke, Notariat, S. 122–125.

679 Umfangreich zu den Kapitularien Lothars vgl. u. a.: Geiselhart, Kapitulariengesetzgebung. Zu Lothar I. allgemein sei erneut auf Schäpers (Lothar I.) verwiesen.

680 Vgl. u. a. die Einleitungen zu Nr. 19 und Nr. 20 (MGH Capit. N. S. 4, S. 230–239 und 245–253) von Stefan Esders sowie Geiselhart, Kapitulariengesetzgebung, S. 47–80; Schäpers, Lothar I., S. 121. Die an dieser Stelle ebenfalls relevanten cc. 3 und 4 des Capitulare Olonnense und cc. 1, 2 und 4 der Memoria werden in Hinblick auf ihre ehe- bzw. strafrechtliche Bedeutung noch betrachtet (vgl. Kapitel 3.4 und 5.4).

sätze bestätigt oder nuanciert, sodass vermutet werden darf, dass Lothar die jeweils gängige Rechtspraxis herrscherlich autorisierte.

Wie Patrick Breternitz und Britta Mischke jüngst zeigen konnten, verhält es sich mit c. 12 des sogenannten Hlotharii capitulare Papiense (CNS 51) ähnlich. Lothar bestimmt in dem Kapitel knapp: *Ut per XXX annos servus liber fieri non possit, si pater illius servus aut mater illius ancilla fuit; similiter et de aldionibus.*[681] Grundsätzlich wird mit dieser Bestimmung die im römischen und langobardischen Recht verankerte sogenannte 30-Jahres-Frist[682] außer Kraft gesetzt, die besagt, dass Unfreie ihre Freiheit ersitzen können, wenn ihr *dominus* nicht innerhalb dieses Zeitraums seine Besitzansprüche geltend machte.[683] Die Gültigkeit dieser Verjährungsfrist hatte noch Karl der Große in c. 8 des Capitulare Italicum (BK 98) für Unfreie von Römern und Langobarden bestätigt, während eine solche Frist, den jeweiligen Rechten entsprechend, für Franken, Alamannen und weitere *nationes* nicht gelten sollte.[684] Noch Mathias Geiselhart ging davon aus, dass cc. 12 und 13 „keine Parallelen" in der „erhaltenen Kapitulariengesetzgebung" hätten.[685] Breternitz und Mischke konnten allerdings plausibel machen, dass die Kapitel von CNS 51 allesamt – also auch die cc. 12 und 13 – auf Bestimmungen in bereits erlassenen Kapitularien Karls des Großen und Ludwigs des Frommen zurückgehen.[686] Als Vorlage für das hier relevante c. 12 wird das von Alfred Boretius unter den Einzelkapiteln der Capitula Italica Ludwigs des Frommen edierte c. 2 (CNS 56a) identifiziert.[687] Das Kapitel weicht in seiner Formulierung deutlich von CNS 51 c. 12 ab; einziger inhaltlicher Unterschied ist allerdings die Ausweitung der Regelung auf die *aldiones* in der Version Lothars, während sich das ältere Kapitel lediglich auf die *servi* bezieht. Abgesehen von dieser Ausweitung erlässt Lothar in Pavia also kein ‚neues Recht', sondern bestätigt wie bereits in Olonna unter geringfügiger Anpassung die Gültigkeit einer bereits bestehenden Regelung. Offen bleibt allerdings die Frage, wann die ursprüngliche Bestimmung, auf die sich Lothars Kapitular bezieht, entstanden ist. Breternitz und Mischke folgen in ihrer Zuschreibung der von Alfred Boretius

---

681 Nr. 51 c. 12 (MGH Capit. N. S. 4), S. 670–671.

682 Zur 30-Jahres-Frist vgl. u. a.: Levy, Law of Property, S. 184–190; Esders, Verjährungstitel, S. 61–62.

683 Die Ersitzung der eigenen Freiheit ist nach Kaser et al. (Römisches Privatrecht, S. 150) frühestens in spätklassischer Zeit möglich. Zur Ersitzung der Freiheit von *servi fugitivi, coloni* und anderen nicht-freien Gruppen nach 30 (für Männer) bzw. 20 (für Frauen) Jahren vgl. Voss, Grundsatz, S. 147–148 und S. 161 mit Anm. 204.

684 Nr. 98 c. 8 (MGH Capit. 1), S. 206. Vgl. dazu auch: Esders, Church, S. 32. Auf die Bestimmung verweist im Kontext von Lothars Kapitular auch Mischke in der Vorbemerkung zu Nr. 56a (MGH Capit. N. S. 4), S. 735–736.

685 Geiselhart, Kapitulariengesetzgebung, S. 194.

686 Vgl. Breternitz / Mischke, Notariat, S. 138. Dieser Umstand wird auch am Ende des Kapitulars (Nr. 51 [MGH Capit. N. S. 4], S. 672) explizit gemacht: *Placuit nobis, ut hec capitula, que exerpsimus de capitulis sancte memoriae avi nostri Karoli ac domni et genitoris nostri Hludouuici imperatoris, ab omnibus sancte dei ecclesię et nostris fidelibus in regno Italiae consistentibus pro lege teneantur et conserventur…*

687 Nr. 56a (MGH Capit. N. S. 4), S. 740–741: *Placuit nobis de illis hominibus, qui se liberos per triginta annos esse dicunt: Volumus adque instituimus, ut per hanc possessionem liberi non sint, nisi de ingenuo patre vel matre nati sint aut cartam libertatis ostendant.*

und gehen wie der Liber Papiensis von einer Entstehung unter Ludwig aus.[688] Wenngleich wahrscheinlich, sollte diese Zuschreibung allerdings nicht als gesichert betrachtet werden; eine Entstehung des Kapitels unter Karl kann weiterhin nicht ausgeschlossen werden. Unter Berücksichtigung des Umstands, dass sich unter den Kapitularien Ludwigs, die nach 818/819 entstanden sind, keine weiteren Fälle finden, in denen Veränderungen des Rechtsstatus behandelt werden, erscheint eine Entstehung von CNS 56a spätestens 818/819 wahrscheinlich. Letztlich bleibt diese Vermutung allerdings ebenso spekulativ wie die Zuschreibung an Ludwig den Frommen. In welchem Kontext Ludwig (oder Karl) die 30-Jahres-Frist außer Kraft setzen wollte, ist freilich nicht zu rekonstruieren. Denkbar wäre ein Zusammenhang mit der umfangreichen Behandlung von Statusveränderungen in den ersten Jahren von Ludwigs Herrschaft. Sollte das Kapitel tatsächlich in diesem zeitlichen Kontext entstanden sein, würde es einen weiteren Nachweis für das angenommene Hauptziel der Reform von 818/819 bieten. Die in diesem Zusammenhang entstandenen Kapitel, die sich mit der Veränderung von Rechtsstatus auseinandersetzen, sollten die gesetzliche Grundlage dafür schaffen. Freie sollten nicht unrechtmäßig ihre Freiheit verlieren, Unfreie nicht ohne Zustimmung ihres Besitzers die Freiheit erlangen.

Weshalb Lothar dieses Kapitel 832 in Pavia für Italien bestätigte, lässt sich zumindest vermuten: In Italien wird die Bestimmung von besonderer Bedeutung gewesen sein, da die Anteile der Bevölkerung (und wohl auch die Anteile der unfreien Bevölkerung), die nach langobardischem (oder römischem) Recht lebte oder im Besitz entsprechender Personen war, hier weit höher gewesen sein wird als nördlich der Alpen. Zweifellos war eine Regelung, die langobardisches Recht außer Kraft setzte,[689] in diesem regionalen Kontext weit häufiger relevant.

In Bezug auf die Veränderung des Rechtsstatus lässt sich also für die Kapitularien Lothars I. zusammenfassend festhalten, dass die Thematik letztlich nur im Zusammenhang mit der Bestätigung beziehungsweise Nuancierung bestehender Rechtssätze behandelt wird. Gemein haben die relevanten Kapitel, abgesehen von CNS 51 c. 12, dass die Veränderung des Rechtsstatus jeweils nicht primärer Gegenstand der Bestimmungen ist. Anders als im Zusammenhang der Reform seines Vaters 818/819 oder seines Großvaters 802/803 kann für Lothar beziehungsweise für Italien keine intensivere Auseinandersetzung mit diesem Themenkomplex festgestellt werden.

2.5 Zwischenfazit

Veränderungen des Rechtsstatus finden sich in den Kapitularien Pippins nur indirekt und am Rande behandelt: Lediglich im Zusammenhang mit der Ehe-

688 Vgl. Breternitz / Mischke, Notariat, S. 123: „Die Zuordnung [von c. 12] zu Ludwig dem Frommen ist also nicht eindeutig, aber doch sehr wahrscheinlich".

689 Die 30-Jahres-Frist findet sich in cc. 1 und 2 der Gesetze Grimoalds in Bezug auf Unfreie behandelt. Vgl. Leges a Grimowaldo additae cc. 1–2 (MGH LL 4), S. 92.

reform führen etwa Eheschließungen von Freigelassenen zur Notwendigkeit legislativer Klarstellungen.

Auch in den vor 800 entstandenen Kapitularien Karls des Großen begegnen uns Veränderungen des Rechtstatus eher selten. Zudem lässt sich feststellen, dass diese Fälle überwiegend in Ausnahmesituationen vorkommen. So ordnet Karl etwa in der Notitia Italica (BK 88) an, dass Selbstverknechtungen, die durch die Eroberung Italiens zustandekamen, rückgängig gemacht werden sollten.[690] 779 wird im Kontext mit einer Hungersnot auch erstmalig die Schuldknechtschaft als herrscherliches Strafinstrument eingeführt: Insolvente Freie haben sich an Pfandes statt den Agenten des Fiskus zu unterwerfen, vermeintlich bis die ausstehende Zahlung geleistet wurde.

Größere Bedeutung wird Freilassungen und Veränderungen des Rechtsstatus dann im Zuge der großen Rechtsreform von 802/803 beigemessen. Vermehrt finden sich in den Kapitularien dieser Jahre, bei denen es sich oftmals um Ergänzungen der Leges handelt, Bestimmungen, die Freilassungen und Freigelassene behandeln. Bereits Felix Grollmann vermutet, dass die (quantitative) Bedeutung der Freigelassenen in der Karolingerzeit deutlich angewachsen ist.[691] Es scheint daher durchaus wahrscheinlich, dass diese in ihrer Größe und Bedeutung neue Gruppe der Freigelassenen 802/803 im Rahmen einer ‚Freigelassenenpolitik' im fränkischen Recht verankert werden sollte. Festgelegt wird etwa das gerichtliche Prozedere bei Anfechtung einer Freilassungsurkunde.

Die frühen Jahre von Ludwigs Herrschaft scheinen, zumindest in Bezug auf Veränderungen des Rechtsstatus, von Versuchen geprägt gewesen zu sein, Freilassungen die notwendige Anerkennung zu verschaffen. Berichte über die Regierungszeit seines Vaters vermitteln den Eindruck, dass Unfreie, die ihre Freiheit rechtmäßig erhalten hatten, weiterhin als unfrei betrachtet wurden.[692] Im Kontext der Reform von 818/819 ist der Versuch festzustellen, den Freiheitsprozess der königlichen Autorität zu unterwerfen. Der Hintergrund dieser Initiative ist wohl nur sekundär, die *minus potentes* zu schützen, sondern vielmehr die Forderung nach Anerkennung der herrscherlichen Autorität in Gesetzgebung und Rechtsprechung: Wer nach geltendem Recht freigelassen wurde, sollte auch als Freigelassener anerkannt werden.

Nach dieser anfänglich intensiven rechtlichen Auseinandersetzung mit der Thematik verschwinden Freilassungen bemerkenswerterweise nahezu vollständig aus den Kapitularien Ludwigs. Dies ist allerdings wohl kaum darauf zurückzuführen, dass Freilassungen nach 818/819 flächendeckend Anerkennung fanden, wie die Capitula adhuc conferenda (CNS 13) nachweisen; zumindest in den Jahren unmittelbar nach dem Erlass der entsprechenden Kapitularien mussten Freigelassene auch weiterhin um die Anerkennung ihres Rechtsstatus fürchten.

---

690 Vgl. Nr. 88 c. 1 (MGH Capit. 1), S. 187.

691 Vgl. Grollmann, Stammesrecht, S. 329–330.

692 Vgl. Kapitel 2.4.1.

Dass Veränderungen des Rechtsstatus insbesondere im Kontext jener großen Reforminitiativen behandelt wurden, die sich umfangreich mit bereits bestehendem Recht auseinandersetzten, zeigt, vor welchem Hintergrund Karl der Große respektive Ludwig der Fromme diesen Themenkomplex aufgriffen: Ziel war weder 802/803 noch 818/819, Unfreien den Weg in die Freiheit oder den Großen die Unterdrückung der *minus potentes* zu erleichtern, sondern vielmehr Freilassungen, den Freiheitsprozess und dessen Anerkennung im fränkischen Recht zu verankern und unter herrscherliche Autorität zu bringen.

3. Unfreie und Strafe

Patrick Geary stellte 2008 fest, dass das Strafrecht der Karolingerzeit von der Forschung wenig beachtet wird. Er konstatiert zudem, dass diejenigen Forschungsbeiträge, die sich diesem Thema widmen, zumeist die praktische Umsetzung von strafrechtlichen Bestimmungen beziehungsweise deren Ausbleiben behandeln.[693]

Seitdem sind mit Maximilian McCombs Studie „Strategies of Correction: Corporal Punishment in the Carolingian Empire 742–900" und Alice Rios „Corporal Punishment at Work in the Early Middle Ages: The Frankish Kingdoms (Sixth through Tenth Centuries)" zwei wichtige Forschungsbeiträge erschienen, die auch die herrscherlichen Strategien des Strafens untersuchen und die Bestrafung von Unfreien analysieren.[694] Festgestellt wird von beiden das überwiegende Fortbestehen eines Bestrafungssystems, in dem die Form der Strafe vom Rechtsstatus des zu Bestrafenden abhängig war: Nach dem Schriftrecht zahlten Freie grundsätzlich eine Kompensationssumme, Unfreie sahen sich körperlicher Züchtigung ausgesetzt.[695] Rio geht davon aus, dass Körperstrafen auf einer privaten Ebene, beispielsweise in Bezug auf einen *dominus*, der seinen *servus* zur Strafe auspeitscht, in der Karolingerzeit „less meaningful" geworden waren als im römischen Reich oder unter den Merowingern.[696] Die Bedeutung des hoheitlichen Strafens zur Demonstration und Durchsetzung der eigenen Macht und Legitimität steht auch für sie allerdings nicht infrage, wenngleich von einem hoheitlichen Strafmonopol im karolingischen Recht keine Rede sein kann.[697]

Vor dem Hintergrund eines Schriftrechtssystems, in dem Rechtstatus zumindest theoretisch von großer Bedeutung war, gilt es an dieser Stelle, die Unfreiheit betreffenden Strafbestimmungen der karolingischen Kapitularien genauer zu untersuchen und so die Strategien beziehungsweise ‚Politik' der Verfasser dieser Texte in Bezug auf die Bestrafung von Unfreien herauszuarbeiten.

---

693 Vgl. Geary, Judicial Violence, S. 82.

694 Auch in in einem von Jürgen Weitzel herausgegebenen Band (Hoheitliches Strafen) finden sich einige gewinnbringende Beiträge zu verschiedenen Aspekten des karolingischen Strafrechts, Unfreiheit ist in diesen allerdings kaum von Bedeutung. Hervorzuheben sind an dieser Stelle insb. die Beiträge: Huck, Beobachtungen; Meyer, Freunde; Weikmann, Hoheitliche Strafbestimmungen.

695 Vgl. McComb, Strategies of Correction, insb. S. 163; Rio, Corporal Punishment, S. 89. Beide betonen in diesem Zusammenhang aber auch, dass diese Theorie nur die Extrempunkte eines vermeintlich dichotomen Bestrafungssystems abbildet. Rio (ebd.) hält fest: „While slaves could definitely be beaten, then, and high-status males definitely could not be, between these two poles of clarity, everyone had to find out for themselves where they fitted in."

696 Ebd., S. 91.

697 Vgl. ebd., S. 90; McComb, Strategies of Correction, S. 214.

3.1 Unfreie und Strafe im vorkarolingischen Frankenreich

Im folgenden Abschnitt sollen zunächst rechtliche Bestrafungsmechanismen im vorkarolingischen Frankenreich kurz umrissen werden. Bevor die Ahndung von Unrecht im Zusammenhang mit Unfreiheit im vorkarolingischen Recht des Frankenreichs betrachtet werden kann, muss zunächst die der Lex Salica zugrunde liegende Logik des Bestrafens thematisiert werden. Grundsätzlich kann für die Lex Salica von einem auf finanzieller Kompensation der geschädigten Partei(en) basierenden Bestrafungssystem gesprochen werden. Die Summe der zu leistenden Kompensation variierte je nach Tatbestand beziehungsweise Schwere der Tat; auch „schwere Unrechtstaten wie die Tötung eines freien Menschen … [wurden] mit einer Geldbuße belegt."[698]

Die Forschung scheint sich insofern einig, dass diese kompensatorische Grundlage des Strafens im merowingischen Frankenreich auf einen kaum ausgeprägten, oder zumindest kaum durchsetzbaren, öffentlichen Strafanspruch zurückzuführen sei.[699] Für diese These spricht auch der Umstand, dass die Lex Salica nahezu ausschließlich Konflikte zwischen privaten Parteien regelt.[700] Wer Unrecht erfuhr, konnte sich in (partieller) Abwesenheit entsprechender staatlicher Strukturen nicht an eine politische Gewalt wenden, sondern musste auf Selbsthilfe beziehungsweise Hilfe vonseiten der eigenen sozialen Gruppe zurückgreifen.[701] Mithilfe von Bußbestimmungen versuchten die Verfasser der Lex Salica, Konflikte innerhalb der fränkischen Gesellschaft auf privater Ebene durch gewaltsame Auseinandersetzungen, sogenannte Fehden,[702] zu verhindern, indem die geschädigten Parteien finanzielle Kompensation erhielten und der

---

698 Nehlsen, Entstehung, S. 5.

699 Vgl. dazu u. a.: Esders, Eliten, S. 261–262; Huck, Beobachtungen, S. 191–193; Weikmann, Hoheitliche Strafbestimmungen, S. 153. Zur Entstehung der Lex Salica unter den Merowingerkönigen vgl.: Ubl, Sinnstiftungen, S. 99–135.

700 Neben Anliegen zwischen Privatleuten finden sich mit cc. 48 (*de falso testimonio*), 49 (*de testibus*), 51 (*si quis grafionem <iniuste> ad res alienas tollendas inuitauerit*), 53 (*de manu ad idium redemenda*), 56 (*de eo qui ad mallum uenire contemnit*), 57 (*de rachinburgiis*) auch einige verfahrensrechtliche bzw. in c. 50 (*de fides factas*) und c. 52 (*de re prestita*) vertragsrechtliche Bestimmungen. Die angeführten cc. finden sich in: Lex Salica (MGH LL nat. Germ 4,1), S. 186–217.

701 Ob bei jeder Kompensationszahlung mit dem sogenannten *fredus* eine zusätzliche Zahlung an die öffentliche Gewalt bzw. den König oder dessen Vertreter zu leisten war, wie Nehlsen (Entstehung, S. 6) vermutet, oder ob dies nur bei bestimmten Straftaten der Fall war (vgl. Schumann, Fredus, Sp. 1713–1714), kann an dieser Stelle nicht abschließend geklärt werden. Eva Schumann merkt an, dass der *fredus* nur in wenigen Bestimmungen explizit gemacht wird. Der Umstand, dass in der Lex Salica darauf hingewiesen wird, dass der *fredus* nicht erforderlich sei, wenn der Täter jünger als zwölf Jahre war (Lex Salica c. 24,7 [MGH LL nat. Germ. 4,1], S. 92), könnte als impliziter Hinweis für eine allgemeine Anwendung bei älteren Straftätern betrachtet werden. Von einer allgemeinen Gültigkeit des *fredus* scheint auch Esders (Eliten, S. 268) auszugehen.

702 Zur Fehde und ihrer Bedeutung im merowingischen Frankenreich vgl. u. a.: Meyer, Freunde, S. 211–266; Wallace-Hadrill, Long-Haired Kings, S. 121–147. Zur Fehde als eine Option zur Rechtsdurchsetzung vgl.: Dilcher, Zwangsgewalt, S. 128–137. Der Aufsatz von Gerhard Dilcher widmet dem frühmittelalterlichen Frankenreich allerdints nur wenig Beachtung.

Konflikt somit friedlich beigelegt werden konnte. Inwiefern dieses Prinzip tatsächlich Fehden verhinderte beziehungsweise effektiv durchgesetzt wurde, kann auf Grundlage der Quellen ebensowenig beantwortet werden, wie die Frage, ob die Androhung von Strafzahlungen eine präventiv abschreckende Wirkung hatte.[703] Allerdings ist wohl kaum davon auszugehen, dass ohne die zumindest theoretisch bestehende Gefahr der Gewaltausübung durch Fehde die Zahlung eines Bußgelds erfolgt wäre. Gewalt oder deren implizite Androhung diente also in Kombination mit Bußgeldzahlungen zur langfristigen Wahrung des Friedens innerhalb der fränkisch-merowingischen Gesellschaft.[704] Allerdings geht Paul Fouracre davon aus, dass, anders als es die narrativen Quellen vermuten lassen, gewaltsame Auseinandersetzungen zur Konfliktbewältigung im Frankenreich der Merowinger Ausnahmen und nicht die Regel darstellten.[705] Das Zutreffen dieser These würde dem Bußsystem der Lex Salica also eine gewisse Wirkmächtigkeit attestieren.

Nicht abschließend zu klären ist, wie nach fränkischem Recht mit zahlungsunfähigen Straftätern umzugehen war. Besprochen findet sich dieser Fall beispielsweise in c. 58 der Lex Salica.[706] Der dort erörterte Fall sieht vor, dass zunächst nahe Verwandte zur Zahlung herangezogen werden können.[707] Sollte die fällige Bußsumme weiterhin nicht erreicht sein, legt c. 58,6 fest: ... *Et si eum in conpositione nullus ad fidem tulerit, hoc est ad eum redemat de <hoc>, quod non persolsit, <tunc> de sua uita conponat.*[708] Katherine Fischer-Drew vermutet, dass die Formulierung *de sua vita conponat* den Übergang des Straftäters in die Schuldknechtschaft der geschädigten Partei meint.[709] Vorsichtiger äußert sich Alice Rio. Ihr zufolge sind Straftäter bei Zahlungsunfähigkeit an die geschädigte Partei zu übergeben, womit sie wohl andeutet, dass Tötung oder Verknechtung des Straftäters ihrer Ansicht nach im Ermessen der Geschädigten lag.[710] Ein mögliches Argument gegen diese Deutungen der Formulierung *de sua vita conponat*

---

703 Vgl. Fouracre, Violence, S. 71–72.

704 Vgl. ebd.; Miriam Tveit (Legal Transmission, S. 232) stellt kurz, aber zutreffend fest: „If there was no threat of vengeance, people would not pay the fines".

705 Vgl. insb. Fouracre, Placita, S. 23–43. Ähnlich, wenngleich ohne den Bezug zu narrativen Quellen, auch: Wallace-Hadrill, Long-Haired Kings, S. 124–126.

706 Lex Salica c. 58 (MGH LL nat. Germ. 4,1), S. 218–221.

707 Vgl. ebd., c. 58,2–5, S. 218–220.

708 Ebd., c. 58,6, S. 221.

709 Fischer-Drew, Laws, S. 122; dies., Another look, S. 810–812.

710 Rio, Penal Enslavement, S. 83 Anm. 8: „The expectation of family participation is also clear from Chilperic's edict, which orders the man who cannot pay and whose family is unwilling to help to be handed over to the victim". Vgl. dazu auch Nr. 4 c. 8 (MGH Capit. 1), S. 9–10: *Et si homo malus fuerat qui male facit et si res non habet unde sua mala facta conponat, legibus consecutus super illum nihilhominus graphio ad legem que antea auditus est invita eligitur, et auferat per tres mallus ante rachymburgiis, ut eum, si voluerint, parentes aut de suis rebus redimant, aut se sciant, si noluerint in quarto mallo, nobis presentibus veniant: nos ordinamus, cui malum fecit tradatur in manu et faciant exinde quod voluerint.* Beyerle (Chilperich, S. 36 Anm. 74) geht hingegen davon aus, dass es sich bei besagtem Kapitel um eine Änderung der zuvor geltenden Rechtspraxis, nach der den insolventen Straftäter die Todesstrafe ereilte, bedeutete. Beyerles Deutung folgt auch: Liebs, Sklaverei aus Not, S. 294 Anm. 52. Offen lässt diese Frage: Friedland, Seeing Justice Done, S. 31.

könnte in c. 13,7–9 zu finden sein. Zunächst heißt es in c. 13,7: *Si uero puer regis <fuerit> uel letus <qui> ingenuam feminam traxerit, de uita conponat.* Unmittelbar daran anschließend wird dann in c. 13,8 festgelegt: *Si uero ingenua puella [ali] quemcumque de illis sua uoluntate secuta fuerit, ingenuitatem suam perdat.* Und in c. 13,9 wird angefügt: *<Ingenuus si ancilla aliena prisserit similiter paciatur>.*[711] Es ist kaum vorstellbar, dass in allen drei Bestimmungen faktisch die gleiche Strafe – nämlich der Verlust der Freiheit – angedacht war, wenn dieser Umstand in c. 13,8–9 unmissverständlich hervorgehoben wird, während in c. 13,7 eine eindeutig anders lautende Formulierung genutzt wird. Folglich sollte eher angenommen werden, dass Schuldknechtschaft als pragmatischer Lösungsansatz, um die Todesstrafe zu vermeiden, durchaus vorstellbar ist und möglicherweise auch Anwendung fand. Dass dieses Vorgehen im Frankenreich tatsächlicher Bestandteil der gesellschaftlichen Praxis war, kann anhand verschiedener Formelsammlungen gezeigt werden.[712] Definitiv nachweisbar ist die Verknechtung von insolventen Straftätern auch im bairischen und im langobardischen Recht.[713]

Dass in der Lex Salica geregelte Prinzip der Konfliktbewältigung durch finanzielle Kompensation galt allerdings nur für Freie. Unfreie Täter wurden in Form von physischer Bestrafung zur Rechenschaft gezogen, wobei es ihnen beziehungsweise ihren Herren teilweise gestattet war, diese Form der Bestrafung ebenfalls durch finanzielle Kompensation zu ersetzen. Diese grundsätzliche Unterscheidung nach Rechtsstatus bei der Bestrafung ist tendenziell auch im römischen Recht des Frühmittelalters festzustellen und spiegelt Hermann Nehlsen zufolge die gängige Rechtspraxis im Gallien des 6. Jahrhunderts wider.[714] Nehlsen vertritt die Auffassung, dass sich die rechtliche Unterscheidung je nach Status im Frankenreich erst zu Beginn des 6. Jahrhunderts etablierte. Zuvor wäre es „für die Bußfälligkeit und die Höhe der Buße ohne Bedeutung [gewesen], ob der *dominus* selbst oder einer seiner Sklaven die Tat begangen hat. Stets haftet[e] der Herr für die volle *compositio* …".[715] Während die eventuellen Entwicklungsschritte vor dem 6. Jahrhundert an dieser Stelle nicht weiterverfolgt werden können, ist festzuhalten, „daß die Franken bereits in der ersten Hälfte des 6. Jh. zwischen freien und unfreien Tätern unterschieden haben".[716]

Als Bestimmungen, die diesen Umstand exemplarisch belegen, können in diesem Zusammenhang die cc. 12,1–2 und 40 der Lex Salica angeführt werden. In c. 12,1–2 wird festgelegt, dass Unfreie, die des Diebstahls überführt worden sind, je nach Wert der entwendeten Güter mit 120 Hieben (bei einem Wert von zwei

711 Lex Salica c. 13,7–9 (MGH LL nat. Germ. 4,1), S. 61–62.

712 Vgl. Liebs, Sklaverei aus Not, S. 301–309.

713 Vgl. Lex Baiwariorum c. 1,10 (MGH LL nat. Germ. 5,2), S. 281–282; Liutprandi Leges c. 121 (MGH LL 4), S. 158–159. Zur Versklavung insolventer Straftäter im römischen Recht vgl. Liebs, Sklaverei aus Not, S. 291–294; Kaser, Das römische Zivilprozessrecht, S. 142–143.

714 Vgl. Nehlsen, Sklavenrecht, S. 322. Dort wird exemplarisch auf eine Bestimmung der Lex Romana Burgundionum (c. 19,2–3, MGH LL nat. Germ 2,1, S. 143) verwiesen, die die Bestrafung der Vergewaltigung einer *ancilla* je nach Rechtsstatus des Täters regelt. Zu entsprechenden Bestimmungen der Lex Romana Visigothorum vgl.: Nehlsen, Sklavenrecht, S. 203–218.

715 Nehlsen, Aktualität, S. 6 und umfangreicher: ders., Sklavenrecht, S. 319–328.

716 Ebd., S. 326.

Denaren in c. 12,1) oder Kastration (bei einem Wert von vier Denaren in c. 12,2) zu bestrafen sind. Alternativ konnte die körperliche Bestrafung durch Zahlung von 120 in ersterem beziehungsweise 240 Denaren in letzterem Fall abgewendet werden.[717] In c. 40 wird festgelegt, dass ein Unfreier, der eines Diebstahls überführt wird, für den ein Freier mit 15 Solidi hätte büßen müssen, stattdessen 120 Hiebe erhalten solle oder – falls sein Herr zustimmt und der Unfreie selber frühzeitig geständig ist – eine Bußzahlung von drei Solidi zu leisten sei.[718] Zur Frage, ob die Zustimmung der geschädigten Partei grundsätzlich nötig war, um die Körperstrafe durch eine Kompensationszahlung abzulösen, enthält die Lex Salica keine Informationen, sodass davon auszugehen ist, dass diese Entscheidung dem Unfreien selbst oder wahrscheinlicher dessen Besitzer zukam. Schwerwiegendere Vergehen vonseiten des Unfreien wurden mit Kastration oder gar der Todesstrafe geahndet.[719] Während die Ablösung der Kastration gegen Zahlung von sechs Solidi noch möglich war, ist bei drohender Todesstrafe „von einer Lösungsmöglichkeit nicht die Rede".[720]

Eine verpflichtende beziehungsweise vollständige Noxalhaftung für die Vergehen seiner Unfreien bestand für den Herrn nach der Lex Salica nicht (oder

717 Lex Salica c. 12,1–2 (MGH LL nat. Germ. 4,1), S. 58: 1. *Si quis seruus <de>foris casa, quod ualet duo denarii, furauerit et ei fuerit adprobatum, mallobergo falcono sunt, excepto capitale et dilatura <aut> CXX flagellus <extentus> accipiat aut CXX denarios qui faciunt solidus III <pro dorsum suum> reddat.* 2. *Si uero, quod ualet XL denarii, furauerit, aut castretur aut CCXL denarios qui faciunt solidos VI reddat. Dominus uero serui [eius], qui furtum fecit, capitale <et dilatura> in locum restituat.* Nehlsen (Sklavenrecht, S. 270) behauptet in diesem Zusammenhang: „Von einer partiellen Vermögensfähigkeit des Sklaven, wie wir sie im jüngeren westgotischen Recht kennengelernt haben, fehlt in der Lex Salica und den merowingischen Kapitularien jede Spur." Er verweist auf Lex Salica c. 26,2 (MGH LL nat. Germ. 4,1), S. 97. Dort heißt es am Ende der Bestimmung: … *Res uero ipsius serui proprius dominus recipiat.* Nehlsens Meinung zufolge beziehen sich die hier erwähnten *res* auf Land und Zubehör, die ein Herr seinem Unfreien zur Verfügung stellte. Diese Eingrenzung der *res uero ipsius serui* geht allerdings aus c. 26,2 nicht hervor. Auch Nehlsens Anmerkung bezüglich des Abschlusses von Geschäften von Unfreien die *nesciente domino* (ebd., c. 27,33, S. 109) handeln, scheint wenig überzeugend. Nehlsen (Sklavenrecht, S. 270) scheint diese Formulierung als Nachweis für eine grundsätzliche Geschäftsunfähigkeit zu deuten. Möglicherweise impliziert die Formulierung, der Unfreie dürfe nicht *nesciente domino* handeln, aber der Geschäftsabschluss bei Mitwissen des Herrn war durchaus möglich und gestattet.

718 Vgl. Lex Salica c. 40,1–2 (MGH LL nat. Germ. 4,1), S. 145–147.

719 Vgl. Lex Salica c. 40,4–5 (MGH LL nat. Germ. 4,1), S. 146–147. Vgl. dazu knapp auch Brunner / von Schwerin, Deutsche Rechtsgeschichte 2, S. 784–785.

720 Nehlsen, Sklavenrecht, S. 317–318. Nehlsen verweist in diesem Zusammenhang auf Lex Salica c. 40,4–5 (MGH LL nat. Germ. 4,1), S. 146–149. Allerdings geht Nehlsen in einem später verfassten Aufsatz davon aus, dass die Möglichkeit der Ablösung auch in solchen Fällen bestand, aber aus ökonomischen Gesichtspunkten wohl die Ausnahme bildete (vgl. Nehlsen, Aktualität, S. 7). Gegen diese neuere Annahme Nehlsens spricht c. 40,9 der Lex Salica. Dort heißt es recht unmissverständlich in Bezug auf Taten die ein Freier mit mehr als 45 Solidi zu sühnen hatte: *Quod si <etiam> adhuc maior culpa fuerit, quod <ad> seruum requiratur, dominus serui non ut seruus sed ut ingenuus <hoc admisit> totam legem super se soluiturum excipiat* (Lex Salica c. 40,9 [MGH LL nat. Germ. 4,1], S. 151).

nicht mehr).[721] Allerdings bestand für ihn (weiterhin) die Verpflichtung, den entstandenen Vermögensschaden zu kompensieren[722] – und zwar unabhängig davon, ob der Unfreie körperlich bestraft oder eine Bußsumme gezahlt wurde. Eine Ausnahme bilden diesbezüglich Vergehen, die mit der Todesstrafe belegt werden. In diesen Fällen wird eine Schadensersatzpflicht des Herrn nicht genannt.[723] Betont wird allerdings in verschiedenen merowingischen Rechtstexten, dass Herren Verantwortung dafür trügen, ihre Unfreien vor Gericht zu präsentieren, wenn diese einer Straftat bezichtigt wurden. Kamen die Herren dieser Verantwortung nicht nach, so ging die Haftung beziehungsweise die Verpflichtung zur Kompensation für die (vermeintliche) Straftat auf sie über.[724]

Zur Feststellung von Schuld beziehungsweise Unschuld eines beschuldigten Unfreien wurde dieser einer peinlichen Befragung unterzogen.[725] Erneut lässt sich in diesem Zusammenhang eine Unterscheidung der Schuldfeststellung je nach Rechtsstatus erkennen. Während die Schuld oder Unschuld von Unfreien grundsätzlich durch Folter festgestellt wurde, konnten Freie ihre Unschuld durch Eid nachweisen. Ihre Glaubwürdigkeit musste durch Eidhelfer nachgewiesen werden, wobei die Anzahl der notwendigen Eidhelfer variierte.[726] Die nachweisliche Falschaussage unter Eid wurde sowohl für den Beschuldigten als

---

721 Damit unterscheidet sich das fränkische maßgeblich vom römischen Recht. Die Noxalhaftung greift bei Vergehen von Gewaltunterworfenen (wie etwa Unfreien) und stellt deren „Gewalthaber vor die Wahl, den Täter dem Verletzten auszuliefern (noxae deditio) oder die Deliktsbuße zu bezahlen, als hätte er selbst das Delikt begangen“ (Kaser et al., Römisches Privatrecht, S. 361). Zur Noxalhaftung bei Unfreien im römischen Recht vgl. auch: Nehlsen, Sklavenrecht, S. 68–86.

722 Vgl. Lex Salica c. 40,2 und 4 (MGH LL nat. Germ. 4,1), S. 146–147.

723 Vgl. dazu auch Nehlsen, Sklavenrecht, S. 320. Erneut verwiesen sei in diesem Zusammenhang auf Lex Salica c. 12,1–2. Vgl. S. 154 Anm. 837.

724 Vgl. dazu: Pactus pro tenore pacis domnorum Childeberti et Chlotarii regum (c. 82,1 und c. 88 [MGH LL nat. Germ. 4,1], S. 251–252); Edictus domni Chilperici regis pro tenore pacis (ebd., c. 113, S. 262) und Incipit decretus Childeberto rege (ebd., c. 3,3, S. 268). Die Fristen, wenn überhaupt konkret erwähnt, nach denen die Unfreien jeweils durch ihre Herren vor Gericht gebracht werden mussten, variieren in den verschiedenen Bestimmungen. Die letztgenannte Bestimmung Childeberts II. legt fest, dass die zu leistende Kompensationszahlung nicht in Abhängigkeit vom Vergehen zu berechnen ist, sondern sich nach dem Wergeld bemisst (*et quicumque seruum criminosum habuerit et, cum iudex ipsum rogauerit, praesentare noluerit, suo uurigeldo omnino conponat*). Des Weiteren haftet der Herr eines Unfreien nach Edictus domni Chilperici regis pro tenore pacis (c. 121 [MGH LL nat. Germ. 4,1], S. 264), wenn dieser einen Mord an einem Unfreien eines anderen beging. Diese Bestimmung ist insbesondere deshalb bemerkenswert, weil sie keine Bestrafung des Unfreien enthält. Die Bestimmung weicht damit deutlich von Lex Salica c. 35,1 (MGH LL nat. Germ. 4,1, S. 128–129) ab, die bei gleichem Tatbestand festlegt: *Si quis seruus seruum occiderit <aut ancillam> sibi similem <et ei fuerit adprobatum>, mallobergo theole(o)di, theolodinia hoc est, homicida illum domini inter se diuidant.*

725 Vgl. dazu u. a.: Bartlett, Trial by Fire, S. 4–5; Fischer-Drew, Laws, S. 34–35; Geary, Judicial Violence, S. 85–86; McComb, Strategies of Correction, S. 25.

726 Vgl. dazu: Capitula legi Salicae addita, c. 73 (MGH LL nat. Germ. 4,1), S. 242–247. Das Kapitel zeigt zum einen, dass die Anzahl der notwendigen Eidhelfer mit zunehmender Kompensationszahlung größer wurde, zum anderen, dass auch der Kläger Eidhelfer stellen musste, wenngleich nur halb so viele wie der Beschuldigte. Zu Ersterem vgl. auch: Fischer-Drew, Laws, S. 34.

auch für seine Eidhelfer mit einer Kompensationszahlung sanktioniert.[727] Allerdings kennt die Lex Salica mit der Kesselprobe auch eine Form der peinlichen Befragung in Form eines Gottesurteils für Freie. Katherine Fischer-Drew vermutet, dass die Kesselprobe nur bei schwereren Vergehen Anwendung fand.[728]

Da sowohl die peinliche Befragung durch einen *iudex* durchgeführt als auch die Bestrafung zumindest unter Aufsicht der öffentlichen Gewalt vollzogen wurde, darf an dieser Stelle vorsichtig von „Elemente[n] eines öffentlichen Strafrechts"[729] im Merowingerreich gesprochen werden. In Bezug auf (solvente) freie Straftäter findet sich die nichtablösbare Todesstrafe erstmalig in einem aus dem Jahr 596 stammenden Dekret Childeberts II.[730] In der Lex Salica ist diese, wie bereits angesprochen, nur bei insolventen Freien vorgesehen.[731] Die grundsätzliche Unterscheidung der Bestrafung von Freien und Unfreien behält allerdings auch dieser Erlass bei.[732]

Im Folgenden gilt es nun, sich den (vermeintlich) von Unfreien oder unter deren Mitwirkung begangenen Straftaten zu widmen. Über diese hinaus sind an dieser Stelle grundsätzlich auch an Unfreien begangene Vergehen von Bedeu-

727 Vgl. Lex Salica c. 48 (MGH LL nat. Germ. 4,1), S. 186–187.

728 Vgl. Fischer-Drew, Laws, S. 34. Die Frage nach den genauen Anwendungsfällen der Kesselprobe lässt sich anhand der Lex Salica nicht abschließend beantworten. Lex Salica c. 53 (MGH LL nat. Germ. 4,1, S. 200–203) zeigt allerdings, dass eine zunächst festgesetzte Kesselprobe mit Zustimmung (der geschädigten Partei oder der Richter?) gegen eine Zahlung in einen Eid umgewandelt werden konnte, sodass der Beschuldigte seine Unschuld mithilfe von Eidhelfern nachweisen konnte. Die zu zahlende Summe zur Abänderung des Verfahrens variierte je nach Schwere der vermeintlichen Tat.

729 Nehlsen, Aktualität, S. 7.

730 Incipit decretus Childeberto rege c. 1,2 (MGH LL nat. Germ. 4,1), S. 267: … *Uxorem patris si quis acciperit, mortis periculum incurrat.* Über weitere inzestuöse Verbindungen sollen die Bischöfe entscheiden. Vgl. dazu auch: Nehlsen, Strafrecht, S. 8. Die Todesstrafe gegen Freie findet sich ab dem 7. Jahrhundert auch im westgotischen und langobardischen Recht. Für das westgotische Recht vgl. Lex Visigothorum c. 6,5.14 und 6,5.17 (MGH LL nat. Germ. 1), S. 280 bzw. 282–283; implizit auch c. 6,5.15 (S. 281): *Cum ceterorum criminum reos penas semper oporteat excipere, quas merentur, nefas esse putandum est, homicidas umquam indemnes relinquere, quos severiori magis condecet atrocitate puniri.* Zu den unter Chindsavinth entstandenen Gesetzen äußert sich auch Nehlsen (Aktualität, S. 13–14). Für das langobardische Recht vgl. u. a.: Edictus Rothari cc. 1 und 3–5 (MGH LL 4), S. 13. Über die Todesstrafe hinaus wurden in cc. 1, 3 und 4 seine Besitztümer konfisziert. In c. 5 wird dem Täter die Ablösung der Todesstrafe gegen die Zahlung von 900 Solidi ermöglicht. Während die Prügelstrafe gegen Freie dem langobardischen Recht ebenso unbekannt ist wie der Lex Salica und den merowingischen Kapitularien, werden diese im westgotischen Recht im Verlauf des 7. Jahrhunderts eingeführt. Vgl. Nehlsen, Aktualität, S. 13–14. Nehlsen verweist exemplarisch auf Lex Visigothorum c. 3,4.17 (MGH LL nat. Germ. 1, S. 157) und c. 6,2.4 (ebd., S. 259). Ursprünglich basieren beide Rechtssysteme aber – wie das fränkische – auf Kompensationszahlungen.

731 Vgl. dazu Nehlsen, Aktualität, S. 7.

732 So wird in diesem Dekret an anderer Stelle die Sonntagsarbeit verboten und stellt sie – je nach Rechtsstand – unter entsprechende Strafe. Für Unfreie wird eine Zahlung von drei Solidi oder aber eine körperliche Züchtigung festgelegt. Vgl. Decretus Childeberti c. 3,7 (MGH LL nat. Germ. 4,1), S. 269: *De die dominico similiter placuit obseruari, ut si quis<cumque> ingenuus, excepto quod ad coquendum uel ad manducandum pertinet, alia opera <seruile> in die dominico facere praesumpserit, … Seruus uero aut III solidos reddat aut de dorsum suum conponat.*

tung. Ebenso müsste theoretisch zwischen Vergehen beider Arten in häuslichem und öffentlichem Rahmen unterschieden werden. Fälle im häuslichen Rahmen – so viel sei in aller Kürze festgehalten – behandelt die Lex Salica allerdings nicht.[733] Einschränkungen des Herrenrechts kennt die Lex Salica insgesamt nicht,[734] sodass wohl angenommen werden kann, dass das Ausmaß einer Bestrafung uneingeschränkt der Willkür des entsprechenden Besitzers unterlag.[735]

Es bleibt also, jene Bestimmungen des fränkischen Rechts zu betrachten, die Vergehen an Unfreien behandeln, und die von Tätern begangen wurden, die nicht dem gleichen Haushalt angehörten wie der Unfreie selbst. Grundsätzlich ist in diesem Zusammenhang wenig überraschend festzustellen, dass Unfreie in den Bußbestimmungen der Lex Salica nicht als geschädigte Personen genannt werden. Vielmehr können sie wie andere mobile Güter etwa beschädigt beziehungsweise verletzt oder gestohlen werden.[736] Der für den Besitzer entstandene Wertverlust seines Eigentums musste durch eine entsprechende Zahlung kompensiert werden.[737] Der Umstand, dass es sich bei Vergehen gegen Unfreie rechtlich um die Beschädigung von Eigentum handelt, zeigt sich etwa in Lex Salica c. 35,4.[738] Dort wird bestimmt, dass der, der einen Unfreien eines anderen schlägt, sodass dieser mehr als vierzig Tage nicht arbeiten kann, eine Zahlung von einem Solidus und einem Triens zu leisten hat. Diese Summe ist als Kompensation für die ausgefallene Arbeitskraft des Unfreien zu verstehen, ohne dass genauer differenziert wird. Zumindest bei Tötung eines Unfreien konnte die anfallende Bußzahlung abhängig von dessen Qualifikation[739] (und von dessen

733 Vgl. Rio, Slavery after Rome, S. 232.

734 Diesen Umstand stellt bereits Nehlsen (Sklavenrecht, S. 272) fest. Rio (Corporal Punishment, S. 78–79) weist in diesem Zusammenhang allerdings darauf hin, dass übertriebene bzw. ungerechtfertigte Gewalt gegenüber Unfreien bereits in der Merowingerzeit negativ konotiert war.

735 Diesbezüglich einschränkend angemerkt werden muss allerdings, dass die Lex Salica nicht die gesamte Breite des fränkischen Rechts abbildete. Im römischen Recht finden sich Einschränkungen des Herrenrechts bezüglich der Bestrafung von Unfreien durchaus. So weisen etwa die Gaii Institutiones (I,53, ed. David, S. 10) ausdrücklich darauf hin, dass die grundlose Tötung des eigenen Sklaven ebenso geahndet wird wie die Tötung eines fremden Sklaven (*... nam ex constitutione imperatoris Antonini qui sine causa servum suum occiderit, non minus teneri iubetur, quam qui alienum servum occiderit*). An dieser Stelle wird auch festgelegt, dass Besitzer von Sklaven zu deren Verkauf gezwungen werden können, wenn sie allzu grausam mit ihnen verfahren. Vgl. dazu: Kaser et al., Römisches Privatrecht, S. 92 und Robinson, Penal Practice, S. 180 Anm. 3. Robinson verweist über Gaius I,53 hinaus auch auf zwei ähnliche Bestimmungen des späteren römischen Rechts (Cod. Theod. 9,12.1 [ed. Mommsen, S. 455] und Cod. Iust. 9,14.1 [ed. Krüger, S. 833–834]), welche die Tötung von eigenen Sklaven untersagen. Dieser Schutz bedeutet freilich keinesfalls, dass physische Gewalt von Herren gegenüber ihren Sklaven im römischen Recht grundsätzlich nicht zulässig war (vgl. Robinson, Penal Practice, S. 180).

736 Vgl. Nehlsen, Sklavenrecht, S. 266.

737 Vgl. ebd. und Fischer-Drew, Laws, S. 47.

738 Vgl. Lex Salica c. 35,4 (MGH LL nat. Germ. 4,1), S. 130: *Si quis seruum alienum batterit et ei super noctes XL opera sua tricauerit, mallobergo daudinario, solidum I et triante I culpabilis iudicetur.*

739 Vgl. Lex Salica c. 10,3 und 6 (MGH LL nat. Germ. 4,1), S. 52–55. Kapitel 10,3 legt zunächst die Summe von 35 Solidi für Diebstahl, Tötung, Freilassung oder Verkauf des Unfreien eines Dritten fest. Kapitel 6 kennt eine Strafe von 70 bzw. 72 Solidi für die gleichen Vergehen aus c. 10,3 an weiblichen Unfreien (mit einem Wert von 15 oder gar 25 Solidi) oder männlichen Unfreien, die

Besitzer)[740] variieren, sodass an dieser Stelle zumindest eine gewisse Differenzierung vorgenommen wurde.[741]

Insgesamt ist für die Lex Salica festzustellen, dass die Bestrafung von Unfreien zusätzlich und in Abgrenzung zur Bestrafung freier Täter formuliert wird. Gründe für diese systematische Unterscheidung nennt die Lex Salica nicht.[742] Der Rechtsstatus der involvierten Parteien beeinflusste die strafrechtlichen Bestimmungen maßgeblich. Dennoch darf wohl nicht von einem gesonderten Unfreienstrafrecht gesprochen werden. Vielmehr bedurften die Bestimmungen der Lex Salica einer Nuancierung, wenn Unfreie an Unrechtstaten beteiligt waren, da sie weder als Täter noch als Geschädigte in das übliche Raster der Kompensationslogik passten.

3.2 Unfreienstrafrecht unter Pippin dem Jüngeren und Karlmann

Bereits vor Pippins Königswerdung lässt sich eine wichtige rechtliche Veränderung im Bestrafungssystem des Frankenreichs feststellen: Auf dem Concilium Germanicum erließ Karlmann 742[743] gemeinsam mit den Bischöfen (unter Führung des Bonifatius) Bestimmungen, hinter denen nicht mehr nur eine kirchliche, sondern auch eine weltliche Autorität stand.[744] Die Beschlüsse des Konzils behandeln zwar ausschließlich kirchliche Themen (und insbesondere die Lebensweise des Klerus), in c. 6 findet sich allerdings ein für das fränkische Recht bemerkenswertes Novum: Einer bestimmten Gruppe von Freien, die bezeich-

---

bestimmte Tätigkeiten ausführen (und somit ebenfalls den Wert von 25 Solidi erreichen). Zu diesen Gruppen zählen u. a. Schweinehirten (*porcarii*) und Winzer (*vinitores*). Bereits Karl August Eckhardt (Lex Salica [MGH LL nat. Germ. 4,1], S. 53 Anm. 2–2) verwies in diesem Zusammenhang auf eine vergleichbare Differenzierung in der Lex Romana Burgundionum c. 10,1–5 (MGH LL nat. Germ. 2,1, S. 50–51).

740 Eine höhere Strafsumme von 100 Solidi für die Tötung eines *puer regis* oder eines Freigelassenen (des Königs?) kennt eine Bestimmung Chilperichs I. Vgl. Edictus domni Chilperici regis pro tenore pacis, c. 117,1 (MGH LL nat. Germ. 4,1), S. 263.

741 Die zunächst von Arnold Erhardt (Rechtsvergleichende Studien, S. 98–102) aufgestellte Vermutung, dass die Bußgelder für Unfreie im ursprünglichen fränkischen Recht zunächst am Wergeld orientiert waren und erst durch römischrechtliche Einflüsse an die von Nutztieren angepasst wurden, kann Nehlsen (Sklavenrecht, S. 266–270) überzeugend widerlegen. Nebeneinander als Diebstahlobjekt genannt werden Unfreie und Nutztiere in: Lex Salica c. 10,1 (MGH LL nat. Germ. 4,1, S. 51) und ebd. c. 47,1 (S. 182–183).

742 Eine offensichtlich erscheinende Erklärung ist das wohl oftmals fehlende Kapital dieser Gruppe. Zahlungsfähigkeit, die, wie bereits angedeutet, selbst bei Freien keineswegs garantiert war, wird bei Unfreien wohl kaum der Regelfall gewesen sein, wenngleich nicht davon auszugehen ist, dass Unfreie grundsätzlich kein Vermögen besaßen.

743 Die Versammlung fand im Reichsteil Karlmanns statt und erhielt auch nur für diesen Gesetzeskraft. Vgl. Hartmann, Synoden, S. 50–53 und früher bereits Schieffer, Winfrid-Bonifatius, S. 207–214.

744 Vgl. Hartmann, Synoden, S. 52–53.

nenderweise als *servi Dei* beziehungsweise *ancillae Christi* bezeichnet werden, wird körperliche Bestrafung angedroht.[745] Nach Abigail Firey lässt sich die Idee, körperliche Bestrafung an Geistlichen zu vollziehen, auf Bonifatius zurückführen. Dieser vertrat Firey zufolge die Auffassung, dass Züchtigung als eine Art unfreiwillige Buße betrachtet werden könne, die zur Besserung des (geistlichen) Individuums und dementsprechend zur Verbesserung der Kirche im Frankenreich führe.[746]

744 traten auch Pippin und seine Bischöfe in Soissons zusammen. Die Androhung physischer Gewalt zur Bestrafung von Geistlichen findet sich in den Beschlüssen der Versammlung allerdings nicht, wenngleich offensichtlich ist, dass die Teilnehmer des Konzils in Soissons die Inhalte des Concilium Germanicum kannten und berücksichtigten.[747] Vage wird in Bezug auf Geistliche und ihrer Lebensweise festgehalten: *... et omnes clerici fornicationem non faciant.*[748] Wilfried Hartmann sieht in den Beschlüssen von Soissons eine „praktikablere Form"[749] der Beschlüsse des Concilium Germanicum; die körperliche Bestrafung des Klerus scheint von Pippin und seinen Bischöfen als nicht praktikabel bewertet worden zu sein. Die rechtlich fixierte körperliche Bestrafung einer grundsätzlich freien Bevölkerungsgruppe, den Geistlichen, setzte sich in der Hausmeierzeit also nicht durch. Die strikte Trennung der Bestrafungsmethoden nach Rechtsstatus, die bereits in der Lex Salica enthalten war, blieb bestehen.

Dies gilt auch für die Zeit unmittelbar nach Pippins Königswerdung: Im ersten Kapitel seines Königskapitulars wird, im Zuge von Pippins Reform des Eherechts, das Schließen einer inzestuösen Ehe mit Konfiskation bestraft. Freie Personen, die Inzestuöse aufnehmen, werden mit dem Königsbann von 60 Solidi belegt. Sind diese Freien nicht zahlungsfähig, sind sie so lange *in carcere* zu nehmen, bis eine entsprechende Zahlung geleistet wird. Unfreie und Freigelassene sind mit Schlägen zu bestrafen, wobei ihr Herr, falls die Verbindung nicht gelöst wird beziehungsweise der Wiederholungsfall eintritt, den Königsbann

745 Concilium Germanicum c. 6 (MGH Conc. 2,1), S. 4: *Statuimus similiter, ..., ut, servorum Dei vel ancillarum Christi in crimen fornicationis lapsus fuerit, quod in carcere poenitentiam faciat in pane et aqua et, si ordinatus presbiter fuisset, duos annos in carcere permaneat et antea flagellatus et scorciatus videatur, et post episcopus videatur...* Die besondere Härte der Bestimmung stellt auch Hartmann (Synoden, S. 52) fest: „Die Reinheit der Lebensweise der Geistlichen wollte Bonifatius mit bis dahin unerhörten Mitteln erzwingen ...". Die Bestimmungen des Concilium Germanicum wurden im folgenden Jahr (743) in Les Estinnes für Karlmanns Reichsteil wiederholt. Vgl. Concilium Liftinense c. 1 (MGH Conc. 2,1), S. 6–7.

746 Vgl. Firey, Contrite Heart, S. 132–135 und ihr folgend McComb, Strategies of Correction, S. 48–49.

747 Vgl. Hartmann, Synoden, S. 56.

748 Concilium Suessionense c. 3 (MGH Conc. 2,1), S. 34. Anders allerdings als in den Beschlüssen der Konzile in Karlmanns Reichsteil werden in Soissons auch die Laien, wenngleich ebenfalls ohne Strafandrohung, zur christlichen Lebensweise ermahnt. Vgl. ebd. c. 4, S. 35: *Similiter decrevimus, ut laici homines legitimi vivant et diversis fornicationis non faciant et periurias in ecclesia non consentiant et falsis testimoniis non dicant et ecclesia Dei in omni necessitate conservent.* Vgl. dazu auch: Hartmann, Synoden, S. 57.

749 Ebd., S. 56.

von 60 Solidi zu entrichten hat.[750] Pippin greift, zumindest in Bezug auf die Mechanismen des Strafens, auf die bekannten Prinzipien der Lex Salica zurück: Fehlverhalten von Freien wird mittels Kompensationszahlungen (an den König als Vertreter des öffentlichen Interesses) sanktioniert, Fehlverhalten von Unfreien mittels körperlicher Züchtigung.[751] Ein Unterschied zwischen den Bestrafungsprinzipien der Lex Salica und Pippins Königskapitular lässt sich dennoch feststellen: Bei Zahlungsunfähigkeit freier Täter wurde in der Lex Salica zumeist bestimmt, dass diese mit ihrem Leben zu zahlen hätten (*de sua vita conponat*).[752] Pippin hingegen lässt solche Personen zumindest bei Vergehen gegen die Inzestgesetzgebung inhaftieren.[753] Da allerdings insbesondere Prügelstrafen als „most iconically associated with slaves" betrachtet wurden,[754] darf auch hier nicht von einem Abrücken des vom Rechtsstatus abhängigen Bestrafungssystems ausgegangen werden.

Besonders auffällig ist allerdings, dass das Königskapitular, nicht nur in Bezug auf das (erste) Inzestkapitel, keine Konflikte zwischen Privatleuten behandelt. Der unter anderem von Stefan Esders in Bezug auf die Merowingerkönige festgestellte, kaum ausgeprägte öffentliche Strafanspruch[755] ist hingegen durchaus feststellbar. Paul Fouracre interpretiert diesen Umstand als Versuch Pippins, in seinen Bestimmungen das Bild einer fränkischen Gesellschaft beziehungsweise Kirche zu präsentieren, die in einem desolaten moralischen Zustand war und dringend der Verbesserung bedürfe. Als Garant für diese Verbesserung präsentiert er sich selbst und macht die Durchsetzung des neuen moralischen Standards zur königlichen Aufgabe, der die späten Merowingerkönige vermeintlich nicht nachgekommen seien.[756] Wie festgestellt, ist die Durchsetzung des öffentlichen beziehungsweise königlichen Interesses, wie sich am Königskapitular Pippins zeigt, keineswegs mit einer Abkehr von den grundlegenden Bestrafungsprinzipien der Lex Salica verbunden. Unfreie wer-

---

750 Vgl. Nr. 13 c. 1 (MGH Capit. 1), S. 31. Zum ersten Kapitel von Pippins Königskapitular umfangreich: Breternitz, Königtum, S. 45–64. Das Prinzip der Herrenhaftung, welches teilweise in der Lex Salica und den merowingischen Kapitularien zur Geltung kam, kommt unter Pippin zumindest für Wiederholungsfälle zum Tragen. Nehlsen (Sklavenrecht, S. 352–353) nimmt einen „allmähliche[n] Abbau der strengen Herrenhaftung" in der Merowingerzeit an, der sich hier nicht gänzlich bestätigt. Vgl. dazu auch: Leyendecker, Punishment.

751 So auch McComb (Strategies of Correction, S. 168), der festhält: „The Carolingians did not elaborate a new punitive regime from scratch. The Carolingian adaption of previous penal schemes was not a passive reception of preexisting legal texts and traditions. The distinction in the Lex Salica regarding punishment between free and unfree people, however far removed from actual early medieval social and legal practice, provided a framework for Carolingian royal pronouncements on corporal punishment".

752 Vgl. Kapitel 3.1 und öfter.

753 Vgl. Nr. 13 c. 1 (MGH Capit. 1), S. 31.

754 Rio, Corporal Punishment, S. 88.

755 Vgl. Esders, Eliten, S. 261–262; Huck, Beobachtungen, S. 191–193; Weikmann, Hoheitliche Strafbestimmungen, S. 153.

756 Vgl. Fouracre, Carolingian Justice, S. 774–775. Zur Durchsetzung christlicher Moral als raison d'être des karolingischen Königtums mit besonderem Fokus auf Karl den Großen vgl.: Innes, Charlemagne's Government, S. 71–89, insb. S. 72–73.

den auch bei Verstößen gegen öffentliche Moralvorstellungen anders bestraft als Freie.[757]

3.3 Unfreienstrafen unter Karl dem Großen

3.3.1 Wer darf strafen und wie? Herrscherlicher Strafanspruch und Bestrafungsstrategien

Die Durchsetzung christlicher Moralvorstellungen und der christliche Missionsgedanke waren für Karl den Großen, wie bereits für Pippin (und Karlmann), essenzieller Bestandteil von Politik und teilweise Legitimation von Herrschaft.[758] Entsprechend ist die Androhung von Strafen bei Verfehlungen gegen die öffentliche Ordnung für die Gesetzgebung Karls des Großen von großer Bedeutung. Solche Androhungen sollten sowohl zur Demonstration der königlichen Macht dienen als auch zur tatsächlichen Befolgung der implementierten Gesetze führen.[759] Diese Strafandrohungen sind insbesondere in den frühen Jahren der Herrschaft Karls des Großen von besonderer Strenge gekennzeichnet, die der „Barmherzigkeit in der konkreten Hilfe" gegenüberstehen.[760]

Besonders anschaulich wird der Zusammenhang von christlicher Lebensweise und Bestrafung in der Capitulatio de partibus Saxoniae (BK 26).[761] Das Kapitular wurde von „der älteren Forschung als grausames Siegerdiktat" interpretiert.[762] Unter anderem werden dort die heidnische Brandbestattung (c. 7) und die Verweigerung der Taufe (c. 8) mit der Todesstrafe belegt.[763] Wenngleich nicht in entsprechenden Rechtstexten erwähnt, berichten die Annales Mettenses priores für das Jahr 777, dass Sachsen, die nach ihrer Taufe dem christlichen

757 Grundsätzlich wäre in diesem Zusammenhang auch nach der Bestrafung von Straftaten an Unfreien zu fragen. Allerdings behandeln die Kapitularien Pippins solche Vergehen nicht, da sie nicht als Verstöße gegen die öffentliche Ordnung betrachtet wurden. Daher muss konstatiert werden, dass Pippin offenbar keinen Anlass sah, als Gesetzgeber tätig zu werden.

758 Vgl. dazu u. a. Innes, Charlemagne's Government, S. 71–89, insb. S. 71–73; McKitterick, Perceptions, S. 1080–1081. Die Bedeutung des christlichen Missionsgedankens in Karls Expansionspolitik betont: Davis, Practice of Empire, S. 413.

759 Vgl. McComb, Strategies of Correction, S. 156–161 mit weiterer Literatur.

760 Ubl, Sinnstiftungen, S. 168.

761 Nr. 26 (MGH Capit. 1), S. 68–70. Zu Sachsenkriegen und -mission vgl. u. a.: Becher, Prediger, S. 23–52; Rembold, Conquest, S. 39–84; Schäferdiek, Christianisierung, S. 9–39. Ebenfalls erwähnenswert sind die strengen Bestimmungen des bereits 779 entstandenen Kapitulars von Herstal. Dort hält etwa, allerdings in Bezug auf Räuber und nicht auf christlich-moralische Verfehlungen, die Verstümmelungsstrafe gegen Freie erstmalig Einzug in fränkische Rechtstexte. Vgl. Nr. 20 c. 23 (MGH Capit. 1), S. 51. Dazu bereits: Ubl, Sinnstiftungen, S. 168 mit Anm. 14. Ubl bietet an dieser Stelle weitere Literatur zur Verstümmelung als Strafe. Ebenfalls zur Verstümmelungsstrafe unter Karl dem Großen: Bührer-Thierry, Just Anger, S. 79–81; Nelson, Opposition, S. 20–21.

762 Padberg, Capitulatio de partibus Saxoniae, Sp. 813–815.

763 Nr. 26 cc. 7–8 (MGH Capit. 1), S. 69.

Glauben entsagten, ihr Erbe und ihre Freiheit entzogen wurde.[764] Auch darüber hinaus und nicht nur in Bezug auf Verfehlungen gegen das Christentum blieb die Strafandrohung – obwohl die besondere Strenge von BK 26 nicht mehr erreicht wurde – in den Kapitularien Karls des Großen während seiner gesamten Herrschaftszeit ein prominentes Thema.[765]

Doch welche Bedeutung hat dieser unter Karl immer wieder in Form von Erlassen auftretende öffentliche Strafanspruch für die im Frankenreich lebenden Unfreien? Eine grundsätzliche Abkehr von der nach Rechtsstatus unterscheidenden Form der Bestrafung ist in der Gesetzgebung Karls weder für den privaten noch für den öffentlichen Raum festzustellen. Bestimmungen, die Konflikte zwischen Privatpersonen regeln, finden sich, wie oben bereits aufgezeigt, primär in der Lex Salica. Diese wurde gleich zweimal von Karl überarbeitet.[766] Doch während sich die Bestimmungen, die Unfreie behandeln, in den neuen Fassungen an anderer Stelle finden: Eine nennenswerte Veränderung[767] der Inhalte wurde nicht vorgenommen – ein Umstand, der allerdings auch auf die übrigen Themengebiete des Rechtsbuchs zutrifft.[768] Die Unterscheidung bei der Sanktionierung von Vergehen nach Rechtsstatus blieb also auch in den karolingischen Revisionen der Lex Salica bestehen.

Gleiches darf im Grundsatz auch über entsprechende Herrschererlasse behauptet werden, obwohl diese in der Frühphase von Karls Herrschaft nicht an die Lex Salica angebunden waren, ein Umstand, der sich erst gegen Ende der 780er Jahre änderte.[769] Bemerkenswerterweise finden sich aus der Frühphase von Karls Herrschaft zwar Erlasse, die Bestrafungen androhen – erinnert sei an BK 26 –, allerdings wird die Bestrafung von Unfreien in diesen nicht thematisiert. Das Kapitular von Herstal (BK 20 c. 19) regelt zwar die Bestrafung des unrechtmäßigen Verkaufs von Unfreien, äußert sich ansonsten aber nicht zu diesen.[770] Sie sind Gegenstand des Vergehens, aber nicht die Täter. BK 26 unterscheidet im Strafmaß zwar zwischen *nobilis, ingenuus* und *litus*, die in cc. 19–21 mit unterschiedlichen Geldstrafen belegt werden, ein Strafmaß für *servi* wird allerdings nicht genannt.[771] Dieser Umstand ist keineswegs dadurch begründbar, dass es sich um Vergehen handelt, zu denen ein Unfreier nicht fähig wäre, wie ein Blick auf c. 21 zeigt. Dort wird das Anbeten von *fontes, arbores* oder *luci* sanktioniert.

---

764 Annales Mettenses priores a. 777 (ed. Simpson), S. 66: … *si amplius mutassent fidem eorum, in servitium sempiternum perdita hereditate incidissent.*

765 Vgl. dazu etwa: McComb, Strategies of Correction, S. 156–216.

766 Vgl. Ubl, Leges-Reform, S. 75–92.

767 Die von Karl dem Großen initiierte sogenannte K-Fassung sanktioniert die Vergewaltigung einer *ancilla*, die ohne Todesfolge bleibt, mit 120 Hieben, während drei der vier Handschriften der älteren A-Fassung von 300 Hieben sprechen. Allerdings handelt es sich bei der K-Fassung nicht um eine inhaltliche Veränderung des Strafmaßes, sondern um die Korrektur eines inhaltlichen Fehlers. Vgl. dazu: Leyendecker, Punishment.

768 Vgl. dazu: Ubl, Leges-Reform, S. 79–80.

769 Vgl. Ubl, Sinnstiftungen, S. 168–174.

770 Nr. 20 c. 19 (MGH Capit. 1), S. 51

771 Nr. 26 c. 19–21 (MGH Capit. 1), S. 69.

Die Bestrafung von Unfreien war für Karl in diesen Zusammenhängen offenbar nicht von Bedeutung.

Dies ändert sich erst in den 790er Jahren mit dem im Rahmen einer Versammlung in Frankfurt im Sommer 794 erlassenen Kapitular (BK 28). In c. 5, das sich mit der verpflichtenden Annahme der neuen *denarii* beschäftigt, wird festgelegt, dass ein Freier, der die Annahme einer solchen Münze verweigert, 15 Solidi an den König zu zahlen habe. Ein Unfreier ist bei gleichen Vergehen also körperlich zu bestrafen, und zwar nackt und öffentlich.[772] Sollte er im Auftrag seines Herrn gehandelt haben, hat dieser die Strafe für einen Freien (15 Solidi) zu tragen.[773] Die Anlehnung an die Lex Salica ist offensichtlich. Zum einen sind 15 Solidi ein bei mittelschweren Vergehen häufiges Strafmaß, zum anderen wird der freie Täter mittels einer Kompensationsstrafe sanktioniert, während der Unfreie körperliche Züchtigung zu erwarten hat. Ungewöhnlich ist jedoch zum einen, dass keine mögliche Ablösung der Körperstrafe erwähnt oder die genaue Anzahl der Hiebe spezifiziert wird (zu erwarten wären 120 Hiebe),[774] sowie zum anderen die Betonung der Öffentlichkeit der Strafe.

Für ersteres ergeben sich verschiedene Erklärungsansätze. Möglich ist, dass die Ablösung von Körperstrafen beim Abfassen der Beschlüsse als Selbstverständlichkeit betrachtet worden ist, die nicht gesondert hervorgehoben werden musste. Ebenso denkbar wäre, dass die mögliche Ablösung einer Strafe nur als Einigungsmöglichkeit bei privatrechtlichen Auseinandersetzungen, wie dem in Lex Salica c. 40,1 behandelten Diebstahl, gängige Praxis war.[775]

Auch für zweiteres, die nicht genau genannte Anzahl der Hiebe, mit denen der Täter zu bestrafen ist, gibt es verschiedene Deutungsmöglichkeiten. Zum einen wäre es erneut möglich, dass die Relation der Lex Salica von 120 Hieben bei einer Strafsumme von 15 Solidi als so selbstverständlich betrachtet worden ist,

---

772 Nr. 28 c. 5 (MGH Capit. 1), S. 74: *Si autem nominis nostri nomisma habent et mero sunt argento, pleniter pensantes, si quis contradicit eos in ullo loco in aliquo negotio emptionis vel venditionis: si ingenuus est homo, quindecim solidos conponat ad opus regis; si servilis conditionis, si suum est illud negotium proprium, perdat illud negotium aut flagelletur nudus ad palam coram populo; si autem ex iussione sui domini fecerit, tunc ille dominus solidos quindecim componat, si ei adprobatum fuerit.* Siems (Handel und Wucher, S. 478–480) sieht in der Tatsache, dass Unfreie in dieser Bestimmung unabhängig von ihren *domini* bestraft werden können, „eine wichtige Entwicklung im Status der servi zu vermehrter Selbständigkeit und zur Herausbildung einer eigenverantwortlichen Rechtsstellung". Beeinflusst ist diese Position sicherlich auch von Nehlsen (Sklavenrecht, insb. S. 352–353), der ein vollständiges Ende der Herrenhaftung allerdings bereits im 6. Jahrhundert annimmt. Ausführlich zur Versammlung und dem daraus entstandenen Kapitular: Hartmann, Synoden, S. 105–115; Mordek, Bedeutung des Frankfurter Kapitulars, S. 45–50.

773 Nr. 28 c. 5 (MGH Capit. 1), S. 74.

774 Vgl. Lex Salica c. 40,1 (MGH LL nat. Germ. 4,1), S. 145.

775 Eine dritte Deutung für das Fehlen einer Ablösung der Strafe könnte in Nr. 23 c. 22 (MGH Capit. 1, S. 64) zu vermuten sein. Das Kapitel lautet: *Ut illae disciplinae, quae propter legem conservandum sunt constitutae, propter praemium non dimittantur.* Eine festgelegte (körperliche) Bestrafung sollte also nicht mehr durch eine Zahlung ersetzt werden. Während dies zunächst als plausible Deutung erscheinen mag, zeigt ein genauerer Blick auf besagtes Kapitular, dass dies nicht der Fall ist: Nr. 23 beschäftigt sich nahezu ausschließlich mit Regeln des klösterlichen Zusammenlebens, sodass die allgemeine Anwendung von c. 22 nicht angenommenen werden sollte.

dass sie keiner expliziten Erwähnung wert war. Da sich BK 28 c. 5 jedoch auf die neuen, nach der Münzreform Karls des Großen[776] geprägten Denare bezieht (bereits seit der Münzreform Pippins des Jüngeren galt im Frankenreich nicht mehr das Verhältnis von 40, sondern 12 Denaren je Solidus),[777] scheint dies zunächst unwahrscheinlich. Schließlich ergab sich die Anzahl von 120 Hieben aus folgender Herleitung: Vergehen, die von Freien mit 15 Solidi gesühnt wurden, wurden in der Lex Salica für Unfreie mit 120 Hieben bestraft oder konnten vom Unfreien (oder dessen Herrn) mit drei Solidi beziehungsweise, nach der alten Umrechnungsrate von 1 zu 40, 120 Denaren abgelöst werden. Also mit einem Verhältnis von einem Denar pro Hieb.[778] Da drei Solidi nunmehr 36 Denaren statt 120 Denaren entsprachen, hätte das aus der Lex Salica bekannte Verhältnis von einem Denar pro Hieb zu einer deutlichen Erleichterung der Strafe geführt. Als wahrscheinlichere Erklärung in diesem Fall kann also gelten: Das aus der Münzreform Pippins der 750er Jahre[779] entstandene Problem der Bestrafung von Unfreien war weder für Pippin noch für die frühen Regierungsjahre Karls bedeutsam genug, als dass man sich diesem hätte annehmen müssen. Möglicherweise wurde deshalb bewusst eine unpräzise Formulierung gewählt.[780]

Als dritter bemerkenswerter Aspekt von c. 5 des Frankfurter Kapitulars wurde die Öffentlichkeit der Bestrafung festgestellt. Diese öffentliche Bestrafung ist der Lex Salica vollkommen fremd. McComb sieht in ihr den Versuch, die königliche Autorität wiederherzustellen und die Wahrung der moralischen Ordnung als königliche Aufgabe zu präsentieren.[781] Eine solche Annahme lässt sich kaum anhand der Quellen nachweisen, ein Blick auf verschiedene Bestimmungen Karls lässt die These jedoch durchaus plausibel werden: Sowohl BK 20 c. 22,[782] c. 67 der Admonitio generalis[783] als auch c. 32 des Capitulare missorum

---

776 Zur Münzreform und deren Berechnungsgrundlagen: Witthöft, Denarius Novus, S. 219–252. Zur Datierung der Münzreform: Garipzanov, Monetary Reform, S. 58–73. Zur Münzprägung Karls des Großen: Coupland, Charlemagne and his Coinage, S. 427–451.

777 Vgl. Breternitz, Münzwesen, S. 325 Anm. 1. Breternitz weist zu Recht darauf hin, dass Solidi nicht geprägt wurden.

778 Vgl. oben und Leyendecker, Punishment.

779 Zur Datierung von Pippins Münzreform: Breternitz, Münzwesen, S. 325–332.

780 Etwa 15 Jahre später finden sich in Nr. 61 c. 3 (MGH Capit. 1, S. 148: *De latronne forbannito: ut liber homo qui eum suscepit XV solidos conponat, et servus CXX percussionibus vapuletur*) und Nr. 62 c. 11 (MGH Capit. 1, S. 150: *De meziban, ut unusquisque comis alio mandet ut nullus eum recipere audeat; si liber eum susceperit, solidos XV conponat; si servus, CXX ictus accipiat et insuper dimidium caput tundatur*), die beide 809 in Aachen entstanden, dann die auch in früheren Kapitularien Karls zu erwartende Entsprechung von 120 Hieben bei 15 Solidi Strafe für einen Freien wieder. Hinzu kommt im Fall von Nr. 62 das Scheren des (halben) Kopfes.

781 Vgl. McComb, Strategies of Correction, S. 261.

782 Nr. 20 c. 22 (MGH Capit. 1), S. 51: *Si quis pro faida precium recipere non vult, tunc ad nos sit transmissus, et nos eum dirigamus ubi damnum minime facere possit. Simili modo et qui pro faida pretium solvere noluerit nec iustitiam exinde facere, in tali loco eum mittere volumus ut per eum maior damnum non crescat.*

783 Admonitio generalis c. 66 (ed. Glatthaar et al.), S. 218–219: *Omnibus. Item ut homicidia infra patriam, sicut lege domini interdictum est, nec causa ultionis nec avaritiae nec latrocinandi non fiant. Et*

generale (BK 33)[784] präsentieren die Strafverfolgung als königliche (und nicht private) Angelegenheit. Mittels der öffentlichen Bestrafung, und sei es zunächst nur von Unfreien, sollte möglicherweise demonstriert werden, dass der König über Willen und Mittel verfügte, diesen Strafanspruch auch durchzusetzen.

Dieser Anspruch, allerdings keineswegs beschränkt auf Unfreie, findet sich auch in c. 10 des im Dezember 805 entstandenen Doppelkapitulars von Thionville (BK 43/44).[785] In drei Abstufungen, je nach Schwere des Vergehens, wird dort der Umgang mit Verschwörern geregelt. Die erste Stufe legt fest, dass in solchen Fällen, in denen die Verschwörung tatsächlich aktiv geworden war, die Täter zu töten seien. Ihre Helfer (*adiutores*) aber sollten sich gegenseitig auspeitschen und die Nasen abschneiden – Janet Nelson sieht darin „… an exemplary act of permanent dishonouring …".[786] In der zweiten Stufe, in der die Verschwörer nichts Böses erreicht hatten (*nihil mali perpetratum est*), sollten sie sich ebenfalls gegenseitig auspeitschen, aber lediglich ihre Haare abschneiden. Die permanente Entehrung durch Verstümmelung wird also in diesem weniger schlimmen Fall der Verschwörung zu einer temporären Entehrung. Bei der dritten Stufe, in der die Verschwörer sich lediglich mittels eines Handschlags (der rechten Hand) und nicht mittels eines Eids verschworen hatten, wurden Freie zur Zahlung ihres Wergelds verurteilt, während Unfreie geprügelt wurden.

Während für BK 43 c. 10 weiterhin – wenngleich nur in der dritten und geringsten Stufe des Vergehens – festgestellt werden kann, dass die Bestrafung grundsätzlich vom Rechtsstatus abhing, bietet das Kapitel ebenfalls den frühesten Nachweis der Prügelstrafe gegen Freie im fränkischen Recht.[787] Die Be-

---

ubicumque inventa fuerint, a iudicibus nostris secundum legem ex nostro mandato vindicentur. Et non occidatur homo nisi lege iubente.

784 Nr. 33 c. 32 (MGH Capit. 1), S. 97: … *Quapropter ne populus nobis ad regendum commissos hoc malo pereat, hoc omni disciplina devitare previdimus; quia nos nullo modo placatum vel propitius habere, qui sibi Deum iratum non formidaverit: sed saevissima districtione vindicare vellimus qui malum homicidii ausus fuerit perpetrare. Tamen ne etiam peccatum adcrescat, ut inimicitia maxima inter christianos non fiat, ubi suadentes diabulo homicidia contingant, statim reus ad suam emendationem recurrat, totaque celeritate perpetratum malum ad propinquos extincti digna conpositionem emendet. Et hoc firmiter banniamus, ut parentes interfecti nequaquam inimititia super commissum malum adaugere audeant, neque pacem fieri petenti denegare, sed datam fidem paratam compositionem recipere et pacem perpetuam reddere, reum autem nulla moram compositionis facere* … Vgl. dazu auch Diesenberger, Predigt und Politk, S. 279.

785 Vgl. Nr. 44 c. 10 (MGH Capit. 1), S. 124: … *Primo, ut ubicumque aliquod malum per hoc perpetratum fuerit, auctores facti interficiantur; adiutores vero eorum alter ab altero flagellentur et nares sibi invicem praecidant. Ubi vero nihil mali perpetratum est, similiter quidem inter se flagellentur et capillos sibi vicissim detundant. Si vero per dextras aliqua conspiratio firmata fuerit, si liberi sunt, aut iurent cum ideoneis iuratoribus hoc pro malo non fecisse, aut si facere non potuerint, suam legem conponant; si vero servi fuerint, flagellentur.* Zum Kapitel vgl. auch Oexle, Gilden, S. 303–304.

786 Nelson, Peers, S. 37. Weitere Literatur zum Abschneiden der Nase als symbolisch-demonstrativem Strafakt findet sich bei McComb (Strategies of Correction, S. 196 Anm. 504).

787 Die Bestrafung durch Abschneiden der Nase findet sich bereits 779 in c. 23 von Nr. 20 (MGH Capit. 1, S. 51). Dort heißt es: *De latronibus ita precipimus observandum, ut pro prima vice non moriatur, sed oculum perdat, de secunda vero culpa nasus ipsius latronis abscidatur; de tertia vero culpa, si non emendaverit, moriatur.* Räuber verlieren also bei der ersten Verurteilung ein Auge, bei der zweiten die Nase und bei der dritten ihr Leben.

stimmung kann als Ausdruck des bereits angesprochenen Beginns eines öffentlichen Strafvollzugs vonseiten einer „wie auch immer gearteten Zentralgewalt“[788] verstanden werden. Nachweislicher Vollzug von Körperstrafen an (adligen) Verschwörern aus der Zeit Karls des Großen findet sich zudem in verschiedenen Annalenwerken.[789] Für die Prügelstrafe gegenüber Freien sind in den Kapitularien Karls des Großen, abgesehen vom bereits erwähnten Kapitel aus BK 43, keine weiteren sicheren Nachweise enthalten. Folglich ist besagte Bestimmung wohl als Sonderfall zu betrachten, die sich ohnehin von der Prügelstrafe für Unfreie unterscheidet, da sich die Verschwörer gegenseitig bestrafen und nicht von Dritten bestraft werden.

Ob es sich bei BK 43 c. 10 tatsächlich um das einzige Beispiel aus den Kapitularien Karls handelt, in dem eine Körperstrafe gegen Freie enthalten ist, hängt von der Deutung von c. 4 des Capitulare Mantuanum (BK 90) von 781[790] und c. 10 des Capitulare legibus additum (BK 39) von 803[791] ab. Die inhaltlich

---

788 Weikmann, Hoheitliche Strafbestimmungen, S. 153.

789 Im Zusammenhang mit der Rebellion Pippins des Buckligen im Jahr 792 berichten die Annales Fuldenses (MGH SS rer. Germ. 7, S. 12) von der Blendung und der Exilierung einiger Verschwörer, während die Annales Mosellani (MGH SS 16, S. 498) für das Jahr 791 von der Exilierung und Auspeitschung der Verschwörer berichten. Zur falschen Datierung des Eintrags in den Annales Mosellani vgl.: Collins, Coronation, S. 55–59. Ausführlicher zur körperlichen Bestrafung von Verschwörern in narrativen Quellen des 8. und 9. Jahrhunderts: McComb, Strategies of Correction, S. 196–202. Der öffentliche Strafvollzug an Freien sollte allerdings keineswegs nur gegenüber politischen Eliten durchgesetzt werden, wie bereits frühere Kapitularien zeigen. Diese verhängen teilweise härtere Strafen wie etwa die Todesstrafe. Vgl. Nr. 26 z.B. cc. 3, 5, 6 (MGH Capit. 1), S. 68–70. Die besondere Härte dieser Bestimmung wurde bereits erwähnt. Als Nachweis für die Todesstrafe für freie Franken kann das Kapitular folglich nicht angeführt werden. Teilweise finden sich aber auch mildere Strafen, die dennoch klar von „privater Rache“ (Weikmann, Hoheitliche Strafbestimmungen, S. 153) abgegrenzt werden können, wie etwa den Königsbann, Konfiskation oder Schuldknechtschaft. Der Königsbann ist als Maßnahme gegen Inzest, bereits im Königskapitular Pippins zu finden. Vgl. Nr. 13 c. 1 (MGH Capit. 1), S. 31. Vgl. dazu auch: Breternitz, Königtum, S. 51–52. Für den Königsbann als Sanktion in den Kapitularien Karls des Großen vgl. insb. die von Boretius nicht näher datierte Nr. 110 (MGH Capit. 1, S. 224). Hubert Mordek (Bibliotheca, S. 17–18) geht von einer Entstehung vor „Karls Kaiserkrönung“ aus, während Ruth Schmidt-Wiegand (Stammesrecht, S. 163 und 186) eine Entstehung „bald nach 803“ vermutet. Zur Konfiskation vgl. Nr. 33 c. 32 (MGH Capit. 1), S. 97: … *Qui autem digna emendationem facere contemserit, hereditatem privetur usque ad iudicium nostrum.* Zur Schuldknechtschaft vgl. u. a.: Nr. 20 c. 19 (MGH Capit. 1), S. 51: … *et si non habet pretium, in wadio pro servo semetipsum comiti donet usque dum ipsum bannum solvat.* Die Bestimmung ist in Abgrenzung von der privaten Schuldknechtschaft zu betrachten, da es im vorliegenden Fall eindeutig der *comes* als Vertreter einer Zentralgewalt ist, in dessen Schuldknechtschaft sich der Straftäter zu begeben hat.

790 Vgl. Nr. 90 c. 4 (MGH Capit. 1), S. 190: *Hoc omnibus notum sit, si quislibet post causam legibus finitam se proclamaverit, aut quindecim accipiat camactos aut solidos XV conponere cogatur.* Zum Inhalt des Kapitulars und dem Kontext seiner Entstehung: Mordek, Anfänge, S. 31–33. Niermeyer (MLLM, S. 154–155) deutet *camactus* als „Stockstreich“. Der Ursprung des Begriffs, der nur im hier erwähnten Kapitel nachgewiesen ist, ist unklar. Vgl. dazu auch Battisti / d'Alessio, Dizionario etimologico, S. 697.

791 Vgl. Nr. 39 c. 10 (MGH Capit. 1), S. 114: *Si quis causam iudicatam repetere in mallo praesumpserit ibique testibus convictus fuerit, aut quindecim solidos componat, aut quindecim ictus ab scabinis qui*

sehr ähnlichen Kapitel bestimmen, dass die erneute Anklage eines bereits entschiedenen Rechtsstreits mit 15 Solidi oder aber 15 Schlägen gesühnt werden soll. Brigitte Kasten vermutet in Bezug auf BK 90 c. 4, dass die Bestimmung zur Entlastung des Königsgerichts dienen sollte.[792] Da diese Bestimmung zunächst nur auf die italienischen Reichsgebiete beschränkt war,[793] scheint es gut vorstellbar, dass sie 803 aus ähnlichen Beweggründen auch auf die fränkischen Gebiete des Reichs ausgeweitet worden ist. Die Formulierung beider Bestimmungen mit zwei alternativen Strafen, einer Geldstrafe und einer Prügelstrafe, mag zunächst vermuten lassen, dass erstere Strafe auf Freie und zweitere auf Unfreie zu beziehen ist. Dies ist allerdings unwahrscheinlich. Erstens ist das Verhältnis von einem Hieb pro *solidus*, abgesehen von diesen beiden Bestimmungen, im fränkischen Recht bis zur Zeit Karls des Großen sonst nirgends belegt. Zweitens wäre in diesem Fall mit einer expliziten Unterscheidung nach Rechtsstatus in der Bestimmung zu rechnen, wie sie in vergleichbaren Fällen üblich ist.[794] Folglich handelt es sich hier wahrscheinlich um Bestimmungen, die erneut den öffentlichen Strafanspruch Karls gegenüber Freien betonen und für Unfreie nicht von Relevanz waren. Anzunehmen ist deshalb eher, dass sich die Prügelstrafe auf insolvente Freie beziehen sollte.[795]

Dennoch ist auch für die späteren Jahre von Karls Herrschaft nicht von einer grundsätzlichen Abkehr vom Prinzip der Bestrafung nach Rechtsstatus auszugehen: Vergehen von Freien wurden (theoretisch) weiterhin mittels einer Kompensationszahlung gesühnt, Unfreie wurden einer Körperstrafe unterzogen.[796] Diese grundsätzliche Unterscheidung findet sich auch in c. 7 des Capitulare missorum Aquisgranense alterum (BK 63, a. 809),[797] c. 17 einer Bestimmung

---

causam prius iudicaverunt accipiat. Matthew Innes verortet die Bestimmung im Kontext der Aachener Versammlung von 802. Vgl.: Innes, Charlemagne, S. 148–149.

792 Vgl. Kasten, Königssöhne, S. 332.

793 Vgl. Davis, Practice of Empire, S. 281 und 288.

794 So etwa in den bereits erwähnten Nr. 44 c. 10 (MGH Capit. 1, S. 124) und Nr. 28 c. 5 (MGH Capit. 1, S. 74).

795 Belegbar wird eine solche Maßnahme spätestens in einem Kapitular Lothars von 825 (Nr. 31 c.11 [MGH Capit. N. S. 4], S. 408–411), wo für Italien festgelegt wird: *De his, qui proprietates suas habent et spontaneae alicui delegant et postea fraudulenter ab alio aliquo ignoranti praetium easdem res venundantes accipiunt et his, cui easdem res prius tradite fuerant, cognito negotio annum integrum silens non contradixerit, sed propter inlusionem tacens sinit emptorem inludere: Si infra patria anni spatium, ut dictum est, fuerit prior traditio, nihil ei valeat. Ille vero, qui post primam traditionem res vendiderit, si vivens conprobatus fuerit hanc inlusionem fecisse, bannum dominicum persolvat, id est LX solidos. Si vero †bannum, unde conponat, non habet†, verberetur.* Vgl. dazu: Brunner / von Schwerin, Deutsche Rechtsgeschichte 2, S. 809. Zum Inhalt des Kapitels insgesamt vgl.: Geiselhart, Kapitulariengesetzgebung, S. 170–171.

796 Dass diese vermeintliche Trennschärfe bei Bestrafungen nicht zwingend der rechtlichen Praxis entsprach, zeigt sich bereits durch den Umgang mit insolventen Freien in Nr. 39 c. 10 und Nr. 90 c. 4. Unabhängig von diesen beiden Kapiteln betont diesen Umstand auch Rio (Corporal Punishment, S. 89).

797 Nr. 63 c. 7 (MGH Capit. 1), S. 152: *De monetis statutum est ut nullus audeat denarium merum et bene pensantem reiectare; et qui hoc facere presumpserit, si liber fuerit, bannum componat, si servus corporali disciplina subiaceat…*

Pippins von Italien (BK 102, a. 806–810)[798] sowie in vier Kapitel eines nur bei Ansegis überlieferten, aber Karl zugeschriebenen Kapitulars (BK 70).[799] Diese Kapitel konkretisieren, wie bereits BK 28 c. 5, den Umfang der körperlichen Züchtigung eines unfreien Straftäters nicht. Gemein haben die Bestimmungen zudem, dass die körperliche Züchtigung des Unfreien dem für den freien Straftäter zu zahlenden Königsbann gegenübersteht. Dieser Umstand trifft bereits auf Pippins BK 13 c. 1 zu, wo dem Königsbann von 60 Solidi ebenfalls die unspezifischen *plagae multae* entgegengesetzt werden.[800] Weshalb die Strafe in all diesen Fällen nicht konkretisiert wurde, kann nicht abschließend geklärt werden. Möglicherweise besteht ein Zusammenhang mit der Höhe des Strafmaßes in der Lex Salica. Bereits bei Straftaten, die ein Freier mit 45 Solidi zu sühnen hatte, wurden Unfreie in der Lex Salica mit dem Tode bestraft.[801] Die Todesstrafe war in den hier relevanten Fällen allerdings zweifellos nicht vorgesehen.[802] Möglicherweise oblag die Festlegung des genauen Strafmaßes in diesen Fällen dem Vollstrecker der Strafe. Dass die Bezugnahme auf die Strafbestimmungen der Lex Salica hier keineswegs abwegig ist, belegen Beispiele, bei denen das Strafmaß der

798 Nr. 102 c. 17 (MGH Capit. 1), S. 211: *Ut nemo pedicas in foreste dominica nec in quolibet loco tendere praesumant. Et hoc si ingenui perpetraverint, bannum dominicum solvant; si servi, domini illorum emendent sicut lex est.* Auch wenn die körperliche Strafe, die durch den Herrn des Unfreien vollstreckt werden soll hier nicht explizit gemacht wird, scheint dies im vorliegenden Zusammenhang die wahrscheinlichste Interpretation von *emendare.* Manacorda (Ricerche, S. 118–121) kann nicht nur die wahrscheinliche Entstehung des Kapitulars im Zeitraum von 806–810 plausibel machen, sondern weist auch darauf hin, dass sich *sicut lex est* nicht zwingend auf eine bestimmte „legge ‚nazionale'" (S. 119) beziehen müsse.

799 Ansegis cc. 3,64–66 und App. 2,35 (MGH Capit. N. S. 1), S. 600–602 bzw. 676–677: *LXIIII. … et pro eo quod cum collecta contra missum dominicum armatus venit ad resistendum, bannum dominicum componat. … Et si servus hoc fecerit, disciplina corporali subiaceat. LXV. Si quis domum alienam cuiuslibet infregerit, quicquid exinde per virtutem abstulerit aut rapuerit vel furaverit, secundum legem et ewam illi, cuius domus fuerit infracta et spoliata in triplum componat et insuper bannum dominicum solvat. Si servus hoc fecerit, sententiam superiorem accipiat et insuper secundum suam legem compositionem faciat… LXVI. Si quis messes aut annonas in hoste super bannum dominicum rapuerit vel paverit aut furaverit aut cum caballis vastaverit, aestimato damno secundum legem in triplum componat. Et si liber homo hoc fecerit, bannum dominicum pro hac re componere cogatur. Servus vero secundum suam legem tripla composicione damnum in loco restituat, et pro banno disciplina corporali subiaceat. XXXV. Si aliquis Saxo caballos in sua messe invenerit et ipsos caballos inde ducere pro suo damno ad conprobandum voluerit, si quis liber homo hoc ei contradixerit aut aliquod malum pro hoc fecerit, tripla conpositione secundum legem et secundum ewam contra eum emendare studeat et insuper bannum dominicum solvat, et manum perdat pro eo quod inoboediens fuit contra praeceptum domni imperatoris, quod ipse pro pace statuere iussit. Si servus hoc fecerit, secundum suam legem omnia in triplum restituat et disciplinae corporali subiaceat.* Besonders bemerkenswert ist die Formulierung von c. 3,66, wo es heißt *et pro banno disciplina corporali subiaceat.* Die *sententia superior* aus c. 3,65 setzt auch Schmitz (MGH Capit. N. S. 1, S. 602 Anm. 66) mit der Körperstrafe des vorherigen Kapitels gleich. Zur anzunehmenden Zusammengehörigkeit der Kapitel vgl. die Ausführungen von Schmitz (ebd., S. 35–36). Vgl. auch Nr. 70 cc. 1–2, 4 und 6 (MGH Capit. 1), S. 160.

800 Vgl. dazu: Breternitz, Königtum, S. 51.

801 Vgl. Nehlsen, Sklavenrecht, S. 319–320.

802 Weder die *corporalis disciplina*, der sich der Unfreie zu unterwerfen hatte (vgl. Nr. 63 c. 7, MGH Capit. 1, S. 152), noch die *plagae multae* aus Pippins Königskapitular (Nr. 13 c. 1, MGH Capit. 1, S. 31) lassen die Todesstrafe als Interpretation zu.

Lex Salica in den Kapitularien Karls übernommen wurde.[803] Bemerkenswert ist an dieser Stelle allerdings, dass die Ablösung einer Körperstrafe durch Kompensation in keiner Bestimmung aus der Zeit Karls belegbar ist. Dieser Umstand darf wohl nicht als Nachweis betrachtet werden, dass die Ablösung der Körperstrafe durch eine Kompensationszahlung, anders als noch in der Lex Salica vorgesehen, nicht länger möglich war. Allerdings ist durchaus vorstellbar, dass die abschreckende Wirkung der (öffentlichen) körperlichen Bestrafung von Straftätern der simplen Kompensationszahlung vonseiten der öffentlichen Gewalt vorgezogen wurde.[804]

Vorbehaltlich der korrekten Zuschreibung (und Datierung) der Ansegis-Kapitel[805] ließe sich anhand dieser insgesamt immerhin sechs Kapitel eine gewisse Systematik nachweisen. Dem Königsbann für Freie steht eine unspezifische Körperstrafe für Unfreie gegenüber. Auch die Entstehung des italienischen Kapitulars (BK 102), das von Francesco Manacorda immerhin mit einiger Wahrscheinlichkeit auf den Zeitraum zwischen 806 und 810 datiert werden konnte,[806] ist für den Nachweis einer solchen Vermutung nicht präzise genug. Sollte jedoch die von Alfred Boretius vorsichtig geäußerte Vermutung, dass die Ansegis-Kapitel 810 oder 811 entstanden seien,[807] zutreffen, ließe sich über die inhaltlichen Parallelen hinaus auch eine zeitliche Nähe dieser Stücke feststellen. Alle Stücke wären dann zwischen 806 und 811, bei einer Spätdatierung[808] von BK 102 sogar nur zwischen 809 und 811, entstanden.[809]

Für die Vermutung, dass man sich circa 809 (in Aachen) umfangreicher mit der Bestrafung von Unfreien auseinandersetzte, sprechen auch je ein Kapitel des Capitulare Aquisgranense (BK 61, c. 3) und des Capitulare missorum Aquisgranense primum (BK 62, c. 11).[810] Die beiden Kapitel legen für Freie eine Strafe

803 Vgl. S. 145 Anm. 780.

804 Vgl. McComb, Strategies of Correction, S. 261.

805 Vgl. dazu die Ausführungen von Schmitz (MGH Capit. N. S. 1, S. 35–36).

806 Vgl. Manacorda, Ricerche, S. 121.

807 Vgl. dazu die Vorbemerkung des Kapitulars in Boretius' Edition von Nr. 70 (MGH Capit. 1), S. 159–160.

808 Das unter Pippin von Italien entstandene Kapitular muss aufgrund seines Todes in diesem Jahr spätestens 810 entstanden sein.

809 Den Gemeinsamkeiten all dieser Kapitel im Sinne einer Gegebenüberstellung des Königsbanns für Freie und einer unspezifischen Körperstrafe für Unfreie steht die Summula de bannis (Nr. 110 [MGH Capit. 1], S. 224) insofern gegenüber, als dass sie zwar ebenfalls den Königsbann verhängt, und zwar für insgesamt acht Vergehen, diesen allerdings nicht mit einer gesonderten Bestrafung von Unfreien kontrastiert. Unabhängig davon, ob man der Datierung von Hubert Mordek (Bibliotheca, S. 17–18) – vor der Kaiserkrönung – oder der von Ruth Schmidt-Wiegand (Stammesrecht, S. 163 und 186) – „bald nach 803" – folgt, handelt es sich um eine Bestimmung, die älter ist als die gerade besprochenen Stücke. Die Entscheidung, dem Königsbann eine unspezifische Körperstrafe für Unfreie gegenüberzustellen, könnte also durchaus nach der Entstehung der Summula de bannis – möglicherweise 809 in Aachen? – getroffen worden sein.

810 Nr. 61 c. 3 (MGH Capit. 1), S. 148: *De latronne forbannito: ut liber homo qui eum suscepit XV solidos conponat, et servus CXX percussionibus vapuletur*; Nr. 62 c. 11 (MGH Capit. 1), S. 150: *De meziban, ut unusquisque comis alio mandet ut nullus eum recipere audeat; si liber eum susceperit, solidos XV conponat; si servus, CXX ictus accipiat et insuper dimidium caput tundatur.*

von 15 Solidi fest, Unfreie sollen 120 Hiebe erhalten. Die Kapitel entsprechen damit dem Strafmaß der Lex Salica, wenngleich von einer Ablösung der Strafe durch eine (reduzierte) Kompensationszahlung keine Rede ist. Die beiden Kapitel aus Aachen bezeugen ein gewisses Maß an Unsicherheit oder Desinteresse in Bezug auf die Bestrafung von Unfreien: Während die Lex Salica zwar offensichtlich Vorlage für das Strafmaß der Kapitel war, ist die Berechnungslogik (ein Denar pro Hieb) nicht mehr erkennbar.[811]

Insgesamt kann festgestellt werden, dass verschiedene Bestimmungen Karls des Großen einen aufkommenden öffentlichen Strafanspruch andeuten, während Unfreie in diesem Kontext für Karl selten von größerem Interesse waren: Wenn die Bestrafung von Unfreien überhaupt explizit erwähnt wurde, geschah dies lediglich als Annex. Eine Abkehr von der grundsätzlichen Unterscheidung der Bestrafungsform je nach Rechtsstatus, findet sich in den Kapitularien Karls nicht.

3.3.2 Exkurs: Verwirrung an der Küste? BK 34 c. 13b

Der Eindruck, dass die (systematisch geregelte) Bestrafung von Unfreien in Karls Umfeld nicht von großer Bedeutung war, setzt sich auch bei Betrachtung eines weiteren Kapitels aus der Zeit Karls fort: Die sogenannten Capitularia missorum specialia (BK 34) von 802[812] bestimmen in ihrem c. 13b: *De liberis hominibus qui circa maritima loca habitant: si nuntius venerit, ut ad succurrendum debeant venire, et hoc neglexerint, unusquisque solidos viginti conponat, mediaetatem in dominico, mediaetatem ad populum. Si litus fuerit, solidos quindecim conponat ad populum et fredo dominico in dorso accipiat. Si servus fuerit, solidos X ad populum et fredo dorsum.* Dass sich die Bestimmung den Unfreien nur sekundär widmet, mag sich bereits aus der Rubrik des Kapitels (*De liberis hominibus qui circa maritima loca habitant*) ableiten lassen. Bestärkt wird dieser Eindruck durch die unpräzisen Formulierungen über die körperliche Bestrafung des *litus* beziehungsweise des *servus.* Während das Kapitel in den Schwesterhandschriften Paris Lat. 9654 und Vatikan Pal. Lat. 582 überhaupt nicht enthalten ist, ist es in Paris Lat. 4995 vollkommen entstellt; weder der *litus* noch der *servus* finden dort Erwähnung.[813] Nach Leiden VLQ 119 sollen beide Gruppen ihren *fredus,* also den an die öffentliche Gewalt fallenden Anteil ihrer Strafe, in Form einer Körperstrafe erhalten. Ob diese Strafe für eine der beiden Gruppen hat härter oder milder ausfallen sollen, wird nicht erwähnt. Die andere Hälfte (*ad populum*) hingegen beläuft sich beim Freien auf 10, beim Liten auf 15 und beim Unfreien ebenfalls auf 10 Solidi. Somit ist die Kompensationssumme des Liten hier höher als bei Freien, was einen Einzelfall

---

811 Vgl. dazu ausführlicher: Leyendecker, Punishment.

812 Zum Kapitular vgl. insbesondere: Eckhardt, Capitularia missorum specialia. Eckhardt bietet eine Edition der verschiedenen Versionen des Kapitulars auf S. 500–504. Ebenfalls ausführlich zu den Capitularia missorum specialia: Kikuchi, Herrschaft, S. 96–116.

813 Nach Eckhardt (Capitularia missorum specialia, S. 504–505) ist das Kapitel nur für einige Missatica relevant gewesen. Die lokale Relevanz des Kapitels ergibt sich ohnehin aus ihrem Inhalt (Küstenschutz).

im fränkischen Recht bedeuteten würde und möglicherweise auf einen Überlieferungsfehler zurückzuführen ist. Die Passagen zu Liten und Unfreien scheinen eher beiläufig angefügt worden zu sein, ohne dass den Details der abweichenden Bestrafung größere Bedeutung beigemessen wurde.

3.3.3 Herrenhaftung in den Kapitularien Karls des Großen

Neben der Frage nach der unterschiedlichen Bestrafung von Unfreien im Vergleich zu Freien ist auch die Frage der sogenannten Herren- oder Noxalhaftung[814] an dieser Stelle von Bedeutung. Wie bereits festgestellt, geht Hermann Nehlsen davon aus, dass es im Verlauf des 6. Jahrhunderts zu einem „allmähliche[n] Abbau der strengen Herrenhaftung" kam, die unter Chilperich I. in eine „völlige Haftungsbefreiung" des Herrn überging.[815]

Bereits im Zusammenhang mit der Betrachtung von BK 28 c. 5 konnte gezeigt werden, dass Herren zumindest dann für die Vergehen ihrer *servi* hafteten, wenn diese im Auftrag des *dominus* handelten.[816] Auch wenn sich das Kapitel ausschließlich auf einen konkreten Fall (das Ablehnen guter Denare) bezieht, darf angenommen werden, dass dies auch für andere Fälle Geltung besaß, in denen ein Unfreier im Auftrag seines Herrn handelte.

Doch wie verhält es sich mit der Haftung bei Schäden, die durch Unfreie und nicht im Auftrag des Herrn entstanden? Viele aussagekräftige Stellen hierzu finden sich in den Kapitularien Karls des Großen nicht – insgesamt scheinen nur zwei Kapitel überhaupt relevant, die zudem noch von großer Nähe zueinander geprägt sind. Es handelt sich um c. 5 des Capitulare legi Ribuariae additum (BK 41) und c. 1 der sogenannten Capitula Karoli Magni (BK 56). Die inhaltlichen Parallelen zwischen den Kapiteln sind offensichtlich. Sie weichen erst im zweiten Teil der jeweiligen Bestimmung deutlicher voneinander ab.[817]

BK 41 c. 5 (MGH Capit. 1), S. 117–118
***Nemini liceat servum suum propter damnum** ab illo cuilibet inlatum **dimittere; sed iuxta qualitatem** damni **dominus pro ipso respondeat** vel eum in compositione petitoris offerat aut ad poenam petitoris offerat. Si autem perpetrato scelere fugerit, ita ut a domino penitus inveniri non possit, sacramento se dominus eius excusare studeat, quod nec suae voluntatis nec consciente fuisset quod servus eius tale facinus commisit*
BK 56 c. 1 (MGH Capit. 1), S. 143
***Nemini liceat servum suum propter dampnum** a se **dimittere, sed iuxta qualitatem** culpae **dominus** eius **pro ipso** servo **respondeat** aut componat quicquid ille fecit usque ad super plenam ad leudem liberi hominis; quicquid super hoc fuerit, in regis iuditio esse videtur.*

814 Zur Noxalhaftung vgl. S. 135 mit Anm. 721.
815 Vgl. Nehlsen, Sklavenrecht, S. 253–254 und 353.
816 Vgl. Nr. 28 c. 5 (MGH Capit. 1), S. 74 und oben, S. 144 mit Anm. 772.
817 Diesen Umstand bemerkt bereits Boretius: Nr. 56 (MGH Capit. 1), S. 143 Anm. 1.

Dass die beiden Stücke in Verbindung zueinander stehen ist eindeutig. Die Natur dieser Verbindung ist allerdings unklar, da beide Bestimmungen nicht sicher datiert werden können. Dass die beiden Texte unmittelbar nacheinander entstanden sind oder möglicherweise gar auf den gleichen Entstehungskontext zurückgehen, ist wahrscheinlich.[818] Dass es sich um Varianten der gleichen Bestimmung handelt, scheint aufgrund des im zweiten Teil des jeweiligen Kapitels doch sehr unterschiedlichen Inhalts allerdings unwahrscheinlich, ausgeschlossen werden kann auch diese Möglichkeit allerdings nicht. Die inhaltlichen Unterschiede machen an dieser Stelle auch eine gesonderte Betrachtung beider Kapitel notwendig.

Wie auch in BK 56 c. 1 wird in BK 41 c. 5 zunächst geregelt, dass der Besitzer eines Unfreien auch dann für den vom Unfreien angerichteten Schaden haftet, wenn er diesen Unfreien fortschickt beziehungsweise freilässt.[819] Daraufhin werden die genauen Haftungsgrundsätze aufgezeigt: Der Herr hat, der Tat entsprechend, Schadensersatz zu leisten (*... sed iuxta qualitatem damni dominus pro ipso respondeat vel...*).[820] Wobei *vel* in diesem Fall kopulativ statt disjunktiv zu verstehen ist.[821] Zusätzlich wird entweder der Unfreie selbst dem Kläger als Entschädigung übergeben (*... eum in compositione petitoris offerat*), oder aber er wird diesem zur Bestrafung anvertraut (*... aut ad poenam petitoris offerat*).[822] Im Anschluss wird ergänzt, wie zu verfahren sei, wenn jener Unfreie geflohen ist: Der Besitzer des Unfreien muss schwören, dass sein Unfreier die Straftat nicht in seinem Wissen (oder gar seinem Auftrag?) begangen hat. Leistet er einen solchen Schwur, so haftet er nicht für den von seinem Unfreien angerichteten Schaden.[823] Bei Flucht des Unfreien würde dessen Herr also nur dann haften, wenn er nachweislich Mitwisser der Tat gewesen war.

Ob diese Bestimmung allgemeine Gültigkeit bei Straftaten durch Unfreie erlangen sollte oder nur im konkreten Fall, auf den sich BK 41 c. 5 bezieht, kann nicht abschließend geklärt werden. Grund dafür ist, dass nicht eindeutig zu bestimmen ist, auf welches Kapitel der Lex Ribuaria sich c. 5 bezieht.[824] Dieser

---

818 Ähnlich auch FAULKNER, Law and Authority, S. 124.

819 Zur Deutung von *dimittere* als „freilassen" vgl. NIERMEYER, MLLM, S. 438.

820 Nr. 41 c. 5 (MGH Capit. 1), S. 117–118.

821 Auf diese Verwendung von *vel* = „und" weisen sowohl Peter STOTZ (Handbuch 4, S. 413, § 111.33) und NIERMEYER (MLLM, S. 1393) hin.

822 Nr. 41 c. 5 (MGH Capit. 1), S. 117–118. Die Übergabe eines Unfreien als Kompensationsleistung ist als äußerst ungewöhnlich hervorzuheben. Unter Bezugnahme auf die hier relevante Passage, geht NIERMEYER (MLLM, S. 302) aber von diesem Umstand aus. Möglicherweise wurde stattdessen die Zahlung einer bestimmten Summe zwischen dem Ankläger und dem Besitzer des Unfreien vereinbart. Eine solche Vermutung muss allerdings spekulativ bleiben. Die Regelung erinnert zudem an die Noxalhaftung des römischen Rechts. Vgl. dazu oben, S. 135 mit Anm. 721.

823 So auch FAULKNER, Law and Authority, S. 123; LESEUR, Délit de l'esclave, S. 706.

824 Zu Referenzierungs- bzw. Zuordnungsproblemen der auf die verschiedenen Leges bezogenen Kapitularien vgl.: COUMERT, Lois, insb. S. 18–22. Entgegen der ansonsten gängigen Datierung des Kapitulars auf das Jahr 803 nach BORETIUS (MGH Capit. 1, S. 117), der auch FAULKNER (Law and Authority, S. 121) folgt, schlägt Coumert vorsichtiger den Zeitraum 801–806 für die Entstehung der Bestimmung vor.

Umstand mag zunächst überraschen, da c. 5 in der Edition von Boretius unmissverständlich mit *XX. cap.* beginnt und somit der Bezug auf Kapitel 20 der Lex Ribuaria offensichtlich zu sein scheint. Jedoch ist die Kapitelzählung der Lex Ribuaria keineswegs einheitlich, wie Franz Beyerle in der Einleitung zu seiner Edition der Lex Ribuaria feststellt,[825] sodass sich *XX. cap.* auf die Kapitel 20 oder 21 beziehen könnte. Beyerle vermutet vorsichtig, dass die Kapitelzählung des Kapitulars der Zählung der B-Handschriften entspricht,[826] was bedeuten würde, dass sich das Kapitular an dieser Stelle auf c. 21[827] der Edition von Beyerle und Buchner beziehen würde. Allerdings enthalten lediglich zwei Handschriften der Lex Ribuaria, nämlich die Schwesterhandschriften Paris Lat. 9654 und Vatikan Pal. Lat. 582,[828] für BK 41 c. 5 den in die Edition von Boretius aufgenommenen Verweis auf c. 20 der Lex Ribuaria. Besonders fragwürdig scheint Boretius' Entscheidung, sich in seiner Edition auf diese beiden Handschriften zu beziehen, bereits deshalb, weil der Parisinus c. 3 des Kapitulars fälschlicherweise mit c. 22 statt mit c. 12 der Lex Ribuaria verbindet. Darüber hinaus behandelt c. 21,1 der Lex Ribuaria zwar eine von einem Unfreien begangene Straftat, allerdings wird diese mit lediglich 5½ Solidi gesühnt,[829] sodass der Inhalt des Kapitulars, der mit dem Fortsenden des Unfreien beginnt, schon aus ökonomischer Perspektive für den Herrn kaum sinnvoll gewesen sein kann, da der Wert des Verlorenen wohl höher gewesen wäre als die zu zahlende Summe.[830]

Darüber hinaus finden sich mit Vatikan Pal. Lat. 773, Ivrea XXXIV und München Lat. 19416[831] gleich drei Handschriften, die BK 41 c. 5 mit c. 18 der Lex verbinden. Drei weitere Handschriften, nämlich Paris Lat. 4629, Berlin Phill. 1736 und Lat. fol. 626[832] nennen c. 30 der Lex als Entsprechung von BK 41 c. 5. Aufgrund der divergierenden Zählweisen der verschiedenen Handschriften der Lex Ribuaria kommen auch hier verschiedenste Bestimmungen in Frage.[833]

---

825 Vgl. die Bemerkung von Beyerle in: Lex Ribuaria (MGH LL nat. Germ. 3,2), S. 11.

826 Vgl. Lex Ribuaria (MGH LL nat. Germ. 3,2), S. 13.

827 Angegeben wird hier und im Folgenden immer jeweils die Zählung nach der A-Fassung der Lex Ribuaria nach MGH LL nat. Germ. 3,2.

828 Zu den Schwesterhandschriften Paris Lat. 9654 und Vatikan Pal. Lat. 582 vgl.: Mordek, Bibliotheca, S. 562–578 und 780–797.

829 Lex Ribuaria c. 21,1 (MGH LL nat. Germ. 3,2), S. 82: *Si servus ingenuum sanguinem effusionem aut regio vel ecclesiastico homini fecerit, quinto dimidio solido culpabilis iudicetur…*

830 Der Wert von Unfreien lässt sich freilich nicht präzise bestimmen. Einen Überblick bietet: McCormick, Origins, S. 755–757 mit Abb. 25,1. Dass sich c. 5 des Kapitulars nicht auf c. 20 bzw. 21 der Lex Salica bezogen haben kann und Boretius offenbar der falschen Handschrift Vertrauen schenkt, bemerkte bereits wenige Jahre nach Erscheinen seiner Edition Paul Leseur (Délit de l'esclave, S. 705), der bezüglich der beiden Handschriften einen offensichtlichen Fehler attestiert („D'après les uns, le titre visé serait le titre XX; ce qui est évidemment une erreur").

831 Zu den Handschriften vgl.: Mordek, Bibliotheca, S. 799–801, 178–185 und 357–364.

832 Vgl. ebd., S. 34–43, 47–50 und 502–507.

833 Im Zusammenhang mit den Erwähnungen der cc. 18 und 30 wären inhaltlich plausibel etwa die cc. 18, 19, 30, 31 und 32 (vgl. Lex Ribuaria [MGH LL nat. Germ. 3,2], S. 81–82 und 84–86). Alle genannten Kapitel werden entweder in der A- oder in der B-Fassung der Lex Ribuaria als c. 18 oder c. 30 bezeichnet. Die einzige Ausnahme bildet c. 31, das in der B-Fassung als c. 17,2 zu finden ist. Darüber hinaus scheint c. 19 insofern ein unwahrscheinlicher Kandidat, da das in der

Thomas Faulkner verweist in diesem Zusammenhang auf die Handschrift Vatikan Pal. Lat. 773, die als eine von insgesamt nur sieben Handschriften sowohl BK 41 als auch die Lex Ribuaria enthält.[834] In der Handschrift wird in BK 41 c. 5 auf c. 18 der Lex Riburia verwiesen; c. 18 der Handschrift wiederum entspricht c. 31 (17,2) der Edition von Beyerle und Buchner. Diese Bestimmung legt fest, dass ein Unfreier (beziehungsweise dessen Herr) bei Brandstiftung (*incendium*) eine Strafe von 36 Solidi zu entrichten hat und für die daraus entstandenen Schäden aufkommen muss (*damnum et dilatura*).[835] Das Kapitel darf folglich wohl als wahrscheinlichster Kandidat für die korrekte Zuordnung zu BK 41 c. 5 betrachtet werden.

Kaum weniger kompliziert als bei BK 41 c. 5 gestaltet sich die Zuordnung des verwandten c. 1 aus BK 56. Zunächst wird auch hier dem Herrn die Möglichkeit, sich durch Fortschicken des Unfreien von der Haftung zu befreien, verwehrt. Dies wird allerdings insofern eingeschränkt, als dass diese Haftungsverpflichtung nicht das Wergeld eines Freien übersteigen soll. Da das Wergeld eines Freien (nach Lex Salica c. 41,1 200 Solidi)[836] den Wert eines Unfreien wohl deutlich übertraf, wäre dies für den Herrn des schuldhaften Unfreien sicherlich eine kostengünstigere Alternative gewesen.[837] Sollte die fällige Kompensationssumme höher liegen, solle der Fall an das Königsgericht übergeben werden, was zweifellos nicht bedeutete, dass der Herr automatisch keine Haftung mehr übernehmen musste.[838]

Zwei Handschriften von BK 41, nämlich Paris Lat. 4629 und Berlin Phill. 1736, ergänzen am Ende von c. 5 den Satz *Sicut petierunt, ita domnus imperator consensit.*[839] Die Bestimmung wurde also (diesen Handschriften zufolge) zu einem unbestimmten Zeitpunkt mit königlicher Autorität versehen. Diese Autorität ist auch in c. 1 von BK 56 von Bedeutung, schließlich soll der Fall ab einer gewissen Schadenshöhe nur in der Instanz des königlichen Gerichts entschieden werden. BK 56 ist lediglich zweimal vollständig handschriftlich überliefert, nämlich in den bereits erwähnten Schwesterhandschriften Paris Lat. 9654 und Vatikan Pal. Lat. 582.[840] In den beiden Handschriften schließt BK 56 jeweils an die

---

Edition mit *De sonesti* betitelte Kapitel wohl in Verbindung zu c. 4 des Kapitulars steht, das mit *Item in eodem capitulo. De soniste* (vgl. Nr. 41 c. 4 [MGH Capit. 1], S. 117) beginnt.

834 Faulkner, Law and Authority, S. 126–127.

835 Vgl. Lex Ribuaria (MGH LL nat. Germ. 3,2), S. 84.

836 Lex Salica c. 41,1 (MGH LL nat. Germ. 4,1), S. 154–156. Dazu allgemein: Esders, Eliten, S. 266–272.

837 Zu Preisen für Unfreie im Frankenreich des 8.–10. Jahrhunderts vgl. erneut: McCormick, Origins, S. 755–757 mit Abb. 25,1. Erneut sei betont, dass diese Preise nur einen ungefähren Überblick bieten können. McCormick (ebd., S. 757) gibt für das Frankenreich 20 Solidi als „lower range", 30 Solidi als „upper range of slave price[s]" an.

838 Vgl. Nr. 56 c. 1 (MGH Capit. 1), S. 143.

839 Während Georg Heinrich Pertz (MGH LL 1, S. 117) den Zusatz noch als eigenständiges Kapitel betrachtet hat, bemerkt Boretius zu Recht, dass sich der Satz in den Handschriften eindeutig auf c. 5 bezieht (vgl. Nr. 41 c. 5 [MGH Capit. 1], S. 118 Anm. q).

840 Hinzu kommt noch c. 3, das unabhängig von den anderen Kapiteln in den Handschriften München Lat. 3853 und Heiligenkreuz 217 zu finden ist.

Recapitulatio solidorum[841] an und ist auch darüber hinaus im Kontext von Rechtstexten, die sich auf die Leges beziehen, zu verorten.[842] Unter Bezugnahme auf Karl Ubl darf angenommen werden, dass die Vorlage der beiden Schwesterhandschriften im Zuge von „Karls Forderung nach Beachtung des Schriftrechts“[843] entstanden ist. Folglich ist davon auszugehen, dass die Frage der Herrenhaftung in den letzten Regierungsjahren Karls des Großen als relevantes Themenfeld betrachtet werden darf, das offenbar einer Präzisierung bedurfte. Dass die Herrenhaftung von herrscherlicher Seite geregelt wurde, sollte nicht auf ein Interesse an den unfreien Straftätern, sondern vielmehr auf den Regelungsbedarf zwischen Kläger und Besitzer des Unfreien zurückgeführt werden. Unter Rückbezug auf die These von Nehlsen bezüglich eines Endes der Herrenhaftung im 6. Jahrhunderts darf wohl festgehalten werden, dass die Herrenhaftung entweder im Verlauf des 7. oder 8. Jahrhunderts ins fränkische Rechtsverständnis zurückgekehrt ist, ohne das entsprechende Zeugnisse auf uns gekommen sind, oder aber, was wahrscheinlicher ist, dass Nehlsens These nicht zutrifft.[844]

3.3.4 Unfreie als Opfer und Unfreienwergeld

Bisher hat sich dieses Kapitel ausschließlich Fällen gewidmet, in denen Unfreie Täter waren und in denen (freie) Dritte außerhalb des eigenen Hausstandes betroffen waren. Unter den Kapitularien Karls des Großen findet sich allerdings ein Fall, bei dem diese beiden Umstände nicht zutreffen: In c. 9 des Capitulare Karoli Magni de latronibus (BK 82), ein Kapitular, das sich intensiv mit den Problemen der Strafgerichtsbarkeit auseinandersetzt,[845] wird ein Fall behandelt, in dem sowohl Täter als auch Opfer Unfreie sind, und zudem beide den gleichen *dominus* haben. Es wird festgelegt: *Ut si servi invicem inter se furtum fecerint et in una potestate, domini eorum habeant licentiam faciendi iusticiam; si vero de foris accusatur adversus eum surrexerit quae ad latronicium pertinent, habeant missi nostri de hoc licentiam faciendi iusticiam.*[846]

Dass die karolingischen Herrscher, in diesem Fall Karl der Große, keine Ambitionen hatten, in die privaten Angelegenheiten der Besitzer von Unfreien einzugreifen, findet sich hier belegt. Erst, wenn die Tat eines Unfreien Dritte beeinträchtigte, wurde dies für die Gesetzgeber des frühen Mittelalters (und nicht nur für Karl den Großen beziehungsweise die Karolinger) relevant.[847] Auch

---

841 Bei der zwischen 802/803 und 806 entstandenen Recapitulatio solidorum handelt es sich um „einen Überblick über die Bußsummen“ der Lex Salica (Ubl, Recapitulatio solidorum, S. 63), die sich noch zu Lebzeiten Karls rasant verbreitete und immer wieder überarbeitet bzw. präzisiert wurde. Ubl bietet dort auch eine Neuedition des Textes (ebd. S. 71–79).

842 Der Recapitulatio vorangestellt finden sich in den Handschriften u. a. jeweils Nr. 55, 41 und 39.

843 Ubl, Recapitulatio solidorum, S. 68.

844 Vgl. dazu zusammenfassend Kapitel 3.5.

845 Vgl. Geary, Judicial Violence, S. 82; Fouracre, Carolingian Justice, S. 797.

846 Nr. 82 c. 9 (MGH Capit. 1), S. 181. Ähnlich äußert sich der Text bereits in c. 7.

847 Vgl. Rio, Corporal Punishment, S. 89; dies., Slavery after Rome, S. 232. In diesem Zusammenhang erwähnt Rio auch Ausnahmen, in denen sich frühmittelalterliche Gesetzgeber in Angelegen-

die Lex Salica behandelt Vergehen (von und an Unfreien) innerhalb eines Hausstandes nicht, sodass in Bezug auf BK 82 c. 9 von einer grundsätzlichen Kontinuität des fränkischen Rechts ausgegangen werden muss: Vergehen, die innerhalb eines Hausstandes begangen wurden, konnten offenbar weiterhin auch intern geklärt und bestraft werden, ohne dass es eine herrscherliche Intervention gegeben hätte.

Dieses Recht galt zweifellos auch in Italien, wie c. 16 des bereits erwähnten BK 102 bezeugt. Wahrscheinlich handelt es sich bei der Bestimmung um eine Bestätigung der gerade besprochenen Regelung von BK 82, wie die inhaltliche Nähe verdeutlicht.[848] Während allerdings in BK 82 den Herren das Recht zugesprochen wird, Recht zu sprechen (*domini eorum habeant licentiam faciendi iusticiam*), scheint im Falle der italienischen Bestimmung eher die Entlastung der Gerichte im Vordergrund zu stehen (*iubemus aut quibuslibet causis servi non mittantur in districtionem*), sodass den Herren gestattet wird, mit ihren Unfreien zu verfahren, wie es ihnen beliebt (*ipsi vero domini distringant et inquirant servos suos, sicut ipsi amant*).[849]

Weiterhin offen ist jedoch die Frage nach der Bestrafung von Unrechtstaten an Unfreien durch Dritte. Vergehen, die nicht von Mitgliedern des gleichen Hausstands begangen wurden, werden in der Lex Salica nach den „Regeln der Fahrnisverfolgung"[850] geahndet. Es finden sich weder in den Kapitularien Pippins des Jüngeren noch in denen Karls des Großen Hinweise, dass es Veränderungen dieser Verfahrensweise gegeben hätte oder hätte geben sollen. Dennoch sei in diesem Zusammenhang auf ein Kapitular aus dem Jahr 808, die sogenannten Capitula cum primis constituta (BK 52),[851] hingewiesen. In c. 2 wird festgelegt: … *Et ut nullus hominem pendere praesumat, nisi per iudicum. … De servis vero, si quis alterius servum absque iudicio et sine culpa pendiderit et ibi mortuus fuerit,*

---

heiten eines einzelnen Haushalts eingemischt haben. Diese behandeln Vergehen gegen die Sexualmoral bzw. Ehebruch, sodass auch hier durch die christlich-moralische Thematik von einem gewissen Maß an öffentlichem Interesse gesprochen werden könnte. Allerdings betont Rio vollkommen zu Recht, dass dieser Umstand keineswegs bedeutete, dass die Karolinger kein Interesse daran gezeigt hätten, dass die moralische *correctio* der fränkischen Gesellschaft auch innerhalb des privaten Raums Einzug hielt. Vgl. ebd., S. 232, insb. Anm. 56. Rio verweist in diesem Zusammenhang auf das bereits erwähnte c. 5 von Nr. 65 (MGH Capit. 1, S. 154): *De semetipso et sua familia unusquisque corrigendum.* Dieses, wenngleich selten und zurückhaltend geäußerte Interesse, bedeutet dennoch eine Veränderung im Vergleich zur Lex Salica, auch wenn sich diese nur als Mahnung manifestiert.

848 Nr. 102 c. 16 (MGH Capit. 1), S. 210: *Iubemus enim, ut propter ullam districtionem quem nos facere iubemus aut quibuslibet causis servi non mittantur in districtionem, sed per missos nostros vel domini eorum aut illorum advocati ipsos servos distringant, et ipsi sicut lex iubet rationem pro servos reddant, utrum culpabiles sint an non; ipsi vero domini distringant et inquirant servos suos, sicut ipsi amant.* Das Kapitel erwähnt auch Rio (Corporal Punishment, S. 98).

849 Die Entlastung der Gerichte in Italien war bereits zu Beginn der Herrschaft Karls des Großen in Italien in Nr. 90 c. 4 (MGH Capit. 1, S. 190) angeklungen.

850 Nehlsen, Sklavenrecht, S. 266

851 Nr. 52 (MGH Capit. 1), S. 139–140.

weregildus eius domino solvatur; et si de ipsa morte evaserit, ipse ipsam liudem recipiat et liber postea permaneat.[852]

Der Fall, in dem der Unfreie, der ohne Schuld und ohne Verfahren gehenkt worden ist, zu Tode kommt, überrascht zunächst nicht. Der Täter ist dem Besitzer des Unfreien gegenüber zu einer Bußzahlung verpflichtet. Auffällig ist allerdings der Umstand, dass diese Bußzahlung als *weregildus* bezeichnet wird. Die Frage, ob im fränkischen Recht ein Unfreienwergeld existierte, wurde in der Forschung bereits mehrfach untersucht. Zunächst hatte sich Ignaz Jastrow 1878 gegen die Existenz eines solchen Unfreienwergelds ausgesprochen,[853] ein Umstand, den mehr als ein halbes Jahrhundert später Arnold Ehrhardt recht offensiv aufgriff, und versuchte, die Existenz eines solchen in der Lex Salica nachzuweisen.[854] Wie Hermann Nehlsen bereits umfassend erörtert hat, ist Ehrhardts Versuch wenig überzeugend, weshalb auch Nehlsen sich gegen die Existenz eines Unfreienwergelds im merowingischen Frankenreich ausspricht.[855] Die hier angeführte Bestimmung weist nach, dass es ein solches Wergeld für Unfreie zur Zeit Karls des Großen gegeben haben muss.[856] Eine festgesetzte Zahlungssumme findet sich, wie Brunner anmerkt, auch in der Lex Baiwariorum, der Lex Francorum Chamavorum und in der Lex Frisionum, wenngleich letztere auch Bestimmungen enthält, die sich gegenteilig äußern.[857] Ehrhardt verweist zudem auf eine Bestimmung der Lex Ribuaria, welche die Tötung eines Unfreien mit 36 Solidi sanktioniert und Lex Salica cc. 10,3 beziehungsweise c. 35,8, wo jeweils eine Zahlung von 35 Solidi bei Tötung eines fremden Unfreien festgesetzt wird.[858] Während alle diese Fälle zwar eine Strafzahlung bei Tötung eines Unfreien festsetzen, so spricht nur BK 52 c. 2 explizit von einem Wergeld des Unfreien. Es handelt sich also zumindest terminologisch um eine Veränderung gegenüber den genannten Leges. Da die Bestimmung allerdings die Höhe des Wergelds nicht näher bestimmt, kann nicht abschließend geklärt werden, ob die Summe derjenigen der entsprechenden Lex entsprach, oder aber, ob auch dies-

852 Ebd. c. 2 (MGH Capit. 1), S. 139.

853 Vgl. Jastrow, Stellung der Sklaven, S. 13

854 Vgl. Ehrhardt, Rechtsvergleichende Studien, S. 98–99. Er leitet seine Ausführungen mit der Feststellung ein: „Jastrow hat tatsächlich die These aufzustellen gewagt, daß diese Lex für den Unfreien kein Wergeld zubillige, daß er vielmehr nach seinem Sachwert gebüßt werde".

855 Nehlsen, Sklavenrecht, S. 268–270.

856 So auch Brunner, Deutsche Rechtsgeschichte 1, S. 369 und ihm folgend Nehlsen, Sklavenrecht, S. 270.

857 Brunner, Deutsche Rechtsgeschichte 1, S. 140–141 und 369. Vgl. dazu: Lex Baiwariorum c. 6,12 (MGH LL nat. Germ. 5, 2), S. 346: *Si eum occiderit, solvat eum domino suo cum XX sold.*; Lex Francorum Chamavorum c. 6 (MGH LL 5), S. 271: *Qui servum occiderit solidos 50 componat. Exinde in dominico, sicut diximus, terciam partem*; Lex Frisionum c. 15,4 (MGH LL 3), S. 669: *Compositio servi, libra 1 et unciae 4 et dimida;* ebd., c. 1,11, S. 657: *... iuxta quod fuerit adpretiatus et dominus eius ipsius pretii eum fuisse sacramento suo iuraverit*; ebd. c. 4,1, S. 662: *Si quis servum alterius occiderit, componat eum iuxta quod a domino eius fuerit aestimatus.*

858 Vgl. Ehrhardt, Rechtsvergleichende Studien, S. 98–99. Die entsprechenden Stellen finden sich in: Lex Ribuaria c. 8 (MGH LL nat. Germ. 3,1), S. 77 bzw. Lex Salica c. 10,3 (MGH LL nat. Germ. 4,1), S. 52 und c. 35, 8 (ebd., S. 131). Nehlsen (Sklavenrecht, S. 268) geht allerdings davon aus, dass es sich in diesen Fällen nicht um ein Unfreienwergeld handelt.

bezüglich eine Veränderung, und möglicherweise eine rechtliche Besserstellung der Unfreien, angestrebt war.

Nun gilt es den zweiten Fall der obigen Bestimmung zu betrachten. Wie sollte verfahren werden, wenn der zu Unrecht gehenkte Unfreie nicht zu Tode kam? Diesbezüglich heißt es dort: ... *et si de ipsa morte evaserit, ipse ipsam liudem recipiat et liber postea permaneat.*[859] Es scheint, als sei der Unfreie in diesem Fall in die Freiheit zu entlassen, nur der *servus* kann mit *et liber postea permaneat* gemeint sein. Auch in diesem Fall wird allerdings eine Strafzahlung fällig.[860] Doch wer erhält diese Strafzahlung? Die Bestimmung legt zunächst nahe, dass sich *ipse* auf den Unfreien bezieht. Somit wäre er es, der seine Freiheit erhält und darüber hinaus auch die fällige Strafzahlung. Allerdings würde in diesem Fall sein (vormaliger) Herr, dessen Unfreier ohne sein Verschulden gehenkt wurde, seinen Unfreien verlieren, ohne eine Entschädigung zu erhalten. Für ihn wäre es folglich günstiger, wenn der Unfreie zu Tode kommen würde. Auch wenn die Bestimmung diese Deutung sprachlich nicht zulässt, ist davon auszugehen, dass im Fall, dass der Unfreie überlebt, er selbst frei wird, während sein vormaliger Herr die Kompensationszahlung erhält.

Unter der Prämisse, dass sich *et liber postea permaneat* nur auf den Unfreien beziehen kann, würde es sich hier um einen (kuriosen) Sonderfall des fränkischen Rechts handeln, in dem ein Unfreier von einer an ihm begangenen Straftat profitieren kann. Insgesamt muss weiterhin festgehalten werden, dass unter Karl dem Großen keine Bemühungen anzunehmen sind, die Bestrafung von an Unfreien begangenen Vergehen nennenswert zu reformieren.

Anders gestaltet sich dies in Bezug auf die Bestrafung von Vergehen an Geistlichen: Zunächst werden 803 (BK 39 c. 1) Bußsummen für die Tötung verschiedener geistlicher Amtsträger festgelegt. Die Tötung eines Subdiakons soll demnach mit 300, die eines Diakons oder Mönches mit 400, eines Priesters mit 600 und die eines Bischofs mit 900 Solidi gesühnt werden.[861] Das fränkische Recht der Merowingerzeit kannte lediglich die Zahlung von 900 beziehungsweise 1800 Solidi bei Tötung eines Bischofs.[862]

Wie bereits Alfred Boretius feststellte, fand BK 39 weite Verbreitung in Rechtscodices auch südlich der Alpen.[863] Wenige Jahre später erinnert Karl seinen Sohn Pippin, König in Italien, in einem Brief unter expliziter Bezugnahme

---

859 Nr. 52 c. 2 (MGH Capit. 1), S. 139.

860 Ob sich *ipsam liudem* nun nach Niermeyer (MLLM, S. 783) auf das bereits genannte Wergeld bezieht und somit die Strafsumme dieselbe bleibt oder ob es sich um eine geringere Summe handelt, kann nicht abschließend geklärt werden.

861 Nr. 39 c. 1 (MGH Capit. 1), S. 113. Katherine Fischer-Drew (Laws, S. 240 Anm 176) weist darauf hin, dass die Handschriften der K-Version der Lex Salica dieselben Bußsummen für niedrigere Weihegrade ebenfalls enthalten.

862 Das Wergeld von 900 Solidi für einen Bischof ist erstmals in c. 40,9 der Lex Ribuaria (MGH LL nat. Germ. 3,2, S. 94) erwähnt. Die sogenannten Septem causas, nach Ubl (Verdichtung der Lex Salica,S. 228–229) vermutlich in der Mitte des 7. Jahrhunderts entstanden, ergänzen für die Lex Salica die Zahlung von 1800 Solidi bei Tötung eines Bischofs (vgl. MGH LL nat. Germ. 4,1, S. 273).

863 Vgl. dazu die Vorbemerkungen von Boretius zu Nr. 39 (MGH Capit. 1), S. 112.

auf Vergehen an Geistlichen an diese Gesetzesänderung und ermahnt ihn, Sorge für die Einhaltung und Übernahme in entsprechende Rechtsbücher zu tragen. Dies sei, so Karl, in Teilen Italiens bisher nicht geschehen, da die Bestimmung nicht als geltendes Recht betrachtet worden sei.[864] Bereits hier zeigt sich, dass die Kapitel von BK 39 nicht ausschließlich als Ergänzungen für das fränkische Recht formuliert worden waren, sondern reichsweite Geltungskraft besitzen sollten.

Für diese Studie relevant werden diese Ergänzungen der Bestrafung von an Geistlichen begangenen Tötungsdelikten allerdings hauptsächlich aufgrund einer weiteren Formulierung Karls im besagten Brief an Pippin. Nachdem Karl seinen Sohn zur Durchsetzung der obigen Bestimmungen auffordert, ergänzt er diese durch eine Verschärfung: Sollte es sich um freigeborene Geistliche halten, die getötet oder geschlagen, so solle die Strafzahlung verdreifacht werden.[865] Bei einem Vergehen an unfrei geborenen Geistlichen hingegen soll die Strafe ebenfalls verdreifacht werden, aber in Schläge umgewandelt werden.[866]

Insgesamt kann in Bezug auf Bestrafung von durch oder an Unfreien begangenen Vergehen in den Kapitularien Karls erneut ein hohes Maß an Kontinuität zum fränkischen Recht der Merowingerzeit festgestellt werden. Auch wenn der systematischen Bestrafung unfreier Täter offenbar teilweise wenig Beachtung geschenkt wurde (ein Umstand, der sich etwa über die allgemeinen und wenig präzisen Formulierungen begründen lässt), wurde an der grundsätzlichen Trennung von Freien, die Vergehen über Kompensationszahlungen büßten, und Unfreien, die Körperstrafen unterzogen wurden, festgehalten. Straftaten innerhalb eines Hausstandes wurden weiterhin durch den entsprechenden *dominus* geregelt, ohne dass legislative Interventionsversuche festgestellt werden können.

864 Vgl. Nr. 103 (MGH Capit. 1), S. 212: *Audivimus etiam, quod quedam capitula quae in lege scribi iussimus per aliqua loca aliqui ex nostris de vestris dicunt, quod nos nequaquam illis hanc causam ad notitiam per nosmetipsos condictam habeamus, et ideo nolunt ea oboedire nec consentire neque pro lege tenere…*

865 Nr. 103 (MGH Capit. 1), S. 212: … *Tu autem nosti, quomodo vel qualiter tecum locuti fuimus de ipsis capitulis, et ideo monemus tuam amabilem dilectionem, ut per universum regnum tibi a Deo commissum ea nota facias et oboedire atque inplere praecipias, de episcopis et sacerdotibus occisis, sicut statutum habuimus, et de reliquis quibuslibet causis. Verumtamen de presbiteris videtur nobis, si liber natus est, per triplam compositionem secundum suam legem fiat compositus; et si plagatus fuerit, secundum qualitatem vel quantitatem plagarum vel disciplinae tripla compositione emendetur ab eo qui hoc perpetraverit…*

866 … *Si autem presbiter servus natus fuit, secundum illius nativitatem tripla compositione solvatur in plagis et disciplinis. Et de diaconibus similiter fiat.* Zur Verdreifachung von Strafen als Ausdruck des Königsschutzes vgl.: Brunner / von Schwerin, Deutsche Rechtsgeschichte 2, S. 68–72. Zur Erhöhung des Bannes vgl. ebd., S. 48–49.

3.4 Die Kapitularien Ludwigs des Frommen und unfreie Straftäter

3.4.1 Unfreie Straftäter zwischen 814 und 822: Herrenhaftung, öffentliche Strafe und neue Bußsummen?

Die Frage wann Ludwig der Fromme in seinen Kapitularien erstmals die Bestrafung im Zusammenhang mit Unfreien, sei es als Täter oder Opfer, behandelt, führt unmittelbar zur Kontroverse um die Entstehung seiner Aachener Palastordnung (CNS 1).[867] Boretius' Datierung auf das Jahr 820 findet auch weiterhin Zustimmung in Teilen der Forschung.[868] Gleiches gilt allerdings für die zuerst von Engelbert Mühlbacher vorgeschlagene Datierung auf 814.[869] Dieser Datierung wird von Karl Ubl in der Neuedition der Kapitularien Ludwigs mehr Plausibilität attestiert.[870] Ein Grund für den weiterhin nicht abschließend zu klärenden Entstehungszeitpunkt ist sicherlich in der ungünstigen Überlieferungssituation zu sehen: Das Kapitular findet sich unikal in der Handschrift Paris Lat. 4788 überliefert.[871] Dass die Hofordnung nicht zur reichsweiten Verbreitung formuliert wurde, ist evident, sodass die schlechte Überlieferungssituation kaum überrascht. Unter den acht Kapiteln der Aachener Palastordnung findet sich mit c. 3 auch ein an dieser Stelle relevantes Kapitel.[872]

Das Kapitel untersagt es allen am Hofe lebenden Personen, Verbrecher aufzunehmen (und zu verstecken). Zuwiderhandlung soll im Falle eines Freien mit einer bemerkenswerten symbolischen Bestrafung geahndet werden: Der Täter muss die von ihm verborgene Person auf seinem Nacken (*in collo suo*) zunächst um den Palast und dann zum Gefängnis tragen. In Bezug auf die Bestrafung von Unfreien hingegen ist die Bestimmung weniger kreativ: Diese

---

867 Nr. 1 (MGH Capit. N. S. 4), S. 4–7. Zur wachsenden Bedeutung von Aachen seit der Zeit Karls des Großen vgl. u. a.: Nelson, Aachen, S. 217–241; Falkenstein, Pfalz, S. 131–181.

868 Vgl. dazu u. a.: Flach, Untersuchungen, S. 63; Nelson, Aachen, S. 238; Schlesinger, Beobachtungen, S. 420. Vorsichtiger: de Jong, Einhard, S. 562–563 („circa 820").

869 Mühlbachers Datierung findet sich in: Böhmer et al., Regesten Nr. 565, S. 249–250. Es folgen u. a.: Falkenstein, Charlemagne, S. 269; Geisel, Juden, S. 493 Anm. 11; Patzold, Ich und Karl, S. 112.

870 Nr. 1 (MGH Capit. N. S. 4), S. 1–2.

871 Zur Handschrift: Mordek, Bibliotheca, S. 546–549.

872 Nr. 1 c. 3 (MGH Capit. N. S. 4), S. 4–5: *Volumus atque iubemus, ut nullus de his, qui nobis in nostro palatio deserviunt, aliquem hominem propter furtum aut aliquem homicidium vel adulterium vel aliud aliquod crimen ab ipso perpetratum et propter hoc ad palatium nostrum venientem atque ibi latitare volentem recipere praesumat. Et si liber homo hanc nostram iussionem transgressus fuerit et huiusmodi hominem reciperit, sciat se eundem hominem, [qui] apud eum invent[us] fuerit, in collo suo porta[r]e debere, primum circa palac[ium] deinde ad cipp[u]m, i[n] quem idem malefa[ctor mitte]ndus est. Si au[tem] se[rv]us fuerit, qui hanc nostram iussionem servare contempserit, similiter illum malumfactorem in collo suo usque ad cippum deportet, et ipse postea in marcatum adducatur et ibi secundum merita sua flagelletur. Similiter de gadalibus et meretricibus volumus, ut apud quemcumque inven[tae] fuerint, [a]b eis portentur [us]qu[e] ad mer[c]at[um], ubi ipsa flagell[a]nda est; [†] fecerit, volumus, ut s[i]mul cum illa [in] eo[de]m lo[c]o vapuletur.*

sollen zusätzlich zu dieser Strafe anschließend zum Markt geführt und dort einer Körperstrafe unterzogen werden (*et ipse postea in marcatum adducatur et ibi secundum merita sua flagelletur*). Im Vordergrund der Bestimmung steht hier zweifellos die spektakuläre öffentliche Bestrafung. Ziel der Bestimmung war nach Mayke de Jong, im Aachener Palast eine „new moral order" durchzusetzen,[873] wobei die öffentliche Bestrafung nicht nur eine besondere Form der Demütigung darstellte, sondern gleichermaßen auch eine abschreckende Funktion hatte.[874] Trotz der ungewöhnlichen Form der Bestrafung, die wohl der besonderen Situation eines Vergehens am Hof zugeschrieben werden darf,[875] bedeutet das Kapitel für die statusabhängige Ahndung von Vergehen keine grundlegende Veränderung.

Während CNS 1 unikal überliefert ist, zählt das nächste an dieser Stelle zu betrachtende Stück zu den am weitesten verbreiteten und rezipierten Kapitularien Ludwigs des Frommen: Die Capitula legibus addenda (CNS 9).[876] Auch in Bezug auf ihren Adressatenkreis entspricht CNS 9 der Palastordnung (CNS 1) keineswegs: War letztere nur für den Hof bestimmt, sollte CNS 9 durch Grafen und *missi* verbreitet und den Leges hinzugefügt werden (*Incipiunt capitula, quae legibus addenda sunt, quae et missi et comites habere et ceteris nota facere debent*).[877] Inhaltlich behandeln die insgesamt 21 Kapitel ein breites Spektrum verschiedener Themen. Gleich fünfmal (in cc. 1, 15, 16, 18 und 19) wird dabei auch die Bestrafung Unfreier behandelt.

Das lange erste Kapitel von CNS 9 behandelt Tötungsdelikte, die innerhalb der Kirche begangen werden.[878] Während das Kapitel grundsätzlich festlegt, dass ein solches Vergehen mit dem Tode bestraft wird,[879] werden einige Einschränkungen vorgenommen. Handelt es sich um Notwehr nach einer versuchten Flucht in den Schutz der Kirche durch einen Freien, und kann dieser Umstand entweder durch Zeugenaussage oder durch Eidesleistung nachgewiesen werden, so ist eine Zahlung von 600 Solidi zu leisten; also das dreifache

---

873 De Jong, Penitential State, S. 193. Vgl. auch Ubl, Punishment Imperative, S. 5

874 Vgl. McComb, Strategies of Correction, S. 205–206.

875 Vgl. ebd.

876 Das Kapitular ist in mehr als 30 Handschriften überliefert. Es findet sich zudem in der Kapitulariensammlung des Ansegis. Spätere Kapitularien Ludwigs und Karls des Kahlen greifen das Kapitular – wenngleich indirekt über Ansegis – auf. Vgl. die Vorbemerkung zu Nr. 9 (MGH Capit. N. S. 4) mit einer Liste aller Handschriften auf S. 103 und umfangreichen Ausführungen zur Überlieferung auf S. 104–113. Zur Rezeption des Kapitulars vgl. ebd., S. 116–117.

877 Ebd., S. 118.

878 Vgl. Nr. 9 c. 1 (MGH Capit. N. S. 4), S. 118–121. Zum Kapitel vgl. Ubl, Punishment Imperative, S. 7–8. Zum Sonderstatus von Kirchen vgl.: Kasten, Kirchliche Zufluchtsorte.

879 Nr. 9 c. 1 (MGH Capit. N. S. 4), S. 118–121: *Si quis aut ex levi causa aut sine causa hominem in ecclesia interfecerit, de vita conponat. Si vero foris rixati fuerint, et unus alterum in ecclesiam fugerit et ibi se defendendo eum interfecerit, si huius facti testes non habuerit, cum XII coniuratoribus legitimis per sacramentum adfirmet se defendendo eum interfecisse. Et post haec DC solidos ad partem ecclesiae, quam illo homicidio polluerat, et insuper bannum nostrum solvere cogatur. Is vero, qui interfectus est, absque compositione iaceat. Ac deinde interfector secundum iudicium canonicum congruam facinori, quod admisit, paenitentiam accipiat. Si proprius servus hoc commiserit, iudicio aquae ferventis examinetur, utrum hoc sponte an se defendendo fecisset. Et si manus eius exusta fuerit, interficiatur…*

Wergeld eines freien Franken. Hinzu kommt die Zahlung des einfachen Königsbanns an den Fiskus und eine ‚kanonische Strafe'. Die Zahlung ist allerdings nicht an die Erben des Getöteten zu zahlen, sondern an die Kirche, in der das Tötungsdelikt ausgeübt wurde. Die Zahlung dient also der Wiedergutmachung der ‚besudelten' Kirche. Es schließt der Fall an, dass es sich um einen unfreien Täter handelt: Grundsätzlich ist dieser mit dem Tode zu bestrafen. Auch dem unfreien Täter wird allerdings die Möglichkeit eingeräumt, nachzuweisen, dass aus Notwehr gehandelt wurde. Hier findet der Nachweis allerdings über ein Gottesurteil in Form der Probe des kochenden Wassers statt. Weist das Gottesurteil[880] nach, dass der Unfreie unschuldig ist, so muss der *dominus* des Unfreien entweder das Wergeld des Getöteten an die Kirche zahlen oder aber den Unfreien in den Besitz dieser Kirche übertragen.[881] Diese Regelung ist in zweierlei Hinsicht bemerkenswert. Zum einen, weil c. 1 auch abhängig vom Besitzer des Unfreien differenziert: Gilt der gerade beschriebene Fall für *servi proprii*, wohl Unfreie im Privatbesitz, so wird die Möglichkeit, den *servus* anstelle des Wergelds an die Kirche zu übergeben, nicht eingeräumt, sollte es es sich bei dem Täter um einen (*servus*) *fiscalinus*, *ecclesiasticus* oder *beneficiarius* handeln.[882] Wie noch zu zeigen ist, war das letzte Wort in diesem Fall für die Herrschaftszeit Ludwigs des Frommen noch nicht gesprochen, denn c. 1 erfuhr im Rahmen der Wormser Kapitularien von 829 eine inhaltliche Umarbeitung.[883]

Das Kapitel entspricht, wie bereits für einige Kapitel aus der Zeit Karls festgestellt, nicht der von Nehlsen angenommenen These von einem Ende der Herrenhaftung im 6. Jahrhundert.[884] Der Herr des unfreien Täters haftet an dieser Stelle eindeutig, wobei sein ökonomischer Schaden auf den Wert des Unfreien begrenzt wird; eingeräumt wird schließlich die Übergabe des Unfreien, was aus rein ökonomischer Perspektive wohl immer dann sinnvoll war, wenn der Getötete nicht ebenfalls ein Unfreier war und das fällige Wergeld den Wert des Unfreien weit überstieg.[885]

Auch ein weiteres Kapitel (c. 15) von CNS 9 bestätigt die 818/819 offenbar geltende Herrenhaftung bei gewissen, von Unfreien begangenen Delikten. Nachdem der Umgang mit des Diebstahls (*furtum*) bezichtigten Freien behandelt wurde, heißt es in besagtem Kapitel in Bezug auf Unfreie: *Quod si servus de furto accusatus fuerit, dominus eius pro eo emendet aut eum sacramento excuset, nisi tale*

---

880 Zum Gottesurteil vgl. u. a.: Nottarp, Gottesurteilsstudien, S. 255–260; Bartlett, Trial by Fire, S. 4.

881 Nr. 9 c. 1 (MGH Capit. N. S. 4), S. 118: … *Si autem non fuerit, dominus eius, iuxta quod vvirgildus illius est, ad ecclesiam persolvat aut eum, si voluerit, eidem ecclesiae tradat.* Zur Sache: Eckhardt, Salische und Ribuarische Franken, S. 112–115.

882 Nr. 9 c. 1 (MGH Capit. N. S. 4), S. 118–121: … *De ecclesiastico et fiscalino et beneficiario servo volumus, ut pro una vice vvirgildus eius pro eo conponatur, altera vice ipse servus ad supplicium tradatur.* Zu den hier angesprochenen Unfreien vgl. Ubl, ebd., S. 232 Anm. 10.

883 Vgl. dazu Kapitel 3.4.2.

884 Vgl. Nehlsen, Sklavenrecht, S. 253–254 und 353. Diesen Umstand bemerkt bereits Ubl im Zusammenhang mit unserem Kapitel. Vgl. dazu: Nr. 9 c. 1 (MGH Capit. N. S. 4), S. 118 Anm. 8.

885 Vgl. dazu die bereits erwähnten Ausführungen von McCormick (Origins, S. 755–757 mit Abb. 25,1).

furtum perpetratum habeat, propter quod ad subplicium tradi debeat.[886] Dass CNS 9 c. 15 in Bezug auf die Herrenhaftung zumindest für die Herrschaftszeit Ludwigs keinen Einzelfall darstellt, zeigt auch die Betrachtung weiterer Kapitel in den Kapitularien Ludwigs, die es noch zu besprechen gilt.

Zunächst gilt es allerdings, drei weitere Kapitel von CNS 9 zu betrachten, die im Zusammenhang mit Unfreien und Strafen von Bedeutung sind. Die Missachtung herrscherlicher Anordnungen soll nach c. 16 zum Verlust von Amt oder *beneficium* führen, wenn es sich um einen Freien oder einen Amtsträger des Grafen (*ministerialis comitis*) handelt. Unfreie hingegen sollen nackt an einem Pfahl ausgepeitscht und ihr Haar geschoren werden (*nudus ad palum vapulet et caput eius tondeatur*).[887] Wie bereits in CNS 1 ist die spektakuläre Komponente der Bestrafung auffällig. Zurückzuführen ist diese wohl auch im Fall von c. 16 auf die besondere Schwere des Vergehens. War es bei CNS 1 noch die unmittelbare Nähe zum herrscherlichen Hof, so besteht diese besondere Schwere hier darin, dass herrscherliche Befehle missachtet und somit die herrscherliche Autorität untergraben werden. Hinzu kommt, erneut wie in CNS 1, eine Unterscheidung in der Form der Bestrafung abhängig vom Rechtsstatus des Täters. Ein solches Verfahren konnte nicht nur bereits für Karl den Großen, sondern ebenso für die Lex Salica und die merowingischen Kapitularien festgestellt werden. Dass das karolingische Strafsystem grundsätzlich auf merowingischen Prinzipien basiert (ein Umstand, der in der Forschung immer wieder betont wird),[888] bestätigt sich auch hier.

Allerdings konnten bereits für Karl den Großen nuancierte Unterschiede im Vergleich mit Bestrafungspraktiken der merowingischen Rechtstexte festgestellt werden.[889] Dies gilt gleichermaßen für Ludwig den Frommen. Ein Beispiel für einen solchen Unterschied findet sich etwa in der Korrelation von Körperstrafe bei Unfreien und Kompensationszahlung bei Freien. Während die genaue Anzahl der Schläge, die ein Unfreier für ein bestimmtes Delikt erhalten soll, nicht immer explizit gemacht wird, so lässt sich für die merowingische Lex Salica ein Verhältnis von einem Denar pro Hieb feststellen. Erwähnt wird zudem oftmals die Möglichkeit, statt einer Prügelstrafe eine (reduzierte) Strafzahlung zu leisten. Während diese Möglichkeit bereits für die Kapitularien Karls des Großen nicht

---

886 Nr. 9 c. 15 (MGH Capit. N. S. 4), S. 134–135. Ob *subplicium* in diesem Kontext als „Folter" (vgl. Nehlsen, Sklavenrecht, S. 340) oder „Hinrichtung" (vgl. Ubl in seiner Übersetzung von Nr. 9 c. 15 [MGH Capit. N. S. 4], S. 135) zu deuten ist, ist nicht abschließend festzustellen. Gegen die Deutung von *subplicium* als Folter spricht allerdings ein fehlender Vergleichsbeleg.

887 Nr. 9 c. 16 (MGH Capit. N. S. 4), S. 134: *DE DISPECTU LITTERARUM DOMINICARUM. Si quis litteras nostras dispexerit, id est tractoriam, quae propter missos recipiendos dirigitur, aut honores, quos habet, amittat aut in eo loco, ubi praedictos missos suscipere debuit, tamdiu resideat et de suis rebus legationes illuc venientes suscipiat, quousque animo nostro satisfactum habeat. Qui vero epistolam nostram quocumque modo dispexerit, iussu nostro ad palatium veniat et iuxta voluntatem nostram congruam stulticiae suae castigationem accipiat. Et si homo liber vel ministerialis comitis hoc fecerit, honorem, qualemcumque habuerit, sive beneficium amittat; et si servus fuerit, nudus ad palum vapulet et caput eius tondeatur.*

888 Vgl. u. a. McComb, Strategies of Correction, S. 163.

889 Vgl. Kapitel 3.3. Umfangreicher dazu: Leyendecker, Punishment.

mehr festzustellen ist, finden sich zumindest zwei Beispiele (BK 61 und BK 62) für besagtes Verhältnis von einem Denar pro Hieb in den Kapitularien Karls.[890] CNS 9 c. 18 kennt zwar ebenfalls ein Verhältnis zwischen Strafzahlung und Schlägen, diese beträgt allerdings einen Solidus pro Hieb. Die Strafe bemisst sich auf 60 Solidi oder 60 Hiebe und entspricht somit der bereits unter Karl eingeführten strengen Strafe des Königsbanns.[891] Von einer vollständigen Neuerung Ludwigs kann in Bezug auf das Verhältnis der Strafen zwar nicht ausgegangen werden, allerdings stellt das Kapitel den ersten Fall dar, in dem dieses Verhältnis explizit mit der Bestrafung von Unfreien in Verbindung gebracht wird. Unklar ist, weshalb sich das Kapitel ausschließlich auf *servi* der Kirche, des Grafen oder von herrscherlichen Vasallen bezieht. Der behandelte Tatbestand, die Ablehnung eines vollgewichtigen Denars, ein Themenfeld, dass, wie bereits für c. 1 festgestellt, ebenfalls im Rahmen der Reforminitiative von 829 erneut aufgegriffen wird,[892] könnte zweifellos durchaus auch von Unfreien in Privatbesitz begangen werden. Zwei mögliche Deutungen scheinen an dieser Stelle denkbar: Entweder ist die Gleichbehandlung aller Unfreien implizit oder aber auch hier soll der Herr solcher Unfreien haftbar gemacht werden. Die Differenzierung, die im inhaltlich verwandten c. 5 von BK 28 vorgenommen wird, Körperstrafe im Falle eines eigenen Geschäfts (*negotium proprium*) des *servus* und Haftung des Herrn, wenn der *servus* in dessen Auftrag handelt, wird in CNS 9 c. 18 nicht vorgenommen.

Für erstere Annahme (Gleichbehandlung aller Unfreien, unabhängig vom Besitzer) könnte auch das anschließende c. 19 sprechen, in dem festgelegt wird, dass Münzfälschern die Hand abgeschlagen werden solle, während Kollaborateure je nach Rechtsstatus entweder 60 Solidi zu zahlen haben oder aber 60 Hiebe erhalten sollen.[893] Hier wird also nicht mehr zwischen Unfreien verschiedener Besitzer unterschieden. Dieser Umstand kann allerdings zumindest im Rückbezug auf c. 18 durchaus auch als gegenteiliges Argument betrachtet werden: Weshalb sollte c. 18 explizit gewisse Gruppen von Unfreien benennen, wenn ohnehin alle Unfreien gleichbehandelt werden sollten? Gänzlich klären lässt sich die Frage, wie Unfreie von Privatleuten unter Ludwig bestraft werden sollten, die die Annahme guter Denare verweigerten, also nicht.

Die gerade besprochene Gleichbehandlung von unfreien Straftätern führte auch im unmittelbaren Nachgang der Reform von 818/819 zu Klärungsbedarf,

---

890 Vgl. Kapitel 3.3.1.

891 Vgl. Nr. 9 c. 18 (MGH Capit. N. S. 4), S. 136: *XVIII. DE HIS, QUI BONOS DENARIOS ACCIPERE NOLUNT. Quicumque liber homo denarium merum et bene pensantem recipere noluerit, bannum nostrum, id est sexaginta solidos, conponat. Si vero servi ecclesiastici aut comitum aut vassallorum nostrorum hoc facere praesumpserint, sexaginta ictibus vapulent aut, si magister eorum vel advocatus, qui liber est, eos vel comiti vel misso nostro iussus praesentare noluerit, praedictum bannum sexaginta solidorum conponat.* Vgl. auch ebd., S. 137 Anm. 55 und 56.

892 Vgl. Kapitel 3.4.2. Zur Ablehnung von Denaren in den Kapitularien Karls des Großen vgl. Nr. 28 c. 5 (MGH Capit. 1), S. 64. Dazu auch: Devroey, Acitivité monétaire, insb. S. 192 und 198.

893 Nr. 9 c. 19 (MGH Capit. N. S. 4), S. 138: *DE ADULTERATORIBUS MONETAE. De falsa moneta iubemus, ut, qui eam percussisse conprobatus fuerit, manus ei amputetur. Et qui hoc consensit, si liber est, sexaginta solidos componat; si servus est, sexaginta ictus accipiat.* Eine Einordnung des Kapitels bietet Ubl (ebd., S. 137 Anm. 57).

wie sich anhand der Beratungen zeigt, die als Weistum verbreitet wurden und als Capitula legi Salicae addita (CNS 15) bezeichnet werden.[894] In c. 7 wird dort in Bezug auf die Bestrafung von Unfreien, die einen Freien getötet hatten gefragt: *De XXXVII. capitulo: 'Si quis servus hominem ingenuum occiserit, ipse homicida pro medietate conpositionis parentibus hominis occisi tradatur et aliam medietatem dominus servi se noverit solviturum aut, si legem intellexerit, poterit se obmalare, ut leodem non solvat.' Quia nullam de ecclesiastico aut beneficiario vel alterius persone servo discretionem lex fecit, si ita aecclesiastici aut beneficiarii servi sicut liberorum tradi aut dimitti possunt, ad interrogationem domni imperatoris reservare voluerunt.*

Eindeutig ist für die Verfasser von CNS 15, dass Unfreie in solchen Fällen an die *parentes* des Opfers zu übergeben sind.[895] Unklar ist hingegen, ob diese Regelung auch für *servi* der Kirche und solche auf Leihegütern (*beneficia*) gelten soll. Zumindest in Bezug auf die *servi ecclesiastici* ist die Unsicherheit der unbekannten Verfasser durchaus nachvollziehbar. Wie festgehalten wird, macht die *lex* (Salica) keinen Unterschied nach Besitzer des schuldigen Unfreien. Wie Stefan Esders betont, galt Kirchenbesitz, also auch Unfreie der Kirche, (nicht nur) im Frankenreich als unveräußerlich.[896] Diese Unveräußerlichkeit von Kirchenbesitz steht in einem offensichtlichen Konflikt mit der in CNS 15 zitierten Bestimmung der Lex Salica. Dass die Verfasser deshalb an einer kaiserlichen Antwort in Bezug auf diese Problematik interessiert waren, ist nachvollziehbar. Ob sie eine solche Antwort erhielten beziehungsweise wie diese ausfiel, ist allerdings unbekannt.

Das Kapitel des Weistums weist zudem eindeutig die auch für die Rechtspraxis des 9. Jahrhunderts weiterhin bestehende Relevanz von Teilen der Lex Salica nach, auf die bereits Karl Ubl hingewiesen hat.[897] Diese Relevanz bedeutet im vorliegenden Fall auch eine potenzielle Herrenhaftung, sodass sich diese für das 9. Jahrhundert erneut nachweisen lässt.

Wohl zu einem ähnlichen Zeitpunkt wie CNS 9 entstand, möglicherweise in Thionville (Oktober 821)[898] oder Attigny (August 822),[899] ein weiteres Kapitular, das in der Forschung bisher keine nennenswerte Beachtung gefunden hat: Die insgesamt zwölf Kapitel der Capitula missorum (CNS 17) sind indirekt über die

---

894 Für umfangreichere Ausführungen zur Einordnung des Kapitulars, vgl. Kapitel 2.4.2.

895 Das Kapitel macht nicht eindeutig, wie die Kenntnis der Lex den *dominus* des Täters davor schützen kann, das halbe Wergeld zu zahlen. Es könnte vermutet werden, dass besagter *dominus* vor Gericht (durch Eid) nachweisen konnte, dass er an dem Tötungsdelikt weder beteiligt war noch davon wusste. So bereits ausführlich Nehlsen, Sklavenrecht, S. 293–300. Nehlsen behandelt in diesem Zusammenhang auch ältere Deutungen des schwer verständlichen Lex Salica-Titels und bietet entsprechende Literatur in den Anmerkungen.

896 Esders, Ecclesiastical Freedmen, insb. S. 565–568. Zudem galt nach Esders (ebd., S. 568): „Anyone infringing upon church property was thus defamed as a *necator pauperum*." Ausführlicher zu diesem Thema ist die Studie von Calvette-Marcadé (Assassins des pauvres), auf die bereits Esders verweist.

897 Vgl. Ubl, Sinnstiftungen, S. 189.

898 Annales regni Francorum a. 821 (MGH SS rer. Germ. 6), S. 156: *Medio mense Octobrio.*

899 Ebd. a. 822, S. 158: *mense Augusto.*

Kapitulariensammlung des Ansegis überliefert.[900] Entgegen des von Boretius gewählten Titels ist nur die Hälfte der Kapitel an die *missi* gerichtet. Adressiert werden aber auch Grafen, Vasallen und Verwalter von Fiskalgut.[901] Ebenfalls nicht eindeutig ist der intendierte Geltungsbereich der Kapitel: Viele Kapitel erwecken den Eindruck, dass es sich um „eine für den westfränkischen Raum bestimmte ‚Spezialausfertigung' eines verlorenen allgemeinen Kapitulars" handeln könnte. Die Kapitel 1–3, 6–9 und 12 sind hingegen wohl nicht auf eine bestimmte Region zu beziehen.[902] Unfreie werden insgesamt in vier Kapiteln und somit relativ häufig explizit behandelt. Relevant sind an dieser Stelle allerdings lediglich die cc. 1 und 7.[903]

In c. 1 wird Herren von Unfreien die Zahlung des Königsbanns von 60 Solidi angedroht, wenn sie zulassen, dass ihre *servi* sich zu Banden zusammenschließen, um Straftaten wie Mord, Brandstiftung oder Raub zu begehen.[904] Dass sich das Kapitel nicht an die *servi* direkt richtet, kann kaum überraschen; bemerkenswert ist jedoch, dass die Bestrafung der eigentlichen Straftäter, der *servi*, nicht einmal thematisiert wird. Freilich könnte dies auf den Umstand zurückzuführen sein, dass das Kapitel verschiedene Delikte aufzählt, die unterschiedlich bestraft werden sollten.[905] Es zeigt sich, dass der Fokus der Bestimmung auf den nachlässigen *domini* liegt, die zur Rechenschaft gezogen werden sollen. Im engeren Sinne kann hier, entgegen der Einschätzung von Hans-Werner Goetz,[906] allerdings wohl nicht von einer direkten Herrenhaftung gesprochen werden, da die Bestrafung der angesprochenen *domini* nicht von den Verbrechen ihrer Un-

---

900 Allgemeines zu diesem Kapitular in der Vorbemerkung von Schmitz in der Edition der Kapitulariensammlung des Ansegis (MGH Capit. N. S. 1, S. 37). Kapitel 1 ist zudem auch im Liber Papiensis überliefert, wobei wahrscheinlich ist, dass der Liber Papiensis hier Ansegis als Vorlage hatte. Zur Tatsache, dass die Kapitulariensammlung des Ansegis auch in Italien Verbreitung fand, vgl. u. a.: Patetta, Collezione d'Ansegisio; Bougard, Justice, S. 32–33 und 41–42. Zur Einordnung des Kapitels im Liber Papiensis vgl.: Breternitz / Mischke, Notariat, S. 123 mit Anm. 42.

901 Vgl. die Vorbemerkung von Kaschke zu Nr. 17 (MGH Capit. N. S. 4), S. 212.

902 So bereits Schmitz (MGH Capit. N. S. 1, S. 37). Kaschke (Nr. 17 [MGH Capit. N. S. 4], S. 212) bemerkt in Anlehnung an die Ausführungen von Schmitz, dass viele Kapitel Bezüge zu Küsten oder Flüssen enthalten, und verweist auf die Lage von St. Wandrille. Solche regionalen Spezialausfertigungen sind etwa über die verschiedenen Versionen der Capitula missorum specialia von 802 bekannt. Vgl. dazu: Eckhardt, Capitula missorum specialia, S. 498–516. Allgemein zur Abgrenzung der Missatica vgl.: Kikuchi, Herrschaft, S. 35–40.

903 In Nr. 17 c. 2 (MGH Capit. N. S. 4, S. 214–215) werden Güter oder Unfreie behandelt, derer sich der Fiskus vermeintlich bemächtigt haben soll.

904 Nr. 17 c. 1 (MGH Capit. N. S. 4), S. 214–215: *Si servi per contumatiam collecta multitudine alicui vim intulerint, id est aut homicidium aut incendium aut qualiumcumque rerum direptiones fecerint, domini, quorum neglegentia hoc evenit, pro eo, quod eos constringere noluerunt, ut talia facere non auderent, bannum nostrum, id est LX solidos, solvere cogantur.*

905 Nur die Strafe für Brandstiftung in den Capitula ad legem Baiwariorum addita (Nr. 68) aus der Zeit Karls des Großen beträgt ebenfalls 60 Solidi, vgl. Nr. 68 c. 2 (MGH Capit. 1), S. 157–158: *Ut raptum vel vim per collecta hominum et incendia infra patriam nemo facere praesumat; et qui hoc commiserit, sexaginta solidos in bannum nostrum conponat.* So bereits Kaschke (Nr. 17 c. 1 [MGH Capit. N. S. 4], S. 214 Anm. 1). Zur Einordnung des Kapitels vgl.: Grollmann, Stammesrecht, S. 288–297.

906 Goetz, Serfdom, S. 36 mit Anm. 52.

freien abhängig gemacht wird. Sicher zeigt sich an dieser Stelle, dass der Besitz von Unfreien mit einer gewissen Verantwortung einherging, und dem *dominus* eine Art Sorgfaltspflicht zukam.

Ein ähnliches Thema wird auch in CNS 17 c. 7 behandelt.[907] Schwureinigungen (*coniurationes*) von Unfreien in Flandern, Mempisque und anderen Küstenregionen sollen von deren *domini* aufgelöst und die entsprechenden *servi* gezüchtigt werden. Sollte ein solcher Fall auftreten, nachdem die *domini* durch Ludwigs *missi* über die Verordnung in Kenntnis gesetzt worden sind, müssen sie den Bann in Höhe von 60 Solidi zahlen.

Wie Otto Gerhard Oexle aufzeigen konnte, handelte es sich bei diesen *coniurationes* nicht um Bauernaufstände, wie in der Forschung teilweise vermutet, sondern wohl um „Hörigengilden in den Küstenregionen", deren „Entstehen bedingt ist durch die seit den zwanziger Jahren des 9. Jahrhunderts wachsende Bedrohung durch die Normannen."[908] Oexle vermutet zudem, dass diese Hörigengilden von den Grundherren zunächst toleriert wurden, da die Ziele der Verbindungen auch im Interesse der Grundherren waren. Betrachtet man die Vereitelung normannischer Übergriffe als Hauptziel der *coniurationes*, so läge dieses Ziel grundsätzlich auch im Interesse Ludwigs, sodass die Frage aufkommt, warum er diese Verbindungen unter Androhung solch strenger Strafen verbietet. Als Hintergrund vermutet Oexle hier, dass die Verbindungen mit ihrem Versuch, sich zu schützen, die herrscherliche Aufgabe der Wahrung von Frieden und Ordnung in die eigene Hand nahmen und somit den herrscherlichen Machtanspruch untergruben.[909] Während diese Annahme grundsätzlich plausibel scheint, fällt auf, dass Ludwig die Auflösung der *coniurationes* und die Züchtigung der *servi* an die entsprechenden Besitzer delegiert. Vor diesem Hintergrund ist denkbar, dass die Problematik für Ludwig nicht in der Sache, sondern vielmehr in der Form lag: Die Verbindung der *servi* wird in diesem Kontext schließlich eindeutig als *coniuratio* bezeichnet: sie hatten sich also verschworen. Solche *coniurationes* wurden bereits unter Karl dem Großen mehrfach verboten.[910]

In Bezug auf das Kapitel dieser Studie ist c. 7 mit dem bereits besprochenen c. 1 gleichzusetzen: Unfreienbesitzer werden zwar auch hier nicht direkt für von ihren *servi* begangene Vergehen haftbar gemacht, ihnen wird allerdings durchaus die Verantwortung übertragen, ihre Unfreien zu kontrollieren und im

---

907 Nr. 17 c. 7 (MGH Capit. N. S. 4), S. 216–217: *De coniurationibus servorum, quae fiunt in Flandris et in Menpisco et in caeteris maritimis locis, volumus, ut per missos nostros indicetur dominis servorum illorum, ut constringant eos, ne ultra tales coniurationes facere praesumant. Et ut sciant ipsi eorundem servorum domini, quod, cuiuscumque servi huiuscemodi coniurationem facere praesumpserint, postquam eis haec nostra iussio fuerit indicata, bannum nostrum, id est LX solidos, ipse dominus persolvere debeat.*

908 Oexle, Conjuratio, S. 498. Zu älteren Deutungen der Schwureinigungen vgl.: ders., Gilden, S. 306 mit Anm. 124.

909 So Oexle, Conjuratio, S. 499.

910 Oexle, Gilden, S. 304 mit Anm. 115.

Zweifelsfall zu züchtigen. Der konkrete Umgang mit den Unfreien wird ihnen dabei vollständig freigestellt.[911]

3.4.2 Die Reform von 829: Bekannte Probleme, neue Ansätze

Im Kontext der Betrachtung von CNS 9 wurde bereits vorweggenommen, dass zwei Kapitel, nämlich cc. 1 und 18, im Zusammenhang mit der Reforminitiative Ludwigs des Frommen im Jahr 829[912] erneut aufgegriffen wurden. In den Jahren 828 und 829 entstanden mindestens zehn Kapitularien, sodass Laurent Jégou in dieser Reforminitiative „le climax de l'activite legislative de Louis le Pieux" sieht.[913] Kontext dieser Initiative ist, wie bereits 779 unter Karl dem Großen, eine ökonomische und politische Krise, der von der Forschung viel Aufmerksamkeit gewidmet wurde.[914] Im August 829 tagte eine „große Versammlung" in Worms,[915] deren Ergebnis, so die vorherrschende Forschungsmeinung, drei ‚Kapitellisten' waren.[916] Jüngst konnte Steffen Patzold zeigen, dass bei diesen Listen – von Boretius als Capitulare Wormatiense, Capitulare missorum Wormatiense und Capitulare pro lege habendum Wormatiense bezeichnet – von einem „erheblich komplexeren Entstehungsprozess" auszugehen ist.[917] Während die Details dieses Prozesses für die folgende Betrachtung zweier Kapitel aus besagten drei Kapitellisten nicht weiter von Bedeutung ist (hier genügt festzuhalten, dass die Kapitel sicher im Zusammenhang mit der aus der Krise 828/829 resultierenden Reforminitiative entstanden), darf auch die Genese der Kapitel als komplex bezeichnet werden. Kapitel 8 des Capitulare missorum Wormatiense (CNS 43) und c. 1 des Capitulare pro lege habendum Wormatiense (CNS 44), greifen jeweils ein Kapitel von CNS 9 (818/819) auf. Dies geschieht in beiden Fällen allerdings nicht direkt. Beide Kapitel zitieren explizit die Kapitulariensammlung des Ansegis und nehmen zudem erhebliche inhaltliche Veränderungen der ursprünglichen Bestimmung von 818/819 vor. Während die Themen als solche also grundsätzlich bekannt waren und auch im Rahmen dieses Kapitels bereits besprochen wurden, lohnt dennoch eine genauere Betrachtung beider Kapitel unter besonderer Berücksichtigung der Veränderungen im Vergleich zu ihren Vorlagen.

---

911 Dieser Befund bestätigt die allgemeine Beobachtung von Alice Rio (Slavery after Rome, S. 232), dass die Bestrafung von Unfreien grundsätzlich dem Besitzer überlassen wurde. Erinnert sei zudem an Nr. 82 c. 9 (MGH Capit. 1), S. 181. Vgl. dazu Kapitel 3.3.4.

912 Zur Reform von 829 vgl. u. a.: Patzold, Capitulare Aquisgranense und Lukas, Wormser Kapitularien.

913 Jégou, Enjeux sociaux, S. 206.

914 Dazu u. a.: Ganshof, Vorabend; Gravel, Crise.

915 Dazu insbesondere: Patzold, Capitulare Aquisgranense, S. 462.

916 Vgl. Patzold in der Vorbemerkung seiner Edition (Einleitung zu Nr. 42–44 [MGH Capit. N. S. 4], S. 516–524).

917 Patzold in der Vorbemerkung seiner Edition (Einleitung zu Nr. 42–44 [MGH Capit. N. S. 4], S. 524).

CNS 43 c. 8 verweist explizit auf *libro IIII capitulo XXX* der Kapitulariensammlung des Ansegis, bei dem es sich um CNS 9 c. 18 handelt. Gegenstand der Bestimmung ist also, wie bereits mehrfach unter Karl dem Großen beobachtet,[918] die Weigerung *boni denarii* anzunehmen. Wie erwähnt, wurden allerdings „deutliche Veränderungen gegenüber [der] Textvorlage" vorgenommen.[919]

Die Umarbeitungen bezeugen zum einen semantische und syntaktische Veränderungen, die an dieser Stelle zu vernachlässigen sind. Zum anderen werden verschiedene größere und kleinere Ergänzungen vorgenommen. Zu Beginn und am Ende der Bestimmung findet sich jeweils eine umfangreichere Ergänzung. Der Verweis auf die Entsprechung des Kapitels bei Ansegis zu Beginn des Kapitels muss hier nicht weiter erläutert werden. Die Ergänzung am Ende veranschaulicht, wie der Bestimmungsinhalt durchgesetzt beziehungsweise verfolgt werden soll.[920] Durch diese Ergänzung entsteht ein gewisses Dringlichkeitsbewusstsein, welches die Bestimmung von 818/819 nicht enthält. Patzold führt dies auf die Krisensituation von 829 zurück und stellt fest: „Die Verweigerung der Annahme guter Denare durch den *populus* könnte sich durch Hungersnot und Teuerung erklären lassen: Das Geld verlor rasch an Kaufkraft, während Nahrungsmittel an Wert gewannen."[921] Um dieser Tendenz entgegenzuwirken, entschied man sich, die Durchsetzung der entsprechenden Gesetzgebung zu forcieren. Mit Unfreiheit hat diese Entwicklung freilich nichts zu tun. Dies gilt auch für zwei der drei kurzen Präzisierungsversuche, die im Kapitel enthalten sind: Zum einen wird 829 – anders als 818/819 – explizit gemacht, dass weder bei einfachen Tauschgeschäften noch bei der Tilgung von Schulden gute Denare abgelehnt werden dürfen.[922] Zum anderen wird der Aufseher (*magister*) jener Unfreien 829 durch die *auctores nostri vel aliorum* ersetzt.

In Bezug auf Unfreie ist lediglich die Ergänzung einer weiteren Gruppe, der *fiscalini*, also der dem Fiskus gehörenden *servi*, relevant. Plausibel wird diese Ergänzung vor dem Hintergrund der betonten Gleichbehandlung von Unfreien der Kirche und des Fiskus.[923] Weiterhin unerwähnt bleiben *servi* in Privatbesitz. Ihre Bestrafung lag wohl in der Hand des Besitzers und blieb deshalb unerwähnt. Abgesehen von dieser knappen Ergänzung wird die geltende Rechtslage für Unfreie nicht verändert. Das Strafmaß von 829 entspricht dem von 818/819 und stellt somit, unter Beibehaltung des Verhältnisses von einem Solidus pro Hieb,[924] keine rechtliche Veränderung dar.

---

918 Vgl. Nr. 28 c. 5 (MGH Capit. 1), S. 74; Nr. 63 c. 7 (MGH Capit. 1), S. 152. Vgl. dazu auch: Siems, Handel und Wucher; Coupland, Portrait Coinage.

919 Nr. 43 c. 8 (MGH Capit. N. S. 4), S. 557 Anm. 9. Abweichungen zu CNS 9 sind ebd. (S. 556–558) nachzuvollziehen.

920 Nr. 43 c. 8 (MGH Capit. N. S. 4), S. 556.

921 Nr. 43 c. 8 (MGH Capit. N. S. 4), S. 557 Anm. 8.

922 Vgl. dazu auch: Siems, Handel und Wucher, S. 479–480.

923 Vgl. dazu Kapitel 1.6.4.

924 Vgl. Nr. 9 cc. 18 und 19 (MGH Capit. N. S. 4), S. 136–139. Aufgegriffen von Lothar 822/823 in Nr. 20 c. 4 (MGH Capit. N. S. 4), S. 254–255. Dazu auch: Leyendecker, Punishment.

Ganz ähnlich verhält es sich mit dem zweiten an dieser Stelle zu besprechenden Kapitel, c. 1 des Capitulare pro lege habendum Wormatiense (CNS 44). Auch hier werden neben einem Verweis auf die entsprechende Stelle bei Ansegis (*libro IIII capitulo XIII*) Ergänzungen und Umformulierungen eines Kapitels aus CNS 9 (c. 1) vorgenommen. Eine dieser Ergänzungen betrifft die Bestrafung von Unfreien. Insgesamt behandelt das Kapitel, den Umgang mit Tötungsdelikten innerhalb des Kirchenbezirks.[925] Zum einen wird 829 „... unterschieden, ob der Täter den Streit begonnen hat oder nicht; zum anderen ist an drei Stellen die öffentliche Kirchenbuße neu in den Text hineingekommen".[926] War 818/819 bereits eine kanonische Strafe (*iudicium canonicum*) für Freie, die in Notwehr töteten, enthalten, wird diese 829 insofern intensiviert, als dass nun ein *iudicium canonicum publicum* erwähnt wird.[927] Enthielt die Bestimmung von 818/819 bei Unfreien keine zusätzliche Kirchenbuße, wird sie 829 ergänzt. Dies darf allerdings, ähnlich wie für die Ergänzungen in CNS 43 c. 8, wohl mehr als Präzisierung denn als inhaltliche Veränderung verstanden werden.

829 bestehen für Freie drei Bestrafungsmöglichkeiten. Erstens die Todesstrafe, wenn er *ex levi causa aut sine causa* handelte;[928] zweitens die Zahlung des Wergelds des Getöteten, des Königsbanns und eine öffentliche (wohl nicht kanonische) Buße,[929] wenn er zwar aus Notwehr handelte, den Streit aber ursprünglich initiiert hatte; und drittens eine öffentliche kanonische Buße, wenn er aus Notwehr gehandelt und den Streit nicht begonnen hatte. Ergänzt im Vergleich zu der Bestimmung von 818/819 ist, wie bereits Patzold feststellt, die Öffentlichkeit der Buße in den beiden letzteren Fällen sowie die Differenzierung der Strafe in Abhängigkeit davon, wer den Streit initiiert hatte. Für Unfreie bestanden 818/819, wie oben bereits erwähnt, zwei Möglichkeiten: Entweder die

925 Vgl. dazu: Kasten, Kirchliche Zufluchtsorte.

926 Patzold in Bezug auf Nr. 44 c. 1 (MGH Capit. N. S. 4), S. 573 Anm. 1.

927 Patzold (MGH Capit. N. S. 4, S. 573 Anm. 1) stellt in Bezug auf Nr. 44 c. 1 fest: „829 den Text [von 818/819] auch inhaltlich bedeutsam umgestaltet: Zum einen wird unterschieden, ob der Täter den Streit begonnen hat oder nicht; zum anderen ist an drei Stellen die öffentliche Kirchenbuße neu in den Text hineingekommen. ... Wohl schon in der karolingerzeitlichen Vorlage des Codex aus Ripoll (Sigle Bc) stand eben an der betreffenden Ansegis-Stelle [nach der Nr. 9 829 zitiert wurde] ein erläuternder Zusatz, wie eine angemessene Kirchenbuße auszusehen habe: *id est XXI annis; VII ex his in pane et aqua ad hostium ęcclesię satifaciat, remotus ab oratione et communione fidelium; ceteros VII societur oracioni fidelium; transactos qui supersunt VII communionem plenam perfecte consequatur. Abstinentia eius sacerdotali providentia teperetur.*" Das Konzil von Ankyra 314 (cann. 21–22) legte bereits eine Buße von sieben Jahren für diesen Tatbestand fest. Zur Überlieferung dieser Kanones in Kanonessammlungen der Karolingerzeit vgl. Nr. 9 (MGH Capit. N. S. 4), S. 119 Anm. 6.

928 Nr. 44 c. 1 (MGH Capit. N. S. 4), S. 572: *Si quis aut ex levi causa aut sine causa hominem in ecclesia interfecerit, de vita conponat. Si vero foris rixati fuerint et unus alterum in ecclesia fugerit et ibi se defendendo eum interfecerit et si huius facti testes non habuerit, cum XII iuratoribus legitimis per sacramentum adfirmet, se defendendo eum interfecisse et si ipse auctor commotę inter eos rixę exstiterit, leudem interfecti et insuper bannum nostrum solvere cogatur et publicam agat paenitentiam*

929 Möglicherweise ist hier an eine ähnliche Form der öffentlichen Buße zu denken, wie in der Aachener Hofordnung (CNS 1). Eine umfangreiche Betrachtung der Bestrafung in diesem Kontext bietet: McComb, Strategies of Correction, S. 206–210.

Todesstrafe, wenn die Probe des kochenden Wassers[930] zu einer verbrühten Hand führte, oder aber die Zahlung des Wergelds des Getöteten an die Kirche beziehungsweise die Übergabe des Unfreien, wenn die Probe ergeben hatte, dass der Unfreie unschuldig ist.[931] 829 wird für Unfreie bei bestandener Probe differenziert, ob der Unfreie den Streit initiiert hat oder nicht. War dies der Fall, so blieb es bei der Strafe von 818/819: Zahlung des Wergelds an die Kirche (durch den *dominus* des Unfreien) oder Übergabe des Unfreien an die Kirche. War der Unfreie allerdings nicht Initiator, so hatte er eine öffentliche Buße (*paenitentia publica*) zu leisten. Ob hier die gleiche öffentliche Buße gemeint ist wie bei Freien, ist unklar. Zwar wird in beiden Fällen von einer *paenitentia publica* gesprochen, allerdings tut (*agere*) der Freie öffentlich Buße, während der Unfreie mit öffentlicher Buße bestraft (*multare*) wird. Vorstellbar ist hier eine ähnliche Differenzierung der öffentlichen Strafe wie in der Aachener Hofordnung.[932] Anders als für CNS 43 c. 8 kann in diesem Fall kein direkter Bezug zur Krise von 829 festgestellt werden. Weshalb die öffentliche Bestrafung in diesem Kontext als ergänzenswert betrachtet wurde, muss offenbleiben, wenngleich ein Zusammenhang mit dem theologisch geprägten Herrscherprogramm Ludwigs anzunehmen ist.[933] Dass die Bestrafung von Unfreien lediglich von sekundärer Bedeutung ist, steht erneut außer Frage.

3.4.3 CNS 56c: Ein weiterer italienischer Sonderfall aus der Zeit Lothars I.?

Die Einordnung der italienischen ‚Sonderfälle' der Capitula Italica (CNS 56a–e) ist teilweise mit erheblichen Schwierigkeiten verbunden.[934] So verhält es sich auch mit dem nächsten Kapitel, das an dieser Stelle betrachtet werden muss. Boretius edierte die Bestimmung als c. 3 der Capitula Italica (BK 168) und vermutete eine Entstehung unter Lothar I., da das Kapitel im Liber Papiensis als c. 81 des Kapitularienteils Lothars geführt wird. Dass die Zuschreibungen des Liber Papiensis keinesfalls immer zuverlässig sind, ist bekannt.[935] Besonders der

---

930 Zu dieser Debatte 828/829 vgl. die Anmerkung von Patzold zu Nr. 38 c. 5 (MGH Capit. N. S. 4, S. 489 Anm. 29).

931 Nr. 44 c. 1 (MGH Capit. N. S. 4), S. 572: *Si cuiuslibet proprius servus hoc commiserit, iuditio aquę ferventis examinetur, utrum hoc sponte an se defendendo fecisset. Et si manus eius exusta fuerit, interficiatur. Si autem non fuerit, publica paenitentia multetur, nisi forte et ipse auctor commotę inter eos rixę inventus fuerit, tunc dominus eius, iuxta quod wergeltus illius est, ad ecclesiam persolvat, aut eum, si voluerit, eidem ecclesiae tradat.*

932 Vgl. dazu Nr. 1 c. 3 (MGH Capit. N. S. 4), S. 4–7.

933 Vgl. dazu Zwierlein, Arengen, S. 377–381 mit weiterer Literatur.

934 Dies gilt sowohl für die Zuordnung von Kapiteln zu einem Herrscher als auch die Gestalt der jeweiligen Kapitel, da diese teilweise Umarbeitungen erfuhren. Dazu: Breternitz / Mischke, Notariat, S. 133. Eine solche Umarbeitung ist im vorliegenden Fall sehr unwahrscheinlich, wie bereits Geiselhart (Kapitulariengesetzgebung, S. 208 mit Anm. 11) festhält.

935 Vgl. dazu etwa: Breternitz / Mischke, Notariat, S. 124. Die Autoren stellen allerdings fest: „Zuschreibungen im ‚Liber Papiensis' können zwar fehlerhaft sein, wie das darauffolgende Kapitel einer Synode Karls des Großen beweist. Sie treffen aber in den allermeisten Fällen zu." Zu-

Umstand, dass unser Kapitel auf drei Kapitel folgt, die Ludwig II. zugeschrieben werden können, lässt die vorbehaltlose Zuschreibung an Lothar I. zweifelhaft werden. Folgerichtig entschied sich Britta Mischke im Rahmen der Neuedition des Kapitels (CNS 56c) für eine offene Datierung zwischen 823 und 875. Eine Zuschreibung an Lothar I. hält sie für wahrscheinlicher.[936] Eine „Entstehung beider Kapitel im Regnum Italiae" ist anzunehmen.[937]

Inhaltlich behandelt CNS 56c die Verursachung eines Waldbrands,[938] entgegen der Einschätzung von Mathias Geiselhart[939] wohl nicht im Sinne einer absichtlichen, sondern versehentlichen Brandstiftung, die je nach Rechtsstatus eine unterschiedliche Bestrafung nach sich zog.[940] Nachdem die Täter mittels Inquisitionsverfahren identifiziert worden waren, sollten Freie entweder den entstandenen Schaden wiedergutmachen und den Bann von 60 Solidi zahlen, oder aber im Falle der Insolvenz, wie bereits für frühere Kapitularien festge-

---

mindest unter den Extravaganten des Liber Papiensis finden sich Kapitel, bei denen es sich nachweislich nicht um Kapitularien handelt. Ein solches Beispiel wird behandelt in: Leyendecker, Extravagante 26.

936 Vgl. dazu die Erläuterungen von Mischke in: Nr. 56c (MGH Capit. N. S. 4), S. 752. Ähnlich bereits Geiselhart, Kapitulariengesetzgebung, S. 208. Die Autorschaft Lothars I. wird weder von Claudia Storti (L'incendio) noch von Paolo Squatriti (Landscape) infrage gestellt.

937 So Mischke in der Vorbemerkung zu diesem Stück. Vgl. dazu: Nr. 56c (MGH Capit. N. S. 4), S. 750.

938 Claudia Storti (L'incendio, S. 386) weist darauf hin, dass Brandstiftung „in tempo di pace" für Italien ausschließlich in unserem Kapitel behandelt wird. Sie vermutet deshalb, dass Holz, möglicherweise als Baumaterial, für Lothar ein besonders wertvoller und daher schützenswerter Rohstoff gewesen sein könnte. Zur Brandstiftung im langobarischen Recht allgemein vgl. insb. ebd., S. 378 und Edictum Rotharii c. 147 (MGH LL 4, S. 34). Diese Vermutung hatte bereits Michael McCormick (Origins, S. 730) geäußert, der die Möglichkeit erwog, „that lumber was exported from Italy to the wood-deprived areas of the Caliphate...". McCormick selbst konstatiert zwar den spekulativen Charakter dieser These, verweist aber auf ein Kapitel des Pactum Hlotharii (Nr. 233 [MGH Capit. 2], S. 130–135) mit den Venezianern von 840, in dem „the Venetian rights to cut wood on the main land" (McCormick, Origins, S. 730) auf das Fällen von Feuerholz beschränkt wurden. Ein zeitlicher Zusammenhang zu unserem Kapitel ist freilich hochgradig spekulativ.

939 Vgl. Geiselhart, Kapitulariengesetzgebung, S. 208.

940 Nr. 56c (MGH Capit. N. S. 4), S. 752–753: *Volumus, ut, si quelibet persona in finibus regni nostri ignem per silvam convivare ausa fuerit, diligenter inquiratur. Et si servus comprobatus fuerit hoc fecisse, aut dominus eius eum ad flagellandum et capite tondendum tradat aut pro eo, quicquid damnitas fecit, emendare cogatur. Si quoque libera persona hoc fecisse probata fuerit, penitus emendare cogatur et insuper bannum nostrum componat. Et si non habuerit, unde componat, flagelletur. Quod si factum fuerit, per meliores loci illius inquiratur. Si in qualibet persona suspectio fuerit, si servus est, aut ad iuditium dominus eius mittat aut ipse pro eo sacramentum faciat. Quod si libera persona fuerit, proprio sacramento se idoneum reddat.* Dazu auch: Storti, L'incendio, S. 380. Die Einschätzung, dass es sich nicht um Brandstiftung, sondern um ein versehentlich verursachtes Feuer handelt, ergibt sich aus der Formulierung ... *ignem per silvam convivare*... Im Capitulare de villis (Nr. 32 c. 4 [MGH Capit. 1], S. 83) wird Brandstiftung als *incendium* bezeichnet, ein Begriff, der in unserem Kapitel nicht genutzt wird. Letztlich ist aber nicht auszuschließen, ob hier tatsächlich absichtliche Brandstiftung gemeint sein könnte. Von Brandstiftung, mit dem Ziel „to create clearings with fire, either to benefit animals like sheep or deer (through the grasses that would grow where trees had burned) or perhaps to facilitate their cultivation of specific plants, which need not exclude trees" geht Paolo Squatriti (Landscape, S. 16) in Bezug auf Nr. 56c aus.

stellt,[941] körperlicher Strafe unterzogen werden. Unfreie Täter sollten von ihren *domini* zur Bestrafung übergeben[942] werden, damit sie ausgepeitscht werden und ihr Haar geschoren bekommen konnten.[943] Alternativ kann der *dominus* allerdings auch gezwungen werden, den verursachten Schaden zu ersetzen. Ob es sich hier um die in der Lex Salica häufig formulierte Möglichkeit handelt, eigene Unfreie durch Zahlung einer Strafe vor der körperlichen Züchtigung zu bewahren, ist unklar.[944] Dagegen spricht zum einen, dass diese Möglichkeit in karolingischen Kapitularien meist nicht mehr zu finden ist.[945] Zum anderen spricht dagegen, dass der Besitzer des Unfreien nicht die Option erhält, seinen *servus* zu schützen, sondern zur Wiedergutmachung des Schadens gezwungen werden kann.[946] Definitiv findet sich in CNS 56c ein weiterer Fall, der eine zumindest partielle Herrenhaftung im 9. Jahrhundert nachweist.

Es handelt sich insgesamt also um ein bemerkenswertes Kapitel, dessen genaue Einordnung wegen des unklaren Entstehungskontextes kaum möglich ist. In Bezug auf die genannten Bestrafungsmechanismen entspricht das Kapitel zwar grundsätzlich den aus den Kapitularien bekannten Prinzipien – Körperstrafe statt Kompositionszahlung für Unfreie und Körperstrafe bei insolventen Freien; der Umstand, dass *domini* hier aber zur Wiedergutmachung eines von einem *servus* verursachten Schadens gezwungen werden können, ist aber ohne Parallele.

3.5 Zwischenfazit

Bereits Karlmann und Pippin forderten in ihren Bestimmungen die moralische Verbesserung der fränkischen Gesellschaft ein und präsentierten sich selbst als Garanten für die Durchsetzung dieser Forderung. Die Bestrafung von Verstößen gegen diese neue Ordnung wurde zur herrscherlichen Aufgabe erhoben.[947] Dies zeigt sich auch bei Betrachtung der Vergehen, die in den Kapitularien und Konzilsbestimmungen der Zeit von 740 bis 768 behandelt werden: Es sind nicht etwa Konflikte zwischen Bewohnern des Frankenreichs, sondern moralische Verstöße. Dennoch hält Pippin an den grundlegenden Bestrafungsprinzipien der Lex Salica fest. Unfreie werden auch bei Verstößen gegen öffentliche Moralvorstellungen anders bestraft als Freie: Während Freie weiterhin mittels Kompen-

941 Vgl. dazu u. a. Kapitel 3.3.1.

942 Während nicht explizit gemacht wird, an wen die Unfreien übergeben werden sollen, ist davon auszugehen, dass die zuständigen herrscherlichen Vertreter gemeint sind.

943 Das Scheren der Haare als Strafe findet sich bereits in den Kapitularien Karls des Großen (z. B. Nr. 62 c. 11 [MGH Capit. 1], S. 150).

944 Dazu zuerst: Leseur, Délit de l'esclave, S. 88–127, insb. S. 112–113 zu diesem Kapitel.

945 Vgl. Leyendecker, Punishment.

946 Vgl. Leseur, Délit de l'esclave, S. 113. Leseur sieht in dieser Bestimmung eine Option, die dem *dominus* gewährt wird, was allerdings durch die Nutzung von *cogere* unwahrscheinlich ist.

947 Vgl. Fouracre, Carolingian Justice, S. 774–775.

sationszahlungen zur Rechenschaft gezogen werden, erwartet Unfreie körperliche Züchtigung. Dies bestätigt sich zumindest im einzigen Kapitel aus Pippins Kapitularien, BK 13 c. 1, in dem die Bestrafung von Unfreien ausdrücklich angesprochen wird.[948] In diesem Kapitel zeigt sich auch, dass Besitzern von Unfreien eine gewisse Verantwortung bei der Einhaltung der moralischen Ordnung durch ihre Unfreien zugekommen ist. Zumindest im Wiederholungsfall werden sie haftbar gemacht.

Diese ‚Politik' wird unter Karl dem Großen grundsätzlich fortgeführt. Besonders bemerkenswert ist in diesem Zusammenhang allerdings die aufkommende öffentliche Bestrafung, die sowohl als Inszenierung der eigenen Macht als auch als Abschreckung interpretiert werden kann.[949] In diesem Zusammenhang kann für das fränkische Recht ein Novum festgestellt werden: Bei gewissen Verstößen sehen herrscherliche Bestimmungen (BK 39 c. 10 und BK 90 c. 4) nun auch für insolvente Freie eine Körperstrafe vor. Das Recht, auch Freie körperlich zu züchtigen, kommt allerdings einzig dem Herrscher und seinen Vertretern zu.[950] Private Rechtsstreitigkeiten zwischen Freien werden auch weiterhin durch Kompensationszahlungen oder bei Insolvenz durch (temporäre) Selbstverknechtung geregelt. Die Unterscheidung der Bestrafung je nach Rechtsstatus bestand weiterhin, obwohl im Vergleich mit merowingischen Rechtstexten eine veränderte Bedeutung von Rechtsstatus im 8. und 9. Jahrhundert deutlich wird: In den Kapitularien Karls des Großen findet sich etwa keine Option für Unfreienbesitzer, ihre *servi* durch Leistung einer (reduzierten) Kompensationszahlung vor peinlicher Strafe zu schützen.[951]

Zu diesen Veränderungen gehört auch ein neues Verhältnis der festgelegten Zahl von Hieben zur Kompensationszahlung. Dieses Verhältnis belief sich in merowingischen Rechtstexten noch auf einen Hieb pro Denar. Die meisten Kapitel aus der Zeit Karls sprechen unspezifisch von *corporalis disciplina* oder *plagae multae*;[952] spätestens unter Ludwig findet sich in einigen Bestimmungen ein Verhältnis von einem Hieb pro Solidus.[953] Dass überhaupt eine Verhältnismäßigkeit zwischen Körperstrafe und Zahlung bestanden hat, muss als Zeichen einer intendierten strafrechtlichen Kontinuität verstanden werden. Insgesamt darf für die Kapitularien Ludwigs des Frommen in Bezug auf Bestrafungen eine Kontinuität zur Zeit seines Vaters festgestellt werden. Auch hier ist die öffentliche Bestrafung bei Vergehen gegen Herrscher und Moral von außergewöhnlicher Bedeutung.[954]

---

948 Vgl. Nr. 13 c. 1 (MGH Capit. 1), S. 31 und Kapitel 3.2.

949 Vgl. McComb, Strategies of Correction, S. 25, 148 und öfter.

950 Vgl. dazu: Ubl, Punishment Imperative, insb. S. 11–12.

951 Vgl. dazu auch: Leyendecker, Punishment.

952 Vgl. u. a. Nr. 13 c. 1 (MGH Capit. 1), S. 31; Ansegis cc. 3,64–66 und App. 2,35 (MGH Capit. N. S. 1), S. 600–602 bzw. 676–677.

953 Vgl. u. a. Nr. 9 c. 18 (MGH Capit. N. S. 4), S. 136–137.

954 Besonders eindrücklich ist hier die Aachener Hofordnung mit ihrem c. 3. Vgl. Nr. 1 c. 3 (MGH Capit. N. S. 4), S. 4–7.

Für den gesamten Untersuchungszeitraum konnte zudem eine zumindest partielle Herrenhaftung festgestellt werden, die im Widerspruch zur These Hermann Nehlsens steht, der bereits für das 6. Jahrhundert von einem vollständigen Ende der Herrenhaftung im Frankenreich ausging.[955] Auch wenn die Möglichkeit einer ‚Rückkehr' zur Herrenhaftung unter den Karolingern nicht gänzlich ausgeschlossen werden kann, ist es doch sehr viel wahrscheinlicher, dass Nehlsens These eines vollständigen Endes der Herrenhaftung im 6. Jahrhundert unzutreffend ist.

955 Nehlsen, Sklavenrecht, S. 352–353.

4. Unfreienflucht

„Das 8. und 9. Jahrhundert gelten nicht als eine Hochphase von Mobilität und Migration in der europäischen Geschichte."[956] Mit diesen Worten beginnt Steffen Patzolds 2019 erschienene Studie zur Mobilität im Karolingerreich. Ein Ergebnis seiner Untersuchung ist, dass Mobilität und Migration auf einer individuellen Ebene durchaus ein weit verbreitetes Phänomen im Karolingerreich war, wenn die Definition des Migrationsbegriffs nicht wie aus soziologischer Perspektive üblich „als dauerhafte[r] Wechsel des ‚Wohnsitzes', ‚Wohnortes' oder ‚Lebensmittelpunkts'" interpretiert wird.[957] Eine solche Definition kann bereits deshalb nicht auf das 8. und 9. Jahrhundert übertragen werden, da die karolingischen Eliten einen solchen „Zentralort ihrer Existenz" nicht kannten.[958]

Eine solche Ausweitung des Verständnisses von Migration und Mobilität ist für die Untersuchung der Bewegungen von Unfreien nicht notwendig. Denn obwohl die von Patzold untersuchte Elitenmobilität auch zur Mobilität von Unfreien und anderen sozial niedrigeren Gruppen führte, wann immer diese ihre *domini* begleiteten,[959] darf grundsätzlich davon ausgegangen werden, dass das Leben des Großteils der Unfreien im Karolingerreich von einem hohen Maß an Standortgebundenheit geprägt war. Belegen lässt sich diese Annahme in Abwesenheit entsprechender Quellenzeugnisse freilich nicht;[960] nicht zuletzt, weil Zeugnisse über den Lebensmittelpunkt von Unfreien des Karolingerreichs rar sind, bleiben Bewegungen von Unfreien ein von der Forschung selten behandeltes Thema.

Immerhin lässt sich anhand einiger *servi* und *ancillae* im Karolingerreich exemplarisch aufzeigen, dass Unfreie auch unabhängig von der Mobilität ihrer Besitzer nicht zwingend stationär in einer strengen Auslegung dieses Begriffs leben mussten.[961] Allerdings war eine solche Mobilität von Unfreien, zumindest rechtlich, stets vom Willen des jeweiligen Besitzers abhängig: Dass Unfreie im Karolingerreich grundsätzlich keine Freizügigkeit[962] besaßen, steht schließlich

956 Patzold, Verortung, S. 285.

957 Ebd., S. 287.

958 Ebd.

959 Vgl. ebd., S. 294.

960 Anzunehmen ist die Standortgebundenheit von Unfreien und ihren Familien wohl für den Großteil jener unfreien Personen, die über die Polyptychen des 9. Jahrhunderts greifbar sind und diesen zufolge auf Mansen angesiedelt waren. Vgl. dazu u. a.: Patzold, Polyptycha, S. 163–166.

961 Jean-Pierre Devroey (Men and Women, S. 24–25) stellt diesbezüglich fest: „The Carolingian sources refer (as one possibility among others, admittedly) to the variety of the conditions of the unfree as a function of the stages of life: domestic service during childhood; hutted and married when of an age to found a family. In this specific economic context there were inevitably fewer positions for the adult slave within the seigneurial household. … an older female slave directed her fellows in the textile work of Charlemagne's gynaeceum (the women's apartments within the palace)".

962 Unter vollständiger Freizügigkeit ist in Bezug auf Personen das Recht zu verstehen, einen Ort ohne Beschränkungen zu verlassen (Abzugsfreiheit), einen Ort aufzusuchen (Zuzugsfreiheit)

außer Frage.[963] Wir müssen also davon ausgehen, dass der (temporäre) Lebensmittelpunkt beziehungsweise Aufenthaltsort der Unfreien des Karolingerreichs von ihren Besitzern bestimmt und nach Belieben verändert werden konnte.[964] Dass solche Entscheidungen vonseiten der betroffenen Unfreien nicht immer nur positiv aufgenommen wurden, ist ebenso gut vorstellbar wie der Wunsch der Betroffenen, „persönliche Sehnsüchte und Träume",[965] etwa von einer verbesserten Lebenssituation oder gar individueller Freiheit, zu erreichen. Der widerrechtliche Versuch von Menschen, die keine Freizügigkeit besaßen, diese durch räumliche Entziehung aus der Gewalt des eigenen Besitzers faktisch zu erlangen, also der Versuch der Flucht von Unfreien, war im Frankenreich des 8. und 9. Jahrhunderts keine Seltenheit.[966]

Im folgenden Kapitel soll nun untersucht werden, wie das Phänomen der Unfreienflucht in den Kapitularien behandelt wird beziehungsweise wie sich die Karolingerherrscher im Umgang mit dieser Thematik, etwa in Bezug auf die Bestrafung der flüchtigen Unfreien oder die Modalitäten der Verfolgung, Ergreifung und Rückführung, positionieren. Zuvor wird zur besseren Einordnung ein kurzer Überblick zur Flucht von Unfreien in relevanten vorkarolingischen Rechtstexten geboten.

---

und an diesem zu verbleiben (Aufenthaltsfreiheit). Vgl. Ziekow, Freizügigkeit, S. 5. Ziekow stellt in diesem Zusammenhang fest, dass der Umgang der Obrigkeit mit der Freizügigkeit des Einzelnen vom frühen Mittelalter bis heute als „wesentlicher Gradmesser" für die persönliche Freiheit betrachtet werden darf. Ähnlich äußert sich auch Alice Rio (Formulae, S. 215), die festhält: „… the most commonly accepted [definitions of unfreedom] involve … restriction of free movement".

963 So stellt ebenfalls fest: Devroey, Peasant Mobility, S. 39–41. Devroey geht an dieser Stelle exemplarisch auf einige ‚minderfreie Gruppen' des frühen Mittelalters ein und zeigt auf, dass die Annahme einer einfachen Dichotomie von Unfreien ohne und Freien mit Freizügigkeit auch im Karolingerreich keineswegs gegeben war.

964 Vgl. ebd., S. 41–43.

965 Solche Sehnsüchte und Träume identifiziert Patzold (Verortung, S. 286) zeitunabhängig als maßgeblichen Faktor für Migration bzw. Mobilität.

966 So wird etwa in verschieden Formulae, in denen Verkäufe von *servi* behandelt werden, explizit erwähnt, dass es sich bei diesen nicht um *servi fugitivi* handelt. Entsprechende Formeln finden sich gesammelt und erläutert bei: Brown, Monastery Walls, S. 290–291). Alkuin beklagt sich poetisch über seine immer wieder flüchtenden Unfreien: … *Sic vadunt cuncti fugientes omnibus horis* … (vgl. Alcuini carmina Nr. 8 [MGH Poetae 1], S. 228). Weitere Beispiele, über die sich die (häufige) Flucht von Unfreien nachweisen lässt bietet: Obermeier, Ancilla, S. 41–42 mit Anm. 11.

4.1 Flucht im vorkarolingischen Recht

4.1.1 Flucht von Unfreien im römischen Recht

Der Herr eines Unfreien verfügte nach römischem Recht über Leben und Tod seiner Unfreien.[967] Über den Aufenthaltsort der Unfreien zu bestimmen, oblag dementsprechend ebenfalls den Herren, sodass für den Unfreien nach römischem Recht keine Freizügigkeit bestand.[968] Keineswegs beendete die Flucht das Besitzverhältnis zwischen Unfreien und Herren.[969] Eine Erlangung der Freiheit durch Flucht war dementsprechend ebenso wenig möglich wie die Ersitzung des flüchtigen Unfreien durch einen Dritten.[970]

Fluchtversuche von Unfreien (aus verschiedensten Gründen) dürfen als relativ häufig auftretendes Phänomen bezeichnet werden.[971] Der Unfreie wurde durch seine Flucht zum *servus fugitivus*, wobei diese Bezeichnung nicht nur den auf der Flucht befindlichen Unfreien meint, sondern auch den zur Flucht neigenden Unfreien.[972] Bei Ergreifung eines *servus fugitivus* durch Dritte war dieser unmittelbar in die Gewalt des Besitzers zurückzugeben oder an eine Amtsperson auszuliefern. Zuwiderhandlung wurde als *furtum* (Diebstahl) beziehungsweise „Fluchthilfe" betrachtet, wobei die genaue Definition dieses Tatbestands als durchaus diskussionswürdig betrachtet wurde.[973] Der Besitzer des flüchtig gewordenen Unfreien wurde staatlich durch die „Bereitstellung vielfältiger Hilfen" unterstützt.[974] Die Bestrafung des Vergehens sowie die Bestimmung des Strafmaßes oblag nach erfolgreicher Rückführung des *servus* vollständig dem be-

967 Gaii Institutiones 1,52 (ed. David, S. 10): *In potestate itaque sunt servi dominorum; quae quidem potestas iuris gentium est, nam apud omnes peraeque gentes animadvertere possumus dominis in servos vitae necisque potestatem esse; et quodcumque per servum adquiritur, id domino adquiritur.*

968 Im Gegensatz dazu bestand für Freie grundsätzlich keine rechtliche Einschränkung ihrer Freizügigkeit, sondern höchstens eine faktische. Vgl. Galsterer, Origo, Sp. 434. Keineswegs darf allerdings angenommen werden, dass Unfreie ausnahmslos an einen engen Bewegungsradius oder an die unmittelbare geografische Nähe zu ihrem Herrn gebunden waren. Mit der bereits festgestellten Heterogenität der Gruppe der Unfreien geht einher, dass durchaus Szenarien existierten, in denen ein Unfreier eines dieser beiden Kriterien nicht erfüllte. So wird der Unfreie, der von seinem Herrn ein Pekulium zur eigenen Bewirtschaftung erhielt, dies zumeist nicht in unmittelbarer Nähe des eigenen Besitzers getan hat. Vgl. Nehlsen, Sklavenrecht, S. 79.

969 Zur Haftung von durch flüchtige Unfreie begangene Delikte, vgl. Nehlsen, Sklavenrecht, S. 85.

970 Betont werden muss an dieser Stelle, dass im folgenden Kapitel Versuche von Unfreien in das sogenannte Kirchenasyl zu flüchten und so (temporären) Schutz vor Bestrafung zu erhalten nicht behandelt werden. Vgl. dazu insb. Siems, Entwicklung des Kirchenasyls; Kasten, Kirchliche Zufluchtsorte.

971 Vgl. Bellen, Sklavenflucht, S. 155–158.

972 Vgl. Klingenberg, Servus fugitivus. Der Status als *servus fugitivus* musste bei dessen Verkauf erwähnt werden.

973 So wurde teilweise das „bloße Kennen eines *fugitivus*" als Fluchthilfe gedeutet (vgl. Gamauf, Onesimus, S. 173 insb. Anm. 77).

974 Vgl. Bellen, Sklavenflucht, S. 14.

troffenen *dominus*. Diese konnte durchaus „hart und schrecklich“ ausfallen.[975] Zu den dokumentierten Strafen zählen etwa die Brandmarkung von Händen oder Waden sowie die Tötung.[976] Als Einschränkung der Bestrafungsmethoden galt seit einem entsprechenden Erlass Konstantins des Großen das Verbot der Brandmarkung des Gesichts, eine zuvor durchaus übliche Praxis.[977] Die Tötung des eigenen Unfreien wurde zudem im frühen 4. Jahrhundert (ebenfalls unter Konstantin) verboten.[978]

Über die tatsächliche Häufigkeit von (erfolgreichen) Fluchtversuchen, die Effektivität von entsprechenden Verboten, der staatlichen und privaten Rückführungsversuche oder vermeintliche chronologische Entwicklungen lassen sich zu keinem Zeitpunkt präzise Aussagen treffen. Festzuhalten bleibt also lediglich, dass nach römischem Recht Unfreie bezüglich ihrer Freizügigkeit vollständig dem Willen ihres Besitzers unterworfen waren und ein Verstoß bei Ergreifung hart sanktioniert werden konnte.

4.1.2 Flucht im merowingischen Recht

Im römischen Recht bedeutete also (zumindest faktisch) die Dichotomie Frei oder Unfrei auch ‚Freizügig oder nicht Freizügig‘. Es muss grundsätzlich davon ausgegangen werden, dass diese Position auch im fränkischen Rechtsverständnis existierte.[979] Darüber hinaus wird auch die Erlangung der Freiheit durch Flucht nach fränkischem Recht unmöglich gewesen sein. Ebenfalls dem römischen Recht entsprechend, wird die Flucht oder der Fluchtversuch wahrscheinlich durch den Besitzer bestraft worden sein; anders lautende Rechtssätze sind nicht bekannt. Da allerdings weder die Lex Salica noch die merowingischen Kapitularien,[980] die Bestrafung von Unfreien innerhalb eines Hausstandes thematisieren, überrascht es kaum, dass sich keine konkreten Nachweise in Rechtstexten finden lassen. Das folgende Kapitel wird jene Bereiche der Leges, der merowingischen Kapitularien und der Formulae, die sich mit der Unfreienflucht auseinandersetzen, betrachten. Obwohl auch im fränkischen Recht, wie bereits für das römische Recht festgestellt, keineswegs davon ausgegangen werden darf, dass ein Unfreier über die Flucht rechtliche Freiheit erlangen

---

975 Heumann / Seckel, Handlexikon, S. 555, 618 und 625.

976 Vgl. Kaser et al., Römisches Privatrecht, S. 151.

977 … *quo facies, quae ad similitudinem pulchritudinis caelestis est figurata, minime maculetur* (Cod. Theod. 9,40.2 [ed. Mommsen, S. 501] bzw. Cod. Iust. 9,47.17 [ed. Krüger], S. 867–868). Vgl. dazu auch: Kaser et al., Römisches Privatrecht, S. 151.

978 Vgl. Cod. Theod. 9,12.1 (ed. Mommsen, S. 455) und Cod. Iust. 9,14.1 (ed. Krüger, S. 833–834). Vgl. dazu auch: Nehlsen, Sklavenrecht, S. 175, insb. Anm. 128 und S. 272.

979 Die Annahme, dass Freiheit grundsätzlich auch Freizügigkeit bedeutet, darf freilich nicht als selbstverständlich betrachtet werden. Ute Maass (Freilassung durch Schatzwurf, S. 86 Anm. 402) geht etwa davon aus, dass nach langobardischem Recht selbst Freie keine Freizügigkeit besaßen. Inwiefern dieser Vermutung zuzustimmen ist, kann an dieser Stelle nicht näher betrachtet werden.

980 Vgl. Kapitel 3.1.

konnte, stehen Fluchtversuche dennoch zweifellos in direktem Zusammenhang mit dem Versuch, faktische Freizügigkeit zu erlangen.

Wie erwähnt ist für freie Franken in der Merowingerzeit grundsätzlich von einer vollständigen Freizügigkeit auszugehen. Diese Annahme hält auch den zu Beginn des 20. Jahrhunderts geäußerten Vorbehalten Ludwig Brinckmanns stand, der auf c. 45 der Lex Salica (*De migrantibus*) verweist und meint, dort eine Beschränkung des Freizügigkeitsprinzips feststellen zu können.[981] Die vier Kapitel dieser Bestimmung behandeln allerdings lediglich das sogenannte Abtriebsrecht,[982] also das Recht eines jeden Freien, dem Grunderwerb eines Fremden binnen einer gewissen Frist, in c. 45,4 ist diese für das Frankenreich auf ein Jahr festgesetzt,[983] zu widersprechen.[984] Allerdings ist die Annahme, dass für die Freien des Frankenreichs eine grundsätzliche Freizügigkeit bestand, ebenso wenig anhand von entsprechenden Quellenbefunden nachweisbar.

Selbst der wohl kaum anzuzweifelnde Umstand, dass Unfreie keine Freizügigkeit besaßen, ist ausschließlich anhand der Lex Ribuaria und nicht anhand der Lex Salica belegbar. In c. 64,1 der Lex Ribuaria heißt es: *Si quis servum suum libertum fecerit et civem Romanum portasque apertas conscripserit …*[985] Mit der Freilassung in den Stand eines römischen Bürgers ist hier also explizit auch der Erhalt der Freizügigkeit bestimmt.[986] Entsprechend besaß der Unfreie vor seiner Freilassung keine Freizügigkeit. Von einer Neuerung des 7. Jahrhunderts darf in diesem Zusammenhang wohl kaum ausgegangen werden. Vielmehr muss für die Zeit vor der Entstehung der Lex Ribuaria eine identische Rechtslage angenommen werden. Dieser Umstand wird auch durch entsprechende Ausführungen in verschiedenen Formelsammlungen bestätigt, in denen mit der Freilassung ebenfalls der Erhalt der Freizügigkeit einhergeht. Claudieter Schott führt in diesem Zusammenhang jeweils ein Beispiel aus den Formulae Argentinenses und der Collectio B der Formulae Augienses an.[987] Auffällig ist allerdings, dass die explizite Erlangung der Freizügigkeit als Resultat der Freilassung nur dann zu finden ist, wenn der Freigelassene zum *civis Romanus* wird. Frei-

---

981 Vgl. Brinckmann, Freizügigkeit, S. 7. Ihm widerspricht: Ziekow, Freizügigkeit, S. 28.

982 Vgl. Steinegger, Abtriebsrecht, Sp. 53–55.

983 Vgl. Lex Salica c. 45,4 (MGH LL nat. Germ. 4,1), S. 176–177.

984 So auch Ziekow, Freizügigkeit, S. 28.

985 Lex Ribuaria c. 64,1 (MGH LL nat. Germ. 3,2), S. 117.

986 Wie bereits Jan Ziekow (Freizügigkeit, S. 27–28) anmerkt, fehlt eine solche Formulierung in c. 65,1 (MGH LL nat. Germ. 3,2, S. 117), das die Erhebung eines Unfreien zum *tributarius* oder *litus* enthält.

987 Vgl. Schott, Freigelassene, S. 62. Vgl. auch Formulae Argentinenses (Nr. 1 [MGH Formulae], S. 337) und Collectio B der Formulae Augienses (Nr. 42 [MGH Formulae], S. 363). Zu den beiden Formelsammlungen vgl.: Rio, Formulae, S. 144–150 und S. 151–152. Die von Schott angeführten Formulierungen – wie etwa, dass der Freigelassene *portae apertae* haben möge – finden sich allerdings auch in zahlreichen weiteren Formulae. Entsprechende Beispiele für die von Schott (Freigelassene, S. 62) identifizierten Formulierungen *pergendi atque manendi, ubicumque voluerit* aus den Formulae Argentinenses bzw. *potestas intrandi et exeundi* bzw. *portae apertae* finden sich u. a. auch in: Formulae Arverenses Nr. 3 und 4 (MGH Formulae, S. 30); Formulae imperiales Nr. 33 (MGH Formulae, S. 311–312); Formulae Salicae Lindenbrogianae Nr. 10 (MGH Formulae, S. 273–274).

lassungen durch Münzwurf,[988] die auf die Lex Salica verweisen, befreien den ehemaligen Unfreien von der Fessel (*vinculum*)[989] oder dem Joch (*iugum*)[990] der Unfreiheit. Explizite Freizügigkeit wird in diesen Fällen jedoch nicht erwähnt. Während die Freilassung zum römischen Bürger also auch die Freizügigkeit bedeutete, wird dies für andere Formen der Freilassung nicht erwähnt.[991] Es ergibt sich folglich die Frage, ob nur die Freilassung zum *civis Romanus* auch Freizügigkeit mit sich brachte und Menschen, die nach fränkischem Recht freigelassen wurden, diese nicht automatisch erlangten.[992]

Wenngleich das vorkarolingische fränkische Recht nur in einem Kapitel der Lex Ribuaria die (fehlende) Freizügigkeit von Unfreien behandelt, lassen sich doch mehrere Bestimmungen in fränkischen Rechtstexten finden, die sich der Flucht von Unfreien widmen.[993]

Die Lex Salica behandelt die Unfreienflucht in c. 39,1–2. Dort wird in den ersten beiden Abschnitten das Aufwiegeln eines Unfreien zur Flucht beziehungsweise die Entführung eines Unfreien sanktioniert. Auch hier richtet sich die Strafe allerdings gegen den freien Täter, während die Bestrafung des flüchtigen Unfreien wohl auch in diesem Fall dem entsprechenden *dominus* zustand.[994] Anders als das römische Recht kennt die Lex Salica aber auch keine Einschränkungen der Bestrafung des Unfreien durch den Herrn.[995] Zumindest der Darstellung Gregors von Tours zufolge waren „grausame Exzesse der Herren gegen ihre Sklaven keine Seltenheit".[996] Inwiefern Gregors Schilderungen

---

988 Dazu insbesondere Maass, Freilassung durch Schatzwurf.

989 Vgl. Formulae Salicae Bignonianae Nr. 1 (MGH Formulae, S. 228) und Cartae Senonicae Nr. 12 (MGH Formulae, S. 190). Nr. 35 der Formulae imperiales (MGH Formulae, S. 313), die eine Freilassung zum *civis Romanus* enthält, nennt die Befreiung vom *vinculum servitus* neben der zusätzlichen Erwähnung der *portae apertae* für den Freizulassenden.

990 Vgl. Collectio Pataviensis Nr. 7 (MGH Formulae, S. 460).

991 Vgl. Lex Ribuaria cc. 60 und 61 (MGH LL nat. Germ. 3,2), S. 107–114.

992 Eine diesbezügliche Ausnahme bildet die Freilassung durch Münzwurf. Mit der Freilassung zur vollen Freiheit ging zweifellos auch die Erlangung der Freizügigkeit einher.

993 Gleiches kann – in deutlich größerem Umfang – auch für das langobardische Recht festgestellt werden. Im Edictus Rothari finden sich gleich mehrere Bestimmungen, welche die Flucht von Unfreien behandeln (vgl. Edictus Rothari cc. 267, 269–276 [MGH LL 4], S. 64–67). So wird etwa in c. 267 bestimmt, dass der Fährmann (*portunarius*), der wissentlich einen flüchtigen Unfreien transportiert, verpflichtet ist, diesen, falls er ihn ziehen lässt, zu suchen und zu seinem rechtmäßigen Besitzer zurückzuführen. Sollte ihm dies nicht gelingen, muss der Wert des Flüchtigen ersetzt werden und zudem eine Strafe von 20 Solidi gezahlt werden. Königliche Amtsträger (*gastaldius aut actor regis*) werden in c. 271 verpflichtet, flüchtige Unfreie auf Nachfrage an ihre Besitzer auszuhändigen. Bemerkenswert ist in Bezug auf die Bestimmungen des Edictus Rothari allerdings, dass diese ausschließlich verschiedene Formen der Beihilfe zur Flucht bzw. der Weigerung der Rückgabe eines fremden Unfreien, also das *furtum* des römischen Rechts, diskutieren. Für die Flucht als solche wird keine Strafe festgesetzt. Als Grund für diesen Umstand darf angenommen werden, dass die Bestrafung des Unfreien und die Festlegung des Strafmaßes (wie bereits im römischen Recht) seinem Besitzer zukam.

994 Lex Salica c. 39,1–2 (MGH LL nat. Germ. 4,1), S. 145–146.

995 Vgl. Nehlsen, Sklavenrecht, S. 272.

996 Ebd., S. 272 Anm. 112. Vgl. Gregor von Tours, Liber historiae Francorum, III,15; V,3 und VII,46 (MGH SS rer. Merov. 1), S. 112–116, 196–198 und 365–366.

repräsentative Aussagekraft besitzen, muss an dieser Stelle unbeantwortet bleiben.

Darüber hinaus findet sich in c. 15 des sogenannten Pactus pro tenore pacis (BK 3) eine Passage, welche die Flucht von Unfreien behandelt.[997] Dem Unfreien wird in Übereinstimmung mit can. 3 der Synode von Orléans aus dem Jahre 511[998] ein Asylrecht in Kirchen zugestanden. Falls der Besitzer des flüchtigen Unfreien die Straflosigkeit seines Unfreien zusichert, werden die entsprechenden Kirchenvertreter zu dessen Herausgabe verpflichtet.[999] Die Missachtung der Übereinkunft auf Seiten des Herrn führt zu dessen Exkommunikation.[1000] Bemerkenswert ist die Bestimmung insofern, dass der Herr des Unfreien in seiner Verfügungsgewalt über seinen Besitz, in diesem Fall seinen Unfreien, beschnitten wird: Er verliert in diesem Sonderfall das Recht zur (physischen) Züchtigung seines Unfreien. Zurückzuführen ist die Regelung wohl auf den Konflikt zwischen Besitzrecht und dem kirchlichen Anspruch, jedes „menschliche Wesen in Schutz zu nehmen", das in eine Kirche flüchtete.[1001] Nehlsen vermutet diesbezüglich allerdings, dass die Bestimmung von BK 3 vielmehr darauf abzielt, die Kompensation des Herrn im Falle der Flucht seines Unfreien aus dem Kirchenasyl zu garantieren.[1002] Diese Vermutung erscheint aus zweierlei Gründen durchaus einleuchtend. Zum einen entstand BK 3 definitiv nach den bereits erwähnten Synodalbeschlüssen aus Orléans von 511.[1003] Die Bestimmung könnte

997 Nr. 3 c. 15 (MGH Capit. 1), S. 6–7: *Quod si cuiuslibet servus deserens dominum suum ad ecclesiam confugerit, ubi primum dominus eius advenerit, continuo excusatus reddatur, futurum ut, si de precium convenerit, non negetur. Quod si repetenti domino datus non fuerint, sed fugerint, illi qui eum reddere noluerit eius precium reddat: postmodum si invenitur et placuerit, receptum precium domino reformetur.*

998 Vgl. Concilium Aurelianense a. 511 can. 3 (MGH Conc. 1), S. 3–4: *Servus qui ad ecclesiam pro qualibet culpa confugerit, si a domino pro admissa culpa sacramenta susciperit, statim ad servitium domini redire cogatur, sed posteaquam datis a domino sacramentis fuerit consignatus, si aliquid poenae pro eadem culpa, qua excusatur, probatus fuerit pertulisse, pro contemptu ecclesiae vel praevaricatione fidei a communione et convivio catholicorum, sicut superius conpraehensum est, habeatur extraneus. Sin vero servus pro culpa sua ab ecclesia defensatus sacramenta domini clerecis exigentibus de inpunitate perciperit, exire nolentem a domino liceat occupari.* Auf diese Parallele weist bereits Friedrich Lotter (Stellung der Juden, S. 188–189 insb. Anm. 32 und 33) hin. Lotter führt zudem can. 39 der Synode von Epaon aus dem Jahr 517 an (MGH Conc. 1, S. 28), nach dem asylsuchende Unfreie zumindest vor Körperstrafen geschützt werden sollten. Zum Konzil von Orléans vgl. auch Pontal, Synoden, S. 23–34. Zur Synode von Epaon: ebd., S. 34–46. Ergänzend darf in diesem Zusammenhang auch auf can. 22 von Orléans 549 (MGH Conc. 1, S. 107–108) hingewiesen werden, in dem die Thematik erneut aufgegriffen wird. Im langobardischen Recht wird das Kirchenasyl für Unfreie 735 in den Gesetzen Liutprands thematisiert. Vgl. dazu: Liutprandi leges c. 143 (MGH LL 4), S. 172.

999 Zudem sieht die Bestimmung vor, dass besagte Kirchenvertreter im Falle einer Flucht des Unfreien in Form einer Kompensationszahlung für den Unfreien haften. Zudem wird ein „Kaufvergleich" (Lotter, Stellung der Juden, S. 189) zwischen der Kirche und dem Herrn des Unfreien ermöglicht.

1000 Vgl. Pontal, Synoden, S. 29.

1001 Ebd., S. 29.

1002 Vgl. Nehlsen, Sklavenrecht, S. 273 Anm. 116.

1003 Eine genaue Datierung des Pactus pro tenore pacis ist nicht möglich. Nach Ubl (Sinnstiftungen, S. 55) kann die Entstehung „dieses königlichen Edikts … nur annäherungsweise in die erste Hälfte des 6. Jahrhunderts eingegrenzt werden (511–558)."

also durchaus als Ergänzung des Kanons aus Orléans verstanden werden. Dieser erwähnt schließlich keine Absicherung des *dominus* im Falle der Flucht seines Unfreien bei Unterstützung durch die Kirche. Zum anderen versucht das fränkische Schriftrecht grundsätzlich eher, Besitzrechte zu schützen als diese einzuschränken. Nehlsens Interpretation der Bestimmung würde ebendies bedeuten: Es wird nicht das kirchliche Asylrecht und die körperliche Unversehrtheit des Unfreien geschützt, sondern vielmehr wird, als Reaktion auf can. 3 von Orléans, sichergestellt, dass dem Besitzer eines Unfreien kein finanzieller Schaden aus der Flucht erwachsen konnte.

Die wohl jüngste merowingische Rechtsbestimmung, welche die Unfreienflucht beziehungsweise die fehlende Freizügigkeit von Unfreien thematisiert, sind die sogenannten ‚Septem causas'. Es handelt sich bei diesem Text um eine Auflistung verschiedener Tatbestände, die systematisch nach ihrem Strafmaß kategorisiert werden. Dies geschieht aufsteigend, beginnend mit geringen Vergehen, die mit 15 Solidi gebüßt werden, bis hin zu einer Gruppe schwerster Vergehen, die mit 1800 Solidi zu büßen sind.[1004] Als Entstehungszeitraum des Textes ist die Mitte des 7. Jahrhunderts (vor 679) anzunehmen.[1005] Im vorliegenden Zusammenhang ist c. 3,7 der Septem causas relevant, also ein Vergehen, das der dritten Kategorie zugeordnet wird und somit als mittelschwer bezeichnet werden darf. In der Bestimmung heißt es: *Si quis homo mancipia aliena pedes fugitiuos recolligerit, soledos XLV.*[1006] Die Aufnahme eines flüchtigen Unfreien wird also mit 45 Solidi bestraft.

Aus der Betrachtung dieser Bestimmungen der Merowingerzeit ergeben sich recht eindeutige und vor allem übereinstimmende Befunde. Erstens kann festgestellt werden, dass Unfreie auch im fränkischen Rechtsverständnis keine Freizügigkeit besaßen, während Freie innerhalb des Frankenreichs vollständige Freizügigkeit genossen.[1007] Zweitens wurde der Versuch der Flucht durch einen Unfreien im Frankenreich vom entsprechenden Besitzer bestraft. Als einzige schriftlich fixierte Einschränkung der Verfügungsgewalt des Besitzers über seine Unfreien darf das Kirchenasyl betrachtet werden, das spätestens seit dem Konzil von Orléans grundsätzlich auch für Unfreie galt. Wie festgestellt werden konnte, sollte BK 3 c. 15 sicherstellen, dass die Besitzer von Unfreien durch dieses Asylrecht ihr Eigentum nicht verlieren. Drittens, und dies zeigt c. 15 ebenfalls,– intervenierten die merowingischen Gesetzgeber nur dann, wenn (freie) Dritte direkt oder indirekt an der Flucht des Unfreien beteiligt waren und den flüchtigen Unfreien in irgendeiner Form unterstützten. In Bezug auf diese grundsätzlichen Prinzipien lässt sich für die Zeit des 6. und 7. Jahrhunderts durchaus

1004 Die Septem causas finden sich ediert in: MGH LL nat. Germ. 4,1, S. 269–273. Anders als die Bezeichnung Septem causas vermuten ließe, finden sich insgesamt acht Bußsummen in den entsprechenden Kategorien erwähnt: 15, 35, 45, 62,5, 100, 200, 600 und 1800 Solidi. Dazu umfangreich: Ubl, Verdichtung der Lex Salica, S. 228–229.

1005 Vgl. ebd.; ders., Sinnstiftungen, S. 143.

1006 Septem causas c. 3,7 (MGH LL nat. Germ. 4,1), S. 270.

1007 Daran zweifelt Ute Maass (Freilassung durch Schatzwurf, S. 85–86).

von einer Kontinuität sprechen, die zudem größtenteils mit den entsprechenden Bestimmungen des römischen Rechts korrelierte.[1008]

4.2 Unfreienflucht unter Karlmann und Pippin

In den Erlassen und Synodalbestimmungen Karlmanns und Pippins wird die Flucht von Unfreien nicht thematisiert. Dieser Themenkomplex war für Pippin nach dem Dynastiewechsel offenbar nicht von besonderer Bedeutung. Folglich darf davon ausgegangen werden, dass die etablierten Traditionen des fränkischen Rechts auch zu Beginn der Karolingerherrschaft Bestand hatten.

Zu besprechen sind an dieser Stelle daher nur einige Kapitel, deren Entstehung im Kontext anderer Reformbestrebungen, in diesem Fall der Reform des Eherechts unter Pippin, zu veorten sind. Es handelt sich um je ein Kapitel der Versammlungen in Verberie (BK 16, a. 756) und Compiègne (BK 15, a. 757). In BK 15 c. 21 wird festgehalten: *Si qui propter faidam fugiunt in alias patrias et dimittunt uxores suas, nec illi viri nec illae feminae accipiant coniugium.*[1009] Ziel der Bestimmung ist offensichtlich, die Unauflösbarkeit der Ehe zu betonen, selbst wenn ein Ehepartner außer Landes flieht. In diesem Zusammenhang muss auch BK 16 c. 19 verstanden werden. Dort heißt es: *Si servus aut ancilla per venditionis causam separati fuerint, praedicandi sunt ut sic maneant, si eos reiungere non possumus.*[1010] Es darf davon ausgegangen werden, dass *ut sic maneant* die durch Verkauf getrennten unfreien Eheleute dazu ermahnt, in ihrer Ehe zu verbleiben, also nicht erneut zu heiraten. Allerdings ließe sich die Bestimmung freilich auch so deuten, dass den Eheleuten untersagt wird zu fliehen, um zu ihrem Ehepartner zurückzukehren. Diese zweite Deutung wird sicherlich ebenfalls im Sinne der Verfasser der Beschlüsse gewesen sein; der Umstand, dass sich die weiteren Bestimmungen der Versammlung vordringlich mit der Frage der Unauflösbarkeit der Ehe beschäftigen,[1011] lässt jedoch keinen Zweifel an der vordringlichen Intention von c. 19.

1008 Vgl. dazu auch: Schott, Freigelassene, S. 52. Alice Rio (Slavery in the Carolingian Empire, S. 432) stellt zu Recht fest, dass Sklaverei im Allgemeinen in „most societies in human history" präsent war, auch ohne jegliche Verbindungen zum römischen Reich. Dieser Befund darf wohl auf den Umstand, dass die Bewegungsfreiheit der unfreien Bevölkerungsgruppen eingeschränkt war, ausgeweitet werden. Dennoch darf, insbesondere aufgrund der direkten Verweise auf die Freilassung nach römischem Recht in der Lex Ribuaria und den Formulae, für das fränkische Recht zumindest ab dem 7. Jahrhundert von einer direkten Beeinflussung durch das römische Recht ausgegangen werden. Hingewiesen sei in diesem Zusammenhang auf eine Ausnahme: Die Tötung des eigenen Unfreien ist dessen Besitzer nach römischem Recht in der Spätantike nicht mehr gestattet, während eine solche Einschränkung dem fränkischen Schriftrecht unbekannt ist. Vgl. dazu: Nehlsen, Sklavenrecht, S. 272–273.

1009 Nr. 15 c. 21 (MGH Capit. 1), S. 39.

1010 Nr. 16 c. 19 (MGH Capit. 1), S. 41.

1011 Vgl. Kapitel 5.2.

Die Gesetzgebung Pippins bietet keinerlei Anlass daran zu zweifeln, dass der Dynastiewechsel irgendeine Veränderung im Umgang mit der Flucht von Unfreien bedeutete, sodass von einer vollständigen Kontinuität zur Merowingerzeit gesprochen werden darf.

4.3 Unfreienflucht unter Karl dem Großen

4.3.1 Italien zwischen fränkischem und langobardischem Recht (774–813)

Der obige Befund von Kontinuität über den Dynastiewechsel hinaus lässt sich für Pippins Herrschaft freilich nur über das Fehlen anders lautender Aussagen belegen. Gänzlich anders ist dies in der Zeit Karls des Großen. Die Flucht von Unfreien wird in seinen Kapitularien wiederholt aufgegriffen.[1012] Bei der Betrachtung der entsprechenden Bestimmungen sind zwei Aspekte besonders bemerkenswert: Zum einen sind viele der relevanten Kapitel einem italienischen Entstehungskontext zuzuordnen und scheinen auch nur für diesen Reichsteil erlassen worden zu sein. Zum anderen wird die Entstehung von nur zwei der hier relevanten Texte in die Zeit vor Karls Kaiserkrönung beziehungsweise in das 8. Jahrhundert datiert. Beide dieser älteren Erlasse, nämlich c. 9 eines in den 780er Jahren im Namen Pippins von Italien erlassenen Kapitulars (BK 91)[1013] und c. 16 des sogenannten Karoli Magni capitulare Italicum (BK 95), vermutlich mit ähnlichem Entstehungszeitpunkt,[1014] gehören zu den erwähnten italienischen Kapitularien.[1015]

BK 91 richtet sich ausdrücklich an die in Italien lebenden Franken und Langobarden.[1016] Da Pippin selbst zum spätestmöglichen Entstehungszeitpunkt

---

1012 Insgesamt widmen sich gut ein Dutzend Kapitel flüchtigen Unfreien. Bei einigen handelt es sich allerdings lediglich um Rubriken bzw. sehr kurze Bestimmungen: Nr. 40 c. 6 (MGH Capit. 1, S. 115) bestimmt: *De fugitivis ac peregrinis, ut distrigantur, ut scire possimus qui sint aut unde venerint*; Nr. 51 c. 4 (MGH Capit. 1, S. 138–139) nennt lediglich die Rubrik *De fugitivis*. Der Überlieferungszusammenhang lässt vermuten, dass das Kapitel Nr. 52 c. 6 (MGH Capit. 1, S. 139–140) nahesteht, welches im Verlauf dieses Kapitels noch näher betrachtet werden wird. Des Weiteren sind an dieser Stelle zwei gleichlautende, wohl 809 in Aachen entstandene Kapitel zu nennen. Diese legen fest: *De fugitivis quos non cessant recipere et abscondere* (vgl. Nr. 62 c. 5 [MGH Capit. 1], S. 150 und Nr. 63 c. 4 [MGH Capit. 1], S. 152). Auf die Parallelen zwischen den beiden Listen weist bereits Boretius (ebd., S. 151) hin.

1013 Nr. 91 c. 9 (MGH Capit. 1), S. 193. Zur Zuschreibung an Pippin vgl. Geuenich (Pippin, S. 114–115) und den Eintrag des Jahres 781 in den Annales regni Francorum (MGH SS rer. Germ. 6), S. 56–57.

1014 Nr. 95 c. 16 (MGH Capit. 1), S. 201.

1015 Den Umstand, dass viele von Kapitularien behandelte Inhaltsfelder zuerst in Italien beobachtet werden können, bemerkt auch Jennifer Davis (Practice of Empire, S. 279). Sie vermutet deshalb, dass Italien und andere eroberte Gebiete von Karl als Experimentierfeld genutzt wurden (ebd., S. 289–292). Ebenfalls denkbar ist, dass die neu eroberten Gebiete häufiger in den Blick der karolingischen Gesetzgeber fielen, da dort vermehrter Regelungsbedarf bzw. Abweichungen von den vorgesehenen Normen festgestellt wurden.

1016 Nr. 91 Prolog (MGH Capit. 1), S. 191: … *fideles nostros Francos et Langobardos qui nobiscum sunt vel in Italia commorantur.*

des Kapitulars im Jahr 787 erst zehn Jahre alt gewesen wäre, ist das Mitwirken des von Karl dem Großen für das Langobardenreich eingesetzten Regenten Adalhard von Corbie, der auch für die Erziehung Pippins verantwortlich war, anzunehmen.[1017] Freilich darf keineswegs von einer eigenständigen Initiative Adalhards ausgegangen werden. Brigitte Kasten vermutet, dass die Initiative für den Erlass auf ein Präzept Karls des Großen zurückzuführen sei.[1018] Kasten ist es auch, die eine inhaltliche Nähe zwischen dem hier relevanten Kapitular und dem sogenannten Capitulare Mantuanum Karls des Großen von 781 (BK 90) vermutet: Beide Erlasse behandeln akute Missstände und legen Kompetenzen und Verpflichtungen von Amtsträgern fest.[1019] Darüber hinaus konnte Carlo de Clercq inhaltliche Parallelen verschiedener Kapitel des in Pippins Namen erlassenen Kapitulars mit BK 96 aufzeigen.[1020]

Die beiden hier zu betrachtenden Kapitularien, BK 91 und BK 95, sind also im Kontext einer Reihe von Herrschererlassen zu betrachten, die sich in den 780er Jahren den italienischen Gebieten des Frankenreichs widmen. Zweifellos ist dieser Fokus auf Italien den politischen Veränderungen zuzuschreiben, die durch die Eroberung des Langobardenreichs 774[1021] entstanden sind. Jennifer Davis zufolge begegneten die fränkischen Könige jenen konkreten Bereichen, in denen Regelungsbedarf bestand, mit einem legislativen Format, das dem langobardischen Recht (trotz seiner umfangreichen Rechtstradition) fremd war.[1022] Dieses für die Langobarden neue Format bedeutete allerdings nicht, dass die Erlasse der fränkischen Herrscher nicht mit dem langobardischen Recht übereinstimmten. Exemplarisch für diesen Umstand können an dieser Stelle jene beiden Kapitel der italienischen Kapitularien angeführt werden, welche die Flucht (von Unfreien) behandeln.

In BK 95 c. 16 wird knapp bestimmt, dass *fugitivi* aus Benevent, Spoleto, der Romania oder der Pentapolis, die in den fränkischen Gebieten Italiens Zuflucht (*confugium*) suchen, zurückgegeben und *ad proprium locum*, ihren Herkunftsort, zurückgebracht werden sollen.[1023] Freilich macht das Kapitel nicht explizit, dass

---

1017 Einen Überblick zur Biographie Pippins von Italien bietet: Geuenich, Pippin, insb. S. 115–116.

1018 Vgl. Kasten, Königssöhne, S. 332–333. Wie dem Kapitular direkt zu entnehmen ist, wird im Anschluss an die zehn Kapitel ausdrücklich auf den *domino et genitore meo Karoli regis gentis Francorum et Langobardorum ac patricius Romanorum* verwiesen (Nr. 91 Epilog [MGH Capit. 1], S. 193).

1019 Vgl. Kasten, Königssöhne, S. 232.

1020 Vgl. de Clercq, Capitulaires, S. 258–260. Ihm folgt: Manacorda, Ricerche, S. 50–51. Vgl. dazu auch: Nr. 96 (MGH Capit. 1), S. 202–203. Die Entstehung des zusammen mit den langobardischen Bischöfen verfassten Erlasses wird dort von Boretius zwischen 790 und 800 vermutet, dieser Zeitraum ist allerdings nicht zwingend zutreffend.

1021 Die Eroberung des Langobardenreichs durch Karl den Großen behandelt ausführlich u.a.: Bachrach, Charlemagne's early campaigns, S. 139–176 und 310–426.

1022 Vgl. Davis, Practice of Empire, S. 278–279. Die Betrachtung der Befunde von Walter Pohl (Leggi longobarde, S. 429–433) relativiert diese Einschätzung teilweise, da einige langobardische Rechtssätze, die nicht in das Edikt aufgenommen wurden, durchaus mit den fränkischen Kapitularien vergleichbar sind. Vgl. dazu auch Breternitz (Königtum, S. 186).

1023 Nr. 95 c. 16 (MGH Capit. 1), S. 201: *De fugitivis partibus Beneventi et Spoleti sive Romaniae vel Pentapoli, qui confugium faciunt, ut reddantur et sint reversi ad proprium locum.*

es sich bei besagten *fugitivi* (ausschließlich) um Unfreie handelt. Da es sich bei den in der Bestimmung aufgezählten Gebieten nicht um fränkische Territorien, sondern die verschiedenen Regionen des Patrimonium Petri handelte, kann das Kapitel als eine Art Rückführungszusicherung von Karl, dem neuen Herrscher des Langobardenreichs, an den apostolischen Stuhl betrachtet werden.[1024]

Zunächst muss unser Kapitel vor dem Hintergrund vergleichbarer Bestimmungen des langobardischen Rechts betrachtet werden. In den Gesetzen Rothars,[1025] Ratchis'[1026] und Aistulfs[1027] sind Kapitel zu finden, die Fremden, wie etwa Flüchtigen aus den oben genannten Gebieten, bei denen es sich nicht zwingend um Unfreie handeln muss, grundsätzlich erlauben, im Langobardenreich zu leben. Bedingung ist allerdings die Erlaubnis des Königs. Diese notwendige Erlaubnis wird den *fugitivi* in BK 95 c. 16 grundsätzlich verwehrt. Es handelt sich dementsprechend nicht um eine Veränderung geltenden Rechts, sondern vielmehr um eine allgemeine Anweisung, wie mit Flüchtigen aus den genannten Gebieten zu verfahren sei, eine Entscheidung, die auch im langobardischen Recht dem König oblag. Nutznießer der Verordnung ist der apostolische Stuhl. Der Entstehungskontext der Bestimmung muss also im neuen geopolitischen Zusammenhang betrachtet werden, der sich aus der Entstehung der neuen Grenzen in Italien ergab. Die Bestimmung war schlicht nur für Italien relevant, da sie als Reaktion auf konkrete politische Veränderungen zu werten ist. Eine Veränderung geltenden Rechts in Bezug auf die Flucht von Unfreien war keineswegs Intention der Bestimmung, zumal diese nicht einmal explizit genannt werden. In Bezug auf BK 95 c. 16 darf also, abgesehen vom für die Langobarden unbekannten Format,[1028] von inhaltlicher Kontinuität gesprochen werden.

Doch wie verhält sich dies in BK 91? Während die grundsätzlich große Bedeutung des Erlasses zu betonen ist – Hubert Mordek erhebt das Kapitular gar zum „Regierungs-oder Reformprogramm Karls des Großen für Italien",[1029] ist an dieser Stelle ausschließlich das neunte der insgesamt zehn Kapitel von inhaltlichem Interesse. Anders als im gerade besprochenen Kapitel von BK 95 steht hier ausdrücklich die Flucht Unfreier im Zentrum der Bestimmung: Es beginnt mit einer Anweisung an die *iudices*, flüchtige Unfreie zu suchen, wie es das Edikt vorsieht.[1030] Es folgt eine Aufzählung jener Gebiete, in denen nach flüchtigen

---

1024 Ähnliche Abkommen entstanden auch einige Jahrzehnte später zwischen Ludwig dem Frommen und Papst Paschalis I. (817) sowie zwischen Lothar I. und den Venezianern (840). Vgl. dazu Nr. 172 (MGH Capit. 1), S. 352–355 bzw. Nr. 233 (MGH Capit. 2), S. 130–135 insb. cc. 10–11 (S. 132).

1025 Edictus Rothari c. 367 (MGH LL 4), S. 85. Vgl. dazu auch: Heath, Aspects of Movement, S. 18–20.

1026 Ratchis leges c. 13 (MGH LL 4), S. 192–193.

1027 Aistulfi leges c. 5 (MGH LL 4), S. 197.

1028 Bougard (Carolingian Italy, S. 6) merkt in diesem Zusammenhang an: „Italy, when it comes to creating norms, is not virgin territory and may even have been a source of inspiration."

1029 Mordek, Herstal, S. 32.

1030 Nr. 91 c. 9 (MGH Capit. 1), S. 193: *De servis et ancillis fugacibus ut unusquisque iudex studium ponat ad perquirendum iuxta ut edictus continet. Et hoc damus in mandatis, ut tam Austria, Neustria, Emilia et Tustia seu littoraria maris, ut per omnia loca perquirantur superscriptos fugaces…* Es steht außer Frage,

Unfreien gesucht werden soll: *Austria, Neustria, Emilia et Tustia seu littoraria maris.*[1031] Letztlich bestätigt der bisher betrachtete Teil von BK 91 c. 9 die Kompetenzen und Verpflichtungen der besagten *iudices*, die bereits nach langobardischem Recht für die Suche und Rückführung von flüchtigen Unfreien verantwortlich waren.[1032] Auch der zweite Teil des Kapitels bezieht sich sowohl auf das Edictum Rothari als auch auf im fränkischen Italien lebende Amtspersonen. Sie werden aufgefordert, zu schwören, dass sie keine flüchtigen Unfreien verstecken werden, während diejenigen unter ihnen, bei denen flüchtige Unfreie gefunden wurden, dem König durch einen *missus* vorgeführt werden, um dort zu schwören, dass keine weiteren fremden Unfreien unrechtmäßig versteckt gehalten werden.[1033] Erneut bezieht sich c. 9 wohl auf geltendes langobardisches Recht. Die cc. 274–276 des Edictum Rothari verpflichten jeden, flüchtige Unfreie den Herren zu melden oder diese zurückzuführen, und verbieten, den Flüchtigen zu unterstützen.[1034] Die Einbeziehung von Amtsträgern bei der Suche und Rückführung von flüchtigen Unfreien erinnert freilich auch an die bereits erwähnte „staatliche Verfolgungs- und Rückführungsorganisation" des römischen Reichs.[1035] Für das fränkische Recht handelt es sich hier allerdings um ein Novum.

Bereits nach der Betrachtung dieser ersten Abschnitte der Bestimmung scheint offensichtlich, dass der Erlass als Reaktion auf einen beziehungsweise mehrere konkrete Fälle zu verstehen ist, auch wenn diese anhand der Quellen nicht im Einzelnen rekonstruierbar sind.[1036] Da im Prolog der Bestimmung sowohl Franken als auch Langobarden angesprochen werden, kann nicht abschließend geklärt werden, welcher der Gruppen die angesprochenen Amts-

---

dass mit *edictus* das langobardische Recht gemeint ist, wie bereits Mordek (Herstal, S. 32 Anm. 135) feststellt. Konkreter scheint sich die Bestimmung auf c. 264 des Edictus Rothari (Edictus Rothari c. 264 [MGH LL 4], S. 64) zu beziehen, welches u. a. *iudices* auffordert, Flüchtende daran zu hindern, *foris provincia* zu gelangen. Die Bestimmung findet sich zudem auch in Liutprandi leges c. 44 (MGH LL 4), S. 126. Auf eine ähnliche Bestimmung des westgotischen Rechts weist Karl Ubl im Zusammenhang mit Nr. 10 c. 1 (MGH Capit. N. S. 4, S. 146–147, Anm. 2) hin. Es handelt sich bei dem Kapitel um Lex Visigothorum c. 9,1.14 (MGH LL nat. Germ. 1), S. 360.

1031 Nr. 91 c. 9 (MGH Capit. 1), S. 193. Francesco Manacorda (Ricerche, S. 32) vermutet, dass die genannten geographischen Regionen der Terminologie der Liutprandi leges entstammen. *Austria* und *Neustria* beziehen sich zweifellos auf die entsprechenden Gebiete der Langobardia maior.

1032 Wenngleich ohne c. 9 zu berücksichtigen, sieht auch Carlo de Clercq (Législation 1, S. 163–164) in der Bestimmung den Versuch im Konflikt zwischen fränkischem und langobardischem Recht zu vermitteln bzw. entsprechende Klarheit zu schaffen.

1033 Nr. 91 c. 9 (MGH Capit. 1), S. 193: … *et apud locum coniurent sculdasios, decanos, saltarios vel loco positos, ut nullos concelent, et ubicumque inventi fuerint, ipse apud quem fuerint una cum misso de comite vel de ipso loco nobis adducantur sic, ita ut iurare valeant, ut neminem concelent…*

1034 Edictus Rothari cc. 274–276 (MGH LL 4), S. 66–67.

1035 Vgl. Kaser et al., Römisches Privatrecht, S. 151.

1036 Erneut sei an dieser Stelle auf die Einschätzung von Brigitte Kasten (Königssöhne, S. 232) verwiesen, die davon ausgeht, dass die hier betrachtete Bestimmung letztlich als Reaktion auf akute Missstände und „unerledigte Streitsachen" zu verstehen sei.

träger angehörten.[1037] Im ehemaligen Langobardenreich geborene Franken lebten freilich weiterhin nach fränkischem Recht.[1038] Allerdings bezieht sich BK 91 c. 9 eindeutig auf das langobardische Recht und greift Inhalte auf, die dem fränkischen Schriftrecht fremd sind. Folglich scheint es nicht unwahrscheinlich, dass die vorliegende Bestimmung als Versuch verstanden werden kann, die lokalen Gepflogenheiten auch in ihrer Bedeutung zu bestätigen beziehungsweise akuten Missständen entgegenzuwirken. Die Einschätzung, dass es sich bei der Bestimmung um eine Reaktion auf einen beziehungsweise mehrere konkrete Fälle handelt, wird auch durch die Inhalte der übrigen Kapitel des Erlasses bestärkt.[1039] Gleiches gilt für den Abschluss der Anordnung. Dort wird festgelegt, dass jeder, der nach ihrem Inkrafttreten einen flüchtigen Unfreien beherbergt, Auskunft über diesen (und wohl dessen Herkunft) zu geben hat, und dies gilt explizit für jeden Freien, sowie für Kirchen und den Königshof.[1040] Während ohnehin davon auszugehen ist, dass Unfreienflucht im frühen Mittelalter kein seltenes Phänomen war,[1041] ist gut vorstellbar, dass viele Unfreie die politische Neuordnung in Norditalien nach 774 als günstige Gelegenheit für einen Versuch, ihre Lebenssituation (durch Flucht) zu verbessern, betrachteten.

Auch in Bezug auf ihre Haltung gegenüber Unfreien kann für BK 91 und BK 95 kein Unterschied zu den anderen bereits untersuchten Themenfeldern dieser Arbeit festgestellt werden: Die flüchtigen Unfreien sind nicht das primäre Interesse der Bestimmung. Vielmehr sind deren Ziel die (freien) Amtsträger, welche die Unfreien unrechtmäßig verstecken (wohl um ihrerseits von deren Arbeitskraft zu profitieren). Wie bereits in Bezug auf die Unfreienehe und die Bestrafung von Unfreien festgestellt werden konnte,[1042] interveniert Karl der Große nur in solchen Fällen, in denen durch einen (hier flüchtigen) Unfreien ein Rechtsstreit zwischen zwei freien Parteien entstehen konnte.

Zumindest die beiden hier betrachteten Kapitel bieten also ein recht homogenes Bild: Durch die geopolitischen Veränderungen der 770er und 780er Jahre

---

1037 Zu fränkischen Amtsträgern in Italien vgl. Predatsch, Migration, S. 100–115. Er betont, dass die Herkunft von Amtsträgern in vielen Fällen nicht sicher festzustellen ist, aber die Zahl derjenigen, „die mit Sicherheit als Migranten zu kategorisieren wären", weit hinter jenen zurückbleibt, die „italischer oder unbekannter Herkunft" seien (ebd., S. 115).

1038 Das Personalitätsprinzip wird auch in Nr. 91 c. 7 (MGH Capit. 1, S. 192) erneut betont. Zum Personalitätsprinzip u. a.: Guterman, Personality of Law.

1039 So wird in Nr. 91 c. 4 etwa die Instandhaltung von Kirchen, Brücken und Straßen thematisiert, c. 5 behandelt den rechtlichen Schutz von Witwen (*viduae*) und Waisen (*orfani*) durch einen *tutor*. In c. 7 wird die Rechtspflege nach dem Personalitätsprinzip in die Hände der entsprechenden *comites* gelegt. Vgl. dazu: Nr. 91 (MGH Capit. 1), S. 191–193.

1040 Nr. 91 c. 9 (MGH Capit. 1), S. 193: *… et si qui servos aut ancillas fugaces habuerit tam ecclesiastici seu curtis vel populo, in constituto ipsum qui suum cognoverit suscipiat.* Auch diese Formulierung könnte möglicherweise auf das Edictum Rothari zurückzuführen sein. In cc. 269 und 271–272 wird Unfreien die Möglichkeit gegeben am Königshof (c. 271), in der Kirche (c. 272) oder gar bei einem anderen Freien (c. 269) um Asyl zu bitten. Dennoch wurden alle genannten Gruppen verpflichtet, den Unfreien an seinen Herrn zurückzugeben, wenn dieser die körperliche Unversehrtheit des Unfreien zusichert. Vgl. Edictus Rothari cc. 269, 271–272 (MGH LL 4), S. 65–66.

1041 Erinnert sei an Alkuins poetische Ausführungen. Vgl. oben, S. 181 mit Anm. 966.

1042 Vgl. Kapitel 3 und 5.

in Italien, sei es die Etablierung des Patrimonium Petri oder die Eingliederung von Teilen des Langobardenreichs in das Frankenreich, ergaben sich zahlreiche Situationen, die einer Intervention durch die neuen fränkischen Gesetzgeber bedurften. Exemplarisch angeführt wurden an dieser Stelle der Umgang mit Menschen, die versuchten, in das Frankenreich zu flüchten, und Unfreien, die innerhalb der italienischen Gebiete des Frankenreichs flohen und von Dritten versteckt wurden. In beiden Fällen bedienen sich Karl beziehungsweise Pippin zwar des fränkischen Formats des Herrschererlasses, beziehen sich jedoch in beiden Fälle auf das langobardische Recht, sodass inhaltlich von einem gewissen Maß an Kontinuität gesprochen werden darf. Die Bestimmungen haben grundsätzlich zum Ziel, bereits geltendes Recht zu bestätigen und Kompetenzen beziehungsweise Aufgaben der Amtsträger abzugrenzen. Die Flüchtenden selbst, seien sie nun unfrei oder nicht, sind für den Gesetzgeber nur als Auslöser des Problems darüber aber hinaus nicht von Interesse.

Doch wie verhält es sich nach der Kaiserkrönung Karls des Großen? Wie eingangs bereits bemerkt, stammt die Mehrzahl der Erlasse Karls des Großen, welche die Flucht von Unfreien behandeln, aus der Zeit nach 800. Ist an dieser Stelle tatsächlich eine programmatische Zäsur festzustellen? Trotz des vermehrten Aufkommens des Themas liefern die Quellen keinen Anlass, von einer solchen Veränderung auszugehen. Denn auch die Bestimmungen zur Unfreienflucht, die zwischen 800 und 813 entstanden sind, erwecken den Eindruck, Reaktion auf akute Anfragen oder Probleme zu sein, die überwiegend mit der Bestätigung beziehungsweise Präzisierung bereits geltenden Rechts beantwortet werden.

So wird etwa in c. 8 des 801 entstandenen Capitulare Italicum (BK 98) festgelegt, dass fränkische, alamannische und aus anderen Stämmen (*alterius nationis*) stammende Unfreienbesitzer ihre entflohenen Unfreien ohne Verjährungsfrist zurückfordern dürfen,[1043] während langobardische und römische Unfreienbesitzer diese nach Ablauf einer nicht näher benannten Frist,[1044] ihren Gesetzen entsprechend, entweder zurückkaufen oder aber verlieren sollen.[1045]

1043 Nr. 98 c. 8 (MGH Capit. 1), S. 206: *De servis fugacibus. Ubicumque intra Italiam sive regius ecclesiasticus vel cuiuslibet alterius hominis servus fugitivus inventus fuerit, a domino suo sine ulla annorum praescriptione vindicetur; ea tamen ratione, si dominus Francus sive Alamannus aut alterius cuiuslibet nationis sit …* Bereits Boretius scheint daran zu zweifeln, dass c. 8 Teil des Kapitulars war. Zurückzuführen sind diese Zweifel wohl darauf, dass das Kapitel in den meisten Handschriften nicht enthalten ist. Als Teil von Nr. 98 findet sich das Kapitel ausschließlich in den verwandten Handschriften Cava de' Tirreni 4; Vatikan Chigi F. IV. 75 und München Lat. 19416. Manacorda (Ricerche, S. 93), der das Kapitel umfassend betrachtet, scheint allerdings von der Authentizität des Kapitels überzeugt und auch die Zugehörigkeit zu Nr. 98 stellt er nicht infrage. Letzteres gilt auch für Marco Scalenghe (Vocabolario, S. 192). Dass es sich um ein Kapitel eines karolingischen Kapitulars handelt, scheint allerdings bereits wegen der Gegenüberstellung von Franken auf der einen und Langobarden und Römern auf der anderen Seite sehr wahrscheinlich.

1044 Möglicherweise handelt es sich um die sogenannte 30-Jahres-Frist. Vgl. dazu u. a.: Levy, Law of Property, S. 184–190; Esders, Verjährungstitel, S. 61–62.

1045 Nr. 98 c. 8 (MGH Capit. 1), S. 206: … *si vero Langobardus aut Romanus fuerit, ea lege servos suos vel adquirat vel amittat, sicut inter eos antiquitus est constituta.*

Eine inhaltliche Neuerung bedeutet die Bestimmung erneut nicht, sondern lediglich eine Bestätigung des im Frankenreich herrschenden Personalitätsprinzips in Bezug auf einen konkreten Fall.[1046] Das Geburtsrecht eines Unfreienbesitzers konnte dementsprechend von großer Bedeutung für dessen Unfreie sein. Weshalb der rechtliche Umgang mit der Rückforderung von Unfreien ausgerechnet 801 relevant wurde, ist nicht zu klären. Dass die Thematik in einem italienischen Kontext behandelt wird, ist bereits deshalb nachvollziehbar, da die Zahl der Unfreienbesitzer, die nach langobardischem (oder römischem) Recht lebten, dort am größten gewesen sein muss. Grundsätzlich bestätigt sich in BK 98 c. 8 die bereits für die italienischen Kapitularien des 8. Jahrhunderts festgestellte Tendenz, dass in Bezug auf flüchtige Unfreie geltendes Recht weiterhin Gültigkeit behalten sollte.

Anders stellt sich die Situation beim erneut nur für Italien relevanten c. 19 des Pippini regis Capitulare Italicum (BK 102) dar.[1047] Dort heißt es: *Ut nemo forcapium de mancipiis aut de qualibet causa recipere praesumat, sicut saepius domnus imperator commendavit.*[1048] Unter anderem bei Rückgabe eines (entlaufenen) Unfreien darf also kein Rückkaufpreis (*forcapium*)[1049] eingefordert werden, ein Umstand, der, wie Pippin anmerkt, bereits mehrfach durch den Kaiser, also seinen Vater Karl, betont wurde. Die Begründung für diese Entscheidung wird im folgenden und letzten Kapitel des Kapitulars gleich angefügt: Es ist ohnehin verboten, fremde oder flüchtige Unfreie aufzunehmen.[1050] Bemerkenswerterweise handelt es sich bei der vorliegenden Bestimmung um den frühesten Nachweis des Verbotes, einen Rückkaufpreis „für die Ergreifung eines Flüchtigen" zu fordern.[1051] Die kurze Passage ist inhaltlich schwer zu deuten. Britta Mischke geht davon aus, dass es sich hier um die Aufhebung einer Bestimmung des langobardischen Rechts, nämlich von c. 264 des Edictus Rothari,[1052] handelt. Damit würde es sich zumindest in Bezug auf den hier untersuchten Themenbereich um eine Ausnahme, nämlich eine tatsächliche Veränderung geltenden Rechts, handeln. Erklären ließe sich diese Ausnahme möglicherweise über einen Konflikt zwischen fränkischem und langobardischem Recht. Während einem Langobarden, der einen Unfreien zu seinem Herrn zurückbringt, nach dem Edictus Rothari ein Lohn von zwei Solidi zusteht,[1053] kennt das fränkische Recht keine solche Be-

1046 Vgl. Esders, Church, S. 31.

1047 Das Kapitular entstand vermutlich zwischen 806 und 810. Vgl. Manacorda, Ricerche, S. 118–121.

1048 Nr. 102 c. 19 (MGH Capit. 1), S. 211.

1049 Vgl. dazu: Niermeyer (MLLM, S. 578), der den Begriff von *foriscapium* ableitet und einen germanischen Ursprung annimmt. Von einem germanischen Ursprung geht auch Seebold (Chronologisches Wörterbuch, S. 1023) aus, der den Begriff allerdings von *„(for)koufen"* ableitet.

1050 Nr. 102 c. 20 (MGH Capit. 1), S. 211: *Ut mancipia adventitia et fugitiva nullus recipere praesumant.*

1051 Vgl. dazu die entsprechende Anmerkung von Mischke (MGH Capit. N. S. 4, S. 411 Anm. 19).

1052 Vgl. Edictus Rothari c. 264 (MGH LL 4), S. 64: *Si liber aut servus vellit foris provinciae fugire, et iudex aut quicumque, qui in finibus provinciae resedit, eum praeserit, teneat eum, et res, quas secum detulerit, salvas faciat; et mox mandet ad iudicem de locum, unde fugire coepit, quatinus eum recipiat, et dit pro uno fugace solidos duo, ita ut cum rebus, quas secum detulerit, reddatur…* Vgl. Mischke (MGH Capit. N. S. 4, S. 411 Anm. 19).

1053 Vgl. Edictus Rothari c. 264 (MGH LL 4), S. 64.

stimmung, allerdings auch keine gegenteilige. Da uns allerdings die Verordnung(en) Karls, auf die sich Pippin hier bezieht, unbekannt sind, lässt sich an dieser Stelle nicht klären, weshalb oder wann das Verbot, ein *forcapium* einzufordern, durch Karl festgelegt wurde. Offensichtlich hatte sich diese Bestimmung im ersten Jahrzehnt des 9. Jahrhunderts in Italien nicht als allgemeine Rechtspraxis durchgesetzt, sodass sich Pippin gezwungen sah, dieses Thema in seinem Kapitular aufzugreifen. Bemerkenswert bleibt in Bezug auf das Kapitel, dass hier im Gegensatz zu den bisher betrachteten Bestimmungen nicht am Personalitätspinzip festgehalten wird.

Insgesamt entsteht der Eindruck, dass die Unfreienflucht überwiegend deshalb so häufig in italienischen Kontexten Erwähnung findet, weil die dortige Bevölkerung, vergleichsweise heterogen in Bezug auf ihre Rechtszugehörigkeit war. Die (neuen fränkischen) Herrscher mussten sich im Umgang mit flüchtigen Unfreien in diesem komplizierten Umfeld erst noch legislativ positionieren.[1054] Während grundsätzlich das Personalitätsprinzip, und somit Rechtspluralismus,[1055] galt, konnte es, wie das betrachtete Kapitel aus Pippins Kapitular verdeutlicht, zu Widersprüchen der verschiedenen Leges kommen. Solche Fälle mussten dann (denn schließlich konnte der flüchtige Unfreie eines Langobarden durch einen Franken aufgegriffen werden, oder umgekehrt) durch eine legislative Intervention des Herrschers eindeutig geregelt werden. Feststellen lässt sich in diesen Interventionen allerdings keine Veränderung in der Position gegenüber den Unfreien. Vielmehr handelt es sich bei den Erlassen um Regeln und Verpflichtungen für die von der Flucht eines Unfreien betroffenen Freien: Besitzern, Findern und Amtsträgern. Die Regeln entsprechen grundsätzlich den bereits im fränkischen oder langobardischen Recht existenten. Nur wenn diese bereits bekannten Regeln einer Präzisierung bedurften, kam es zu inhaltlichen Änderungen.[1056] Es ist wohl nicht davon auszugehen, dass Unfreie in Italien häufiger versuchten zu fliehen als andernorts, durch die Quellen nachzuweisen ist dieser Umstand ohnehin nicht. Folglich scheinen die plausibelsten Thesen bezüglich der Relevanz dieses Themas für Italien die rechtliche Heterogenität der Bevölkerung und die dadurch teilweise widersprüchlichen Bestimmungen der entsprechenden Rechtsbücher zu sein. Dieser Umstand erklärt auch die häufige Bezugnahme auf ebendiese Rechtsbücher und die Differenzierung je nach Geburtsrecht der Besitzer der Unfreien.

1054 Erneut sei an dieser Stelle auf die These von Jennifer Davis (Practice of Empire, S. 239–292) verwiesen, die davon ausgeht, dass insbesondere Karl der Große die neu zum Frankenreich gekommenen Gebiete als legislatives Experimentierfeld genutzt hat. Zumindest in Bezug auf die hier betrachteten Bestimmungen gibt es allerdings keine Anhaltspunkte für diese Vermutung.

1055 Zum Rechtspluralismus und dessen Entwicklung im Frankenreich vgl.: Ubl, Maurinus, S. 108–115. Allgemeiner darf erneut verwiesen werden auf: Guterman, Personality of Law.

1056 Als Ausnahme angeführt werden muss hier die von 45 auf 60 Solidi erhöhte Bußsumme aus Nr. 52 c. 6 (MGH Capit. 1), S. 140.

4.3.2 Und diesseits der Alpen? Die nicht-italienischen Kapitularien Karls des Großen

Der Umgang mit flüchtigen Unfreien lässt sich für die Jahre vor 813 allerdings nicht ausschließlich in italienischen Kapitularien feststellen. Die Thematik findet sich auch in einigen Kapiteln, die nördlich der Alpen entstanden sind oder zumindest keinen Bezug zu Italien haben.

Als frühester Beleg lässt sich c. 4 des Capitulare missorum generale von 802 (BK 33) anführen.[1057] Dort wird umständlich festgelegt, dass flüchtige (*servi*) *fiscalini* von niemandem durch Meineid oder Betrug entzogen werden sollen, wenn diese unrechtmäßig behaupten, Freie zu sein. Unabhängig davon, ob es ein *servus* des Fiskus, der Kirche oder eines anderen Freien war, waren Grundherren durchaus daran interessiert, ‚unbekannte' Personen, die ihnen zuliefen, zu beherbergen und diese als Arbeitskräfte einzusetzen.[1058] Der Wunsch des Flüchtigen sich andernorts bei (leicht) verbesserten Lebensbedingungen niederzulassen, ist ebenso nachvollziehbar wie der herrscherliche Interventionsversuch von BK 33.

Eine ähnliche Bestimmung findet sich im wenig jüngeren c. 6 der Capitula cum primis constituta (BK 52).[1059] Der Erlass ist als Ausformulierung der Beschlüsse einer Versammlung des Jahres 808 zu betrachten.[1060] Festgelegt wird erneut, dass die Aufnahme von flüchtigen Unfreien (denn nur um solche kann es sich bei den *homines* der Bestimmung handeln) mit dem Königsbann (*bannum dominicum*) bestraft werde und dass besagte Flüchtige ohne Zögern *ad dominum* zurückzubringen seien. Die zu zahlende Strafsumme für das Vergehen wird von 45 auf 60 Solidi angehoben und erhält somit ein anderes Gewicht. Weshalb man sich 808 für diese Verschärfung des Rechts entschied, ist aus dem Kontext des Erlasses nicht zu erschließen. Möglicherweise deutet die Verschärfung des Gesetzes die Schwere des Problems an.[1061] Dass flüchtige Unfreie und der (rechtli-

---

1057 Nr. 33 c. 4 (MGH Capit. 1), S. 92: … *et ut nemos fugitivos fiscales suos, qui se iniuste et cum fraudes liberas dicunt, celare neque abstrahere cum periurio vel alio inienio presumat.* Ausführlich zu diesem vermeintlich ‚programmatischen Kapitular' vgl. u. a. Patzold, Normen im Buch, S. 334–345.

1058 So auch Diesenberger (Predigt und Politik, S. 336 mit Anm. 229), der darauf verweist, wie schwierig die Besetzung von Hofstellen für Grundbesitzer teilweise war. Vgl. dazu Devroey, Peasant Mobility, insb. S. 41–43. Ähnlich bereits: Epperlein, Herrschaft, S. 31.

1059 Nr. 52 c. 6 (MGH Capit. 1), S. 140: *De fugitivis hominibus ut, ubicumque inventi fuerint, ille qui eum retinet, bannum dominicum solvere cogatur, et ille fugitivus absque dubio in patriam ad dominum suum revertatur.* Eine Beschränkung auf die *servi* des Fiskus wie in Nr. 33 ist hier also nicht mehr gegeben.

1060 Andrea Stieldorf (Marca, S. 77 insb. Anm. 63) und vor ihr Arnold Bühler (Capitularia relecta, S. 323) gehen zu Recht davon aus, dass es sich bei den beiden Texten (Nr. 51 und 52) um eine durch den König vorgelegte Tagesordnung und die aus diesen Beratungen resultierenden Beschlüsse handelt.

1061 So scheint allgemein Epperlein (Herrschaft, S. 31–32) die Situation flüchtender Unfreier zu deuten. Inhaltlich bestätigt wird die auf den Königsbann erhöhte Strafe bei Aufnahme flüchtiger Unfreier in Nr. 64 c. 9 (MGH Capit. 1, S. 153): *De fugitivis qui per diversas provintias detenti et occultati contra praeceptum domni imperatoris sunt, ut qui eos post p ra e te rita tempus suscepit aut*

che) Umgang mit diesen zu Beginn des 9. Jahrhunderts offenbar ein größeres Problem darstellte, ist jedenfalls evident.

Ebenfalls aufgegriffen wird die Thematik in c. 4 der sogenannten Capitula Karoli Magni (BK 56).[1062] Der Entstehungskontext von BK 56 ist weitestgehend unklar.[1063] Kapitel 4 gestaltet sich allerdings durchaus interessant. Dort heißt es: *Ut homines fiscalini sive coloni aut servi in alienum dominium commorantes, a priore domino requisiti, non aliter eisdem concedantur, nisi ad proprium locum; ubi prius visus fuit mansisse, illuc revertatur et ibi diligenter inquiratur de statu ipsius cum cognatione eius.* Anders als von Hans-Werner Goetz vorgeschlagen,[1064] ist davon auszugehen, dass *sive... aut* hier kopulativ zu interpretieren ist, sodass die Bestimmung besagt, dass *fiscalini, coloni* oder *servi*, die von ihren (vermeintlichen) vormaligen Herren zurückgefordert werden, diesen nur an ihrem Herkunftsort zurückgegeben werden sollen.[1065] Das Kapitel bezeugt, dass der Rechtsstatus von Individuen oftmals keineswegs eindeutig oder gar einfach zu bestimmen war, sodass im Zweifelsfall sorgfältig nachgeforscht (*diligenter inquiratur*) werden musste. Da der Rechtsstatus von Personen hauptsächlich über den Rechtsstatus der Verwandtschaft (*cognatio*) ermittelt wurde, konnten diese Nachforschungen wohl nur am Herkunftsort der Flüchtigen angestellt werden, sodass sich die Rückführung an den Herkunftsort durchaus nachvollziehen lässt. Die Bestimmung zeigt zudem, dass (*servi*) *fiscalini* und *coloni* ebenfalls keine Freizügigkeit besaßen. Folgt man der bereits zu Beginn dieses Kapitels angeführten Einschätzung Jan Ziekows, dass „Freizügigkeit eine exponierte Stellung" unter den qualifizierenden Merkmalen der rechtlichen Freiheit zukommt,[1066] so darf an dieser Stelle konstatiert werden, dass die genannten Gruppen (*fiscalini* und *coloni*) in diesem Zusammenhang mehr unfrei als frei sind.[1067]

Auch wenn nicht explizit erwähnt wird, dass c. 31 des von Hubert Mordek als Caroli Magni capitulare generale bezeichneten Textes (M 13) *servi* (*fugitivi*) behandelt, ist dieser Umstand eindeutig: *Ut fugitivum alterius malo ingenio nemo suscipiat, nisi conservare eum voluerit usque ad conplacitum vel pacationem domini sui.*[1068] Geflüchtete eines anderen dürfen also nur im Interesse ihres Besitzers aufgenommen beziehungsweise festgehalten werden. Die Bezeichung als Flüchtige eines anderen (*alterius*) und die Erwähnung eines entsprechenden *do-*

---

retinet bannum dominicum componat. Auf dieses Kapitel verweist auch Davis (Practice of Empire, S. 353 mit Anm. 36).

1062 Nr. 56 c. 4 (MGH Capit. 1), S. 143.

1063 BK 56 ist, wie auch BK 52, nur in den Schwesterhandschriften Paris Lat. 9654 und Vatikan Pal. Lat. 582 vollständig überliefert. Die beiden Handschriften gehen wohl auf eine in Sens entstandene Sammlung zurück. Vgl. dazu: Mordek, Bibliotheca, S. 562–563. Vorausgesetzt der Sammler aus Sens, der erkennbar um „chronologische Fixierung und Positionierung des riesigen Stoffes" (ebd. S. 562) bemüht war, hatte im vorliegenden Fall Erfolg, dann wäre BK 56 wohl im ersten Jahrzehnt des 9. Jhs. und wohl wenig früher als BK 52 entstanden.

1064 Vgl. Goetz, Mittelalter, S. 178. Zur Bedeutung von *sive... aut*, vgl. Niermeyer, MLLM, S. 1271.

1065 Zu *concedere* als „ein Pachtgut überlassen, z. B. zum Nießbrauch" vgl. Niermeyer, MLLM, S. 307.

1066 Ziekow, Freizügigkeit, S. 27.

1067 Ähnlich in Bezug auf *coloni* auch: Devroey, Peasant Mobility, S. 40.

1068 Nr. 13 c. 31 (MGH Hilfsmittel 15), S. 993.

minus lassen nur eine Interpretation zu: Auch hier sind flüchtige *servi* gemeint. Inhaltlich steht das Kapitel in Kontinuität zu den übrigen besprochenen Kapiteln; an der ‚Politik' im Umgang mit flüchtigen Unfreien hatte sich dementsprechend auch 813 und somit kurz vor dem Tode Karls, dem vermutlichen Entstehungsjahr von M 13,[1069] nichts geändert.

Abschließend muss noch auf ein Kapitel eines weiteren Kapitulars Karls des Großen verwiesen werden: Kapitel 5 einer 806 in Nimwegen an seine *missi* erteilte Instruktion (BK 46).[1070] Die Bedeutung des Kapitels darf nicht unterschätzt werden. Wie bereits festgestellt wurde, ist für das fränkische Recht zwar grundsätzlich davon auszugehen, dass Freie Freizügigkeit besaßen, während dies für Unfreie nicht der Fall war. Einen konkreten Nachweis für diesen Umstand bieten die Rechtsquellen vor dem 9. Jahrhundert allerdings nicht. Ebendies ist allerdings Inhalt des nun zu betrachtenden Kapitels: Zuziehenden Freien (*advenae*) wird das Recht zugesprochen, dass sie nicht grundlos von ihrem Wohnort vertrieben werden dürfen.[1071] Flüchtige Unfreie (und *latrones*) hingegen müssen *ad propria loca*, also zu ihrem Besitzer, zurückgebracht werden.[1072] Aufgrund des Inhalts der Bestimmung und der bereits festgestellten Tendenz Karls, geltendes Recht zu bestätigen und im Zweifel zu präzisieren, darf angenommen werden, dass es sich hier ebenfalls nicht um eine inhaltliche Veränderung geltender Rechtspraxis handelt. Vielmehr entsteht der Eindruck dass diese Rechtslage den *missi* eingeschärft werden sollte.[1073] Wie bereits zwei Jahrzehnte zuvor in Italien[1074] (und davor im römischen Reich)[1075] werden erneut Amtsträger zur Rückführung von flüchtigen Unfreien herangezogen. Zumindest für das fränkische Recht außerhalb Italiens bedeutet dies tatsächlich ein Novum. Jennifer Davis hat darauf hingewiesen, dass den *missi* insgesamt zwar eine enorme Verantwortung zugekommen ist, aber keineswegs klar wird, wie sie ihre weitreichenden Aufgaben durchführen sollten.[1076] Im vorliegenden Fall ist allerdings nicht davon auszugehen, dass die *missi* mit der tatsächlichen Rückführung von

---

1069 Mordek (Bibliotheca, S. 993) vermutet aufgrund von „zahlreichen Gemeinsamkeiten mit Bestimmungen der Reformkonzilien und vorallem -kapitularien von 813" eine Entstehung des Erlasses in diesem zeitlichen Zusammenhang.

1070 Nr. 46 c. 5 (MGH Capit. 1), S. 131.

1071 Nr. 46 c. 5 (MGH Capit. 1), S. 131: ... *De advenis volumus, ut qui iam diu coniugati sunt per singula loca, ut ibi maneant et sine causa aliqua culpa non fiant eiecti...* Vorausgesetzt wird, dass sie bereits mit dem Ort verbunden (*coniugati*) sind, also bereits einen gewissen Zeitraum dort leben. Es handelt sich hier zweifellos um einen Verweis auf das in der Lex Salica auf ein Jahr festgelegte Abtriebsrecht bei Zuziehenden. Vgl. Lex Salica c. 45,4 (MGH LL nat. Germ. 4,1), S. 176–177. Dazu auch: Ziekow, Freizügigkeit, S. 28.

1072 Nr. 46 c. 5 (MGH Capit. 1), S. 131: ... *fugitivi vero servi et latrones redeant ad propria loca.*

1073 Dieser Eindruck drängt sich insbesondere nach Betrachtung der Einleitung und des Beginns des hier betrachteten c. 5 der Bestimmung auf. Vgl. Nr. 46 cc. 1 und 5 (MGH Capit. 1), S. 131: *Ut unusquisque in suo missatico maximam habeat curam ad praevidendum et ordinandum ac disponendum secundum Dei voluntatem et secundum iussionem nostrum* ... 5. *Volumus ut equaliter missi nostri faciant de singulis causis, sive de harribanno sive de advenis sive de ceteris quibuslibet causis.*

1074 Vgl. Kapitel 4.3.1.

1075 Vgl. Kaser et al., Römisches Privatrecht, S. 151.

1076 Vgl. Davis, Inventing the Missi, S. 36–37.

flüchtigen Unfreien betraut wurden, sondern sie diese Aufgabe vielmehr an die lokalen Amtsträger delegieren sollten. Wer zuvor für die Rückführung von aufgegriffenen flüchtigen Unfreien zuständig war, bestimmen die Rechtsquellen nicht, und es darf bezweifelt werden, dass die *missi* dieser Aufgabe flächendeckend und erfolgreich nachkommen konnten.

Bereits die kurze Betrachtung der hier angeführten Beispiele zeigt eindeutig, dass der Umgang mit der Flucht von Unfreien im frühen 9. Jahrhundert als größeres Problem wahrgenommen wurde.[1077] Bemerkenswert ist erneut, dass die untersuchten Bestimmungen, wie bereits für die italienischen Kapitel festgestellt, allesamt die Verfahrensweise zwischen den betroffenen Freien behandeln und die flüchtigen Unfreien nur indirekt angesprochen werden. Zurückzuführen ist dieser Umstand in diesem Zusammenhang eindeutig darauf, dass die Kapitularien Karls des Großen für Freie und Rechtsstreitigkeiten zwischen Freien formuliert wurden. Unfreie, als grundsätzlich nicht rechtsfähige Personen, waren höchstens Inhalt dieser Bestimmungen.[1078]

Insgesamt darf die ‚Unfreienpolitik' Karls des Großen in Bezug auf den Umgang mit deren Flucht als Versuch betrachtet werden, den Status quo zu wahren und nur dann zu intervenieren, wenn das bereits geltende Recht einer Präzisierung bedurfte. Die Beziehung zwischen den beiden Parteien, Herr und Unfreier, wird von den Kapitularien schlicht nicht aufgegriffen. Wie bereits in Bezug auf die Eheschließung und die Bestrafung von Unfreien festgestellt, zielten die Kapitularien Karls des Großen keineswegs darauf ab, den Umgang eines Herrn mit seinem Besitz, in diesem Fall seinem Unfreien, in irgendeiner Weise zu regeln oder gar zu beschneiden. Vielmehr scheint die Wahrung der Besitzrechte gegenüber Dritten von zentraler Bedeutung gewesen zu sein.

4.4 Unfreienflucht in den Kapitularien Ludwigs des Frommen

4.4.1 Das missatische Dossier von 818/819 und die Regni divisio von 831

Bereits mehrfach wurde die Reformperiode der frühen Herrschaftsjahre Ludwigs des Frommen thematisiert, deren Höhepunkt im Winter 818/819 mit dem „größte[n] und am besten dokumentierte[n] Gesetzgebungspaket eines karo-

---

1077 Vgl. dazu erneut: Epperlein, Herrschaft, S. 31–32.

1078 Mehr oder minder direkt angesprochen und dazu aufgerufen zu dienen (und nicht zu flüchten), werden *servi* in Sermo 15 der um 800 in Baiern kompilierten Sermones-Sammlung des sogenannten Pseudo-Bonifatius. Vgl. PL 89, Sp. 870: *Servi subditi estote dominis, et domini iustitiam conservate servis.* Dazu ausführlich: Diesenberger, Predigt und Politik, S. 336–337 mit Anm. 236. Bei dem von Diesenberger (ebd.) angeführten Kapitel (Nr. 154 c. 9 [MGH Capit. 1], S. 313) handelt es sich um can. 51 des Konzils von Chalon 813 (MGH Conc. 2,1, S. 283–284) im Rahmen einer aus den Reformkonzilien von 813 exzerpierten Sammlung, die von Boretius als Kapitular ediert wurde. Diesenberger (Predigt und Politik, S. 336–337) verweist in seiner Betrachtung auch auf weitere ähnliche Quellen.

lingischen Herrschers" erreicht war.[1079] Teile der Gesetzgebung 818/819, nämlich CNS 9–11, lagen den herrscherlichen *missi* in den Folgejahren wohl stets gemeinsam vor.[1080] Neben zahlreichen weiteren Themen finden sich unter den Kapiteln des Dossiers auch einige zur Flucht von Unfreien.

So wird etwa in c. 18 des Capitulare missorum (CNS 11) festgelegt, dass sowohl Unfreie als auch Kleriker und Mönche *ad loca sua*, also ihren Herkunftsort, zurückgeschickt werden sollen, wenn sie andernorts aufgegriffen werden.[1081] Die Umsetzung der Bestimmung lässt sich bereits kurz nach der Entstehung von CNS 11 nachweisen: Am 15. Oktober 820 befiehlt Ludwig in einem „privilegartige[n] Mandat zur Unterstützung von Revindikationen"[1082] zugunsten des Klosters Aniane unter anderem, flüchtige Unfreie in den Besitz des Klosters zurückzuführen.[1083] Bemerkenswert ist dieser Fall insofern, dass sich die flüchtigen Unfreien auf die 30-Jahres-Frist des römischen Rechts berufen. Es scheint sich also nicht um unmittelbar flüchtige Personen zu handeln, sondern um solche, die behaupten, bereits seit mindestens 30 Jahren als Freie zu leben.[1084] Auch wenn die hier in Frage stehenden Unfreien letztlich zurück in den Besitz des Klosters Aniane gelangten, ergeben sich aus dem Fall gleich mehrere Befunde: Erstens weist der Fall (wenig überraschend) nach, dass Fluchtversuche durchaus erfolgreich sein konnten, immerhin wurden die Unfreien nach eigener Aussage erst mehrere Jahrzehnte später ‚gefasst'. Zweitens zeigt sich hier aber auch, dass Unfreie auch weit später noch als solche identifiziert werden konnten und nach einem Gerichtsprozess in den Besitz ihrer ursprünglichen Eigentümer zurückgeführt wurden. Drittens weist die Berufung der Unfreien auf eine Re-

1079 Ubl in der Einleitung zu Nr. 7–11 (MGH Capit. N. S. 4), S. 55.

1080 Vgl. Kikuchi, Herrschaft, S. 152–153.

1081 Nr. 11 c. 18 (MGH Capit. N. S. 4), S. 168–169: *Ut clerici et monachi et servi fugitivi ad loca sua redire iubeantur.* Das Kapitel findet sich in Ansegis c. 4,59 (MGH Capit. N. S. 1), S. 655. Es stimmt inhaltlich mit den entsprechenden Bestimmungen Karls des Großen überein.

1082 Mersiowsky, Regierungspraxis, S. 156.

1083 Vgl. Nr. 188 (MGH DD LdF 2,1), S. 465: … *De quibus* [scil. *mancipia*] *volumus, ut eiusdem monasterii advocati ea perquirant, et ubicumque inventa fuerint et secundum legem Romanam tricennio se defendere voluerint et hoc advocati predicti monasterii ex propinquis eorum circumcincxerint aut testimonia idonea dederint, fiant de eis secundum Romane legis sanctionem, ut tricennium ea excludere non possint.* Gemeint sind hier flüchtige *mancipia* des Klosters. Zur Datierung des Mandats vgl. die Vorbemerkung (ebd., S. 464). Ein möglicherweise ähnlicher Fall aus der Zeit Karls des Großen (a. 772–774) ist über Nr. 77 (MGH DD KdG 1, S. 110–111) dokumentiert. Karl fordert hier die Restitution von *terra sive vinea sive pecunia sive homines sive argentum sive aurum* an die Schottenkirche auf der Insel Honau. Bei den erwähnten *homines* wird es sich um Unfreie gehandelt haben, wobei (teilweise) auch freie Bauern auf Gütern der Schottenkirche gemeint sein könnten. Insgesamt ist das Mandat schwer einzuordnen, da es nur in einer Abschrift des 17. Jahrhunderts überliefert ist und „wohl bis auf den Schlussatz überarbeitet" (ebd., S. 111) wurde. Bemerkt sei an dieser Stelle dennoch, dass die Angelegenheit auf Honau *secundum legem Francorum* behandelt werden sollte, obwohl es sich letztlich wie in Aniane um Kirchenbesitz handelte. Auch dieser Umstand könnte Resultat der Umarbeitung des ursprünglichen Textes sein.

1084 Dass davon ausgegangen werden muss, dass die *mancipia* tatsächlich geflohen waren und nicht bloß behaupteten, Freie zu sein, ergibt sich daraus, dass sie dem Mandat zufolge *per loca diversa fugitiva sint.* Vgl. Nr. 188 (MGH DD LdF 2,1), S. 465.

gelung des römischen Rechts ein durchaus beachtliches Maß an Rechtskenntnis nach; die 30-Jahres-Frist ist dem fränkischen Recht schließlich fremd. Mit der Berufung auf dieses Recht im Rahmen eines Gerichtsprozesses muss zudem eine zumindest vage Hoffnung auf Erfolg einhergegangen sein.[1085]

Der Umgang mit flüchtigen Unfreien wird über CNS 11 c. 18 hinaus in zwei weiteren Kapiteln des oben erwähnten Dossiers aufgegriffen. Es handelt sich um cc. 1 und 6 der sogenannten Capitula per se scribenda (CNS 10).[1086] In c. 1 greift Ludwig unter Nutzung der gleichen Terminologie (*forcapium*) wie sein Vater beziehungsweise sein verstorbener Bruder Pippin von Italien etwa ein Jahrzehnt zuvor[1087] die Frage nach der Forderung eines Rückkaufpreises bei Rückführung eines aufgegriffenen Unfreien auf. Erneut entspricht Ludwigs Position der von Karl: Die Forderung eines *forcapium* wird als nicht rechtens betrachtet und die flüchtigen Unfreien müssen zurückgegeben oder vertrieben werden. Damit widerspricht auch er einer anderslautenden Bestimmung des langobardischen Rechts.[1088] Die Nähe von Ludwigs Bestimmung zu der seines Vaters ist inhaltlich und terminologisch[1089] deutlich auszumachen und unter Berücksichtigung des Entstehungskontextes des Kapitulars kaum überraschend, war es doch nach Karl Ubl als „Ergänzung zum bereits bestehenden Kapitularienrecht gedacht".[1090] Tatsächlich ergänzt Ludwig die Bestimmung seines Vaters um einen nicht unerheblichen Punkt: Der gefundene Unfreie muss nicht nur aufgegriffen oder vertrieben werden, hinzu kommt die Zahlung einer Strafe an den Besitzer des Unfreien, sollte der Finder durch sein Fehlverhalten zum Entkommen des Unfreien beigetragen haben. Eine solche Regelung, wenngleich mit unterschiedlichen Strafen, findet sich, wie bereits Ubl bemerkt, im westgotischen, burgundischen, frühmittelalterlichen römischen, alamannischen und langobar-

---

1085 Deutlicher wird diese in einer Reihe an Prozessen aus Nordostitalien, in denen der Rechtsstatus der Bewohner des Dorfes Oulx verhandelt wird. Die drei Verhandlungen fanden wohl zwischen 799 und 827 statt. Wenngleich in allen drei Fällen zugunsten der Unfreienbesitzer, hier dem Kloster Novalesa, entschieden wird, weist der Umstand, dass die Bewohner von Oulx über drei Generationen versuchten, ihre Freiheit auf dem Prozessweg zu erlangen und dafür in einem Fall sogar nach Pavia reisten, dass sie ihren Fall für nicht hoffnungslos hielten. Die Urkunde, aus der alle drei Fälle aus Oulx rekonstruiert werden können, findet sich ediert in: Nr. 37 (ed. Manaresi), S. 114–118. Umfangreich behandelt, mitsamt weiterer Literatur, wird der Fall von Fabrizio Olivotto (Contenasco).

1086 Vgl. Nr. 10 c. 1 (MGH Capit. N. S. 4), S. 146–147: *DE FORCAPIIS. Si mancipia dominos suos fugerint in alienam potestatem, ut propter hoc nullum praemium accipiat ille, in cuius potestate fuerint inventa pro eo, quod ea vel reddiderit vel foras eiecerit; et non solum hoc, sed etiam si ea nec reddere nec foras eicere voluerit et legitimo domino ea contradixerit et illa inde postea effugerint, secundum legem ea solvere cogatur.* Es ist davon auszugehen, dass den in CNS 11 angesprochenen *missi* immer auch CNS 9–10 vorlagen, wie Ubl (Vorbemerkung zu Nr. 11 [MGH Capit. N. S. 4], S. 155–156) feststellt.

1087 Vgl. Nr. 102 c. 19 (MGH Capit. 1), S. 211.

1088 Vgl. Edictus Rothari c. 264 (MGH LL 4), S. 64; Liutprandi leges c. 44 (MGH LL 4), S. 126. Dazu bereits, S. 192–193 mit Anm. 1030.

1089 Wie bereits Ubl (MGH Capit. N. S. 4, S. 146–147 Anm. 2) zu Recht feststellt, wird die Flucht von Unfreien zwar auch in verschiedenen Leges betrachtet, der Begriff *forcapium* ist diesen allerdings fremd.

1090 Ebd., S. 140.

dischen Recht.[1091] Die Lex Salica hingegen kennt eine solche Bestimmung ebenso wenig wie die merowingischen oder karolingischen Kapitularien. Lediglich eine Formel aus der Sammlung des Marculf lässt vermuten, dass die Bestrafung eines solchen Verhaltens auch dem fränkischen Rechtsverständnis entsprach.[1092] Da besagte Formel allerdings weder Strafe noch Täter benennt, sind präzise Aussagen bezüglich des fränkischen Rechts nicht möglich. Die von Ludwig vorgenommene Ergänzung der Bestimmung seines Vaters ist folglich zum einen ein Hinweis auf das weiter bestehende Personalitätsprinzip und zum anderen keine Veränderung (wohl aber eine geringfügige Modifizierung) geltenden Rechts.

Ein Sonderfall bezüglich des Umgangs mit der Flucht von Unfreien ist darüber hinaus in CNS 10 c. 6 aufgegriffen: Die Bestimmung des ersten Kapitels wird hier auf den Fall ausgeweitet, dass die Unfreien auf königlichen Grundbesitz flüchten.[1093] Auch in diesem Fall sind die Unfreien zurückzugeben oder zu vertreiben. Wie bereits Karl Ubl feststellen konnte, ist diese Ausweitung der Bestimmung auf den König beziehungsweise dessen Verwalter auf römischrechtliche Vorbilder zurückzuführen.[1094] Privatbesitz und königlicher Grundbesitz sollen zumindest diesbezüglich gleichgestellt werden. Sogar der von Karl dem Großen 803 bestimmte[1095] „Bestandsschutz des vom Vater ererbten Fiskalgutes"[1096] wird von Ludwig in diesem Zusammenhang für flüchtige Unfreie aufgehoben.[1097]

Dennoch scheint Ludwig in den hier betrachteten Kapiteln dem Vorbild seines Vaters entsprechend hauptsächlich darauf abzuzielen, dass bereits geltendes Recht möglichst präzise formuliert und verbreitet wird, um dann idealerweise auch befolgt zu werden. Inwiefern dieser Idealzustand erreicht werden

---

1091 Vgl. dazu die entsprechenden Verweise von Ubl in den Anmerkungen zu Nr. 10 c. 1 (MGH Capit. N. S. 4), S. 258 Anm. 3. Ubl verweist in diesem Zusammenhang allerdings nicht auf das langobardische Recht. Das langobardische Recht scheint eine solche Bestrafung nur für den Fährmann (*portonarius*) vorzusehen, der wissentlich flüchtige Unfreie transportiert. Sollten diese entkommen, muss er den Wert des Unfreien und aller Sachen, die dieser mit sich führte, als Kompensationszahlung leisten. Vgl. dazu: Edictus Rothari c. 267 (MGH LL 4), S. 64–65.

1092 Formulae Marculfi Nr. 1,38 (MGH Formulae), S. 67: *Cum in nostra vel procerum nostrorum presencia homo nomen ille itemquae homine nomen illo interpellasset, dum diceret, quasi servo suo nomen illo una cum rauba sua in soledos tantos post se fugitivos pedes recepisset vel post se retenerit indebitae: ad haec prefatus ille omnia haec fortiter visus est denegasse, quod nec ipso servo fugitivus pedes nec rauba sua post se numquam recepisset*… Vgl. auch Brown, Konfliktführung, S. 110.

1093 Nr. 10 c. 6 (MGH Capit. N. S. 4), S. 150–151: *DE MANCIPIIS IN VILLAS DOMINICAS CONFUGIENTIBUS. Si cuiuslibet mancipia in villam nostram confugerint, actor eiusdem villae quaerenti domino ea non contradicat, sed statim ea foras de eadem villa eiciat. Et si se putat ad ea repetenda iustitiam habere, repetat et secundum legem adquirat*…

1094 Vgl. Lex Romana Burgundionum c. 6,5 (MGH LL nat. Germ. 2,1), S. 129.

1095 Nr. 40 c. 9 (MGH Capit. 1), S. 115: *Ut non mittantur testimonia super vestitura domni Pippini regis.*

1096 So bemerkt Ubl (Nr. 10 c. 6 [MGH Capit. N. S. 4], S. 151 Anm. 17).

1097 Nr. 10 c. 6 (MGH Capit. N. S. 4), S. 150: … *Si vero tempore domni Karoli genitoris nostri in villam illam confugerunt et dominus ea quaerit, actor eiusdem villae aut ea legitime contineat aut quaerenti domino reddat. Et actor propter vestituram domni Karoli genitoris nostri eadem mancipia contradicere non audeat, si illius propria esse noscuntur.* Vgl. dazu auch: Brunner / von Schwerin, Deutsche Rechtsgeschichte 2, S. 100 Anm. 55.

konnte, ist freilich nicht nachvollziehbar. Der Umstand, dass das Kapitel sowohl in die Sammlung des Ansegis einging[1098] als auch in mehr als 20 uns bekannten Handschriften überliefert ist,[1099] bezeugt allerdings, dass sie eine nicht unerhebliche Verbreitung erfuhr.

Doch auch nach 818/819 blieb der Umgang mit der Flucht von Unfreien ein für Ludwig offenbar regelungsbedürftiges Phänomen. In c. 4 seiner zweiten (geplanten)[1100] Nachfolgeregelung, der sogenannten Regni divisio (CNS 50) des Jahres 831,[1101] bestimmt er, dass flüchtige Unfreie auch dann nicht aufgenommen oder unrechtmäßig behalten werden dürfen, wenn sie aus einem anderen Reichsteil stammen.[1102] Die Kapitel der Regni divisio, und so auch das hier relevante c. 4, basieren in vielen Fällen auf der Divisio regnorum (BK 45) Karls des Großen.[1103] Als Vorlage für CNS 50 c. 4 diente eindeutig BK 45 c. 8.[1104] Bemerkenswert ist in diesem Zusammenhang, dass CNS 50, von der nur ein einziger Textzeuge bekannt ist,[1105] auch einen ergänzenden Nebensatz der Bestimmung Karls des Großen übernimmt, der nur in wenigen Handschriften von BK 45 enthalten ist. Dem Kapitel werden die Worte *hoc non solum de liberis sed etiam de seruis fugitiuis statuimus obseruandum ut nulla discordiis relinquatur occasio* angehängt.[1106] Konsequenz dieser Ergänzung ist die Ausweitung der Bestimmung auf flüchtige Unfreie, wohingegen sich das Kapitel zunächst nur auf Freie bezog, die gegen den Willen ihres *dominus* in ein anderes Teilreich ziehen.

Unklar bleibt in diesem Zusammenhang, ob bei der Entstehung von CNS 50 ausschließlich eine Version von BK 45 vorlag, die diese Ergänzung enthielt oder ob es sich um eine bewusste Entscheidung für die Übernahme dieser Ergänzung

---

1098 Vgl. Ansegis cc. 4,34 und 4,39 (MGH Capit. N. S. 1), S. 643 und S. 646.

1099 Vgl. Nr. 10 (MGH Capit. N. S. 4), S. 141.

1100 Tischler (Divisio regnorum, S. 225–227) und ihm folgend Kaschke (Teilungsprojekte, S. 99, insb. Anm. 67) weisen darauf hin, dass es sich bei der auf uns gekommenen Fassung der Regni divisio lediglich um einen Planungsentwurf gehandelt haben könnte.

1101 Zur Regni divisio vgl. u. a.: Kaschke, Teilungsprojekte, S. 98–101.

1102 Vgl. Nr. 50 c. 4 (MGH Capit. N. S. 4), S. 644–645: *Similiter precipimus, ut quemlibet illum, qui dominum suum contra voluntatem eius dimiserit et de uno regno in aliud profectus fuerit, neque ipse rex suscipiat neque hominibus suis consentiat, ut talem hominem recipiant vel iniuste retinere presumant. Nec non solum de illis, set etiam de servis fugitivis statuimus observandum, ut nulla discordiis relinquatur occasio. Et hoc precipimus, ut nullus ex is tribus fratribus nobis in corpore consistentibus vel nostrum vel cuiuslibet alterius hominem sacramentum fidelitatis sibi promittere faciat et per hoc eum vel a nobis vel ab altero domino suo per uiusmodi sacramentum avertat et ad se adtraat.*

1103 So bereits Kaschke in der Vorbemerkeung zu Nr. 50 (MGH Capit. N. S. 4, S. 636). Zur Divisio regnorum vgl. u. a.: Kaschke, Divisio regnorum; Tischler, Divisio regnorum.

1104 Nr 50 c. 4 (MGH Capit. N. S. 4), S. 644–645. Vgl. dazu Nr. 45 c. 8 (MGH Capit. 1), S. 128: *Similiter precipimus, ut quemlibet liberum hominem, qui dominum suum contra voluntatem eius dimiserit et de uno regno in aliud profectus fuerit, neque ipse rex suscipiat neque hominibus suis consentiat, ut talem hominem recipiant vel iniuste retinere praesumant.*

1105 Vgl. Kaschke, Teilungsprojekte, S. 99.

1106 Die Ergänzung findet sich in den Handschriften Vatikan Vat. Lat. 3922 und Paris Lat. 7561. Beide Handschriften wurden von Mordek (Bibliotheca) nicht berücksichtigt. Da es sich beim Vaticanus um eine Abschrift des 16. Jahrhunderts handelt sei an dieser Stelle insbesondere auf die Pariser Handschrift verwiesen. Das Kapitel mitsamt Zusatz findet sich auf fol. 31 (https://gallica.bnf.fr/ark:/12148/btv1b107210836/f20 [zuletzt eingesehen am: 02. 05. 2023]).

handelte. Inhaltlich überrascht die Aufnahme der Ergänzung durch Ludwig den Frommen, ob nun bewusst oder nicht, kaum. Der Umgang mit der Flucht von Unfreien wurde, wie gezeigt werden konnte, in den ersten Jahrzehnten des 9. Jahrhunderts mehrfach, von seinem Vater, ihm selbst und, wie noch zu zeigen sein wird, seinem Sohn Lothar in Italien, in verschiedenen Erlassen behandelt. Wenngleich Wiederholungen von bereits bekannten Inhalten durchaus charakteristisch für die Kapitularien sind und zweifellos nicht bedeuten, dass ältere Bestimmungen ohne Wirkung geblieben waren, darf an dieser Stelle wohl dennoch angenommen werden, dass die Flucht von Unfreien und ihre unrechtmäßige Aufnahme andernorts, aus der sich durch die gewonnene Arbeitskraft wirtschaftliche Vorteile ergeben konnten, auch 831 und darüber hinaus ein im Karolingerreich verbreitetes Phänomen darstellte.

4.4.2 Lothar I. und die Unfreienflucht in Italien (825)

Ebenfalls aufgegriffen wird das Verbot für Amtsträger, bei der Rückgabe flüchtiger Unfreier eine Gebühr einzufordern beziehungsweise zu akzeptieren, in einem Kapitular von Lothar I., das 825 in Olonna erlassen wurde (CNS 31).[1107] Das hier relevante c. 13 enthält keine inhaltlichen Neuerungen.[1108] Vielmehr ist das Kapitel als erneute Einschärfung des geltenden Rechts an die Adressaten des Kapitulars, vermutlich die Grafen des Regnum Italiae,[1109] zu verstehen. Wie bereits für von Pippin von Italien festgestellt, greift hier Lothar I. die Flucht von Unfreien in einem eindeutig italienischen Kontext auf. Erneut muss festgehalten werden, dass die deutliche Häufung dieses Themas in italienischen Kapitularien nicht notwendigerweise Rückschlüsse auf lokale beziehungsweise regionale Unterschiede innerhalb des Karolingerreichs zulässt. Allerdings bezeugt Lothars Ermahnung an seine Grafen, dass der angeprangerte Missstand, nämlich das widerrechtliche Erheben beziehungsweise Annehmen einer Gebühr bei Rückführung flüchtiger Unfreier, in Italien auch 825 nicht vollständig verschwunden war und die eigentlich aufgehobene Bestimmung des langobardischen Rechts[1110] offenbar weiterhin (zumindest teilweise) gelebte Rechtspraxis geblieben war.

Offenbleiben muss in Zusammenhang mit dem knapp formulierten Kapitel, weshalb Lothar den bereits unter Pippin von Italien im Regnum Italiae etablierten Begriff *forcapium* trotz der offensichtlichen inhaltlichen Nähe zu dessen Bestimmung (BK 102 c. 19) nicht aufgreift und stattdessen allgemeiner formuliert, dass nichts angenommen (*nihil accipere*) werden dürfe. Es könnte sein, dass so zum Ausdruck gebracht werden sollte, dass weder ein Rückkaufpreis, also ein

1107 Nr. 31 c. 13 (MGH Capit. N. S. 4), S. 410–411: *De fugitivis precipimus, ut ministri rei publice a domino fugitivi nihil accipiant, cum reddiderint eum.* Zu Überlieferung und Datierung des Kapitulars vgl. Geiselhart, Kapitulariengesetzgebung, S. 159–161 sowie die Vorbemerkung von Mischke (Nr. 31 [MGH Capit. N. S. 4], S. 396–403).

1108 So auch Geiselhart, Kapitulariengesetzgebung, S. 171.

1109 Vgl. die Vorbemerkung zu Nr. 31 (MGH Capit. N. S. 4, S. 396) von Mischke.

1110 Vgl. Kapitel 4.3.1.

forcapium, im Sinne einer Geldzahlung noch irgendeine andere Leistung akzeptiert werden sollte. Diese Vermutung bleibt allerdings spekulativ.

Die Herrschaftszeit Ludwigs des Frommen (mitsamt Lothars Herrschaft als König in Italien) ist in Bezug auf den Umgang mit der Flucht von Unfreien innerhalb des Frankenreichs von einem hohen Maß an Kontinuität zu Karl dem Großen geprägt. Neben der direkten Wiederholung von Karls Bestimmungen finden sich einige wenige Präzisierungen beziehungsweise Ergänzungen. Insbesondere der Umgang mit der Flucht von Unfreien blieb trotz der zahlreichen Interventionsversuche Karls des Großen auch unter Ludwig ein relevantes Thema. Erneut betont sei in diesem Zusammenhang, dass inhaltliche Wiederholungen in Kapitularien zwar nicht bedeuten müssen, dass die vorherigen Bestimmungen ohne Wirkung geblieben sind, im vorliegenden Fall ist dies allerdings (zumindest teilweise) zu vermuten: Rechtsstreitigkeiten zwischen Besitzern von entlaufenen Unfreien und denjenigen, die diese aufgriffen, dürfen für das gesamte Karolingerreich auch in der Mitte des 9. Jahrhunderts angenommen werden.

Größere inhaltliche Neuerungen in der Gesetzgebung zur Unfreienflucht entstehen weder unter Ludwig noch unter Lothar I. in Italien, sodass das geltende Recht weiterhin die Herren der Unfreien in ihren Besitzrechten schützte. Ebenfalls kann an dieser Stelle wie bereits in den vorigen Kapiteln festgestellt werden, dass auch Ludwig in seinen Kapitularien lediglich das Recht zwischen freien Akteuren behandelt. Geflüchtete Unfreie liefern hier lediglich Konfliktpotenzial für freie Parteien und werden nicht direkt von den Rechtsbestimmungen angesprochen. Auch hier zeigt sich der Versuch, den Status quo zu wahren, während Innovation in Bezug auf den Umgang mit Unfreien oder Unfreiheit keineswegs im Interesse Ludwigs (oder Lothars I.) war.

4.4.3 Exkurs: Freie Franken und Freizügigkeit

An dieser Stelle soll kurz die Frage nach Freizügigkeit von Freien im Frankenreich aufgegriffen werden. Zweifel an der Freizügigkeit von freien Franken, ohne diese näher zu erläutern, äußerte unlängst Ute Maass.[1111] Vordergründig mag es scheinen, als ob auch die besprochenen Kapitel der Divisio regnorum (BK 45) und der Regni divisio (CNS 50) Einschränkungen der Freizügigkeit bedeuteten. Schließlich wird Freien in beiden Bestimmungen untersagt, ihren *dominus*, gemeint ist in diesem Fall der Herrscher des jeweiligen Teilreichs, gegen dessen Willen zu verlassen und in einen anderen Reichsteil zu ziehen.[1112] Allerdings beabsichtigt die Bestimmung keineswegs die Einschränkung der Freizügigkeit von Freien. Vielmehr scheint Karl, und später Ludwig, der die Formulierung übernimmt, an dieser Stelle verhindern zu wollen, dass die Reichsteilung durch illoyale Gefolgsleute zu innerfränkischen Konflikten führt. Belegt wird diese

1111 Vgl. Maass, Freilassung durch Schatzwurf, S. 85–86 mit Anm. 397.
1112 Vgl. Nr. 45 c. 8 (MGH Capit. 1), S. 128 bzw. Nr. 50 c. 4 (MGH Capit. N. S. 4), S. 644–645.

Intention der Konfliktprävention nicht nur im jeweiligen Kapitel (*ut nulla discordiis relinquatur occasio*),[1113] sondern auch in den folgenden Kapiteln.[1114] BK 45 c. 10 (beziehungsweise CNS 50 c. 6) gestattet es Freien nach dem Tode ihres *dominus*, einem beliebigen Herrn innerhalb der drei Reichsteile die Treue zu schwören; Gleiches gilt auch für jene Freien, die noch keinem Herrn die Treue geschworen haben.[1115] Solange sich ein Freier keinem Herrn beziehungsweise König verpflichtet hatte bestand keinerlei Einschränkung. Wie bereits festgestellt, handelt es sich vielmehr um eine Verpflichtung zur Treue und Einhaltung eines geschworenen Eides, um möglichen Konflikten zwischen den Teilreichen entgegenzuwirken.

4.5 Zwischenfazit

Wenig überraschend finden sich in den Kapitularien der Karolingerzeit keine Bestimmungen, in denen Unfreien Freizügigkeit eingeräumt wird. Freizügigkeit ist und bleibt auch im 8. und 9. Jahrhundert eines der Elemente, das zumindest rechtlich eindeutig zwischen Frei und Unfrei unterscheiden lässt. Freizügigkeit konnte der Unfreie rechtlich nur durch Freilassung erhalten. Viele Unfreie versuchten allerdings, ihre Situation durch Flucht zu verbessern. Hier konnte für die Merowingerzeit festgestellt werden, dass das fränkische Recht nur dann intervenierte, wenn aus dieser Flucht ein Konflikt zwischen dem rechtmäßigen Besitzer des flüchtigen Unfreien und einem (freien) Dritten entstand.[1116]

Während die Kapitularien Pippins die Flucht von Unfreien überhaupt nicht behandeln, ist für Karl und Ludwig letztlich eine Übernahme des merowingischen Ansatzes festzustellen: Behandelt wird nicht etwa die Bestrafung der flüchtigen (und wieder aufgegriffenen) Unfreien, die weiterhin bei deren Besitzer lag, sondern die Rückgabemodalitäten, wenn flüchtige Unfreie durch Dritte gefasst wurden. Unfreienflucht wird also ausschließlich im Kontext der Bestätigung oder Präzisierung geltenden Rechts thematisiert. Besonders häufig finden sich solche Bestimmungen für Italien. Zurückzuführen ist dieser Umstand wohl auf Unterschiede des fränkischen und langobarischen Rechts in Bezug auf diese Thematik. Ob Unfreie südlich der Alpen häufiger flüchteten, ist nicht festzustellen. Dass Unfreie auch im Verlauf des 9. Jahrhunderts weiter flüchteten, um ihre Lebensumstände zu verbessern, ist sicher anzunehmen. Folglich lässt sich zumindest im vorliegenden Fall die für die Kapitularien ohnehin charakteristische Wiederholung von Inhalten wohl auf eine ausbleibende Wirkung in Bezug auf die Unfreienflucht zurückführen.

Ihre diesbezügliche ‚Politik' besteht letztlich nur darin, bereits bekannte Rechtssätze zu bestätigen und im Detail anzupassen. Dass in diesen Rechtssät-

---

1113 Ebd.

1114 Vgl. Nr. 45 c. 9 (MGH Capit. 1), S. 128 bzw. Nr. 50 c. 5 (MGH Capit. N. S. 4), S. 644–645.

1115 Zum Treueid in der Karolingerzeit: Becher, Omnes iurent; Esders, Rechtliche Grundlagen.

1116 Vgl. Kapitel 4.1.2.

zen lediglich potenzielle Konflikte zwischen Freien diskutiert werden, bestätigt erneut die These, dass „secular laws [and lawmakers]“ im frühen Mittelalter (und somit auch die Karolinger in ihren Kapitularien) versuchten, Recht „in-between, not within, households“ zu regeln: „they dealt with the points of interface where friction was likely.“[1117] Bereits deshalb kann in Bezug auf die Unfreienflucht in den Kapitularien nicht von einer ‚Unfreienpolitik‘ die Rede sein, da die entsprechenden Bestimmungen zwar (auch) Unfreie (wie beispielsweise auch Rückkaufpreise) zum Gegenstand hatten, aber eben an Freie gerichtet waren.

1117 Rio, Slavery after Rome, S. 232.

5. Unfreienehe

Die Möglichkeit nach freiem Willen (und mit freien Personen) Ehen schließen zu können, zählt für Alice Rio zu den grundlegenden, die persönliche Freiheit definierenden Kriterien.[1118] Die Ehe im frühmittelalterlichen Frankenreich wurde in der jüngeren Forschung in zahlreichen, teils umfangreichen Studien untersucht.[1119] In diesen werden der Unfreienehe allerdings meist nur Teilkapitel gewidmet, die sich zudem hauptsächlich mit sozialen Aspekten dieses Themengebiets auseinandersetzen. Eine systematische Untersuchung der Unfreienehe mit Schwerpunkt auf den Kapitularien fehlt bis jetzt. Im Folgenden soll untersucht werden, inwiefern und in welchen Kontexten die Unfreienehe in der Karolingerzeit von herrscherlicher Seite behandelt wird. Dies kann freilich nur durch Kontrastierung mit der Ehe zwischen Freien geschehen. Die Ehereformen des
8. und 9. Jahrhunderts, die sich hauptsächlich mit dem Verbot inzestuöser Ehen und der Durchsetzung des Unauflösbarkeitsprinzips der Ehe beschäftigen, müssen daher zumindest oberflächlich mit betrachtet werden.[1120]

5.1 Die Unfreienehe und das vorkarolingische Recht

5.1.1 Die Unfreienehe im spätantiken römischen Recht

Die Antwort auf die Frage nach einer grundsätzlichen Ehefähigkeit von Unfreien sollte keineswegs als Selbstverständlichkeit abgetan werden, wie ein Blick auf das römische Recht zeigt. In den sogenannten Paulussentenzen wird etwa Unfreien und Freien die Möglichkeit zugesprochen, gemeinsam in einem *contubernium* zu leben, nicht aber eine vollgültige Ehe, ein *matrimonium*, einzugehen.[1121] Das *contubernium*, wenngleich wohl auf Monogamie und Dauer

---

1118 Rio, Formulae, S. 215.

1119 Zu erwähnen sind in diesem Zusammenhang u. a. die Studien von: Esmyol, Geliebte; Reynolds, Marriage; Walter, Ehe; Weber, Ein Gesetz. Die etwas ältere Studie von Müller-Lindenlauf (Eheauffassung, S. 209–224) zur Ehe in fränkischen Volksrechten und Kapitularien bietet zwar ein Kapitel zur Unfreienehe, beschränkt sich aber hauptsächlich auf die Zusammenstellung von Quellenstellen. Diese Feststellung überträgt Monika Obermeier (Ancilla, S. 80) auch auf jene Studien, die sich der Unfreiheit im frühmittelalterlichen Frankenreich widmen.

1120 Vgl. dazu insbesondere: Ubl, Inzestverbot.

1121 Vgl. Pauli Sententiae 2,19.6 (ed. Baviera), S. 345: *Inter servos et liberos matrimonium contrahi non potest, contubernium potest.* Während sich die Paulussentenzen auf Ehen zwischen standesungleichen Partnern beziehen, besteht in der Forschung kein Zweifel, dass ein solches *contubernium* auch zwischen zwei Unfreien möglich war. Vgl. dazu u. a.: Edmondson, Slavery, S. 347–349; Treggiari, Roman Marriage, S. 52–54; Reynolds, Marriage, S. 20. Der Cod. Theod. 3,7.3 (ed. Mommsen, S. 142) und der Cod. Iust. 5,4.22 (ed. Krüger, S. 411) betonen, Ehen können nur *inter pares honestate personae*, also zwischen Personen gleicher Ehre bzw. gleichen Standes geschlossen

ausgelegt, blieb allerdings im römischen Recht, anders als das *iustum matrimonium*, ohne juristische Konsequenzen. Die Terminologie zur Beschreibung der jeweiligen Partner war in diesem Fall allerdings identisch mit den entsprechenden Begrifflichkeiten bei vollgültigen Ehen (etwa *coniuges, mariti* oder *uxores*), sodass etwa Jonathan Edmonson vermutet, dass *contubernium* zwischen Unfreien „in some ways ... resembled formal marriages."[1122] Der Umstand, dass Verbindungen zwischen Unfreien[1123] nicht den Status einer Ehe besaßen, bedeutet allerdings nicht, dass solchen Verbindungen im römischen Recht kein Schutz zukam. Im Codex Theodosianus (2,25.1) wird festgelegt, dass im Falle einer Aufteilung eines Gutes auch unfreie Paare nicht voneinander getrennt werden dürfen.[1124] Wie Judith Evans-Grubbs anhand der Gesetzgebung Konstantins zeigen konnte, zielte das spätantike römische Recht nicht darauf ab, Unfreien grundsätzlich monogame und auf Dauer angelegte Verbindungen zu verwehren. Vielmehr versuchte die konstantinische Gesetzgebung „traditional social barriers" zu erhalten.[1125] Kinder, die aus Verbindungen zwischen zwei Unfreien hervorgingen, wurden grundsätzlich ebenfalls unfrei geboren.[1126] Dementsprechend ergab sich das Problem des Rechstatus der Kinder nur in ebenjenen Fällen, in denen standesungleiche Partner ein *contubernium* eingingen, beziehungsweise sogar nur dann, wenn eine Frau von höherem einen Mann von niedrigerem Rechtsstand ehelichen wollte.[1127] Dies resultierte aus dem im römischen Recht mehrfach wiederholten Umstand, dass Kinder aus nicht-anerkannten Verbindungen dem Rechtsstatus der Mutter folgten.[1128] Die Versuche Konstantins, solche standesungleichen Verbindungen durch Sanktionen zu unterbinden, blieben allerdings ohne nennenswerten Erfolg. So stellt Evans-Grubbs fest: „... quasi-marital unions between partners of different legal status continued to occur and ... imperial lawmakers continued to try to regulate them.

---

werden. Umfangreich zur Ehe zwischen standesungleichen Partnern im spätrömischen Recht: Evans-Grubbs, Marriage, S. 125–154. Solche standesungleichen Verbindungen wurden teilweise auch als *concubinatus* bezeichnet. Vgl. dazu: Gaudemet, Sociétés, S. 111. Konkubinen waren allerdings (zumindest im frühen Mittelalter) keineswegs ausschließlich unfreie Frauen. Vgl. dazu: Hartmann, Concubina, S. 545–568; Esmyol, Geliebte, S. 56–58.

1122 Edmondson, Slavery, S. 347.

1123 Vgl. dazu auch die Erwähnung einer Regelung der Leges Visigothorum aus dem 7. Jahrhundert durch Nehlsen (Sklavenrecht, S. 172). Dort wird die Möglichkeit des Herrn, das *contubernium* seiner Unfreien zu trennen, auf ein Jahr befristet. Vgl. Leges Visigothorum c. 10,1.17 (MGH LL nat. Germ. 1), S. 389–390.

1124 Vgl. Cod. Theod. 2,25.1 (ed. Mommsen), S. 114. Herrmann Nehlsen weist allerdings zu Recht daraufhin, dass dieser Schutz nur für Unfreie auf kaiserlichen Besitzungen explizit gemacht wird (vgl. Nehlsen, Sklavenrecht, S. 272 insb. Anm. 109). Anders: Evans-Grubbs, Marriage, S. 149.

1125 Vgl. Evans-Grubbs, Marriage, S. 148.

1126 Vgl. dazu u. a.: Edmonson, Slavery, S. 347.

1127 Freie römische Bürger konnten bereits im klassischen römischen Recht ihre Sklavin freilassen, um sie zu heiraten. Taten sie dies nicht, wurde die Verbindung zwar als *contubernium*, nicht als *iustum matrimonium* betrachtet, rechtliche Konsequenzen drohten allerdings nicht. Vgl. Evans-Grubbs, Marriage, S. 126–127.

1128 Vgl. Gaii Institutiones I,84 (ed. David), S. 15; Pauli Sententiae 2,21.1–2 (ed. Baviera), S. 348; Cod. Theod. 4,8.7 (ed. Mommsen), S. 184–185. Vgl. dazu: Weaver, Familia Caesaris, S. 162–169.

Several dozen fourth- and fifth-century constitutions deal with such mixed-status unions".[1129]

Unter recht eindeutiger Bezugnahme auf die bereits erwähnte Stelle der Paulussentenzen, findet sich noch im 6. Jahrhundert in der Lex Romana Burgundionum eine Bestimmung, die Verbindungen zwischen standesungleichen Personen nicht als (vollgültige) Ehe anerkennt. Dort wird zudem ergänzt, welche Konsequenz sich aus dieser Abwertung ergibt: Kinder, die aus einer solchen Verbindung zwischen Freien und Unfreien hervorgehen, folgen dem Prinzip der Ärgeren Hand und sind demnach ebenfalls unfrei.[1130] Dieser Umstand stellt eine Veränderung im Vergleich zu den erwähnten Bestimmungen des römischen Rechts dar, nach denen Kinder aus Verbindungen standesungleicher Paare dem Stand der Mutter folgten.[1131]

Es kann insgesamt festgehalten werden, dass das spätantike römische Recht durchaus die Existenz von monogamen Verbindungen zwischen Unfreien kannte und anerkannte – diese unter gewissen Umständen sogar schützte. Als problematisch wurden aufgrund der resultierenden Implikationen für den Rechtsstatus entsprechender Nachkommen lediglich standesungleiche Verbindungen empfunden und diese Verbindungen galt es rechtlich zu sanktionieren. Als vollgültige Ehen galten Verbindungen unter Beteiligung von Unfreien nicht. Dies zeigt sich auch in der Terminologie (*contubernium – iustum matrimonium*). In Bezug auf die jeweiligen Partner wurde hingegen keine terminologische Unterscheidung vorgenommen. Unabhängig von der rechtlichen Gültigkeit der Verbindung wurden diese als *coniuges, mariti* oder *uxores* bezeichnet. Evans-Grubbs deutet mit der größtmöglichen Vorsicht eine mögliche oder möglicherweise nur wahrgenommene Vermehrung von standesungleichen Verbindungen im zweiten Jahrhundert an.[1132] Wie häufig *contubernia* zwischen zwei Unfreien oder zwischen standesungleichen Partnern vorkamen, kann nicht festgestellt werden. Allerdings belegen die zahlreichen Bezugnahmen römischer Gesetzgeber auf diese Thematik die Existenz solcher Verbindungen im Verlauf der gesamten römischen Spätantike.

5.1.2 Die Unfreienehe im kirchlichen Ehediskurs vor 750

Auch aus kirchlicher Perspektive sind Ehen von Unfreien bereits früh eine durchaus regelmäßig diskutierte Thematik. Für Calixtus I. konnte die Verbindung zwischen standesungleichen Partnern bereits in der ersten Hälfte des

1129 Evans-Grubbs, Marriage, S. 150.

1130 Lex Romana Burgundionum c. 37,5 (MGH LL nat. Germ. 2,1), S. 156: *Inter ingenuum vero et ancillam, sive servum et ingenuam, sicut consensus contubernia facere possunt, ita nuptiae non vocantur, et qui ex his nati fuerint, deteriorem lineam secuti dominis adquiruntur.* Zum Prinzip der Ärgeren Hand: Olechowski, Ärgere Hand, Sp. 293–294 und Voss, Grundsatz.

1131 Vgl. Cod. Theod. 4,8.7 (ed. Mommsen), S. 184–185.

1132 Vgl. Evans-Grubbs, Marriage, S. 152–153.

3. Jahrhunderts eine vollgültige Ehe darstellen.[1133] Er ist damit allerdings auch aus kirchlicher Perspektive eine Ausnahme. Insgesamt wurde die Haltung, dass Ehen zwischen Unfreien oder standesungleichen Partnern nicht als legitim beziehungsweise vollgültig zu betrachten seien, auch von Vertretern der Kirche geteilt. Leo I. etwa schreibt 458/459 an Rusticus, Bischof von Narbonne, dass nicht jede sexuelle Verbindung zwischen Mann und Frau eine Ehe konstituiere oder konstituieren könne. Er betont unter Bezugnahme auf Gen. 12,10, dass eine Ehe nur unter *ingenui* und *aequales* geschlossen werden könne.[1134] Die Haltung Leos I. scheint auch Stephan II. zu teilen, wenn er einige Jahrhunderte später an Pippin den Jüngeren schreibt: *Ancillam a toro abiicere et uxorem certae ingenuitatis accipere, non duplicatio coniugii, sed profectus est honestatis.*[1135] Es entsteht der Eindruck, dass es sich, weil die erste Frau eine Unfreie war, nicht um ein zweites *coniugium* handelt und die erste Verbindung nicht als solche anerkannt wurde.

Einige religiöse Fragen wurden im (west-)römischen Reich bereits gegen Ende des 4. Jahrhunderts durch Bischöfe und dementsprechend nach kirchlichen Vorstellungen verhandelt.[1136] Doch darf, wenngleich Ehe und Ehevorstellungen immer wieder und teilweise umfangreich in kirchlichen Kontexten[1137] behandelt werden, für die (ehemaligen) Gebiete des weströmischen Reichs[1138] in vorkarolingischer Zeit angenommen werden: „Christianity did not institute marriage but rather baptized it. … As a secular institution, marriage was the subject of civil laws that determined who was qualified to marry whom and what were the

1133 Vgl. dazu: Gaudemet, La décision, S. 104–115; Reynolds, Marriage, S. 159–162.

1134 Ep. 167, Responsa IV (PL 54), Sp. 1204–1205: *Nuptiarum autem foedera inter ingenuos sunt legitima et inter aequales.* Reynolds (Marriage, S. 163–164) verweist zu Recht darauf, dass nicht abschließend geklärt werden kann, was Leo I. unter *aequales* versteht. Eheliche Verbindungen mit Freigelassenen sind für Leo I. möglich, sodass die Frage nach dem Verständnis von *aequales* durchaus berechtigt ist. Vgl. dazu: Ep. 167, Responsa IV (PL 54), Sp. 1205: … *nisi forte illa mulier, et ingenua facta, et dotata legitime, et publicis nuptiis honestata videatur.* Reynolds (ebd., S. 163–169) bietet auch eine umfassendere Darstellung der Position und Quellen Leos, wie sie im Rahmen dieser Arbeit nicht möglich ist. Unklar bleibt allerdings, weshalb Reynolds in Kenntnis der zitierten Stelle aus Leos Brief zum Schluss kommt, dass die Ehe zwischen zwei Unfreien in der „patristic period" (S. 169) nicht thematisiert worden sei.

1135 Vgl. Responsa Stephani II. c. 1 (ed. Ubl), S. 435.

1136 Vgl. Cod. Theod. 16,11.1 (ed. Mommsen), S. 905. Für den Ostteil des römischen Reichs kennt der Cod. Iust. 1,4.7 (ed. Krüger, S. 60) eine vergleichbare, unter Arcadius im Jahre 398 entstandene Regelung.

1137 Eine ausführliche Darstellung der kirchlichen Auseinandersetzung mit eherelevanten Themen kann an dieser Stelle nicht erfolgen. Erinnert sei aber an die bereits erwähnte Position Leos I. zur Ehe mit Unfreien und can. 24 des Konzils von Orléans (MGH Conc. 1, S. 92), in dem bestimmt wird, dass Kirchenvertreter Unfreie, die zum Schutz ihres *coniugium* vor ihren Herren in die Kirche fliehen, an diese ausgeliefern müssen. Bemerkenswert scheint im Zusammenhang mit besagtem can. 24, dass die Zustimmung von *parentes* oder *proprii domini* Voraussetzung für die Rechtmäßigkeit der Verbindung war. Zum Konzil von Orléans, auf dem Unfreiheit auch in weiteren Kapiteln thematisiert wird: Pontal, Synoden, S. 85–93.

1138 Zur Ehe im oströmischen bzw. byzantinischen Reich vgl.: Meyendorff, Christian Marriage, S. 99–107; Nikolaou, Sacramental Marriage.

conditions or criteria of valid marriage. In accepting the fact of marriage, the Church also accepted the secular rules."[1139]

Eine Frage, der im Zusammenhang mit der Ehe im frühen Mittelalter große Bedeutung zukam,[1140] ist die Frage nach inzestuösen Ehen. In diesem Kontext ist auch der thematische Fokus eines Konzils, welches im April 721 in Rom stattfand, zu verorten. Papst Gregor II. verkündete zum Abschluss des Konzils insgesamt 17 Kanones.[1141] Elf davon behandeln Inzestverbote, nachdem dieses Thema bereits in der Praefatio des Konzils angesprochen wurde.[1142] Gregor II. reagiert, nach eigener Aussage, mit diesen Maßnahmen auf Missstände in Italien. Dort würden, so sei es ihm zur Kenntnis gelangt, Ehen mit *sacratae feminae* und *propinqui,* also mit geweihten Frauen und Verwandten, eingegangen. Dies sei, so Gregor, vonseiten der Kirche zu bekämpfen.[1143] Erneut thematisiert werden die Kanones von 721 auf einem weiteren Konzil in Rom im Herbst 743.[1144] Wiederum ist das Verbot inzestuöser Eheverbindungen von besonderer Bedeutung.[1145] Bereits ab 722 wird dieser römische Ehediskurs durch Bonifatius auch in fränkische Gebiete getragen.[1146] Seine Vorstellungen von rechtmäßigen ehelichen Verbindungen waren allerdings keineswegs deckungsgleich mit den Positionen Gregors II. Bonifatius richtet sich teils offen gegen die Bestimmungen von Rom 721.[1147] Bonifatius, der in Karlmann einen Unterstützer seiner Mission fand, mag wohl als Initiator des Diskurses um die Reform des Eherechts im Frankenreich betrachtet werden.[1148] Am 1. März 743 oder 744[1149] wird das Eherecht bezie-

---

1139 Vgl. Reynolds, Marriage, S. 121.

1140 Vgl. dazu umfangreich: Ubl, Inzestverbot.

1141 Concilium Romanum I (ed. Mansi), Sp. 261–268. Patrick Breternitz (Königtum, S. 58–59) bietet einen knappen, aber guten Überblick zum Kontext der 721 in Rom behandelten Inhalte. Umfangreicher zu Inhalten und Kontext der Synode: Hartmann, Synoden, S. 38–40; Ubl, Inzestverbot, S. 235–240.

1142 Vgl. dazu: Hartmann, Synoden, S. 39. Bemerkenswert ist in diesem Zusammenhang insbesondere das Eheverbot bei geistlicher Verwandtschaft, das zuvor, nach c. 53 der sogenannten Trullanischen Synode von 691, nur im byzantinischen Herrschaftsraum, nicht aber im Westen gegolten hatte. Vgl. dazu: Fleury, Recherches S. 134 und 138. Die Synode weitet damit eine Bestimmung des Cod. Iust. (5,4.26, ed. Krüger, S. 413) aus dem Jahr 530 aus. Vgl. dazu: Ubl, Inzestverbot, S. 236.

1143 Concilium Romanum I, Praefatio (ed. Mansi), Sp. 262. Zur Problematik der verschiedenen Textversionen und Editionen vgl. Geitz, Päpstliches Recht.

1144 Aus der Zeit zwischen beiden Konzilien bzw. aus dem Pontifikat Gregors III. sind keine entsprechenden Regelungen bekannt. Dies bedeutet nicht notwendigerweise, dass das Eherecht für Gregor III. keine Rolle gespielt hätte.

1145 Vgl. Concilium Romanum a. 743 (MGH Conc. 2,1), S. 19–22. Vgl. dazu auch: Hartmann, Synoden, S. 44.

1146 Vgl. dazu: Ubl, Inzestverbot, S. 233–251 insb. S. 233–234; Hartmann, Synoden, S. 47–64.

1147 Vgl. Ubl, Inzestverbot, S. 246–247. Ubl verweist in diesem Zusammenhang insbesondere auf einen Brief des Bonifatius an Nothelm von Canterbury, in dem Bonifatius darauf hinweist, dass ihm *antiquis canonibus nec in decretis pontificum patres nec in calculo peccatorum apostolos* Bestimmungen bekannt seien, die eine Ehe im Falle geistiger Verwandtschaft verböten (vgl. S. Bonifatii et Lulli epistolae Nr. 32 [MGH Epp. sel. 1], S. 55–56).

1148 Vgl. Ubl, Inzestverbot, S. 251–254 und Hartmann, Synoden, S. 47–64.

hungsweise die Inzestehe auf einem Konzil im Frankenreich, nämlich in Les Estinnes nahe der Grenze zwischen östlichem und westlichem Reichsteil, umfangreich behandelt.[1150] Offen bleiben muss die Frage, ob in Les Estinnes auch Teilnehmer aus Pippins östlichem Reichsteil zugegen waren. Es sei an dieser Stelle darauf hingewiesen, dass weder die Päpste und Bonifatius, noch die Teilnehmer der verschiedenen Versammlungen im Frankenreich der 740er Jahre Unfreiheit als Ehehindernis thematisieren. Freilich bedeutet dies nicht zwingend, dass sie die Ehe mit beziehungsweise zwischen Unfreien als gleichwertig anerkannten. Der Umstand, dass es sich um ein im Frankenreich (und vermutlich auch in Italien) weit verbreitetes Phänomen handelte, lässt allerdings vermuten, dass solche Verbindungen zumindest geduldet wurden.[1151]

5.1.3 Die Unfreienehe im fränkischen Recht vor den Karolingern

Weltlichen Rechtsbestimmungen des frühmittelalterlichen Frankenreichs, wie etwa den merowingischen Versionen der Lex Salica, ist die Unfreienehe durchaus bekannt. Sie benutzen gleichermaßen für Verbindungen zwischen Freien als auch zwischen Unfreien oder standesungleichen Partnern den Begriff *coniugium.*[1152] Terminologisch sind diese Verbindungen also nicht zu unterscheiden.[1153] Es ist jedoch fraglich, ob diese Verbindungen nach fränkischem Recht als gleichwertig betrachtet wurden oder gleichen Schutz genossen. Ines Weber geht von der Möglichkeit einer „vollgültigen Eheschließung" zwischen Unfreien aus, deren Bestand lediglich von der zuvor eingeholten Zustimmung ihres Herrn abhängt.[1154] Damit widerspricht sie der Einschätzung von Hermann Nehlsen, der bezweifelt, dass die Verwendung gleicher Terminologie auch auf gleichwertigen Schutz der Verbindungen von Unfreien hindeutet.[1155] Eindeutig zu belegen ist in Bezug auf diese Frage zunächst nur der Umstand, dass ein *coniu-*

1149 Der 1. März ist als Tag der Zusammenkunft überliefert, während das Jahr unbekannt bleibt (vgl. Conilium Liftinense a. 743 [MGH Conc, 2,1], S. 5–7). Hartmann (Synoden, S. 53–54) plädiert für den 1. März 743; Carlo de Clercq (Législation 1, S. 120) hingegen vermutet, dass die Versammlung in Les Estinnes 744 stattfand. Ihm folgt unter Berücksichtigung der Forschungen von Theodor Schieffer (Angelsachsen, S. 1463–1464) und Kurt-Ulrich Jäschke (Gründungszeit, S. 101–102) zuletzt Jörg Jarnut (Bonfatius, S. 3). In der neueren Forschung scheint sich hingegen Hartmanns Datierung durchgesetzt zu haben. Ihm folgen u. a. Ubl, Inzestverbot, S. 253; Glatthaar, Boniface, S. 232.

1150 Dass diese thematische Neuerung aus den Beschlüssen des römischen Konzils 743 resultierte, wäre nur dann denkbar, wenn Les Estinnes, wie de Clercq (Législation 1, S. 120) vermutet, 744 und nicht 743 stattgefunden haben sollte.

1151 Eine solche pragmatische Duldung wäre durchaus vorstellbar. Vgl. dazu: Ubl, Inzestverbot, S. 240 und S. 243–244.

1152 Vgl. Lex Salica cc. 13,9–10 sowie 25,3–4 und 7 (MGH LL nat. Germ. 4,1), S. 62 und S. 94–96.

1153 Dies gilt gleichermaßen auch für andere Quellengattungen (wie etwa Konzilien) und andere Begrifflichkeiten (wie etwa das *matrimonium* oder das *matrimonium iustum*). Vgl. dazu: Weber, Ein Gesetz, S. 284.

1154 Ebd., S. 303.

1155 Vgl. Nehlsen, Sklavenrecht, S. 271.

gium unter Beteiligung von Unfreien nach der Lex Salica grundsätzlich möglich war. Eine andere Deutung lassen cc. 25,3–4 nicht zu, wenn sie festlegen: (3) *Si quis <uero> ingenuus cum ancilla aliena publice se iunxerit, ipse cum ea in seruitute permaneat.* (4) *Similiter et ingenua, si seruo alieno in coniugio acceperit, in serui(t)io permaneat.*[1156] Ein *coniugium* zwischen standesungleichen Partnern hätte nach den Kapiteln zwar den Verlust der Freiheit zur Folge, die Verbindung als solche bliebe aber bestehen. Die von Weber angesprochene notwendige Zustimmung des Besitzers von Unfreien ist Bestandteil von Lex Salica c. 25,7: *Si seruus ancillam alienam extra uoluntate domini sui <sibi> in coniugium sociaverit, mallobergo anthamo, <aut uapul(e)t(ur) aut> CXX denarios qui faciunt solidos III domino ancillae co(g)atur exsoluere.*[1157] Ob die Verbindung zusätzlich zur hier festgelegten Strafe auch aufgelöst wurde, wenn diese Zustimmung nicht eingeholt wurde, geht aus der Bestimmung allerdings nicht hervor. Eine Auflösung der Verbindung könnte im Ermessen der betroffenen Herren gelegen haben. Die theoretische Möglichkeit zweier Unfreier ein *coniugium* einzugehen, ist jedoch auch in diesem Fall definitiv gegeben.

Während die von Nehlsen geäußerten Zweifel an der Gleichrangigkeit von Ehen zwischen Unfreien und Ehen zwischen Freien bestehen bleiben, liefert die Lex Salica (anders als von Charles Verlinden behauptet)[1158] aus rechtlicher Perspektive keine Anhaltspunkte, dass Unfreie grundsätzlich nicht ehefähig seien, solange entsprechende Voraussetzungen gegeben waren.[1159] Inwiefern solche Eheschließungen allerdings geschützt wurden (oder werden sollten), lässt sich anhand der Lex Salica nicht feststellen. Dass zumindest einige Unfreienehen bei fehlender Zustimmung der Herren zum Zeitpunkt der Eheschließung nachträglich anerkannt wurden, zeigt sich in einer Formel aus Angers (Nr. 45).[1160] Geregelt werden an dieser Stelle sowohl die Besitzverhältnisse an eventuellen Nachkommen aus dieser Verbindung als auch am von den beiden Verheirateten erwirtschafteten Pekuliums.[1161] In ersterem Fall sollen zwei Drittel (der Nachkommen) an den Besitzer der *ancilla* fallen, das dritte an den Besitzer des *servus*, im zweiten Fall sollen umgekehrt zwei Drittel des Erwirtschafteten an den Besitzer des *servus*, ein Drittel an den Besitzer der *ancilla* gehen.

1156 Lex Salica c. 25,3–4 (MGH LL nat. Germ. 4,1), S. 94.

1157 Lex Salica c. 25,7 (MGH LL nat. Germ. 4,1), S. 96.

1158 Vgl. Verlinden, Mariage, S. 587 und 592. Der These von Verlinden folgt auch Reynolds, Marriage, S. 156–157. Verlinden behauptet, das *coniugium* sei nicht mit der vollgültigen Ehe, dem *matrimonium*, gleichzusetzen. Die Lex Salica nutzt allerdings sowohl für Verbindungen zwischen Freien als auch zwischen Unfreien den Begriff *coniugium*. Anders: Weber, Ein Gesetz, S. 303.

1159 Diese Einschätzung teilen u. a. auch: Obermeier, Ancilla, S. 87–88; Müller-Lindenlauf, Eheauffassung, S. 209.

1160 Vgl. Formulae Andecavenses Nr. 45 (MGH Formulae), S. 20: *Noticia, qualiter illi et illi. Non abitur incognitum, qualiter servus nomena illi ancilla ad illo nomen illa extra volumtate ad coiugium se coniuncxerunt. Sed modo nos una pacis cumcordia convenit, ut de agnacione, qui de ipsis procreati fuerunt, illi ad ancilla sua duas partes recipiat, ergo et illi ad servo suo illo tercia; et quod ipsi aliquid stante coiugio convenerunt, illi servo suo de ipso peculiare duas partes recipiat, similiter et illa ad ancilla sua illa tercia …*

1161 Es handelt sich bei einem Pekulium um ein Sondervermögen eines Unfreien zur eigenen Verfügung.

Die Frage nach der rechtlichen Möglichkeit von Unfreienehen wirft notwendigerweise auch die Frage auf, wie sich die Ehe im Frankenreich konstituierte. Nicht weiter berücksichtigt werden in diesem Zusammenhang die mittlerweile widerlegten Theorien bezüglich der sogenannten Kebs- und Friedelehen.[1162] Auch das Konzept der sogenannten Muntehe wurde jüngst von Sebastian Scholz in Zweifel gezogen.[1163] Dem Konzept der Muntehe folgend wurde die Ehe des fränkischen Rechts bislang als beidseitig bindendes Vertragsgeschäft zwischen dem prospektiven Ehegatten beziehungsweise seiner Sippe und den *parentes* der Frau verstanden.[1164] Die Frage nach der Verfügungsgewalt über die potenzielle Eheschließung einer unfreien Heiratspartei wird in den Leges Salica und Ribuaria nicht explizit erwähnt. Einzig die Lex Frisionum bestimmt für Liten[1165] die notwendige Zustimmung durch deren *dominus* bei einer geplanten Eheschließung.[1166] Gabriele von Olberg vermutet bezüglich der Unmündigkeit einer vergleichbare „soziale Schlechterstellung von Kindern und Unfreien."[1167] Es mag also behauptet werden, dass in der fränkischen Rechtsanschauung Besitzer von Unfreien auch über deren Eheschließungen verfügen durften .[1168] Das bereits erwähnte c. 25,7 der Lex Salica legt fest, dass ein Unfreier, der sich mit einer Unfreien im *coniugium* verbindet, ohne dass deren Herr seine Zustimmung gegeben hat, zu Geld- oder Prügelstrafe verurteilt werden soll.[1169] Die Zustimmung des Herren ist also, zumindest theoretisch, wie die bereits angesprochene Formel aus Angers (Nr. 45) zeigt, als Grundvoraussetzung bei der Eheschließung von Unfreien zu betrachten.

Vielfach wird diesbezüglich in der einschlägigen Forschungsliteratur auf eine Episode aus der in der zweiten Hälfte des 8. Jahrhunderts in Baiern ver-

1162 Andrea Esmyol (Geliebte, S. 13–36) bietet nicht nur einen umfangreichen Überblick zur Friedelehentheorie von Herbert Meyer, sondern widerlegt diese auch in überzeugender Weise. Ebenso wenig darf die Kebsehe als eigenständige Eheform betrachtet werden. Vgl. dazu: Schumann, Kebsehe, Sp. 1695–1696.

1163 Vgl. Scholz, Handlungsfähigkeit.

1164 Zur Verbindlichkeit des Vertrags auch für den prospektiven Ehegatten vgl. Lex Salica c. 65a (MGH LL nat. Germ. 4,1), S. 234: *De eo qui filiam alienam acquiserit et se retraxerit. Si quis filiam alienam ad coniugium quaesierit, praesentibus suis et puellae parentibus, et postea se retraxerit et eam accipere noluerit, mallobergo frifrasigena, <MMD denarios qui faciunt> solidos LXII et dimidium culpabilis iudicetur.* Ähnlich auch: Lex Baiwariorum c. 8,15–17 (MGH LL nat. Germ. 5,2), S. 359–361; Lex Alamannorum c. 53,1 (MGH LL nat. Germ. 5,1), S. 110; Lex Frisionum c. 9,11–13 (MGH Fontes iuris 12), S. 48.

1165 Bei den Liten handelt es sich um Freigelassene oder Minderfreie. Vgl. dazu: von Olberg-Haverkate, Liten und oben, Kapitel 1.7.1.

1166 Lex Frisionum c. 9,13 (MGH Fontes iuris 12), S. 48: *Si lita fuerit, solid(os) X domino eius persolvere cogatur.* Das Kapitel bezieht sich auf Lex Frisionum c. 9,11 (ebd.): *Si liberam feminam extra voluntatem parentum eius, vel eorum qui potestatem eius habent, uxorem duxerit, componat tutori eius solid(os) XX, id est denarios LX.*

1167 Vgl. von Olberg, Aspekte, S. 229.

1168 So auch: Weber, Ein Gesetz, S. 284 und S. 303.

1169 Vgl. Lex Salica c. 25,7 (MGH LL nat. Germ. 4,1), S. 96.

fassten[1170] Vita Haimhrammi verwiesen.[1171] In dieser verheiratet ein *dominus* eine seiner *ancillae* an einen in seinem Besitz befindlichen *servus*, nachdem deren Ehemann (einer der *conservi* der beiden) verstorben war und seine Frau als Witwe hinterlassen hatte. In dieser Darstellung nimmt der Herr bei der Eheschließung seiner Unfreien die Position der *parentes* der beiden ein.[1172] Unter Rückbezug auf die erwähnte Passage der Lex Salica (c. 25,7) scheint es durchaus wahrscheinlich, dass auch bei fränkischen Hochzeitszeremonien der Herr der Braut diese an den Ehegatten übergab und somit an die Position der einwilligenden *parentes* trat. Eine *dos* (also eine Mitgift)[1173] wird bei der Episode der Vita Haimhrammi nicht erwähnt. Inwiefern die *dos* beziehungsweise der Brautpreis bei Ehen von Unfreien, oder auch bei weniger wohlhabenden Freien, Teil des Vertragsgeschäfts blieb, ist im Detail nicht zu klären.[1174] Der Vermutung von Reynolds, dass die Zahlung eines Brautpreises nur für den Adel relevant war,[1175] kann allerdings nicht vorbehaltlos zugestimmt werden. Weshalb sollte eine Eheschließung zwischen nicht-adligen Personen keine solche, wenngleich geringere Zahlung beinhalten? Da Unfreie im Frankenreich prinzipiell durchaus besitzfähig waren,[1176] spricht zumindest grundsätzlich nichts gegen die Zahlung eines Brautpreises. Erneut sei an dieser Stelle auf c. 25,7 der Lex Salica verwiesen, die eine Strafzahlung an den Herrn der beteiligten *ancilla* vorsieht, wenn sein Einverständnis nicht vor der Eheschließung eingeholt wurde. Es scheint durchaus möglich, dass dieses Einverständnis teilweise im Zusammenhang mit einer Zahlung beziehungsweise einem Vorteil für den Besitzer der *ancilla* stand. Ob oder gar in welchem Umfang die Zahlung einer *dos* bei Ehen unter Beteiligung von Unfreien tatsächlich üblich gewesen ist, ist allerdings aus den Quellen nicht nachzuvollziehen und muss dementsprechend offenbleiben.

Abschließend festzuhalten bleibt, dass wohl insbesondere die notwendige Zustimmung zur Ehe durch die oder den Herren des beziehungsweise der Unfreien in der Praxis wohl Hindernisse für das Zustandekommen solcher Ver-

---

1170 Nach Bernhard Bischoff ist eine Entstehung „frühestens 768 anzunehmen" (Bischoff, Arbeo, S. 87). Als Todesdatum des Verfassers und somit *terminus ante quem* wird zumeist das Jahr 784 vermutet (so z. B.: Becher, Arbeo, S. 333–334).

1171 Auf die hier beschriebene Eheschließungszeremonie beziehen sich u. a.: Saar, Ehe, S. 247; Goetz, Frauen, S. 184; Obermeier, Ancilla, S. 87 und öfter.

1172 *Ille autem, adprehensam praedicte mulieris dexteram manum, circumvoluto pallio, ut mos nuptiarum conpellit, coram adstantibus conservis, coniuge et prolibus hilari vultu tradidit eam illi in matrimonium…* Vgl. Vita Haimhrammi (ed. Bischoff), S. 68–74. So wird etwa die rechte Hand der Frau von ihrem Herrn (in diesem Fall auch ihrem Muntherren) mit einem Tuch umwickelt und im Beisein weiterer *conservi* und ihrer Kinder an ihren Ehemann übergeben, woraufhin gespeist wird und die Ehe vollzogen wird (vgl. ebd., S. 70).

1173 Vgl. Kottje, Bestimmungen, S. 214–215.

1174 Auch Ruth Mazo Karras (Unmarriages, S. 81) weist darauf hin, dass formelle Kriterien der Eheschließung im Zusammenhang mit Unfreienehen nur in der Vita Haimhrammi, nicht aber in entsprechenden Rechtstexten zu finden sind.

1175 Vgl. Reynolds, Marriage, S. 117.

1176 Vgl. dazu Nr. 16 c. 7 (MGH Capit. 1), S. 40. In diesem Fall ist der *servus* im Besitz einer *ancilla: Si servus suam ancillam concubinam habuerit, si ita placet, potest, illa dimissa, comparem suam, ancillam domini sui accipere …*

bindungen darstellte. Ein grundsätzliches Verbot von Unfreienehen ist dem fränkischen Recht allerdings unbekannt.

5.2 Die Unfreienehe im Kontext der Ehereformen Pippins

Die christliche Ehe war für Gregor II. und seine drei Nachfolger auf dem apostolischen Stuhl ein bedeutsames Thema. Gleiches gilt, ausgehend von den Korrespondenzen des Bonifatius mit Rom, auch für die Kirche im Frankenreich der 720er bis 750er Jahre. Bei den Synoden im Reichsteil Karlmanns sind allerdings vermehrt auch Laien unter den Teilnehmern, sodass kaum von einem ausschließlich kirchlichen Interesse an dieser Thematik gesprochen werden kann.[1177] Für den westlichen Teil des Frankenreichs könnte gar behauptet werden, dass die Ehereformen der 740er und insbesondere der 750er Jahre – und somit auch entsprechende Reformen der Unfreienehe – primär von Pippin beziehungsweise von weltlicher Seite vorangetrieben wurden. Dennoch bemühte sich Pippin 747 von Zacharias[1178] und 754 von Stephan II.[1179] um eine Rückversicherung bezüglich der päpstlichen Positionen. Diesen wurde allerdings nur „begrenzte Wertschätzung"[1180] zuteil, wie die Beschlüsse der im Folgenden zu besprechenden Versammlungen zeigen.

Aufgrund der Unklarheiten bezüglich der Teilnehmer an der Synode von Les Estinnes ist eine erste definitive Auseinandersetzung mit eherechtlichen Themen für Pippin beziehungsweise dessen Umfeld erst mit der Synode von Soissons am 2. März 744 belegt. Zehn Kanones werden im Rahmen dieser Synode von den Teilnehmern – zu denen für das Frankenreich erstmalig auch Laien zählten – erlassen. Diese ähneln stark den Beschlüssen des Concilium Germanicum und der Synode von Les Estinnes.[1181] Primär thematisieren die Beschlüsse von Soissons die Wiederherstellung der Verfassung der fränkischen Kirche.[1182] Zuwiderhandlungen sollen, so schließen die Kanones, nicht nur kirchlich durch die

---

1177 Alice Rio (Slavery after Rome, S. 216) weist ohnehin zu Recht darauf hin, dass eine Trennung von kirchlichen, königlichen und Interessen der Landbesitzer nicht möglich ist. Sowohl Bischöfe als auch die fränkischen Könige gehörten zweifellos zur besitzenden Gesellschaftsschicht.

1178 Vgl. dazu: Responsa Zachariae (MGH Epp. 3, S. 479–487). Der Text ist singulär im Codex Carolinus überliefert. Zum Codex Carolinus umfangreich: Hack, Codex Carolinus. Ubl (Bonifatius, S. 421) stellt zudem fest: „eine kanonistische Wirksamkeit ging von den Responsa des Zacharias nicht aus. Dies kann insofern nicht überraschen, als Zacharias in seinen Antworten fast ausnahmslos altes Kirchenrecht zitierte und keine neuen Entscheidungen fällte." Die Anfrage Pippins, auf die Zacharias antwortet, ist nicht überliefert. Zu dieser Korrespondenz äußern sich u. a.: Rau, Briefe, S. 234–235; Saar, Ehe, S. 374; Toubert, Einflüsse, S. 113–114; Wemple, Women, S. 76.

1179 Eine Neuedition des Schreibens findet sich bei: Ubl, Bonfatius, S. 435–449.

1180 Ebd., S. 421.

1181 Vgl. Hartmann, Synoden, S. 56–59.

1182 Ubl, Inzestverbot, S. 257.

Bischöfe, sondern auch weltlich durch Pippin und seine Grafen gemäß den entsprechenden Bestimmungen bestraft werden.[1183]

Inhaltlich relevant ist bei der Frage nach Eherechtsreformen der Beschlüsse von Soissons ausschließlich can. 9. Dieser verbietet – in Anlehnung an Les Estinnes – die Ehe mit einer *sacrata femina* oder den eigenen *parentes*.[1184] Erneut steht also die Inzestgesetzgebung im Zentrum des Interesses. Somit steht Soissons inhaltlich zunächst auf einer Linie mit Rom 721 und den Versammlungen in Karlmanns Reich. Doch auch die merowinigischen Könige hatten sich mit der Inzestbekämpfung auseinandergesetzt.[1185] So ließ etwa Chilperich I. Inzestverbote in die Lex Salica aufnehmen[1186] und auch die Decretio Childeberts II. enthält einen Katalog mit entsprechenden Verboten.[1187] Eine inhaltliche Parallele zu Soissons can. 9 findet sich in c. 8 der Praeceptio Chlotarii: Die Ehe mit *sanctimoniale* wird auch dort bereits, analog zu den *sacratae feminae* von Soissons, ausdrücklich verboten.[1188] Eine konkrete Erwähnung von Unfreien ist freilich in can. 9 von Soissons nicht festzustellen, sodass nur vermutet werden kann, dass die getroffenen Bestimmungen zumindest theoretisch statusunabhängig waren und somit auch für Unfreie galten. Im Zentrum des Interesses stand die Unfreienehe in Soissons nicht.

Die Vermutung, dass sich die pippinische Inzestgesetzgebung beziehungsweise Ehegesetzgebung im Allgemeinen auch auf Unfreie bezieht, wird durch die Formulierungen der Bestimmungen unterstützt, die von Pippin nach seiner Königwerdung erlassen wurden. Chronologisch an erster Stelle steht in diesem Zusammenhang c. 1 aus Pippins Königskapitular.[1189] Das Kapitel erläutert,

---

1183 Concilium Suessionense can. 10 (MGH Conc. 2,1), S. 36.

1184 Ebd. can. 9, S. 35: *Similiter constituemus, ut nullus laicus homo Deo sacrata femina ad mulierem non habeat nec sua parentem; nec marito viventem sua mulier alius non accipiat, nec mulier vivente suo viro alium accipiat, quia maritus muliere sua non debet dimittere, excepto causa fornicationis deprehensa.*

1185 Diesen Umstand stellten u. a. bereits fest: Mikat, Inzestgesetzgebung, S. 39–40; Ubl, Inzestverbot, insb. S. 137; Breternitz, Königtum, S. 57.

1186 Vgl. Ubl, Inzestverbot, S. 176–182.

1187 Ebd., S. 182–185; Nr. 7 c. 2 (MGH Capit. 1), S. 15.

1188 Vgl. c. 8 der Praeceptio Chlotarii in: Esders, Römische Rechtstradtion, S. 82. Allerdings stellt Soissons c. 9 einen (zumindest angedeuteten) Bruch mit der merowingischen Ehepolitik dar. Im Anschluss an die erwähnten Inzestverbote wird dort, gemäß dem päpstlichen Gebot, die Unauflösbarkeit der Ehe zu Lebzeiten des Partners festgelegt. Vgl. für Zacharias: Responsa Zachariae cc. 7 und 12 (MGH Epp. 3), S. 482–483; zur Position Stephans II.: Responsa Stephani II c. 5 (ed. Ubl), S. 438–439. Soissons c. 9 bedeutet nach Karl Ubl (Inzestverbot, S. 251) „eine radikale Abkehr von der Praxis und Norm der Merowingerzeit". Einschränkend angemerkt wird allerdings in c. 9, in Anlehnung an die sogenannte Unzuchtklausel (Mt. 19,3–9), dass es dem Ehemann durchaus erlaubt sei, seine Frau zu verstoßen, wenn diese der Unzucht (*fornicatio*) überführt wird. Diese Ergänzung wird von Wilfried Hartmann als Nachweis gedeutet, dass für die Teilnehmer der Synode von Soissons eine Auflösung der Ehe grundsätzlich möglich war (vgl. Hartmann, Synoden, S. 58).

1189 Nr. 13 c. 1 (MGH Capit. 1), S. 31: *De incestis. Si homo incestum commiserit de istis causis, de Deo sacrata, aut commatre sua, aut cum matrina sua spiritali de fonte et confirmatione episcopi, aut cum matre et filia, aut cum duabus sororibus, aut cum fratris filia aut sororis filia, aut nepta, aut cum consobrina atque subrina, aut cum amita vel matertera: de istis capitulis pecuniam suam perdat, si habet: et si*

welche Verbindungen als inzestuös gelten. Der beziehungsweise die Schuldige darf weder aufgenommen noch darf ihm Speise gegeben werden,[1190] bis die Verbindung aufgelöst wurde. Dem Unterstützer der inzestuösen Personen droht der Königsbann von 60 Solidi.[1191] Als Strafmaß für den Inzest ist, wie in der Lex Ribuaria,[1192] zunächst Vermögensverlust vorgesehen. Vermögenslose Freie sind in Haft zu nehmen. Unfreie und Freigelassene hingegen sind (etwas unspezifisch) mit vielen Hieben zu bestrafen. Sofern der Unfreie erneut eine inzestuöse Verbindung eingeht, so muss dessen Besitzer die 60 Solidi an den König entrichten. Diese Regelung ist in vielerlei Hinsicht bemerkenswert. Erstens bestätigt sie die geäußerte Vermutung, dass die Inzestgesetzgebung auch für Unfreie galt, und zwar auch im weltlichen Recht. Dieser Umstand muss zweifellos auf alle weiteren von Pippin erlassenen Bestimmungen der Inzest- beziehungsweise Ehegesetzgebung übertragen werden, in denen Status nicht explizit angesprochen wird. Inwiefern dieser Rechtsanspruch auch bei Unfreien durchgesetzt beziehungsweise verfolgt wurde, ist unklar. Zweitens kann eine unterschiedliche Bestrafung von Unfreien und Freien festgestellt werden. Dieser Umstand ist allerdings keineswegs mit dem Inhalt der Bestimmung in Verbindung zu bringen, sondern ist auf den Großteil aller im fränkischen Recht behandelten Strafen übertragbar. Gleichermaßen darf drittens bei der hier feststellbaren Haftung des Herrn für Vergehen seines Unfreien keine Exklusivität für das Inhaltsfeld des Eherechts vermutet werden.

Die Gültigkeit der pippinischen Ehegesetzgebung auch für Unfreie bedeutet, dass nach c. 15 der Beschlüsse des Concilium Vernense von 755 (BK 14) auch die Ehen von Unfreien öffentlich zu schließen waren.[1193] Die Öffentlichkeit der Eheschließung ist also als Kontrollmechanismus zu verstehen, um unrechte Verbindungen zu verhindern. Zunächst mag vermutet werden, dass Unfreienehen, wenn einmal öffentlich unter Zustimmung der Herren geschlossen, vor Trennung geschützt sein sollten, da sie schließlich rechtmäßig zustande gekommen waren. Dass dies nicht der Fall beziehungsweise nicht intendiert war,

---

emendare se noluerit, nullus eum recipiat nec cibum ei donet. Et si fecerit, LX solidos domno regi componat, usque dum se ipse homo correxerit. Et si pecuniuam non habet, si liber est, mittatur in carcere usque ad satisfactionem. Si servus aut libertus est, vapuletur plagis multis; et si dominus suus permiserit eum amplius in tale scelis cadere, ipsos LX solidos domno rege componat. Zur Datierung des Königskapitulars: Breternitz, Königtum, S. 39–43.

1190 Ubl stellt diesbezüglich klar, dass bei „der Verweigerung der Mahlgemeinschaft … nicht ein realer Speiseentzug“ gemeint ist (Ubl, Inzestverbot, S. 263 Anm. 223).

1191 Dafür plädieren: Ubl, Inzestverbot, S. 263 und ihm folgend: Breternitz, Königtum, S. 52. Hingegen sehen de Clercq, Législation 1, S. 132 und Hartmann, Synoden, S. 68 den Königsbann als Strafsumme für das Vergehen der inzestuösen Verbindung.

1192 Vgl. Lex Ribuaria 72,2 (MGH LL nat. Germ 3,2), S. 124: *Si autem quis proximum sanguinis interfecerit vel incestum commiserit, exilio susteneat, et omnes res suas fisco censeantur.* Den Hinweis auf die Parallele gibt, allerdings ohne Nennung der entsprechenden Stelle, bereits: Ubl, Inzestverbot, S. 263.

1193 Nr. 14 c. 15 (MGH Capit. 1), S. 36: *Ut omnes homines laici publicas nuptias faciant, tam nobiles quam innobiles.*

zeigt c. 19 des im Folgejahr[1194] beschlossenen Decretum Vermeriense (BK 16).[1195] Das Kapitel, welches unten noch ausführlicher besprochen wird, legt fest: *Si servus aut ancilla per venditionis causam separati fuerint, praedicandi sunt ut sic maneant, si eos reiungere non possumus.*[1196] Während die Ehe hier zwar nicht aufgelöst werden soll, ist offensichtlich, dass auch verheiratete Unfreie unabhängig von ihrem Ehepartner verkauft werden konnten. Das Kapitel verdeutlicht, dass neben der erneuten Auseinandersetzung mit inzestuösen Verbindungen in Verberie auch das zweite große Thema des Eherechtsdiskurses des 8. Jahrhunderts behandelt wurde: das auf dem Matthäusevangelium (Mt. 19,6) basierende Unauflösbarkeitsprinzip der Ehe.

Anders als in Soissons oder auch in Ver 755 wird zudem in mindestens fünf (von 21) der überlieferten Kapitel der Rechtsstatus der Eheleute explizit angesprochen. Wieder sind aber auch solche Kapitel (wie etwa c. 5)[1197] zu finden, die den Status der betroffenen Personen nicht thematisieren. Wie oben aufgezeigt ist allerdings davon auszugehen, dass auch diese für Freie und Unfreie galten.

Die Auseinandersetzung mit dem Unauflösbarkeitsprinzip und die explizite Erwähnung des Rechtsstatus in Verberie ist keineswegs Zufall. Vielmehr werden beide Themen 756 offensichtlich inhaltlich miteinander verknüpft. So kann der Statusverlust beziehungsweise der Verlust der Freiheit eines Ehepartners unter Umständen als Auflösungsgrund einer geschlossenen Ehe gelten (c. 6). Das Kapitel nennt in diesem Fall allerdings zwei Einschränkungen. Zunächst muss der freie Partner versuchen, den nun unfreien Partner freizukaufen, und nur wenn dies nicht möglich ist (*si redimi non potest*), darf später eine neue Ehe eingegangen werden. Eine weitere Ausnahme bildet der Fall, dass sich der nun Unfreie unter Zustimmung des freien Partners in Schuldknechtschaft begeben hat, um seinen Ehepartner vor Hunger (*fames*) zu bewahren. Doch weshalb sollte der freie Partner daran interessiert sein, die Ehe mit einem unfreien Partner aufzulösen? Es ist auszuschließen, dass im hier behandelten Fall die Regelung der Lex Salica c. 13,9 beziehungsweise 25,3–4 greifen sollte, nach der die Heirat mit einem beziehungsweise einer Unfreien zum eigenen Standesverlust führt.[1198]

1194 Zur Datierung umfangreich: Oelsner, Jahrbücher, 455–460. Die Datierung von Nr. 16 auf das Jahr 756 darf als gesichert angenommen werden. Diese Datierung übernehmen u. a.: Hartmann, Synoden, S. 73–74; Glatthaar, Konzilsdekret von Ver, S. 70. Ältere Datierungsversuche finden sich gesammelt bei Hartmann, Synoden, S. 73 Anm. 27. Ob die überlieferten Beschlüsse vollständig sind oder wie Wilfried Hartmann vermutet, nur fragmentarisch überliefert sind, muss an dieser Stelle offenbleiben. Das Eherecht stand zweifellos im Fokus dieser Versammlung in Verberie: Mehr als die Hälfte der verabschiedeten Kapitel behandeln eherechtliche Fragen (vgl. Hartmann, Synoden, S. 73).

1195 So bereits Hoyer (Ehen minderen Rechts, S. 211) und ihm folgend Obermeier, Ancilla, S. 86.

1196 Nr. 16 c. 19 (MGH Capit. 1), S. 41.

1197 Nr. 16 c. 5 (MGH Capit. 1, S. 40) erlaubt die Auflösung einer Ehe, wenn ein Partner nachweislich in ein Mordkomplott gegen den anderen Partner verwickelt ist. Anders als noch in c. 9 von Soissons wird hier ausdrücklich auch die Wiederheirat erlaubt (… *vir potest ipsam uxorem dimittere et, si voluerit, aliam accipiat*). Trotz der Schwere des hier verhandelten Falles, stellt das Kapitel einen definitiven Bruch mit den Forderungen nach Unauflösbarkeit der Ehe dar.

1198 Vgl. dazu Kapitel 5.2.1.

Dennoch hätte eine eheliche Verbindung mit einem nun Unfreien negative Konsequenzen für den freien Partner haben können. Zum einen wurde eine solche Verbindung wohl als gesellschaftlicher Abstieg bewertet, wie die erwähnte Formulierung Stephans II. in einem Brief an Pippin nahelegt.[1199] Wenn also die Eheschließung mit einer Freien zur Verbesserung der eigenen Ehre führte, darf wohl im Umkehrschluss angenommen werden, dass der Verbleib in einer Ehe mit einer oder einem Unfreien eine Verminderung ebendieser zur Folge hätte. Zum anderen ist wohl davon auszugehen, dass Kinder, welche aus dieser nun standesungleichen Ehe nach dem Statusverlust eines Partners hervorgingen, dem Prinzip der Ärgeren Hand folgend,[1200] unfrei wurden, wenn nicht eine anders lautende Vereinbarung getroffen wurde.[1201]

Kapitel 7 der Versammlung von Verberie darf in vielerlei Hinsicht als bemerkenswert betrachtet werden: *Si servus suam ancillam concubinam habuerit, si ita placet, potest, illa dimissa, comparem suam, ancillam domini sui, accipere; sed melius est suam ancillam tenere.* Das Interesse des Unfreien, diese zweite Verbindung der ersten vorzuziehen, lässt sich über die bereits zitierte Aussage Stephans II. erklären.[1202] Auch in diesem Fall wäre es wohl eine Verbesserung der Ehre des Unfreien, mit der Unfreien seines Herrn liiert zu sein, als mit der niedriger gestellten eigenen Unfreien. Besonders auffällig ist bei c. 7 die Terminologie, die für die beteiligten Frauen verwendet wird. Die *concubina* findet sich in keinem weiteren Kapitel des Decretum Vermeriense erwähnt.[1203] Mit dem Begriff ist eine nicht-eheliche (sexuelle) Beziehung gemeint.[1204] Die zweite Frau die in c. 7 angesprochen wird, die *ancilla* des Herren des im Zentrum des Kapitels stehenden *servus*, wird als *compar* und nicht als *uxor* bezeichnet.[1205] Es könnte sich bei der hier erwähnten *compar*, die den *uxores* aller anderen eherechtlichen Kapitel des Dekrets gegenübersteht, um eine Frau die in einer nicht-ehelichen Verbindung mit dem *servus* steht handeln. In diesem Fall besäßen etwaige eherechtliche Regelungen, wie etwa das Unauflösbarkeitsprinzip, keine Geltung. Dieser Umstand ist den Teilnehmern der Versammlung in Verberie zweifellos bewusst gewesen. Möglicherweise wird in c. 7 deshalb lediglich festgelegt, dass es besser

---

1199 Vgl. Responsa Stephani II. c. 1 (ed. Ubl), S. 435.

1200 Vgl. Olechowski, Ärgere Hand.

1201 Eine solche Vereinbarung, nach der die Nachkommen aus einer standesungleichen Ehe dennoch frei bleiben sollten, findet sich in Formulae Marculfi Nr. 2,29 (MGH Formulae, S. 93–94). Zur Frage nach dem Rechtsstatus von Nachkommen vgl. Nr. 19 c. 4 (MGH Capit. N. S. 4), S. 242–243.

1202 Vgl. Responsa Stephani II. c. 1 (ed. Ubl), S. 435.

1203 Insgesamt darf dennoch davon ausgegangen werden, dass das Konkubinat in allen Bevölkerungsgruppen des Frankenreiches verbreitet war. Vgl. Hartmann, Concubina, S. 545–568; Obermeier, Ancilla, S. 123–124. Esmyol (Geliebte, S. 56) hält allerdings fest: „Auffallend viele Konkubinen und Ehefrauen der Merowinger und anderer Großer waren Frauen niedrigen Standes."

1204 Vorsichtiger, aber wohl zustimmend auch: Karras, Unmarriages, S. 81.

1205 Zur Bedeutung des Begriffs *compar* vgl.: Niermeyer, MLLM, S. 295. Niermeyer versteht unter Bezugnahme auf die hier untersuchte Stelle eine(n) *compar* als „Person desselben Rechtsstatus." Die vormalige *concubina* wird hingegen als sozial niederrangig betrachtet, da sie im Besitz eines Unfreien stand.

sei (*melius est…*), in der ersten Beziehung zu verbleiben, ohne dass hier ein Trennungsverbot gefordert wird.

Eine mögliche Einordnung von c. 7 ergibt sich aus der Feststellung Alice Rios, dass weltliches Recht sich nur dann mit Sklaven beschäftigt habe, wenn Grenzen der *familia* des Besitzers überschritten worden seien; also wenn aus einer privaten, eine öffentliche Angelegenheit wurde.[1206] Grundsätzlich sollte nicht in die Besitzrechte der Herren von Unfreien eingegriffen werden.[1207] Dementsprechend hätte es ausschließlich im Ermessen des Herrn von Unfreien gelegen, wann und unter welchen Bedingungen er diesen sexuelle Verbindungen oder gar eine Ehe gestattet habe. In diesem Zusammenhang ließe sich auch die Formulierung des Kapitels erklären, die zwar einen Idealfall aufzeigt, sich aber nicht anmaßt, die Besitzrechte über Unfreie im privaten Raum einzuschränken. Offen bleibt allerdings, warum die in Frage stehende Konstellation überhaupt thematisiert wird, da die erste angesprochene Verbindung zweifellos nicht ehelicher Natur war.[1208] Der moralische Appell von c. 7 könnte im Kontext einer kirchlichen Forderung nach einer „allgemeinen Reduzierung außerehelicher Sexualbeziehungen"[1209] verortet werden.

Das unmittelbar folgende c. 8[1210] knüpft zumindest indirekt an c. 7 an. Dort wird festgelegt, dass ein Unfreier, der nach seiner Freilassung nicht-eheliche sexuelle Kontakte (*adulterium*) zu einer Unfreien seines ehemaligen Herrn hat, auf Wunsch des Herrn verpflichtet werden kann, diese zu heiraten. Beziehungsweise es wird ihm untersagt, so lange besagte Frau lebt, eine andere Frau zu heiraten. Die Regelung ist zumindest primär aus einer besitzrechtlichen Perspektive zu betrachten. Der Freigelassene hatte sexuelle Kontakte zu einer Unfreien und missachtete, wenn er keine Erlaubnis seitens des Herren hatte, damit dessen Eigentumsrechte. Bemerkenswert ist allerdings, dass der Freigelassene gezwungen werden kann, die *ancilla* zu ehelichen (oder nicht nochmals heiraten zu dürfen), während ein Freier bei sexuellen Kontakten zur Unfreien eines anderen nach den Bestimmungen der Lex Salica (c. 25,1–2) lediglich eine (wenngleich hohe) Bußsumme zu entrichten hat.[1211]

1206 Vgl. Rio, Slavery after Rome, S. 233.

1207 Vgl. ebd., S. 219.

1208 So auch: Weber, Ein Gesetz, S. 43.

1209 Obermeier, Ancilla, S. 110. Sie bezieht sich auf Müller-Lindenlauf, Eheauffassung, S. 223 und Ennen, Frau, S. 19.

1210 Nr. 16 c. 8 (MGH Capit. 1), S. 40–41: *Si quis servus, libertate a domino suo accepta, postea cum ancilla eius adulterium perpetraverit, si dominus eius vult, velit nolit, ipsam ad uxorem habebit. Quod si ipsam dimiserit et aliam duxerit, cogatur omnino, ut posteriorem dimittat, et ipsam cum qua prius adulterium fecit recipiat, aut illa vivente nullam aliam habeat.*

1211 Vgl. Lex Salica c. 25,1–2 (MGH LL nat. Germ. 4,1), S. 93–94: *Si quis ingenuus cum ancilla aliena moechatus fuerit et ei fuerit adprobatum, mallobergo the(ua)lasina uuertico sunt, <domino ancillae> DC denarios qui faciunt solidos XV culpabilis iudicetur.* Im anschließenden c. 25,2 wird die Summe für eine hier eine *ancilla regis* verdoppelt.

Einige Kapitel später thematisiert BK 16 c. 13[1212] erneut Aspekte der Eheschließung unter Beteiligung von Unfreien. Das Kapitel legt fest, dass jemand, der bei der Eheschließung um den unfreien Status seiner Frau weiß und diese dennoch freiwillig in die Ehe nimmt, diese Verbindung nicht mehr auflösen darf. Mit dieser Regelung widersprechen die Teilnehmer der Versammlung in Verberie explizit der Position Stephans II., die er wenige Jahre zuvor Pippin gegenüber formuliert hat. Stephan II. sprach sich explizit für die Möglichkeit der Wiederheirat aus, wenn die erste Ehe mit einem unfreien Partner geschlossen wurde.[1213] Kapitel 13 scheint hingegen in Anlehnung an die Bußbestimmungen Theodors von Canterbury formuliert. Dort wird eine erneute Eheschließung auch dann ausgeschlossen, wenn der erste Ehepartner unfrei war.[1214] Zumindest implizit wird hier auch eine Ausnahme vom Unauflösbarkeitsprinzip formuliert – wenngleich diese an die Bedingung der Unwissenheit um den Rechtsstatus des Ehepartners geknüpft ist.

Auch BK 16 c. 19 behandelt möglicherweise einen Sonderfall des Unauflösbarkeitsprinzips, wenn es heißt: *Si servus aut ancilla per venditionis causam separati fuerint, praedicandi sunt ut sic maneant, si eos reiungere non possumus.*[1215] Selbst wenn dieser Umstand terminologisch nicht nachzuweisen ist, kann die hier angesprochene Verbindung nur ehelicher Natur sein. Räumliche Trennung durch Verkauf soll der Bestimmung zufolge also nicht zur Auflösung der Ehe genutzt werden. Die mahnende Formulierung erinnert an den Appell aus c. 7 (*sed melius est suam ancillam tenere*). Offen bleibt allerdings, warum c. 19 den betroffenen Personen nicht schlicht untersagt, eine erneute Verbindung einzugehen. Alice Rio vermutet diesbezüglich, dass diese Entscheidung dem Besitzer der Unfreien zugestanden werden sollte.[1216] Die Eigentumsrechte der Besitzer von Unfreien wären dementsprechend von höherer Priorität als die kirchliche Forderung nach Unauflösbarkeit der Ehe. Zudem weist Rio darauf hin, dass die Unfreienehe zumeist nur dann Einzug in Rechtstexte hielt, wenn „free people other than their master" betroffen waren.[1217] Ihr zufolge lag es nicht im Kompetenzbereich des (weltlichen) Gesetzgebers zu regeln, was im privaten Raum geschah.[1218] Dem ist wohl beizupflichten, wenngleich hier neben der Kompetenz- auch die Interessensfrage zu stellen ist. Konnten fränkische Gesetzgeber den

---

1212 Nr. 16 c. 13 (MGH Capit. 1), S. 41: *Qui scit uxorem suam ancillam esse et accepit eam voluntarie, semper postea permaneat cum ea.*

1213 Vgl. Responsa Stephani II c. 1 (ed. Ubl), S. 435. Vgl. dazu auch: Ubl, Bonifatius, S. 419–421.

1214 Canones Theodori II,13 c. 5 (ed. Finsterwalder), S. 331: *Si quis liber ancillam in matrimonio (acciperit) acceperit, non habet licentiam (demittere eam) dimittere eam si ante cum consensu amborum conjuncti sunt.* Dazu bereits: Ubl, Bonifatius, S. 420.

1215 Nr. 16 c. 19 (MGH Capit. 1), S. 41.

1216 Vgl. Rio, Slavery after Rome, S. 219.

1217 Ebd., S. 232. Auch die Eheschließung mit eigenen Unfreien bildet hier keine Ausnahme. Betroffen waren in diesen Fällen schließlich die *parentes* der freien Partei.

1218 Ebd., S. 233: „… law-codes devote much space to outlining the punishments reserved for slaves when they had transgressed against someone outside their own *familia*; what happened within it was clearly left up to their owner. Secular laws regulated the space in-between, not within, households: they dealt with the points of interface where friction was likely."

privaten Raum nicht (maßgeblich) beeinflussen oder wollten sie dies nicht? Zuletzt sei im Zusammenhang mit c. 19 noch auf den Schluss der Bestimmung verwiesen: … *si eos reiungere non possumus*. Die 1. Person Plural wird zweifellos aus der Perspektive der (nicht genau zu bestimmenden) Teilnehmer der Versammlung von Verberie formuliert sein. Möglicherweise lassen sich hier insbesondere die geistlichen Sprecher der Versammlung von Verberie festmachen, die es als ihre pastorale Aufgabe betrachteten eine solche Wiedervereinigung ungeachtet der rechtlichen Aspekte und ohne weltliche Sanktionsmöglichkeiten herbeizuführen. Wie sich die angekündigten Wiedervereinigungsversuche manifestieren sollten, ist anhand der Bestimmung nicht festzustellen. Dass es tatsächlich zu solchen Versuchen kam, ist ebenso wenig bekannt.

Anders als noch 744 in Soissons wird 756 in Verberie nicht explizit angekündigt, dass die Beschlüsse auch weltliche Gesetzeskraft erlangen sollten.[1219] Dass dies dennoch der Fall war, nehmen Hermann Nehlsen und Karl Ubl an.[1220] Es könnte sein, dass die explizite Betonung nicht mehr notwendig war, da Pippin, anders als noch 744, die Beschlüsse nun nicht mehr als *princeps*, sondern als König erließ und diese folglich als königliches Recht Geltung besaßen. Diese Annahme wäre allerdings nur dann zutreffend, wenn die Bestimmungen aus Verberie auch tatsächlich von Pippin mitgetragen wurden. Seine Teilnahme an der Versammlung in Verberie lässt sich allerdings nicht nachweisen.[1221] Diesbezüglich unterscheidet sich BK 16 von der Versammlung des Folgejahres in Compiègne und den dort gefassten Beschlüssen (BK 15).

Wie bereits 756 in Verberie, beschäftigt sich ein Großteil der in Compiègne erlassenen Kanones mit eherechtlichen Themen.[1222] Unfreie werden allerdings seltener, nämlich nur in den cc. 6 bis 8, thematisiert. In allen drei Fällen geschieht

---

1219 Vgl. Nr. 12 c. 10 (MGH Capit. 1), S. 30. Vgl. auch Ubl, Sinnstiftungen, S. 145.

1220 So auch: Nehlsen, Sklavenrecht, S. 284–286 und Ubl, Sinnstiftungen, S. 154.

1221 Oelsner (Jahrbücher, S. 455–460) geht davon aus, dass Pippin nicht bei der Versammlung in Verberie teilnahm. Ubl (Inzestverbot, S. 265) betont unter Bezugnahme auf den Abhaltungsort – eine königliche Pfalz –, dass beim Zustandekommen der Versammlung zumindest von einer königlichen Initiative auszugehen ist. Die Annales regni Francorum (MGH SS rer. Germ. 6, S. 14–15) und die Annales Mettenses priores (MGH SS rer. Germ. 10, S. 49) erwähnen für das Jahr 757 die Versammlung von Compiègne unter Teilnahme von Pippin, aus der Nr. 15 hervorging. Die Versammlung von 756 in Verberie wird hingegen nicht genannt, wobei die Annales Mettenses priores (ebd., a. 756) erwähnen: … *Pippinus princeps interiora regni sui pacifice ordinans, tam in ęcclesiasticis rationibus quam et in publicis negotiis et privatis…* Könnte es sich hier um einen unspezifischen Verweis auf die Versammlung in Verberie handeln? Eine Überprüfung von Oelsners Befunden scheint insgesamt durchaus lohnend. Dass Nr. 15 und 16 allerdings zumindest im 9. Jahrhundert als gleichermaßen gültig betrachtet wurden, zeigt der früheste bekannte Überlieferungsträger der beiden Texte – Laon 265. Auf foll. 162r–164v finden sich Kapitel beider Versammlungen miteinander vermischt. Zur Handschrift vgl. Mordek, Bibliotheca, S. 200–205. Insgesamt finden sich Nr. 15 und 16 meist (vollständig oder in Teilen) gemeinsam überliefert.

1222 Der Grund für eine Wiederholung dieser Thematik nur ein Jahr nach den Beschlüssen von Verberie könnte Karl Ubl (Inzestverbot, S. 267) zufolge darin liegen, dass in Compiègne ein größeres Publikum erreicht wurde als bei der Versammlung des Vorjahres. Ubl betont, dass dies keineswegs die Beschlüsse des Vorjahres außer Kraft setzte.

dies, was in Anbetracht der Dominanz dieser Thematik kaum überraschen kann, im Zusammenhang mit dem Eherecht.

Kapitel 6 legt zunächst fest, dass niemand seine freie Stieftochter (*franca filiastra*) gegen ihren Willen oder den Willen ihrer *mater* oder ihrer *parentes* verheiraten dürfe.[1223] Sollte dies dennoch geschehen, darf besagte Stieftochter von ebenjenen an einen anderen verheiratet werden. Sollte sie selbst der ersten, von ihrem Stiefvater arrangierten Verbindung zugestimmt haben, so habe die Verbindung bestand. Dies gilt, so legt c. 6 ausdrücklich fest, unabhängig davon, ob sie mit einem Freien, einem Unfreien oder einem Unfreien der Kirche verbunden wurde. Das Kapitel darf dementsprechend nicht als Regelung eines Sonderfalls betrachtet werden, der aufgrund des Status einer beteiligten Person entstand. Vielmehr ist es eine erneute Bestätigung dafür, dass alle Regelungen, die für Freie galten, zumindest theoretisch auch für Unfreie Geltung hatten.

Anders verhält es sich bei den unmittelbar folgenden cc. 7 und 8.[1224] Die beiden Bestimmungen dürfen wohl als Ergänzung beziehungsweise Präzisierung von c. 13 des Decretum Vermeriense verstanden werden. In c. 8 wird, unter Ergänzung des Umstands, dass die Regelung für Männer und Frauen gleichermaßen gilt, die Bestimmung des Vorjahres wiederholt: Wenn ein Freier oder eine Freie wissentlich einen unfreien Partner geehelicht hat, darf diese Verbindung nicht aufgelöst werden.[1225] Anders als im Vorjahr wird in c. 7 allerdings auch explizit ergänzt, dass das Unauflösbarkeitsprinzip eben nicht greift, wenn der Status des Partners unbekannt gewesen ist und somit unwissentlich eine Verbindung mit einem beziehungsweise einer Unfreien eingegangen worden ist. Dieser Umstand ist zumindest implizit auch in der Bestimmung des Vorjahres enthalten. Könnte diese Präzisierung zum Schutz von Freien vor Statusverlust aus Unwissenheit vorgenommen worden sein? Zumindest Karl Ubl geht davon aus, dass die Bestimmung zum Schutz des freien Ehepartners vor Täuschung dienen sollte.[1226] Allerdings bietet c. 7 nur implizit Anlass für diese Vermutung: *Si Francus homo acceperit mulierem et sperat quod ingenua sit, et postea invenit quod non est ingenua, dimittat eam, si vult, et accipiat aliam. Similiter et femina ingenua.*[1227] Möglich scheint ebenfalls, dass die Unwissenheit um den eigenen Rechtsstatus beziehungsweise den Rechtsstatus des Partners keine Seltenheit war.[1228] Möglicherweise sollte c. 7 den freien Ehepartner sowohl vor bewusster Täuschung als auch vor Unwissenheit schützen.

1223 Nr. 15 c. 6 (MGH Capit. 1), S. 38: *Et si quis Francam filiastram suam contra voluntatem ipsius et matris et parentum dederit viro ingenuo aut servo vel ecclesiastico, et illa noluerit habere ipsum et reliquerit eum, potestatem habent parentes ipsius dare ei alium maritum. Et si ipsa alium habet, quem postea accepit, non separentur.*

1224 Nr. 15 c. 7–8 (MGH Capit. 1), S. 38.

1225 Nr. 15 c. 8 (MGH Capit. 1), S. 38: *Si femina ingenua acceperit servum et sciebat tunc quod servus erat, habeat interim quo vivit. Una lex est de viris et feminis.*

1226 Vgl. Ubl, Bonifatius, S. 420.

1227 Nr. 15 c. 7 (MGH Capit. 1), S. 38.

1228 Vgl. Diesenberger, Predigt und Politik, S. 336.

Wenngleich die Behandlung der Unfreienehe unter Pippin nicht an den Umfang der Inzestgesetzgebung herankommt, ist ihr im Kontext der Reform des Eherechts dennoch eine gewisse Bedeutung beizumessen. Der Einschätzung Rios, dass „secular law-makers, like churchmen, issued far fewer marriage regulations for unfree people than they did for the free"[1229] kann nicht zugestimmt werden. Es konnte gezeigt werden, dass ebenjene Bestimmungen, die Rechtsstatus nicht konkret thematisieren, auch für Unfreie Geltung besaßen. Jedoch stand der Rechtsstatus der Eheleute keineswegs im Zentrum des Interesses dieser Bestimmungen. Diesen Umstand verdeutlicht Karl Ubl. Er zeigt auf, dass die Ehereformen Pippins zum einen Resultat der fränkisch-päpstlichen Kooperation waren. Pippin versuchte, die päpstlichen Forderungen bezüglich inzestuöser Verbindungen und nach Unauflösbarkeit der Ehe (in Bezug auf letzteres mit einigen Ausnahmen)[1230] mit einer rechtlichen Basis zu versehen.[1231] Zum anderen diente die Eherechtsreform und insbesondere die Inzestgesetzgebung Pippins wohl auch dazu, sich unmittelbar nach dem Gewinn der Königswürde unter Berufung auf das christliche Königtum vom Adel abzusetzen.[1232]

Es drängt sich allerdings die Frage auf, weshalb die Unfreienehe für Pippin überhaupt zum Thema wurde. Alice Rio vermutet allgemein, Pippin und die karolingischen Herrscher nach ihm hätten mit ihren Kapitularien auch auf die Unfreienehe bezogen versucht, einen „hard-line starting point" gegenüber ihren Unfreien beziehungsweise Hörigen zu schaffen.[1233] Ziel der karolingischen Unfreiengesetzgebung sei es nicht gewesen, die „criteria for membership" der freien Franken zu definieren oder die Gruppe der Freien zu schützen.[1234] Vielmehr sei das Ziel der Gesetzgebung gewesen, eine Rechtsgrundlage zu schaffen, welche die Großen des Reichs nutzen konnten, um ihre Besitzrechte bestmöglich durchzusetzen und auszuweiten.[1235] Rio verweist in Bezug auf diese These auf statusungleiche Ehen. Fränkische Kapitularien würden, so Rio, regelmäßig Regeln wiederholen, die den Statusverlust des freien Partners bestätigen.[1236] Dieser

---

1229 Rio, Slavery after Rome, S. 233.

1230 Jo-Ann McNamara und Suzanne Wemple (Marriage and Divorce, S. 103) vermuten, dass Pippin sich nicht in der Lage sah, eine so drastische Abkehr von verbreiteten Traditionen durchzusetzen, und sich deshalb entschied, zahlreiche Ausnahmen zur Ehescheidung in seine Beschlüsse aufzunehmen. Den beiden folgt: Saar, Ehe, S. 376.

1231 Vgl. Ubl, Inzestverbot, S. 259–261, 269 und 288.

1232 Ubl (ebd., S. 288–289) stellt treffend fest: „Pippin [bekannte sich] mit der Inzestgesetzgebung zur Idee des christlichen Königtums. … Nach seiner Königserhebung von 751 konnte ein solches Bekenntnis zur Bekämpfung von Verwandtenehen besonders notwendig erscheinen, um einen fundamentalen Rangunterschied zwischen dem Ethos des Königtums und dem Adelsethos festzuschreiben. … Das Inzestverbot als Teil der göttlichen Ordnung war der konsensualen Mitbestimmung des Adels entzogen, der die weltliche Gesetzgebung weitgehend unterlag. Mit Gesetzen zum Verbot von Verwandtenehen konnte der König seinen monarchischen Machtanspruch zu einem Zeitpunkt demonstrieren, als er einen Rangunterschied gegenüber seinen Standesgenossen festschreiben wollte."

1233 Rio, Slavery after Rome, S. 236.

1234 Vgl. ebd.; Duby, Société féodale, S. 110.

1235 Rio, Slavery after Rome S. 236.

1236 Ebd., S. 235.

Befund muss allerdings als unzutreffend eingeschätzt werden.[1237] Bei genauer Betrachtung der in Frage stehenden Kapitel – zu nennen wären etwa c. 13 des Decretum Vermeriense (BK 16) und cc. 7–8 des Decretum Compendiense (BK 15) – fällt auf, dass zwar betont wird, dass standesungleiche Ehen grundsätzlich nicht getrennt werden dürfen, es sei denn der freie Partner wusste nicht um die Unfreiheit des anderen,[1238] ein Statusverlust wird jedoch nicht thematisiert.

Zweifellos kann nicht behauptet werden, die Ehereformen Pippins hätten eine Verbesserung der Lebensumstände der unfreien Bevölkerungsgruppen des Frankenreichs in Bezug auf ihre ehelichen Verbindungen intendiert. Es scheint, dass die Unfreienehe überwiegend deshalb einen so großen Raum in den Kapitularien Pippins eingenommen hat, da sie für die Ehereformen zahlreiche Sonderfälle bedeutete. Ein erneuter Blick auf die entsprechenden Bestimmungen zeigt mit wenigen Ausnahmen, dass Unfreie immer dann behandelt werden, wenn ihr Rechtsstatus zu einem Problem in Bezug auf die prinzipielle Unauflösbarkeit der Ehe geführt hat. Einige dieser Sonderfälle betrachten die Beteiligung einer unfreien Partei als hinreichenden Grund, die Ehe zu trennen beziehungsweise aufzulösen (z. B. BK 16 c. 19 und BK 15 c. 8), andere nicht (z. B. BK 16 c. 13 und BK 15 c. 7). Diese Kapitel können kaum als Ausgangslage für Verhandlungen zwischen Herren und Unfreien betrachtet werden. Vielmehr müssen sie im Kontext der politischen Instrumentalisierung des Eherechts durch Pippin verstanden werden, der den päpstlichen Positionen zur christlichen Ehe im Rahmen des fränkischen Rechts Rechnung tragen wollte und sich damit als christlicher König etablieren konnte.

Dennoch liegt Rio richtig, wenn sie feststellt, dass „the outcomes of mixed-status marriages … rather diverse" waren.[1239] Dies mag zum einen einer unübersichtlichen Rechtslage geschuldet gewesen sein, die schwer flächendeckend durchzusetzen war.[1240] Ob und inwiefern Pippins Reform zu praktischen Veränderungen geführt hat, geht aus den Quellen nicht hervor.[1241]

1237 Eine Ausnahme bildet hier lediglich c. 1 der sogenannten Concessio generalis (Nr. 23 [MGH Capit. N. S. 4], S. 411–412), die 823 unter Lothar I. für Italien erlassen wurde. Vielmehr sind entsprechende Bestimmungen in den verschiedenen Leges zu finden. Vgl. z. B. die bereits erwähnten cc. 13,9 und 25,3–4 der Lex Salica. Dem Kapitel der Lex Salica entspricht: Lex Ribuaria c. 61,15–16 (MGH LL nat. Germ. 3,2), S. 113. Als zumindest ähnliche Bestimmungen in anderen Leges sind u. a. zu nennen: Liutprandi leges c. 24 (MGH LL 4), S. 118; Edictus Rothari c. 221 (MGH LL 4), S. 53–54; Lex Burgundionum c. 35,3 (MGH LL 3), S. 547. Die Lex Frisionum kennt eine solche Regelung nur für die Heirat zwischen einem freien Partner und einem Liten. Diese Verbindung hat allerdings ebenfalls den Standesverlust zur Folge, wenn die freie Partei noch mit diesem geschlechtlich verkehrte, nachdem sie wusste, dass der Partner nicht frei ist. Vgl. auch Lex Frisionum c. 6,1–2 (MGH Fontes iuris 12), S. 50.

1238 Vgl. Nr. 15 c. 7 (MGH Capit. 1), S. 38.

1239 Rio, Slavery after Rome, S. 235.

1240 Vgl. ebd.

1241 So auch Goosmann (Memorable crises, S. 29) der in Bezug auf die Pippinischen Synoden der 740er und 750er Jahre festhält: „Whether or not these were actually implemented during Pippin's realm – and the language of these texts certainly suggests that this was the plan – or whether these decrees should merely be understood as statements of intent, they nonetheless offer a wealth of information with regard to the moral code and social values of Pippin's polity."

5.2.1 Exkurs: Pippins Lex Salica-Revision und das Fehlen von cc. 13,10 und 25,3–4

Neben seinen Kapitularien trat Pippin der Jüngere auch über seine ‚Revision' der Lex Salica als Gesetzgeber in Erscheinung, wenngleich eine inhaltliche Überarbeitung der Lex in diesem Zusammenhang nicht intendiert war.[1242] Die in drei Handschriften[1243] überlieferte Revision der Lex Salica muss insgesamt wohl als „Fehlschlag" beurteilt werden, nicht zuletzt weil zahlreiche der enthaltenen Bestimmungen nicht sinnvoll aufzuschlüsseln sind.[1244] Der Text entstand vermutlich 763/764,[1245] wenngleich eine frühere Entstehung zwischen 751 und 754 nicht definitiv auszuschließen ist.[1246] Von der späteren Datierung ausgehend, würde es sich bei der Lex Salica-Revision um die chronologisch letzte rechtliche Auseinandersetzung mit dem Eherecht und somit dem Unfreieneherecht handeln.

Da die pippinische D-Fassung der Lex Salica wie erwähnt keine inhaltliche Überarbeitung der Lex Salica intendiert hatte, kann es kaum überraschen, dass auch in Bezug auf Unfreie kaum Abweichungen von den merowingischen Versionen festzustellen sind. Auffällig ist allerdings, dass c. 25,3–4 der merowingischen Lex Salica in der pippinischen Fassung nicht übernommen wird.[1247] Diese Kapitel besagen, dass, wer die Unfreie beziehungsweise den Unfreien eines anderen in die Ehe nimmt, ebenfalls unfrei sein soll.[1248] Allerdings ist dies nicht zwingend, wie in der Forschung bisweilen vermutet,[1249] darauf zurückzuführen, dass solche Verbindungen durch die Bestimmungen der Synoden von Verberie (c. 13) und Compiègne (c. 8) legitimiert wurden.[1250] Schließlich findet sich c. 13,9 auch in der D-Fassung als c. 14,10.[1251] Das Kapitel ist letztlich inhaltlich de-

1242 Umfassend zur D-Fassung der Lex Salica: Ubl, Sinnstiftungen, S. 137–163.

1243 Montpellier H 136 (D7); Paris Lat. 4627 (D8); St. Gallen 731 (D9). Zu den Handschriften vgl.: Mordek, Bibliotheca, S. 276–280, 482–485 und 670–676.

1244 Vgl. Ubl, Sinnstiftungen, S. 154.

1245 Aufgrund einer Datierung in D7, welche die Handschrift dem 13. Regierungsjahr König Pippins zuschreibt (*Anno ter XIII decimo [sic!] regnante domno nostro Pipino gloriosissimo rege Francorum.* Lex Salica [D] Prol. [MGH LL nat. Germ. 4,2], S. 8) plädierten bereits Mario Krammer (Entstehung, S. 437) und Karl August Eckhart (100 Titel-Text, S. 54) für diese Jahre als Entstehungszeitpunkt. Dem schließt sich auch Ubl (Sinnstiftungen, S. 148–151 und 160–163) an, der sich zuletzt ausführlich mit dieser Frage auseinandergesetzt hat.

1246 Diese Datierung wurde von Bruno Krusch (Umsturz, S. 538) vertreten. Krusch weist darauf hin, dass bereits Pippins erstes Kapitular von 754 auf eine gültige Rechtsordnung verweist. Angemerkt sei in diesem Zusammenhang aber, dass hier durchaus auch eine der merowingischen Fassungen der Lex Salica gemeint sein kann.

1247 So stellt bereits Ubl (Sinnstiftungen, S. 154 mit Anm. 101) fest.

1248 Vgl. Lex Salica c. 25,3–4 (MGH LL nat. Germ. 4,1), S. 94.

1249 Vgl. Wemple, Women, S. 36 und 71; Obermeier, Ancilla, S. 125–131; Ubl, Sinnstiftungen, S. 154. Anders noch: Ubl, Erste Leges-Reform, S. 79, dort spricht er sich gegen eine inhaltliche Reform der Lex Salica unter Pippin aus.

1250 Vgl. Nr. 16 c. 13 (MGH Capit. 1), S. 41; Nr. 15 c. 8 (MGH Capit. 1), S. 38.

1251 Vgl. Lex Salica c. 14,10 (MGH LL nat. Germ. 4,2), S. 55: *Si quis ingenuus ancilla aliena priserit in coniugio, mallobergo bonimo, ipsi cum ea seruitio inplicetur.*

ckungsgleich mit c. 25,3 und besagt: *Si [quis] ingenuus ancillam alienam in coniugium praeserit, mallobergo honema, cum ea ipse in seruitio permaneat.*[1252] Nach c. 25,4, dass allerdings nur in einer Handschrift (A1) überliefert ist, wird der umgekehrte Fall, dass eine Freie einen Unfreien heiratet gleichermaßen bestraft. Eine solche Regelung ist in der D-Fassung nicht mehr enthalten.

Bezüglich des Fehlens von cc. 25,3–4 ergeben sich drei Deutungshypothesen. Zunächst ist es möglich, dass der pippinische Redaktor tatsächlich den Freiheitsverlust in solchen Fällen aussetzen wollte und lediglich übersehen hatte, dass dies nicht nur in c. 25,3, sondern auch in c. 13,9 festgelegt ist. Ebenso denkbar ist, dass durch die Auslassung von c. 25,3 eine Dopplung der gleichen Bestimmung verhindert werden sollte. Drittens – und diese Möglichkeit ist wie sich im Folgenden zeigen wird am wahrscheinlichsten – könnte es sich bei der Auslassung schlicht um einen Fehler handeln.

Anders als c. 13,9 kennt die D-Fassung die darauffolgende Bestimmung c. 13,10 nicht mehr. In dieser wird die Eheschließung mit einem fremden Liten mit 30 Solidi bestraft. Diese Bestimmung ist der A-Fassung der Lex unbekannt und nur in der sogenannten C-Fassung enthalten. Dem pippinischen Redaktor lagen wohl Handschriften beider Fassungen vor.[1253] Allerdings werden ohne erkennbare Methodik Kapitel aus beiden Versionen übernommen oder ausgelassen,[1254] sodass die Auslassung von c. 13,10 keinerlei Rückschlüsse auf eine bewusste Änderung des Eherechts zulässt. Bereits Bruno Krusch[1255] und Karl Ubl[1256] attestierten dem Redaktor der D-Fassung ein beträchtliches Maß an Unvermögen. Aus diesem Unvermögen begründet sich die oben geäußerte Vermutung ob des Fehlens von c. 25,3–4 und c. 13,10: Aufgrund der mangelhaften Textbearbeitung des Redaktors der D-Fassung darf angenommen werden, dass fehlende Textpassagen – wie die erwähnten Kapitel – versehentlich und folglich ohne Intention des Redaktors ausgelassen wurden.[1257] Dass es sich bei der Auslassung von c. 25,3–4 um eine intendierte Änderung der Rechtsbestimmung zugunsten der Unfreienehe gehandelt hat, wirkt zunehmend unwahrscheinlich. Obwohl eine solche Regelung in der D-Fassung nicht enthalten ist, muss zudem davon ausgegangen werden, dass der Verlust der Freiheit auch für den Fall vorgesehen war, dass eine *ingenua* einen *servus* heiratete, wie in c. 25,4 festgelegt.

1252 Lex Salica c. 13,9 (MGH LL nat. Germ. 4,1), S. 62. Vgl. dazu c. 25,3 (S. 94): *Si quis <uero> ingenuus cum ancilla aliena publice se iunxerit, ipse cum ea in seruitio permaneat.* Nach c. 25,4, dass allerdings nur in einer Handschrift (A1) überliefert ist, wird der umgekehrte Fall, dass eine Freie einen Unfreien heiratet, gleichermaßen bestraft.

1253 Diesen Umstand konnte nachweisen: Ubl, Sinnstiftungen, S. 151.

1254 Ebd.

1255 Krusch, Umsturz, S. 560.

1256 Ubl, Sinnstiftungen, S. 153 und öfter.

1257 Zur Ehrenrettung des Redaktors wirft Ubl (Sinnstiftungen, S. 153–154) ein, dass dessen Vorlagen bereits in hohem Maße korrumpiert gewesen sein könnten.

5.3 Die Unfreienehe unter Karl dem Großen

Die Gesetze seines Vaters und somit auch die (Unfreien-)Ehereformen bestätigte Karl der Große bereits 779 in Herstal vollständig.[1258] Die Durchsetzung dieser Ehegesetzgebung durch Strafverfolgung stand hierbei im Vordergrund.[1259] Wenig überraschend ist dementsprechend, dass in den unter Karl entstandenen Rechtstexten inhaltliche Aspekte des Eherechts und somit auch des Unfreieneherechts seltener thematisiert werden. Dies gilt gleichermaßen für Karls Kapitularien als auch für die im Frankenreich abgehaltenen Synoden und Konzilien. Ausnahmen bilden in Bezug auf die Kapitularien lediglich das bereits erwähnte Kapitular von Herstal (BK 20), ein Kapitel der Admonitio generalis von 789,[1260] welches im Capitulare missorum item speciale (BK 35) wiederholt wird, sowie das Capitulare missorum generale (BK 33).[1261] In der Admonitio generalis und in BK 35 wird festgelegt, dass niemand seinen Ehepartner fortschicken darf, um zu deren beziehungsweise dessen Lebzeiten einen neuen Ehepartner anzunehmen. Die Ausnahmen zu diesem Prinzip der Unauflösbarkeit, die bei Pippin noch zu finden waren, kennen diese Bestimmungen nicht.[1262] Diese Verschärfung der pippinischen Erlasse ist möglicherweise auf die entsprechenden Regelungen der Collectio Dionysio-Hadriana zurückzuführen, welche Karl der Große 774 von Papst Hadrian I. erhielt.[1263] BK 33 c. 33, welches durch besondere „Schärfe charakterisiert" ist, legt zunächst fest: *Incestuosum scelus omnino prohibemus.* Im Folgenden wird dann die Bestrafung, zunächst durch einen Bischof und – falls notwendig – danach auch durch die weltliche Gewalt festgelegt.[1264]

1258 Nr. 20 c. 12 (MGH Capit. 1), S. 50: *Capitula vero quae bonae memoriae genitor noster in sua placita constituit et sinodus conservare volumus.* Die sogenannte Forma Langobardica des Kapitulars nennt Pippin auch namentlich als *genitor noster* (vgl. ebd. unter c. 13 der Forma Langobardica).

1259 Vgl. Ubl, Inzestverbot, S. 270.

1260 Admonitio generalis c. 43 (ed. Glatthaar et al.), S. 202–203: *Omnibus. Item in eodem, ut nec uxor a viro dimissa alium accipiat virum vivente viro suo, nec vir aliam accipiat vivente uxore priore.* Vgl. dazu: Nr. 35 c. 22 (MGH Capit. 1), S. 103: *Ut nec uxor a viro dimissa alium accipiat virum vivente viro suo, nec vir aliam accipiat vivente uxore priore.*

1261 Vgl. Nr. 33 cc. 33 und 35 (MGH Capit. 1), S. 97–98. Keine Berücksichtigung finden an dieser Stelle Nr. 26 c. 20 (MGH Capit. 1, S. 69) und Nr. 56 c. 4 (MGH Capit. 1, S. 143). Wie bereits Ubl (Inzestverbot, S. 276–277) verdeutlicht, handelt es sich bei ersterem um ein „Ausnahmegesetz", während letzteres sich nicht auf die Ehe, sondern außerehelichen Geschlechtsverkehr bezieht.

1262 Vgl. dazu auch: Saar, Ehe, S. 392.

1263 Vgl. dazu u. a.: Mordek, Kirchenrecht, S. 151–152; Reynolds, Marriage, S. 154; Saar, Ehe, S. 390; Toubert, Einflüsse, S. 118.

1264 Nr. 33 c. 33 (MGH Capit. 1), S. 97: *Incestuosum scelus omnino prohibemus. Si quis nefanda autem fornicatione contaminatus fuerit, nullatenus sine districtione gravi relaxetur, sed taliter ex hoc corripiantur, ut caeteri metum habeant talia perpetrandi, ut auferetur penitus et inmunditia populo christiano, et ut reus ex hoc per poenitentia ammittat pleniter, sicut ei ab episcopo suo disponatur; et eadem femina in manus parentum sit constituta usque ad iudicium nostrum. Si autem iudicium episcopi ad suam emendationem consentire noluerit, tunc ad nostra presentia perducantur, memores exemplo quod de incestis factum est quod Fricco perpetravit in sanctimoniali Dei.* Ausführlicher zu diesem Kapitel und

In c. 35 desselben Kapitulars kommt den *episcopi, presbyteri* und *seniores populi* zudem eine Kontrollfunktion im Rahmen der Eheschließung zu. Erst nachdem durch diese eine mögliche inzestuöse Verbindung ausgeschlossen wurde, sollen eheliche Verbindungen eingegangen werden dürfen.[1265] Hier zeigt sich, wie bereits Ubl betont, dass Karl der Große durchaus an der Durchsetzung der Ehegesetze interessiert war.[1266] Dafür setzte er auf die Kooperation mit geistlichen Würdenträgern. Neben der vorehelichen Befragung erhielten die Bischöfe auch den Auftrag zur Inquisition, die „nach den Vorstellungen Karls im Rahmen der Visitation ihrer Diözese erfolgen" sollte.[1267] Wenngleich neben der Inzestehe auch andere Vergehen, etwa Verstöße gegen das Verbot des nebenehelichen Konkubinats, überprüft werden sollen,[1268] zählt die Überprüfung des Rechtsstatus von Ehepartnern nicht dazu. Verheiratete Unfreie wurden vermutlich ebenso in Bezug auf mögliche Verwandtschaftsverbindungen zu ihren Ehepartnern überprüft. Anhaltspunkte, dass die Durchsetzung der Bestimmungen der Leges bei standesungleichen Ehen ebenfalls überprüft wurden, finden sich in diesem Zusammenhang nicht. Ein besonderes Interesse für die Ehen der unfreien Bevölkerungsgruppen lässt sich aus den Kapitularien Karls zunächst nicht ableiten.

Die Einbeziehung der Bischöfe des Frankenreichs durch Karl führte zumindest unter dessen engeren Vertrauten zur Entstehung einer neuen Quellengattung: den sogenannten Bischofskapitularien.[1269] Über diese sollten die auf höchster Ebene beschlossenen Reforminitiativen an die lokale Ebene, in die Landpfarreien, übermittelt werden. Der Erfolg dieses Vorhabens hing in der Frühzeit dieses Instrumentariums nach Rudolf Pokorny allerdings maßgeblich von einzelnen Personen (also den entsprechenden Bischöfen) ab.[1270] Diese Reforminitiativen beinhalteten zweifelsohne auch die Durchsetzung der Ehere-

---

c. 37, welches sich ebenfalls mit der Bestrafung von Inzest auseinandersetzt: Ubl, Inzestverbot, S. 279–280.

1265 Vgl. Nr. 33 c. 35 (MGH Capit. 1), S. 98: *Ut omnes omnino episcopus et presbiteros suos omni honore venerentur in servitio et voluntate Dei. Ne incestis nuptiis et se ipsos et caeteros maculare audeant; coniunctiones facere non praesumat, antequam episcopi, presbyteri cum senioribus populi consanguinitatem coniungentium diligenter exquirant; et tunc cum benedictionem iungantur. Ebrietatem devitant, rapacitatem fugiant, furtum non faciant; lites et contentiones adque blasphemia, sive in conviviis sive in conplacito, omnino devitentur, sed cum caritate et concordia vibant.*

1266 Vgl. Ubl, Inzestverbot, S. 289. Der Erfolg dieser Bestrebungen wird von Ubl als ambivalent beschrieben (S. 285–286).

1267 Ubl, Inzestverbot, S. 284. Rechtlich verankert findet sich die Inquisition u. a. in Nr. 96 c. 4 (MGH Capit. 1, S. 202) – dort erhalten allerdings in Übereinstimmung mit dem langobardischen Recht (Liutprandi Leges c. 81 [MGH LL 4], S. 140) weltliche Amtsträger die Inquisitionsgewalt. Vgl. dazu: Ubl, Inzestverbot, S. 284. Auf Bischöfe wird diese dann in Nr. 77 c. 1 (MGH Capit. 1, S. 170) übertragen.

1268 Vgl. Ubl, Inzestverbot, S. 284.

1269 Vgl. ebd., S. 302 und umfassender Pokorny, Capitula episcoporum, S. 3–67, insb. S. 22–23 und S. 46–50.

1270 Vgl. ebd., S. 49.

formen Pippins und Karls.[1271] So ist es kaum verwunderlich, dass sich diese Thematik auch in den Bischofskapitularien aus der Zeit Karls des Großen wiederfindet. Einige dieser Bischofskapitularien entstanden auf Initiative Karls.[1272]

Im zweiten Bischofskapitular Ghärbalds von Lüttich wiederholt dieser an verschiedenen Stellen die Bestimmungen zum Inzestverbot aus der Zeit Pippins.[1273] Arn von Salzburg (oder Adalwin von Regensburg)[1274] verbietet in c. 2 der sogenannten Capitula Bavarica die *fornicatio.*[1275] In c. 12 werden die zuständigen *presbiteri* sowie die *parentes* und *vicini* von prospektiven Eheleuten beauftragt, eine voreheliche Überprüfung (der Verwandtschaftsgrade) der Beteiligten vorzunehmen.[1276] Offensichtlich ist bei c. 12 die inhaltliche Nähe zu BK 33 c. 35.[1277] Ein maßgeblicher Unterschied, der auf der nunmehr lokalen Ebene durchaus einleuchtet, ist die Auslassung der *episcopi.*

Von besonderer Bedeutung ist c. 21 eines von Haito von Basel erlassenen Kapitulars.[1278] Dort heißt es: *Ubi vero mancipia non unius, sed diversae potestatis iuncta fuerint nisi consentientibus utrisque dominis, huiusmodi copulatio rata non erit. Quicquid vero neglegendo sentitur et virtute, qua potuerit, non emendetur – nam huius copulae auctor erit, qui hoc neglegendo consentit.*[1279] Zunächst ist festzustellen, dass die Zustimmung vonseiten der *domini* erneut notwendiges Element der rechtsgültigen Eheschließung von Unfreien ist. Haitos Kapitel soll wohl die lokalen

---

1271 So ist es aber Karl, der die Bischöfe einbezieht und nicht etwa „die Kirche", die nach Christiane Walter (Ehe, S. 46) „über die Kapitulariengesetzgebung der Herrscher versuchte die Kirche, alle Schichten der Gesellschaft zur Einhaltung dieser Vorschrift [keine verbotenen Ehen einzugehen] zu verpflichten." Walter bezieht diese These auf Nr. 26 c. 20 (MGH Capit. 1, S. 69), das, wie auf S. 76 Anm. 418 bereits erwähnt ohnehin als Ausnahmegesetz zu verstehen ist. Auch Monika Obermeier (Ancilla, S. 81) scheint fälschlicherweise von einer Allgemeingültigkeit des Kapitulars auszugehen.

1272 So z. B. das zweite Kapitular Ghärbalds von Lüttich und das ebenfalls hier relevante Kapitular Haitos von Basel. Vgl. dazu: Ubl, Inzestverbot, S. 302–303.

1273 Vgl. Ghärbald II cc. 4 und 16–17 (MGH Capit. episc. 1), S. 27 und 31. Kapitel 16 bezieht sich auf Nr. 13 c. 1 (MGH Capit. 1), S. 31; cc. 4 und 17 auf Nr. 15 c. 15 (MGH Capit. 1), S. 38. Pokorny (Capitula episcoporum, S. 22) geht von einer Entstehung des Kapitulars zwischen 802 und 813 aus. Zur handschriftlichen Überlieferung des Textes vgl. ebd., S. 23–25. Zu Ghärbalds Kapitular in Bezug auf das Inzestverbot äußert sich ebenfalls Ubl (Inzestverbot, S. 302–303).

1274 Vgl. Capitula Bavarica (MGH Capit. episc. 3), S. 189–198. Der Text wurde von Werminghoff zunächst als Kanonessammlung eines vermeintlichen bairischen Konzils ediert: Concilium Baiuwaricum (MGH Conc. 2,1), S. 51–53. Zu Datierung und Überlieferung des Textes vgl. die Edition von Pokorny, Capitula episcoporum, S. 189–193.

1275 Vgl, ebd. c. 2, S. 195.

1276 Vgl. ebd. c. 12, S. 197.

1277 Vgl. dazu u. a. S. 76–77.

1278 Vgl. Haito von Basel c. 21 (MGH Capit. episc. 1), S. 217–218. Pokorny vermutet eine Entstehung zwischen 806 und 813, will aber eine Entstehung zwischen 813 und 823 nicht ausschließen (vgl. ebd., S. 203–204). Zur handschriftlichen Überlieferung vgl. ebd., S. 204–208. Umfangreicher zu diesem Kapitel: Leyendecker, Eheschließung.

1279 Haito von Basel c. 21 (MGH Capit. episc. 1), S. 217–218. Das Kapitular Haitos erwähnt kurz auch Walter (Ehe, S. 54). Sie weist knapp auf die Notwendigkeit des Einverständnisses des bzw. der Herren hin.

Geistlichen daran erinnern, die gegebene Zustimmung im Rahmen der vorehelichen Befragung zu überprüfen. Ganz pragmatisch sollten so offenbar potenzielle Konflikte vermieden werden. Bei bereits bestehenden Verbindungen sollte, so Haitos Kapitel, davon ausgegangen werden, dass dieses Einverständnis vonseiten der *domini* gegeben worden ist: Bestehende Verbindungen sollen nicht aufgelöst werden. Das Kapitel entspricht inhaltlich also der strengen Linie Karls, welche sich in den bereits erwähnten Kapitularien zeigt, das Unauflösbarkeitsprinzip der Ehe als ausnahmslos zu verstehen.

Auffällig ist auch, dass Haito in Bezug auf Unfreie von einer *copulatio*, nicht aber von einem *matrimonium* oder *coniugium* spricht, während er zu Beginn desselben c. 21 in Bezug auf verbotene Verbindungen bei geistiger Verwandtschaft ein *matrimonium* zwischen *uxor* und *maritus* erwähnt.[1280] Dieser Umstand wirft die Frage auf, ob besagte Verbindung zwischen *mancipia* verschiedener Herren nur deshalb nicht als *matrimonium* bezeichnet wird, weil sie aufgrund der fehlenden Zustimmung beider Herren nicht rechtsgültig wurde, oder aber, ob Haito hier andeutet, dass Verbindungen zwischen Unfreien für ihn grundsätzlich keine vollgültige Ehe darstellten.

Doch nicht nur die Entstehung einiger Bischofskapitularien ist auf die Initiative Karls zurückzuführen. Dies gilt gleichermaßen auch für zahlreiche Kirchenversammlungen.[1281] Diese dienten vermutlich sowohl zum Einholen von theologischem Rat[1282] als auch zur Übermittlung neuer Inhalte auf regionaler Ebene.[1283] Über die konkreten Inhalte dieser Versammlungen ist aufgrund fehlender oder nicht überlieferter Beschlüsse allerdings wenig bekannt.[1284] Dieser Umstand ist sicherlich auch damit zu begründen, dass „die Ergebnisse [der Synoden] zuweilen durch ein Kapitular des Königs verkündet wurden".[1285] Wenn also die Ehegesetze Pippins in BK 20 bestätigt wurden, darf angenommen werden, dass diese auch im Rahmen des Konzils von Herstal 779 thematisiert worden sind. Wilfried Hartmann geht insgesamt von einer „Vorherrschaft des weltlichen Herrschers über die [fränkische] Kirche" in der Regierungszeit Karls aus.[1286] Die vermeintliche Dominanz weltlicher Herrschaft wird über das Festhalten der Ergebnisse von (Kirchen-)Versammlungen in Form von durch den König erlassenen Kapitularien zweifellos suggeriert. Inwiefern diese allerdings auch immer Karls Position zu den entsprechenden Themen widerspiegeln und nicht schlicht Resultat der Versammlungen waren, sei dahingestellt. Vorsichtiger könnte auch von einer besonders intensiven Kooperation zwischen (christlichem) König und der Kirche des Frankenreichs unter Karl gesprochen werden. Die Beschlüsse, die aus dieser Kooperation hervorgingen, konnten über königliche Erlasse ein Höchstmaß an Anerkennung erhalten. Dementsprechend ist

---

1280 Vgl. Haito von Basel c. 21 (MGH Capit. episc. 1), S. 217–218.

1281 Vgl. dazu u. a.: Ubl, Inzestverbot, S. 277; Hartmann, Weg zur bischöflichen Dominanz, S. 172.

1282 Vgl. ebd., S. 169–170.

1283 Vgl. Ubl, Inzestverbot, S. 277.

1284 Vgl. Hartmann, Synoden, S. 97–115.

1285 Ebd., S. 98.

1286 Ebd., S. 97.

davon auszugehen, dass eherechtliche Themen auf den Konzilien von Paderborn (777 und 799), Lippspringe (779/780 und 782), Worms (786), Regensburg (792), Frankfurt (794) und Aachen (797, 801 und 809) nicht diskutiert wurden, da diese Themen ansonsten Einzug in die Kapitularien gefunden hätten. Dies war, wie bereits erwähnt, 779 in Herstal und möglicherweise 802 in Aachen der Fall.[1287]

Weitere Erwähnung verdienen an dieser Stelle zwei Provinzialsynoden: zum einen die Versammlung von 796/797 in Cividale del Friuli unter dem Patriarchen von Aquileia, Paulinus,[1288] zum anderen eine von Arn von Salzburg einberufene Synode in Freising, die 800 (oder möglicherweise schon 799) stattfand.[1289] Beide Versammlungen sind, trotz ihres regionalen Charakters, eindeutig auf die Initiative Karls zurückzuführen;[1290] in beiden Fällen werden eherechtliche Themen diskutiert.

In Freising (can. 23) wird der gesamte *populus Christianus* ermahnt, keine unerlaubten Ehen einzugehen.[1291] Zweifellos handelt es sich hier um einen erneuten Verweis auf das Inzestverbot. Ebenso zweifellos richtet sich die Bestimmung gleichermaßen an Freie und Unfreie. An anderer Stelle (can. 46) wird der Umgang mit Eheleuten, die vorgeben, ihre Ehe nicht vollzogen zu haben, geregelt.[1292]

1287 In Aachen hatten 802 laut Albert Werminghoff (MGH Conc. 2,1, S. 229) zwei Konzilien stattgefunden. Über die erste dieser beiden Versammlungen, die im März stattgefunden haben soll, ist allerdings nichts Weiteres bekannt (vgl. Hartmann, Synoden, S. 124). Selbst wenn diese Synode getagt hat, ist keineswegs sicher, ob die Wiederholung des ausnahmslosen Verbots der Wiederheirat in Nr. 35 c. 22 (MGH Capit. 1, S. 108), die bereits in der Admonitio generalis (c. 43 [ed. Glatthaar et al.], S. 202–203) formuliert wurde, Resultat dieser Versammlung war oder überhaupt mit ihr im Zusammenhang steht. Diese Zweifel sind umso berechtigter, da die Datierung dieses Kapitulars keineswegs sicher ist. Nur Pertz (MGH LL 1, S. 99–101) datiert das Kapitular in den März 802. Wilhelm A. Eckhardt (Kapitulariensammlung Bischof Ghaerbalds, S. 68–69) vermutet das Jahr 806 als Entstehungszeitpunkt. Ihm folgt u. a. Ganshof (Was waren die Kapitularien, S. 107 Anm. 280). Nr. 33 (MGH Capit. 1, S. 91–99) wird hingegen ausschließlich in das Jahr 802 (bzw. an den Anfang dieses Jahres) datiert und könnte eher mit der Versammlung in Aachen in Verbindung stehen. Nachweisen lässt sich dies nicht.

1288 Vgl. Hartmann, Synoden, S. 117–119.

1289 Vgl. ebd., S. 142–147.

1290 Hartmann (Synoden, S. 117) verweist auf einen Brief des Paulinus an Karl, aus dem dieser Umstand für Cividale nachzuweisen ist (vgl. MGH Epp. 4, S. 516–520). Zustimmend äußert sich Ubl, er geht davon aus, dass sie „der Durchsetzung der Beschlüsse des großen Frankfurter Konzils von 794 dienen [sollte]“ (Ubl, Inzestverbot, S. 277). Die eherechtlichen Beschlüsse von Cividale finden sich wenig später auch für Rätien in den Capitula Remedii rezipiert (vgl. Siems, Recht in Rätien, S. 223–224). Die dort besprochenen Fragen hatten also nicht nur regionale Relevanz. Es ist davon auszugehen, dass sie auf lokaler und regionaler Ebene auch in anderen Teilen des Frankenreichs diskutiert wurden. Zur Versammlung in Freising vgl.: Hartmann, Synoden, S. 141–142.

1291 Vgl. Concilia Rispacense, Frisingense, Salisburgense can. 23 (MGH Conc. 2,1), S. 210.

1292 Concilia Rispacense, Frisingense, Salisburgense can. 46 (MGH Conc. 2,1), S. 212–213: *Si altercatio horta fuerit inter virum et feminam de coniugali copulatione, ut inter se negent de carnali commixtione, decrevit sancta synodus, ut, si vir negaverit eam fecisse ad uxorem, ut stet cum illa ad iudicium crucis aut, si ipse noluerit, inquirat aliam feminam, quae cum illa stet; et si vir eandem copulationem dicit super eam et illa negaverit, tunc ipsa femina purget se secundum legem.*

In Cividale widmen sich gleich vier der insgesamt vierzehn Kanones dem Eherecht.[1293] In c. 8 werden Bedingungen für die Eheschließung festgelegt. Letztlich wird die Forderung nach Öffentlichkeit der Eheschließung aus BK 14 „in etwas weitschweifiger Formulierung" wiederholt.[1294] Das folgende c. 9 verbietet die Eheschließung in zu jungen Jahren und Verbindungen zwischen Partnern ungleichen Alters (*dissimilis aetas*). Solche Verbindungen würden zu häufig zu unzüchtigem Verhalten führen.[1295] Kapitel 10 greift wie bereits c. 9 der Versammlung in Soissons (744) unter Pippin[1296] auf die Unzuchtklausel aus Mt. 19,3–9 zurück. In Soissons wird allerdings nicht explizit geregelt, ob die jeweiligen Partner erneut heiraten dürften oder nicht. In Cividale äußern sich die Beteiligten weniger zurückhaltend: Wird die Ehefrau der *fornicatio* überführt, so darf sie keine weitere Ehe mehr eingehen. Ihr Gatte darf zumindest zu ihren Lebzeiten keine neue Partnerin ehelichen.[1297] Die entsprechende Regelung Pippins wird also zumindest konkretisiert, dadurch aber wohl auch verschärft. Den eherechtlichen Abschnitt der Beschlüsse von Cividale beendet can. 11, nach dem Jungfrauen und Witwen die Enthaltsamkeit geloben sollen und die (Wieder-) Heirat unter Androhung strenger Strafen untersagt wird.[1298]

Insgesamt lassen sich in Bezug auf die Auseinandersetzung mit dem Eherecht auf inhaltlicher Ebene einige hier relevante Unterschiede zwischen Pippin und Karl feststellen. Zum einen werden die Unfreien, welche unter Pippin noch mehrfach Erwähnung fanden, in den entsprechenden Kapitularientexten Karls nicht mehr behandelt. Der Diskurs um die Reform der Ehe allgemein wurde zwar auch unter Karl dem Großen fortgesetzt, eine Auseinandersetzung mit den Ehen Unfreier findet sich allerdings ausschließlich in Kirchenversammlungen und Bischofskapitularien aus seiner Herrschaftszeit. Und auch in diesen wird der Unfreienehe höchstens eine nebensächliche Bedeutung im Rahmen des umfassenderen Ehediskurses der frühen Karolingerzeit beigemessen.[1299] Zum anderen, und dies wird besonders in Cividale und im Capitulare missorum generale deutlich, sind die Bestimmungen unter Karl deutlich rigider. Die

---

1293 Vgl. Concilium Foroiuliense cann. 8–11 (MGH Conc. 2,1), S. 191–193.

1294 Ubl, Inzestverbot, S. 278. Das Konzil von Ver wird, wie Ubl (ebd.) und Hartmann (Synoden,S. 118–119) betonen, auch an weiteren Stellen von den Teilnehmern der Versammlung in Cividale rezipiert.

1295 Concilium Foroiuliense can. 9 (MGH Conc. 2,1), S. 192: … *Multas sepius ex huiuscemodi nuptiali contractu ruinas animarum factas audivimus et tales fornicationes perpetratas,* …

1296 Concilium Suessionense can. 9 (MGH Conc. 2,1), S. 35: *Similiter constituemus, ut nullus laicus homo Deo sacrata femina ad mulierem non habeat nec sua parentem; nec marito viventem sua mulier alius non accipiat, nec mulier vivente suo viro alium accipiat, quia maritus muliere sua non debet dimittere, excepto causa fornicationis deprehensa.*

1297 Concilium Foroiuliense can. 10 (MGH Conc. 2,1), S. 192–193: *Item placuit, ut resoluto fornicationis causa iugali vinculo non liceat viro, quamdiu adultera vivit, aliam uxorem ducere, licet sit illa adultera, sed nec adulterae, quae paenas gravissimas vel paenitentiae tormentum luere debet, alium accipere virum nec vivente nec mortuo, quem non erubuit defraudare, marito.* … Vgl. dazu auch: Hartmann, Synoden, S. 119.

1298 Concilium Foroiuliense can. 11 (MGH Conc. 2,1), S. 193.

1299 Vgl. Rio, Slavery after Rome, S. 233.

zahlreichen Ausnahmen und Sonderfälle, die Pippin in Bezug auf die Unauflösbarkeit der Ehe festlegt, finden sich bei Karl nicht mehr. Der Zusammenhang dieser Unterschiede scheint offensichtlich: Die Unfreienehe wurde bei Pippin mehrfach thematisiert, eben weil sie Bestandteil und Ursache vieler dieser Ausnahmen und Sonderfälle war.

Gemein haben die Bestimmungen der beiden ersten karolingischen Herrscher, dass den Bischöfen des Reichs in Bezug auf eherechtliche Fragen eine wichtige Funktion zugekommen ist. Fraglich ist, ob sie unter Pippin tatsächlich größeren Einfluss auf die letztendlichen Entscheidungen hatten als unter Karl. Ob die Versammlungen von Verberie und Compiègne auf eine Initiative Pippins hin zustande kamen, ist unklar.[1300] Dass Karl Synoden (teilweise sogar mit einem vorgegebenen Fragenkatalog) initiierte ist hingegen sicher.[1301] Ob hier ein tatsächlicher Unterschied in der Vorgehensweise der beiden Herrscher anzunehmen ist, muss an dieser Stelle offenbleiben. Sicher festzustellen ist aber, dass die Bischöfe erst unter Karl in die Strafverfolgung miteinbezogen wurden, wie zum Beispiel BK 33 zeigt.[1302]

5.3.1 Exkurs: Capitula Italica c. 12 – Herrschererlass oder nicht?

Abschließend gilt es an dieser Stelle ein Kapitel (c. 12) das von Alfred Boretius unter dem Sammeltitel „Capitula Italica" (BK 105) eingeordnet wird zu betrachten.[1303] Hubert Mordek vermutete in diesem Kapitel – von ihm als c. 13 der Capitula Italica incerta I (M 14) geführt – ein Kapitel eines „unbekannten Kapitulars Karls des Großen (a. 813), in dem frühere Bestimmungen erneuert wurden."[1304] Dem Kapitel wurde in der Forschung seitdem eine große inhaltliche Bedeutung beigemessen. Alice Rio sah in dem Kapitel gar „the strongest statement made in defence of unfree people's right to marriage ever made in the Carolingian period."[1305] Das Kapitel besagt: *Ut coniugia servorum non dirimantur, si diversos dominos habuerint, sed in uno coniugio servi permanentes dominis suis serviant, sic tamen, ut ipsum coniugium legale sit et per voluntatem dominorum suorum iuxta illud euangelium: ‚Quod Deus coniunxit, homo non separet'.*[1306] Es wird also unter Bezugnahme auf Mt. 19,6 bestimmt, dass auch Unfreienehen nicht zu trennen sind, solange diese unter Zustimmung ihrer Herren geschlossen worden sind. Bemerkt sei an dieser Stelle, dass ausdrücklich nur solche Ehen behandelt werden, bei denen Eheleute verschiedenen Herren (*diversis dominis*) gehören.

1300 So vermutet Ubl (Inzestverbot, S. 265).

1301 Vgl. Patzold, Episcopus, S. 75.

1302 Vgl. dazu etwa: Nr. 33 cc. 33 und 35 (MGH Capit. 1), S. 97–98; Vgl. Ubl, Inzestverbot, S. 279–280.

1303 Nr. 105 c. 12 (MGH Capit. 1), S. 218.

1304 Mordek, Bibliotheca, S. 995. Mordek beruft sich in seiner Einschätzung auf die Thesen von Gerhard Seeliger (Mittheilungen, S. 675–678).

1305 Rio, Slavery after Rome, S. 220.

1306 Nr. 105 c. 12 (MGH Capit. 1), S. 218.

Geregelt wird also ein potenzieller Konflikt zwischen diesen Herren und nicht um einen direkten Eingriff in die Besitzrechte eines *dominus*.

Bereits Alfred Boretius hat festgestellt, dass das Kapitel (teilweise wörtlich) can. 30 der Konzilsbeschlüsse von Chalon-sur-Saône 813 entspricht.[1307] Auch dieser Kanon wurde aufgrund seines Inhalts von der Forschung als bemerkenswert eingestuft.[1308]

Concilium Cabillonense can. 30 (MGH Conc. 2,1), S. 279
Dictum nobis est, quod quidam legitima servorum matrimonia potestativa quadam praesumptione diri-mant, non attendentes ***illud evangelicum: Quod Deus coniunxit homo non separet.*** *Unde nobis visum est,* ***ut coniugia servorum non dirimantur, etiamsi diversos dominos habeant, sed in uno coniugio permanentes dominis suis serviant. Et hoc in illis observandum est, ubi legalis coniunctio fuit et per voluntatem dominorum.***
BK 105 c. 12 (MGH Capit. 1), S. 218
Ut coniugia servorum non dirimantur, si diversos dominos habuerint, sed in uno coniugio servi permanentes dominis suis serviant, sic tamen, ut ipsum coniugium legale sit et per voluntatem dominorum suorum iuxta illud euangelium: 'Quod Deus coniunxit, homo non separet'.

Fraglich ist allerdings, ob die Forderung aus Chalon auch im Rahmen eines Kapitulars erlassen worden ist, wie Boretius durch die Aufnahme des Kapitels in seine Edition suggeriert.[1309] Eine detaillierte Untersuchung dieser Frage ist an dieser Stelle nicht möglich.[1310] So viel sei allerdings festgehalten: Unser Kapitel findet sich nur unikal in dem Handschriftenfragment München Lat. 29555/1 überliefert.[1311] Das in der Handschrift als c. 13 formulierte Kapitel weicht, wie

1307 Vgl. Concilium Cabillonense can. 30 (MGH Conc. 2,1), S. 279: *Dictum nobis est, quod quidam legitima servorum matrimonia potestativa quadam praesumptione dirimant, non attendentes illud evangelicum: 'Quod Deus coniunxit homo non separet'. Unde nobis visum est, ut coniugia servorum non dirimantur, etiamsi diversos dominos habeant, sed in uno coniugio permanentes dominis suis serviant. Et hoc in illis observandum est, ubi legalis coniunctio fuit et per voluntatem dominorum.* Wie Boretius (Nr. 105 c. 12 [MGH Capit. 1], S. 218) vermerkt, ist die Bestimmung im Liber Papiensis c. 128 (MGH LL 4, S. 511) ebenfalls überliefert und wird dort Karl dem Großen zugeschrieben. Seine Edition beruht auf der dortigen Vorlage. Erwähnt sei, dass das entsprechende Kapitel nur in zwei Handschriften – Florenz Plut. 89 sup. 86 und London Add. 5411 – des Liber Papiensis enthalten ist.

1308 So bezeichnet etwa David d'Avray (Slavery, S. 347) den Kanon als Meilenstein für die Entwicklung der Unfreienehe. Philip Reynolds (Marriage, S. 170) stellt fest: „We have to wait until the early ninth century for an unequivocal affirmation that a marriage between two slaves is an indissoluble bond and that slaves are united in matrimony by God in the same way as free persons are".

1309 Von diesem Umstand scheinen auch Rio (Slavery after Rome, S. 220) und Walter (Ehe, S. 49) auszugehen.

1310 Eine solche, umfangreichere Untersuchung findet sich bei: Leyendecker, Eheschließung; ders., Blogpost des Monats März 2023 (https://capitularia.uni-koeln.de/blog/kapitel-des-monats-maerz-2023/) [zuletzt eingesehen am: 10.05.2023].

1311 Zur Handschrift vgl. Mordek, Bibliotheca, S. 369–376.

bereits von Hubert Mordek festgestellt, syntaktisch von Chalon-sur-Saône c. 30 ab.[1312] Über diese syntaktischen Unterschiede hinaus variieren die beiden Kapitel auch in ihrem Umfang. Die syntaktische Umstellung und die offenkundigen Auslassungen legen eine gezielte Bearbeitung des Beschlusses von Chalon-sur-Saône nahe. Jüngst konnte Britta Mischke schlüssig aufzeigen, dass die von Mordek als Capitula incerta bezeichneten Stücke, zu denen auch BK 105 c. 12 beziehungsweise M 14 c. 13 zählt, „Produkte der Kompilationstätigkeit eines oder mehrerer Sammler" darstellen.[1313] Seeligers Vermutung, es könne sich bei den Kapiteln des Münchener Fragments um ein verlorenes Kapitular Karls des Großen gehandelt haben,[1314] ist also höchstwahrscheinlich unzutreffend. Da es sich bei diesem Fragment um den einzigen Textzeugen des Kapitels handelt, muss insgesamt davon ausgegangen werden, dass can. 30 des Konzils von Chalon nie durch herrscherliche Autorisierung Gesetzeskraft erlangte.[1315] Der vermeintliche Schutz der Ehen Unfreier durch Karl den Großen muss also als Konstrukt eines italienischen Sammlers des 10. Jahrhunderts verstanden werden.[1316]

5.4 Die Unfreienehe in den Kapitularien der Zeit Ludwigs des Frommen

Zumindest in seinen frühen Regierungsjahren setzte sich auch Ludwig der Fromme umfangreich mit dem Eherecht auseinander. Der bereits unter seinem Großvater Pippin in den Beschlüssen von BK 15 und 16 behandelte Umfang des Inzestverbots stand seit 814 erneut auf dem Prüfstand,[1317] nachdem es noch unter Karl in BK 20 bestätigt und in einigen Bischofskapitularien rezipiert worden war.[1318] Während unter Karl „die Autorität von Pippins Inzestgesetzgebung unverbrüchlich [feststand]",[1319] berief man sich nun allerdings nicht mehr auf die Bestimmungen Pippins.[1320] Wie c. 29 des Capitulare ecclesiasticum (CNS 8) belegt, war die Frage nach einer genauen Grenze des Inzestverbots auch 818/819

1312 Vgl. ebd., S. 995.

1313 Mischke, Kapitular oder Kompilation?, S. 621.

1314 Vgl. Seeliger, Mittheilungen, S. 676–678. Vorsichtiger, aber nicht ablehnend: Mordek, Bibliotheca, S. 995.

1315 Zumindest Florian Hartmann (Weg zur bischöflichen Dominanz, S. 178) interpretiert die Kanones der Reformsynoden von 813 ohnehin nur als „unverbindliche Vorschläge".

1316 Vgl. dazu auch Leyendecker, Eheschließung; ders., Blogpost des Monats März 2023 (https://capitularia.uni-koeln.de/blog/kapitel-des-monats-maerz-2023/) [zuletzt eingesehen am: 10.05.2023].

1317 Zum Inzestverbot unter Ludwig: Ubl, Inzestverbot, S. 294–295.

1318 Vgl. Kapitel 5.3.

1319 Ubl, Inzestverbot, S. 307.

1320 Ausnahmen bilden für die Karolingerzeit nach 814 nur Benedictus Levita und Regino von Prüm, wie Ubl (ebd., S. 269–270) bemerkt.

noch ungeklärt.[1321] Für die Unfreienehe ist diese Debatte, die sich über das 9. Jahrhundert hinaus erstreckte, allerdings kaum von Bedeutung.[1322]

Unfreie und ihre Ehen wurden, wie festgestellt werden konnte, zumeist im Zusammenhang mit der Unauflösbarkeit der Ehe beziehungsweise Ausnahmen zu diesem Prinzip thematisiert. Da die unter Pippin angestoßene Etablierung der päpstlichen Forderung nach Unauflösbarkeit der Ehe unter Karl rigoros verfolgt wurde, bestand unter Ludwig, anders als bei der Inzestgesetzgebung, offenbar kein weiterer Handlungsbedarf.[1323] Wenig überraschend ist entsprechend der Umstand, dass die Unfreienehe in den Kapitularien der Zeit Ludwigs des Frommen kaum zu finden ist. Ausnahmen bilden lediglich die sogenannten Capitula legi Salicae addita (CNS 15) und einige unter Lothar I. während seines ersten Italienaufenthalts 822/823 erlassenen Kapitularien.[1324]

Den nun folgenden Ausführungen zum hier relevanten Inhalt von CNS 15 sei die Anmerkung vorangestellt, dass dieses Dokument zwar zweifellos dem Umfeld des Kaisers entstammt, aber in dessen Abwesenheit entstanden und höchstwahrscheinlich niemals als Gesetz erlassen worden ist.[1325] Relevant ist der Text an dieser Stelle dennoch, da sich aus ihm Überlegungen zur Unfreienehe identifizieren lassen, die am Hofe Ludwigs offenkundig zur Diskussion gestanden haben. Die Capitula entstanden „auf einer Versammlung von fränkischen Rechtskundigen".[1326] Ziel dieser Versammlung war wohl, die Auswirkungen der Kapitularien von 818/819 auf die Bestimmungen der Lex Salica zu diskutieren.[1327]

1321 Nr. 8 c. 29 (MGH Capit. N. S. 4), S. 96–99: *Nonnulla vero capitula, sicut de incestis nuptiis necnon et de ecclesiis, quae inter coheredes dividuntur et tali occasione proprio honore carent, sive de his ecclesiis, quae nimium rebus propriis sunt adtenuatae, vel certe de his rebus, quae nuper necessitate compellente a nonnullis ecclesiis sunt ablatae, et si qua sunt alia sive in ecclesiasticis sive in publicis rebus emendatione digna, quae pro temporis brevitate efficere nequivimus, in tantum differendum illud dignum iudicavimus, donec domino favente consultu fidelium facultas nobis id efficiendi ab eo tribuatur. Inventa vero, ut deo opitulante effectum obtineant per tempora, hic inserenda censuimus.*

1322 Umfassend zu dieser Debatte: Ubl, Inzestverbot, S. 291–383.

1323 Erneut zum Thema wurde die Unauflösbarkeit der Ehe erst unter Lothar II. Vgl. dazu u. a.: Airlie, Private Bodies; Heidecker, Divorce of Lothar II.

1324 Ines Weber (Ein Gesetz, Anhang S. 189–195) scheint für c. 69 bzw. 98 der Lex Salica (MGH LL nat. Germ. 4, 1, S. 255) von einer Entstehung 819/820 auszugehen. Zurückzuführen ist dieser Umstand wohl auf die entsprechende Bezeichnung in der Edition von Eckhardt. Während die Bestimmung sich ebenfalls mit der Unfreienehe bzw. mit der Ehe zwischen standesungleichen Partnern auseinandersetzt, entstammt sie, wie bereits Nehlsen zeigen konnte, der merowingischen Zeit (vgl. Nehlsen, Sklavenrecht, S. 310–311). Dementsprechend ist die Bestimmung an dieser Stelle nicht weiter von Interesse.

1325 Vgl. Faulkner, Law and Authority, S. 127–133, insb. S. 133. Faulkner bietet auch einen Überblick über die handschriftliche Überlieferung des Textes (S. 130–133) und den Vorschlag eines Überlieferungsstemmas (S. 132). Seine Thesen zur Verbreitung und Entstehung der Capitula bezweifelt: Ubl, Intentionen, S. 95–109 insb. S. 102–103. Patzold (Veränderung, S. 90) geht wie Ubl davon aus, dass die Capitula nie Gesetzeskraft erlangten.

1326 Ubl, Intentionen, S. 99.

1327 Vgl. die Vorbemerkung von Ubl zu Nr. 15 (MGH Capit. N. S. 4), S. 195–196.

In CNS 15 c. 3[1328] (von der Forschung als Weistum betrachtet)[1329] wird, unter Bezugnahme auf c. 14 der Lex Salica,[1330] festgelegt, dass die Heirat mit Unfreien nicht nur den Verlust der persönlichen Freiheit (wie in der Lex Salica) nach sich zieht, sondern auch bedeutet, dass das Erbe des freien Partners in den Besitz des Herren des Unfreien übergeht. Darüber hinaus verliert der oder diejenige das Recht auf einen Anteil des väterlichen Erbes, während die Rechte der weiterhin freien Miterben garantiert werden.[1331] Das Kapitel hätte also zumindest für den freien Ehepartner eine Verschärfung der ursprünglichen Regelung aus der Lex Salica bedeutet, während die Position des Besitzers des unfreien Partners verbessert und die der Miterben rechtlich garantiert wird.

Die Vermutung, CNS 15 sei entstanden, um die Lex Salica mit den „Gewohnheiten der eigenen Zeit" abzugleichen und Entsprechungen und Abweichungen festzustellen,[1332] mag in Bezug auf c. 3 zunächst nicht vollständig überzeugen. Nichts weist darauf hin, dass standesungleiche Ehen ‚gewöhnlich' mit für den vormals freien Partner solch drastischen Konsequenzen bestraft worden sind. Im Gegenteil, ein Blick auf Polyptychen und Formulae lässt vermuten, dass standesungleiche Ehen häufig zustande kamen, ohne dass der freie Partner seinen Rechtsstatus einbüßte, wie bereits Rio feststellen konnte.[1333] Der bereits angesprochene Bezug zum Gewohnheitsrecht könnte sich möglicherweise nicht auf die Veränderung des Rechtsstatus der freien Ehepartei beziehen, sondern vielmehr auf die Konsequenzen, die solche Verbindungen auf das Erbe der betroffenen Person hatten. Die Besitz- und Erbansprüche der weiterhin freien Parteien sollten klar geregelt beziehungsweise dem Gewohnheitsrecht angepasst werden. War der Erbfall bereits eingetreten, ging der Anteil des Unfreien an dessen Herrn (*omnes res, quas habet, si eas cum parentibus suis divisas tenet, ad dominum, cuius servum in coniugium accepit, perveniant*). Falls nicht, schied die

---

1328 Abgesehen von diesem Kapitel beschäftigen sich auch cc. 4 und 8 mit eherechtlichen Themen. Zum Inhalt des Textes vgl.: Faulkner, Law and Authority, S. 127–133, der c. 3 unberücksichtigt lässt. Alle 12 Kapitel finden sich besprochen bei: Geffcken, Lex Salica, S. 279–282. Eine umfangreichere Einordnung des Textes findet sich bei Ubl, Intentionen; ders., Vorbemerkung zu Nr. 15 (MGH Capit. N. S. 4), S. 195–196.

1329 Vgl. Boretius, Beiträge, S. 58; Geffcken, Lex Salica, S. 279. Beiden folgt Ubl in der Vorbemerkung zu Nr. 15 (MGH Capit. N. S. 4), S. 195–196.

1330 Gemeint ist zweifellos c. 13,9 der A–C Fassung, welches in der pippinischen D-Fassung als c. 14,10 und in den unter Karl entstandenen Versionen als c. 14,7 (E-Fassung) bzw. c. 14,11 (K-Fassung) zu finden ist.

1331 Nr. 15 c. 3 (MGH Capit. N. S. 4), S. 200–201: *De XIIII. capitulo legis Salice: Si quis ingenuus ancillam alienam in coniugium acciperit, ipse cum ea in servitio implicetur. De hoc capitulo iudicatum est ab omnibus, ut, si ingenua femina quemlibet servum in coniugium sumpserit, non solum cum ipso servo in servitio permaneat, sed etiam et omnes res, quas habet, si eas cum parentibus suis divisas tenet, ad dominum, cuius servum in coniugium accepit, perveniant; et, si cum parentibus suis res paternas vel maternas non divisit, nec alicui querenti respondere nec cum suis heredibus in rerum paternarum hereditate ultra divisor accedere possit; similiter et si francus homo alterius ancillam in coniugium sumpserit, faciendum esse iudicaverunt.*

1332 Geffcken, Lex Salica, S. 279.

1333 Vgl. Rio, Slavery after Rome, S. 233–236.

nunmehr unfreie Person als Miterbe aus und kann diesen Umstand auch auf dem Klageweg nicht ändern (*Et, si cum parentibus suis res paternas vel maternas non divisit, nec alicui quaerenti respondere nec cum suis heredibus in rerum paternarum hereditate ultra divisor accedere possit*). Erneut muss an dieser Stelle betont werden, dass der Statusverlust bei standesungleichen Ehen wohl nicht konsequent durchgesetzt worden ist. Inwiefern die in diesem Fall weiterhin freie Partei in solchen standesungleichen Ehen erbberechtigt geblieben ist, kann nicht geklärt werden. Aufschluss über den Umgang mit solchen Verbindungen bietet das hier besprochene Weistum nur für die Fälle, in denen ein Statusverlust tatsächlich bewirkt wurde. Auf einen anschaulichen Fall aus dem Jahr 818 verweist Max Diesenberger: Bischof Hitto von Freising erklagte sich gerichtlich den Besitz an einem *servus* namens Uualdpehrt. Dieser hatte die Freie Ermansuinda geheiratet. Kurz nach dem Prozess um die Freiheit ihres Gatten übergab sie ihr väterliches Erbe an Hitto beziehungsweise das Freisinger Bistum. Dieses erhielt sie allerdings umgehend als „Lehen auf Lebenszeit“[1334] zurück. Während dieser Fall die situationsabhängig flexible Auslegung von Recht im Karolingerreich unterstreicht und den in CNS 15 c. 3 angesprochenen Fall in Bezug auf den Verlust des Erbes indirekt belegt, ist es durchaus bemerkenswert, dass Ermansuinda zwar um ihren Besitz, offenbar aber nicht um ihren Status fürchtete.

Ebenfalls in die Herrschaftszeit Ludwigs des Frommen fallen drei Kapitularien, die im Rahmen des ersten Italienaufenthalts Lothars I. zwischen September 822 und März 823 erlassen worden sind.[1335] Es handelt sich um das sogenannte Capitulare Olonnense (CNS 19),[1336] die Memoria Olonnae comitibus data (CNS 20)[1337] und die Concessio generalis (CNS 23).[1338] Die beiden erstgenannten entstanden zu Beginn von Lothars I. Italienaufenthalt als Resultat einer von Lothar I. geleiteten Versammlung unter Beteiligung von rechtskundigen

---

1334 Vgl. Diesenberger, Predigt und Politik, S. 336. Diesenberger fast anschaulich zusammen: „Im Jahr 818 ließ sich Bischof Hitto an einem Gerichtstag zu Allershausen einen gewissen Uualdpehrt als *servus* zusprechen, ein an sich nicht ungewöhnlicher Rechtsakt. Uualdpehrt aber hatte eine Freie geheiratet, die nun um ihren in die Ehe eingebrachten Besitz fürchtete. Nur zwei Tage nachdem ihr Gemahl als Unfreier qualifiziert worden war, begab sich die *ingenua* Ermansuinda nach Freising und übergab vor den dort Versammelten ihr väterliches Erbe an Freising. Hitto gab ihr dann *misericordia motus* ihren Besitz und jenen, den ihr ihr Vater einst gegeben hatte, als Lehen auf Lebenszeit zurück.“ Umfangreicher behandelt diesen Fall auch: Brown, Unjust Seizure, S. 160–162. Der Fall findet sich dokumentiert in: Freisinger Traditionen Nr. 401c und Nr. 402 (ed. Bitterauf), S. 345–347.

1335 Neben der Neuedition der Kapitel von Stefan Esders (Nr. 19, 20 und 23 [MGH Capit. N. S. 4]) ist an dieser Stelle auf die Arbeit von Mathias Geiselhart zu diesen Kapitularien hinzuweisen. Beide bieten umfangreiche Informationen zu Entstehungskontext und handschriftlicher Überlieferung. Vgl. Geiselhart, Kapitulariengesetzgebung, S. 47–62. Mit der Position von Esders und Geiselhart über die Entstehung der Kapitularien stimmt auch Maria Schäpers (Lothar I., S. 121) überein.

1336 Nr. 19 (MGH Capit. N. S. 4), S. 240–243.

1337 Nr. 20 (MGH Capit. N. S. 4), S. 254–259. Die von Boretius (MGH Capit. 1, S. 319–320) als cc. 15–18 gezählten Kapitel seiner Nr. 158 ediert Esders nachvollziehbar als Nr. 21a–d (MGH Capit. N. S. 4, S. 266–289), da die Kapitel nicht Teil des ursprünglichen Erlasses waren.

1338 Nr. 23 (MGH Capit. N. S. 4), S. 306–307.

Beratern und Vertretern des Episkopats in Corteolona.[1339] CNS 23, so hält Esders fest, ist hingegen „kaum in die Anfangszeit von Lothars Italienaufenthalt" zu datieren.[1340] Ob im Rahmen besagter Italienreise Lothars noch weitere Kapitularien entstanden sind, ist unbekannt.

Zunächst betrachtet sei an dieser Stelle das Capitulare Olonnense (CNS 19). Behandelt werden in diesem eine „breite inhaltliche Vielfalt" kirchlicher und weltlicher Themen.[1341] Die Unfreienehe wird nur indirekt thematisiert. In c. 3 beschäftigt sich Lothar mit der Bestrafung von Ehebruch.[1342] Gemäß dem langobardischen Recht sollen die beiden Ehebrecher dem Gatten der Ehebrecherin (zur weiteren Verfügung) übergeben werden. Falls dieser die beiden Ehebrecher verkauft und sie erneut des Ehebruchs überführt werden, sollen sie in den Besitz des Fiskus übergehen. Diese Regelung greift, wie auch die Bestimmung selbst anmerkt, grundsätzlich das langobardische Recht auf, welches dem gehörnten Ehemann das Recht zuspricht, seine Ehefrau und deren Liebhaber zu töten.[1343] Wie Mathias Geiselhart zu Recht anmerkt, gibt es für den darauf folgenden Teil

---

1339 Vgl. die Vorbemerkung von Esders zu Nr. 19 und 20 (MGH Capit. N. S. 4), S. 230–234 und 245–247.

1340 Vgl. die entsprechenden Ausführungen von Esders (Nr. 23 [MGH Capit. N. S. 4], S. 299–300).

1341 Geiselhart, Kapitulariengesetzgebung, S. 51.

1342 Nr. 19 c. 3 (MGH Capit. N. S. 4), S. 240–241: *Si quis adulter cum adultera conprehensus secundum edicta legis Langobardorum marito adultere ambo ad vindictam traditi fuerint, si eos quispiam emerit eosque coniunctos in eodem scelere habere repertum fuerit, ipsos fiscus adquirat.* Geiselhart (Kapitulariengesetzgebung, S. 58) merkt zu Recht an, dass eine mögliche Ehefrau des männlichen Ehebrechers von der Bestimmung ignoriert wird, obwohl die christliche Wertvorstellung, dass auch der Ehemann keine nebenehelichen Beziehungen führen darf, sowohl in früheren Bestimmungen des langobardischen Rechts als auch in die (italienische) Kapitulariengesetzgebung Einzug gehalten hatte. Zum langobardischen Recht: Liutprandi Leges c. 130 (MGH LL 4, S. 162–163); vgl. Osenbrüggen, Strafrecht der Langobarden, S. 102; Brunner / von Schwerin, Deutsche Rechtsgeschichte 2 S. 854 Anm. 34; Geiselhart, Kapitulariengesetzgebung, S. 59 Anm. 64. Zu den Kapitularien: Nr. 96 c. 5 (MGH Capit. 1), S. 202. Dort wird bestimmt, dass der Ehemann keine nebenehelichen Beziehungen (*concubinatus*) führen dürfe und von etwaigen Nebenfrauen zu trennen sei; dazu auch: Brunner / von Schwerin, Deutsche Rechtsgeschichte 2, S. 854 Anm. 34; Geiselhart, Kapitulariengesetzgebung, S. 59 Anm. 65.

1343 Vgl. dazu u. a.: Geiselhart, Kapitulariengesetzgebung; Pertile, Storia 5, S. 524–528. Das Kapitel bezieht sich auf: Edictus Rothari c. 212 (MGH LL 4), S. 51–52: *Si quis cum uxorem suam alium fornicantem invenerit, liberum aut servum, potestatem habeat ambos occidendi.* Vgl. dazu auch die Anmerkung von Esders (Nr. 19 [MGH Capit. N. S. 4], S. 241 Anm. 11). Geiselhart (Kapitulariengesetzgebung, S. 59 Anm. 67) erwägt darüber hinaus, dass sich Lothars Bestimmung auch auf Liutprandi Leges c. 130 (MGH LL 4, S. 162–163) beziehen könnte. Dort wird der Familie der ehebrecherischen Frau das Recht eingeräumt, diese zu bestrafen, wenn der Ehebruch unter Einwilligung des Gatten stattfand. Deutlich abweichend äußern sich zum gleichen Tatbestand die Lex Alamannorum und die Lex Baiwariorum. Der Ehebruch wird mit 80 Solidi bestraft. Wenn der Gatte der Frau zustimmt, kann diese auch gegen eine Zahlung von 400 Solidi aus ihrer Ehe ausgelöst werden. Vgl. dazu: Lex Alamannorum c. 51,1 (MGH LL nat. Germ. 5,1), S. 109. Die Lex Baiwariorum spricht dem Gatten der ehebrecherischen Frau das Recht zu, deren Liebhaber auf der Stelle zu töten, wenn er die beiden beim Ehebruch ertappt, oder aber eine Zahlung in Höhe des Wergelds des Mannes einzufordern. Das Kapitel bietet auch eine entsprechende Regelung, falls der Ehebrecher ein Unfreier war. Vgl. Lex Baiwariorum c. 8,1–2 (MGH LL nat. Germ. 5,2), S. 353–354.

der Bestimmung, dass der Ehemann von diesem Tötungsrecht keinen Gebrauch macht, keine Vorlage im langobardischen Recht oder in den Kapitularien.[1344] Erwogen werden könnte, dass es sich auch hier wie bei c. 3 von CNS 15 um eine Anpassung an das Gewohnheitsrecht handelt.[1345] Dies scheint allerdings insofern unwahrscheinlich, da der Nutznießer der Bestimmung in CNS 19 c. 3 potenziell der Fiskus wäre. Grundsätzlich handelt es sich bei CNS 19 c. 3 allerdings ohnehin um eine strafrechtliche und nicht um eine eherechtliche Angelegenheit. Die Unfreienehe wird letztlich nur deshalb thematisiert, weil der Strafbestand des Ehebruchs mit dem Verlust der Freiheit geahndet werden konnte.

Anders verhält es sich mit dem anschließenden c. 4. Dort wird bestimmt, dass, wenn ein Freier wegen eines Verbrechens oder einer Schuld (*crimen aut debitum*) in Unfreiheit gerät, Kinder aus dieser Ehe nicht ebenfalls unfrei werden sollen.[1346] Ob die Ehefrau, der implizit die Möglichkeit gegeben wird, ihren Ehemann zu verlassen, ihre Freiheit verliert, wenn sie in der Ehe verbleibt, wird nicht explizit geregelt, ist aber wahrscheinlich. Die Bestimmung erinnert an c. 6 des unter Pippin dem Jüngeren entstandenen BK 16. Dort wurde der Ehefrau, die sich dafür entschied, ihren nunmehr unfreien Partner zu verlassen, sogar die Möglichkeit der erneuten Heirat eingeräumt.[1347] Die strenge Haltung gegenüber der Unauflösbarkeit von Ehen, die unter Karl dem Großen festzustellen war, findet sich in CNS 19 allerdings zumindest indirekt wieder. Es wird zwar von einer möglichen zweiten Ehe (des unfreien Ehemannes) gesprochen, allerdings nur im Falle, dass die erste Ehefrau stirbt.[1348] Wenn sich diese zweite Ehefrau im Wissen um den Rechtsstatus ihres Partners mit diesem in der Ehe verbindet, sollen die später geborenen Kinder der beiden unfrei werden. Unklar ist, ob dieser Fall aufgrund des Prinzips der Ärgeren Hand[1349] eintritt oder ob die Ehefrau durch die Eheschließung ebenfalls unfrei werden sollte. Für letzteres spricht, dass die Bestimmung ausdrücklich erwähnt, dass die Verbindung im Wissen um die Unfreiheit des Partners eingegangen worden ist. Erneut wird inhaltlich Bezug auf BK 16 (c. 13) und BK 15 (cc. 7–8) genommen, die die Auflösung einer Ehe bei Unwissenheit über die Unfreiheit des Ehepartners gestattet

1344 Geiselhart, Kapitulariengesetzgebung, S. 59.

1345 Nach Edictus Rothari c. 221 (MGH LL 4, S. 53–54) wird eine freie Frau, die mit ihrem Unfreien Unzucht getrieben hatte, ebenfalls unfrei und dem Fiskus übergeben und in ein Frauenarbeitshaus überführt, wenn ihre Verwandten sie nicht töten oder außerhalb der Grenzen (*foris provincia*) verkaufen. Es handelt sich um eine Strafe des spätantiken römischen Rechts. Vgl. dazu: Wild, Gynaeceum, S. 657. Darauf verweist bereits Esders (Nr. 19 c. 4 [MGH Capit. N. S. 4], S. 242 Anm. 20).

1346 Nr. 19 c. 4 (MGH Capit. N. S. 4), S. 242–243: *Si quis liber homo uxorem habens liberam propter aliquod crimen aut debitum servitio alterius se subdit eademque coniux manere cum ipso voluerit, ipsorum procreatio, que tali coniugio fit, libertatis statum non amittat. Si vero ea defuncta secunda uxor et tamen libera tali se sciens iuncxerit coniugio, liberi illorum servituti subdantur.* Vgl. auch das Zusatzkapitel (c. 15) zu Nr. 51 in der Handschrift P5 (Paris Lat. 4638) (MGH Capit. N. S. 4, S. 657).

1347 Vgl. Nr. 16 c. 6 (MGH Capit. 1), S. 40.

1348 Nr. 19 c. 4 (MGH Capit. N. S. 4), S. 242–243.

1349 Vgl. u. a.: Voss, Grundsatz.

hatten.[1350] Wie bereits für die Kapitularien Pippins könnte erneut behauptet werden, dass sich durch die Unfreiheit eines Ehepartners ein Sonderfall in Bezug auf den Rechtsstatus anderer (potenziell freier) Personen ergeben hat, der vom Gesetzgeber geregelt werden musste und nur deshalb die Ehe unter Beteiligung von Unfreien von entsprechenden Rechtstexten berührt wird.

Kapitel 1 und 2 von CNS 20 entsprechen dem Inhalt nach, aber in umgekehrter Reihenfolge, den beiden gerade besprochenen Kapiteln von CNS 19. Die Denkschrift, welche sich an die Grafen des *regnum Italiae* wendet, erinnert diese „in sehr knapper Form [an] vier der sechs Bestimmungen des zuvor verfügten Erlasses [CNS 19]" und erteilt darüber hinaus eher „exekutorische Anweisungen".[1351] Auch hier steht für c. 2 (beziehungsweise CNS 19 c. 3) der strafrechtliche Aspekt des Ehebruchs im Vordergrund.[1352] Auch die leicht abweichende Formulierung von c. 1 (beziehungsweise c. 4) lässt keinen eindeutigen Schluss zum Rechtsstatus der Ehefrau(en) des in (Schuld-)Knechtschaft befindlichen Ehemannes zu.[1353]

Zuletzt betrachtet sei an dieser Stelle noch knapp das chronologisch letzte Kapitular von Lothars erster Italienreise: CNS 23. Das Dokument, welches „punktuell in das bestehende Recht eingreift und es zu verändern sucht, … richtet sich mit rechtlichen Gewährungen konkret an bestimmte Trägergruppen der karolingischen Herrschaft in Italien".[1354] Aus dem Prolog des Kapitulars geht hervor, dass diese Rechtsveränderungen als Anerkennung der Bestätigung ihrer Eidestreue (*corroborandam et fidelitatem eorum*), wohl im Zusammenhang mit dem Aufstand Bernhards von Italien,[1355] formuliert sind.[1356] Relevant ist hier ausschließlich c. 1.[1357] In diesem wird bestimmt, dass beide Partner einer standesungleichen Ehe in den Besitz des Herren des Ehegatten übergehen, wenn die

1350 Vgl. Nr. 16 c. 13 (MGH Capit. 1, S. 40) und Nr. 15 cc. 7–8 (ebd., S. 38). Voss (Grundsatz, S. 157–158) verweist auf Kenntnis des Status des Partners als notwendiges Gültigkeitskriterium für die Eheschließung nach römischem Recht.

1351 Vgl. Esders, Vorbemerkung zu Nr. 19–23 (MGH Capit. N. S. 4), S. 229.

1352 Nr. 20 c. 2 (MGH Capit. N. S. 4), S. 254–255: *Si quis homo alienam uxorem adulteraverit et secundum legem ei in manus traditi fuerint et postea coniuncti fuerint, partibus publicis recipiantur et, qui ipsos comparatos habuerit, precium suum perdat.*

1353 Ebd. c. 1: *In primis instituit, si liber homo se ipsum ad servitium inplicat pro aliquibus causis, si liberam feminam habuit, ut infantes ipsi in eorum libertatem permaneant, et si ipsa femina defuncta fuerit et alia libera femina sibi copulaverit serviente ipso, in servitio permaneant.* Explizit geregelt wird hier nur der Fall, dass eine Freie einen Unfreien heiratet.

1354 Vgl. Esders, Vorbemerkung zu Nr. 19–23 (MGH Capit. N. S. 4), S. 229.

1355 Zum Aufstand Bernhards vgl. u. a.: Patzold, Gerichtsurteil, S. 37–54; Schäpers, Lothar I., S. 85–88.

1356 Nr. 23 Prolog (MGH Capit. N. S. 4), S. 306–307: *Cum enim in tam parvo spatio temporis, iuxta quod potuimus, hoc tota intentione laborare studuimus, qualiter salvatio nostra et istius regni maneat in futurum, etiam hoc nobis desiderium fuit inquirere, qualiter nos erga vos benivolos ostendamus. Generaliter cunctis ęcclesiasticis ac liberis personis ad consolationem eorum et ad illorum bonam voluntatem corroborandam et fidelitatem eorum, sicut semper erga nos servaverunt, conservandam volumus hoc beneficium prestare…*

1357 *… ut cuiuscumque servus liberam feminam sibi ea consentiente in coniugio copulaverit et infra anni spatium ad vindictam traditi non fuerint, sicuti lex tales personas nostro fisco sotiat, ita nos nostra liberalitate concedimus, ut in potestate et servitio domini illius, cuius servus fuit, ambo revertantur.*

beiden nicht binnen Jahresfrist der Strafe übergeben worden sind (*infra anni spatium ad vindictam traditi non fuerint*). Letzteres bezieht sich zweifellos auf c. 24 der Gesetze Liutprands, welches den *parentes* des freien Partners das Recht der Bestrafung einräumt. Dieses Recht ergibt sich vermutlich aus der notwendigen Zustimmung zu ehelichen Verbindungen durch die *parentes*, wie bereits festgestellt worden ist. Wenn diese ihr Recht nicht binnen eines Jahres wahrnehmen, greift die öffentliche Hand ein und bestraft beide Partner.[1358]

Die Neuregelung aus CNS 23 c. 1 bedeutet zunächst also einen Verzicht vonseiten Lothars auf entsprechende Ansprüche zu Gunsten der lokalen Besitzer von Unfreien. Zum anderen bedeutet die Regelung aber auch eine Angleichung an die bereits vielfach zitierte entsprechende Bestimmung der Lex Salica, welche für standesungleiche Ehen den Übergang des freien Partners in die Knechtschaft des Herren des unfreien Partners regelt.[1359] Allerdings weicht diese neue Regelung für Reichsitalien insofern von der Bestimmung für die Bewohner des Reiches, welche unter fränkischem Recht lebten, ab, da den *parentes* des freien Ehepartners – gemäß Edictus Rothari c. 221[1360] – weiterhin ein Jahr zur Bestrafung der beiden eingeräumt wurde. Inwiefern diese neue Bestimmung tatsächlich durchgesetzt wurde, lässt sich nicht feststellen. Der bereits von Maria Schäpers bemerkte[1361] Wunsch Lothars, Mildtätigkeit gegenüber seinen Untertanen walten zu lassen, der im Prolog von CNS 23 anklingt, geht hier offensichtlich zu Lasten der Unfreien.

Dass sich Lothar in Italien weit umfangreicher mit Unfreienehen auseinandersetzt als Ludwig nördlich der Alpen, ist primär auf Diskrepanzen zwischen fränkischem und langobardischem Recht zurückzuführen. Dieser Umstand lässt sich insofern nachweisen, dass Lothars Erlasse zumindest in zwei Fällen offensichtlich langobardische Rechtssätze rezipieren. Ziel wird hier gewesen sein, vor dem Hintergrund widersprüchlicher Rechtssätze des fränkischen und langobardischen Rechts entsprechende Klarheit zu schaffen. Hinzu kommt in CNS 23 c. 1 ein Versuch Lothars, sich die Loyalität der lokalen Großen durch rechtliche Zugeständnisse zu sichern.

5.5 Zwischenfazit

Nachdem die Ehe von päpstlicher Seite schon in den 720er Jahren diskutiert worden war, wurde sie spätestens in der Mitte des 8. Jahrhunderts auch nördlich der Alpen zu einem viel diskutierten und offenbar als reformbedürftig emp-

1358 Vgl. Liutprandi Leges c. 24 (MGH LL 4), S. 118. Ähnlich auch: Edictus Rothari c. 221 (MGH LL 4), S. 53–54 und Lex Burgundionum c. 35,3 (MGH LL 3), S. 547. Diese Bezugnahme stellt bereits Geiselhart (Kapitulariengesetzgebung, S. 87) fest.

1359 Vgl. dazu Lex Salica c. 13,9 (MGH LL nat. Germ. 4,1, S. 62) bzw. c. 14,7 (MGH LL rer. Germ. 4,2, S. 55). Vgl. auch Geiselhart, Kapitulariengesetzgebung, S. 87.

1360 Edictus Rothari c. 221 (MGH LL 4), S. 53–54.

1361 Vgl. Schäpers, Lothar I., S. 145 Anm. 601.

fundenen Thema. Die Ehegesetzgebung darf zweifellos als das größte Inhaltsfeld der wenigen uns bekannten Kapitularien Pippins des Jüngeren betrachtet werden – ein Umstand, der wohl zumindest teilweise als Ausdruck des ‚Schulterschlusses'[1362] zwischen Pippin und dem apostolischen Stuhl bewertet werden darf.

Insbesondere die Inzestbekämpfung und die Unauflösbarkeit der Ehe sind in diesen Texten prominent vertreten. Ehen von Unfreien, so scheint es, wurden von Pippin und seinen Großen im Zusammenhang mit dem Versuch, das besagte Unauflösbarkeitsprinzip im fränkischen Recht zu verankern, als Problem wahrgenommen. Ein wichtiger Grund wird gewesen sein, dass die Ausweitung des Unauflösbarkeitsprinzips auf Unfreienehen zu Einschnitten in die Besitzrechte an den unfreien Eheleuten geführt hätten. Dieser Problematik begegnete man auf den Versammlungen in Verberie (BK 16, a. 756) und Compiègne (BK 15, a. 757) insofern, dass dort zahlreiche Sonderfälle diskutiert wurden. So entschied man in BK 16 c. 19 etwa,[1363] dass Unfreie, die durch Verkauf von ihren Ehepartnern getrennt würden, in der Ehe verbleiben sollten. Die Ehe sollte also durch räumliche Trennung nicht aufgelöst werden. Einzelne unfreie Ehepartner zu verkaufen, wurde ihren Besitzern aber nicht untersagt. Neben den Besitzrechten von Unfreienbesitzern sollten aber auch Freie davor geschützt werden, unwissentlich durch Heirat mit einem Unfreien ihren freien Rechtsstatus zu verlieren.[1364] Erfolgreich waren die unter Pippin vorgenommenen Versuche die Ehe zu reformieren allerdings wohl nur bedingt.[1365]

Während Karl der Große die Ehegesetze seines Vaters 779 in Herstal (BK 20) zunächst bestätigte, finden sich in seinen insgesamt weit zahlreicheren Kapitularien nur wenige Kapitel, die sich inhaltlich mit der Ehe auseinandersetzen. Ein reger Diskurs zur christlichen Ehe fand auch unter Karls Herrschaft durchaus statt, wie diverse Bischofskapitularien und Kanones verschiedener Kirchenversammlungen zeigen. Unter diesen finden sich durchaus auch Kapitel zur Unfreienehe – erneut zumeist im Kontext des Unauflösbarkeitsprinzips. Bemerkenswert ist allerdings, dass sich dieser Diskurs eben nicht in den weit zahlreicheren Kapitularien Karls des Großen niederschlägt. Selbst das lange als „strongest statement made in defence of unfree people's right to marriage ever made in the Carolingian period"[1366] betrachtete c. 12 von BK 105 konnte als Umarbeitung von can. 30 des Konzils von Chalon (813) identifiziert werden.[1367] Während die Unfreienehe im Kontext des anhaltenden Diskurses um die Ehe für Teile des fränkischen Episkopats offenbar weiterhin von Bedeutung war, war die Thematik für die gesetzgeberische Aktivität Karls hingegen nicht relevant.

1362 Vgl. Ubl, Bonifatius, S. 422–423; ihm folgt Breternitz, Königtum, S. 63.

1363 Vgl. Nr. 16 c. 19 (MGH Capit. 1), S. 41.

1364 Vgl. Nr. 15 c. 7 (MGH Capit. 1), S. 38.

1365 So bereits Ubl, Inzestverbot, S. 269. Ubl erklärt Pippins Ehegesetzgebung zumindest in Bezug auf den Inzest für gescheitert.

1366 Rio, Slavery after Rome, S. 220.

1367 Vgl. Leyendecker, Eheschließung.

Auch während der Herrschaftszeit Ludwigs des Frommen stellt die Unfreienehe vonseiten der Kapitularien kein besonders intensiv behandeltes Thema dar. Ludwig selber widmet sich der Unfreienehe überhaupt nicht. Lediglich die kapitulariennahe CNS 15 mit ihrem c. 3 behandelt den Umgang mit dem Besitz von Freien, die Unfreie ehelichen. Bemerkenswert ist in diesem Zusammenhang der Versuch das Erbe des freien Partners an den Besitzer des unfreien Partners zu übertragen. Möglicherweise handelt es sich bei dieser Regelung um eine angestrebte Anpassung an das Gewohnheitsrecht. Dies lässt zumindest der oben behandelte Fall der Eheschließung von Ermansuinda mit einem Unfreien vermuten, die um ihren Besitz, aber nicht um ihren Status fürchtete.[1368]

Mehrfach findet sich die Unfreienehe allerdings in Kapiteln ebenjener Erlasse wieder, die von Lothar I. als Unterkönig von Italien ausschließlich für das Regnum Italiae erlassen worden sind. Diese Kapitel, die allesamt nicht primär als eherechtliche Bestimmungen verstanden werden dürfen, könnten als Versuch interpretiert werden, zwischen konträren Auffassungen im langobardischen und fränkischen Recht zu vermitteln. Zumindest bei CNS 23 c. 1 entsteht der Eindruck, dass in diesen Zweifelsfällen zugunsten der Besitzer von Unfreien entschieden wurde.

Insgesamt darf festgestellt werden, dass die Unfreienehe in den Kapitularien nahezu ausschließlich als begleitender Aspekt des grundsätzlichen politischen Diskurses zur Reform der Ehe zu finden ist. Da dieser Diskurs nur unter Pippin – dort aber immerhin als das dominante Thema – nennenswerte Beachtung erfuhr, findet sich die Unfreienehe auch nur in den Kapitularien Pippins umfangreich behandelt. Pippins intensive Auseinandersetzung mit dem Eherecht ist, wie bereits erwähnt, im Kontext seiner Beziehung zum apostolischen Stuhl zu verstehen, auf dessen Unterstützung er zur Legitimierung seiner Königswürde baute.[1369] Dass Karl und Ludwig dem Eherecht – und somit auch der Unfreienehe – weit weniger Bedeutung beimaßen ist wohl auf die veränderten politischen Kräfteverhältnisse ihrer jeweiligen Herrschaftszeit zurückzuführen.

1368 Vgl. Kapitel 5.4.
1369 Vgl. Ubl, Bonifatius, S. 422–423.

6. Unfreie Priester und die Ordination von Unfreien in den Kapitularien

In der Priesterschaft der frühen Karolingerzeit – insbesondere auf dem Land – sah die mediävistische Forschung des 20. Jahrhunderts und noch bis ins 21. Jahrhundert hinein überwiegend „Leibeigene, die ganz der Willkür des Herrn ausgesetzt waren".[1370] Ihren Ursprung hat diese Annahme spätestens in der Forschung von Ulrich Stutz, dessen 1895 veröffentlichte Studie zum Eigenkirchenwesen[1371] bis vor Kurzem „im Kern unbeschadet als Handbuchwissen" akzeptiert wurde.[1372]

Nach Stutz sind die Ursprünge der unfreien Priester des Frankenreichs – ebenso wie bei Langobarden, Burgundern und anderen nach Stutz ‚germanischen' Völkern – auf die Eigentempel dieser Germanen zurückzuführen.[1373] Dem Gründer beziehungsweise Erbauer der Kirche komme („selbst wenn es ein Weib war")[1374] die vollständige Verfügungsgewalt über die Kirche zu. Priester konnten willkürlich eingesetzt werden, ohne dass es einer „besonderen Befähigung oder Würdigkeit bedurfte", sodass sich der „Betraute regelmäßig in Abhängigkeit vom Herrn des Tempels" befand.[1375] Die Einsetzung beziehungsweise Ordination von Priestern oblag Stutz zufolge ausschließlich den Besitzern von Kultstätten.

Diese Situation stand, so Stutz, nach der „Eroberung Galliens durch Chlodowech" im Konflikt mit dem römischen beziehungsweise frühen kanonischen Recht, wobei sich in Bezug auf die „Ernennung der Geistlichen" die germanisch-fränkische Position durchgesetzt habe. Weiter sind es nach seiner Darstellung die Besitzer der jeweiligen Kirchen, die Priester einsetzen und nicht etwa die Bischöfe; der (unfreie) Rechtsstatus eines möglichen Kandidaten war in diesem Modell keineswegs ein Hindernis auf dem Weg zur Ordination. Aus dieser vermeintlichen Ausgangslage der Merowingerzeit imaginiert Stutz dann einen langwierigen Konflikt zwischen römisch-kanonischer und fränkisch-germanischer Vorstellung, der sich bis in die Karolingerzeit erstreckte.[1376]

1370 Oberholzner, Eigenkirchenwesen, S. 38. Ähnlich u. a.: Borst, Lebensformen, S. 522; Dhondt, Das frühe Mittelalter, S. 235; Wolf, Krypta, S. 148. Einen umfangreicheren Überblick zur Forschungsgeschichte mit weiterer Literatur bietet Steffen Patzold (Presbyter, S. 14–17).

1371 Stutz, Benefizialwesen.

1372 Patzold, Presbyter, S. 26 mit einer Zusammenfassung der Stutz'schen Thesen inklusive Rezeption auf S. 25–37.

1373 Vgl. Stutz, Benefizialwesen, S. 89–95.

1374 Ebd., S. 92.

1375 Ebd.

1376 Ebd., S. 134–145. Angemerkt werden muss an dieser Stelle bereits, dass ein solcher Konflikt der Rechtsauffassungen in den Quellen keineswegs greifbar ist. Wie Wilfried Hartmann (Vom frühen Kirchenwesen, S. 14) veranschaulicht, legen in Bezug auf die Ernennung von Klerikern sowohl das römische Recht des 6. Jahrhunderts als auch die Konzilien des Merowingerreichs in dieser Zeit fest, dass Besitzer von Kirchen Kandidaten vorschlagen dürfen, die endgültige Entschei-

Aufgegriffen und auf die Frage nach „Sklaven im Klerus- und im Ordensstand" zugespitzt, werden die Stutzschen Thesen knapp zwei Jahrzehnte später von Friedrich Schaub.[1377] Unter Verweis auf ersteren stellt Schaub fest: „Im Laufe des letzten Jahrhunderts der Merovingerherrschaft errang das Eigenkirchenwesen seinen völligen Sieg", sodass Bonifatius die fränkische Kirche insbesondere in Bezug auf die Zusammensetzung des Klerus in „trostloser Verfassung" vorfand.[1378] Insbesondere „Sklaven ... ohne irgendwelche theologische Bildung" waren Grund für Bonifatius, sich an Papst Zacharias zu wenden. Dessen verschiedene Schreiben ins Frankenreich, in denen er Schaub zufolge forderte, „vor der Ordination Herkunft und Gesinnung des zu Weihenden zu prüfen ... [und dass] keiner, der seinem Herrn entfloh, und niemand ex servili genere zum Priestertum zugelassen werden [dürfe]."[1379] In der Folgezeit versuchten die Karolinger nach Schaub zwischen den ‚germanischen' und den römischen Rechtssystemen bezüglich der Ordination von Unfreien zu vermitteln, wobei sich Karl der Große „nicht rückhaltlos auf die Seite Roms" stellte – erst Ludwig der Fromme, so Schaub, verbot in seinem Capitulare ecclesiasticum (CNS 8) von 818/819 „für das ganze Karolingerreich die Ordination von servi, wenn nicht zuvor die Herren ihnen die Freiheit verliehen hatten."[1380] Auch diese Darstellung blieb in der mediävistischen Forschung in ihrer Essenz lange ohne Widerspruch.[1381]

Doch spätestens seit Steffen Patzold viele Thesen zum Eigenkirchenwesen nach Stutz in seinem 2020 erschienenen Buch „Presbyter" relativieren konnte, muss auch die von Stutz vorgeschlagene Entwicklung der Karolingerzeit im rechtlichen Umgang mit der Ordination von Unfreien überprüft werden. Dies gilt umso mehr, da unlängst nachgewiesen werden konnte, dass unfreie Geistliche in verschiedensten Regionen des Frankenreichs weit weniger häufig waren als zuvor angenommen.[1382]

---

dung dann aber beim Bischof liegen sollte. Dass die Besitzer dieser Kirchen ihre (möglicherweise unfreien) Kandidaten in den meisten Fällen durchsetzen konnten, ist nach Hartmann (ebd.) anzunehmen. Dies zeugt aber nicht von einem Konflikt zwischen römischer und germanischer Auffassung, wie Stutz vermutet, sondern vielmehr von einer Diskrepanz zwischen Normgebung und Praxis. Wie Stutz (Benefizialwesen, S. 93) selbst anmerkt, existieren für die von ihm angenommenen germanischen Bräuche „der heidnischen Zeit" keine für das Frankenreich aussagekräftigen Quellenzeugnisse.

1377 Schaub, Studien, S. 82–116.

1378 Ebd., S. 97. Zur Einschätzung der Beschreibung des Bonifatius als Übertreibung vgl. Reuter, Kirchenreform, S. 35–37; Meijns, Confusion, S. 103.

1379 Schaub, Studien, S. 97–98.

1380 Ebd., S. 98–99.

1381 Exemplarisch angeführt sei in diesem Zusammenhang: Klein, Bestellung von Sklaven, 473–493. Nur kursorisch, aber nicht ablehnend äußert sich: Landau, Frei und Unfrei, S. 181–183. Susan Wood (Proprietary church, S. 522 und 792) äußert sich nur knapp unter Verweis auf Stutz. Weder Roy Flechner und Janel Fontaine (Admission, S. 586–611) noch Mary Sommar (Slaves of the churches, S. 154–189) widmen der diesbezüglichen Situation im Karolingerreich Aufmerksamkeit.

1382 Vgl. dazu den von Carine van Rhijn und Steffen Patzold herausgegebenen Sammelband (Men in the Middle) mit Detailstudien zu verschiedenen Regionen Zentraleuropas im frühen Mittelalter.

6.1. Die Ordination von Unfreien vor der Karolingerzeit – Ein Überblick

Die Frage, ob Sklaven in den ersten nachchristlichen Jahrhunderten kirchliche Funktionen ausüben durften, lässt sich nicht abschließend beziehungsweise flächendeckend beantworten, wie jüngst Daniel Vaucher betonte.[1383] Vaucher geht davon aus, dass sich im Verlauf des 3. Jahrhunderts ein gewisses Maß an Konsens gegen die (wohl verbreitete) Praxis der Ordination von Sklaven herausbildete, wenngleich auch im 4. Jahrhundert noch prominente Kirchenlehrer wie Hieronymus, Basilius von Caesarea und Gregor von Nazianz diese Ordinationspraxis (zumindest in Einzelfällen) als unproblematisch betrachteten.[1384]

In can. 80 der Synode von Elvira (vermutlich um 300) findet sich ein erstes durch den Rechtsstatus des Kandidaten bedingtes Ordinationsverbot.[1385] Festgelegt wird, dass Freigelassene zu Lebzeiten ihres (ehemaligen) Herren nicht in den Klerus erhoben werden dürfen.[1386] Die Ordination von Sklaven wird dort zwar nicht explizit thematisiert, aber zumindest die Ordination eines Sklaven gegen den Willen des Besitzers darf wohl als ebenfalls untersagt angenommen werden. Eine ähnliche Position findet sich gegen Ende des 4. Jahrhunderts in den Constitutiones apostolorum.[1387] Dort heißt es, dass die Ordination von Sklaven

---

Besonders hervorzuheben sind an dieser Stelle die Beiträge von Bernhard Zeller (Alamannia, S. 32–49), Thomas Kohl (Presbyter, S. 50–77), Charles Mérieaux (Ideal and Reality, S. 78–97) und Marco Stoffella (Tuscany, S. 98–124).

1383 Vgl. Vaucher, Sklaverei, S. 139–144. Vaucher spricht sich in diesem Zusammenhang (ebd., S. 139) explizit gegen die Verwendung des Amtsbegriffs für die Zeit vor dem 3. Jh. aus und spricht stattdessen von kirchlichen Funktionen bzw. Funktionären.

1384 Vgl. ebd., S. 145.

1385 Concilium Eliberitanum can. 80 (ed. Vives), S. 15: *Prohibendum, ut liberti, quorum patroni in saeculo fuerint, ad clerum non promoveantur.* Die Synode ist nicht nur in Hinblick auf ihre Datierung umstritten. Maurice Meigne (Concile ou collection, S. 361–379) geht davon aus, dass nur die ersten 21 Kanones der ursprünglichen Synode zuzuordnen sind, während die weiteren Kanones – so also auch can. 80 – der Synode erst später zugeordnet wurden und wohl auf anderen iberischen Synoden entstanden. Zur handschriftlichen Überlieferung vgl. Reichert, Canones, S. 26–28. Neue Literatur zur Synode mitsamt verschiedenen Positionen zu Datierung und Ort der Synode bietet: Rudolph, Communal Identity, S. 1 Anm. 2.

1386 Peter Landau (Frei und Unfrei, S. 179) interpretiert *quorum patroni in saeculo fuerint* in Bezug auf einen Freigelassenen der „einen Heiden als Herrn hatte". Engbert J. Jonkers (Verhalten der alten Kirche, S. 290) vermutet, dass „nur denjenigen, deren Patrone Priester waren" das Priesteramt gewährt wurde. Vaucher (Sklaverei, S. 146) deutet die Stelle als „deren Herren noch am Leben sind". Diese letztere Interpretation vertritt u. a. auch Peter Kritzinger (Ursprung, S. 65, Anm. 330), der in diesem Zusammenhang auch weitere Literatur bietet. Bissig bezeichnet Kritzinger Jonkers' Deutung als „abwegige Alternative" (ebd.), Landaus Deutung ist ihm nicht bekannt. Insgesamt ist Kritzinger und Vaucher zuzustimmen, wenn es heißt: „Es liegt auf der Hand, dass ‚in saeculo' hier sinngemäß mit ‚am Leben sein' übersetzt werden muss" (ebd.).

1387 Bei den Constitutiones apostolorum handelt es sich um „eine in der 2. Hälfte des 4. Jhs. n. Chr. wohl in Syrien entstandene Kompilation und Redaktion älterer kirchenrechtlicher und liturgischer Quellen" mit unbekanntem Verfasser (Seibt, Apostolische Konstitutionen).

bei Zustimmung des Besitzers oder nach Freilassung durchaus legitim sei.[1388] Dieser Umstand impliziert bereits, dass es hier primär besitzrechtliche und nicht etwa religiöse Motive sind, aus denen sich die Restriktionen der Ordination von Sklaven begründeten.[1389] Besitzrechtliche Motive dürfen wohl auch hinter den römischrechtlichen Bestimmungen zu vermuten sein, die ab dem späten 5. Jahrhundert die Ordination von Sklaven einschränkten.[1390] Zu rechtlichen Entwicklungen des 5. und 6. Jahrhunderts zu diesem Themenkomplex gibt es sowohl in Bezug auf das römische Recht als auch in Bezug auf die (westliche) Konziliengesetzgebung bereits einschlägige Forschungsbeiträge, sodass an dieser Stelle auf umfangreiche weitere Ausführungen verzichtet werden kann.[1391]

1388 Vgl. Constitutiones apostolorum VIII,47,82 (ed. Funk), S. 589–592. Unter den ins Lateinische übersetzten 50 Canones apostolorum, die über die Sammlung des Dionysius Exiguus (ed. Turner, S. 1–34) überliefert sind findet sich die Bestimmung nicht.

1389 Vgl. dazu auch Peter Landau (Frei und Unfrei, S. 180), der in diesem Zusammenhang feststellt, dass die „unfreie Geburt kein Makel [war], der auf Dauer für das ganze Leben den Stand des Klerikers unerreichbar machte." Anders – und zudem in Bezug auf die Bestimmung der Synode von Elvira – Kritzinger, der auch die ‚geringe Herkunft' des Klerikers als zusätzliche Problematik vermutet, wenn er schreibt: „Mögliche finanzielle Einbußen, Angst die Aufmerksamkeit der Jurisdiktion auf sich zu ziehen, das Unterbinden der Einflussnahme von *patroni* auf die Kirche etc. sind mögliche, ja wahrscheinliche Gründe, die in der Literatur hinreichend dargelegt wurden. Zu diesen praktischen Gründen, die sich gegenseitig durchaus nicht ausschließen, tritt m. E. aber eben auch die an Bedeutung gewinnende Frage nach der Herkunft eines Klerikers. Denn unser Canon entfaltet seine Wirkung nicht gegen Sklaven, sondern gegen bereits Freigelassene" (Kritzinger, Ursprung, S. 65, Anm. 330). Kritzinger scheint in diesem Zusammenhang allerdings außer Acht zu lassen, dass die zuerst genannten Motive auch in Bezug auf Freigelassene von Bedeutung sind, da auch sie nach römischen Recht prinzipiell in einem Abhängigkeitsverhältnis zu ihrem Patron (oftmals der ehemalige Herr) standen. Bemerkt sei in diesem Zusammenhang auch ein Brief Papst Leos I., in dem er Sklaven die „notwendige ‚*dignitas natalium et morum*'" (Kritzinger, Ursprung, S. 65) abspricht. Dass (zumindest vereinzelt) auch Bedenken in Bezug auf die Eignung von Sklaven als Gründe gegen deren Ordination angeführt wurden. Ähnlich hatte sich in der Mitte des 3. Jahrhunderts bereits Stephan I. geäußert, wie Richard Klein (Bestellung von Sklaven, S. 475) bemerkt. Dennoch kommt Justin M. Pigott (Gregory of Nazianzus, S. 816) in seiner umfangreichen Auseinandersetzung zu den Gründen für die kanonischen Einschränkungen der Ordination von Sklaven überzeugend zu dem: „[Ecclesiastical authorities] shared the same concerns [as the civil authorities] over a breakdown in the social hierarchy and damage to the economy".

1390 Cod. Iust. 1,3.36(37) (ed. Krüger), S. 41: *Iubemus adscripticiorum creationes secundum veterem constitutionem, nisi dominorum possessionum, unde oriundi sunt, evidens concurrerit consensus, nullius penitus esse momenti, sed isdem fundorum dominis, qui faciendae creationi non sicut dictum est evidenter consenserint, ius proprium ad similitudinem ceterorum colonorum in suos adscripticios exercendi, tamquam si nulla creatio intercessisset, tribui facultatem… Servos sane sociari clericorum consortiis volentibus quoque et consentientibus dominis modis omnibus prohibemus, cum liceat eorum dominis, data servis prius libertate licitum eis ad suscipiendos honores clericorum iter, si hoc voluerint, aperire.* Zu diesem Gesetz des Kaisers Zenon von 484, welches sich im Cod. Iust. überliefert findet, vgl. auch Landau (Frei und Unfrei, S. 180).

1391 Vgl. Landau, Frei und Unfrei, S. 180–182; Pigott, Gregory of Nazianzus, S. 807–816. Quellenstellen finden sich zudem übersichtlicher bei Flechner / Fontaine, Admission, S. 588, Anm. 6. Für den byzantinischen Osten und bis ins 13. Jh. vgl.: Perentidis, Ordination, S. 231–248; weniger umfangreich, aber mit wichtigen Relativierungen einiger Thesen von Perentidis vgl.: Rotman, Byzantine Slavery, S. 133 und 144–145.

Zusammenfassend festgestellt werden kann allerdings, dass die Ordination von Sklaven vom 4. bis in das 7. Jahrhundert sowohl im Osten als auch im Westen gegen den Willen ihres Besitzers grundsätzlich nicht zulässig war. Kein Zweifel besteht allerdings, dass solche Ordinationen dennoch zumindest vereinzelt vorgenommen wurden.[1392]

Im Frankenreich wird die Auseinandersetzung mit der Frage nach den Bedingungen der Ordination von Unfreien in der ersten Hälfte des 6. Jahrhunderts greifbar. Im Rahmen des großen Reichskonzils in Orléans (511)[1393] wird bestimmt, dass eine Ordination, die ohne Wissen und Einwilligung des Besitzers eines Unfreien stattgefunden hatte, nicht rückgängig gemacht werden sollte. Stattdessen sollte der ordinierende Bischof oder aber – bei Unwissenheit um den Status des Ordinierten – der Zeuge beziehungsweise Fürsprecher des Unfreien, eine finanzielle Kompensation in Höhe des doppelten Wertes des (ehemaligen) Sklaven leisten.[1394] Ziel des Kanons ist offensichtlich eine Vermittlung im Konflikt zwischen Besitzrecht und dem kanonischen Prinzip der Unumkehrbarkeit der Ordination. Verbreitung fand dieser Kanon im Merowingerreich durch die Collectio Vetus Gallica.[1395]

Auf einem weiteren Konzil in Orléans (a. 538)[1396] wird in can. 29 unter Androhung eines einjährigen Verbots, Messen zu lesen, grundsätzlich untersagt, *servi* oder *coloni* vor deren Freilassung zu ordinieren.[1397] Die Bestimmung ist also von größerer Strenge gekennzeichnet. Während verschiedene Kanones dieser Versammlung in den großen Kirchenrechtssammlungen des Frankenreichs zu finden sind, ist can. 29 in diesen nicht überliefert.[1398] Eine nennenswerte Verbreitung dieser strengeren Bestimmung ist für das Merowingerreich zwischen dem 6. und 8. Jahrhundert nicht bekannt.

Im Osten bestimmte Justinian 546, dass die Priesterweihe (nicht aber die Bischofsweihe) eines Sklaven, die entgegen dem Willen von dessen Besitzer

---

1392 Diese Einschätzung ist in der Forschung unbestritten und findet sich u. a. bei: Rio, Slavery after Rome, S. 224 mit Anm. 26; Barrow, Clergy, S. 337 mit Anm. 164.

1393 Zum Konzil vgl. Pontal, Synoden, S. 23–34, insb. S. 29 zur Thematik dieses Kapitels. Kürzer: Scholz, Ausgewählte Synoden, S. 113–115. Allgemein zu den Synoden der Merowingerzeit zuletzt: Scholz, Ausgewählte Synoden. Neben den Kanones mitsamt Übersetzung bietet Scholz jeweils auch einen kurzen Überblick zum Kontext der Versammlungen.

1394 Concilium Aurelianense a. 511 can. 8 (MGH Conc. 1), S. 5: *Si servus absente aut nesciente domino et episcopo sciente, qoud servus sit, aut diaconus aut presbyter fuerit ordinatus, ipso in clericatus officio permanentem episcopus eum domino dupli satisfactione conpenset. Sin vero episcopus eum servum esse nescierit, qui testimonium perhibent aut eum supplicaverint ordinari, simili redibitione teneantur obnoxii.* Vgl. dazu auch: Landau, Frei und Unfrei, S. 182.

1395 Collectio Vetus Gallica c. 11 (ed. Mordek), S. 396. Zur Überlieferung des Kanons in späteren Texten vgl. Pontal, Synoden, S. 294.

1396 Zum Konzil vgl. ebd., S. 78–85; Scholz, Ausgewählte Synoden, S. 185–187.

1397 Concilium Aurelianense a. 538 can. 29 (MGH Conc. 1), S. 81–82: *Ut nullus servilibus colonariisque conditionibus obligatus iuxta statuta sedis apostolicae ad honores ecclesiastecus admittatur, nisi prius aut testamento aut per tabolas eum legeteme constetirit absolutum. Quod si quis episcoporum eius, qui ordenantur, conditionem sciens transgredi per ordinationem inhebitam fortasse voluerit, anni spacio missas facere non praesumat.*

1398 Vgl. die Konkordanz bei Pontal, Synoden, S. 298–299.

vorgenommen worden war, binnen Jahresfrist revidiert werden könne. Obwohl die Bestimmung nicht im Frankenreich erlassen wurde, verbreitete sich auch diese über die Epitome Iuliani im christlichen Westen, wenngleich an dieser Stelle nicht zu klären ist, ab welchem Zeitpunkt eine breitere Rezeption der Epitome angenommen werden kann – Handschriften der Epitome finden sich im Westen erst aus dem 9. Jahrhundert.[1399]

549[1400] wird erneut in Orléans „der Konflikt zwischen Herrenrecht und Ordination so gelöst, daß der Geweihte seinen kirchlichen Status behält, aber nach wie vor zum Gehorsam gegenüber seinem Herrn verpflichtet sei".[1401] Bemerkenswerterweise ist der Kanon von 549 in der Vetus Gallica nicht zu finden, obwohl Kanones des Konzils in die Sammlung aufgenommen wurden.[1402] Weitere Verbreitung erfuhr im Merowingerreich zu diesem frühen Zeitpunkt nachweislich primär can. 8 von 511.

In Bezug auf die Frage nach dem Umgang mit unrechtmäßig ordinierten Sklaven beziehungsweise Unfreien haben drei der vier Texte gemein, dass sie das grundsätzliche Verbot der Ordination eines Unfreien entgegen dem Willen des Besitzers implizit voraussetzen, während dieses nur 538 explizit gemacht wurde. Dieses Verbot darf dementsprechend wohl auch als im Merowingerreich grundsätzlich akzeptierte Rechtsgrundlage betrachtet werden. Da nur in diesem Kanon von 538 – der zumindest wahrscheinlich wenig Verbreitung erfuhr – die Freilassung notwendige Bedingung der Ordination ist, während in den übrigen drei Fällen lediglich die Zustimmung des Herrn für die rechtmäßige Ordination vorausgesetzt wird, muss davon ausgegangen werden, dass es zumindest primär besitzrechtliche Bedenken sind, welche die Grundlage des Ordinationsverbots bildeten, während aus dem niederen Rechtsstatus resultierende Be-

---

1399 Vgl. Landau, Frei und Unfrei, S. 181. Die justinianische Bestimmung findet sich in der Epitome Iuliani 454,28 (ed. Hänel), S. 154: *Si servus sciente et non contradicente domino in clero sortitus sit, ex hoc ipso liber et ingenuus fiat. Si enim ignorante domino consecratio facta fuerit, liceat domino intra annum tantum condicionem probare, et proprium servum recipere. Sin autem servus sciente vel ignorante domino secundum ea, quae diximus, ex ipso honore clericatus libertatem meritus, postea ecclesiasticum ministerium reliquerit, et ad laicorum vitam transierit, domino suo in servitio tradatur.* Zu den Epitome Iuliani allgemein vgl.: Kaiser, Epitome Iuliani; sowie den entsprechenden Eintrag in der Bibliotheca legum, zu finden unter: http://www.leges.uni-koeln.de/lex/epitome-iuliani/ [zuletzt eingesehen am: 27.03.2023].

1400 Zur Versammlung vgl. Scholz, Ausgewählte Synoden, S. 239–241.

1401 Ebd. Vgl. dazu Concilium Aurelianense a. 549 can. 6 (MGH Conc. 1), S. 102: *Ut servum, qui libertatem a dominis propriis non acceperit, aut etiam iam libertum nullus episcoporum absque eius tantum voluntate, cuius aut servus est aut eum absolvisse dignoscitur, clericum audeat ordinare. Quod si quisquam fecerit, is, qui ordinatus est, a domino revocetur et ille, qui est collator ordinis, si sciens fecisse probatur, sex mensibus missas tantum facere non praesumat. Si vero saecularium servus esse convincitur, ei, qui ordinatus est, benedictione servata, honestum ordini domino suo impendat obsequium. Quos si saecularis dominus amplius eum voluerit inclinare, ut sacro ordini inferre videatur iniuriam, duos servos, sicut antiqui canones habent, episcopus, qui eum ordinavit, domino saeculari restituat et episcopus eum, quem ordinavit, ad ecclesiam suam revocandi habeat potestatem.*

1402 Vgl. Mordek, Kirchenrecht, S. 44.

denken in Bezug auf mangelnde Würde oder Eignung vermutlich von nachrangiger Bedeutung waren.[1403]

6.2 Die Ordination von Unfreien zur Zeit Pippins des Jüngeren

Für die Herrschaftszeit Pippins sind in diesem thematischen Kontext als früheste relevante Quellen, neben den aus Kirchenversammlungen hervorgegangenen Kapitularien der 740er Jahre,[1404] einige Briefe des Papstes Zacharias zu identifizieren. Es handelt sich bei diesen zum einen um eine „Reaktion auf eine Reihe von Fragen zum Kirchenrecht, die auf eine Synode oder Reichsversammlung des Jahres 746 in Pippins Reichsteil zurückgingen."[1405] Ein weiterer hier relevanter Brief ist an Bonifatius gerichtet und ebenfalls als Antwortschreiben auf eine nicht überlieferte Anfrage desselben an Zacharias zu verstehen.[1406] Der dritte Brief ist an insgesamt 13 namentlich genannte fränkische Große, sowie alle anderen Freien und Unfreien im Frankenreich gerichtet.[1407] Die beiden letzteren Briefe entstanden wohl 748.[1408]

Um die von Karlmann und Pippin in ihrer Zeit als Hausmeier abgehaltenen Kirchenversammlungen und die daraus hervorgegangenen Erlasse nicht unberücksichtigt zu lassen, sei an dieser Stelle so viel gesagt: Während Kirchenhierarchie und -organisation im Frankenreich und ebenso die Lebensführung von Geistlichen umfangreich behandelt werden, wird dem Rechtsstatus von diesen keine Aufmerksamkeit gewidmet.[1409] Lediglich die angemahnte Überprüfung von unbekannten beziehungsweise fremden Priestern durch den zuständigen Bischof vor deren Zulassung zum Gottesdienst[1410] könnte möglicherweise im Kontext der im Folgenden zu besprechenden Briefe Zacharias' mit Unfreien und deren Ordination in Verbindung gebracht werden.

1403 Freilich ist damit keineswegs gesagt, dass solche Bedenken nicht existierten. Solche Bedenken, etwa vonseiten Leos I., wurden über die Dionysio-Hadriana verbreitet, in der sie aufgenommen sind.

1404 Nr. 10–12 (MGH Capit. 1), S. 24–30. Sogar der sonst in Bezug auf den Kapitularienbegriffs skeptische Steffen Patzold bezeichnete die aus Kirchenversammlungen resultierenden Texte jüngst (Presbyter, S. 164) als „Kapitularien". Vgl. dazu auch: Hartmann, Synoden, S. 53.

1405 Hartmann, Pippin, S. 142. Die eigentliche Anfrage Pippins von 746 ist nicht überliefert. Hartmann merkt zu Recht an, dass die päpstliche Antwort zwar „nominell" Pippin adressiert, aber im Brief dann „allerdings nur die geistlichen und weltlichen Fürsten" angesprochen werden (ebd.). Zu diesem Brief vgl. auch: Patzold, Presbyter, S. 161. Vgl. auch Nr. 3 (MGH Epp. 3), S. 479–487.

1406 Nr. 80 (MGH Epp. sel. 1), S. 172–180.

1407 Nr. 83 (MGH Epp. sel. 1), S. 185: *Viris magnificis filiis Throando, Sandrado, Nantherio, Liufrido, Sterfrido, Gundperto, Agno, Haaldo, Rantulfo, Rotperto, Brunicho, Rothardo, Rocgoni vel omnibus magnis et parvis, ingenuis et servis…*

1408 Vgl. die entsprechende Datierung ebd. S. 172 und 184.

1409 Zusammenfassungen der Inhalte der Konzilsbestimmungen der Hausmeierzeit bietet: Hartmann, Synoden, S. 50–63.

1410 Behandelt wird dieses Thema in c. 1 des Concilium Germanicum von 742 (MGH Conc. 2,1, S. 3) und c. 5 der Versammlung von Soissons von 744 (ebd., S. 35).

Diese Feststellung gilt gleichermaßen auch für den ältesten der drei erwähnten Briefe – das päpstliche Antwortschreiben an (Pippin und) die Teilnehmer einer Kirchenversammlung von 746: Erneut werden Fragen des priesterlichen Lebenswandels umfangreich behandelt, die Frage nach der Ordination von Unfreien wird hingegen nicht thematisiert, wenn man von der in c. 19 erwähnten Notwendigkeit eines Empfehlungsschreibens und der zu vollziehenden Prüfung vor der Aufnahme unbekannter Bischöfe, Priester und Diakone absieht.[1411] Erneut lässt sich zwar vermuten, dass auch flüchtige Unfreie unter denjenigen zu vermuten sind, die des Versuchs beschuldigt werden, sich geistliche Würden betrügerisch anzueignen,[1412] aber eben auch zahlreiche andere Gruppen wie Ehebrecher und Mörder. Besondere Aufmerksamkeit widmet Zacharias dem Rechtsstatus von Geistlichen also keineswegs. Da es sich bei den insgesamt 27 Kapiteln des Briefes um die Antwort auf eine fränkische Anfrage handelt, muss davon ausgegangen werden, dass auch die vorausgegangene Anfrage dem Rechtsstatus von Priestern keine nennenswerte Bedeutung zugemessen hatte.

Widmen wir uns nun den beiden weiteren Briefen von Zacharias aus dem Jahre 748, einer adressiert an Bonifatius, einer an die Franken im Allgemeinen, von denen 13 Große namentlich genannt werden.[1413] Wie erwähnt ist davon auszugehen, dass beide Briefe von einem nicht überlieferten Schreiben des Bonifatius an den apostolischen Stuhl inspiriert wurden. Der zweitgenannte Brief an die Franken enthält eine päpstliche Mahnung, kein Laie möge Geistliche (*clerici*) in seinem *obsequium* haben.[1414] Die Formulierung *nullus saecularis clericum in suum obsequium habeat* erhob Friedrich Schaub 1913 unter Bezugnahme auf Stutz' Studie zu den fränkischen Eigenkirchen und in Kombination mit dem letzten Absatz des Briefes zum „kirchlichen Grundsatz" mit dem darin enthaltenen Verbot, „niemand ex servili genere" dürfe zum Priester geweiht werden.[1415] Ein genauerer Blick auf das päpstliche Schreiben zeigt allerdings, dass es

1411 … *Nullus episcoporum peregrinorum aut presbiterorum seu diaconorum sine commendaticiis suscipiatur epistolis…* (MGH Epp. 3, S. 484). Ein Beispiel für ein solches Empfehlungsschreiben findet sich etwa in den Formulae Senonenses recentiores (Nr. 14, MGH Formulae, S. 218).

1412 … *et ad communionem nullatenus admittantur, quia subrepcione multa proveniunt.* Beide hier aus dem Papstbrief zitierten Passagen sind Übernahmen aus der Collectio Dionysiana (Canones apostolorum can. XXXIII [XXXIIII] [ed. Turner], S. 22–23). Weitere Übernahmen aus dieser um 500 entstandenen und mehrfach ergänzten Kirchenrechtssammlungen finden sich vielfach in Zacharias' Brief. Zu dieser Sammlung samt Überarbeitungen, handschriftlichen Überlieferung und weiterer Literatur vgl. Kéry, Canonical Collections, S. 9–13. Zur Collectio Dionysio-Hadriana, die auf der Dionysiana basiert, vgl. ebd., S. 13–20. Umfangreicher und weiterhin erwähnenswert Maassen, Geschichte der Quellen, S. 441–471. In der Collectio Dionysio-Hadriana fand eine dieser Überarbeitungen unter Karl dem Großen weite Verbreitung im Frankenreich. Einen guten Überblick zu verschiedenen Aspekten des kanonischen Rechts im frühen Mittelalter bietet Firey, Early Medieval Canon Law, S. 32–45.

1413 Vgl. S. 261 Anm. 1407.

1414 Nr. 83 (MGH Epp. sel. 1), S. 186: *Apostolicum praeceptum vobis mando, ut nullus saecularis clericum in obsequium suum habeat…*

1415 Schaub, Studien, S. 98. Der letzte Absatz des genannten Briefes lautet: *Presbiter autem aut diaconus nulla consecrari debet ratione, nisi ante eius requiratur origo et conversatio conprobetur; et si dignus fuerit*

nicht ausschließlich der Rechtsstatus dieser Kleriker ist, der Zacharias Sorge bereitet. Ebenso soll ein allzu hedonistischer Lebenswandel dieser Geistlichen, etwa durch Spielen, Fallenstellen oder die Teilnahme an der Jagd,[1416] verhindert werden.[1417]

Wenig später im selben Brief mahnt Zacharias an, dass in den von Franken gegründeten Kirchen (*in aeclesiis a vobis fundatis*) keine fremden Priester eingesetzt werden sollten – auch dann nicht, wenn diese behaupteten, bereits durch den zuständigen Bischof geweiht oder von diesem aufgrund eines Empfehlungsschreibens aufgenommen worden zu sein.[1418] Zacharias begründet diese Mahnung zur Vorsicht mit dem Hinweis, viele dieser vermeintlichen Priester seien Lügner (*mendaces*), unter anderem *servi*, die ihrem Herrn entlaufen seien und bloß vorgeben würden geweihte Priester zu sein. Erst nach Befragung durch den zuständigen Bischof in Bezug auf dessen Herkunft (*origo*) und Sinneswandel (*conversatio*) solle dieser die entsprechenden geistlichen Weihen vornehmen.[1419] Dass Zacharias primär bemüht ist, die Zuständigkeit der Weihe in den Händen des Bischofs zu wissen, geht auch aus dem anschließenden Absatz des Briefes hervor. Dort wird die Einsetzung von Äbten und Äbtissinnen in von Franken gebauten Klöstern thematisiert, die ebenfalls nur durch den Bischof erfolgen soll.[1420] Die bereits erwähnte, am Ende des Briefes zu findende Anweisung, niemand Unwürdiges oder *ex servili genere* solle in kirchliche Würden erhoben werden, muss zudem wohl auch auf diese flüchtigen Unfreien bezogen werden, sodass Zacharias hier möglicherweise lediglich ein Ordinationsverbot vor der Freilassung und kein grundsätzliches Verbot der Ordination unfrei Geborener aufgrund von mangelnder Würde einfordert.[1421] Auch Patzold sieht Zacharias'

---

inventus, ut suprascriptum est, ab episcopo consecretur; indigni autem aut ex servili genere nequaquam sacerdotium accipiant vel ecclesia illis ad regendum credatur. Tatsächlich führt die Hs. Karlsruhe Rastatt 22 *ingenui* statt *indigni*. Wie bereits Tangl in seiner Edition (Nr. 83 [MGH Epp. sel. 1], S. 187 Anm. 4) bemerkt ist hier allerdings dem Text der Hs. München Lat. 8112 zu folgen. Etwas vorsichtiger, aber im gleichen Sinne wie Schaub deutet die Stelle Klein (Bestellung von Sklaven, S. 490) mit Bezugnahme auf die Studien von Ulrich Stutz (Benefizialwesen).

1416 Das an Geistliche gerichtete Verbot der Jagd findet sich bereits in c. 3 der Versammlung von Soissons (744) formuliert. Vgl. MGH Conc. 2,1, S. 34.

1417 Nr. 83 (MGH Epp. sel. 1), S. 186: *Detestabile est enim et iniquum opus clericum in ludis inveniri aut cum acceptoribus vel venationibus degere vitam tantisque scenicis causis sauciatum ad episcopatum aut presbiterium vel quodlibet sacerdotale officium accedere, non bonis, sed malis vitiis plenum.* Diese Deutung scheint auch Patzold (Presbyter, S. 166) zu teilen, wenn er schreibt: „Stutz hat diesen Passus auf Priester an Eigenkirchen bezogen; tatsächlich dürfte er aber gegen ‚Hauspriester' von Aristokraten gerichtet gewesen sein. Auch hier geht es jedenfalls um Priester, die im Dienst von Laien stehen und ihrem Herrn bei allerlei Vergnügungen und bei der Jagd zur Hand gehen." Bemerkenswerterweise widmet Patzold dem Rechtsstatus dieser Hauspriester an dieser Stelle keine Aufmerksamkeit. Und in der Tat ist das von ihm beschriebene Dienstverhältnis solcher Hauspriester keineswegs zwingend nur auf Unfreie zu beziehen.

1418 Nr. 83 (MGH Epp. sel. 1), S. 186.

1419 Ebd.

1420 Ebd., S. 186–187.

1421 Schaub (Studien, S. 98) deutet das von Tangl überzeugend als *indigni* identifizierte *ingenui* des Satzes *indigni autem aut ex servili genere* (MGH Epp. sel. 1, S. 187) gar als *fugitivi* und widerspricht

Schreiben primär als Forderung, die Ordination von Geistlichen in bischöflicher Zuständigkeit zu belassen. Laut ihm „propagierte [Zacharias] gerade dies als ein geeignetes Mittel, um einem Mißbrauch [etwa durch flüchtige Unfreie] vorzubeugen".[1422]

Aus dem dritten hier zu besprechenden Brief, ebenfalls von 748, geht hervor, dass Bonifatius dem Papst von verschiedenen Personen berichtet hatte, die sich im Frankenreich unrechtmäßig, also ohne durch einen Bischof geweiht worden zu sein, als Bischöfe oder Priester ausgegeben hatten. Zu diesen sollen neben Ehebrechern (*adulteri*), Mördern (*homicidae*) und einigen weiteren Gruppen auch zahlreiche tonsurierte Unfreie (*multi servi tonsurati*) gehört haben, die ihren Herren entlaufen waren.[1423] Inwiefern in Bonifatius' Bericht eine akkurate Beschreibung der Situation im Frankenreich zu sehen ist, kann freilich nicht rekonstruiert werden. Dass die Darstellung zu einem gewissen Grad als übertrieben betrachtet werden darf, scheint allerdings äußerst wahrscheinlich.[1424] Zacharias weist Bonifatius jedenfalls in seiner Antwort an, diese *servi diaboli* – und damit sind alle aufgezählten Gruppen und nicht bloß die tonsurierten Unfreien gemeint –, wann immer er sie findet, durch eine Synode der Mönchsregel und Buße unterwerfen zu lassen.[1425] Ein allgemeines Verbot, Unfreie zu ordinieren, findet sich in diesem Brief ebenso wenig wie im eben betrachteten päpstlichen Schreiben an Pippin und seine Berater.[1426]

Das nach Schaub von Zacharias eingeforderte (allgemeingültige) Verbot findet zudem weder in dessen späteren Briefen an Bonifatius noch in den Responsa seines Nachfolgers Stephan II. des Jahres 754 an Pippin Wiederholung, obwohl die Ordination in beiden Fällen thematisiert wird.[1427] Es ergibt sich die Frage, weshalb Zacharias seine Forderung ausschließlich an die Franken richtet, dieses Thema aber in den umfangreichen und themenverwandten Korrespon-

---

sich mit dieser Deutung selbst, wenn er von einem grundsätzlichen Ordinationsverbot ausgeht. Insgesamt könnte die Formulierung – und hier muss unter Rückbezug auf die Interpretation von Tangl (Nr. 83 [MGH Epp. sel. 1], S. 187 Anm. 4) von *indigni* als korrekter Lesart ausgegangen werden – gar so gedeutet werden, dass der unfreie Rechtsstatus eben nicht zur grundsätzlich mangelnden Würde der zu ordinierenden Person führt, da die beiden Gruppen der Unwürdigen und Unfreien separat angeführt werden. Allerdings würde wohl auch diese Interpretation zu weit gehen und dem Absatz zuviel Bedeutung zukommen lassen.

1422 Patzold, Presbyter, S. 166. In einer früheren Publikation (Eigenkirchen-Konzept, S. 242–243 Anm. 64) zu diesem Thema hält Patzold – wenngleich nicht explizit auf die hier besprochene Stelle bezogen – fest: „Bestimmungen gegen die Weihe von Unfreien sind, anders als Stutz meinte, in erster Linie gegen die weihenden Bischöfe gerichtet und schützen die Interessen der Herren dieser Unfreien: Die Herren sollten nicht ohne ihre Zustimmung durch eine Priesterweihe die Kontrolle über einen ihrer Unfreien verlieren." Ähnlich auch Hartmann, Vom frühen Kirchenwesen, S. 15.

1423 Nr. 80 (MGH Epp. sel. 1), S. 175.

1424 Zweifel am Realitätsgehalt der Beschreibungen des Bonifatius äußerten bereits: Reuter, Kirchenreform, S. 35–37; Meijns, Confusion, S. 103.

1425 … *sub regula monachica et penitentia summissos*… Nr. 80 (MGH Epp. sel. 1), S. 176.

1426 Zum Adressatenkreis des Briefes vgl. Hartmann, Pippin, S. 142.

1427 Vgl. Nr. 87 (MGH Epp. sel. 1), S. 194–201, insb. S. 199. Zu den Responsa Stephans II. vgl.: Ubl, Bonifatius, S. 403–449 mit Edition des Textes auf S. 435–449.

denzen mit Bonifatius und Pippin ausspart. In den Kapitularien Pippins aufgegriffen, findet sich dieses Verbot ebenfalls nicht wieder.[1428] Selbst bei Zutreffen der These Schaubs von einer durch Zacharias geäußerten Forderung nach einem allgemeingültigen Ordinationsverbot für Unfreie, wäre diese im Frankenreich unter Pippin also ohne Echo geblieben. Verwundern kann dieser Befund nicht, da Pippin, anders als sein Bruder Karlmann, „eher zögerlich" in Bezug auf die kirchlichen Reformbemühungen von Bonifatius und Zacharias reagierte.[1429] Für Pippin bestand offenbar keine Notwendigkeit für legislative Veränderungen oder der Wiederholung bereits bekannter kanonischer Rechtssätze bezüglich der Ordination von Unfreien.

Insgesamt scheint Zacharias in seinen Briefen an die Franken mehr daran interessiert gewesen zu sein, dass Bischöfe die Ordination von Geistlichen durchführen als die Ordination von Unfreien allgemein zu verbieten. Ein gewisses Interesse an dieser Thematik, beeinflusst wohl durch die (übertriebenen) Darstellungen vonseiten des Bonifatius, scheint aber von päpstlicher Seite bestanden zu haben. Inwiefern hier allerdings eine grundsätzliche Ablehnung angenommen werden sollte, ist fraglich. Schaubs Behauptung[1430] scheint hier allzu sehr von Stutz Thesen inspiriert.[1431]

Die Lebensführung und Legitimität[1432] von Priestern und die hierarchische Organisation der Kirche im Frankenreich fanden im Verlauf von Pippins Herrschaftszeit mehrfach (und teils unter Einbeziehung des apostolischen Stuhls) Einzug in verschiedene normative Texte. Hingegen erfährt der Rechtsstatus nur in Bezug auf flüchtige Unfreie, die sich unrechtmäßig (und andernorts) als Priester ausgaben, nur von päpstlicher Seite Erwähnung. Es trifft allerdings zu, dass die im Frankenreich bereits im 6. Jahrhundert aufgekommene Frage nach den Bedingungen für die Ordination von Unfreien in der Mitte des 8. Jahrhunderts durch Bonifatius und Zacharias erneut eine gewisse Relevanz zukam. Eine lediglich in einem Brief geäußerte Forderung sollte keinesfalls zum „kirchlichen Grundsatz"[1433] erhoben werden.

Wenn nicht ex negativo argumentiert werden soll, dass das Schweigen der Erlasse Pippins zur Ordination von Unfreien Ausdruck einer diesbezüglichen Politik ist, darf wohl konstatiert werden, dass die Ordination von Unfreien be-

---

1428 Der Lebenswandel von Klerikern im Zusammenhang mit Pippins Inzestgesetzgebung wird hingegen in c. 3 von Pippins Königskapitular möglicherweise diskutiert. Vgl. Nr. 13 (MGH Capit. 1), S. 31–32. Mögliche Deutungen des Kapitels finden sich bei: Breternitz, Königtum, S. 52–53. Die Unterordnung von Priestern unter den zuständigen Bischof (c. 8) und Kontrolle von vagierenden Bischöfen (c. 14) wird auf der Versammlung von Ver 755 betont. Vgl. Nr. 14 (MGH Capit. 1), S. 32–37. Vgl. dazu: Hartmann, Synoden, S. 70. Zur Versammlung in Ver zuletzt: Glatthaar, Konzilsdekret von Ver, S. 69–90.

1429 Hartmann, Pippin, S. 147. So bereits angedeutet bei: Schieffer, Geschichtliche Sendung, S. 20–21.

1430 Schaub, Studien, S. 98.

1431 Vgl. Stutz, Benefizialwesen.

1432 Zu Bonifatius' Bedenken zu sogenannten Pseudopriestern vgl.: Schieffer, Winfrid-Bonifatius, S. 127–133; Ubl, Bonifatius, S. 409–414.

1433 Schaub, Studien, S. 98.

ziehungsweise deren Verbot für Pippin, wenn überhaupt, von geringem Interesse war.

6.3 Karl der Große und die Ordination von Unfreien

Während die Ordination von Unfreien im Frankenreich unter Pippin ausschließlich im Kontext päpstlicher Mahnungen, nicht aber direkt vonseiten Pippins thematisiert wird, entsteht bei einem oberflächlichen Blick auf die Kapitularien Karls des Großen ein gänzlich anderer Eindruck: Mindestens acht Kapitel aus sieben verschiedenen Kapitularien (oder kapitulariennahen Texten) erwähnen die Ordination von Unfreien beziehungsweise ordinierte Unfreie explizit.[1434]

6.3.1 Die Collectio Dionysio-Hadriana, die Admonitio generalis und die Ordination von Unfreien bis 800

Chronologisch an erster Stelle steht in Bezug auf diese Texte die Admonitio generalis von 789. In c. 23 wird dort allen Franken eingeschärft, dass weder Mönche noch Kleriker sich weltlichen Geschäften zuwenden sollen. Ergänzt wird das Kapitel durch das Verbot, keiner möge den Unfreien eines anderen (*servus alterius*) ohne Willen und Erlaubnis (*voluntate et licentia*) von dessen Herrn in den Kleriker- oder Mönchsstand erheben.[1435] Dieses Verbot wird unter direkter Bezugnahme auf das Konzil von Chalkedon von 451 (can. 4)[1436] und ein Dekret

1434 Es handelt sich dabei um: Admonitio generalis cc. 23 und 57 (ed. Glatthaar et al., S. 194–195 und 206–207); Nr. 28 c. 23 (MGH Capit. 1), S. 76; Nr. 35 c. 26 (MGH Capit. 1), S. 103; Nr. 47 c. 8 (MGH Capit. 1), S. 133; Nr. 103 (MGH Capit. 1), S. 211–212; Nr. 12 c. 40 (MGH Hilfsmittel 15, S. 989). Wie bereits erwähnt, handelt es sich bei Nr. 47 lediglich um eine Rubrikenliste der Collectio Vetus Gallica und nicht um ein Kapitular, wie Mordek (Kirchenrecht, S. 161) festgestell hat; hinzu kommt möglicherweise ein Kapitel aus dem berühmten Capitulare de villis (c. 6, MGH Capit. 1, S. 83), in dem es u. a. heißt: *Et non alii clerici habeant ipsas ecclesias, nisi nostri aut de familia aut de capella nostra.* Ob mit der herrscherlichen *familia* in diesem Kontext ausschließlich oder nur teilweise Unfreie gemeint sind, ist in der Forschung unklar. Auch Niermeyer (MLLM, S. 535–536) betont in Bezug auf den Begriff, dass die „Abgrenzung der [verschiedenen] Bed[eutungen] … schwierig“ sei. Da es sich hier unabhängig von der Deutung des Begriffs ohnehin um einen Sonderfall handelt, wird dieses Kapitel im Folgenden nicht weiter betrachtet. In Nr. 43 c. 11 (MGH Capit. 1, S. 122) wird zudem untersagt, *servi* oder *ancillae* zu Mönchen bzw. Nonnen zu weihen.

1435 Admonitio generalis c. 23 (ed. Glatthaar et al.), S. 194–195: *Omnibus. Item in eodem concilio infra duo capitula necnon et in decretis Leonis papae, ut nec monachus nec clericus in secularia negotia transeat. Et ut servum alterius nullus sollicitet ad clericalem vel monachicum ordinem sine voluntate et licentia domini sui.* Glatthaar verweist dort bereits auf die entsprechenden Vorlagen mitsamt Edition.

1436 Concilium Calchedonense can. 4 (PL 67, Sp. 172): *De honore monachis competente, et ut nullus eorum tentet ecclesiastica aut saecularia inquietare negotia, nec alienum servum praeter conscientiam domini ejus suscipere…* Gerhard Schmitz geht in den Anmerkungen seiner Edition der Kapitularien-

Papst Leos I. vorgenommen.[1437] Beide Autoritäten beziehungsweise Vorlagen finden sich in der Collectio Dionysio-Hadriana wieder, die Karl dem Großen 774 von Papst Hadrian I. übergeben wurde.[1438] Dieser Umstand mag in Übereinstimmung mit den Befunden Michael Glatthaars in Bezug auf die schnelle Verbreitung der Kirchenrechtssammlung im Frankenreich[1439] erklären, weshalb c. 23 äußerst knapp formuliert ist: Es wurde vorausgesetzt, „dass die Dionysio-Hadriana in den Bistümern des Reiches vorlag, das Material der Admonitio dort verifiziert und, wie gewünscht, ergänzt werden konnte."[1440]

Während dieser Einschätzung Glatthaars wohl grundsätzlich zugestimmt werden kann, muss dennoch auf einige inhaltliche Aspekte der drei Texte eingegangen werden. Zunächst fällt auf, dass c. 23 der Admonitio generalis sowohl die Erhebung in den Mönchs- als auch in den Klerikerstand erwähnt, hingegen behandelt das Konzil von Chalkedon lediglich ersteren, die Dekretale Leos I. lediglich letzteren. Hier mag bereits der Grund vermutet werden, weshalb die Admonitio auf beide und nicht bloß auf eine der beiden Autoritäten verweist. Ebenfalls auffällig ist, dass beide Vorlagen Bedenken bezüglich der mangelnden Ehre (*honor*) der Unfreien äußern. In der knappen Formulierung von 789 finden sich diese Bedenken nicht. Ob dieser Umstand schlicht auf die Glatthaarsche These von einem Verweis auf die entsprechenden Autoritäten zurückzuführen ist, lässt sich nicht klären. Schaub meint in diesem Zusammenhang bemerken zu können, dass weder die Admonitio noch ihre Vorlagen des 5. Jahrhunderts – trotz aller Bedenken in Bezug auf die Würde der Kandidaten – die Freilassung des *servus* vor der Ordination zur Bedingung machen, sondern lediglich die

---

sammlung des Ansegis (MGH Capit. N. S. 1, S. 251 Anm. 110) davon aus, dass der Verweis auf das Konzil von Chalkedon „unzutreffend" sei und lediglich Leo I. referenziert wird. Anders argumentiert Glatthaar (Admonitio generalis, S. 194–195 mit Anm. 68), dem hier zuzustimmen ist.

1437 Decreta Leonis papae Nr. 1 (PL 67), Sp. 278–279: *Ut nullus episcoporum servum alterius ad clericatusofficium promovere presumat…* Es handelt sich hier zunächst um einen Brief an die Bischöfe aller italienischen Provinzen. Zu dieser Beschwerde Leos I. vgl. auch Pigott, Gregory of Nazianzus, S. 797. Die hier zitierte Rubrik des Briefes scheint zunächst in Übereinstimmung mit dem Konzil von Chalkedon zu stehen, dass lediglich gegenüber dem *servus alterius* ein Ordinationsverbot durchgesetzt werden soll. Leo scheint allerdings ein grundsätzlicheres Verbot im Sinne zu haben. Diese Einschätzung teilt auch Gerhard Schmitz (Kapitulariengesetzgebung, S. 493). Schmitz weist an dieser Stelle allerdings ebenfalls darauf hin, dass dieser Aspekt von Leos Dekretale „im fränkischen Reich [vor Ludwig dem Frommen] nie beachtet worden" war.

1438 Zur Dionysio-Hadriana vgl. u. a. Fowler-Magerl, Clavis canonum, S. 44–45; Kéry, Canonical Collections, S. 13–20; Mordek, Dionysio-Hadriana, Sp. 1074–1075. Der Kanon aus Chalkedon 451 findet sich bereits in den sehr frühen Fassungen der Kirchenrechtssammlung des Dionysius Exiguus. Vgl. Collectio Dionysiana (PL 67, Sp. 172). Die Dekretalen Leos I. finden sich ebenfalls nicht erst in der von Hadrian zusammengestellten Fassung. Vgl. Collectio Dionysiana (PL 67), Sp. 278–279.

1439 Vgl. Glatthaar, Admonitio generalis, S. 32–33.

1440 Ebd., S. 32. Kurz angemerkt sei an dieser Stelle, dass in Bezug auf die Admonitio generalis nicht von einer ergänzenden mündlichen Instruktion an die *missi* auszugehen ist, wie sie Shigeto Kikuchi (Herrschaft) für zahlreiche „Dossiers" – also knappe Kapitel- bzw. Rubrikenlisten – der Zeit Karls des Großen wahrscheinlich machen kann. Die Admonitio nimmt Kikuchi (ebd., S. 146) diesbezüglich explizit aus.

Zustimmung des Besitzers.[1441] Ein genauer Blick auf die Dekretale Leos I. zeigt allerdings, dass dieser die Freilassung durch den Besitzer durchaus für relevant hält, wenn es heißt ... *et qui a dominis suis libertatem consequi minime potuerunt, ad fastigium sacerdotii, tamquam seruilis vilitas hunc honorem capiat, prouehuntur; et probari Deo posse creditur, qui domino suo necdum probare se potuit.*[1442]

Das in c. 23 der Admonitio generalis bereits an alle gerichtete Verbot, einen Unfreien ohne die Erlaubnis des Besitzers zu ordinieren, wird in c. 57 wiederholt und in diesem Fall explizit an die Bischöfe gerichtet.[1443] Verwiesen wird erneut auf die Dekretale Leos I. und zudem auf can. 3 des Konzils von Gangra aus der Mitte des 4. Jahrhunderts. Auch letzteres ist in der Dionysio-Hadriana enthalten, sodass auch hier in Bezug auf c. 57 im Sinne von Glatthaars These[1444] auf weitere Ausführungen verzichtet werden konnte. Inhaltlich unterscheidet sich c. 57 kaum von c. 23: Auch hier wird kein grundsätzliches Verbot ausgesprochen, sondern lediglich das Einverständnis des Herrn vorausgesetzt. Beide relevanten Kapitel stellen sich wie viele der in der Admonitio enthaltenen Bestimmungen ganz offensichtlich in die Tradition bereits bekannter kanonischer Autoritäten.

Während also die knappen Formulierungen der Admonitio die in ihren Vorlagen geäußerten Bedenken über die mangelnde Würde von Unfreien und die bei Leo geforderte Freilassung nicht enthalten, ist unklar, ob dieser Umstand schlicht auf die Kürze der Kapitel zurückzuführen ist oder ob es sich um eine bewusst offener gestaltete Auslegung der Autoritäten handelte. Insgesamt sollte trotz der inhaltlichen Dopplung davon ausgegangen werden, dass die Thematik

---

1441 So bereits Schaub, Studien, S. 98–99; Klein, Bestellung von Sklaven, S. 490, Anm. 63.

1442 Decrete Leonis Papae Nr. 1 (PL 67), Sp. 278. Gerade im Kontext der Befunde zur Unfreienordination aus der Herrschaftszeit Pippins und der Debatte um die Eigenkirchen und -klöster muss an dieser Stelle auch auf weitere Passagen von can. 4 des Konzils von Chalkedon eingegangen werden. Dort wird nämlich zum einen untersagt, eigenständig – also ohne Erlaubnis des Bischofs – Klöster und Oratorien zu bauen (*... placuit nullum quidem usquam edificare aut constituere monasterium uel oratorii domum praeter conscientiam ciuitatis episcopi...* (ed. Schwartz, S. 55). Zum anderen heißt es dort, dass die Mönche einer jeden Stadt oder Region dem entsprechenden Bischof untergeordnet sein sollen (*... monachos uero per unamquamque ciuitatem aut regionem subiectos esse episcopo...*). Während letztere Anweisung ganz im Sinne der Forderungen nach Organisation und Hierarchisierung der Kirche im Frankenreich aus den 740er Jahren gewesen sein wird, scheint erstere zumindest vordergründig im Gegensatz zum fränkischen Eigenkirchenwesen im Sinne von Stutz (Benefizialwesen) zu stehen. Da der Kanon aus Chalkedon allerdings keineswegs grundsätzlich untersagt, Klöster und Oratorien zu bauen, sondern lediglich die Zustimmung des zuständigen Bischofs vorausgesetzt wird, darf auch hier kein offener Konflikt zwischen „römischen Forderungen" und „germanischen Anschauungen" vermutet werden (vgl. Schaub, Studien, S. 98).

1443 Admonitio generalis c. 57 (ed. Glatthaar et al.), S. 206–207: *Episcopis. Item eiusdem, ut nullus episcopus servum alterius ad clericatus officium sine domini sui volunate promovere praesumat. Et hoc Gangarense concilium prohibet.* Die Admonitio bezieht sich auf can. 3 von Gangra (ed. Turner, S. 186–187). Mangelnde Würde auf Seiten der *servi* findet sich in diesem Kanon nicht erwähnt, wenn es dort heißt: *De seruis qui iugum famulatus abiciunt christianitatis obtentu. Si quis seruum praetextu diuini cultus doceat dominum contemnere proprium, ut discedat ab eius obsequio nec ei cum beneuolentia et omni honore deseruiat: anathema sit.*

1444 Vgl. Kapitel 6.3.1.

789 zwar eine gewisse Relevanz hatte, keineswegs aber von besonderer Bedeutung war.[1445]

Wenige Jahre später wurden im Rahmen einer großen Synode in Frankfurt (794) insgesamt 56 weitere Bestimmungen erlassen.[1446] Wie bereits Janet Nelson feststellte, handelt es sich allerdings bei höchstens acht dieser Kapitel um inhaltliche Neuerungen.[1447] Der überwiegende Teil der Erlasse rekrutierte sich aus früheren Bestimmungen – viele davon aus dem Jahr 789.[1448] Zu diesen Kapiteln gehört auch c. 23 des Frankfurter Kapitulars (BK 28), welches stark an cc. 23 und 57 der Admonitio generalis erinnert. Dort heißt es: *De servis alienis: ut a nemine recipiantur neque ab episcopis sacrentur sine licentia dominorum.*[1449] Erneut wird also das Verbot wiederholt, Unfreie ohne Zustimmung ihrer Herren zu ordinieren. Bemerkenswerterweise bringt Glatthaar das Kapitel ausschließlich mit c. 23 der Admonitio in Verbindung,[1450] dass sich von c. 57, abgesehen vom Verweis auf unterschiedliche Autoritäten, nur durch den Adressatenkreis unterscheidet. Während c. 23 an alle adressiert ist, ist c. 57 lediglich an die Bischöfe gerichtet. Ähnlich wie Glatthaar scheint auch Johannes Fried das Kapitel zu deuten, wenn er *ut a nemine recipiantur* als „Niemand darf einen fremden Knecht (in den geistlichen Stand) aufnehmen" interpretiert.[1451] Das Kapitel könnte allerdings – wie etwa von Paul King vorgeschlagen[1452] – durchaus auch so gedeutet werden, dass das Ordinationsverbot lediglich an die Bischöfe gerichtet ist, während der Beginn des Satzes grundsätzlich verbietet einen fremden Unfreien aufzunehmen. In diesem Fall wäre also der zweite Teil von BK 28 c. 23 ein Verweis auf c. 57 der Admonitio. Doch wie ließe sich der erste Teil der Bestimmung vor dem Hintergrund verorten, dass BK 28 so ausgiebig aus bereits existentem Kapitularienmaterial schöpft? In der Tat wird in c. 3 der Admonitio generalis festgesetzt: *Omnibus … fugitivi clerici et peregrini a nullo recipiantur nec ordinentur sine commendaticiis litteris et sui episcopi vel abbatis licentia.*[1453] Niemand dürfe also Flüchtige (wohl auch Unfreie), Kleriker oder Pilger aufnehmen oder ordinieren, ohne

1445 So bereits Schmitz (Kapitulariengesetzgebung, S. 493) für die gesamte Herrschaftszeit Karls des Großen.

1446 Zur Frankfurter Versammlung von 794 und dem daraus entstandenen Kapitular vgl. u. a. den von Johannes Fried herausgegebenen Band (Karl der Große in Frankfurt am Main); Nelson, King and Emperor, S. 306–314; Tsuda, Capitulary of Frankfurt, S. 3–14.

1447 Vgl. ebd., S. 312. Die entsprechenden neuen Inhalte diskutiert Nelson auf S. 313–314.

1448 Nelson (ebd., S. 312) geht von 37 Kapiteln aus, die sie auf Kapitularien aus diesem Jahr zurückführt. Von diesen sind wiederum 30 der Admonitio generalis entnommen. Zu den Parallelen zwischen dem Frankfurter Kapitular von 794 und der Admonitio generalis mit Konkordanz vgl. auch:
Glatthaar, Admonitio generalis, S. 112–115. Glatthaar (ebd., S. 112) geht auch für 794 davon aus, dass die Dionysio-Hadriana regelmäßig herangezogen wurde.

1449 Nr. 28 c. 23, MGH Capit. 1, S. 76.

1450 Vgl. Glatthaar, Admonitio generalis, S. 112.

1451 Fried, Frankfurter Kapitular, S. 21.

1452 Vgl. King, Charlemagne, S. 227. Er übersetzt den Absatz mit: „Concerning the servi of others: that they are neither to be received by anyone nor to be ordained by bishops without their lords' authorisation."

1453 Admonitio generalis c. 3 (ed. Glatthaar et al.), S. 186–187.

ein entsprechendes Empfehlungsschreiben und die Erlaubnis ihres Bischofs oder Abts. Insbesondere die Verwendung von *recipere* in c. 23 von 794 und c. 3 der Admonitio lässt eine Verbindung der beiden Kapitel nicht unwahrscheinlich werden.

Diese Deutung des Kapitels nach King würde also nahelegen, dass sich BK 28 c. 23 auf die cc. 3 und 57 der Admonitio bezieht und nicht, wie von Glatthaar vermutet, auf c. 23. Zugegebenermaßen würde sich am vorgeschriebenen Prozedere der Bestimmung wenig ändern. Allerdings ließe sich über Kings Deutung die Problematik der in Frieds Interpretation umständlichen Formulierung des Kapitels auflösen: Sollte sich *recipere*, wie von Fried vorgeschlagen, darauf beziehen, dass niemand einen fremden Unfreien in den „geistlichen Stand" aufnehmen soll, ergibt sich die Frage, weshalb dieses Verbot für die Bischöfe im gleichen Satz unter Verwendung eines anderen Verbs (*sacrare*) noch einmal wiederholt werden sollte.

Auch der Umstand, dass sich ein Kapitel von BK 28 nun auf zwei Kapitel der Admonitio beziehen würde, spricht nicht gegen diese Vermutung. Ebendies ist etwa bei cc. 27, 33 und 34 des Frankfurter Kapitulars der Fall.[1454] Zudem würde die hier vorgeschlagene Deutung erneut die mehrfach von Papst Zacharias ins Frankenreich gesandte Mahnung in Erinnerung rufen, dass sich *servi fugitivi* ohne umfangreiche Prüfung durch den Bischof unrechtmäßig ordinieren lassen würden, um so die Besitzrechte ihrer Herren zu untergraben.

Unabhängig davon, auf welche(s) Kapitel der Admonitio BK 28 c. 23 zu beziehen ist – wenn denn eine solche Debatte 794 überhaupt angenommen werden darf –, lässt sich allerdings festhalten, dass in Bezug auf die Ordination von Unfreien (und viele andere Themenbereich) im Frankfurter Kapitular von 794 inhaltlich keine Veränderung zu 789 festzustellen ist: Die Ordination von Unfreien war unter der Bedingung der Zustimmung des Besitzers grundsätzlich gestattet – eine vorherige Freilassung wird auch hier nicht explizit erwähnt.[1455]

Als vollkommen selbstverständlich sollte dieser Befund nicht abgetan werden. Denn sowohl Schaub[1456] als auch Carine van Rhijn[1457] verweisen diesbezüglich auf den Inhalt eines Kanons der Synoden in der neugeschaffenen Kirchenprovinz Salzburg.[1458] Die Teilnehmer der Synode kamen im Jahr 800 (möglicherweise auch bereits 799), also nur gut ein Jahrzehnt nach der Admonitio, zunächst in Reisbach, dann in Freising und abschließend in Salzburg zu-

1454 Vgl. Glatthaar, Admonitio generalis, S. 112–113.

1455 Diese Einschätzung darf als im Forschungsdiskurs unbestritten betrachtet werden. Vgl. u. a. die Aussagen von Schaub (Studien, S. 99) und Klein (Bestellung von Sklaven, S. 490 Anm. 63). Bemerkt sei an dieser Stelle allerdings der Umstand, dass das Frankfurter Kapitular, anders als die Admonitio, eben nicht auf kanonistische Autoritäten verweist.

1456 Vgl. Schaub, Studien, S. 98.

1457 Vgl. van Rhijn, Priests, S. 226 mit Anm. 33.

1458 Diese Kirchenprovinz war 798 unter der Leitung Arns von Salzburg, der dort bereits seit 785 Bischof war, geschaffen worden (Hartmann, Synoden, S. 141). Hartmann weist in diesem Kontext auf die engen Verbindungen Arns zu Karl dem Großen hin.

sammen.[1459] Die überlieferten Handschriften der Synodalbeschlüsse enthalten insgesamt 47 Kanones, von denen die ersten fünf in Reisbach, die anschließenden 26 in Freising und die letzten 16 in Salzburg beschlossen wurden.[1460] Das von Schaub und van Rhijn besprochene Kapitel bildet als can. 31 den Schluss des zweiten, aus Freising stammenden Abschnitts. Dort heißt es: *Ut nemo praesummat servum alterius ministrum eclesiae constituere vel benedicere, antequam a domino suo tradatur in manus pontificis in libertate integra persistendum omnibus diebus; et sciat dominus eius post illum diem nullo dominationis iure in eum exercere. Et tunc si dignum est, ad sacrum ordinem accedat.*[1461]

Wie bereits Albert Werminghoff in seiner Edition anmerkt, erinnert der erste Satz des Kanons stark an das bereits besprochene c. 23 der Admonitio generalis.[1462] Überraschen kann diese Feststellung nicht. Eine wahrscheinlich der Salzburger Synode zuzuordnende Vorrede, überliefert nur in einer Salzburger Handschrift des 16. Jahrhunderts, gibt an, man habe sich auf die Beschlüsse zweier großer fränkischer Versammlungen, eine in Aachen und eine in Frankfurt, bezogen.[1463] Gemeint sein kann, wie Wilfried Hartmann feststellt, in Bezug auf Frankfurt nur die Versammlung von 794. Hinter der Aachener Versammlung scheint er jene von 797 oder aus dem Juni 800 zu vermuten, von denen jeweils keine Beschlüsse erhalten sind. Neben der Mitteilung, Karl der Große habe Bischof Sintpert von Neuburg zu Erzbischof Arn nach Salzburg geschickt, um diesem die Ergebnisse der großen Versammlungen in Aachen und Frankfurt zu überbringen, enthält die Salzburger Handschrift Hartmann zufolge auch acht Kapitel der Admonitio generalis.[1464] Es scheint daher wahrscheinlich, dass die erwähnten Ergebnisse der Aachener Versammlung in der Admonitio generalis zu finden sind und nicht wie von Hartmann vermutet in einer der späteren Aachener Versammlungen. Bestärkt wird diese Annahme auch durch unser Kapitel, welches sich inhaltlich ebenfalls an der Admonitio orientiert.

Allerdings ergänzt der Kanon der Salzburger Versammlungen wie oben erkennbar das paraphrasierte Kapitel (23 oder 57)[1465] der Admonitio um weitere Ausführungen. Explizit wird gefordert, dass der *dominus* des zu ordinierenden Unfreien diesen vorher im Wissen, dass er danach keinerlei Besitzrechte an jenem mehr hat, freilassen muss.[1466] Ergänzt wird die Bedingung, dass der Unfreie die

---

1459 Wie bereits Hartmann (ebd., S. 142–143) feststellt, ist unklar weshalb die Synode an mehreren Orten zusammenkam. Ein Zusammenhang mit der Schaffung einer neuen Kirchenprovinz 798 in Salzburg scheint naheliegend.

1460 Hartmann, Synoden, S. 142–143.

1461 Concilium Rispacense, Frisingense, Salisburgense a. 800 can. 31 (MGH Conc. 2,1), S. 211.

1462 Der Verweis von Werminghoff – der freilich noch die Edition der Admonitio von Boretius (MGH Capit. 1, S. 55) nutzt – findet sich in MGH Conc 2,1, S. 211 Anm. 3.

1463 Vgl. dazu Hartmann, Synoden, S. 143 mit Anm. 9.

1464 Vgl. ebd.

1465 Auch hier mag behauptet werden, dass sich der Kanon ausschließlich an die Bischöfe richtet. Schließlich wird die Aufnahme in kirchliche Würden bzw. Ämter untersagt.

1466 Concilium Rispacense, Frisingense, Salisburgense a. 800 can. 31 (MGH Conc. 2,1), S. 211: … *antequam a domino suo tradatur in manus pontificis in libertate integra persistendum omnibus diebus; et sciat dominus eius post illum diem nullo dominationis iure in eum exercere …*

für das Amt notwendige Würde haben müsse.[1467] Hier, so ließe sich argumentieren, wird nun – abgesehen von dem wenig verbreiteten Kanon aus Orléans von 538 – zum ersten Mal im Frankenreich die Freilassung beziehungsweise der freie Status zur notwendigen Bedingung für die Ordination explizit gemacht. Etwas befremdlich ist vor diesem Hintergrund allerdings die Formulierung *servus alterius.* Bei einer strengen Interpretation des Kapitels ließe sich dieses so deuten, dass die Unfreien der Kirche keineswegs freigelassen werden mussten, um kirchliche Weihen zu erlangen.[1468] Allerdings ist diese, im Kontext des Gesamtkapitels auffällige Formulierung möglicherweise schlicht darauf zurückzuführen, dass sich die Teilnehmer der Synoden auf das Material der Admonitio stützten und dieses unter Übernahme der Formulierung ergänzten.

Doch wie lassen sich diese Ergänzungen deuten? Eine mögliche Erklärung findet sich in der bereits erwähnten These Glatthaars, dass die teils sehr kurzen Formulierungen der Admonitio generalis auch daher rührten, dass sie oftmals – so auch in Bezug auf cc. 23 und 57 – Autoritäten mit umfassenderen Erklärungen angeben, die in der Collectio Dionysio-Hadriana zu finden sind.[1469] Diese Theorie würde den Inhalt der Salzburger Ergänzungen durchaus erklären. Sowohl die notwendige Würde des zu ordinierenden Unfreien als auch die Freiheit von Abhängigkeitsverhältnissen, die zweifellos zu besitzrechtlichen Interessenkonflikten führen konnten, werden in der Dekretale Leos I., auf die zumindest c. 23 der Admonitio verweist, angesprochen.[1470] Möglicherweise findet sich also im Salzburger Kanon ein Besipiel für die Effektivität der Admonitio: Die knappen Ausführungen der cc. 23 beziehungsweise 57 werden hier schlicht explizit um die Forderungen Leos I. ergänzt, die ja durch die Dionysio-Hadriana in Salzburg bekannt waren, sodass Schaub nicht zwingend richtig liegt, wenn er davon ausgeht, dass in Baiern ab 800 die Freilassung notwendige Bedingung für die Ordination wurde, während dies „im übrigen fränkischen Reiche" nicht der Fall war.[1471] Gegen diese Annahme spricht freilich die Formulierung des Frankfurter Kapitulars, in dem lediglich die *licentia dominorum* vor der Ordination eingefordert wird.[1472]

Möglich scheint aber auch, dass die hier besprochene Ergänzung auf die regionalen Gegebenheiten zurückzuführen ist. Wie eingangs bereits betont, darf entgegen der Stutzschen These nicht davon ausgegangen werden, dass unfreie

---

1467 … *Et tunc si dignum est, ad sacrum ordinem accedat.*

1468 Eine ähnliche Bestimmung findet sich in cann. 73–74 des 4. Konzils von Toledo (633) (ed. Vives, S. 216–217) Während hier für Unfreie von Laien verlangt wurde, „dass der Herr bei der Freilassung auf jedes obsequium des für den Klerikerstand bestimmten Sklaven verzichtete" (Schaub, Studien, S. 94), konnten von der Kirche freigelassene Personen „im Falle der actio ingrati" (ebd.) zurück in Unfreiheit geraten. Unklar ist indes, ob den Teilnehmern der Versammlungen von 799/800 diese Kanones bekannt waren.

1469 Deren Vorhandensein in den verschiedenen Kirchenprovinzen des Reichs ist anzunehmen. Vgl. Glatthaar, Admonitio generalis, S. 88–89 und öfter.

1470 Vgl. dazu S. 108–110 mit Anm. 599.

1471 Schaub, Studien, S. 98.

1472 Vgl. Nr. 28 c. 23 (MGH Capit. 1), S. 76.

Priester im Karolingerreich ein weit verbreitetes Phänomen darstellten.[1473] Thomas Kohl geht allerdings davon aus, dass es in Baiern weit mehr unfreie Kleriker gegeben habe als in anderen Teilen des Frankenreichs.[1474] Möglicherweise – dies könnten etwa die bereits erwähnten geringen Zahlen an nachweisbaren Unfreien in kirchlichen Positionen in anderen Teilen des Reichs nahelegen – war die Freilassung vor der Ordination im Frankenreich ohnehin gängige Praxis, während dies in Baiern nicht der Fall war. Wenngleich Kohls Ausführungen auf Grundlage des bekannten Quellenmaterials durchaus überzeugen, mahnt der geringe Umfang dieses Materials in Bezug auf solche quantitativen Einschätzungen zur Vorsicht.[1475] Unter der Prämisse, dass Kohls Einschätzung, in Baiern habe es tatsächlich häufiger unfreie Kleriker – Priester oder niedere Weihegrade – gegeben als in anderen Teilen des Frankenreichs, ließe sich über diesen Umstand durchaus erklären, weshalb die Salzburger Synoden umfangreicher formulieren als die Admonitio und anders als diese die Freilassung vor der Ordination fordern.

Ob can. 31 innerhalb der Kirchenprovinz Salzburg nennenswerte Beachtung fand, lässt sich nicht feststellen. Während die in der Handschrift München Lat. 6333 überlieferten ersten 31 Kanones – und somit die Bestimmungen der ersten beiden Stationen der Synode in Reisbach und Freising – offenbar bereits zwischen 810 und 825 „Makulatur" geworden waren,[1476] finden sich die Kanones (oder Teile davon) in einigen italienischen Kapitularien- beziehungsweise Rechtshandschriften überliefert.[1477] Doch trotz der Tradierung unseres Kapitels in besagten Sammlungen muss festgehalten werden, dass die Bestimmung zunächst offenbar nicht auf ein reichsweites Echo stieß. Dies war auch möglicherweise gar nicht Ziel der Bischöfe der Salzburger Kirchenprovinz, da sie als Provinzialsynode möglicherweise auf ein nur regional wahrgenommenes Pro-

1473 Vgl. die bereits erwähnten diversen Studien im von Steffen Patzold und Carine van Rhijn herausgegebenen Band: Men in the Middle.

1474 Vgl. Kohl, Presbyter, S. 70: „Despite strict canonical provisions, there were many unfree clergymen in Bavaria, much more than in other parts of the empire, but as far as we can tell, they did not act as local priests… it seems likely that they mostly functioned as personal chaplains for their owners." Umfangreicher und mit Belegen, ders., Lokale Gesellschaften, S. 264–267, für das 8. Jh. insb. S. 265.

1475 In diesem Sinne auch zurückhaltender, wenngleich ebenfalls zustimmend Patzold (Presbyter, S. 464–465). Carl Hammer, der sich umfangreich mit Unfreiheit und Unfreien in Baiern auseinandergesetzt hat, bemerkt eine solche bairische Tendenz nicht. Vgl. Hammer, Slave Society, insb. S. 60.

1476 Hartmann, Synoden, S. 142 Anm. 8. Hartmann verweist in diesem Zusammenhang auf bereits bekannte Forschungsergebnisse, die davon ausgehen, dass die Hs. in dem genannten Zeitraum bereits neu beschrieben wurde. Vgl. dazu insbesondere: Dold, Synodalstatuten, S. 383. Dold bietet auch eine Transkription des ursprünglichen Texts des Palimpsests mitsamt Textvergleich.

1477 In diesem Zusammenhang sei auch auf die jüngere Edition des Textes von Raymond Etaix (Un manuel de pastorale, S. 116–123) hingewiesen. Zum Zusammenhang zwischen den Überlieferungsträgern der Synoden und dem sogenannten Liber legum des Lupus vgl.: Münsch, Liber legum, S. 250–251.

blem reagieren wollten. Vonseiten Karls hätten solche regionalen Besonderheiten zudem keine Kritik fürchten müssen, wie Jennifer Davis nachweisen konnte.[1478]

6.3.2 Die Krise von 805/806, Diedenhofen und die Ordination von Unfreien

Nachdem die Thematik der Ordination von Unfreien nach Frankfurt 794 – abgesehen von der Tripelsynode der Salzburger Erzdiözese – einige Jahre nicht in normativen Texten zu finden ist, ändert sich dies (vermutlich gleich mehrfach) im Kontext der Hungersnot von 805/806.[1479] Dies zeigt sich in c. 11 des ersten Teils des sogenannten Doppelkapitulars von Thionville / Diedenhofen (BK 43)[1480] sowie in c. 26 des sogenannten Capitulare missorum item speciale (BK 35)[1481] und c. 40 des von Hubert Mordek als Caroli Magni Capitulare ecclesiasticum bezeichneten Texts. Mordek geht in Bezug auf letzteren, ausschließlich in der Handschrift München Lat. 19414 überlieferten Text von einer Entstehung zwischen 805 und 813, wahrscheinlich aber 813 aus,[1482] Glatthaar hingegen argumentiert für eine Entstehung im Jahr 806,[1483] sodass gegebenenfalls alle drei Texte aus diesem Jahr stammen.

Der Text von BK 43, welches nach Michael Glatthaar „zu den bedeutendsten und bestüberlieferten Karls [des Großen] zählt",[1484] ist in verschiedenen Fassungen auf uns gekommen. Die beiden hier zu besprechenden Kapitel – zum einen c. 11 aus dem ersten, kirchlichen Teil und zum anderen c. 15 aus dem zweiten, allgemeinen Teil – unterscheiden sich in den verschiedenen Versionen allerdings inhaltlich nicht in relevantem Ausmaß.[1485]

In BK 43 c. 11 wird bestimmt, dass die *servi proprii vel ancillae* nicht in solcher Zahl tonsuriert beziehungsweise verschleiert (also in den Mönchs- beziehungsweise Nonnenstand erhoben) werden sollen, dass dies zu einem Verlassen von Höfen führen könnte.[1486] Es erhebt sich allerdings die Frage, wer sich hinter

---

1478 Davis, Practice of Empire. Ihr folgt in ähnlichem Kontext auch Karl Ubl (Weregild, S. 242).

1479 Zur Hungersnot dieser Jahre vgl.: Verhulst, Karolingische Agrarpolitik, S. 175–189.

1480 Nr. 43 c. 11 (MGH Capit. 1, S. 122).

1481 Nr. 35 c. 26 (MGH Capit. 1), S. 103.

1482 Vgl. Mordek, Biblioteca, S. 981. Der Text findet sich zuerst ediert bei: Mordek / Schmitz, Neue Kapitularien, S. 396–414.

1483 Vgl. Glatthaar, Admonitio generalis, S. 126–135.

1484 Glatthaar, Fassungen des Doppelkapitulars, S. 445. Die Bedeutung des Textes betonen auch Christina Pössel (Authors and Recipients, S. 258) und Michael Baur / Stefan Kirchberger (Diedenhofener Kapitular, S. 92).

1485 Vgl. Glatthaar, Fassungen des Doppelkapitulars, S. 443–477. Glatthaar bietet neben einer allgemeinen Verortung und Einschätzung der beiden Erlassen auch einen umfassenden Vergleich der verschiedenen Fassungen. Während c. 11 des ersten Teils unerwähnt bleibt, geht Glatthaar davon aus, dass sich in „II, 15 und 16 Adalhards [von Corbie] Diktion niederschlug" (ebd., S. 460). Zwingend nachweisbar ist diese Vermutung nicht.

1486 Nr. 43 c. 11 (MGH Capit. 1), S. 122: *De servis propriis vel ancillis, ut non amplius tundantur vel velentur nisi secundum mensuram, et ibi satis fiat et villae non sint desolatae.*

diesen *servi proprii* verbirgt beziehungsweise um wessen Unfreie es sich handelt. Henry R. Loyn und John Percival gehen davon aus, dass es sich um Unfreie des Königs handelt.[1487] Abwegig ist diese Deutung nicht: Um sicherzustellen, dass die im herrscherlichen Besitz befindlichen *villae* bewirtschaftet werden konnten, sollten nicht zu viele Unfreie von ihren agrarischen Aufgaben abgezogen werden. Vor dem Hintergrund der bereits erwähnten Hungersnot von 805/806 ist eine solche Bestimmung durchaus nachvollziehbar. Allerdings wirft diese Interpretation die Frage auf, weshalb sich diese Bestimmung zur ökonomischen Absicherung herrscherlicher Besitztümer zwischen weiteren Bestimmungen zur angemessenen Ausstattung von Kirchen und Klöstern findet.[1488] Ohnehin wäre die Erlaubnis der Erhebung von Unfreien des Königs (beziehungsweise Kaisers) in geistliche Würden nur durch diesen beziehungsweise dessen lokalen Vertreter zulässig – ein Umstand, der durch das mehrfach rezipierte Ordinationsverbot fremder Unfreier, wie es in der Admonitio generalis zu finden ist, mit Nachdruck verdeutlicht wird. Zudem wäre, wenn hier tatsächlich die Unfreien des Herrschers gemeint wären, an dieser Stelle wohl eher die Rubrik *De servis nostris* (statt *propriis*) zu erwarten. Unser Kapitel könnte, obwohl es inhaltlich den ohnehin geltenden Bestimmungen entspricht, durchaus als erneute Einschärfung dieser Bestimmungen im Kontext der Hungersnot verstanden werden.

Es scheint allerdings ebenfalls möglich, dass BK 43 c. 11 im Kontext der Hungersnot allgemeiner untersagt, dass Eigentümer von Unfreien diese in zu großer Zahl in kirchliche Ämter aufnehmen lassen. Insbesondere in Kombination mit dem unmittelbar anschließenden c. 12 wird die dahinterliegende Motivation deutlich: Weder sollten die *villae* verlassen werden, noch sollten die Klöster mehr Mitglieder (also Mönche beziehungsweise Nonnen) aufnehmen als versorgt beziehungsweise unterhalten werden können.[1489] Diese Deutung des Kapitels würde also den *servus proprius*, der grundsätzlich durchaus ordiniert werden konnte – selbst einer möglicherweise notwendigen Freilassung stände ja in diesem Falle nichts im Wege –, dem *servus alterius* der bisher behandelten Kapitel gegenüberstellen. Während ein solcher Eingriff in die Besitzrechte von Unfreienbesitzern grundsätzlich nur schwer vorstellbar ist, scheint er im Kontext der Hungersnot als temporäre Maßnahme durchaus plausibel. Während also definitiv festzustellen ist, dass es sich um eine temporäre Maßnahme handelt, kann nicht abschließend festgestellt werden, ob sich diese ausschließlich auf die *servi fiscalini* oder aber alle *servi* des Frankenreiches – was die allgemeine Formulierung des Kapitels nahelegt – beziehen sollte.

1487 Vgl. Loyn / Percival, Reign of Charlemagne, S. 87. Vorsichtiger King (Charlemagne, S. 247), der von „his own servi" spricht und somit eine allgemeinere Deutung zulässt.

1488 So wird etwa in Nr. 43 c. 8 (MGH Capit. 1, S. 121), bestimmt: *De aecclesiis sine honore manentibus absque offitiis et luminariis; et de his qui decimas adsumunt et de aecclesiis non curant; et de altaribus, ut non superflua sint in aeclesiis.* Im direkt an unser Kapitel anschließenden c. 12 (ebd., S. 122) heißt es zudem: *De congregationibus superfluis ut nullatenus fiant, sed tantos congreget quantis consilium dare potest.*

1489 Nr. 43 c. 12 (MGH Capit. 1), S. 122: *De congregationibus superfluis ut nullatenus fiant, sed tantos congreget quantis consilium dare potest.*

Diskutiert wird hier also ein konkreter Fall, gewarnt wird vor dem Risiko verlassener *villae*. Dadurch unterscheidet sich das Kapitel ganz erheblich von den eher allgemein formulierten Bestimmungen von 789, 794, 799/800 und 806, die sich zudem allesamt direkt, (oder zumindest indirekt über die Admonitio) auf verbreitete Kirchenrechtssammlungen zurückführen lassen. Obwohl die Diedenhofener Kapitularien sich in vielen ihrer Kapitel ebenfalls auf die Admonitio generalis beziehen,[1490] ist dies in Bezug auf die beiden hier relevanten Kapitel nicht der Fall.

6.3.3 Unklare Entstehung, klare Bezugsgrößen: Capitulare missorum item speciale, Caroli Magni capitulare ecclesiasticum, Capitula excerpta de canone und die Reformkonzilien von 813

Anders gestaltelt sich die Situation hingegen in Bezug auf ein Kapitel eines weiteren Textes aus der Zeit Karls, dass sich definitiv auf die Admonitio zurückführen lässt: Die einzig in der Handschrift Berlin Lat. fol. 626 auf uns gekommenen Liste[1491] – von Boretius als Capitulare missorum item speciale (BK 35) bezeichnet[1492] – entstand vermutlich 806, möglicherweise aber bereits 802[1493] und greift die Bestimmungen der Admonitio erneut auf. Die Liste übernimmt (als c. 26)[1494] eindeutig c. 57 der Admonitio und verzichtet dabei wie BK 28 auf die Erwähnung der entsprechenden Autoritäten (die Dekretale Leos I. und c. 3 des Konzils von Gangra).[1495] Eine verkürzte Version von c. 3 der Admonitio zur Aufnahme von *fugitivi* führt die Liste als c. 2 ebenfalls.[1496] Kapitel 23 der Admonitio fehlt hingegen. Folgen wir in Bezug auf die Herkunft von BK 35 der Argumentation von Steffen Patzold, dann handelt es sich bei ebenjenem Text, ebenso wie bei Boretius BK 33 und 34, um Listen, die „Überreste jener Beratungen …, die 802 in Aachen geführt und von Anbeginn an in mehreren Fas-

1490 Vgl. Glatthaar, Admonitio generalis, S. 117–126.

1491 Zur Handschrift vgl.: Mordek, Bibliotheca, S. 34–43. Karl A. Eckhardt (Kapitulariensammlung Bischof Ghaerbalds, S. 32) und ihm folgend Patzold (Normen im Buch, S. 342 mit Anm. 57) verweisen allerdings auf einen weiteren im Druck von Baluze (Capitularia regum Francorum) überlieferten Textzeugen der Liste in dem die Kapitel allerdings in anderer Reihenfolge wiedergegeben werden, sodass die Liste zwar in ihrer Form, aber nicht in ihrem Inhalt unikal ist.

1492 Nr. 35 (MGH Capit. 1), S. 102–104.

1493 Boretius datiert die Liste mit „802?" (ebd. S. 102). Ganshof (Was waren die Kapitularien, S. 164) vermutet nach Eckhardt (Kapitulariensammlung Bischof Ghaerbalds, S. 25) das Jahr 806. Zuletzt umfangreich zur Datierungsfrage und den Zusammenhängen der von Boretius als Nr. 33–35 gezählten Kapitularien vgl.: Patzold, Normen im Buch, S. 341–345, insb. S. 341–342. Patzold (ebd., S. 342 Anm. 67) argumentiert für eine Entstehung im Kontext der Beratungen von 802. Shigeto Kikuchi (Herrschaft, S. 96 Anm. 174 und S. 126–127) geht nach der erwähnten Studie von Eckhardt von einer Entstehung im Jahr 806 aus.

1494 Nr. 35 c. 26 (MGH Capit. 1), S. 103: *Ut nullus episcopus ad clericatus officium servum alterius sine domini sui voluntate promovere praesumat.*

1495 Vgl. Kapitel 6.3.1.

1496 Vgl. Nr. 35 c. 2 (MGH Capit. 1), S. 102.

sungen dokumentiert worden waren", darstellen.[1497] Shigeto Kikuchi hingegen sieht in der Liste eine „Kapitelreihe, die von einem oder mehreren Missi hauptsächlich aus BK 22 [der Admonitio generalis] und 34 exzerpiert und formell einheitlich umgeformt worden zu sein scheint."[1498] Die vermutete Entstehung im Jahr 806 begründet Kikuchi, wie bereits Karl A. Eckhardt, über den angenommenen Zusammenhang mit den Capitula a missis dominicis ad comites directa (BK 85) desselben Jahres.[1499] Während die Datierung also weiter umstritten bleibt, wird der Zusammenhang mit der Admonitio und BK 34 aufgrund inhaltlicher Aspekte allgemein akzeptiert. Stichhaltige Argumente für die hier präferierte Datierung in das Jahr 806 können an dieser Stelle nicht geliefert werden. Auch inhaltlich bietet die minimalistische Formulierung unseres Kapitels (BK 36 c. 26) kaum Ansatzpunkte für Interpretationen. Letztlich handelt es sich lediglich um eine knappe Paraphrase der bereits seit der Admonitio bekannten Regelung.[1500]

Doch wenngleich Kapitel wie BK 35 c. 26 an dieser Stelle inhaltlich kaum von Interesse sind, bieten auch solche Stücke – erinnert sei in diesem Zusammenhang an die Feststellung, dass alle thematisch relevanten, bisher betrachteten Stücke nur sehr kurz formuliert sind – wichtige Anhaltspunkte zu Entstehung, Nutzung und Verbreitung von Kapitularien – inklusive kurzer Kapitellisten – in der Zeit Karls des Großen. Folgt man der plausiblen Annahme Kikuchis, dass insbesondere die erwähnten Listen durch mündliche Erläuterungen ergänzt worden sein könnten,[1501] wird es unmöglich, detaillierte Rückschlüsse in Bezug auf eine veränderte Rechtspraxis zu rekonstruieren. Es ergeben sich aus diesem Befund allerdings auch neue Interpretationsansätze. Dass die auf den Salzburger Synoden explizit verlangte Freilassung vor der Ordination[1502] einige Jahre später (oder möglicherweise bereits zuvor) etablierte Praxis war, lässt sich beispielsweise keineswegs widerlegen, wenngleich keine Bestimmungen bekannt sind, die diesen Umstand über Baiern hinaus nachweisen könnten. Möglicherweise wurde dies – unter Verweis auf die entsprechenden Ausführungen bei Leo I. beziehungsweise in der Dionysio-Hadriana – den *missi* bei Erhalt solcher Listen

1497 Patzold, Normen im Buch, S. 344, Anm. 67. Es handelt sich um Nr. 34 (MGH Capit. 1, S. 99–102) und die als „programmatisches Kapitular" bekannte Nr. 33 (MGH Capit. 1, S. 91–99). Zu letzterem vgl. Ganshof (Karl der Große, S. 7 Anm. 14; ders., Le programme, S. 65 Anm. 9 und öfter) dem diese Bezeichnung zuzuschreiben ist. Darüber hinaus wird die Bezeichnung in der neueren Literatur oft, aber nicht ohne Kritik, übernommen. So etwa von: Innes, Charlemagne, S. 194–203 (Innes bespricht in diesem Kontext umfangreich das Verhältnis zwischen Boretius Nr. 33 und 34); McKitterick, Charlemagne's missi, S. 256–257 (McKitterick hält allerdings die Bezeichnung „administrative capitularies for the *missi dominici*" in Bezug auf „most of the post-800 capitularies" für zutreffender); Buck, Capitularia imperatoria, S. 8 und 10; Gravel, Distances, S. 212.

1498 Vgl. Kikuchi, Herrschaft, S. 126 mit Anm. 187, wo weitere Forschungspositionen mit Datierungen in 802 und 806 zu finden sind.

1499 Vgl. ebd.; Eckhardt, Kapitulariensammlung Bischof Ghaerbalds, insb. S. 33–34. Ähnlich zuletzt auch Glatthaar, Admonitio generalis, S. 120.

1500 Vgl. Kapitel 6.3.1.

1501 Vgl. Kikuchi, Herrschaft, S. 162–163 und öfter.

1502 Vgl. Kapitel 6.3.1.

mitgeteilt. Freilich bleiben solche Annahmen in Abwesenheit von entsprechenden Nachweisen spekulativ, sodass wir uns an dieser Stelle erneut den Quellen widmen müssen.

Wie bereits bei BK 35 ist auch in Bezug auf das nächste hier zu behandelnde Kapitel eine Datierung nicht eindeutig möglich: Aufgegriffen wird die Thematik von BK 43 c. 11 und aus BK 35 c. 26 auch in einem weiteren Kapitel eines (vermeintlichen)[1503] Kapitulars Karls des Großen. Dieser Text wurde von Boretius nicht ediert und findet sich erstmals als Caroli Magni capitulare ecclesiasticum (M 12) herausgegeben von Hubert Mordek und Gerhard Schmitz.[1504] Mordek und Schmitz vermuten, wie oben angedeutet, die Entstehung im Kontext der Konzilien des Jahres 813,[1505] Glatthaar hingegen plädiert für 806.[1506]

Die Einschätzung von Mordek und Schmitz, dass das Kapitular im Kontext der Reformkonzilien des Jahres 813[1507] entstanden sein könnte beruht hauptsächlich auf der gemeinsamen Überlieferung mit einem weiteren Kapitular Karls (M 13), welches von Mordek und Schmitz ebenfalls auf 813 datiert wird, nämlich den Kanones von Mainz 813 sowie den von ihnen festgestellten thematischen Parallelen.[1508] Dieser Befund trifft auch in Bezug auf M 12 c. 40 zu.[1509]

Auch Glatthaar argumentiert teilweise über inhaltliche Nähe, hier allerdings zu BK 43/44 und BK 46 (ebenfalls 806).[1510] Über die inhaltlichen Argumente hinaus, auf die in Bezug auf M 12 c. 40 noch eingegangen werden soll, bietet Glatthaar allerdings einige weitere Indizien, die eine Entstehung des Textes 806 plausibel erscheinen lassen. Während auf diese Indizien hier nicht en détail eingegangen werden kann, sei an dieser Stelle so viel gesagt: Glatthaar geht davon aus, dass es sich bei dem insgesamt 43 Kapitel umfassenden Text um „Ansprachen und Königsbotenkapitel Arns [von Salzburg]" handelt. Diese könnten Arn und anderen Königsboten 806 übergeben worden sein, um „als Leitfaden zur Generalinspektion nach Diedenhofen und Nimwegen" zu dienen.[1511] Ähnliche Königsbotenkapitel an „Adalhard, Fulrad, Unroch und Hroc-

---

1503 An der grundsätzlichen Authentizität unseres Kapitels und dessen Zuschreibung an Karl den Großen bestehen – anders als für die Kapitel 1 bis 39 – keine begründbaren Zweifel. Glatthaar (Admonitio generalis, S. 128) stellt diesbezüglich fest: „Kapitel 40–43 markieren den Schluss. Hier spricht Karl selbst und erteilt den Auftrag zur *legatio* seiner missi." Zur Einschätzung des Textes insgesamt vgl. ebenfalls Glatthaar (ebd., S. 126–135).

1504 Vgl. Mordek / Schmitz, Neue Kapitularien, S. 396–414.

1505 Vgl. Mordek / Schmitz, Neue Kapitularien, S. 396–414 und Mordek, Bibliotheca, S. 981. Zur Deutung der auf den Konzilien von 813 enstandenen Kanones vgl. u. a.: Kramer, Rethinking Authority, S. 70–91; Meijns, Confusion, S. 106 mit Anm. 25; Nelson, Charlemagne and the Bishops, S. 367–369; Scholz, Normierung durch Konzile, S. 271–280.

1506 Vgl. Glatthaar, Admonitio generalis, S. 126–135.

1507 Vgl. dazu u. a.: Hartmann, Weg zur bischöflichen Dominanz, S. 177–181; Hartmann, Synoden, S. 128–140.

1508 Mordek / Schmitz, Neue Kapitularien, S. 396–414; Mordek, Bibliotheca, S. 981–989.

1509 Ebd., S. 989. Zu diesem Kapitel auch: Mordek / Schmitz, Neue Kapitularien, S. 368 mit Edition des Kapitels auf S. 413. Mordek und Schmitz verweisen in diesem Zusammenhang auf Mainz c. 23 und Chalon c. 7 (MGH Conc. 2,1), S. 267 und 275.

1510 Vgl. Glatthaar, Admonitio generalis, S. 130–131.

1511 Ebd., S. 135.

culf" sind ebenfalls überliefert und stammen wahrscheinlich von 806.[1512] Zwingend sind Glatthaars Argumente allerdings ebenso wenig wie die von Mordek und Schmitz, sodass ein gewisses Maß an Unsicherheit bezüglich des Entstehungshintergrunds des Textes bleibt.[1513]

Da sowohl Mordek und Schmitz als auch Glatthaar ihre Datierungsversuche über inhaltliche Aspekte zu begründen versuchen, bietet es sich an, unser c. 40 inhaltlich mit den vermeintlichen Bezugsgrößen, nämlich den Diedenhofener Kapitularien (BK 43 und 44) und den Beschlüssen der Reformkonzilien von 813, zu vergleichen.

In c. 40 heißt es: *Ut liberi homines non tondantur ad clericatus honorem neque servi fiscalini neque tributales*[1514] *nostri ordinantur, antequam a nobis licentia datur.* Die inhaltlichen Parallelen zu c. 15 des allgemeinen Teils der Diedenhofener Doppelkapitulars sind nicht zuletzt durch den Verweis auf die notwendige herrscherliche Erlaubnis (und nur diese kann mit *nobis licentia* gemeint sein) offensichtlich. In Diedenhofen hieß es diesbezüglich: *De liberis hominibus qui ad servitium Dei se tradere volent, ut prius hoc non fatiant quam a nobis licentiam postulant...*[1515] Ausgespart wurde in c. 40 die Begründung des Verbots, die in Diedenhofen Teil des Kapitels ist, und ergänzt um die Ordination der *servi fiscalini*

1512 Vgl. Glatthaar, Admonitio generalis, S. 121–126. Wie für Nr. 12 (MGH Hilfsmittel 15) festgestellt, basieren auch hier weite Teile auf der Admonitio generalis.

1513 Definitiv nachweisbar ist letztlich nicht einmal der Umstand, dass es sich bereits zum Entstehungszeitpunkt um einen zusammenhängenden Text handelte. Wie bereits Glatthaar (Admonitio generalis, S. 126–135) feststellte, können die 43 Kapitel in drei bzw. vier Blöcke unterteilt werden. Nach einer anfänglichen Dissertatio in den cc. 1 und 2 folgen in den cc. 3–5 laut Glatthaar (ebd., S. 128) bischöfliche Einschübe (möglicherweise aus der Erzdiözese Salzburg). Er betont auch hier aufgrund des Themas der Kapitel eine mögliche Verbindung zur Hungersnot von 806. Es folgen in den cc. 6–39 Kapitel die nahezu vollständig auf der Admonitio generalis basieren. Eine genaue Konkordanz bietet ebenfalls Glatthaar (ebd., S. 129–130). Die letzten vier Kapitel (40–43) inklusive unseres c. 40 lassen dann Karl selbst zu Wort kommen. Dass diese verschiedenen Kapitelblöcke bereits zusammenhängend entstanden sind, ist auf Grundlage von Glatthaars Überlegungen wahrscheinlich, aber keineswegs zwingend.

1514 Ein *tributalis* findet sich in keinem anderen Kapitular erwähnt und überrascht daher in diesem Kontext. Erwähnung finden die *tributales* allerdings sowohl in den Kanones der bereits erwähnten bairischen Synoden von Reisbach, Freising und Salzburg (can. 30 [MGH Conc 2,1], S. 211) als auch in einigen der Freisinger Traditionen aus der zweiten Hälfte des 8. Jahrhunderts (Nr. 7, 8, 70 und 102 [ed. Bitterauf], S. 34–35, 96, 119). Auffällig ist die ausschließlich bairische Herkunft der Quellenbelege. Weitere Belege für das 8. Jh. – ebenfalls allesamt aus dem bairischen Raum – bietet Ludmil Hauptmann (Hufengrößen, S. 397 Anm. 4). Einige Überlegungen zu den *tributales* in Baiern, die teilweise etwas zu streng schematisch wirken, finden sich in: Gutmann, Gliederung der Bayern, S. 120–158, insb. S. 133–134. Es liegt nahe im *tributalis* eine im bairischen Raum verbreitete Entsprechung des *tributarius* der Lex Salica zu vermuten. Ein *tributarius* (*Romanus*) findet sich allerdings auch in der sogenannten Notitia Arnonis (ed. Hauthaler, S. 14) Arns von Salzburg – entstanden wohl zwischen 788 und 790 – erwähnt, sodass von einer allzu schematischen regionalen Unterscheidung ohne entsprechende systematische Untersuchung abgesehen werden sollte. Zur Datierung der Notitia Arnonis: Lošek, Notitia Arnonis, S. 31–34. Auf je nach Region variierende Begrifflichkeiten – wenngleich in Bezug auf die Zensualen, zu denen er auch die *tributarii* zählt – weist Stefan Esders (Zensualität, S. 13) hin.

1515 Nr. 44 c. 15 (MGH Capit. 1), S. 125.

und der *tributales*.[1516] Bemerkenswert ist diese Ergänzung insbesondere im Kontext der Identität des *servus proprius* aus BK 43 c. 11 als Unfreier des Königs in der Deutung von Loyn und Percival.[1517] Könnte es sich in c. 40 um eine Zusammenfassung der beiden Diedenhofener Kapitel handeln? In diesem Fall wären die *servi proprii*, die nach BK 43 nicht ohne herrscherliche Erlaubnis zu ordinieren sind, tatsächlich mit den *servi fiscalini* aus M 12 zu identifizieren, wie von Loyn und Percival impliziert.[1518] Die Krisensituation von 805/806 würde auch die ansonsten etwas merkwürdig anmutende Forderung Karls erklären, vor jeder Ordination sei seine Erlaubnis einzuholen. Eine solche Krisensituation ist für 813 nicht bekannt.

Allerdings ist Mordek und Schmitz zuzustimmen, dass die unrechtmäßige Ordination von Unfreien beziehungsweise die daraus resultierenden Konsequenzen auch auf den Reformkonzilien von 813 Thema war. Dies geht zumindest aus den Kanones ebenjener mit M 12 überlieferten Mainzer Versammlung hervor.[1519] Das Ergebnis der Mainzer Versammlung findet sich in can. 23. Festgelegt wird, dass auch in unrechtmäßigen Fällen die Ordination nicht rückgängig gemacht werden kann.[1520] Allerdings solle unter anderem darauf geachtet werden, dass Unfreie nur bei Zustimmung ihres Besitzers ordiniert würden.[1521] Teilweise ähnlich, allerdings ausführlicher, äußern sich auch die Bischöfe, die (möglicherweise in Aachen)[1522] zeitnah auf die Reformkonzilien folgend die sogenannte Concordia episcoporum verfassten.[1523] Dort wird festgelegt, dass Besitzer von Unfreien, die ohne die notwendige Zustimmung ordiniert worden seien, entschädigt werden sollten. Zudem solle der Besitzer entscheiden können, ob die

1516 Auf diese Ergänzung verweist auch Glatthaar (Admonitio generalis, S. 130–131). Die in c. 40 fehlende Begründung merkt er allerdings nicht an.

1517 Loyn / Percival, Reign of Charlemagne, S. 87.

1518 Loyn und Percival (Reign of Charlemagne, S. 87) übersetzen die *servi proprii* aus Nr. 43 c. 11 (MGH Capit. 1, S. 122) als „slaves belonging to the king".

1519 Die bereits von „Zeitgenossen" des Konzils verfasste Konkordanz (Hartmann, Synoden, S. 134) nennt auch can. 7 von Chalon als Kanon zur unrechtmäßigen Ordination (MGH Conc 2,1, S. 302, c. 16). Unfreiheit wird in diesem Kanon allerdings nicht erwähnt. Dass einzelne Themen nicht auf allen oder gar nur auf einer der insgesamt fünf Versammlungen diskutiert wurden bzw. in die entsprechenden Kanones aufgenommen wurden, ist keineswegs ein Einzelfall. So stellt etwa Gerda Heydemann (Carolingian Interpretations, S. 66) fest: „The synod of Mainz was the only assembly to address the problem of military service owed by churches and their prelates to the king".

1520 Ähnlich bereits can. 6 des Concilium Aurelianense a. 549 (MGH Conc. 1, S. 102). Inwiefern dieser Kanon allerdings 813 rezipiert wurde ist unklar – eine Überlieferung in den großen Kanonessammlungen des 8. und 9. Jhs. ist nicht bekannt.

1521 Concilium Moguntinense can. 23 (MGH Conc. 2,1), S. 267: *De clericis iniuste tonsoratis. De clericis vero hoc statuimus, ut hi, qui hactenus inventi sunt, sive in canonico sive in monachico ordine, tonsorati sine eorum voluntate, si liberi sunt, ut ita permaneant, et deinceps cavendum, ut nullus tondeatur nisi legitima aetate et spontanea voluntate vel cum licentia domini sui.* Vgl. dazu auch Boswell, Kindness of Strangers, S. 274–275 mit Anm. 52.

1522 Rob Meens (Penance, S. 117, Anm. 81) verweist in diesem Zusammenhang auf eine in den Annales regni Francorum (MGH SS rer. Germ. 6, S. 138) erwähnte Zusammenkunft von Bischöfen, in deren Rahmen das Dokument aufgesetzt worden sein könnte.

1523 Concordia episcoporum (MGH Conc. 2,1), S. 297–301.

Ordination revidiert werden solle. Lediglich höhere kirchliche Weihegrade sollten nicht aberkannt werden. In diesen Fällen sollte der Unfreie zwar seinen Weihegrad behalten, aber dennoch an seinen Besitzer zurückgegeben werden, der zudem entschädigt werden sollte.[1524] Auch greifen die Bischöfe auf ein aus der Admonitio generalis bewährtes Prinzip zurück: Man orientierte sich an bereits bekannten Rechtssätzen, in diesem Fall am in der Vetus Gallica enthaltenen can. 5 des Konzils von Orléans (a. 511) und der oben erwähnten durch die Epitome Iuliani verbreiteten justinanischen Regelung.[1525] Dennoch muss konstatiert werden, dass eine inhaltliche Nähe zwischen M 12 c. 40 und BK 43 c. 11 zu den erwähnten Texten von 813 nicht festzustellen ist. Dies mag als weiteres Argument für die Entstehung von M 12 um 806 und gegen eine Enstehung 813 betrachtet werden.

Der gerade erwähnte und im Kontext von 813 aufgenommene can. 5 des Konzils von Orléans ist für uns allerdings auch in einem anderen Zusammenhang aus der Zeit Karls von Bedeutung: Die Rubrik des Kanons findet sich als c. 8 auch in der von Boretius als Capitula excerpta de canone (BK 47) bezeichneten Liste. Dort heißt es knapp: *De servo, si nesciente domino suo fuerit ordinatus.*[1526] Bereits Hubert Mordek konnte die nur in der Handschrift München Lat. 19416[1527] überlieferte, insgesamt 23 Kapitel umfassende Liste als Übernahme von Rubriken aus der Collectio Vetus Gallica identifizieren. Für die Liste wurde „genau jene sehr seltene Form der Vetus Gallica herangezogen ..., die auch in der ursprünglichsten Überlieferung der Kombination von Dionysio-Hadriana und Vetus Gallica sichtbar" ist.[1528] Kapitel 8 entspricht hier dem can. 11 der Collectio, welcher sich wie bereits erwähnt auf das Konzil von Orléans des Jahres 511 (und dessen can. 5) bezieht.[1529] Boretius geht von einer Entstehung der Abschrift 806 (oder später) aus, während Mordek vorsichtiger vom „Beginn des. 9. Jahrhun-

---

1524 Concordia episcoporum (MGH Conc. 2,1), can. 12, S. 299: *Si vero is qui tonsuratus est, alicuius servus fuit, domino per legem emendetur, quod de eius servo contra eum contractum est. Ille vero, qui tonsuratus est, utrum in eadem tonsura permaneat, in potestate sit dominorum. Si vero servus quis superius taxato modo tonsoratus ad gradus ecclesiasticos pervenerit, domino suo per legem emendetur et ei redditus in gradu suo.* Zur Deutung dieses Kanons auch: Schaub, Studien, S. 99; für den ersten Abschnitt des Kanons zur Ordination von Minderjährigen, vgl. Gillis, Heresy and Dissent, S. 32 mit Anm. 51.

1525 Die Kenntnis der beiden Rechtssätze darf für die Bischöfe der Versammlung 813 angenommen werden.

1526 Nr. 47 c. 8 (MGH Capit. 1), S. 133.

1527 Zur Handschrift vgl. Mordek, Biblioteca, S. 357–364. Die Hs. enthält überwiegend Kapitularien Karls des Großen nebst der Lex Ribuaria und einigen Kapitularien Ludwigs des Frommen am Ende der Hs.

1528 Mordek, Kirchenrecht, S. 161.

1529 Vgl. ebd., S. 184–189. Mordek ist es auch gelungen, die Liste einer Handschriftengruppe der Kirchenrechtssammlung zuzuordnen. Über diese Zuordnung lässt sich auch der der Liste angehängte Pseudo-Silvester Kanon erklären. Das vollständige Kapitel aus Orléans findet sich bei Mordek (Kirchenrecht) auf S. 396 und lautet: *Si servum absente aut nesciente domino et episcopo sciente, quod servus sit, diaconus aut presbiter fuerit ordinatus, ipso in clericatus officio permanente episcopus eum domino duppli satisfaccione conpensit. Si vero episcopus eum servum nescierit, qui testimonium perhibent aut eum supplicaverint ordinare, simile redibitione teneantur obnoxii.*

derts" spricht.[1530] Grund für diese Datierung scheint zu sein, dass die Liste an die Capitula per missos cognita facienda (BK 67, wohl zwischen 805 und 813 entstanden) anschließt. Auf die Liste folgt die Lex Ribuaria in der Klasse B. Die Münchener Handschrift scheint durchaus um (chronologische) Ordnung bemüht – auf foll. 45v bis 54r findet sich etwa ein Block von Kapitularien des Jahres 803, die einzigen Kapitularien Ludwigs des Frommen (und Lothars I.) in der Handschrift finden sich an deren Ende auf foll. 76r bis 89v. Dennoch haben sich einige chronologische Ordnungsfehler eingeschlichen.[1531] Die von Boretius und Mordek vermutete Entstehung der Liste im letzten Jahrzehnt der Herrschaft Karls des Großen ist also mit einer gewissen Vorsicht zu behandeln. Dass die Collectio Vetus Gallica bereits früher einen hohen Bekanntheits- und Verbreitungsgrad im Reich Karls hatte, steht schließlich außer Frage.

Dass die Abschrift der Vetus Gallica-Rubriken Karls Herrschaftszeit zuzuordnen ist, liegt allerdings insofern nahe, als dass die Münchner Handschrift keine früheren und nur vier[1532] spätere Stücke kennt, wobei letztere – wie bereits erwähnt – allesamt am Ende der Handschrift zu finden sind, während BK 47 bereits in der Mitte der Handschrift steht. Bestärkt wird die Annahme, dass es sich um eine Abschrift aus der Zeit Karls des Großen handelt, durch den Umstand, dass auch die Kapitulariensammlung des Ansegis sie, wenngleich aufgeteilt in zwei Blöcke, nahezu vollständig übernimmt und den Kapitularien Karls des Großen zuordnet.[1533] Wie Mordek zu Recht feststellt, wies das „Original des Kapitulars", oder zumindest die Version, die Ansegis vorlag, „noch nicht jene Textverunstaltungen" auf, die in der Münchner Handschrift zu finden sind.[1534]

Diese Aufnahme in die Sammlung des Ansegis ist es auch, die Mordek in Bezug auf das „aus der Vetus Gallica geschöpfte Kapitular (BK 47)" zu der Überzeugung kommen lässt, „daß es echt sein muss".[1535] Nun ließe sich trefflich darüber streiten, was genau diese ‚Echtheit' für Mordek bedeutet haben mag. Es scheint jedoch, als wäre er davon ausgegangen, dass die Abschrift der Vetus Gallica-Rubriken im Umfeld Karls des Großen entstanden sei und von diesem – im Sinne eines Herrschererlasses – auch mit kaiserlicher Autorität versehen wurde.[1536] Doch während nicht abzustreiten ist, dass auch Ansegis der Liste eine solche Autorität zuschrieb und die Collectio Vetus Gallica zweifellos im Umfeld

1530 Vgl. die Vorbemerkung von Boretius zu Nr. 47 (MGH Capit. 1), S. 133; Mordek, Kirchenrecht, S. 184.

1531 So findet sich etwa das Capitulare Mantuanum secundum, generale (Nr. 93, MGH Capit. 1, S. 196–198) – wohl von 813 – zwischen dem Kapitular von Herstal von 779 (Nr. 20, MGH Capit. 1, S. 46–51) und der Admonitio generalis von 789 (ed. Glatthaar et al.) auf den foll. 2r–3r.

1532 Es handelt sich um die Wormser Kapitularien von 829 und Lothars Paveser Kapitular von 832. Vgl. Mordek, Bibliotheca, S. 363.

1533 Vgl. Ansegis cc. 1,127–133 und App. 1,11–27 (MGH Capit. N. S. 1), S. 505–507 und S. 666–667. Unser Kapitel findet sich auf S. 666 gezählt als c. 13. Vgl. dazu auch: Mordek, Kirchenrecht, S. 189.

1534 Ebd.

1535 Mordek, Kirchenrecht, S. 189 Anm. 453.

1536 Dafür spricht auch der Umstand, dass Mordek die Liste im Verlauf seiner Analyse immer wieder als „Kapitular" bezeichnet (vgl. ebd. S. 184–189).

Karls des Großen bekannt war und genutzt wurde, ist es spekulativ davon auszugehen, das von Boretius als BK 47 gezählte Exzerpt könne direkt auf Karl den Großen zurückgeführt werden. Es scheint daher sinnvoller davon auszugehen, dass die Rubriken für einen Kompilator von Rechtstexten in der Zeit (und möglicherweise im Umfeld) Karls des Großen aus unbekannten Gründen relevant schien und diese deshalb aus ebenfalls unbekannten Gründen im Kontext von Kapitularien Karls des Großen auf uns gekommen sind.[1537]

Unabhängig von der Frage, ob die Liste als authentisches Kapitular betrachtet wird oder nicht, ist der Inhalt der Rubrik für sich stehend nichtssagend. *De servo, si nesciente domino suo fuerit ordinatus* impliziert höchstens, dass die Ordination eines Unfreien ohne Zustimmung des Herrn nicht zulässig sei. Das vollständige Vorlagenkapitel der Vetus Gallica (beziehungsweise des Konzils von Orléans 511) behandelt letztlich Konsequenzen, die eintreten sollen, wenn dies dennoch geschieht. Es wird bestimmt, dass der ordinierende Bischof – sofern er um den Status wusste – oder aber der Fürsprecher des Unfreien dem Besitzer eine Entschädigung zu zahlen hatte.[1538] Selbst wenn die in der Münchner Handschrift überlieferte Rubrikenliste von Karl dem Großen autorisiert worden wäre, würde es sich hier keineswegs um eine nennenswerte inhaltliche Abweichung von den bisher besprochenen Bestimmungen der Zeit Karls des Großen, etwa den entsprechenden Kapiteln der Admonitio generalis, handeln. Allerdings muss in diesem Zusammenhang erneut die Möglichkeit erwogen werden, dass ein hypothetischer Empfänger der Vetus Gallica-Rubriken diese zusammen mit weiteren mündlichen Anweisungen erhielt.[1539] Nachgewiesen werden kann eine solche Vermutung in Bezug auf unsere Liste freilich nicht.

Während in beiden Fällen von 813 – der Concordia episcoporum und die Kanones der Mainzer Versammlung – und somit implizit auch in BK 47 c. 8, das sich ja auf den gleichen Kanon bezieht, das Prinzip der Unumkehrbarkeit von Sakramenten (mit Einschränkungen) betont wird, werden die Besitzrechte der *domini* von Unfreien ebenfalls anerkannt. Auch 813 steht zudem grundsätzlich einer Ordination von Unfreien ohne vorherige *manumissio* nichts entgegen. Dieser Befund lässt sich, wie gezeigt werden konnte, abgesehen von den Synoden in Reisbach, Freising und Salzburg von 799/800 für alle aus der Zeit Karls des Großen stammenden Zeugnisse zu dieser Frage festhalten.

1537 Ein möglicher Entstehungskontext ergäbe sich allerdings auch aus den Reformkonzilien des Jahres 813, auf denen ebenjener can. 8 von Orléans 511 aufgegriffen wurde. In diesem Zusammenhang wäre es allerdings nötig zu überprüfen, ob weitere Themen der Vetus Gallica Rubriken auf den Konzilien von 813 diskutiert wurden. Dennoch muss betont werden, dass eine Entstehung im Umfeld Karls des Großen nicht zwingend auf einen Kapitularienkontext schließen lässt.

1538 Vgl. Collectio Vetus Gallica can. 11 (ed. Mordek), S. 396. Vgl. dazu auch: Landau, Frei und Unfrei, S. 182.

1539 Vgl. Kikuchi, Herrschaft, S. 147. Kikuchi stellt fest, „dass eine solche kurze Kapitelliste keineswegs eine abgekürzte Version des vollständig ausformulierten authentischen Kapitulars sein musste. Es gibt keine konkrete Basis für eine solche Vermutung. Vielmehr müssen wir voraussetzen, dass die Missi auf ihrer Legationsreise je nach Region oder Person wörtlich und inhaltlich unterschiedliche Versionen der Beschlüsse mit sich führen konnten".

6.3.4 Zwischenfazit zu Karl dem Großen und der Ordination von Unfreien

In Bezug auf die Frage nach der Bedeutung des Diskurses um die Ordination von Unfreien ist Peter Landau grundsätzlich zuzustimmen, wenn er (allgemeiner) feststellt: „Die Stellungnahme des kanonischen Rechts zu Ehe und Ordination unter dem Gesichtspunkt der Freiheit ist offenbar für die mittelalterliche Gesellschaft von größter sozialer und praktischer Bedeutung gewesen".[1540] Hier ist allerdings für die Zeit Karls Vorsicht geboten. Zwar finden sich für die Zeit Karls des Großen etwa ein halbes Dutzend (vermeintliche) Kapitularien und einige Konzilientexte, die sich dem Thema widmen, die Verbreitung dieser Texte ist allerdings – so legt es zumindest die Überlieferungssituation nahe – teilweise gering. Und auch in Bezug auf die weit verbreiteten Texte ist aufgrund der knappen Formulierungen unklar, welche Bedeutung dem Thema beigemessen worden ist.

Die Ergebnisse dieses Kapitels insgesamt sind also nicht primär inhaltlicher Natur. Diesbezüglich lässt sich nur so viel festhalten: Die Ordination von Unfreien findet zu verschiedenen Zeitpunkten der Herrschaftszeit Karls des Großen im Kontext anderer Themen Einzug in die Kapitularien. Diese Stellungnahmen bestehen allerdings meist aus kurzen Verweisen auf das kanonische Recht (zumeist im Zusammenhang mit der Dionysio-Hadriana) beziehungsweise aus der Paraphrase der Admonitio generalis. Eine umfangreiche inhaltliche Auseinandersetzung mit der Thematik konnte ebenso wenig festgestellt werden wie eine inhaltliche Entwicklung. Lediglich die Tripelsynode der Salzburger Erzdiözese (799/800) erwähnt – erneut in Übereinstimmung mit dem kanonischen Recht der Dionysio-Hadriana – die Freilassung als notwendige Bedingung der Ordination.[1541] Da Shigeto Kikuchi allerdings plausibel machen konnte, dass viele der kurzen Kapitellisten, zu denen auch einige unserer Texte zählen, durch mündliche Erläuterungen ergänzt wurden,[1542] ist unklar, ob es sich in Salzburg um einen Sonderfall handelte, der möglicherweise auf regionale Gegebenheiten zurückzuführen ist.[1543] Ebenso ist denkbar, dass die strenge Position Leos I., die in Salzburg ausformuliert wurde, im frühen 9. Jahrhundert ohnehin gängige Praxis war, wenngleich dies eher unwahrscheinlich scheint.

Nicht zuletzt aufgrund der unvollständigen Überlieferungssituation ist kaum festzustellen, welche Relevanz die Problematik der Ordination von Unfreien zur Zeit Karls des Großen tatsächlich hatte und welche Entwicklungen möglicherweise stattgefunden haben. Eine aktive Auseinandersetzung mit diesem Thema und entsprechenden Detailfragen kann für die Zeit Karls des Großen jedenfalls nicht nachgewiesen werden. Es mag fast der Eindruck entstehen, dass

---

1540 Landau, Frei und Unfrei, S. 177.

1541 Concilium Rispacense, Frisingense, Salisburgense a. 800 can. 31 (MGH Conc. 2,1), S. 211.

1542 Kikuchi, Herrschaft, S. 147.

1543 Ein möglicher Grund für eine solche lokale Besonderheit könnte in der Vermutung von Thomas Kohl (Lokale Gesellschaften, S. 264–265) zu finden sein, der davon ausgeht, dass in Baiern verhältnismäßig viele Unfreie Kleriker wurden.

die Frage nach dem Umgang mit solchen Ordinationen unter Karl überwiegend schlicht ‚mittradiert' wurde. Der Kontext, in dem sich diese Bestimmungen finden, ist schließlich, abgesehen von den Sonderfällen im Kontext der Hungersnot von 805/806, stets der gleiche. Die Ordination wird fast ausschließlich in solchen Texten behandelt, welche die Admonitio generalis beziehungsweise die Dionysio-Hadriana in größerem Maße rezipieren.[1544] Die Betrachtung unserer Kapitel weist also vielmehr eine gewisse, durchaus anhaltende, Orientierung an Rom und dem in der Dionysio-Hadriana verbreiteten kanonischen Recht nach als eine aktive Auseinandersetzung mit unserem Thema im Umfeld Karls des Großen. Der Umstand, dass auch die Collectio Vetus Gallica Beachtung fand, mag als Indiz dafür betrachtet werden, dass hier eine Hinwendung zum kanonischen Recht und nicht ausschließlich die Hinwendung zum apostolischen Stuhl festzustellen ist. Karl den Großen als Vermittler zwischen „römische[m] und dem germanische[m] Rechtssystem" zu verstehen – wie es in der Forschung des späten 19. und frühen 20. Jahrhundert propagiert[1545] und teils bis heute in der Forschung übernommen wird[1546] – verbietet sich allein aufgrund der nicht nachweisbaren aktiven Auseinandersetzung mit dem Thema.

Die überwiegende Nutzung der Dionysio-Hadriana beziehungsweise der Admonitio belegt allerdings durchaus ein gewisses Maß an päpstlicher Einflußnahme. Ausgangspunkt dieser Entwicklung war zweifellos die Übergabe der Dionysio-Hadriana an Karl den Großen durch Hadrian I. Deren erfolgreiche und zügige systematische Verbreitung, nicht zuletzt über den Umweg der Admonitio generalis, weist die Betrachtung der Kapitel zur Ordination von Unfreien durchaus nach. Betont werden muss allerdings auch, dass die Rezeption beziehungsweise Nutzung von Dionysio-Hadriana und Admonitio nicht einfach aus der recht hohen Zahl an Kapitularien hergeleitet werden darf. Einige dieser Texte – etwa BK 47 (mit c. 8), BK 35 (mit c. 26) oder auch M 12 (mit c. 40) – sind nur unikal überliefert. In einigen Fällen sind die Texte als knappe Listen für einen herrscherlichen *missus* zu verstehen, die diesem aus einem konkreten Anlass ausgehändigt und teilweise durch zusätzliche mündliche Anweisungen ergänzt wurden.[1547] Vielmehr muss der Umstand betont werden, dass Texte zur Ordination von Unfreien zwischen 789 und 813 immer wieder und in verschiedenen Kontexten aufgegriffen und rezipiert wurden.

Dieser Umstand ist es auch, welcher der Ordination von Unfreien unter Karl ein gewisses Maß an Relevanz attestiert. Da dieses Thema unter Karl allerdings, wie gerade betont, niemals für sich stehend behandelt wird, sollte unter Rückbezug auf Landau wohl eher von einem allgemeinen Bedeutungszuwachs des

---

1544 Vgl. Kapitel 6.3.1.

1545 Vgl. Schaub, Studien, S. 98. Die Arbeit Schaubs basiert wie bereits mehrfach angesprochen in weiten Teilen auf den Thesen von Ulrich Stutz (Benefizialwesen). Eine solche Vermittlerposition ist allein schon deshalb nicht möglich, da der implizierte diametrale Gegensatz zwischen einer homogenen römisch-kanonischen und einer ebenso homogenen fränkischen Position nirgends greifbar ist.

1546 Vgl. Klein, Bestellung von Sklaven, S. 473–493. Contra: Patzold, Presbyter, S. 168–170.

1547 Vgl. Kikuchi, Herrschaft, S. 147.

kanonischen Rechts[1548] unter Karl dem Großen ausgegangen werden, als diese Aussage nur isoliert auf ein Themenfeld – wie die Ordination von Unfreien – zu beziehen.

Bevor wir uns nun der Herrschaftszeit Ludwigs des Frommen zuwenden, soll allerdings noch ein Sonderfall aus der Zeit Karls des Großen betrachtet werden, der sich in einem Brief Karls an seinen Sohn Pippin von Italien findet.

6.3.5 BK 103: Ein Sonderfall aus Italien

Einen vollkommen anderen Blickwinkel auf unsere Fragestellung bietet eine Passage aus einem Brief Karls des Großen (BK 103) an seinen Sohn Pippin (von Italien), der zwischen 806 und 810 entstanden sein muss.[1549] Dieser auch in der jüngeren Forschung selten und oft nur kursorisch[1550] behandelte Brief bietet neben „some legislative material"[1551] auch bemerkenswerte Einblicke in die angedachte Praxis zur Durchsetzung und Etablierung von (Schrift-)Recht unter Karl dem Großen. So berichtet Karl seinem Sohn unter anderem, dass er „aus Italien erfahren [habe], daß man diese Zusätze nicht für Recht halten und ihnen nicht gehorchen wollte, weil die Bekanntmachung des neuen Rechts unterblieben sei."[1552] Brigitte Kasten bezieht diese Zusätze zu Recht auf das Capitulare legibus additum (BK 39) von 803.[1553] Diese sollten, so Karl, im ganzen Reich verkündet und ihre Beachtung befohlen werden, was in Italien unter Pippin offenbar nicht geschehen war.[1554]

Eine interessante Bemerkung zu BK 103 von Carine van Rhijn soll an dieser Stelle zuerst Beachtung finden. Van Rhijn merkt an, dass zu Beginn des 9. Jahrhunderts offenbar unfrei geborene Priester in einer solchen Zahl lebten, dass sie

---

1548 Vgl. Landau, Frei und Unfrei, S. 177.

1549 Vgl. Nr. 103 (MGH Capit. 1), S. 211–212.

1550 Auszugsweise besprochen wird der Brief u. a. von: Bougard, Justice, S. 29, 51 und öfter; Kasten, Königssöhne, S. 334–335; Manacorda, Ricerche, insb. S. 101 Anm. 256; van Rhijn, Priests, S. 226 mit Anm. 32. Zumindest exemplarisch angeführt u. a. von: Meyers, L'environment, S. 269, Anm. 34; Davis, Pattern of Power, S. 237 und 241; dies., Practice of Empire, S. 281, 310 und 397; Fasoli, Carlo Magno, S. 148; Kikuchi, Herrschaft, S. 117, 128 und 156; Sassier, Représentation, S. 177. Eine moderne Übersetzung bietet Azzara / Moro, Capitolari Italici, S. 84–87. Gegen die Einschätzung, dass der Brief als Kapitular betrachtet werden sollte, spricht sich Federica Monteleone (Capitolari, S. 265 Anm. 38) aus. Zweifelsohne verdient der Brief eine eingehendere Betrachtung, die allerdings an dieser Stelle nicht geleistet werden kann.

1551 Davis, Practice of Empire, S. 281 Anm. 219.

1552 Kasten, Königssöhne, S. 334.

1553 Ebd.

1554 Vgl. Nr. 103 (MGH Capit. 1), S. 212: … *Audivimus etiam, quod quedam capitula quae in lege scribi iussimus per aliqua loca aliqui ex nostris ac vestris dicunt, quod nos nequaquam illis hanc causam ad notitiam per nosmetipsos condictam habeamus, et ideo nolunt ea oboedire nec consentire neque pro lege tenere. Tu autem nosti, quomodo vel qualiter tecum locuti fuimus de ipsis capitulis, et ideo monemus tuam amabilem dilectionem, ut per universum regnum tibi a Deo commissum ea nota facias et oboedire atque inplere praecipias, de episcopis et sacerdotibus occisis, sicut statutum habuimus, et de reliquis quibuslibet causis…*

im Kontext von BK 103 gesondert erwähnt werden.[1555] Dieser Umstand steht keineswegs im Widerspruch zu den bereits erwähnten Befunden zu den nur selten unfreien „local priests" in verschiedenen Teilen des Karolingerreichs.[1556] Schließlich wird in unserem Brief lediglich die unfreie Geburt erwähnt, nicht aber ob vor der Ordination eine *manumissio* stattgefunden hatte.[1557] Für Karl scheint diese Frage zumindest im Zusammenhang von BK 103 auch vollkommen unerheblich gewesen zu sein: Die Kompensationszahlung, so erinnert er seinen Sohn, soll sich schließlich am Geburtsstand des Getöteten beziehungsweise Verletzten (*secundum illius nativitatem*) bemessen. Dass diese Präzisierungen Karls in Bezug auf die zu leistende Kompensationssumme überhaupt notwendig wurden, mag darauf zurückgeführt werden, dass Inhaber geistlicher Positionen grundsätzlich nach römischem Recht lebten und nicht nach ihrem Geburtsrecht.

In der zweiten Hälfte des letzten Abschnitts des insgesamt bemerkenswerten Briefs widmet sich Karl also der Bestrafung von an Priestern begangenen Delikten. Diese sollen, wenn der Priester als Freier geboren wurde (*si liber natus est*), im Todesfall *per triplam compositionem*, also mit dem dreifachen Wergeldsatz,[1558] gesühnt werden. Wurden sie aber lediglich verletzt, soll das Vergehen je nach *qualitas vel quantitas* ebenfalls mit der dreifachen üblichen Summe bestraft werden. Sollte der Priester allerdings unfrei geboren worden sein (*presbyter servus natus fuit*), so soll das an ihm begangene Verbrechen nach seinem Geburtsstand dreifach gesühnt werden.[1559] Van Rhijn merkt zu Recht an, dass diese Unterscheidung nach Geburtsstand in anderen (kirchenrechtlichen) Bestimmungen zur Bestrafung der Tötung von Priestern nicht gemacht wird[1560] und BK 103 als nicht uninteressanter Einzelfall zu sehen ist. Ergänzt werden darf in diesem Zusammenhang, dass die Unterscheidung nach Geburtsstand in eben jenem Kapitular, dessen Einhaltung und Verbreitung Karl hier anmahnt (BK 39), ebenfalls nicht explizit vorgenommen wird. In c. 1 des Erlasses wird dort lediglich nach den verschiedenen Ämtern der Kirchenhierarchie differenziert: Die Tötung eines Subdiakons ist beispielsweise mit 300 Solidi, die eines Priesters mit 600 Solidi zu sühnen.[1561]

Auffällig ist in diesem Zusammenhang allerdings, dass die für den Priester fällige Summe von 600 Solidi mit dem verdreifachten Wergeld des freien Franken

---

1555 Vgl. van Rhijn, Priests, S. 226.

1556 Vgl. van Rhijn / Patzold, Men in the Middle.

1557 Vgl. Nr. 103 (MGH Capit. 1), S. 212: ... *Verumtamen de presbiteris videtur nobis, si liber natus est, per triplam compositionem secundum suam legem fiat compositus; et si plagatus fuerit, secundum qualitatem vel quantitatem plagarum vel disciplinae tripla compositione emendetur ab eo qui hoc perpetraverit. Si autem presbiter servus natus fuit, secundum illius nativitatem tripla compositione solvatur in plagis et disciplinis. Et de diaconibus similiter fiat...*

1558 Zum dreifachen Wergeld vgl.: Bothe, Triplice Weregeldum, insb. S. 204–207.

1559 Vgl. Nr. 103 (MGH Capit. 1), S. 212.

1560 Vgl. van Rhijn, Priests, S. 226 Anm. 32 mit Verweis auf can. 25 von Mainz 847 (MGH Conc. 3, S. 173) und can. 40 von Rom 853 (ebd., S. 330).

1561 Nr. 39 c. 1 (MGH Capit. 1), S. 113: *De homicidiis clericorum. Si quis subdiaconum occiderit, CCC solidos componat; qui diaconum, CCCC; qui presbiterum, DC; qui episcopum, DCCCC solidos componat; qui monachum CCCC solidis culpabilis iudicetur.*

aus der Lex Salica übereinstimmt.[1562] Dass diese Summe (inklusive der Verdreifachung in besonderen Fällen) auch im frühen 9. Jahrhundert noch relevant war veranschaulicht die sogenannte Recapitulatio solidorum, ein in seiner normativen Qualität schwer zu fassender Text, der wohl zu Beginn des 9. Jahrhunderts entstanden und zumeist (in verschiedenen Fassungen) in Kapitulariensammlungen auf uns gekommen ist.[1563] Dort wird nicht nur die Kompensationszahlung für die Tötung eines freien Franken auf 200 Solidi festgesetzt, sondern auch die dreifache Summe bei Tötung eines freien Franken *in hoste* verlangt.[1564] Erwähnenswert ist in diesem Zusammenhang auch der Umstand, dass in der Handschrift Cologny Bodmer 107 (Cy)[1565] der Recapitulatio das oben erwähnte c. 1 von BK 39 – wenngleich in verfälschter Form – ergänzt wurde. Dort heißt es auf fol. 142r (Z. 1–2) *Ut si quis diaconum aut monachum occiderit inde ad solidi DC*. Und wenig später (Z. 7) *Ut si quis episcopum occiderit inde ad solidi mille DCCC*.[1566] Die Kompensationssumme für getötete Priester aus BK 39 c. 1 in Höhe von 600 Solidi (die in Cy auf Mönche und Diakone übertragen wird) entspricht also ebenjener *tripla compositione*, die Karl in BK 103 anführt.[1567] Zunächst liegt es also nahe zu vermuten, dass die in BK 39 c. 1 festgelegten Summen tatsächlich auf Geistliche beziehen sollen, die vor ihrer Ordination nach fränkischem Recht lebten. Gegen diese Annahme spricht allerdings, dass die Verdreifachung in Bezug auf den *presbiter* noch nachvollziehbar ist, aber in Bezug auf die übrigen genannten Ämter nicht hergeleitet werden kann.[1568] Doch trotz des Umstands, dass im fränkischen Recht keine in ihrem Wergeld über dem Freien anzusiedelnde Adelsschicht existiert wie in anderen Leges,[1569] finden sich auch dort Kompensationszahlungen, welche die dreifache Summe des Freienwergelds übersteigen oder von der simplen Multiplikationslogik abweichen.[1570] Einzigartig ist BK 39 c. 1 diesbezüglich also keineswegs.

1562 Das Wergeld eines freien Franken betrug nach Lex Salica c. 41,1 (MGH LL nat. Germ. 4,1, S. 154–156) 200 Solidi. Ein Unfreienwergeld kennt die Lex Salica nicht. Überlegungen zum Wergeldsystem mitsamt aktueller Literatur finden sich bei Esders, Monetary Logic, S. 1–37; Haubrichs, Wergild, S. 92–112; Siems, Observations, S. 38–64.

1563 Zur Recapitulatio solidorum inkl. Edition der beiden häufigsten Fassungen vgl. umfangreich: Ubl, Recapitulatio solidorum, S. 61–79.

1564 Recapitulatio solidorum cc. 26 und 28, ed. Ubl, S. 79. Die Kompensation bei Tötung eines *Romanus* wird in c. 24 (ebd.) auf 100 Solidi beziffert.

1565 Zur Handschrift vgl.: Mordek, Bibliotheca, S. 113–118. Mordeks Sigle Cy übernimmt: Ubl, Recapitulatio solidorum, S. 71.

1566 Bereits festgestellt ebd., S. 65.

1567 Vgl. Nr. 103 (MGH Capit. 1), S. 212.

1568 Findet sich für den *subdiaconus* mit 300 Solidi im *Romanus* noch ein Äquivalent ist dies freilich in Bezug auf den *monachus* (400 Solidi im Kapitular, aber 600 in der Recapitulatio) und den *episcopus* (900 im Kapitular und 1200 in der Recapitulatio) nicht mehr gegeben.

1569 Zur Kontextualisierung dieses Umstands in der Karolingerzeit vgl.: Ubl, Sinnstiftungen, S. 187–188.

1570 Das Wergeld eines *obgrafio* und eines *sacerbaron* wird z. B. mit 300 Solidi, also dem anderthalbfachen des Freienwergelds und der Hälfte des Wergelds für einen *grafio* bemessen. Vgl. dazu: Oliver, The Body Legal, S. 204–205.

Aufgelöst werden kann diese Problematik in Bezug auf unser konkretes Beispiel aus BK 103. Hier wird schließlich explizit und ausschließlich in Bezug auf den Priester von einer Verdreifachung gesprochen, die sich, wie gerade gezeigt, auch über das Kapitel von 803 nachvollziehen lässt. Unter Rückbezug auf die gerade diskutierte Vermutung, dass die Summen in BK 39 c. 1 nicht universelle Gültigkeit besitzen sollten, sondern nur für (freigeborene) Franken gedacht waren, wäre also die Tötung eines Priesters, der vor seiner Ordination nicht nach fränkischem Recht gelebt hat, anders zu kompensieren gewesen.[1571] Diese Interpretation des Briefes an Pippin würde auch plausibel machen, weshalb Karl in diesem nicht schlicht die Summen aus BK 39 wiederholte, musste er doch davon ausgehen, dass südlich der Alpen weniger Menschen nach fränkischem Recht lebten.

Ohnehin sollte davon ausgegangen werden, dass es eher unwahrscheinlich ist, dass Karls nur wenige Jahre nach BK 39 verfasster Brief, der sich zudem direkt auf das Kapitular bezieht, inhaltlich im direkten Widerspruch zum ersten Kapitel von BK 39 steht. Gänzlich ausgeschlossen werden kann diese Möglichkeit vor dem Hintergrund der „heterogeneous and often chaotic nature of the Carolingian capitularies"[1572] freilich nicht. Die hier vorgeschlagene Auflösung des vermeintlichen Widerspruchs zwischen Kapitular und Brief stände zudem durchaus in Einklang mit den Befunden Karl Ubls, der in Bezug auf das Wergeldsystem in den verschiedenen von Karl dem Großen überarbeiteten Leges feststellt: „In my opinion, what this difference and variety [in regards to wergild] imply is the absence of a governmental strategy of unification … Charlemagne intended to put the wergild system into a written form and to gather information about local customs at the royal court."[1573] Ebenjene Gratwanderung zwischen allgemeiner Gültigkeit von Normen und Einbeziehung von lokalen Gegebenheiten mag uns im hier diskutierten Fall begegnen: Das Prinzip, dass Inhaber geistlicher Ämter besonderen Schutz im Sinne eines erhöhten Wergelds zukam, sollte im gesamten Frankenreich Gültigkeit besitzen; die genaue Summe hingegen sollte vom Rechtsstatus beziehungsweise dem Geburtsrecht abhängig bleiben. An wen die jeweilige Kompensationszahlung zu richten war, scheint allerdings auch den Angehörigen des Klerus im frühen 9. Jahrhundert nicht vollständig klar gewesen zu sein. Dies geht zumindest aus einem Kanon der Versammlung in Chalon-sur-Sâone (can. 24) hervor.[1574]

1571 Wie diese Summe allerdings zustande gekommen wäre, ist unklar. Das langobardische Recht etwa kennt keinen gesonderten Wergeldtarif für Geistliche.

1572 Ubl, Wergild, S. 242. Ubl bezieht sich in diesem Kontext auf die Ergebnisse von Jennifer Davis zu den ‚Regierungsstrategien' bzw. ‚-zielen' Karls. Vgl. dazu: Davis, Practice of Empire, insb. S. 43–168.

1573 Ubl, Wergild, S. 253–254.

1574 Vgl. Concilium Cabillonense can. 24 (MGH Conc. 2,1), S. 278: *De episcopis vero, presbyteris et diaconibus et monachis interfectis quaerendum a domno imperatore est, cui illius homicidii precium exsolvendum sit.* Auf den Kanon weist bereits Hartmann (Synoden, S. 137) hin.

Nur kurz sei an dieser Stelle bemerkt, dass die Betonung der Bedeutung des Geburtsstands in BK 103 keineswegs als nebensächlich abgetan werden sollte: Auch wenn eine Person nach ihrer Ordination nun nach römischem Recht lebte, war die Geburt dennoch von Bedeutung. Diese Feststellung ist insbesondere im Kontext von Freilassungen und Selbstverknechtungen, also bei Statuswechseln, von Bedeutung.[1575] Auch in BK 103 lässt sich allerdings keine Tendenz vonseiten Karls erkennen, der Ordination von Unfreien beziehungsweise unfrei Geborenen grundsätzlich entgegenzuwirken oder sich intensiv mit dieser Problematik auseinanderzusetzen.

6.4 Ludwig der Fromme und das Capitulare ecclesiasticum von 818/819

Im Rahmen der Betrachtung der Kapitularien Karls des Großen konnte festgestellt werden, dass diese zahlreiche Kapitel über die Ordination von Unfreien enthalten. Diese Kapitel konnten allerdings in nahezu allen Fällen als Verweise – direkt oder über den Umweg der Admonitio generalis – auf kanonisches Recht identifiziert werden. Da diese Verweise zumeist ohne nennenswerte Ergänzungen oder Erläuterungen auskommen, sind die Kapitel allesamt von einer gewissen Kürze gekennzeichnet. Unserem Thema wird zumeist nur ein einziger Satz gewidmet.

Diese Feststellung steht im krassen Kontrast zur Situation unter Ludwig dem Frommen. In den Kapitularien aus der Herrschaftszeit Ludwigs des Frommen findet sich die Ordination von Unfreien nur in einem einzigen Kapitel, nämlich c. 6 des sogenannten Capitulare ecclesiasticum (CNS 8) von 818/819, behandelt. Im Gegensatz zu den Texten aus der Zeit Karls des Großen handelt es sich bei diesem c. 6 allerdings um ein Kapitel von beträchtlichem Umfang.[1576]

Die beträchtliche Länge des Kapitels wurde offenbar bereits sehr früh bemerkt: In immerhin drei Handschriften aus der Mitte des 9. Jahrhunderts, die somit nur wenige Jahrzehnte nach Entstehung des Kapitulars geschrieben

---

1575 Vgl. Kapitel 2.

1576 Nr. 8 c. 6 (MGH Capit. N. S. 4), S. 82–85: *De servorum vero ordinatione, qui passim ad gradus ecclesiasticos indiscrete promovebantur, placuit omnibus cum sacris canonibus concordari debere; et statutum est, ut nullus episcoporum deinceps eos ad sacros ordines promovere praesumat, nisi prius a dominis propriis libertatem consecuti fuerint. Et si quilibet servus dominum suum fugiens aut latitans aut adhibitis testibus munere conductis vel corruptis aut qualibet calliditate vel fraude ad gradus ecclesiasticos pervenerit, decretum est, ut deponatur et dominus eius eum recipiat. Si vero avus vel pater ab alia patria in aliam migrans in eadem provincia filium genuerit et ipse filius ibidem educatus et ad gradus ecclesiasticos promotus fuerit et, utrum servus sit, ignoraverit et postea veniens dominus illius legibus eum adquisiverit, sanccitum est, ut, si dominus eius illi libertatem dare voluerit, in gradu suo permaneat; si vero eum catena servitutis a castris dominicis extrahere voluerit, ut gradum amittat, quia iuxta sacros canones vilis persona manens sacerdotii dignitate fungi non potest.* Das Kapitel findet sich auch in der Kapitulariensammlung des Ansegis. Vgl. Ansegis c. 1,82 (MGH Capit. N. S. 1), S. 480–482.

wurden, findet sich eine Kurzfassung des Kapitels.[1577] Diese Kurzfassung (von Karl Ubl als ε bezeichnet)[1578] – ist in den Handschriften als c. 1 Teil eines weiteren Kapitulars Ludwigs von 818/819 – den sogenannten Capitula per se scribenda (CNS 10) überliefert. Dem Redaktor dieser Kurzfassung lag zweifellos „eine vollständigere Version der Gesetzgebung [von CNS 8]“ vor.[1579] Die Gründe, aus denen der Redaktor von ε die übrigen Kapitel von CNS 8 nicht berücksichtigt, sind unbekannt; bezüglich der Motivation des Redaktors, c. 6 zu kürzen, lassen sich zumindest Vermutungen anstellen: Abgesehen von der Rubrik[1580] stimmt ε nahezu vollständig mit dem Beginn von c. 6 überein.[1581] ε bricht allerdings ab, nachdem bestimmt worden ist, dass flüchtige Unfreie, die unrechtmäßig in kirchliche Ränge gelangt sind, diese Ränge verlieren und an ihren Besitzer zurückgegeben werden sollen. Das (eigentlich) erste Kapitel der Capitula per se scribenda, dem ε vorgeschaltet ist, behandelt ebenfalls die Flucht von Unfreien. In diesem Kapitel wird festgelegt, dass flüchtige Unfreie entweder an ihren Besitzer zurückgegeben werden müssen oder aber vertrieben werden sollen. Ein Rückkaufpreis beziehungsweise eine Belohnung (*forcapium*) darf vom rechtmäßigen Besitzer des Flüchtigen nicht verlangt werden.[1582] Es scheint naheliegend, dass der Redaktor von ε an dieser Stelle insbesondere am Umgang mit flüchtigen Unfreien interessiert war und die weiterführenden Inhalte der vollständigen Version von CNS 8 c. 6 für ihn nicht relevant schienen.

Es versteht sich dementsprechend, dass im Folgenden nicht ε, sondern das gesamte c. 6 betrachtet werden muss. In Vorbereitung auf die Analyse des Kapitels bietet sich eine kurze Betrachtung des gesamten Kapitulars (CNS 8) an.

1577 Diese gekürzte Version von c. 6 findet sich in insgesamt fünf Handschriften. Mit den Handschriften Wolfenbüttel Cod. Guelf. 130 Blank., Paris Lat. 4628 und Sélestat 14 (104) finden sich unter diesen auch drei Überlieferungsträger, die bereits in der Mitte des 9. Jahrhunderts entstanden sein müssen. Zu den Handschriften vgl. jeweils die Beschreibungen in: Mordek, Bibliotheca, S. 485–488, 708–714,
und 920–943.

1578 Vgl. die Vorbemerkung von Ubl zu Nr. 8 (MGH Capit. N. S. 4), S. 76. Die Kurzfassung lautet: *DE SERVIS AD SACROS ORDINES NON MITTENDIS. Ut nullus episcoporum servos ad sacros ordines promovere presumat, nisi prius a dominis propriis libertatem consecuti fuerint. Si vero deinceps quilibet servus dominum suum fugiens aut latitans aut adhibitis testibus munere conductis vel corruptis aut qualibet calliditate vel fraude ad gradus ecclesiasticos pervenerit, deponatur et dominus eius eum recipiat.*

1579 Vgl. die Vorbemerkung von Ubl zu Nr. 10 (MGH Capit. N. S. 4), S. 76.

1580 Die Herkunft der Rubrik ist, wie Ubl (ebd.) feststellt nicht zu rekonstruieren.

1581 Lediglich *eos*, welches sich in der vollständigen Fassung auf die *servi* bezieht, wird in α sinnvoll durch *servos* ersetzt. Das *eos* in der langen Fassung vorgeschaltete *deinceps* findet sich – ergänzt durch *vero* und unter Weglassung des einleitenden *et* – nun zu Beginn des zweiten Satzes der nun mit *Si vero deinceps quilibet* statt mit *Et si quilibet* beginnt. Vgl. die Vorbemerkung zu Nr. 8 (MGH Capit. N. S. 4), S. 76.

1582 Nr. 10 c. 1 (MGH Capit. N. S. 4), S. 146–147: *DE FORCAPIIS. Si mancipia dominos suos fugerint in alienam potestatem, ut propter hoc nullum praemium accipiat ille, in cuius potestate fuerint inventa pro eo, quod ea vel reddiderit vel foras eiecerit; et non solum hoc, sed etiam si ea nec reddere nec foras eicere voluerit et legitimo domino ea contradixerit et illa inde postea effugerint, secundum legem ea solvere cogatur.* Zur Flucht von Unfreien und dem *forcapium* vgl. Kapitel 4.3 und 4.4.

CNS 8 stand nach Steffen Patzold am „Ende jener ersten großen Reforminitiative [von 818/819], die Ludwig und den Hof von 816 an in immer neuen Versammlungen in Aachen beschäftigt hatte."[1583] Diese lange vorbereitete Initiative „fügt sich in die umfassenden Bestrebungen des Kaisers ein, die Einheitlichkeit der Normen für die verschiedenen Stände herzustellen."[1584] Im Kontext dieser Bestrebungen trat im Winter 818/819 eine Synode in Aachen zusammen, auf der die Bischöfe verschiedene kirchliche Anliegen diskutierten und als Kanones verabschiedeten. Diese Kanones sind allerdings nur fragmentarisch auf uns gekommen. Sicher festzustellen ist dennoch, dass sich umfassende thematische Parallelen zu den fünf Synoden des Jahres 813 identifizieren lassen, die noch von Karl dem Großen einberufen worden waren.[1585] Zu diesen Themen gehörte, wie wir aus can. 23 der Mainzer Versammlung von 813 und der Concordia episcoporum wissen,[1586] auch die Ordination von Unfreien.

Doch anders als 813 und insgesamt in den entsprechenden Quellen der Zeit Karls des Großen belässt es – wie gezeigt – CNS 8 c. 6 nicht bei einem knappen Verweis auf ältere Bestimmungen des kanonischen Rechts. Ein solcher Verweis auf die heiligen Kanones (*sacri canones*) findet sich zwar im ersten Satz des Kapitels, es folgen allerdings umfassende Ausführungen, die Detailfragen klären, welche in den Texten des kanonischen Rechts nicht diskutiert werden. Explizit gemacht wird – anders als etwa bei der Admonitio generalis[1587] – nicht, auf welche Autoritäten sich das Kapitel bezieht. Der Einschätzung von Gerhard Schmitz, dass sich das Kapitel wohl auf die in der Admonitio erwähnte Dekretale Leos I. bezieht, ist dennoch zuzustimmen.[1588]

1583 Patzold, Presbyter, S. 181.

1584 Vgl. die Einleitung zu MGH Capit. N. S. 4 von Mischke und Ubl (S. XV). Dort auch Näheres zu den historischen Begleitumständen der Reform.

1585 Ubl (Vorbemerkung zu Nr. 8 [MGH Capit. N. S. 4], S. 71.) vermutet diesbezüglich: „Da die Reform damals nicht in einem kaiserlichen Kapitular zum Abschluss gebracht worden war, galt es jetzt, die dringendsten Anliegen erneut zu diskutieren und zu Beschlüssen zu gelangen". Einigkeit herrscht in Bezug auf die Einschätzung bezüglich des Erfolgs des Kapitulars von 818/819. Dieser wird allgemein darin gesehen, dass in Nr. 8 „für viele grundlegende Fragen die für längere Zeit abschließende Regelung" (Hartmann, Synoden, S. 162) enthalten ist. Die von Patzold (Presbyter, S. 180–196) vorgebrachte Skepsis gegenüber der Bedeutung des Kapitulars ist wohl lediglich auf die vermeintliche Bedeutung der Bestimmung in Bezug auf das Eigenkirchenwesen zu beziehen, die Nr. 8 von Stutz (Benefizialwesen) beigemessen wurde. Mit insgesamt 26 (Teil-) Überlieferungen in bekannten Handschriften, sowie der Aufnahme des Kapitels in die Sammlungen von Ansegis und Benedictus Levita ist dem Kapitular zweifellos ein hohes Maß an Erfolg beizumessen.

1586 Vgl. Kapitel 6.3.3.

1587 Vgl. etwa Admonitio generalis cc. 23 und 57 (ed. Glatthaar et al.), S. 194–195 und 206–207.

1588 Vgl. Schmitz, Kapitulariengesetzgebung, S. 493–494. Schmitz Einschätzung folgt auch Ubl (Nr. 8 [MGH Capit. N. S. 4], S. 83 Anm. 16), der in diesem Zusammenhang noch auf den ebenfalls in der Admonitio erwähnten can. 3 des Konzils von Gangra hinweist. Ergänzend angeführt werden könnte an dieser Stelle noch can. 4 des Konzils von Chalkedon, welches in diesem Zusammenhang in der Admonitio ebenfalls referenziert wird. Vgl. Kapitel 6.3.1.

Wie Schmitz allerdings ebenfalls zu Recht anmerkt, wurde in der Admonitio generalis – und ebenso in jenen Texten, die sich auf diese beziehen[1589] – lediglich die Rubrik der päpstlichen Dekretale übernommen. Diese untersagt allerdings nur die Ordination eines fremden Unfreien, die Freilassung als notwendige Bedingung wird erst im letzten Satz der Dekretale implizit eingefordert, wenn es heißt: *Debet enim esse inmunis ab aliis, qui divinae militae fuerit aggregandus: ut a castris dominicis, quibus nomen ejus adscribitur, nullis necessitatis vinculis subtrahatur.*[1590] Im direkten Vorlauf dieser vermeintlich eindeutigen Position mahnt Leo allerdings an, dass *petitio aut voluntas* des Besitzers für die Ordination notwendig seien.[1591] Explizit von einer notwendigen *manumissio* spricht Leo ohnehin nicht, sodass die Dekretale keineswegs vollkommen eindeutig formuliert ist.

Die „Grundrichtung" aller rechtlichen Bestimmungen, angefangen bei den Kanones der Konzilien der Spätantike bis zu deren Rezeption unter Karl dem Großen, war, wie Steffen Patzold feststellt, die gleiche.[1592] Allerdings irrt Patzold, wenn er diesen grundsätzlichen Konsens darin sieht, dass nur Freie Kleriker werden konnten.[1593] Die übereinstimmende Grundrichtung bestand lediglich darin, dass Unfreie nicht gegen den Willen ihres Besitzers ordiniert werden durften. Die – wie gesagt keineswegs explizite – Position Leos I. ist lediglich weit strenger als viele der oben besprochenen Texte, die zwischen dem 3. und 6. Jahrhundert zu diesem Thema verfasst worden sind.[1594] Diese päpstliche Strenge wird dann in c. 6 von CNS 8 aufgegriffen und explizit gemacht.[1595] Es wird kein Zweifel gelassen, dass eine Freilassung zur Ordination nötig ist.

Widersprochen werden muss an dieser Stelle auch einem weiteren Befund von Patzold, der meint feststellen zu können, dass in c. 6 nirgends ein „Konflikt zwischen Grundherren und Bischöfen" zu finden sei.[1596] Denn ein ebensolcher – wenngleich sicherlich indirekt ausgetragener – Konflikt ist es, den Ludwig zu Beginn des Kapitels anspricht. Mit *De servorum vero ordinatione, qui passim ad gradus ecclesiasticos indiscrete promovebantur* beginnt das Kapitel.[1597] Zweifellos sind es die Bischöfe, denen hier der Vorwurf gemacht wird, sie würden ungeprüft unfreie Personen in kirchliche Ämter erheben. Leidtragende dieses Szenarios sind freilich die Besitzer dieser Unfreien, deren Besitzrechte missachtet werden. Indem Ludwig nun ganz explizit die Freilassung zur notwendigen Bedingung erhebt, stellt er klar, dass diese Besitzrechte anzuerkennen sind. Während Stutz sicherlich irrt, wenn er in c. 6 lediglich eine „Angelegenheit der

1589 Der Sonderfall der Synode von Reisbach, Freising und Salzburg wurde bereits erwähnt (Kapitel 6.3.1).
1590 Decreta Leonis papae Nr. 1 (PL 67), Sp. 279.
1591 Vgl. ebd.
1592 Patzold, Presbyter, S. 184.
1593 Ebd.
1594 Vgl. Kapitel 6.1.
1595 Nr. 8 c. 6 (MGH Capit. N. S. 4), S. 82–87: *Ut nullus episcoporum deinceps eos ad sacros ordines promovere praesumat, nisi prius a dominis propriis libertatem consecuti fuerint.*
1596 Patzold, Presbyter, S. 184.
1597 Nr. 8 c. 6 (MGH Capit. N. S. 4), S. 82–87.

Eigenkirchen" sieht,[1598] geht Patzold in seiner Kritik an Stutz fehl, wenn er einen in unserem Kapitel behandelten Konflikt zwischen Unfreienbesitzern und Bischöfen beziehungsweise Besitzansprüchen und kanonischem Prinzip (der Unumkehrbarkeit der Ordination) verkennt.

Zuzustimmen ist Patzold also insofern, dass dieser Konflikt nicht, wie von Stutz behauptet,[1599] Kern der Bestimmung ist. Vielmehr wird das „große Gesamtvorhaben der Jahre 816 bis 819 …, die *ordines* dieser Welt möglichst trennscharf zu definieren"[1600] auch in Bezug auf unser c. 6 von großer Bedeutung gewesen sein. Dennoch lässt sich auch über den von Patzold bemerkten Umstand, dass „Unfreie aus der *familia* von Kirchengut"[1601] schließlich freizulassen seien, nicht wegdiskutieren, dass Ludwig im ersten Absatz von c. 6 eine Regelung in Bezug auf solche Fälle trifft, in denen Bischöfe gegen den Willen der Besitzer von Unfreien handelten, indem diese Unfreien durch die Bischöfe ordiniert wurden. Im unmittelbaren Anschluss an die gerade betrachtete Verfügung legt Ludwig zudem nämlich fest, dass unrechtmäßigen Ordinationen, die etwa durch Flucht eines Unfreien zustandegekommen sind, entgegen dem kanonischen Prinzip revidiert werden sollen. Die Unfreien sind in solchen Fällen an ihre Besitzer zurückzugeben. Besitzrechten an Unfreien wird hier also eindeutig mehr Bedeutung beigemessen als kanonische Prinzipien. Dies, so legt Ludwig im Weiteren fest, gilt sogar dann, wenn es nicht der flüchtige Unfreie selbst ist, der unrechtmäßig ordiniert wurde, sondern einer seiner Nachkommen: Auch in diesem Fall seien die Besitzrechte zu beachten und der Betroffene ohnehin – *quia iuxta sacros canones vilis persona manens sacerdotii dignitate fungi non potest*[1602] – (aufgrund seiner Unfreiheit) unwürdig, geistliche Würden zu erlangen. Von einer Verjährungsfrist ist keine Rede.[1603]

Letztere Bestimmung ist, abgesehen von einem erneuten Verweis durch Zitat auf die Dekretale Leos I.,[1604] ohne bekannte Vorlage und dementsprechend, zumindest in ihrer Ausformulierung eine rechtliche Neuerung.[1605]

Neben diesen inhaltlichen Klarstellungen zur Ordination vonseiten Ludwigs findet sich in unserem Kapitel noch ein weiterer bemerkenswerter Absatz. Nicht nur wird den Bischöfen untersagt, fremde Unfreie ohne vorherige Freilassung zu ordinieren, auch Unfreie aus der *familia ecclesiae* sind zuvor unter Zeugen vor der Ecke des Altars (*ante cornu altaris*) freizulassen. Bei dieser *manumissio in ecclesia*[1606]

1598 Stutz, Benefizialwesen, S. 248.

1599 Vgl. ebd.

1600 Patzold, Presbyter, S. 184. Zur Reform von 816–819 zuletzt: Mériaux, Monastic Reforms, S. 33–45.

1601 Patzold, Presbyter, S. 185.

1602 Nr. 8 c. 6 (MGH Capit. N. S. 4), S. 82–87.

1603 So bereits Landau, Frei und Unfrei, S. 183.

1604 Decreta Leonis papae Nr. 1 (PL 67), Sp. 278: … *ut a castris dominicis, quibus nomen ejus ascribitur, nullis necessitatis vinculis abstrahatur.*

1605 Die direkt im Anschluss an diese beiden Neuerungen formulierte Bestätigung des kanonischen Rechts bezüglich des Eigentumserwerbs nach der Ordination soll an dieser Stelle nicht weiterverfolgt werden.

1606 Stutz (Benefizialwesen, S. 253) spricht hier von einer Form der *manumissio per cartam.*

sei zudem von der Kanzel eine herrscherlich autorisierte Urkunde (*auctoritas*) zu verlesen, die ein jeder Erzbischof im Original, Suffraganbischöfe in Abschrift vorliegen haben mussten.[1607] Erneut ist der stringente Standardisierungswille der Bestimmung – nicht zuletzt im Vergleich mit den knapp und unklar formulierten Kapiteln aus der Zeit Karls des Großen – auffällig.

Dass es sich bei diesem strengen Standardisierungswillen des Kapitels nicht um utopische Normtheorien handelt, sondern sehr konkrete Umsetzungsversuche unternommen wurden, ist ebenso bemerkenswert wie eindeutig. Die Reformbestrebungen bezüglich der Ordination von Unfreien wurden bereits im 9. Jahrhundert als außergewöhnlich wahrgenommen, wie auch die Vita Ludwigs des Frommen von Astronomus bezeugt.[1608]

Die in c. 6 erwähnte, von Bischöfen bei der Ordination von Unfreien der Kirche zu verlesende Urkunde ist in mindestens drei Fällen auf uns gekommen. Es handelt sich um die Exemplare Hettis von Trier (von 821),[1609] Bernowins von Besançon (ebenfalls 821)[1610] und Adalrams von Salzburg (von 823).[1611] Hinzu kommt wohl das Exemplar für Jeremias von Sens, das indirekt über die Formulae Senonenses überliefert ist und zwischen 818/819 und Jeremias Tod (828) entstanden sein muss.[1612] Es ist davon auszugehen, dass ähnliche Schreiben Lud-

---

1607 Nr. 8 c. 6 (MGH Capit. N. S. 4), S. 84–85: … *De ecclesiarum vero servis communi sententia decretum est, ut archiepiscopi per singulas provincias constituti nostrum auctoritatem, suffraganei vero illorum exemplar illius penes se habeant …*

1608 Astronomus, Vita Hludowici imperatoris c. 28 (MGH SS rer. Germ. 64), S. 376–378: *Considerans etiam isdem piissimus imperator, non debere Christi ministros obnoxios esse humane servituti, sed et multorum avaritiam abuti ministerio ecclesiastico ad proprium questum, statuit, ut quicumque ex servili conditione conciliante scientia et morum probitate ad ministerium adsciscerentur altaris, primum manumittantur a propriis dominis, vel privatis vel ecclesiasticis, et tunc demum gradibus indantur altaris. Volens etiam unamquamque ecclesiam habere proprios sumptus, ne per huiuscemodi inopiam cultus neglegerentur divini, inseruit praedicto edicto, ut super singulas ecclesias mansus tribueretur unus cum pensatione legitima et servo atque ancilla.* Zur falschen Datierung auf das Jahr 817 vgl. die Anmerkung von Ubl zu Nr. 8 (MGH Capit. N. S. 4, S. 84–85 Anm. 17).

1609 Vgl. Nr. 173 (MGH Capit. 1), S. 355–356; ebenfalls ediert unter den Urkunden Ludwigs des Frommen als: Nr. B7 (MGH DD LdF 2,2), S. 1216. Das Trierer Exemplar findet sich in der Hs. Bern 289 überliefert. Vgl. dazu: Mordek, Bibliotheca, S. 77–80.

1610 Nr. B6 (MGH DD LdF 2,2), S. 1214–1216. Der an Bernowin adressierte Brief findet sich dort in vollem Umfang gedruckt, die beiden anderen Briefe mit Verweis auf die auch hier genannten Editionen als Regest. Einziger bekannter Überlieferungsträger des Exemplars aus Besançon ist ein mittlerweile verschollener Kodex. Vgl. dazu: Sickel, Acta 2, S. 321–322.

1611 Nr. 8 (MGH Epp. 5), S. 311–312; Nr. B8 (MGH DD LdF 2,2), S. 1216–1217. Das Salzburger Exemplar ist unikal überliefert in: Österreichisches Staatsarchiv, Abt. I: Haus-, Hof- und Staatsarchiv, Allgemeine Urkundenreihe, Sonderreihe 823 Juni 19. Es handelt sich, „wohl um bei Freilassungen das Original zu schonen" (Mordek, Bibliotheca, S. 917), um eine Abschrift. Mordek bietet an dieser Stelle auch weitere Literatur.

1612 Vgl. Formulae Senonenses recentiores Nr. 9 (MGH Formulae), S. 215–216. Die Formel findet sich als Regest ebenfalls in der Edition der Urkunden Ludwigs des Frommen von Theo Kölzer (MGH DD LdF 2,2, Nr. B9). Kölzer und vor ihm bereits Theodor Sickel (Acta 2, S. 322) gehen von einem Zusammenhang zwischen Formel und herrscherlicher *auctoritas* aus. Karl Zeumer (MGH Formulae, S. 215 Anm. 5) vermutet hingegen: „non in imperiali, sed in Senonensis ecclesiae curia dictatam esse." Nicht zuletzt aufgrund des direkten Verweises auf die *Hlodowicus augustus*

wigs des Frommen auch in (nahezu allen) anderen Erzdiözesen des Reiches vorlagen, Abschriften wohl in den Suffraganbistümern, wie in c. 6 angeordnet.[1613] Bestärkt wird diese Annahme durch die Tatsache, dass „Ludwigs Beschluss … in mehreren Formularen für Freilassungsurkunden zitiert“ wird.[1614]

Allen Versuchen Ludwigs zum Trotz, mit CNS 8 Klarheit im Umgang mit der Ordination von Unfreien zu schaffen, bleibt zumindest in Bezug auf ein Detail zunächst ein gewisses Maß an Unsicherheit: Nicht abschließend zu klären ist anhand der Formulierung des Kapitulars, ob die Freilassung nach der Gesetzgebung von 818/819 nur bei höheren kirchlichen Weihen (ab der Priesterweihe) oder auch für niedere Weihen notwendig sein sollte. Ulrich Stutz geht aufgrund der Erwähnung von *sacerdotes* in c. 6 davon aus, dass tatsächlich nur die Priesterweihen von der nun notwendigen Freilassung betroffen sein sollten.[1615] Allerdings geht aus c. 4 der Admonitio generalis und can. 4 des Konzils von Rom (826) eindeutig hervor, dass sich *sacerdotes* in der Karolingerzeit auch auf Geistliche der niederen Weihen beziehen konnte.[1616] Zudem wird, abgesehen von den erwähnten *sacerdotes*, in c. 6 des Kapitulars lediglich allgemein auf *sacri ordines* beziehungsweise *gradus ecclesiasci* verwiesen.[1617] Auch Stutz räumt ein, dass zu diesen Bezeichnungen „sonst … allerdings auch der Diakonat“ zu zählen sei.[1618]

Dass Stutz mit seiner Vermutung, Ludwig habe in CNS 8 c. 6 erst ab der Priesterweihe die Freilassung als zwingende Notwendigkeit etablieren wollen, richtig liegt, zeigt sich bei einem erneuten Blick in die eben erwähnten *auctoritates* an seine Erzbischöfe. So heißt es etwa im Exemplar von Hetti von Trier: *Statuimus atque decrevimus, ut abhinc in futurum nulla vilis et servili conditione obnoxia persona ad gradum presbiterii adspirare permittatur, sed si necessitas exigerit, ut de servitiis vel nostris vel alienis ad hunc ordinem aliquis admitti debeat, iugo servitutis prius solemniter absolutus sic tandem manus impositionem liber accipiat.* Die Passage findet sich

---

auctoritas innerhalb der Formel (MGH Formulae S. 215, Z. 28–29) ist Zeumers Einschätzung abzulehnen. Die Formel findet sich überliefert in der Hs. Paris Lat. 4627. Zur Handschrift vgl. Mordek, Bibliotheca, S. 482–485.

1613 Da alle überlieferten Exemplare aus dem nordalpinen Raum stammen, könnten gewisse Vorbehalte gegenüber der Annahme bestehen, dass auch die italienischen (Erz-)Bistümer mit solchen Schreiben versehen wurden. Weitere Hinweise für diese Annahme bestehen – abgesehen von der fehlenden Überlieferung – allerdings nicht.

1614 Vgl. die Anmerkung von Ubl zu Nr. 8 (MGH Capit. N. S. 4, S. 84–85 Anm. 17). Neben der bereits erwähnten Formel aus Sens führt Ubl die Formulae imperiales (Nr. 33 und 35, MGH Formulae, S. 311 bzw. S. 313) an.

1615 Stutz, Benefizialwesen, S. 249.

1616 Vgl. Concilium Romanum can. 4 (MGH Conc. 2,2), S. 568: … *sacerdotes id est presbyteri, diaconi vel etiam subdiaconi* … Vgl. dazu auch: Niermeyer, MLLM, S. 1208.

1617 Vgl. Nr. 8 c. 6 (MGH Capit. N. S. 4), S. 82–85. Astronomus verweist in diesem Zusammenhang lediglich auf *sacri ordines* Vgl. Astronomus, Vita Hludowici imperatoris c. 28 (MGH SS rer. Germ. 64), S. 378.

1618 Stutz, Benefizialwesen, S. 249–250 mit Anm. 45.

in nahezu identischer Form auch in den Ausfertigungen für Bernowin und Adalram.[1619]

Diese Feststellung ist für die rechtspraktische Bedeutung des Kapitels von nicht zu unterschätzender Bedeutung. Erinnert sei in diesem Zusammenhang an die Befunde für verschiedene Regionen des Karolingerreichs, denen zufolge ohnehin nur sehr wenige unfreie Priester im 8. und 9. Jahrhundert nachweisbar sind.[1620] Ergänzen wir diese Befunde durch die Einschätzung Thomas Kohls, der vermutet, die meisten unfreien Geistlichen seien keine Priester, sondern „personal chaplains for their owners" gewesen,[1621] so könnte vermutet werden, dass c. 6 wohl nur selten im Widerspruch zur etablierten Praxis des Karolingerreichs stand.

Hätte die Bestimmung keinerlei praktischen Nutzen gehabt, ließe sich allerdings kaum erklären, weshalb Ludwig die in c. 6 angekündigten *auctoritates* auch tatsächlich an seine Erzbischöfe hätte ausstellen sollen. Vor diesem Hintergrund gewinnen die Aussagen Agobards von Lyon in einem Brief an Barnard von Vienne an Bedeutung: In c. 11 des wohl zwischen 817 und 829 entstandenen Briefs[1622] moniert Agobard, dass Laien vielfach an Bischöfe heranträten, um ihre *servi* zu *presbyteri* weihen zu lassen.[1623] Während Julius Harro in seiner Einschätzung zuzustimmen ist, dass Agobards Ausführungen wohl teilweise als polemische Übertreibung betrachtet werden dürfen, muss davon ausgegangen werden, dass die beschriebenen Fälle (wenngleich wohl weniger drastisch) für Lyon und Vienne zumindest mit einer gewissen Häufigkeit anzunehmen sind.

1619 Vgl. Nr. B6 (MGH DD LdF 2,2), S. 1215 Z. 23–27 (Bernowin); Nr. 8 (MGH Epp. 5), S. 312 Z. 23–25 (Adalram). Ähnlich auch: Formulae Senonenses recentiores Nr. 9 (MGH Formulae), S. 215 Z. 25–26. Während Schaub (Studien, S. 101–102) bereits auf das Exemplar von Hetti verweist scheint er die Parallelstellen nicht zu kennen.

1620 Vgl. die entsprechenden Beiträge in: Patzold / van Rhijn, Men in the Middle.

1621 Kohl, Presbyter, S. 70. Kohl bezieht seine These freilich nur auf den bairischen Raum, es scheint allerdings naheliegend zu vermuten, dass dieses Prinzip auch in anderen Teilen des Reichs grundsätzlich zutraf.

1622 Boshof (Agobard, S. 76) geht von einer Entstehung zwischen 817 und 822 aus, Patzold (Correctio, S. 231) – wohl unter Übernahme der Datierung von Dümmler (MGH Epp. 5, S. 203) – von 822 bis 829.

1623 Agobard von Lyon, Epistolae Nr. 11 c. 11 (MGH Epp. 5), S. 203–204: … *tantum ut habeant presbyteros proprios, quorum occasione deserant ecclesias seniores, et officia publica. Quod autem non habeant eos propter religionis honorem, apparet ex hoc, quod non habent eos in honore. Unde et contumeliosae eos nominantes, quando volunt illos ordinari presbyteros, rogant nos aut iubent, dicentes: ‚Habeo unum clericionem, quem mihi nutrivi de servis meis propriis, aut beneficialibus, sive pagensibus; aut obtinui ab illo vel illo homine, sive de illo vel illo pago. Volo ut ordines eum mihi presbyterum. Cumque factum fuerit, putant ex hoc quod maioris ordinis sacerdotes non eis sint necessarii, et derelinquunt frequenter publica officia et praedicamenta.* Vgl. dazu auch: Boshof, Agobard, S. 76; Patzold, Correctio, S. 231–232; Harro, Landkirchen, S. 161–162 mit Anm. 704. Boshof verweist neben der Edition von Dümmler (MGH Epp. 5) auch auf die Edition von Migne (PL 104, Sp. 127–148), da Dümmler nicht den vollständigen Text des Briefes ediert.

Dass die von Agobard beschriebenen *servi* nicht freigelassen werden sollten, lässt sich aufgrund des Kontextes des Briefes vermuten.[1624]

Einen konkreten Nachweis für die praktische Relevanz von CNS 8 c. 6 bietet zudem ein Rechtsstreit des Jahres 825 unter Bischof Hitto im Bistum Freising.[1625] Bei einem Placitum im Ort Lauppach wird unter Teilnahme des Bischofs und des Grafen Heito ein durch den Kirchenvogt von Freising, Liutprand, vorgetratener Rechtsstreit verhandelt. Liutprand fordert, dass ein Priester mit dem Namen Salomon wieder *servus* der *familia* der Kirche von St. Zeno (Isen) werden soll, da er rechtmäßiges Eigentum dieser Kirche sei. Salomon kann diesem Vorwurf nichts entgegensetzen und wird nach einem formellen Prozess unter Zeugen zurück in den Besitz der Kirche übergeben.[1626] Hitto von Freising war also bewusst, dass die rechtmäßige Ordination des Unfreien Salomon durch den zuständigen Bischof, in diesem Fall ihn selbst, nur nach Freilassung durch dessen Herrn hätte stattfinden dürfen. Da dies offensichtlich nicht der Fall gewesen war, war die Ordination unrechtmäßig und konnte revidiert werden. Der Fall präsentiert folglich ein eindrucksvolles Beispiel für die Durchsetzung von CNS 8 c. 6. Es ist gut vorstellbar, dass Hitto eine Kopie der an Adalram von Salzburg, den zuständigen Metropoliten, ausgestellten herrscherlichen *auctoritas* vorlag, wie es im Kapitular vorgeschrieben ist.

Inwiefern die Situation in Freising flächendeckend und langfristig auf das gesamte Frankenreich übertragen werden kann, ist freilich nicht zu rekonstruieren. Die Freilassung eines Priesters mit dem Namen Hunroc durch Ludwig den Deutschen im Jahre 833 zeigt allerdings, wenig überraschend, dass zumindest vereinzelt weiterhin unfreie Priester im Frankenreich lebten.[1627]

Insgesamt muss CNS 8 c. 6 zwar als rechtliche Neuerung betrachtet werden, die aber letztlich wohl nur selten im Konflikt zur gängigen Rechtspraxis gestanden hat. Bemerkenswert ist die Bestimmung vielmehr in Bezug auf ihren reflektierten und detaillierten Umgang mit Sonderfällen und ihre (überwiegend) eindeutigen Formulierungen, ein Umstand, der das Kapitel in starken Kontrast zu den verschiedenen Äußerungen aus der Zeit Karls des Großen setzt. Ebenfalls bemerkenswert ist, wie präzise sich neben der wohlüberlegten Normengebung hier auch die praktische beziehungsweise administrative Durchsetzung der

---

1624 Vgl. Agobard von Lyon, Epistolae Nr. 11 c. 11 (MGH Epp. 5), S. 203 Z. 29–30. Dort heißt es, diese Priester würden … *ad mensas ministrent, aut saccata vina misceant, aut canes ducant, aut caballos quibus feminae sedent regant aut agellos provideant.* Deutsche Paraphrasen der Stelle bei Patzold (Correctio, S. 231) und Harro (Landkirchen, S. 162 Anm. 704).

1625 Vgl. Traditionen des Hochstifts Freising Nr. 514 (ed. Bitterauf), S. 437–438. Den Fall behandelt auch: Diesenberger, Predigt und Politik, S. 336.

1626 Ebd. Ausführlich zusammengefasst findet sich der Inhalt der Urkunde bei: Kunstmann, Historische Notizen, S. 374–378, insb. S. 375–376. Weniger ausführlich bei: Kohl, Presbyter, S. 70.

1627 Vgl. Nr. 10 (MGH DD LdD 4), S. 12. Vgl. dazu bereits: Wood (Proprietary church, S. 525–526 mit Anm. 50 und 57). Wood erwägt in diesem Zusammenhang, dass Hunroc bereits vor 818/819 ordiniert worden sein könnte. Inwiefern sich der Umstand, dass auch nach 818/819 vereinzelt Unfreie in den Priesterstand erhoben wurden, ohne zuvor freigelassen worden zu sein, von der Situation vor 818/819 unterscheidet, ist ohnehin unmöglich zu rekonstruieren. Den Fall des Hunroc behandelt ebenfalls: Maass, Freilassung durch Schatzwurf, S. 27–32.

Bestimmung rekonstruieren lässt: Die im Kapitular erwähnten *auctoritates* wurden tatsächlich angefertigt und (wohl flächendeckend) verbreitet. Nach deren Verbreitung fand die festgelegte Rechtssetzung, wie der Fall des Priesters Salomon veranschaulicht, auch tatsächlich Berücksichtigung vor Gericht. Der hier betrachtete Fall ist dementsprechend von enormer Relevanz im Kontext der Einschätzung des Geltungsanspruchs von frühmittelalterlichen Rechtstexten.[1628]

Freilich handelt es sich bei unserem Kapitel nicht um eine einzigartige Ausnahme. Vielfach sind die aus den Reformbestrebungen der Jahre 816–819 hervorgegangenen Bestimmungen von einem hohen Maß an Systematik gekennzeichnet. Wohl nicht zuletzt deshalb kann auch unserem Kapitel eine aus normtheoretischer Perspektive durchaus beachtliche Langlebigkeit attestiert werden. Kein weiteres Kapitular Ludwigs des Frommen befasst sich mit diesem Themenkomplex; das Thema war offensichtlich in den Augen Ludwigs abschließend geregelt, und auch fast ein Jahrhundert später ist das Kapitel noch relevante Bezugsgröße für Regino von Prüm.[1629]

Für die Herrschaftszeit Ludwigs ist also, insbesondere im direkten Vergleich mit Karl dem Großen, eine veränderte Situation festzustellen: Anstatt die bestehenden Regelungen des kanonischen Rechts lediglich in abgekürzter Form zu übernehmen oder zu paraphrasieren, setzten sich Ludwig und seine Berater im Kontext der Reformbewegung von 816 bis 819 ausführlich mit der Ordination von Unfreien auseinander. Dieser aus verschiedenen Gründen als problematisch empfundenen Praxis[1630] wurde mit CNS 8 c. 6 begegnet. Obwohl man sich in diesem Kapitel nicht grundsätzlich gegen die bekannten Bestimmungen des kanonischen Rechts, auf die auch direkt verwiesen wird, wandte, werden in dem Kapitel einige wichtige Präzisierungen vorgenommen.

Neben dieser normativen Präzision konnte unter Ludwig eine weitere rechtliche Dimension festgestellt werden, die für die Zeit Pippins und Karls nicht nachgewiesen werden kann: Die in CNS 8 c. 6 festgelegten Rechtssätze werden auch praktisch-administrativ verfolgt, wie die Verbreitung von kaiserlichen *auctoritates* an die (Erz-)Bischöfe und die Verwendung ebendieser beweist. Diese Kombination aus präzise und detailliert formulierter Normsetzung und dem Versuch, diese Normen auch in die Rechtspraxis zu übertragen, mag dazu beigetragen haben, dass CNS 8 c. 6 auch zu Beginn des 10. Jahrhunderts noch relevant war.[1631]

1628 Die Bedeutung von Nr. 8 c. 6 für die Umsetzung von Kapitularien betont bereits Hubert Mordek (Bibliotheca, S. 916–917).

1629 Wie bereits Landau (Frei und Unfrei, S. 183 mit Anm. 28) feststellt, rezipiert Reginos Sendhandbuch unser Kapitel (vgl. Regino von Prüm, Libri duo de synodalibus causis et disciplinis ecclesiasticis 1,408 [ed. Wasserschleben], S. 185). Die weitere Entwicklung des Problems der Ordination von Unfreien von Anselm von Lucca bis ins 13. Jh. findet sich bei Landau (Frei und Unfrei, S. 184–196) ebenfalls nachgezeichnet.

1630 Erinnert sei an Agobard von Lyons Klagen bezüglich der unwürdigen Tätigkeiten von (unfreien) Priestern (vgl. Agobard von Lyon, Epistolae Nr. 11 c. 11 [MGH Epp. 5], S. 203) und die besitzrechtlichen Konflikte, die aus der Ordination von Unfreien ohne Einwilligung des Besitzers entstanden.

1631 Vgl. Landau, Frei und Unfrei, S. 183 mit Anm. 28.

Die genauen Gründe, weshalb die an Ludwigs früher Reform beteiligten Akteure sich 818/819 entschieden, die Freilassung zur notwendigen Bedingung für die Ordination (zum *presbyter*) zu erheben, lassen sich nicht zweifelsfrei nachvollziehen. Da die Reformen dieser frühen Phase der Herrschaft Ludwigs allerdings oftmals versuchten, „die *ordines* dieser Welt möglichst trennscharf zu definieren",[1632] darf auch in Bezug auf c. 6 vermutet werden, dass eine solche Trennschärfe Ziel der Bestimmung war. Dass es sich hier nicht nur um eine rechtstheoretische, sondern auch eine ganz praktische Trennschärfe handeln sollte, weisen die Umsetzungsansätze dieser Bestimmung eindrucksvoll nach.

Wenn Brigitte Kasten feststellt, dass „Karl der Große zum Pragmatismus im Herrschaftsstil, Ludwig der Fromme dagegen zur Institutionalisierung der Herrschaftsformen" tendiert,[1633] lässt sich dieser Befund auf die Frage nach dem Umgang mit der Ordination von Unfreien wohl übertragen und in Bezug auf Ludwig lediglich insofern ergänzen, dass diese Institutionalisierung keineswegs auf einen legislativen Kontext beschränkt blieb, sondern auch die praktische Umsetzung mit einbezog.

6.5 Zwischenfazit

Peter Landau stellt für die Merowingerzeit fest, dass „... von einer geradlinigen Entwicklung in Richtung auf immer stärkere Hervorhebung der durch Ordination erlangten Freiheit keine Rede sein [kann]."[1634] Zumindest in dieser Formulierung kann Landaus Befund auch auf die hier untersuchte Karolingerzeit übertragen werden. Denn ‚durch' Ordination erlangt auch in diesem Zeitraum niemand die Freiheit. Für die Zeit Ludwigs des Frommen lässt sich sogar eindeutig – de iure[1635] und de facto[1636] – feststellen, dass Unfreie, die ordiniert wurden, in Unfreiheit verblieben, während ihre Ordination revidiert wurde. Im Konflikt zwischen Unumkehrbarkeit von Sakramenten und besitzrechtlichen Ansprüchen von Unfreienbesitzern wiegt folglich auch am Ende unseres Untersuchungszeitraums letzteres schwerer.

Eine (geradlinige) Entwicklung kann in Bezug auf die Ordination von Unfreien in ihrer Darstellung in den Kapitularien der frühen Karolinger dennoch festgestellt werden. Die Frage nach der Rechtmäßigkeit solcher Ordinationen wird unter Pippin zwar durch einige Papstbriefe an den Frankenkönig und ins

1632 Patzold, Presbyter, S. 184.

1633 Kasten, Königssöhne, S. 136. Zustimmend auch Kikuchi, Herrschaft, S. 247: „Wie oben festgestellt, wurden die Texte selbst so ausführlich, dass die Missi weniger auf ihr Gedächtnis angewiesen waren, um den Inhalt eines Kapitulars in den Regionen zu erörtern, durchzuführen und die Einhaltung zu kontrollieren."

1634 Landau, Frei und Unfrei, S. 187.

1635 Vgl. Nr. 8 c. 6 (MGH Capit. N. S. 4), S. 82–85.

1636 Vgl. den Fall des Salomon in: Traditionen des Hochstifts Freising Nr. 514 (ed. Bitterauf), S. 437–438.

Frankenreich (heran)getragen, in seinen Kapitularien und in den Konzilskanones dieser Zeit findet sich das Thema allerdings nicht. Die nur in einigen Briefen von päpstlicher Seite geäußerten Vorbehalte gegenüber Geistlichen *ex servili genere*[1637] blieben also zumindest in Bezug auf Pippins legislative Strategie folgenlos. Dies könnte darauf zurückzuführen sein, dass die Darstellung des Bonifatius, die erst zur päpstlichen Mahnung führte, mehr Polemik als realistischer Bericht war.[1638] Nachweisen lässt sich eine solche Vermutung allerdings nicht. Ohnehin sind die päpstlichen Mahnungen zwar in Schreiben an Bonifatius selbst und an einige fränkische Große enthalten, nicht aber in direkt an Pippin adressierten Schreiben.[1639] Insgesamt entsteht in jenen Papstbriefen zudem der Eindruck, dass neben den nur angedeuteten Zweifeln an der notwendigen Würde auch Bedenken bezüglich der Eingriffe in die Besitzrechte von Unfreienbesitzern und daraus resultierende Konflikte für Zacharias von Bedeutung waren.[1640]

Durch die direkte und (durch die Admonitio generalis) indirekte Verbreitung der Dionysio-Hadriana im Frankenreich kam es in der Herrschaftszeit Karls des Großen, zumindest zwischen 789 und 813, zur Rezeption und Wiederholung der gleichen kanonischen Bestimmungen zur Ordination von Unfreien.[1641] In (nahezu)[1642] allen auf uns gekommenen Texten werden allerdings lediglich die unspezifischen, und weniger strengen, Rubriken der kanonischen Autoritäten aufgenommen.[1643] Es entsteht der Eindruck, dass die Verbreitung dieser Positionen zur Ordination von Unfreien nicht Resultat einer aktiven Auseinandersetzung mit diesem Thema war. Für diese Annahme spricht auch der Umstand, dass uns aus der Zeit Karls des Großen nur wenige Quellen bekannt sind, in denen Thematik jenseits des Zusammenhangs größerer Kirchenrechtssammlungen bekannt ist.[1644] Auch für eine praktische Auseinandersetzung mit der Ordination von Unfreien beziehungsweise deren Verbot finden sich für die Herrschaftszeit Karls des Großen keine Hinweise. Dass über die schriftlich auf

1637 Vgl. Nr. 83 (MGH Epp. sel. 1), S. 187.

1638 Anders SCHAUB (Studien, S. 97), der den Bericht des Bonifatius als realistische Darstellung einzuschätzen scheint.

1639 Aus diesem Umstand eine „stillschweigend-resiginative Anerkennung des fränkischen Eigenkirchenwesens" deuten zu wollen verbietet sich freilich, wie bereits PATZOLD (Presbyter, S. 167) feststellt.

1640 Vgl., S. 96–97.

1641 Etwa can. 3 von Gangra (ed. TURNER, S. 186–187); can. 4 von Chalkedon 451 (PL 67, Sp. 172) und die bereits besprochene Dekretale Leos I. (PL 67, Sp. 278–279).

1642 Eine Ausnahme bildet, wie bereits angemerkt, ein Kanon der Salzburger Tripelsynode. Vgl. Concilium Rispacense, Frisingense, Salisburgense a. 800 can. 31 (MGH Conc. 2,1), S. 211.

1643 Die bereits von Leo I. geäußerten Vorbehalte bezüglich der Würde von Unfreien fehlen in diesen Rubriken ebenso wie seine Forderung nach einer notwendigen Freilassung vor der Ordination. Beides ist in seiner Dekretale enthalten.

1644 Diese seltenen Ausnahmen finden sich im Diedenhofener Doppelkapitular, welches auf eine besondere Notlage, eine Hungersnot der Jahre 805/806 (vgl. VERHULST, Karolingische Agrarpolitik, S. 175–189), zurückzuführen ist. Abgesehen von diesen Sonderfällen sind nahezu alle Auseinandersetzungen mit diesem Thema, direkt oder indirekt über die Admonitio generalis, auf die Verbreitung bzw. Rezeption der Dionysio-Hadriana zurückzuführen. Seltener findet sich auch die Vetus Gallica rezipiert (z. B Nr. 47 c. 8 [MGH Capit. 1], S. 133).

uns gekommenen Zeugnisse hinaus mündliche Ergänzungen, etwa zur Betonung der Notwendigkeit einer Freilassung vor der Ordination,[1645] verbreitet worden ist, ist anzunehmen,[1646] aber letztlich nicht nachweisbar.

Die Betrachtung der Kapitularien Karls des Großen erwies sich in diesem Kapitel als aufschlussreich in Bezug auf Verbreitung und Nutzung der Dionysio-Hadriana und der Admonitio generalis – weniger in Bezug auf die Frage nach einer Auseinandersetzung mit der Problematik der Ordination von Unfreien im Umfeld Karls des Großen. In Karl einen Vermittler zwischen römisch-kanonischen und germanisch-fränkischen Positionen zu sehen,[1647] ist insgesamt abzulehnen.

Gänzlich anders als noch unter Karl stellt sich die Situation unter Ludwig dem Frommen dar. Wie bereits festgestellt, widmet sich lediglich ein Kapitel (CNS 8 c. 6) der Frage nach der Ordination von Unfreien. Obwohl sich auch dieses Kapitel auf die bereits unter Karl verbreiteten Autoritäten bezieht, unterscheidet es sich ganz maßgeblich von den Bestimmungen aus der Zeit seines Vaters. Es ist – wie auch die vom Kapitel knapp zitierte Dekretale Leos I. – von einer gewissen Schärfe gekennzeichnet: Die Ordination von Unfreien ist nur nach deren Freilassung möglich. Anders als unter Leo I. ist die Formulierung von CNS 8 allerdings eindeutig. Doch auch über diese Feststellung hinaus ist c. 6 in vielerlei Hinsicht in bemerkenswerter Weise von den zahlreichen Bestimmungen unter Karl zu unterscheiden. So zeugen etwa die detailliert ausformulierten Sonderfälle, die im Anschluss an die ‚Bestätigung' der päpstlichen Maximalforderung von einer notwendigen Freilassung ergänzt werden, von einer umfangreichen Auseinandersetzung mit der Frage nach dem rechtlichen Umgang mit Ordinationen von Unfreien. Dieser Umstand stellt freilich keinen Einzelfall dar. Vielmehr ist unser Kapitel ein Beispiel dafür, dass Kapitularien „selbst so ausführlich [formuliert wurden], dass die Missi weniger auf ihr Gedächtnis angewiesen waren [als unter Karl], um den Inhalt eines Kapitulars in den Regionen zu erörtern, durchzuführen und die Einhaltung zu kontrollieren."[1648]

Diese Komponente der praktischen Umsetzung von Kapitularien lässt sich am Beispiel von CNS 8 c. 6 eindrucksvoll nachweisen. Neben den nachweislich[1649] in mehreren und mutmaßlich in allen (Erz-)Bistümern vorhandenen *auctoritates* zur Freilassung von *servi* der Kirche, wie sie in besagtem Kapitel

1645 Diese Vermutung mag entstehen, wenn man in can. 31 der Salzburger Tripelsynode von 799/800 (MGH Conc. 2,1, S. 211) keine lokale Sonderregelung, sondern die Berücksichtigung der mündlichen Anweisung zur strengen Befolgung der in der Dionysio-Hadriana enthaltenen Dekretale Leos I. sieht, oder gar die Verschriftlichung ohnehin verbreiteter Praxis. Solche Annahmen bleiben allerdings rein spekulativ.

1646 Vgl. Kikuchi, Herrschaft, S. 147.

1647 Diese Position vertritt: Stutz, Benefizialwesen. Ihm folgen: Schaub, Studien, S. 98; Klein, Bestellung von Sklaven, S. 473–493.

1648 Kikuchi, Herrschaft, S. 247.

1649 Die erhaltenen Exemplare der Erzbischöfe Hetti von Trier, Bernowin von Besançon und Adalram von Salzburg wurden bereits erwähnt (S. 141 mit Anm. 776).

erwähnt werden,[1650] findet sich auch zumindest ein Nachweis für einen Gerichtsprozess, in dem die Gesetzgebung unseres Kapitels Berücksichtigung fand.[1651] Es darf, wie auch in Bezug auf jedes andere Gesetz, nicht davon ausgegangen werden, dass es ausnahmslos befolgt wurde. Nachweislich fanden auch nach 818/819 noch Ordinationen von Unfreien in den Priesterstand statt.[1652] Eine rückläufige Tendenz im Vergleich zum 8. Jahrhundert lässt sich allein wegen der unzureichenden Quellenlage nicht feststellen.

Die Untersuchung der Kapitularien zur Ordination von Unfreien bietet ein weiteres Beispiel für die Annahme, dass „bei der Kapitularien-‚Gesetzgebung' eine klare Kontinuität zwischen Karl dem Großen und Ludwig dem Frommen [zu sehen ist], [dennoch] gibt es einen klaren Unterschied zwischen den Kapitularien Karls und denen Ludwigs."[1653] Ergänzend in Bezug auf Pippin darf wohl festgehalten werden, dass uns die Kapitularien seiner Zeit (aufgrund der im Vergleich zu Karl und Ludwig weit geringeren Zahl) in diesem Fall keinen ausreichenden Einblick in seine politische Strategie erlauben. Eine diesbezügliche Position lässt sich letztlich nur deduktiv aus dem Umstand ableiten, dass seine Korrespondenz mit Zacharias keine Hinweise zu diesem Thema enthält, obwohl letzterer die Ordination von Unfreien sowohl in einem Brief an Bonifatius als auch in einem weiteren an fränkische Große adressierten Schreiben zumindest knapp thematisiert.

Um abschließend kurz auf die These einzugehen, dass die Kapitularien der Karolinger eine Grundlage für Verhandlungen zwischen Unfreien und ihren Besitzern darstellten,[1654] so lassen sich in Bezug auf die Ordination dieser Unfreien keinerlei enstprechende Hinweise finden. Zweifellos ist es gut vorstellbar, dass Besitzer von Unfreien eine mögliche Ordination ihrer *servi* an Bedingungen wie Loyalität knüpften. Allerdings ist die *dominus-servus*-Beziehung für die betrachteten Kapitel überhaupt nicht von Interesse. Die grundsätzliche Möglichkeit der Ordination von unfrei geborenen Personen wird unter keinem Herrscher infrage gestellt.[1655] Verhandelt wird ausnahmslos der Konflikt zwischen Besitzrechten des *dominus* und der Unumkehrbarkeit von Sakramenten. Dieser Konflikt beziehungsweise die Verhinderung eines solchen ist es, der Leo I. im 5. Jahrhundert dazu bewegt, die Freilassung vor der Ordination zur Bedingung zu machen. Dies gilt auch 400 Jahre später für Ludwig den Frommen.

1650 Nr. 8 c. 6 (MGH Capit. N. S. 4), S. 82–85: … *Et quandocumque de familia ecclesiae utilis inventus aliquis ordinandus est, in ambone ipsa auctoritas coram populo legatur, et coram sacerdotibus vel coram fidelibus laicis ante cornu altaris, sicut in nostra auctoritate continetur, remota qualibet calliditate, libertatem consequatur et tunc demum ad gradus ecclesiasticos promoveatur…*

1651 Vgl. den erwähnten Fall des Salomon in: Traditionen des Hochstifts Freising Nr. 514 (ed. Bitterauf), S. 437–438.

1652 Vgl. den erwähnten Fall des Hunroc, freigelassen 833 von Ludwig dem Deutschen, Nr. 10 (MGH DD LdD 4), S. 12.

1653 Kikuchi, Herrschaft, S. 146.

1654 Rio, Slavery after Rome, S. 236.

1655 Nachgewiesen wird dieser Umstand z. B. durch Nr. 103 (MGH Capit. 1, S. 211–212) und Nr. 8 c. 6 (MGH Capit. N. S. 4), S. 82–85.

7. Zusammenfassung und Schlussbemerkungen

Für den Untersuchungszeitraum dieser Studie von 742 bis 840, also die Herrschaftszeit der ersten drei Karolinger, finden sich zahlreiche Kapitel, aufgeteilt auf rund 70 der etwa 200 von Alfred Boretius als Kapitularien edierten Texte, in denen *servi* (Unfreie) Erwähnung finden. Hinzu kommen einige Dutzend Nennungen weiterer mehr oder minder unfreier Bevölkerungsgruppen des Frankenreichs, die mit unterschiedlichsten Begrifflichkeiten in den Kapitularien auftauchen, sowie einige weitere Erwähnungen von Unfreien in Kapitularien, die Boretius unbekannt waren. Unfreie sind also ein durchaus präsentes Phänomen in den Herrschererlassen der Karolinger.

Nur allzu verlockend wäre es auf Grundlage der Kapitularien zu versuchen, ein „Sklavenrecht"[1656] oder zumindest ein ‚Unfreienrecht' der Karolingerzeit zu rekonstruieren. Ein solcher Ansatz würde allerdings weder dem heterogenen Quellenmaterial der Kapitularien noch den in diesen Erlassen behandelten Inhalten gerecht. Da die Kapitularien in Bezug auf ihre Autorenschaft und Sprache, ihren Inhalt und auf ihre Rechtsgültigkeit eine heterogene Quellengruppe darstellen, ist es unmöglich, ein für das Frankenreich mehr oder weniger allgemeingültiges ‚Unfreienrecht' zu postulieren. Eine isolierte Betrachtung der Kapitularien ist trotz ihrer herausragenden Bedeutung[1657] ohnehin nicht zielführend. Dennoch: Während anhand der Kapitularien auch im Zusammenspiel mit den unterschiedlichen Rechtsquellen des Karolingerreichs kein ‚Unfreienrecht' rekonstruiert werden kann, gewähren sie zusammengenommen dennoch Einblicke in Perspektiven, Strategien und Ziele der herrschenden Elite des Karolingerreichs.[1658]

Dementsprechend wurde in dieser Studie (nicht nur) anhand der Kapitularien untersucht, ob für Pippin den Jüngeren, Karl den Großen und Ludwig den Frommen eine ‚Unfreienpolitik' festgestellt werden kann; eine ‚Freienpolitik' der Karolinger konnten schließlich bereits Eckhard Müller-Mertens und Johannes Schmitt identifizieren.[1659] Ausgangspunkt der Suche nach einer möglichen ‚Unfreienpolitik' war die These von Alice Rio, die im fränkischen Recht eine Verhandlungsgrundlage zugunsten der „property rights … of their kingdom's elite" sieht.[1660] Da allerdings bereits die Inhalte eines einzelnen Kapitulars nur sehr selten „auf ein Ziel oder Motiv" zu reduzieren sind,[1661] galt es, diese Annahme anhand aller relevanten Kapitularien zu überprüfen und danach zu fragen, in welchen Kontexten und mit welchen Absichten und Zielen die Karolingerherr-

---

1656 Nehlsen, Sklavenrecht.
1657 Vgl. Patzold, Veränderung, S. 66–67.
1658 Ebd., S. 63.
1659 Vgl. Müller-Mertens, Liberi homines; Schmitt, Liberi homines.
1660 Rio, Slavery after Rome, S. 236.
1661 So etwa Breternitz (Königtum, S. 213) in Bezug auf Pippins Königskapitular.

scher die Unfreien ihres Reichs in ihren Herrschererlassen behandeln. Überprüft wurde dies für insgesamt fünf Themenfelder (Statusveränderungen, Strafe, Flucht, Ehe und Ordination), die aufgrund ihrer Häufigkeit ausgewählt wurden.[1662]

Die im ersten inhaltlichen Kapitel untersuchte soziale Mobilität im Sinne einer Veränderung des Rechtsstatus kennt in den Kapitularien wenig überraschend zwei Richtungen: nach unten und nach oben. Die Freiheit konnte man bereits in der Merowingerzeit auf verschiedene Weise verlieren. Zum einen ist der Verlust der Freiheit grundsätzlich Resultat einer Eheschließung mit einer Person von niedrigerem Rechtsstatus.[1663] Dass diese Rechtslage in der Praxis großen Verhandlungsspielraum zuließ, ist allerdings sicher.[1664] Hinzu kommt allerdings (für die merowingische Lex Salica zumindest implizit) die Möglichkeit des temporären Freiheitsverlusts bei Insolvenz. Konnte eine fällige Schuldzahlung nicht beglichen werden, so mündete dies zumindest theoretisch in der Todesstrafe.[1665] Anzunehmen ist allerdings, dass die Selbstverknechtung oder -verpfändung des Schuldners an den Gläubiger oder einen Dritten (als Kreditgeber) eine gängige Alternative darstellte.[1666] Als explizit ausformulierte Strafe für insolvente Freie begegnet die Selbstverknechtung allerdings erst in den Kapitularien Karls des Großen.[1667] Inwiefern bei der (zumindest theoretisch temporären) Selbstverknechtung von einem Verlust des Rechtsstatus als Freier gesprochen werden kann, ist allerdings fraglich; durch die theoretische Möglichkeit der Schuldbegleichung und die Möglichkeit des nur partiellen Selbstverkaufs sind Schuldknechte wohl dennoch nicht mit unfrei Geborenen gleichzusetzen.

Weit häufiger als der Freiheitsverlust finden sich in den Kapitularien Freilassungen (und ihre Konsequenzen) thematisiert. Umfangreich und wiederholt werden, insbesondere im Rahmen der Rechtsreformen von 802/803 und 818/819, etwa die verschiedenen Formen der rechtmäßigen Freilassung, der Prozess um die angefochtene Freiheit einer Person, die Anerkennung von Freilassungen durch Dritte oder die Erbfähigkeit von Freigelassenen in den Herrschererlassen aufgegriffen. Insbesondere die Durchsetzung von Freilassungen beziehungsweise die Anerkennung von Freilassungsurkunden im Rahmen von Gerichtsprozessen findet immer wieder Erwähnung. Den Rechtsstatus von Individuen korrekt festzustellen oder aber gegenüber Dritten durchzusetzen scheint im Karolingerreich (und insbesondere in Phasen der Veränderung) ein relevantes

---

1662 Zu den übrigen, nur selten behandelten Themen, gehört etwa der Verkauf von Unfreien (vgl. Nr. 20 c. 19 [MGH Capit. 1], S. 51) oder das Verbot für Unfreie (und andere Gruppen) vor Gericht als Richter, Kläger oder Zeuge aufzutreten (vgl. Nr. 167 c. 8 [MGH Capit. 1], S. 334).

1663 Vgl. u. a. Kapitel 5.1.3 und 5.2.

1664 Vgl. u. a. Freisinger Traditionen Nr. 401c und Nr. 402 (ed. Bitterauf), S. 345–347 und die Analyse des Falls von Brown (Unjust Seizure, S. 160–162).

1665 Vgl. Kapitel 3.1 und öfter.

1666 Darauf deuten etwa verschiedene Formeln mit diesem Inhalt hin. Vgl. u. a. Formulae Andecavenses Nr. 2 (MGH Formulae), S. 5; Formulae Arvernenses Nr. 5 (MGH Formulae), S. 31.

1667 Vgl. u. a. Nr. 41 c. 3 (MGH Capit. 1), S. 117.

Problem gewesen zu sein, dem die Karolingerherrscher in ihren Erlassen zu begegnen versuchten.[1668] Hier kann durchaus eine ‚Freigelassenenpolitik' festgestellt werden. Als Hintergrund dieser legislativen Auseinandersetzungen mit Freigelassenen könnte die nach Felix Grollmann im Verlaufe des 8. Jahrhunderts stark angewachsene Zahl der Freigelassenen im Karolingerreich angenommen werden.[1669] Der neuen zahlenmäßigen Bedeutung dieser Gruppe galt es insofern Rechnung zu tragen, als dass sie im Kontext der Beschäftigung mit dem Schriftrecht unter Karl und Ludwig im Rechtssystem verankert werden sollten. Hintergrund ist wohl der Umstand, dass der Freigelassene durch die *manumissio* zum Rechtssubjekt wurde. Unfreie hingegen waren, obwohl wir nicht zuletzt aus den Kapitularien wissen, dass sie beispielsweise selber Unfreie besitzen[1670] oder selbstständig Handel treiben konnten,[1671] nach fränkischem Rechtsverständnis auch im 9. Jahrhundert zumindest theoretisch weiterhin lediglich als Besitz ihrer *domini* relevant.

Das zweite Untersuchungsfeld dieser Studie bildete die Behandlung von Unfreien im Kontext von Strafe: Wie Unfreie für Vergehen innerhalb ihres Haushalts bestraft wurden, oblag im 8. und 9. Jahrhundert nahezu ausschließlich ihren Besitzern.[1672] Die Bestrafung von Unfreien bei Vergehen gegen die ‚öffentliche Ordnung', also überwiegend gegen die Autorität des Herrschers oder christliche Moralvorstellungen, folgte grundsätzlich den bereits in der Merowingerzeit etablierten Prinzipien des fränkischen Rechts. Dazu gehörte auch eine Unterscheidung der Bestrafungsform je nach Rechtsstatus. Grundsätzlich wurden Unfreie mittels Körperstrafe, Freie über eine Kompensationszahlung bestraft. Allerdings lassen sich in den karolingischen Kapitularien zahlreiche Veränderungen in Bezug auf dieses Prinzip feststellen. So entfiel etwa grundsätzlich die Möglichkeit für Unfreie oder ihre Besitzer, die Körperstrafe durch die Zahlung einer reduzierten Kompensationszahlung abzuwenden. Es ist allerdings dennoch davon auszugehen, dass auch Unfreie (oder ihre Besitzer) bei Zahlung der vollen Strafe für einen Freien die körperliche Züchtigung abwenden konnten. Zurückzuführen ist diese Novellierung des 9. Jahrhunderts wohl auf eine veränderte Bedeutung von Rechtsstatus im Vergleich zur Entstehungszeit der Lex Salica um 500. Die Berechnung der (reduzierten) Kompensationszahlung für Unfreie stand bereits in der Lex Salica in einem Verhältnis zur fälligen Körperstrafe. Hier entsprach das Verhältnis einem Denar pro Hieb, der mit 40 Denaren pro Solidus berechnet wurde.[1673] Aus verschiedenen Gründen (wie etwa dem Umstand, dass Denare in den Kapitularien und den karolingischen Lex Salica-Versionen als Einheit verschwinden) wird dieses Verhältnis im 9. Jahrhundert nicht mehr nachvollziehbar gewesen sein. Dementsprechend lässt sich das möglicherweise bereits unter Karl dem Großen, spätestens aber unter Ludwig

1668 Vgl. u. a. Kapitel 2.3.2 und 2.4.1.
1669 Vgl. Grollmann, Stammesrecht, S. 329.
1670 Vgl. Nr. 16 c. 7 (MGH Capit. 1), S. 40.
1671 Vgl. z. B. Nr. 28 c. 5 (MGH Capit. 1), S. 74.
1672 Vgl. Nr. 82 c. 9 (MGH Capit. 1), S. 181 und Kapitel 3.
1673 Vgl. u. a. Lex Salica c. 12,2 (MGH LL nat. Germ. 4,1), S. 58.

dem Frommen aufgekommene neue Verhältnis von einem Solidus pro Hieb als Strafe[1674] wohl auf den Versuch zurückführen, eine solche Verhältnismäßigkeit beizubehalten und so ein gewisses Maß an Kontinuität zur Bestrafungspraxis der Merowingerzeit zu wahren. In Bezug auf die Herrenhaftung geht Hermann Nehlsen davon aus, dass diese im Verlauf des 6. Jahrhunderts sukzessive zurückging und unter Chlothar I. vollständig aus dem fränkischen Recht verschwand.[1675] Für die karolingischen Kapitularien und somit für das fränkische Recht des 9. Jahrhunderts ist eine zumindest partielle Herrenhaftung allerdings nicht von der Hand zu weisen, sodass Nehlsens These für die Karolingerzeit zweifellos unzutreffend ist.[1676]

Die Zahl an Kapiteln aus verschiedensten Entstehungskontexten lässt zunächst vermuten, dass zumindest Karl der Große und Ludwig der Fromme in ihren Kapitularien tatsächlich die Etablierung eines ‚Unfreienstrafrechts' verfolgten. Erneut muss die Entstehung dieser Kapitel allerdings im Kontext bestimmter anderer Diskurse verortet werden. Bereits Heinrich Brunner hatte auf einen aufkommenden öffentlichen Strafanspruch unter Karl dem Großen verwiesen.[1677] Wie Maximilian McComb zuletzt zeigen konnte, bauten er und nach ihm sein Sohn Ludwig dabei auf die spektakuläre, öffentlich inszenierte Bestrafung, unter gewissen Umständen auch von Freien, zur Demonstration herrscherlicher Autorität.[1678] Keineswegs wurden in diesem Kontext allerdings die merowingerzeitlichen Grundlagen der Bestrafungspraxis vergessen, sodass in Bezug auf das herrscherlich angeordnete Strafen im Karolingerreich von einem gelungenen Ausgleich zwischen Kontinuität und Innovation gesprochen werden darf. Die zahlreichen Kapitel zur Bestrafung von Unfreien, die zumindest im Detail mit Veränderungen zu den Bestimmungen der Merowingerzeit einhergingen, sind im Kontext dieser größer angelegten Reform des Strafens zu verstehen. Es darf hier, wie auch in Bezug auf die Behandlung der Unfreienehe,[1679] nicht von einer primär auf Unfreie ausgerichteten Veränderung ausgegangen werden.

Dass Unfreie im Karolingerreich flüchteten, um eine Verbesserung der eigenen Lebensumstände (rechtswidrig) zu erreichen, klingt in verschiedensten Quellen an.[1680] Auch die Kapitularien greifen die Unfreienflucht – das dritte Themenfeld dieser Studie – immer wieder auf. Inhalt der Bestimmungen ist allerdings nicht die Flucht der Unfreien selbst, sondern der Umgang mit aufgegriffenen Flüchtigen und die Modalitäten der Rückführung solcher Personen.[1681] Erneut bestätigt sich hier Alice Rios Feststellung, dass die Karolingerherrscher nicht daran interessiert waren, in Besitzrechte einzugreifen, sondern

---

1674 Vgl. u. a. Nr. 9 c. 18 (MGH Capit. N. S. 4), S. 88–89.

1675 Vgl. Nehlsen, Sklavenrecht, insb. S. 253–254.

1676 Vgl. insb. Kapitel 3.3 und 3.4.

1677 Vgl. Brunner / von Schwerin, Deutsche Rechtsgeschichte 2, S. 764–765.

1678 Vgl. McComb, Stragies of Correction, S. 4, 157 und öfter.

1679 Vgl. Kapitel 5.5.

1680 Vgl. u. a. Alcuini carmina Nr. 8 (MGH Poetae 1), S. 228 und oben, S. 181 Anm. 966.

1681 Vgl. u. a. Nr. 10 c. 1 (MGH Capit. N. S. 4), S. 146–147, sowie Kapitel 4.3 und 4.4.

nur dann intervenierten, wenn freie Dritte vom Handeln Unfreier betroffen waren.[1682] Dennoch kann an dieser Stelle durchaus von einer deutlich erkennbaren Strategie gesprochen werden, die sich mehr oder minder stark ausgeprägt durch alle Erlasse zu diesem Thema zieht: Ziel der Bestimmungen zur Unfreienflucht war letztlich immer, die Besitzrechte an Unfreien zu wahren und zu verhindern, dass diese Rechte durch die Flucht von Unfreien beeinträchtigt wurden. Ein in diesem Kontext zu nennendes Beispiel wäre etwa das Verbot von Unfreienbesitzern einen Rückkaufpreis (*forcapium*) bei Rückführung entlaufener Unfreier zu verlangen[1683] Der Umstand, dass viele Bestimmungen zur Unfreienflucht einem italienischen Enstehungskontext zugeordnet werden können, darf nicht zwingend als Indiz für häufigere Fluchtversuche von Unfreien südlich der Alpen gewertet werden. Vielmehr sind Faktoren wie unterschiedliche Auffassungen des fränkischen und langobardischen Schrift- und Gewohnheitsrechts, eine im Vergleich zu anderen Regionen etablierte Rechtskultur und die verhältnismäßig günstige Überlieferungssituation im karolingischen Italien zu berücksichtigen.

Regelungen zu Unfreienehen (oder zumindest Ehen mit einem unfreien Partner) wurden insbesondere in den Erlassen Pippins des Jüngeren getroffen.[1684] Dieser Umstand mag zunächst überraschen, da das Kapitularienmaterial Pippins weit weniger umfangreich ist als das seiner Nachfolger. Allerdings stellt die Ehe beziehungsweise das Eherecht den wohl wichtigsten Baustein von Pippins gesetzgeberischer Aktivität dar. Zurückzuführen ist dieser Umstand zweifellos auf den intendierten ‚Schulterschluss'[1685] mit dem apostolischen Stuhl; Ziel war „die Etablierung einer Dynastie durch das Eherecht".[1686] Zwei Themen dominieren die unter Pippin entstandenen eherechtlichen Kapitel: Die Bekämpfung des Inzests und die Durchsetzung des Unauflösbarkeitsprinzips der Ehe. Über letzteres Thema lassen sich dann auch die zahlreichen Kapitel zur Unfreienehe in Pippins Kapitularien erklären. Eheliche Verbindungen unter Beteiligung von Unfreien, die im Frankenreich spätestens ab der Mitte des 6. Jahrhunderts existierten, stellten in Bezug auf die allgemeine und flächendeckende Durchsetzung der christlichen Forderung nach einer unauflösbaren Ehe große Probleme dar. Die Durchsetzung dieser Maximalforderung hätte schließlich zu erheblichen Einschränkungen der Besitzrechte der *domini* verheirateter *servi* geführt, die ihre Unfreien etwa nicht länger nach Belieben hätten verkaufen können.[1687] Durch entsprechende Bestimmungen der Lex Salica[1688] hätte theoretisch auch die unwissentliche Heirat eines Freien mit einem Unfreien zum Verlust der eigenen Freiheit führen können. Die zahlreichen unter Pippin entstandenen Kapitel setzen sich mit eben solchen Sonderfällen und Ausnahmesituationen auseinan-

---

1682 Vgl. Rio, Slavery after Rome, S. 236.
1683 Vgl. u. a. Nr. 102 c. 19 (MGH Capit. 1), S. 211, sowie Kapitel 4.3.1 und 4.4.2.
1684 Vgl. Kapitel 5.2.
1685 Vgl. Ubl, Bonifatius, S. 422–423.
1686 Ubl, Inzestverbot, S. 251.
1687 Begegnet wird dieser Problematik u. a. in Nr. 16 c. 19 (MGH Capit. 1), S. 41.
1688 Vgl. u. a.: Lex Salica c. 25,3–4 (MGH LL nat. Germ. 4,1, S. 94).

der.[1689] Ziel war, allgemein formuliert, die christliche Forderung der Unauflösbarkeit der Ehe in Einklang mit der Lebensrealität des 8. Jahrhunderts zu bringen. Die zahlreichen Kapitel zur Unfreienehe aus dieser Zeit belegen also nicht eine ‚Unfreienpolitik' Pippins, sondern sind Resultat des politischen und christlich-theologischen Diskurses zum Eherecht, dem zwischen 754 und 757 eine Bedeutung beigemessen wurde, wie zu „keiner anderen Zeit" in der Geschichte des Frankenreichs.[1690] Freilich ist diese intensive Auseinandersetzung mit dem Eherecht nicht als isoliertes Phänomen des Frankenreichs zu betrachten, sondern muss vielmehr im Kontext von Pippins Verhältnis zum apostolischen Stuhl betrachtet werden; in Rom wurde die christliche Ehe schließlich bereits in den 720er Jahren diskutiert und erst durch päpstliche Initiative gelangte sie ins Frankenreich.[1691]

Mit dem Abebben der Debatte im Frankenreich verschwindet auch die Unfreienehe aus dem Fokus der Kapitularien.[1692] Insbesondere durch den Nachweis, dass ein Kapitel Karls des Großen (BK 105 c. 12),[1693] vermeintlich in den letzten Monaten vor Karls Tod entstanden, lediglich eine Umarbeitung eines Kanons der Versammlung von Chalon-sur-Sâone (813) darstellt und nie zu herrscherlichem Recht erhoben wurde,[1694] zeigt sich, dass die Unfreienehe nach 757 in den Kapitularien nicht mehr von Bedeutung ist. Aus herrscherlicher Perspektive stellte die Unfreienehe also lediglich eines von mehreren zu behandelnden Problemen im größeren Kontext der allgemeinen Debatte über das Eherecht dar. Spätestens hier zeigt sich, dass der genauen Analyse aller Einzelkapitel nicht nur in Bezug auf ihre Inhalte, sondern auch hinsichtlich ihrer Entstehungskontexte und ihrer Authentizität enorme Bedeutung zukommt.

Auch für die im letzten inhaltlichen Kapitel behandelte Thematik, der Frage nach der Rechtmäßigkeit der Ordination von Unfreien, konnte festgestellt werden, dass der diesbezügliche Diskurs von päpstlicher Seite ins Frankenreich getragen wurde. Während sich Pippin trotz entsprechender brieflicher Anfragen des Papstes[1695] mit diesem Thema in seinen Kapitularien nicht auseinandersetzt, findet es sich unter den von Boretius als Kapitularien edierten Texten aus der Zeit Karls des Großen sehr häufig.[1696] Es konnte gezeigt werden, dass dieser Umstand zumindest teilweise darauf zurückzuführen ist, dass die Thematik in der Collectio Dionysio-Hadriana und in der Admonitio generalis aufgegriffen wird. Durch die Verbreitung und Rezeption dieser beiden Texte zwischen 789 und 813 wurden die entsprechenden kanonistischen Regelungen zur Ordination von

1689 Dem konkreten Beispiel des Statusverlusts durch unwissentliche Eheschließung wird u. a. in Nr. 15 c. 7 (MGH Capit. 1, S. 38) begegnet.

1690 Ubl, Inzestverbot, S. 269.

1691 Vgl. Kapitel 5.1.2.

1692 Vgl. Kapitel 5.3 und 5.4.

1693 Nr. 105 c. 12 (MGH Capit. 1), S. 218.

1694 Vgl. Concilium Cabillonense can. 30 (MGH Conc. 2,1), S. 279. Ausführlicher dazu: Leyendecker, Eheschließung; ders., Blogpost des Monats März 2023 (https://capitularia.uni-koeln.de/blog/kapitel-des-monats-maerz-2023/) [zuletzt eingesehen am: 10. 05. 2023].

1695 Vgl. u. a. Nr. 3 (MGH Epp. 3), S. 479–487 und Kapitel 6.2.

1696 Vgl. Kapitel 6.3.

Unfreien im Frankenreich verbreitet, auch im Kontext weiterer Herrschererlasse. Weiter verstärkt wird der Eindruck, dass die Ordination von Unfreien unter Karl dem Großen ein gewichtiges Thema darstellt, durch die editorischen Entscheidungen von Boretius (und seinem Vorgänger Pertz). Dies geschieht etwa durch die Aufnahme von Stücken wie den Capitula excerpta de canone (BK 47) in seine Kapitularienedition,[1697] bei denen es sich aber schlicht um eine Rubrikenliste aus der Collectio Vetus Gallica handelt. Der Eindruck, die Ordination von Unfreien und daraus resultierende Interessenkonflikte zwischen Kirche und Unfreienbesitzern sei ein weit verbreitetes Phänomen im Frankenreich des 8. und 9. Jahrhunderts gewesen, täuscht: Unfreie Priester stellten offenbar seltene Ausnahmen dar.[1698] Die Kombination dieser beiden Faktoren – der zweifelhaften Aufnahme von Texten in die Kapitulareneditionen und die Überschätzung der Anzahl an unfreien Geistlichen im Frankenreich – führte letztlich zur im 19. und 20. Jahrhundert weit verbreiteten Fehleinschätzung, dass die Ordination von Unfreien unter Karl dem Großen ein großes Problem dargestellt habe.

Gänzlich irrelevant scheint die Thematik allerdings nicht gewesen zu sein. Insbesondere die Frage, ob Unfreie grundsätzlich nicht ordiniert werden sollten, nur unter Zustimmung ihres Besitzers, oder nach ihrer Freilassung, scheint durchaus von Interesse gewesen zu sein; möglicherweise nicht nur aus theologischen, sondern auch aus besitzrechtlichen Gründen. Eine eindeutige Regelung zu dieser Frage findet sich erst in den Kapitularien Ludwigs des Frommen: In c. 6 des Capitulare ecclesiasticum (CNS 8)[1699] wird eindeutig festgelegt, dass für die rechtmäßige Ordination die vorherige Freilassung eines *servus* nötig sei. Die Ordination sollte sonst nicht anerkannt werden. Im Konflikt zwischen Unfreienbesitzern und Kirche, nach deren Verständnis die Ordination freilich unumkehrbar war, entschied Ludwig also zugunsten der Besitzrechte der betroffenen *domini*. Bemerkenswert ist an dieser Stelle, dass die getroffene Regelung keine Auseinandersetzung zwischen Unfreien und ihren Besitzern, sondern zwischen freien Parteien behandelt.

Insgesamt konnte in dieser Studie immer wieder festgestellt werden, dass Unfreie in den Kapitularien fast ausschließlich im Kontext größerer Themenkomplexe oder indirekt als Besitz ihrer *domini* zur Sprache kommen; Unfreiheit wird nahezu ausschließlich im Kontext von Konflikten zwischen Unfreienbesitzern und freien Dritten behandelt. Die Unfreien selbst bleiben in den Kapitularien zumindest theoretisch Besitzobjekte ihrer Herren. Die Kapitularien deshalb als Instrument zur Unterdrückung von Unfreien zu deuten,[1700] ist wenig sinnvoll. Festgestellt werden konnte allerdings, dass Unfreie als ‚Besitz' ihrer Herren akzeptiert wurden und rechtlich ihrerVerfügungsgewalt unterworfen waren; in diese wurde von Seiten der Herrscher nur eingegriffen, wenn Dritte betroffen waren.

1697 Vgl. Nr. 47 (MGH Capit. 1), S. 133–134.

1698 Vgl. u. a. Kohl, Presbyter, S. 70; ders., Lokale Gesellschaften, S. 264–267. Kohl geht lediglich für Baiern von einer höheren Anzahl unfreier Kleriker aus.

1699 Vgl. Nr. 8 c. 6 (MGH Capit. N. S. 4), S. 82–85 und Kapitel 6.4.

1700 Vgl. Rio, Slavery after Rome, S. 236.

Diese ‚Unfreienpolitik' unterscheidet sich maßgeblich von der ‚Freienpolitik', die von Müller-Mertens und Schmitt in Bezug auf die *liberi homines* festgestellt wurde.[1701] Beide kommen schließlich zu dem Ergebnis, dass die Karolingerherrscher in ihren Kapitularien durchaus darum bemüht waren, „gerade die sozial Schwachen, die pauperes" zu schützen.[1702] Insbesondere unter Berücksichtigung des (grundsätzlich überzeugenden) Erklärungsansatzes von Schmitt, demzufolge diese Politik von einem christlich geprägten Herrscherethos[1703] motiviert war, ergibt sich die Frage, warum „Kirchen, Witwen, Waisen und Pauperes [im Sinne von armen Freien]"[1704] von dieser Politik erfasst wurden, nicht aber die *servi*; denn, so viel darf angenommen werden, die Mehrzahl der Unfreien des Karolingerreichs waren Christen. Abschließend zu beantworten ist diese Frage nicht. Immer wieder konnte in dieser Studie allerdings festgestellt werden, dass die Karolingerherrscher in ihren Kapitularien nur sehr bedingt daran interessiert waren, Unfreienbesitzer im Umgang mit ihren *servi* zu reglementieren[1705] oder diese *servi* gar zu schützen. Die christliche motivierte Fürsorge(pflicht) gegenüber *servi*, so könnte vermutet werden, oblag ihrem *dominus;* die Fürsorgepflicht gegenüber Witwen, Waisen und armen Freien, die ja keinen solchen ‚Schutzherren' hatten, oblag dem christlichen Herrscher.[1706] Dass eine solche Unterteilung in arme Freie unter königlichem Schutz und (arme) Unfreie unter dem Schutz ihres Herrn nicht der gelebten Praxis im Karolingerreich entsprach, ergibt sich bereits aus der Tatsache, dass neben freien Armen und Unfreien auch ‚Minderfreie' wie *liti, aldii* oder *coloni* existierten, deren (theoretischer) ‚Schutzherr' nicht immer eindeutig auszumachen ist. Zudem konnte sich die Lebensrealität Einzelner auch innerhalb einer terminologisch homogenen Gruppe, etwa den *servi*, drastisch unterscheiden; die gesellschaftliche Stellung konnte im frühen Mittelalter unabhängig vom tatsächlichen Rechtsstatus individuell ausgehandelt werden, wie Alice Rio nachgewiesen hat.[1707]

Aus dieser Verhandelbarkeit und den verschiedenen Abstufungen des (unfreien) Rechtsstatus ergibt sich die Frage, weshalb in den Kapitularien (in weiten

---

1701 Vgl. insb. Kapitel 1.3.

1702 Schmitt, Liberi homines, S. 183.

1703 Vgl. ebd., S. 211–244.

1704 Ebd., S. 240.

1705 Unter der Prämisse, dass auch Unfreie zur *familia* ihres *dominus* gehörten, findet sich ein solcher Eingriff, wenngleich sehr vage, angedeutet in Nr. 65 c. 5 (MGH Capit. 1, S. 154): *De semetipso et sua familia unusquisque corrigendum.* Vgl. dazu Rio, Slavery after Rome, S. 232 und dies., Corporal Punishment, S. 87. Deutlich gefordert wird die Züchtigung von Unfreien in Nr. 13 c. 31 (MGH Hilfsmittel 15), S. 992: *Ut ab episcopis et presbiteris fides vera et sancta pleniter ubique doceatur et ut omnes omnino laici simbolum et orationem dominicam atque signaculum contra diabolum se munire absque ulla dubitatione discere studium habeant; et quisquis inde episcopo suo aut presbitero obedire noluerit, ieiunio aut alia harmscara nobiles ab episcopis constringantur, servi autem et ancillę castigati flagellationibus constringantur.*

1706 Belegen lässt sich diese Vermutung nicht. Ein diesbezügliches Indiz mag, erneut unter der Prämisse, dass *servi* Teil der *familia* ihres Besitzers sind, in Nr. 32 c. 2 (MGH Capit. 1, S. 83) gesehen werden, wenn es heißt: *Ut familia nostra bene conservata sit et a nemine in paupertate missa.*

1707 Vgl. insb. Rio, Slavery after Rome; dies., Half-free.

Teilen)[1708] an der starren Dichotomie Frei und Unfrei festgehalten worden ist. Zunächst ist dies sicherlich auf eine angestrebte Kontinuität zur Lex Salica zurückzuführen – insbesondere die Bestimmungen zur Bestrafung von begangenem Unrecht sind in ihrer Form offensichtlich an das fränkische Rechtsbuch angelehnt.[1709] Wie bereits Karl Ubl festgestellt hat, wurde hier vonseiten Karls und Ludwigs einer veränderten gesellschaftlichen Situation und des neuen „imperialen Selbstverständnisses" zum Trotz an der fränkischen Rechtstradition festgehalten, „die [daraus resultierenden] Ambivalenzen zwischen reichsweiter Gültigkeit und fränkischer Prägung der Kapitularien" wurden stillschweigend akzeptiert.[1710] Relevanz besaßen die Kapitel auch für alle, die nicht explizit angesprochen wurden: ein nur für *liberi* und *servi* formuliertes Kapitel galt für Männer wie für Frauen und Kinder, für Franken wie für Alamannen und Langobarden, für *servi* wie für *liti* und *aldii.* Nicht alle diese Fälle mussten ausformuliert werden, um verstanden zu werden – in Zweifels- und Sonderfällen war dies allerdings durchaus möglich.[1711] In der „semi-oralen Rechtskultur" des Karolingerreichs[1712] wird es in den meisten Fällen ausgereicht haben die beiden maximalen Fixpunkte Frei und Unfrei auszuformulieren – *Quia non est amplius nisi liber et servus.*[1713] Alles dazwischen war für die ‚Politik' von Pippin, Karl und Ludwig nicht von vorrangiger Bedeutung; die Umsetzung der Bestimmungen galt es im Einzelfall zu verhandeln. Der Fortbestand der dichotomen Kategorien Frei und Unfrei im fränkischen Schriftrecht ist folglich kein starres Festhalten an einer vergangenen gesellschaftlichen Realität, die so ohnehin nie existiert hat.

1708 Zu den selten erwähnten ‚minderfreien' Gruppen vgl. Kapitel 1.7.

1709 Auch die Bestimmungen der Lex Salica sind überwiegend an *liberi*, teilweise an *liberi* und *servi*, und nur selten auch an *liti* gerichtet. Auch letztere werden bei Vergehen Konsequenzen zu fürchten gehabt haben, auch wenn sie nicht explizit genannt wurden.

1710 Vgl. Ubl, Sinnstiftungen, S. 218. Ohnehin bedeutete legislative Kontinuität keineswegs immer auch eine praktische Kontinuität, wie sich am Beispiel herrscherlich sanktionierter Körperstrafen zeigt. Die terminologische Kontinuität der Kapitularien wurde in Kapitel 3.3 und 3.4 aufgezeigt. Auf Entwicklungen in der Umsetzung unter Karl und Ludwig weist Ubl (Punishment Imperative, insb.
S. 11–12) hin.

1711 So ergänzt etwa Lothar in seinem Paveser Kapitular von 832 (Nr. 51 c. 12 [MGH Capit. N. S. 4], S. 670), eindeutig nur für Italien verfasst, dass auch *aldii*, eine nur in Italien verbreitete Gruppe, nicht durch Berufung auf die 30-Jahres-Frist frei werden konnten; ein Umstand der für die wohl von Ludwig stammende Regelung (Nr. 56a [MGH Capit. N. S. 4], S. 740), vermutlich Lothars Vorlage, nicht nötig gewesen war. Ein weiteres Beispiel für eine solche Präzisierung ist wohl in Nr. 25 c. 4 (MGH Capit. 1, S. 67) zu sehen: … *atque cunctas generalitas populi, tam puerilitate annorum XII quamque de senili, qui ad placita venissent et iussionem adimplere seniorum et conservare possunt, sive pagenses, sive episcoporum et abbatissuarum vel comitum homines,et reliquorum homines, fiscilini quoque et coloni et ecclesiasticis adque servi, qui honorati beneficia et ministeria tenent vel in bassallatico honorati sunt cum domini sui et caballos, arma et scuto et lancea spata et senespasio habere possunt: omnes iurent.* Dort wird, durchaus unüblich, auch von gewissen Unfreien die Eidesleistung gefordert. Zurückzuführen ist dies wohl darauf, dass es sich um Unfreie handelt, die Heeresfolge leisten mussten bzw. in einer „vasallitischen Bindung" standen. Vgl. Esders, Sacramentum fidelitatis, 359; ders. Eliten und Raum, S. 22–24.

1712 Vgl. u. a. Patzold, Veränderung, S. 63–67.

1713 Nr. 58 c. 1 (MGH Capit. 1), S. 145.

Vielmehr muss diese „eigenartige Verbindung von Konstanz und Traditionalismus" im Zusammenspiel mit der „flexiblen Veränderungsfähigkeit"[1714] – nicht nur in Bezug auf Unfreie – als Ausdruck der fränkischen Rechtskultur des Karolingerreichs betrachtet und verstanden werden.

1714 Dilcher, Bildung, S. 199.

Anhang

Abkürzungen

BK	Boretius / Krause
CNS	Capitularia. Nova Series 4
Cod. Iust.	Codex Iustinianus
Cod. Theod.	Codex Theodosianus
DNP	Der Neue Pauly
LdF	Ludwig der Fromme
HRG	Handwörterbuch zur deutschen Rechtsgeschichte
KdG	Karl der Große
M	Mordek
MGH	Monumenta Germaniae Historica
Capit.	Capitularia regum Francorum
Capit. N. S.	Capitularia regum Francorum. Nova Series
DD	Diplomata
Epp.	Epistolae
Epp. sel.	Epistolae selectae
LL	Leges
LL nat. Germ.	Leges nationum Germanicarum
SS	Scriptores
SS rer. Germ.	Scriptores rerum Germanicarum in usum scholarum separatim editi
SS rer. Merov.	Scriptores rerum Merovingicarum
MLLM	Mediae Latinitatis Lexicon Minus
PL	Patrologia Latina, ed. Migne

Quellen

In Fällen, in denen mehrere Texte einer Quellensammlung verwendet wurden, wird im Folgenden lediglich der gesamte Band angegeben. Sofern nur ein Text aus einer Sammlung verwendet wurde, ist dieser einzeln aufgeführt.

Die Admonitio generalis Karls des Großen, edd. Hubert MORDEK – Klaus ZECHIEL-ECKES – Michael GLATTHAAR, (MGH Fontes iuris N. S. 16) Hannover 2013.

Alcuini Carmina, ed. Ernst DÜMMLER, (MGH Poetae 1) Berlin 1881.

Annales et chronica aevi Carolini, ed. Georg Heinrich PERTZ, (MGH SS 1) Hannover 1871.

Annales Fuldenses sive Annales regni Francorum orientalis [Annales Fuldenses], ed. Friedrich KURZE, (MGH SS rer. Germ. 7) Hannover 1891.

Annales Mettenses priores, ed. Bernhard VON SIMSON, (MGH SS rer. Germ. 10) Hannover – Leipzig 1905.

Annales Mosellani, ed. Johannes Martin LAPPENBERG, (MGH SS 16) Hannover 1859, S. 491–499.

Annales regni Francorum inde a. 741 usque ad 829, qui dicuntur Annales Laurissenses maiores et Einhardi [Annales regni Francorum], ed. Friedrich KURZE, (MGH SS rer. Germ. 6) Hannover 1895.

Arbeo, Vita et passio Sancti Haimhrammi martyris [Vita Haimhrammi], ed. Bernhard BISCHOFF, (Sammlung Tusculum) Berlin 1953.

Bibliotheca capitularium regum Francorum manuscripta. Überlieferung und Traditionszusammenhang der fränkischen Herrschererlasse, Hubert MORDEK, (MGH Hilfsmittel 15) München 1995.

Canones apostolorum, ed. Friedrich LAUCHERT, Die Kanones der wichtigsten altkirchlichen Concilien nebst den apostolischen Kanones, (Sammlung ausgewählter kirchen- und dogmengeschichtlicher Quellenschriften 12) Freiburg – Leipzig 1896.

Capitula episcoporum 1, ed. Peter BROMMER, (MGH Capit. episc. 1) Hannover 1984.

Capitula episcoporum 2, edd. Rudolf POKORNY – Martina STRATMANN, (MGH Capit. episc. 2) Hannover 1995.

Capitula episcoporum 3, ed. Rudolf POKORNY, (MGH Capit. episc. 3) Hannover 1995.

Capitula episcoporum 4, ed. Rudolf POKORNY, (MGH Capit. episc. 4) Hannover 2005.

Capitularia regum Francorum, ed. Étienne BALUZE, 2 Bde., Paris 1677.

Capitularia regum Francorum, ed. Georg Heinrich PERTZ, (MGH LL 1) Hannover 1835.

Capitularia regum Francorum 1, ed. Alfred BORETIUS, (MGH Capit. 1) Hannover 1835.

Capitularia regum Francorum 2, edd. Alfred BORETIUS – Viktor KRAUSE, (MGH Capit. 2) Hannover 1897.

Capitularia regum Francorum a. 814 – a. 840, edd. Stefan ESDERS – Sören KASCHKE – Britta MISCHKE – Steffen PATZOLD – Dominik TRUMP – Karl UBL, (MGH Capit. N. S. 4), Wiesbaden 2024.

Codex Iustinianus, ed. Paul KRÜGER, Berlin 1877.

Collectio capitularium Ansegisi, ed. Gerhard SCHMITZ, (MGH Capit. N. S. 1) Hannover 1996.

Collectio Vetus Gallica, ed. Hubert MORDEK, Kirchenrecht und Reform im Frankenreich. Die Collectio Vetus Gallica, die älteste systematische Kanonessammlung des fränkischen Gallien. Studien und Edition, (Beiträge zur Geschichte und Quellenkunde des Mittelalters 1) Berlin – New York 1975.

Concilia aevi Karolini (742–817), ed. Albert Werminghoff, (MGH Conc. 2,1) Hannover 1906.

Concilia aevi Karolini (819–842), ed. Albert Werminghoff, (MGH Conc. 2,2) Hannover 1908.

Concilia aevi Karolini (843–859), ed. Wilfried Hartmann, (MGH Conc. 3) Hannover 1984.

Concilia aevi Merovingici (511–695), ed. Friedrich Maassen, (MGH Conc. 1) Hannover 1893.

Concilios visigóticos e hispano-romanos, ed. José Vives, (España cristiana. Textos 1) Barcelona – Madrid 1963.

Concilium universale Chalcedonense 2. Versiones particulares 1–2, ed. Eduard Schwartz, (Acta conciliorum oecumenicorum 2.2.1–2) Berlin – Leipzig 1932–1936. Da ist ja ACO! Aber war das oben nicht nach PL zitiert??

Der lange Schatten des Bonifatius. Die Responsa Stephans II. aus dem Jahr 754 und das fränkische Kirchenrecht [Responsa Stephani II.], ed. Karl Ubl, in: Deutsches Archiv für Erforschung des Mittelalters 63 (2007), S. 403–449.

Die Urkunden Ludwigs des Frommen 1–3, ed. Theo Kölzer (MGH DD LdF 2,1–3) Wiesbaden 2016.

Die Urkunden Ludwigs II., ed. Konrad Wanner (MGH DD Lu II. 4), München 1994.

Die Urkunden Pippins, Karlmanns und Karls des Großen, ed. Engelbert Mühlbacher, (MGH DD Karol. 1) Hannover 1906.

Didascalia et Constitutiones Apostolorum, ed. Franz X. von Funk, Paderborn 1905.

Dionysius Exiguus, ed. Jacques-Paul Migne, (PL 67) Paris 1865.

Discipulus Umbrensium, ed. Paul W. Finsterwalder, Die Canones Theodori Cantuarensis und ihre Überlieferungsformen, (Untersuchungen zu den Bußbüchern des 7., 8. und 9. Jahrhunderts) Leipzig 1902–1908.

Einhard, Vita Karoli Magni, ed. Oswald Holder-Egger, (MGH SS rer. Germ. 25) Hannover – Leipzig 1911.

Epistolae Merowingici et Karolini aevi 1, ed. Ernst Dümmler, (MGH Epp. 3) Berlin 1892.

Epistolae Karolini aevi 2, ed. Ernst Dümmler, (MGH Epp. 4) Berlin 1895.

Epistolae Karolini aevi 3, ed. Karl Hampe, (MGH Epp. 5) Berlin 1899.

Epistula Decretalis S. Leonis Magni Romani Pontificis, ed. Hubertus Wurm, in: Apollinaris 12 (1939), S. 79–93.

Ermoldus Nigellus, Carmen in honorem Hludovici, ed. Edmond Faral, Ermold le Noir, Poème sur Louis le Pieux et épitres au roi Pépin, (Les classiques de l'histoire de France au Moyen Age 14) Paris 1932.

Formulae Merowingici et Karolini aevi. Accedunt Ordines Iudiciorum Dei, ed. Karl Zeumer, (MGH Formulae 1) Hannover 1886.

Gaius, Gai Institutiones secundum codicis Veronensis apographum studemundianum et reliquias in Aegypto repertas. Editio minor [Gai Institutiones], ed. Martin David, Leiden 1948.

Gregor von Tours, Libri historiarum X, edd. Bruno Krusch – Wilhelm Levison, (MGH SS rer. Merov. 1) Hannover 1888.

Hrabanus Maurus, De institutione clericorum libri tres. Studien und Edition, ed. Detlev Zimpel, (Freiburger Beiträge zur Mittelalterlichen Geschichte 7) Frankfurt am Main 1996.

I capitolari italici. Storia e diritto della dominazione carolingia in Italia, ed. Claudio Azzara – Pierandrea Moro, (Altomedioevo 1) Rom 1998.

I placiti del Regnum Italiae 1, ed. Cesare Manaresi, (Fonti per la storia d'Italia 92) Rom 1955.

Iuliani Epitome Latina Novellarum Iustiniani [Epitome Iuliani], ed. Gustav Hänel, Leipzig 1873.

Iustiniani Institutiones, ed. Paul Krüger, Berlin [3]1908.

Jonas d'Orléans, Instruction des laïcs (Sources chrétiennes 549–550), ed. Odile Dubreucq, Paris 2012–2013.

Das Konzil von Aachen 809, ed. Harald Willjung, (MGH Conc. 2, Suppl. 2) Hannover 1998.

Ecclesiae occidentalis monumenta iuris antiquissima 1–2. Canonum et conciliorum Graecorum interpretationes Latinae, ed. Cuthbert H. Turner, Oxford 1899–1939.

Leges Alamannorum, Leges Baiuwariorum, Leges Burgundionum, Lex Frisionum, edd. Friedrich Bluhme – Alfred Boretius – Johannes Merkel – Georg Heinrich Pertz – Karl von Richthofen, (MGH LL 3) Hannover 1863.

Leges Alamannorum, edd. Karl A. Eckardt – Karl Lehmann, (MGH LL nat. Germ. 5,1) Hannover [2]1966.

Lex Bawariorum, ed. Ernst von Schwind, (MGH LL nat. Germ. 5,2) Hannover 1926.

Leges Langobardorum, edd. Friedrich Bluhme – Alfred Boretius – Georg Heinrich Pertz, (MGH LL 4) Hannover 1868.

Leges Saxonum, Lex Thuringorum, Edictum Theoderici regis, Remedii Curiensis episcopi capitula, Lex Ribuaria, Lex Francorum Chamavorum, Lex Romana Raetica Curiensis, edd. Friedrich Bluhme – Gustav Hänel – Georg Heinrich Pertz – Karl von Richthofen – Rudolph Sohm – Karl Zeumer, (MGH LL 5) Hannover 1975–1889.

Leges Visigothorum, ed. Karl Zeumer (MGH LL nat. Germ. 1) Hannover – Leipzig 1902.

Lex Frisionum, edd. Karl A. Eckardt – Albrecht Eckardt, (MGH Fontes iuris 12) Hannover 1982.

Lex Ribuaria, edd. Franz Beyerle – Rudolf Buchner, (MGH LL nat. Germ. 3,2) Hannover 1954.

Lex Romana Burgundionum, ed. Ludwig R. von Salis, (MGH LL nat. Germ. 2,1) Hannover 1892.

Lex Romana Visigothorum, ed. Gustav Hänel, Leipzig 1849.

Lex Salica. 100 Titel-Text, ed. Karl A. Eckhardt, (Germanenrechte N.F. Westgermanisches Recht 3) Weimar 1953.

Lex Salica, ed. Karl A. Eckhardt, (MGH LL nat. Germ. 4,2) Hannover 1969.

Lex Salica zum akademischen Gebrauche, ed. Heinrich Geffcken, Leipzig 1898.

Notitia Arnonis, ed. Willibald Hauthaler, Salzburger Urkundenbuch 1: Traditionscodices, Salzburg 1910.

Nouaillé, Nr. 10, ed. André Salmon, Le livre des serfs de Marmoutier, Tours 1864.

Pactus legis Salicae [Lex Salica], ed. Karl A. Eckardt, (MGH LL nat. Germ. 4,1) Hannover 1962.

Pseudo-Bonifatius, Sermones, ed. Jacques-Paul Migne, (PL 89) Paris 1863.

Recueil des chartes de l'abbaye de Cluny 1, ed. von Alexandre Bruel, Paris 1876.

Die Regesten des Kaiserreichs unter den Karolingern 751–918, ed. Johann F. Böhmer et al., (Regesta Imperii 1,1) Hildesheim [2]1966.

Regino von Prüm, Libri duo de synodalibus causis et disciplinis ecclesiasticis. Ex diversis sanctorum patrum conciliis atque decretis collecti, ed. Hermann WASSERSCHLEBEN, Leipzig 1840.

Sacrorum conciliorum nova et amplissima collectio 12, ed. Giovanni D. MANSI, Florenz 1756.

Salische und ribuarische Franken, ed. Karl A. ECKHARDT, (Germanenrechte. Die Gesetze des Karolingerreiches 714–911 1) Weimar 1934.

S. Leonis Magni Romani Pontificis Opera Omnia, ed. Jacques-Paul MIGNE, (PL 54) Paris 1846.

S. Agobardi Lugdunensis Episcopi, Eginhardi Abbatis Opera Omnia, ed. Jacques-Paul MIGNE, (PL 104) Paris 1864.

S. Bonifatii et Lulli Epistolae, ed. Michael TANGL, (MGH Epp. sel. 1) Berlin 1916.

Sententiarum receptarum libri quinque qui vulgo Iulio Paulo adhuc tribuuntur [Pauli Sententiae], in: Fontes iuris Romani antejustiniani, Pars altera, ed. Giovanni BAVIERA, Florenz 1968, S. 317–417.

Sklavereiabkommen (0.311.37) vom 25. September 1926 Artikel 1,1, in: Fedlex, Die Publikationsplattform des Bundesrechts, https://www.fedlex.admin.ch/eli/cc/46/696_714_724/de [zuletzt abgerufen 04. 08. 2023].

Le testament de Sainte Fare. Matériaux pour l'étude et l'édition critique de ce document, ed. Jean GUEROUT, in: Revue d'histoire ecclésiastique 60 (1965), S. 761–821.

Thegan, Die Taten Kaiser Ludwigs – Astronomus, Das Leben Kaiser Ludwigs, ed. Ernst TREMP, (MGH SS rer. Germ. 64) Hannover 1995.

Theodosiani libri XVI cum constitutionibus Sirmondianis et Leges novellae ad Theodosianum pertinentes 1–2 [Codex Theodosianus], ed. Theodor MOMMSEN / PAUL M. MEYER, Berlin 1905.

Traditionen des Hochstifts Freising, ed. Theodor BITTERAUF, (Quellen und Erörterungen zur Bayrischen und Deutschen Geschichte 4) München 1905.

Urkundenbuch für die Geschichte des Niederrheins oder des Erzstifts Cöln, der Fürstenthümer Jülich und Berg, Geldern, Meurs, Cleve und Mark, und der Reichsstifte Elten, Essen und Werden 1, ed. Theodor J. LACOMBLET, Düsseldorf 1840.

Literatur

Stuart AIRLIE, Private Bodies and the Body Politic in the Divorce Case of Lothar II, in: Past and Present 161 (1998), S. 3–38.

Otto AMON, Die Freilassungen und die Stellung der Freigelassenen von der germanischen Frühzeit bis in die Zeit der ersten Karolinger, Wien 1947 [unveröff. Diss. Univ. Wien 1947].

Bernhard S. BACHRACH, Charlemagne's Early Campaigns (768–777). A Diplomatic and Military Analysis, Leiden 2013.

Julia BARROW, The Clergy in the Medieval World. Secular Clerics, their Families and Careers in North-Western Europe, c. 800 – c. 1200, Cambridge 2015.

Robert J. BARTLETT, Trial by Fire and Water: The Medieval Judicial Ordeal, Oxford 1989.

Jens BARSCHDORF, Freigelassene in der Spätantike (Quellen und Forschungen zur Antiken Welt 58), München 2012.

Carlo BATTISTI – Giovanni D'ALESSIO, Dizionario etimologico italiano 1, Florenz 1950.

Michael BAUR – Stefan KIRCHBERGER, Das Diedenhofener Kapitular, in: Die Entwicklung Forchheims im frühen Mittelalter, hg. von Hermann AMMON, (Schriftenreihe der Universitären Außenstelle Forchheim 1) Forchheim 1992, S. 92–109.

Kurt BECHER, Art. Arbeo, in: NDB 1 (1953), S. 333–334.

Matthias BECHER, Zwischen Macht und Recht. Der Sturz Tassilos III. von Bayern 788, in: Tassilo III. von Bayern. Großmacht und Ohnmacht im 8. Jahrhundert, hg. von Lothar KOLMER – Christian ROHR, Regensburg 2005, S. 39–55

Matthias BECHER, Der Prediger mit eiserner Zunge. Die Unterwerfung und Christianisierung der Sachsen durch Karl den Großen, in: Schwertmission. Gewalt und Christianisierung im Mittelalter, hg. von Hermann KAMP – Martin KROKER, Paderborn 2013, S. 23–52.

Matthias BECHER, Omnes iurent! Karl der Große und der allgemeine Treueid, in: Charlemagne: Les temps, les espaces, les hommes. Construction et déconstruction d'un règne, hg. von Rolf GROSSE – Michel SOT, (Collection Haut Moyen Âge 34) Turnhout 2018, S. 183–192.

Heinz BELLEN, Studien zur Sklavenflucht im römischen Kaiserreich, (Forschungen zur antiken Sklaverei 4) Wiesbaden 1971.

Franz BEYERLE, Das legislative Werk Chilperichs I., in: Zeitschrift der Savigny-Stiftung für Rechtsgeschichte. Germanistische Abteilung 78 (1961), S. 1–38.

Marc BLOCH, Les „colliberti". Étude sur la formation de la classe servile, in: Mélanges historique, hg. von Marc BLOCH, (Bibliothèque générale de l'Ecole pratique des hautes études 6) Paris 1963, S. 385–451.

Marc BLOCH, Comment et pourqui finit l'esclavage antique, in: Annales 2 (1947), S. 30–44.

Marc BLOCH, Comment et pourqui finit l'esclavage antique (fin), in: Annales 2 (1947), S. 161–170.

Didier BONDUE, De servus à sclavus. La fin de l'esclavage antique (371–918), Paris 2011.

Pierre BONNASSIE, From Slavery to Feudalism in South-Western Europe, Cambridge 1991.

Alfred BORETIUS, Beiträge zur Capitularienkritik, Leipzig 1874.

Arno BORST, Lebensformen im Mittelalter, Frankfurt am Main 1973.

Egon Boshof, Erzbischof Agobard von Lyon. Leben und Werk, (Kölner historische Abhandlungen 17) Köln 1969.

Egon Boshof, Ludwig der Fromme, (Gestalten des Mittelalters und der Renaissance) Darmstadt 1996.

John Eastburn Boswell, The Kindness of Strangers. The Abandonment of Children in Western Europe from Late Antiquity to the Renaissance, London 1989.

Lukas Bothe, From Subordination to Integration. Romans in Frankish Law, in: Transformations of Romanness. Early Medieval Regions and Identities, hg. von Clemens Gantner et al., (Millennium-Studien 71) Berlin 2018, S. 345–368.

Lukas Bothe, Triplice Weregeldum. Social and Functional Status in the Lex Ribuaria, in: Wergild, Compensation and Penance. The Monetary Logic of Early Medieval Conflict Resolution, hg. von Lukas Bothe – Stefan Esders – Han Nijdam, (Medieval Law and Its Practice 31) Leiden 2021, S. 183–211.

François Bougard, La justice dans le royaume d'Italie de la fin du VIIIe siècle au début du XIe siècle, (Bibliothèque des Ecoles Françaises d'Athènes et de Rome 291) Rom 1995.

François Bougard, Tempore barbarici? La production documentaire publique et privée, in: 774. Ipotesi su una transizione. Atti del seminario di Poggibonsi, 16–18 febbraio 2006, hg. von Stefano Gasparri, Turnhout 2008, S. 331–352.

François Bougard, Was there a Carolingian Italy? Politics, Institutions and Book Culture, in: After Charlemagne. Carolingian Italy and its Rulers, hg. von Clemens Gantner – Walter Pohl, Cambridge 2020, S. 54–81.

Harry Bresslau – Hans-Walter Klewitz (Bearb.), Handbuch der Urkundenlehre für Deutschland und Italien 1–2, Berlin [4]1968.

Patrick Breternitz, Wann reformierte Pippin der Jüngere das fränkische Münzwesen?, in: Francia 43 (2016), S. 325–332.

Patrick Breternitz, Königtum und Recht nach dem Dynastiewechsel. Das Königskapitular Pippins des Jüngeren (Quellen und Forschungen zum Recht im Mittelalter 12), Ostfildern 2020.

Patrick Breternitz – Britta Mischke, Das italienische Notariat und das „Hlotharii capitulare Papiense" von 832. Rezeptionsgeschichtliche und rechtshistorische Überlegungen, in: Quellen und Forschungen aus italienischen Archiven und Bibliotheken 102 (2022), S. 113–138.

Ludwig Brinckmann, Die Freizügigkeit und deren Beschränkungen nach deutschem Recht, Göttingen 1914.

Warren Brown, Unjust Seizure. Conflict, Interest and Authority in an Early Medieval Society, Ithaca 2002.

Warren Brown, Konfliktführung unter Laien im Spiegel der karolingischen Formelsammlungen, in: Kleine Welten. Ländliche Gesellschaften im Karolingerreich, hg. von Thomas Kohl – Steffen Patzold – Bernhard Zeller, (Vorträge und Forschungen 87) Ostfildern 2019, S. 101–120.

Warren Brown, Beyond the Monastery Walls: Lay Men and Women in Early Medieval Legal Formularies, Cambridge 2023.

Heinrich Brunner, Über absichtslose Missethat im altdeutschen Strafrecht, in: Sitzungsberichte der Preussischen Akademie der Wissenschaften zu Berlin 2 (1890), S. 815–842.

Heinrich BRUNNER, Deutsche Rechtsgeschichte 1, (Systematisches Handbuch der Deutschen Rechtswissenschaft 2,1,1) Leipzig ²1906.

Heinrich BRUNNER – Claudius VON SCHWERIN, Deutsche Rechtsgeschichte 2, (Systematisches Handbuch der Deutschen Rechtswissenschaft 2,1,2) Berlin ²1928.

Heinrich BRUNNER, Die Freilassung durch Schatzwurf, in: Heinrich Brunner, Abhandlungen zur Rechtsgeschichte. 1. Gesammelte Aufsätze, hg. von Karl RAUCH, Weimar 1931, S. 240–261 [zuerst 1901].

Rudolf BUCHNER, Die Rechtsquellen, (Beiheft zu Deutschlands Geschichtsquellen im Mittelalter. Vorzeit und Karolinger) Weimar 1953.

Thomas M. BUCK, „Capitularia imperatoria". Zur Kaisergesetzgebung Karls des Großen von 802, in: Historisches Jahrbuch 122 (2002), S. 3–26.

William W. BUCKLAND, The Roman Law of Slavery. The Condition of the Slave in Private Law from Augustus to Justinian, Cambridge 1908.

Arnold BÜHLER, Capitularia relecta. Studien zur Entstehung und Überlieferung der Kapitularien Karls des Großen und Ludwigs des Frommen, in: Archiv für Diplomatik 43 (1986), S. 305–501.

Geneviève BÜHRER-THIERRY, „Just Anger" or „Vengful Anger"? The Punishment of Blinding in the Early Medieval West, in: Angers Past. The Social Uses of an Emotion in the Middle Ages, hg. von Barbara H. ROSENWEIN, Ithaca 1998, S. 75–91.

Joan BURDON, Slavery as a Punishment in Roman Criminal Law, in: Slavery and other Forms of Unfree Labour, hg. von Léonie J. ARCHER, London 1988, S. 68–85.

Gaëlle CALVETTE-MARCADÉ, Assassins des pauvres. L'église et l'inaliénabilité des terres à l'époque Carolingienne, Turnhout 2019.

Christel CLEFF, Der Schutz der wirtschaftlich und sozial Schwachen in den Kapitularien Karls des Großen und der nachfolgenden Karolinger, Köln 1954 [unveröff. Diss. Univ. Köln 1954].

Florence CLOSE – Alain DIERKENS – Alexis WILKIN (Hgg.), Les Carolingiens dans le bassin mosan autour des palais de Herstal et de Jupille, (Les dossiers de l'IPW 27) Namur 2018.

Roger COLLINS, Charlemagne's Imperial Coronation and the Annals of Lorsch, in: Charlemagne. Empire and Society, hg. von Joanna E. STORY, Manchester 2005, S. 52–70.

Magali COUMERT, Ecrire des ajouts aux lois: Le prince, les grands, le copiste (744–819), in: Die Sprache des Rechts. Historische Semantik und karolingische Kapitularien, hg. von Bernhard JUSSEN – Karl UBL, (Historische Semantik 33) Göttingen 2022, S. 61–94.

Simon COUPLAND, Charlemagne and his Coinage, in: Charlemagne: Les temps, les espaces, les hommes. Construction et déconstruction d'un règne, hg. von Rolf GROßE – Michel SOT, (Collection Haut Moyen Âge 34) Turnhout 2018, S. 427–451.

Simon COUPLAND, The Portrait Coinage of Charlemagne, in: Early Medieval Monetary History: Studies in Memory of Mark Blackburn, hg. von Martin ALLEN – Rory NAISMITH – Elina M. SCREEN, Farnham 2014, S. 145–156.

Felix DAHN, Die Könige der Germanen. Das Wesen des ältesten Königthums der germanischen Stämme und seine Geschichte bis zur Auflösung des Karolingischen Reiches 7: Die Franken unter den Merowingern, Leipzig 1894–1895.

David D'AVRAY, Slavery, Marriage and the Holy See: from the Ancient World to the New World, in: Rechtsgeschichte – Legal History 20 (2012), S. 347–351.

Jennifer R. Davis, A Pattern of Power. Charlemagne's Delegation of Judicial Responsibilities, in: The Long Morning of Medieval Europe. New Directions in Early Medieval Studies, hg. von Jennifer R. Davis – Michael McCormick, Aldershot 2008, S. 235–246.

Jennifer R. Davis, Charlemagne's Practice of Empire, Cambridge 2015.

Jennifer R. Davis, Inventing the Missi. Delegating Power in the Late Eighth and Early Ninth Centuries, in: The Abbasid and Carolingian Empires. Comparative Studies in Civilizational Formation, hg. von Deborah G. Tor, (Islamic History and Civilization 150) Leiden 2018, S. 13–51.

Jennifer R. Davis, Cross-referencing in Charlemagne's Capitularies. A Vocabulary of Power, in: Die Sprache des Rechts. Historische Semantik und karolingische Kapitularien, hg. von Bernhard Jussen – Karl Ubl, (Historische Semantik 33) Göttingen 2022, S. 229–260.

Carlo de Clercq, Capitulaires francs en Italie à l'époque de Charlemagne, in: Hommage à Dom Ursmer Berlière, (Bulletin de l'Institut historique belge de Rome, Supplément 11) Bruxelles 1931, S. 251–260.

Carlo de Clercq, La législation religieuse franque de Clovis à Charlemagne 1: Etude sur les actes de conciles et les capitulaires, les statuts diocésains et les règles monastiques (507–814), Louvain 1936.

Georges declercq, De Capitula adhuc conferenda van Lodevijk de Vrome en den domeinen van de Gentse Sint-Baafsabdij in Noord-Frankrijk, in: Peasants and Townsmen in Medieval Europe. Studia in Honorem Adriaan Verhulst, hg. von Jean-Marie Duvolsquel – Erik Thoen, Gent 1995, S. 325–345.

Mayke de Jong, The Penitential State. Authority and Atonement in the Age of Louis the Pious, 814–840, Cambridge 2009.

Mayke de Jong, Einhard, the Astronomer, and Charlemagne's Daughters, in: Charlemagne: Les temps, les espaces, les hommes. Construction et déconstruction d'un règne, hg. von Rolf Grosse – Michel Sot, (Collection Haut Moyen Âge 34) Turnhout 2018, S. 551–565.

Philippe Depreux, Zur Nützlichkeit bzw. Nutzlosigkeit von Kunsttiteln für Kapitularien (am Beispiel der Nummern 134–135, 143–145 und 178 aus der Boretius-Edition), in: Deutsches Archiv für Erforschung des Mittelalters 70 (2014), S. 87–106.

Jean-Pierre Devroey, Men and Women in Early Medieval Serfdom. The Ninth-Century North Frankish Evidence, in: Past and Present 166 (2000), S. 3–30.

Jean-Pierre Devroey, Peasant Mobility and Settlement. The Case of the Large Ecclesiastical Carolingian Manors, in: Tätigkeitsfelder und Erfahrungshorizonte des ländlichen Menschen in der frühmittelalterlichen Grundherrschaft (bis ca. 1000). Festschrift für Dieter Hägermann zum 65. Geburtstag, hg. von Brigitte Kasten, (Vierteljahrschrift für Sozial- und Wirtschaftsgeschichte, Beihefte 184) München 2006, S. 37–48.

Jean-Pierre Devroey, Puissants et misérables. Système social et monde paysan dans l'Europe des Francs (VIe–IXe siècles), Bruxelles 2006.

Jean-Pierre Devroey, Activité monétaire, marchés et politique à l'âge des empereurs carolingiens, in: Revue belge de numismatique et de sigillographie 161 (2015), S. 177–232.

Jean-Pierre Devroey, La „mauvaise année" 779. Accès à la nourriture et bon gouvernement en période d'échec des récoltes céréalières, in: Les Carolingiens dans le bassin mosan autour des palais de Herstal et de Jupille, hg. von Florence Close – Alain Dierkens – Alexis Wilkin, (Les dossiers de l'IPW 27) Namur 2018, S. 39–55.

Jan Dhondt, Das frühe Mittelalter, (Fischer-Weltgeschichte 10) Frankfurt am Main 1993.

Maximilian Diesenberger, Predigt und Politik im frühmittelalterlichen Bayern. Arn von Salzburg, Karl der Große und Salzburger Sermones-Sammlung, (Millennium Studien 58) Berlin 2015.

Gerhard Dilcher, Bildung, Konstanz und Wandel von Normen und Verfahren im Bereich mittelalterlicher Rechtsgewohnheit, in: Prozesse der Normbildung und Normveränderung im mittelalterlichen Europa, hg. von Doris Ruhe – Karl-Heinz Spiess, Stuttgart 2000, S. 187–201.

Gerhard Dilcher, Die Zwangsgewalt und der Rechtsbegriff vorstaatlicher Ordnungen im Mittelalter, in: Rechtsbegriffe im Mittelalter, hg. von Albrecht Cordes, (Rechtshistorische Reihe 262) Frankfurt am Main 2002, S. 111–153.

Alban P. Dold, Die Texte der bayerischen Synodalstatuten von Reisbach und Freising nach der wohl ältesten Niederschrift im clm 6333 auf darin verwendeten Palimpsestblättern, in: Deutsches Archiv für Erforschung des Mittelalters 8 (1951), S. 364–383.

Alfons Dopsch, Freilassung und Wirtschaft im frühen Mittelalter, in: Festskrift til Halvdan Koht på sekstiårsdagen 7 de juli 1933, Oslo 1933, S. 79–84.

Hans Joachim Drexhage – Heinrich Kronen – Kai Ruffing, Die Wirtschaft des Römischen Reiches (1.–3. Jahrhundert): Eine Einführung, (Studienbücher Geschichte und Kultur der Alten Welt) Berlin 2002.

Georges Duby, Qu'est-ce que la société féodale?, Paris 2011.

Stephan Ebert, Starvation under Carolingian Rule. The Famine of 779 and the Annales Regni Francorum, in: Famines during the „Little Ice Age" (1300–1800). Socionatural Entanglements in Premodern Societies, hg. von Dominik Collet – Maximilian Schuh, Cham 2018, S. 211–230

Wilhelm A. Eckhardt, Die Capitularia missorum specialia von 802, in: Deutsches Archiv für Erforschung des Mittelalters 12 (1956), S. 498–516.

Wilhelm A. Eckhardt, Die Kapitulariensammlung Bischof Ghaerbalds von Lüttich, Göttingen 1955.

Jonathan C. Edmondson, Slavery and the Roman Family, in: The Cambridge World History of Slavery 1: The Ancient Mediterranean World, hg. von Keith R. Bradley et al., Cambridge 2011, S. 337–361.

Edith Ennen, Die Frau in der Landwirtschaft vom Mittelalter bis zur frühen Neuzeit, in: Die Frau in der deutschen Wirtschaft. Referate und Diskussionsbeiträge des 8. Wissenschaftlichen Symposiums der Gesellschaft für Unternehmensgeschichte e.V. am 8. und 9. Dezember 1983 in Essen, hg. von Hans Pohl, Stuttgart 1985, S. 18–29.

Arnold Erhardt, Rechtsvergleichende Studien zum antiken Sklavenrecht I, Wergeld und Schadenersatz, in: Zeitschrift der Savigny-Stiftung für Rechtsgeschichte. Romanistische Abteilung 68 (1951), S. 74–130.

Stefan Esders, Römische Rechtstradition und merowingisches Königtum. Zum Rechtscharakter politischer Herrschaft in Burgund im 6. und 7. Jahrhundert, (Veröffentlichungen des Max-Planck-Instituts für Geschichte 134) Göttingen 1997.

Stefan Esders, Eliten und Raum nach frühmittelalterlichen Rechtstexten. Überlegungen zu einem Spannungsverhältnis, in: Les élites et leurs espaces. Mobilité, rayonnement, domination (du VIe au XIe siècle), hg. von François Bougard – Philippe Depreux – Régine Le Jan, (Collection Haut Moyen Âge 5) Turnhout 2007, S. 11–29.

Stefan Esders, Rechtliche Grundlagen frühmittelalterlicher Staatlichkeit. Der allgemeine Treueid, in: Der frühmittelalterliche Staat. Europäische Perspektiven, hg. von Walter Pohl – Veronika Wieser, (Forschungen zur Geschichte des Mittelalters 16) Wien 2009, S. 423–432.

Stefan Esders, *Sacramentum fidelitatis*. Treueid, Militärwesen und Formierung Mittelalterlicher Staatlichkeit, Berlin 2009 [unveröff. Habil. Freie Univ. Berlin].

Stefan Esders, Die Formierung der Zensualität. Zur kirchlichen Transformation des spätrömischen Patronatswesens im frühen Mittelalter, (Vorträge und Forschungen, Sonderband 54) Ostfildern 2010.

Stefan Esders, „Eliten" und „Strafrecht" im frühen Mittelalter. Überlegungen zu den Bußen- und Wergeldkatalogen der Leges barbarorum, in: Théorie et pratiques des élites au haut Moyen Age. Conception, perception et réalisation sociale, hg. von François Bougard, (Collection Haut Moyen Âge 13) Turnhout 2011, S. 261–282.

Stefan Esders, Early Medieval Use of Late Antique Legal Texts: The Case of the manumissio in ecclesia, in: Configuration du texte en histoire (Proceedings of the Twelfth International Conference on Studies for the Integrated Text Science), hg. von Osamu Kano, Nagoya 2012, S. 55–66.

Stefan Esders, Wergeld und soziale Netzwerke im Frankenreich, in: Verwandtschaft, Name und soziale Ordnung (300–1100), hg. von Steffen Patzold – Karl Ubl, (Ergänzungsbände zum Reallexikon der germanischen Altertumskunde 90) Berlin – New York 2014, S. 141–160.

Stefan Esders, Der Verjährungstitel des Liber iudiciorum (L. Vis. X, 2) und die politischen Implikationen des Ersitzungsgedankens im Westgotenreich, in: Wasser – Wege – Wissen auf der iberischen Halbinsel. Eine Annäherung an das Studium der Wasserkultur von der römischen Antike bis zur islamischen Zeit, hg. von Ignacio Czeghun et al., (Berliner Schriften zur Rechtsgeschichte 8) Baden Baden 2018, S. 57–86.

Stefan Esders, The Church as a Governance Actor in a Period of Post-Imperial Transition: Delegation of Fiscal Rights and Legal Change in 10th-century Churraetia, in: Medieval Worlds 10 (2019), S. 17–45.

Stefan Esders, „Because their Patron Never Dies". Ecclesiastical Freedmen, Socio-religious Interaction, and Group Formation under the Aegis of „Church Property" in the Early Medieval West (Sixth to Eleventh Centuries), in: Early Medieval Europe 29 (2021), S. 555–585.

Stefan Esders, Wergild and the Monetary Logic of Early Medieval Conflict Resolution, in: Wergild, Compensation and Penance. The Monetary Logic of Early Medieval Conflict Resolution, hg. von Lukas Bothe – Stefan Esders – Han Nijdam, (Medieval Law and Its Practice 31) Leiden 2021, S. 1–37.

Stefan Esders, Herrschaft und Gewohnheit im Kontext frühmittelalterlicher Rechtsbeziehungen. Zur Historisierung und Aktualität einer Forschungsfrage, in: Ad personam: Festschrift zu Hanna Vollraths 80. Geburtstag, hg. von Gerhard Lubich – Dirk Jäckel, (Studien zur Vormoderne 1) Frankfurt a. M. 2019, S. 53–90.

Andrea Esmyol, Geliebte oder Ehefrau? Konkubinen im frühen Mittelalter, (Beihefte zum Archiv für Kulturgeschichte 52) Köln 2002.

Raymond Étaix, Un manuel de pastorale de l'époque carolingienne (Clm 27152), in: Revue bénédictine 91 (1981), S. 105–130.

Judith Evans-Grubbs, „Marriage more Shameful than Adultery": Slave-Mistress Relationships, „Mixed Marriages", and Late Roman Law, in: Phoenix 47/2 (1993), S. 125–154.

Ludwig Falkenstein, Pfalz und vicus Aachen, in: Orte der Herrschaft. Mittelalterliche Königspfalzen, hg. von Caspar Ehlers, Göttingen 2002, S. 131–181.

Ludwig Falkenstein, Charlemagne et Aix-la-Chapelle, in: Byzantion 61 (1991), S. 231–289.

Gina Fasoli, Carlo Magno e l'Italia, Bologna 1968.

Thomas Faulkner, Law and Authority in the Early Middle Ages. The Frankish *leges* in the Carolingian Period (Cambridge Studies in Medieval Life and Thought 4.104), Cambridge 2016.

Moses I. Finley (Hg.), Slavery in Classical Antiquity. Views and Controversies, Cambridge 1960.

Moses I. Finley, Between Slavery and Freedom, in: Comparative Studies in Society and History 6/3 (1964), S. 233–249.

Abigail Firey, A Contrite Heart. Prosecution and Redemption in the Carolingian Empire, (Studies in Medieval and Reformation Traditions 145) Leiden 2009.

Abigail Firey, Early Medieval Canon Law, in: The Cambridge History of Medieval Canon Law, hg. von Anders Winroth – John C. Wei, New York 2022, S. 32–45.

Katherine Fischer-Drew, Laws of the Salian Franks, (Middle Ages Series) Philadelphia 1991.

Katherine Fischer-Drew, Another Look at the Origins of the Middle Ages. A Reassessment of the Role of the Germanic Kingdoms, in: Speculum 62 (1987), S. 803–812

Dietmar Flach, Untersuchungen zur Verfassung und Verwaltung des Aachener Reichsgutes von der Karolingerzeit bis zur Mitte des 14. Jahrhunderts, (Veröffentlichungen des Max-Planck-Instituts für Geschichte 46) Göttingen 1976.

Roy Flechner – Janel Fontaine, The Admission of Former Slaves into Churches and Monasteries. Reaching behind the Sources, in: Early Medieval Europe 29/4 (2021), S. 586–611.

Jean Fleury, Recherches historiques sur les empêchements de parenté dans le mariage canonique des origines aux Fausses Décrétales, Paris 1933.

Robert Flierman, Religious Saxons. Paganism, Infidelity and Biblical Punishment in the Capitulatio de partibus Saxoniae, in: Religious Franks. Religion and Power in the Frankish Kingdoms. Studies in Honour of Mayke de Jong, hg. von Rob Meens et al., Manchester 2016, S. 181–201.

Paul Fouracre, „Placita" and the Settlement of Disputes in Later Merovingian Francia, in: Wendy Davies – Paul Fouracre, Settlement of Disputes in Early Medieval Europe, Cambridge 1986, S. 23–43.

Paul Fouracre, Carolingian Justice. The Rhetoric of Improvement and Contexts of Abuse, in: La giustizia nell'alto medioevo, secoli V–VIII, (Settimane di studio del Centro italiano di studi sull'alto medioevo 42) Spoleto 1995, S. 771–803.

Paul Fouracre, Attitudes towards Violence in Seventh- and Eighth-century Francia, in: Violence and Society in the Early Medieval West, hg. von Guy Halsall, Woodbridge 1998, S. 60–75.

Linda Fowler-Magerl, Clavis canonum. Selected Canon Law Collections before 1140, (MGH Hilfsmittel 21) Hannover 2005.

Johannes Fried (Hg.): 794 – Karl der Große in Frankfurt am Main. Ein König bei der Arbeit. Ausstellung zum 1200-Jahre-Jubiläum der Stadt Frankfurt am Main, Sigmaringen 1994.
Johannes Fried, Karl der Große. Gewalt und Glaube, München 2013.
Johannes Fried, Das Frankfurter Kapitular, in: 794 – Karl der Große in Frankfurt am Main. Ein König bei der Arbeit. Ausstellung zum 1200-Jahre-Jubiläum der Stadt Frankfurt am Main, hg. von dems., Sigmaringen 1994, S. 19–23.
Paul Friedland, Seeing Justice Done. The Age of Spectacular Capital Punishment in France, Oxford 2012.
Hartmunt Galsterer, Art. Origo in: DNP online, http://dx.doi.org/10.1163/1574–9347_dnp_e900720 [zuletzt abgerufen am 01. 03. 2023].
Richard Gamauf, Onesimus: fugitivus errove – Einsichten für die Bibelexegese aus der Digestenexegese? Rechtshistorische Anmerkungen zum Umgang mit römischen Rechtstexten in der neueren Philemon-Auslegung, in: Constans et perpetua voluntas – Pocta Petrovi Blahovi k 75. narodeninám, Trnava 2014, S. 159–176.
François Louis Ganshof, Zur Datierung eines Aachener Kapitulars Karls des Großen, in: Annalen des Historischen Vereins für den Niederrhein 155–156 (1954), S. 62–66.
François Louis Ganshof, Recherches sur les capitulaires, Paris 1958.
François Louis Ganshof, Was waren die Kapitularien?, Darmstadt 1961.
François Louis Ganshof, Karl der Große in seiner Aachener Pfalz während der Jahre 802 und 803, (Schriftenreihe des Rheinischen Heimatbundes 8) Neuss 1961.
François Louis Ganshof, Le programme de gouvernement imperial de Charlemagne, in: Renovatio imperii. Atti della giornata internazionale di studio per il millenario (Ravenna, 4–5 novembre 1961), Faenza 1963, S. 63–96.
François Louis Ganshof, Les réformes judiciaires de Louis le Pieux, in: Comptes-rendus des séances de l'Académie des inscriptions et belles-lettres 109/2 (1965), S. 418–427.
François Louis Ganshof, The Impact of Charlemagne on the Institutions of the Frankish Realm, in: Speculum 40 (1965), S. 47–62.
François Louis Ganshof, Notes sur les „Capitula de causis cum episcopis et abbatibus tractandis" de 811, in: Studia Gratiana 13 (1967), S. 1–25.
François Louis Ganshof, Am Vorabend der ersten Krise der Regierung Ludwigs des Frommen. Die Jahre 828 und 829, in: Frühmittelalterliche Studien 6 (1972), S. 39–54.
Ildar H. Garipzanov, Regensburg, Wandalgarius and the novi denarii. Charlemagne's Monetary Reform Revisited, in: Early Medieval Europe 24 (2016), S. 58–73.
Jean Gaudemet, Sociétés et mariage, Straßburg 1980.
Jean Gaudemet, La décision de Calixte en matière de mariage, in: Studi in onore di Ugo Enrico Paoli 2 (1955), S. 104–115.
Patrick J. Geary, Judicial Violence and Torture in the Carolingian Empire, in: Writing History. Identity, Conflict, and Memory in the Middle Ages, hg. von dems. – Florin Curta – Cristina Spinei, (Florilegium magistrorum historiae archaeologiaeque Antiquitatis et Medii Aevi 10) Bukarest 2012, S. 161–174 [zuerst 2008].
Patrick J. Geary, Land, Language and Memory in Europe 700–1100, in: Writing History. Identity, Conflict, and Memory in the Middle Ages, hg. von dems. – Florin Curta – Cristina Spinei, (Florilegium magistrorum historiae archaeologiaeque Antiquitatis et Medii Aevi 10) Bukarest 2012, S. 217–232 [zuerst 2008].

Christoph Geisel, Die Juden im Frankenreich. Von den Merowingern bis zum Tode Ludwigs des Frommen, (Freiburger Beiträge zur mittelalterlichen Geschichte 10) Frankfurt am Main 1998.

Mathias Geiselhart, Die Kapitulariengesetzgebung Lothars I. in Italien, (Freiburger Beiträge zur mittelalterlichen Geschichte 15) Frankfurt am Main 2002.

Helena Geitz, Päpstliches Recht vs. eigene Initiative: Die Synode von 721 im Rahmen der Corbie-Redaktion der Collectio Vetus Gallica, in: Rechtshandschriften des frühen Mittelalters, hg. von Dominik Trump – Dominik Leyendecker [im Druck].

Dieter Geuenich, Pippin, König von Italien (781–810), in: Wandel und Konstanz zwischen Bodensee und Lombardei zur Zeit Karls des Grossen. Kloster St. Johann in Müstair und Churrätien, hg. von Hans Rudolf Sennhauser, (Acta Müstair. Kloster St. Johann 3) Zürich 2013, S. 111–124.

Matthew B. Gillis, Heresy and Dissent in the Carolingian Empire. The Case of Gottschalk of Orbais, New York 2017.

Michael Glatthaar, Boniface and the Reform Councils, in: A Companion to Boniface, hg. von Michel Aaij – Shannon Godlove, Leiden 2020, S. 219–246.

Michael Glatthaar, Das Konzilsdekret von Ver (755). Ausdruck eines neuen Regierungsstils, in: Pippin der Jüngere und die Erneuerung des Frankenreichs, hg. von Patrick Breternitz – Karl Ubl, (Relectio. Karolingische Perspektiven 3) Ostfildern 2020, S. 69–90.

Hans-Werner Goetz, Serfdom and the Beginning of the „Seigneural System" in the Carolingian Period: A Survey of the Evidence, in: Early Medieval Europe 2 (1993), S. 29–51.

Hans-Werner Goetz, Frauen im frühen Mittelalter. Frauenbild und Frauenleben im Frankenreich, Köln 1995.

Hans-Werner Goetz, Palaiseu. Zur Struktur und Bevölkerung eines frühmittelalterlichen Dorfes in der Grundherrschaft des Klosters Saint-Germain-des-Pres, in: Kleine Welten: ländliche Gesellschaften im Karolingerreich, hg. von Thomas Kohl – Steffen Patzold – Bernhard Zeller, (Vorträge und Forschungen 87) Ostfildern 2019, S. 205–234.

Hans-Werner Goetz, Proseminar Geschichte: Mittelalter, Stuttgart [4]2014.

Martin Gravel, De la crise du règne de Louis le Pieux. Essai d'historiographie, in: Revue historique 313 (2011), S. 357–389.

Martin Gravel, Distances, rencontres, communications. Realiser l'empire sous Charlemagne et Louis le Pieux, (Collection Haut Moyen Âge 15) Turnhout 2012.

Thierry Groff, Die Landwirtschaft in der Provinz *Gallia Narbonensis* und die Frage nach dem Sozialstatus der Arbeitskräfte, in: Frankfurter elektronische Rundschau zur Altertumskunde 39 (2019), S. 1–12.

Felix Grollmann, Vom bayerischen Stammesrecht zur karolingischen Rechtsreform. Zur Integration Bayerns in das Frankenreich, (Abhandlungen zur rechtswissenschaftlichen Grundlagenforschung 98) Berlin 2018.

Simeon Guterman, The Principle of the Personality of Law in the Germanic Kingdoms of Western Europe from the Fifth to the Eleventh Century, (American University Studies 9.44) New York 1990.

Franz Gutmann, Die soziale Gliederung der Bayern zur Zeit des Volksrechtes, (Abhandlungen aus dem Staatswissenschaftlichen Seminar zu Straßburg 20) Straßburg 1906.

Christoph HAACK, Kapitular von Herstal, in: Germanische Altertumskunde Online (2014), https://www.degruyter.com/database/GAO/entry/GAO_40/html?lang=de [zuletzt abgerufen am 31.07.2023].

Achim-Thomas HACK, Codex Carolinus. Päpstliche Epistolographie im 8. Jahrhundert, (Päpste und Papsttum 35) Stuttgart 2006/2007.

Dieter HÄGERMANN, Unfreie, in: Germanische Altertumskunde Online (2010), https://www.degruyter.com/database/GAO/entry/RGA_5978/html?lang=de [zuletzt abgerufen am 23.07.2023].

Eike HAMANN, Die Begründung des Sklavenstatus bei den Postglossatoren. Die Frage nach der Rezeption römischen Sklavenrechts, Hamburg 2011.

Carl I. HAMMER, A Large-scale Slave Society of the Early Middle Ages. Slaves and their Families in Early-Medieval Bavaria, Aldershot 2002.

Kyle HARPER, Slavery in the Roman World, AD 275–425, Cambridge 2011.

Julius HARRO, Landkirchen und Landklerus im Bistum Konstanz während des frühen und hohen Mittelalters, Konstanz 2003.

Florian HARTMANN, Auf dem Weg zur bischöflichen Dominanz? Entscheidungsfindung und leitende Akteure auf den Konzilien von Frankfurt 794 bis Paris 829, in: Konzilien und kanonisches Recht in Spätantike und frühem Mittelalter. Aspekte konziliarer Entscheidungsfindung, hg. von Wolfram BRANDES – Alexandra HASSE-UNGEHEUER – Hartmut LEPPIN, (Forschungen zur byzantinischen Rechtsgeschichte NF 2) Berlin 2020, S. 169–189.

Florian HARTMANN, Pippin und die römische Kirche im Spiegel der Briefe des Codex epistolaris Carolinus, in: Pippin der Jüngere und die Erneuerung des Frankenreichs, hg. von Patrick BRETERNITZ, (Relectio. Karolingische Perspektiven 3) Ostfildern 2020.

Martina HARTMANN, Concubina vel regina? Zu einigen Ehefrauen und Konkubinen der karolingischen Könige, in: Deutsches Archiv für Erforschung des Mittelalters 63 (2007), S. 545–568.

Wilfried HARTMANN, Die Synoden der Karolingerzeit im Frankenreich und in Italien, (Konziliengeschichte Reihe A. Darstellungen) Paderborn 1989.

Wilfried HARTMANN, Brauchen wir neue Editionen der Leges?, in: Mittelalterliche Texte. Überlieferung – Befunde – Deutungen, hg. von Rudolf SCHIEFFER, (Schriften der MGH 42) Hannover 1996, S. 233–245.

Wilfried HARTMANN: Vom frühen Kirchenwesen (Eigenkirche) zur Pfarrei (8.–12. Jahrhundert). Strukturelle und kirchenrechtliche Fragen, in: Würzburger Diözesangeschichtsblätter 73 (2011), S. 13–30.

Wolfgang HAUBRICHS, Wergild in the Carolingian Formula Collections. The Germanic Terminology of Compositio and its Implementation in the Early Middle Ages, in: Wergeld. The Monetary Logic of Early Medieval Conflict Resolution, hg. von Lukas BOTHE – Stefan ESDERS – Han NIJDAM, (Medieval Law and Its Practice 31) Leiden 2021, S. 92–112.

Ludmil HAUPTMANN, Hufengrößen im bayerischen Stammes- und Kolonisationsgebiete, in: Vierteljahrschrift für Sozial- und Wirtschaftsgeschichte 21 (1928/1929), S. 386–413.

Christopher HEATH, Aspects of Movement and Mobility in Lombard Law: Fugitives, Runaway Slaves and Strangers, in: Medieval Worlds 13 (2021), S. 12–35.

Karl Josef HEIDECKER, The Divorce of Lothar II: Christian Marriage and Political Power in the Carolingian World, Ithaca 2010.

Ursula Heimberg, Villa rustica. Leben und Arbeiten auf römischen Landgütern, Darmstadt 2011.

Yitzhak Hen, Charlemagne's Jihad, in: Viator 37 (2006), S. 33–52.

Christian Hennig – Marina Meila – Fionn Murtagh – Roberto Rocci, Handbook of Cluster Analysis, (Handbooks of Modern Statistical Methods) Boca Raton 2016.

Joachim Henning, Slavery or Freedom? The Causes of Early Medieval Europe's Economic Advancement, in: Early Medieval Europe 12/3 (2003), S. 269–277.

Joachim Henning, Strong Rulers – Weak Economy? Rome, the Carolingians, and the Archaeology of Slavery in the 1st Millennium AD, in: The Long Morning of Medieval Europe. New Directions in Early Medieval Studies, hg. von Jennifer R. Davis – Michael McCormick, London 2008, S. 33–54.

Hermann Heumann – Emil Seckel, Handlexikon zu den Quellen des römischen Rechts, Graz [10]1958.

Gerda Heydemann, Nemo militans Deo implicat se saecularia negotia: Carolingian Interpretations of II Timothy II.4, in: Early Medieval Europe 29 (2021), S. 55–85.

Gerda Heydemann – Helmut Reimitz, Novae et antiquae consuetudines. Beobachtungen zu Geschichte und Exegese in den karolingischen Kapitularien, in: Die Sprache des Rechts. Historische Semantik und karolingische Kapitularien, hg. von Bernhard Jussen – Karl Ubl, (Historische Semantik 33) Göttingen 2022, S. 35–60.

Alfred M. Hirt, Imperial Mines and Quarries in the Roman World. Organizational Aspects 27 BC – AD 235, (Oxford Classical Monographs) Oxford 2010.

Hartmut Hoffmann, Kirche und Sklaverei im frühen Mittelalter, in: Deutsches Archiv für Erforschung des Mittelalters 42 (1986), S. 1–24.

Thomas Holzner, Die Decreta Tassilonis. Regelungsgehalt, Verhältnis zur Lex Baiuvariorum und politische Implikationen, (Schriften zur Rechtsgeschichte 145) Berlin 2010.

Anthony M. Honoré, „The Nature of Slavery“, in: The Legal Understanding of Slavery – From the Historical to the Contemporary, hg. von Jean Allain, Oxford 2014.

Ernst Hoyer, Die Ehen minderen Rechts in der fränkischen Zeit, Brünn 1926.

Thomas Sergej Huck, Beobachtungen zur Einleitung des Strafverfahrens in fränkischer Zeit. Am Beispiel von handhafter Tat, Inquisition und Rügeverfahren, in: Hoheitliches Strafen in der Spätantike und im frühen Mittelalter, hg. von Jürgen Weitzel, Köln 2002, S. 191–210.

Giambattista Impallomeni, Le manumission mortis causa. Studi sulle fonti autoritative romane, Mailand 1963.

Matthew Innes, Charlemagne's Government, in: Charlemagne. Empire and Society, hg. von Joanna Story, Manchester 2005, S. 71–89.

Matthew Innes, Charlemagne, Justice and Written Law, in: Law, Custom and Justice in Late Antiquity and the Early Middle Ages, hg. von Alice Rio, London 2011, S. 155–203.

Franz Irsigler, Wann wird aus „servus“ = Sklave „servus“ = Knecht?, in: Sklaverei und Zwangsarbeit zwischen Akzeptanz und Widerstand, hg. von Elisabeth Herrmann-Otto, (Sklaverei, Knechtschaft, Zwangsarbeit 8) Hildesheim 2011, S. 60–74.

Kurt-Ulrich Jäschke, Die Gründungszeit der mitteldeutschen Bistümer und das Jahr des Concilium Germanicum, in: Festschrift für Walter Schlesinger, hg. von Helmut Beumann, (Mitteldeutsche Forschungen 72, 1–2) Köln 1973/74.

Jörg JARNUT, Bonifatius und die fränkischen Reformkonzilien (743–748), in: Zeitschrift der Savigny-Stiftung für Rechtsgeschichte. Kanonistische Abteilung 65 (1979), S. 1–26.

Ignaz JASTROW, Zur strafrechtlichen Stellung der Sklaven bei Deutschen und Angelsachsen, (Untersuchungen zur Deutschen Staats- und Rechtsgeschichte 2) Breslau 1878.

Laurent JÉGOU, Les enjeux sociaux et politiques des reformes judiciaires de Louis le Pieux (816–829), in: La productivité d'une crise. Le règne de Louis le Pieux (814–840) et la transformation de l'empire carolingien. Produktivität einer Krise. Die Regierungszeit Ludwigs des Frommen (814–840) und die Transformation des karolingischen Imperiums, hg. von Philippe DEPREUX – Stefan ESDERS, (Relectio. Karolingische Perspektiven 1) Ostfildern 2018, S. 205–216.

Allan JONES, Social Mobility in Late Antique Gaul: Strategies and Opportunities for the Non-Elite, Cambridge 2009.

Engbert J. JONKERS, Das Verhalten der alten Kirche hinsichtlich der Ernennung zum Priester von Sklaven, Freigelassenen und Curiales, in: Mnemosyne 10 (1942), S. 286–302.

Bernhard JUSSEN – Karl UBL, Die Sprache der Kapitularien. Einleitung, in: Die Sprache des Rechts. Historische Semantik und karolingische Kapitularien, hg. von DENS., (Historische Semantik 33) Göttingen 2022, S. 9–34.

Wolfgang KAISER, Die Epitome Iuliani. Beiträge zum römischen Recht im frühen Mittelalter und zum byzantinischen Rechtsunterricht, (Studien zur europäischen Rechtsgeschichte 175) Frankfurt am Main 2004.

Ruth Mazo KARRAS, Unmarriages. Women, Men and Sexual Unions in the Middle Ages, (The Middle Ages Series) Oxford 2011.

Sören KASCHKE – Britta MISCHKE, Frankish Capitularies, in: Handbook of Medieval Canon Law [in Vorbereitung].

Sören KASCHKE – Britta MISCHKE, Capitularies in the Carolingian Period, in: History Compass 17 (2019), S. 1–11.

Sören KASCHKE, Divisio regnorum, in: Germanische Altertumskunde Online (2018), https://www.degruyter.com/database/GAO/entry/GAO_92/html [zuletzt abgerufen am 25.04.2023].

Sören KASCHKE, Die Teilungsprojekte der Zeit Ludwigs des Frommen, in: La productivité d'une crise. Le règne de Louis le Pieux (814–840) et la transformation de l'Empire carolingien. Produktivität einer Krise. Die Regierungszeit Ludwigs des Frommen (814–840) und die Transformation des karolingischen Imperiums, hg. von Philippe DEPREUX – Stefan ESDERS, (Relectio. Karolingische Perspektiven 1) Ostfildern 2018, S. 87–127, 443–452.

Max KASER – Rolf KNÜTEL – Sebastian LOHSE, Römisches Privatrecht. Ein Studienbuch, München [22]2021.

Max KASER, Das römische Zivilprozessrecht, (Handbuch der Altertumswissenschaft 3,4) München [2]1996.

Brigitte KASTEN, Königssöhne und Königsherrschaft. Untersuchungen zur Teilhabe am Reich in der Merowinger- und Karolingerzeit, (Schriften der MGH 44) Hannover 1997.

Brigitte KASTEN, Rezension: Alice Rio, Slavery after Rome, 500–1100, in: Historische Zeitschrift 308/1 (2019), S. 173–175.

Brigitte KASTEN, Kirchliche Zufluchtsorte im Frühmittelalter, in: Zeitschrift der Savigny-Stiftung für Rechtsgeschichte. Germanistische Abteilung 138 (2021), S. 29–100.

Lotte Kéry, Canonical Collections of the Early Middle Ages, ca. 400–1140. A Biographical Guide to the Manuscripts and Literature, Washington DC 1999.

Shigeto Kikuchi, Herrschaft, Delegation und Kommunikation in der Karolingerzeit. Untersuchungen zu den Missi dominici (751–888), (MGH Hilfsmittel 31) Wiesbaden 2021.

Paul D. King, Charlemagne. Translated Sources, Kendal 1987.

Richard Klein, Die Bestellung von Sklaven zu Priestern – ein rechtliches und soziales Problem in Spätantike und Frühmittelalter, in: Klassisches Altertum, Spätantike und frühes Christentum. Adolf Lippold zum 65. Geburtstag gewidmet, hg. von Karlheinz Dietz – Dieter Hennig – Hans Kaletsch, Würzburg 1993, S. 473–493.

Georg Klingenberg, Der servus fugitivus pro libero se gerens, in: Sklaverei und Freilassung im römischen Recht, hg. von Thomas Finkenauer, Berlin – Heidelberg – New York 2006, S. 109–130.

Tilmann Köppe – Simone Winko, Neue Literaturtheorien. Eine Einführung, Stuttgart ²2013.

Athina Kolia-Dermitzaki, Some Remarks on the Fate of Prisoners of War in Byzantinum (9th–10th Centuries), in: La liberazione dei „captivi" tra Cristianità e Islam: oltre la crociata e il Gihad: tolleranza e servizio umanitario. Atti del congresso interdisciplinare di studi storici (Roma, 16–19 settembre 1998) organizzato per l'VIII centenario dell'approvazione della regola dei Trinitari da parte del Papa Innocenzo III, il 17 dicembre 1198 / 15 safar, 595 H, hg. von Giulio Cipollone, Vatikanstadt 2000, S. 583–620.

Thomas Kohl, Lokale Gesellschaften. Formen der Gemeinschaft in Bayern vom 8. bis zum 10. Jahrhundert, (Mittelalter-Forschungen 29) Ostfildern 2010.

Thomas Kohl, Presbyter in parochia sua. Local Priests and their Churches in Early Medieval Bavaria, in: Men in the Middle. Local Priests in Early Medieval Europe, hg. Von Steffen Patzold – Carine van Rhijn, (Ergänzungsbände zum Reallexikon der Germanischen Altertumskunde 93) Berlin 2016, S. 50–77.

Raymund Kottje, Eherechtliche Bestimmungen der germanischen Volksrechte (5.–8. Jahrhundert), in: Frauen in Spätantike und Frühmittelalter. Lebensbedingungen – Lebensnormen – Lebensformen. Beiträge zu einer internationalen Tagung am Fachbereich Geschichtswissenschaft der Freien Universität Berlin, 18. bis 21. Februar 1987, hg. von Werner Affeldt, Sigmaringen 1990, S. 211–220.

Adelheid Krah, Zur Kapitulariengesetzgebung in und für Neustrien, in: La Neustrie. Les pays au nord de la Loire de 650 à 850 1, hg. von Hartmut Atsma, (Beihefte der Francia 16) Sigmaringen 1989, S. 565–581.

Adelheid Krah, Die Entstehung der „potestas regia" im Westfrankenreich während der ersten Regierungsjahre Kaiser Karls II. (840–877), Berlin 2000.

Rutger Kramer, Rethinking Authority in the Carolingian Empire. Ideals and Expectations during the Reign of Louis the Pious (813–828), Amsterdam 2019.

Mario Krammer, Zur Entstehung der Lex Salica, in: Festschrift für Heinrich Brunner zum 70. Geburtstag, Weimar 1910, S. 405–471.

Peter Kritzinger, Ursprung und Ausgestaltung bischöflicher Repräsentation, (Altertumswissenschaftliches Kolloquium 24) Stuttgart 2016.

Bruno Krusch, Der Umsturz der kritischen Grundlagen der Lex Salica. Eine textkritische Studie aus der alten Schule, in: Neues Archiv der Gesellschaft für ältere deutsche Geschichtskunde 40 (1916), S. 497–579.

Ludolf Kuchenbuch, Art. Mancipia, in: HRG 3 (²2014), Sp. 1223–1227.

Ludolf Kuchenbuch, Rezension zu: Rio, Slavery after Rome, 500–1100, in: H-Soz-Kult, 19.06.2019, https://www.hsozkult.de/publicationreview/id/reb-25839 [zuletzt abgerufen am 08.03.2023].

Hans Kuhn – Reinhard Wenskus, Art. Aldius, in: Reallexikon der Germanischen Altertumskunde 1 (²1973), Sp. 269–271.

Friedrich Kunstmann, Historische Notizen über die Freisprechung leibeigner Priester in Bayern, in: Oberbayrisches Archiv 1 (1839), S. 374–378.

Peter Landau, Frei und Unfrei in der Kanonistik des 12. und 13. Jahrhunderts am Beispiel der Ordination der Unfreien, in: Die abendländische Freiheit vom 10. bis zum 14. Jahrhundert. Der Wirkungszusammenhang von Idee und Wirklichkeit im europäischen Vergleich, hg. von Johannes Fried, Sigmaringen 1991, S. 177–196.

Noel Lenski, Constantine and Slavery. Libertas and the Fusion of Roman and Cristian Values, in: Atti dell'Accademia romanistica costantiniana 18 (2012), S. 235–260.

Paul Leseur, Des conséquences du délit de l'esclave dans les Leges Barbarorum et dans les Capitulaires, Paris 1889 [zuerst 1888].

Ernst Levy, West Roman Vulgar Law: The Law of Property, (Memoirs of the American Philosophical Society 29) Philadelphia 1951.

Dominik Leyendecker, Kapitel des Monats Dezember 2022: Die Kapitel 7 und 8 der Capitula Francica, in: Capitularia. Edition der fränkischen Herrschererlasse, bearb. von Karl Ubl et al., https://capitularia.uni-koeln.de/blog/kapitel-des-monats-dezember-2022/ [zuletzt abgerufen am 05.08.2023].

Dominik Leyendecker, Kapitel des Monats März 2023: Kapitel ja, aber Kapitular? Kapitel 12 der Capitula Italica Karls des Großen, in: Capitularia. Edition der fränkischen Herrschererlasse, bearb. von Karl Ubl et al., https://capitularia.uni-koeln.de/blog/kapitel-des-monats-maerz-2023/ [zuletzt abgerufen am 05.08.2023].

Dominik Leyendecker, Zur Identifikation von Extravagante 26 des Liber Papiensis in der Hs. Mailand, Biblioteca Ambrosiana O. 55 sup, in: Zeitschrift der Savigny-Stiftung für Rechtsgeschichte. Germanistische Abteilung 140 (2023), S. 391–396.

Dominik Leyendecker, Die Unfreienehe und die frühen Karolinger: Eheschließung und Unauflösbarkeit der Ehe in normativen Quellen (751–813), in: Consensus, hg. von Andreas Speer, (Miscellanea Mediaevalia 43) Berlin – Boston 2024, S. 194–210.

Dominik Leyendecker, The Punishment of the Unfree between Merovingian and Carolingian Legal Texts, in: Norms of Dependecy [Arbeitstitel], hg. von Martin Schermaier, (Dependency and Slavery Studies 11) [in Vorbereitung].

Detlef Liebs, Sklaverei aus Not im germanisch-römischen Recht, in: Zeitschrift der Savigny-Stiftung für Rechtsgeschichte. Romanistische Abteilung 118 (2001), S. 286–311.

Detlef Liebs, Sie liebte ihren Sklaven, in: Inter cives nec non peregrinos. Essays in honour of Boudewijn Sirks, hg. von Jan Hellebeek – Adriaan J. Sirks, Göttingen 2014, S. 409–428.

Friedrich Lindenbrog, Codex Legum Antiquarum, Frankfurt 1613.

Martin Lintzel, Die Capitulatio de partibus Saxoniae, in: Martin Lintzel, Ausgewählte Schriften 1: Zur altsächsischen Stammesgeschichte, Berlin 1961, S. 380–389 [zuerst 1937].

Fritz Lošek, „Notitia Arnonis" und „Breves Notitiae", in: Quellen zur Salzburger Frühgeschichte, hg. von Herwig Wolfram, (Veröffentlichungen des Instituts für Österreichische Geschichtsforschung 44) Wien 2006, S. 9–178.

Friedrich Lotter, Die Stellung der Juden im Merowingerreich nach dem Zeugnis der Synodalakten, in: Aschkenas. Zeitschrift für Geschichte und Kultur der Juden 28/2 (2018), S. 175–216.

Henry R. Loyn – John Percival, The Reign of Charlemagne. Documents on Carolingian Government and Administration, (Documents of Medieval History 2) London 1975.

Veronika Lukas, Die Wormser Kapitularien von 829 (Netzveröffentlichung), in: Studien und Texte zu Benedictus Levita (2018), http://www.benedictus.mgh.de/studien/lukas/Wormser%20Kapitularien%20829%20neu.pdf [zuletzt abgerufen am 05.06. 2023].

Heiner Lück, Art. Bargilden, in: HRG 1 (^{2}2008), Sp. 448–450.

Heiner Lück, Art. Lex Ribuaria, in: HRG 3 (^{2}2014), Sp. 902–908.

Heiner Lück, Art. Lex Salica, in: HRG 3 (^{2}2014), Sp. 924–940.

Ute Maass, Die Freilassung durch Schatzwurf in den Urkunden der karolingischen, sächsischen und salischen Kaiser und Könige Studien zur Freilassungspraxis frühmittelalterlicher Herrscher, Diss. Bochum 2007.

Friedrich Maassen, Geschichte der Quellen und der Literatur des canonischen Rechts im Abendlande bis zum Ausgange des Mittelalters 1: Die Rechtssammlungen bis zur Mitte des 9. Jahrhunderts, Graz 1870.

Simon MacLean, Legislation and Politics in late Carolingian Italy: the Ravenna Constitutions, in: Early Medieval Europe 18 (2010), S. 394–416.

Thomas J. MacMaster, The Transformative Impact of the Slave Trade on the Roman World, 580–720, Edinburgh 2016.

Francesco Manacorda, Ricerche sugli inizii della dominazione dei Carolingi in Italia, (Studi storici 71–72) Roma 1968.

Julien Maquet, Le capitulaire de Herstal (779) et ta lettre de Cathwulf à Charlemagne (ca. 775). Leur importance pour l'histoire des institutions, in: Les Carolingiens dans le bassin mosan autour des palais de Herstal et de Jupille. Actes de la journée d'étude tenue à Herstal le 24 février 2014, hg. von Florence Close – Alain Dierkens – Alexis Wilkin, (Les dossiers de l'IPW 27) Namur 2017, S. 57–74.

Edwin Mayer-Homberg, Die fränkischen Volksrechte im Mittelalter 1: Die fränkischen Volksrechte und das Reichsrecht, Weimar 1912.

Theodor Mayer, Königtum und Gemeinfreiheit im frühen Mittelalter, in: Deutsches Archiv für Erforschung des Mittelalters 6 (1943), S. 329–362.

Theodor Mayer, Staatsauffassung in der Karolingerzeit, in: Das Königtum. Seine geistigen und rechtlichen Grundlagen. Mainau-Vorträge 1954, hg. von Theodor Mayer, (Vorträge und Forschungen 3) Konstanz 1956, S. 169–183 [zuerst 1952].

Aglaia McClintock, Servi della pena. Condannati a morte nella Roma imperiale, Neapel 2010.

Aglaia McClintock, Servi poenae: What Did It Mean to be Condemned to Slavery?, in: The Position of Roman Slaves. Social Realities and Legal Differences, hg. von Martin Schermaier, (Dependency and Slavery Studies 6) Berlin – Boston 2023, S. 187–202.

Maximilian McComb, Strategies of Correction. Corporal Punishment in the Carolingian Empire 742–900, Diss. Ithaca 2018.

Michael McCormick, New Light on the ‚Dark Ages': How the Slave Trade Fuelled the Carolingian Economy, in: Past & Present 177 (2002), S. 17–54.

Michael McCormick, Origins of the European Economy. Communication and Commerce AD 300–900, Cambridge 2002.

Rosamund McKitterick, Carolingians and the Written Word, Cambridge 1995.

Rosamund McKitterick, Perceptions of Justice in Western Europe in the Ninth and Tenth Centuries, in: La giustizia nell'alto medioevo, secoli IX–XI, (Settimane di studio del Centro italiano di studi sull'alto medioevo 44) Spoleto 1997, S. 1075–1104.

Rosamund McKitterick, Charlemagne. The Formation of a European Identity, Cambridge 2008.

Rosamund McKitterick, Charlemagne's Missi and their Books, in: Early Medieval Studies in Memory of Patrick Wormald, hg. von Stephen Baxter et al., (Studies in early medieval Britain) Aldershot 2009, S. 253–268.

Jo Ann McNamara – Suzanne Wemple, Marriage and Divorce in the Frankish Kingdom, in: Women in Medieval Society, hg. von Susan Mosher Stuard, Philadelphia 1977, S. 95–124.

Rob Meens, Penance in Medieval Europe: 600–1200, Cambridge 2014.

Maurice Meigne, Concile ou collection d'Elvire, in: Revue d'histoire ecclésiastique 70 (1975), S. 361–387.

Brigitte Meijns, Confusion and the Need to Choose? A Fresh Look at the Objectives Behind the Carolingian Reform Efforts in Capitularies and Conciliar Legislation (c. 750–813), in: Monastic Communities and Canonical Clergy in the Carolingian World (780–840). Categorizing the Church, hg. von Rutger D. Kramer – Émilie Kurdziel – Graeme Ward, (Medieval Monastic Studies 8) Turnhout 2022, S. S. 99–129.

Marco Melluso, La schiavitù nell'età giustinianea. Disciplina giuridica e rilevanza sociale, Paris 2000.

Charles Mériaux, Ideal and Reality. Carolingian Priests in Northern Francia, in: Men in the Middle. Local Priests in Early Medieval Europe, hg. von Steffen Patzold – Catherine van Rhijn, (Ergänzungsbände zum Reallexikon der Germanischen Altertumskunde 93) Berlin 2016, S. 78–97.

Charles Mériaux, The Monastic Reforms of 816–19. Ideals and Reality, in: Monastic Communities and Canonical Clergy in the Carolingian world (780–840), hg. von Rutger Kramer – Emilie Kurdziel – Graeme Ward, (Medieval Monastic Studies 8) Turnhout 2022, S. 33–45.

Mark Mersiowsky, Regierungspraxis und Schriftlichkeit im Karolingerreich: Das Fallbeispiel der Mandate und Briefe, in: Schriftkultur und Reichsverwaltung unter den Karolingern. Referate des Kolloquiums der Nordrhein-Westfälischen Akademie der Wissenschaften am 17./18. Februar 1994 in Bonn, hg. von Rudolf Schieffer, (Abhandlungen der Rheinisch-Westfälischen Akademie der Wissenschaften 97) Opladen 1996, S. 109–166.

Mark Mersiowsky, Die Urkunde in der Karolingerzeit. Originale, Urkundenpraxis und politische Kommunikation, (Schriften der MGH 60) Wiesbaden 2014.

John Meyendorff, Christian Marriage in Byzantium. The Canonical and Liturgical Tradition, in: Dumbarton Oaks Papers 44 (1990), S. 99–107.

Christoph H. F. Meyer, Freunde, Feinde, Fehde. Funktionen kollektiver Gewalt im Frühmittelalter, in: Hoheitliches Strafen in der Spätantike und im frühen Mittelalter, hg. von Jürgen Weitzel, Köln 2002, S. 211–266.

Georg MEYER, Die Gerichtsbarkeit über Unfreie und Hintersassen nach ältestem Recht. 1.–5. Abschnitt, in: Zeitschrift der Savigny-Stiftung für Rechtsgeschichte. Germanistische Abteilung 2 (1881), S. 83–114.

Georg MEYER, Die Gerichtsbarkeit über Unfreie und Hintersassen nach ältestem Recht. Schluß, in: Zeitschrift der Savigny-Stiftung für Rechtsgeschichte. Germanistische Abteilung 3 (1882), S. 102–135.

Jean MEYERS, L'environnement syntaxique du verbe iubere dans les capitulaires carolingiens, in: Die Sprache des Rechts. Historische Semantik und karolingische Kapitularien, hg. von Bernhard JUSSEN – Karl UBL, (Historische Semantik 33) Göttingen 2022, S. 261–286.

PAUL MIKAT, Die Inzestgesetzgebung der merowingisch-fränkischen Konzilien (511–626/627), (Rechts- und staatswissenschaftliche Veröffentlichungen der Görres-Gesellschaft 74) Paderborn 1994.

Britta MISCHKE, Kapitularienrecht und Urkundenpraxis unter Kaiser Ludwig dem Frommen (814–840), Diss. Bonn 2013.

Britta MISCHKE, Kapitular oder Kompilation? Drei Kapitellisten aus einer fragmentarischen italienischen Kapitulariensammlung des 9./10. Jahrhunderts, in: Deutsches Archiv für Erforschung des Mittelalters 79 (2023), S. 609–622.

Federica MONTELEONE, I capitolari di Pipino il Breve, di Carlo Magno e di Pipino re d'Italia al servizio dei pellegrini, in: Annali della Facoltà di Lettere e Filosofia (Bari) 44 (2001), S. 253–290.

Hubert MORDEK, Kirchenrecht und Reform im Frankenreich. Die Collectio Vetus Gallica, die älteste systematische Kanonessammlung des fränkischen Gallien. Studien und Edition, (Beiträge zur Geschichte und Quellenkunde des Mittelalters 1) Sigmaringen 1975.

Hubert MORDEK, Art. Dionysio-Hadriana (774), in: LMA 3 (1986), Sp. 1074–1075.

Hubert MORDEK, Karolingische Kapitularien, in: Überlieferung und Geltung normativer Texte des frühen und hohen Mittelalters, hg. von DEMS., (Quellen und Forschungen zum Recht im Mittelalter 4) Sigmaringen 1986, S. 25–50.

Hubert MORDEK, Unbekannte Texte zur karolingischen Gesetzgebung. Ludwig der Fromme, Einhard und die Capitula adhuc conferenda, in: Deutsches Archiv für Erforschung des Mittelalters 43 (1986), S. 446–470.

Hubert MORDEK, Recently Discovered Capitulary Texts Belonging to the Legislation of Louis the Pious, in: Charlemagne's Heir. New Perspectives on the Reign of Louis the Pious (814–840), hg. von Roger COLLINS – Peter GODMAN, Oxford 1990, S. 437–453.

Hubert MORDEK, Zur Bedeutung des Frankfurter Kapitulars Karls des Großen, in: 794 – Karl der Große in Frankfurt am Main. Ein König bei der Arbeit. Ausstellung zum 1200-Jahre-Jubiläum der Stadt Frankfurt am Main, hg. von Johannes FRIED, Sigmaringen 1994, S. 46–50.

Hubert MORDEK, Bibliotheca capitularium regum Francorum manuscripta. Überlieferung und Traditionszusammenhang der fränkischen Herrschererlasse, (MGH Hilfsmittel 15) München 1995.

Hubert MORDEK, Leges und Kapitularien, in: Die Franken – Wegbereiter Europas. Vor 1500 Jahren: König Chlodwig und seine Erben, Mainz 1996.

Hubert MORDEK – Gerhard SCHMITZ, Neue Kapitularien und Kapitulariensammlungen, in: Hubert Mordek, Studien zur fränkischen Herrschergesetzgebung. Aufsätze über

Kapitularien und Kapitulariensammlungen ausgewählt zum 60. Geburtstag, hg. von Michael GLATTHAAR – Oliver MÜNSCH, Frankfurt am Main 2000, S. 81–159 [zuerst 1987].

Hubert MORDEK, Die Anfänge der fränkischen Gesetzgebung für Italien, in: Quellen und Forschungen aus italienischen Archiven und Bibliotheken 85 (2005), S. 1–35.

Hubert MORDEK, Karls des Großen zweites Kapitular von Herstal und die Hungersnot der Jahre 778/779, in: Deutsches Archiv für Erforschung des Mittelalters 61 (2005), S. 1–52.

Henrik MOURITSEN, The Freedman in the Roman World, Cambridge 2011.

Hans Günther MÜLLER-LINDENLAUF, Germanische und spätrömisch-christliche Eheauffassung in fränkischen Volksrechten und Kapitularien, Freiburg 1969.

Eckhard MÜLLER-MERTENS, Karl der Grosse, Ludwig der Fromme und die Freien. Wer waren die liberi homines der karolingischen Kapitularien (742/743–832)? Ein Beitrag zur Sozialgeschichte und Sozialpolitik des Frankenreiches, (Forschung zur mittelalterlichen Geschichte 10) Berlin 1963.

Oliver MÜNSCH, Der Liber legum des Lupus von Ferrières, (Freiburger Beiträge zur mittelalterlichen Geschichte 14) Frankfurt am Main 2001.

Hermann NEHLSEN, Sklavenrecht zwischen Antike und Mittelalter. Germanisches und römisches Recht in den germanischen Rechtsaufzeichnungen 1: Ostgoten, Westgoten, Franken, Langobarden, (Göttinger Studien zur Rechtsgeschichte 7) Frankfurt am Main 1972.

Hermann NEHLSEN, Zur Aktualität und Effektivität germanischer Rechtsaufzeichnungen, in: Recht und Schrift im Mittelalter, hg. von Peter CLASSEN, (Vorträge und Forschungen 23) Sigmaringen 1977, S. 449–502.

Hermann NEHLSEN, Entstehung des öffentlichen Strafrechts bei den germanischen Stämmen, in: Gerichtslauben-Vorträge: Freiburger Festkolloquium zum fünfundsiebzigsten Geburtstag von Hans Thieme, hg. von Karl. A KROESCHELL, Sigmaringen 1983, S. 3–16.

Karin NEHLSEN-VON STRYK, Die boni homines des frühen Mittelalters unter besonderer Berücksichtigung der fränkischen Quellen, Berlin 1981.

Janet NELSON, Dispute Settlement in Carolingian West Francia, in: Settlement of Disputes in Early Medieval Europe, hg. von Wendy DAVIES – Paul FOURACRE, Cambridge 1986, S. 45–64.

Janet NELSON, Legislation and Consensus in the Reign of Charles the Bald, in: Janet Nelson, Politics and Ritual in Early Medieval Europe, (History Series 42) London 1986, S. 91–116 [zuerst 1983].

Janet NELSON, Literacy in Carolingian Government, in: The Uses of Literacy in Early Mediaeval Europe, hg. von Rosamond MCKITTERICK, Cambridge 1990, S. 258–296.

Janet NELSON, Aachen as a Place of Power, in: Topographies of Power in the Early Middle Ages, hg. von Mayke DE JONG – Frans THEUWS, (The Transformation of the Roman World 6) Leiden 2001, S. 217–241.

Janet NELSON, Peers in the Early Middle Ages, in: Law, Laity and Solidarities: Essays in Honour of Susan Reynolds, hg. von Janet NELSON – Jane MARTINDALE – Pauline A. STAFFORD, Manchester 2001, S. 27–46.

Janet NELSON, The Voice of Charlemagne, in: Belief and Culture in the Middle Ages. Studies Presented to Henry Mayr-Harting, hg. von Richard GAMESON – Henrietta LEYSER, Oxford 2001, S. 76–88.

Janet Nelson, England and the Continent in the Ninth Century: III, Rights and Rituals, in: Transactions of the Royal Historical Society 14 (2004), S. 1–24.

Janet Nelson, Opposition to Pilgrimage in the Reign of Charlemagne?, in: Rome and Religion in the Medieval World. Studies in Honor of Thomas F. X. Noble, hg. von Valerie L. Garver – Owen Phelan, Farnham 2014, S. 65–82.

Janet Nelson, Charlemagne and the Bishops, in: Religious Franks. Religion and Power in the Frankish Kingdoms. Studies in Honour of Mayke de Jong, hg. von Rob Meens et al., Manchester 2016, S. 351–369.

Janet Nelson, King and Emperor. A New Life of Charlemagne, London 2019.

Jan F. Niermeyer – Co van de Kieft – Jan W. Burgers (Bearb.), Mediae Latinitatis Lexicon Minus [MLLM], Leiden ^{2}2002.

Katerina Nikolaou, The Byzantines between Civil and Sacramental Marriage, in: Le mariage dans le pourtour méditerranéen de l'Europe 1 (2019), https://doi.org/10.4000/bchmc.285 [zuletzt abgerufen am 28.02.2023].

Ulrich Nonn, Merowingische Testamente. Studien zum Fortleben einer römischen Urkundenform im Frankenreich, in: Archiv für Diplomatik 18 (1972), S. 1–129.

Hermann Nottarp, Gottesurteilsstudien, (Bamberger Abhandlungen und Forschungen 2) München 1956.

Paul Oberholzner, Vom Eigenkirchenwesen zum Patronatsrecht. Leutkirchen des Klosters St. Gallen im Früh- und Hochmittelalter, St. Gallen 2002.

Monika Obermeier, „Ancilla". Beiträge zur Geschichte der unfreien Frauen im Frühmittelalter, (Frauen in Geschichte und Gesellschaft 32) Pfaffenweiler 1996.

Otto G. Oexle, Gilden als soziale Gruppen in der Karolingerzeit, in: Das Handwerk in vor- und frühgeschichtlicher Zeit 1: Historische und rechtshistorische Beiträge und Untersuchungen zur Frühgeschichte der Gilde, hg. von Herbert Jankuhn, (Abhandlungen der Akademie der Wissenschaften in Göttingen. Philologisch-Historische Klasse 3/122) Göttingen 1981, S. 284–354.

Otto G. Oexle, Conjuratio und Gilde im frühen Mittelalter. Ein Beitrag zum Problem der sozialgeschichtlichen Kontinuität zwischen Antike und Mittelalter, in: Die Wirklichkeit und das Wissen. Mittelalterforschung – Historische Kulturwissenschaft – Geschichte und Theorie der historischen Erkenntnis, hg. von Andrea Hülsen-Esch – Bernhard Jussen – Frank Rexroth, Göttingen 2011, S. 496–568 [zuerst 1985].

Werner Ogris – Thomas Olechowski, Art. Munt, in: HRG 2 (^{2}2016), Sp. 1683–1689.

Gabriele von Olberg, Aspekte der rechtlich-sozialen Stellung der Frauen in den frühmittelalterlichen Leges, in: Frauen in Spätantike und Frühmittelalter. Lebensbedingungen – Lebensnormen – Lebensformen. Beiträge zu einer internationalen Tagung am Fachbereich Geschichtswissenschaft der Freien Universität Berlin, 18. bis 21. Februar 1987, hg. von Ursula Vorwerk – Werner Affeldt, Sigmaringen 1990, S. 221–235.

Gabriele von Olberg, Ein sozialgeschichtliches Schlüsselzeugnis im Licht der Textsortenforschung, in: Frühmittelalterliche Studien 20 (1986), S. 123–136.

Gabriele von Olberg-Haverkate, Art. Minderfreie, in: HRG 3 (^{2}2016), Sp. 1518–1522.

Gabriele von Olberg-Haverkate, Art. Liten, in: HRG 3 (^{2}2014), Sp. 1013–1015.

Gabriele von Olberg-Haverkate, Art. Freigelassene, in: HRG 1 (^{2}2008), Sp. 1736–1740.

Gabriele von Olberg-Haverkate, Art. Freilassung, in: HRG 1 (^{2}2008), Sp. 1768–1770.

Thomas Olechowski, Art. Ärgere Hand, in: HRG 1 (^{2}2008), Sp. 293–294.

Lisi Oliver, The Body Legal in Barbarian Law, Toronto 2011.

Fabrizio Olivotto, Il Placito di Contenasco – analisi di una fonte giuridica d'età altomedievale (Netzveröffentlichung), in: https://fabrizioolivotto.wordpress.com/capitoli/ii-luoghi-e-tempi-del-placito-il-contesto-storico-politico-europeo-e-il-piemonte-carolingio/ [zuletzt eingesehen am: 03. 08. 2023].

Eduard Osenbrüggen, Das Strafrecht der Langobarden, Schaffhausen 1863.

Sydney Painter, Review of: Charles Verlinden, L'esclavage dans l'europe medievale, in: Speculum 31/4 (1956), S. 730–731.

Christopher Paolella, Human Trafficking in Medieval Europe: Slavery, Sexual Exploitation, and Prostitution, Amsterdam 2020.

Orlando Patterson, Slavery and Social Death: a Comparative Study, Cambridge 1982.

Frederico Patetta, Sull'introduzione in Italia della collezione d'Ansegisio e sulla data del cosi detto capitulare Mantuanum duplex attribuito all'anno 787, in: Atti della Reale Accademia delta Scienze di Torino XXV (1890), 876–885.

Sarah Patt, Studien zu den „Formulae imperiales". Urkundenkonzeption und Formulargebrauch in der Kanzlei Kaiser Ludwigs des Frommen (814–840), (MGH Studien und Texte 59) Wiesbaden 2016.

Steffen Patzold, Die Veränderung frühmittelalterlichen Rechts im Spiegel der „Leges" – Reformen Karls des Großen und Ludwigs des Frommen, in: Rechtsveränderung im politischen und sozialen Kontext mittelalterlicher Rechtsvielfalt, hg. von Stefan Esders – Christine Reinle, (Neue Aspekte der europäischen Mittelalterforschung 5) Münster 2005, S. 63–99.

Steffen Patzold, Normen im Buch. Überlegungen zu Geltungsansprüchen so genannter „Kapitularien", in: Frühmittelalterliche Studien 41 (2007), S. 331–350.

Steffen Patzold, Episcopus. Wissen über Bischöfe im Frankenreich des späten 8. bis frühen 10. Jahrhunderts, (Mittelalter-Forschungen 25) Ostfildern 2008.

Steffen Patzold, Human Security, fragile Staatlichkeit und Governance im Frühmittelalter. Zur Fragwürdigkeit der Scheidung von Vormoderne und Moderne, in: Geschichte und Gesellschaft 38 (2012), S. 406–422.

Steffen Patzold, Zwischen Gerichtsurteil und politischem Mord. Der rätselhafte Tod König Bernhards von Italien im Jahr 818, in: Politische Morde in der Geschichte. Von der Antike bis zur Gegenwart, hg. von Georg Schild – Anton Schindling, Paderborn 2012, S. 37–54.

Steffen Patzold, Ich und Karl der Große. Das Leben des Höflings Einhard, Stuttgart 2014.

Steffen Patzold, Correctio an der Basis: Landpfarrer und ihr Wissen im 9. Jahrhundert, in: Karolingische Klöster: Wissenstransfer und kulturelle Innovation, hg. von Julia Becker – Tino Licht – Stefan Weinfurter, (Materielle Textkulturen 4) Berlin 2015, S. 227–254.

Steffen Patzold, Das sogenannte „Capitulare Aquisgranense" Karls des Großen und die letzte Reforminitiative Ludwigs des Frommen im Jahr 829, in: Deutsches Archiv für Erforschung des Mittelalters 71 (2015), S. 459–473.

Steffen Patzold – Carine van Rhijn (Hgg.): Men in the Middle. Local Priests in Early Medieval Europe, (Ergänzungsbände zum Reallexikon der Germanischen Altertumskunde 93) Berlin 2016.

Steffen Patzold, Integration durch Kommunikation. Ein Versuch über Herrscher, missi und Kapitularien im Karolingerreich, in: Die Interaktion von Herrschern und Eliten in imperialen Ordnungen des Mittelalters, hg. von Wolfram Drews, (Das Mittelalter. Perspektiven mediävistischer Forschung, Beihefte 8) Berlin 2018, S. 191–211.

Steffen PATZOLD, Verortung in einer mobilen Welt. Zum Zusammenhang zwischen Kirchenzehnt und der Einhegung von Mobilität im Karolingerreich, in: Historische Zeitschrift 308 (2019), S. 285–312.

Steffen PATZOLD, Presbyter. Moral, Mobilität und die Kirchenorganisation im Karolingerreich, (Monographien zur Geschichte des Mittelalters 68) Stuttgart 2020.

Steffen Patzold, Wie regierte Karl der Große? Listen und Politik in der frühen Karolingerzeit, Köln 2020.

Steffen PATZOLD, Polyptycha des 9. Jahrhunderts, in: Tenere et habere: Leihen als soziale Praxis im frühen und hohen Mittelalter, hg. von DEMS. – Jürgen DENDORFER, (Besitz und Beziehungen 1) Ostfildern 2023, S. 157–181.

Stavros PERENTIDIS, L'ordination de l'esclave à Byzance. Droit officiel et conceptions populaires, in: Revue historique de droit français et étranger 59/2 (1981), S. 231–248.

Antonio PERTILE, Storia del diritto italiano. Dalla caduta dell'impero Romano alla codificazione 5, Turin 1892.

Justin M. PIGOTT, ‚Heaven-bound Dung Beetles': Gregory of Nazianzus and the Ordination of Slaves in the Early Church, in: The Journal of Theological Studies. N.S. 72/2 (2021), S. 795–831.

Ernst PITZ, Leben im Mittelalter. Ein Lesebuch, München 1990.

Christina PÖSSEL, Authors and Recipients of Carolingian Capitularies 779–829, in: Texts and Identities in the Early Middle Ages, hg. von Richard CORRADINI et al., (Forschungen zur Geschichte des Mittelalters 12) Wien 2006, S. 253–274.

Walter POHL, Le leggi longobarde nell'Italia carolingia: contesto e trasmissione, in: Paolino d'Aquileia e il contributo italiano all'Europa carolingia, hg. von Paolo CHIESA, (Libri e biblioteche 12), Udine 2003, S. 421–437.

Odette PONTAL, Die Synoden im Merowingerreich, (Konziliengeschichte Reihe A. Darstellungen) Paderborn 1986.

Rudolf POKORNY, Eine Brief-Instruktion aus dem Hofkreis Karls des Großen an einen geistlichen Missus, in: Deutsches Archiv für Erforschung des Mittelalters 52 (1996), S. 57–83.

Ernst A. QUITZMANN, Die älteste Rechtsverfassung der *Baiwaren:* Als factischer Beweis für die Abstammung des baierischen Volksstammes, Nürnberg 1866.

Charles RADDING, Le origini della giurisprudenza medievale. Una storia culturale, (La storia. Temi 32) Roma 2013.

Eckhard REICHERT, Die Canones der Synode von Elvira: Einleitung und Kommentar, Hamburg 1990.

Ingrid REMBOLD, Conquest and Christianization. Saxony and the Carolingian World, 772–888, (Cambridge Studies in Medieval Life and Thought 4/108) Cambridge 2017.

Étienne RENARD, La politique militaire de Charlemagne et la paysannerie franque, in: Francia 36 (2009), S. 1–34.

Daniel RENTSCHLER, Marken und Markgrafen im früh- und hochmittelalterlichen Reich. Eine vergleichende Untersuchung vorwiegend auf der Basis von Königsurkunden und anderen „offiziellen Quellen", Stuttgart 2013.

Timothy REUTER, „Kirchenreform" und „Kirchenpolitik" im Zeitalter Karl Martells. Begriffe und Wirklichkeit, in: Karl Martell in seiner Zeit, hg. von Jörg JARNUT, (Beihefte der Francia 37) Sigmaringen 1994, S. 35–59.

Timothy REUTER, Assembly Politics in Western Europe from the Eighth Century to the Twelfth, in: The Medieval World, hg. von Peter A. LINEHAN – Janet L. NELSON, London 2003, S. 432–450.

Philip L. REYNOLDS, Marriage in the western church: The christianization of marriage during the patristic and early medieval periods, (Vigiliae christianae Supplement 24) Leiden 1994.

Carine VAN RHIJN, Priests and the Carolingian Reforms. The Bottlenecks of Local *correctio*, in: Texts and Identities in the Early Middle Ages, hg. von Richard CORRADINI et al., (Forschungen zur Geschichte des Mittelalters 12) Wien 2006, S. 219–237.

Michael RICHTER, ... *quisquis scit scribere, nullam potat abere labore.* Zur Laienschriftlichkeit im 8. Jahrhundert, in: Karl Martell in seiner Zeit, hg. von Jörg JARNUT, (Beihefte der Francia 37) Sigmaringen 1994, S. 393–404

Alice RIO, Freedom and Unfreedom in Early Medieval Francia: The Evidence of the Legal Formulae, in: Past & Present 193 (2006), S. 7–40.

Alice RIO, Charters, Law Codes and Formulae. The Franks between Theory and Practice, in: Frankland. The Franks and the World of the Early Middle Ages. Essays in Honour of Dame Jinty Nelson, hg. von Paul FOURACRE – David GANZ, Manchester 2008, S. 7–27.

Alice RIO, High and low. Ties of Dependence in the Frankish Kingdoms, in: Transactions of the Royal Historical Society 6/18 (2008), S. 43–68.

Alice RIO, Legal Practice and the Written Word in the Early Middle Ages. Frankish Formulae, c. 500–1000, Cambridge 2009.

Alice RIO, Self-sale and Voluntary Entry into Unfreedom, 300–1100, in: Journal of Social History 45 (2012), S. 661–685.

Alice RIO, „Half-free" Categories in the Early Middle Ages. Fine Status Distinctions before Professional Lawyers, in: Legalism. Rules and Categories, hg. von Paul DRESCH – Judith SCHEELE, Oxford 2015, S. 129–152.

Alice RIO, Penal Enslavement in the Early Middle Ages, in: Global Convict Labour, hg. von Christian DE VITO – Alex LICHTENSTEIN, (Studies in Global Social History 19) Leiden 2015, S. 79–107.

Alice RIO, Slavery after Rome (500–1100), Oxford 2017.

Alice RIO, Slavery in the Carolingian Empire, in: The Cambridge World History of Slavery 2: AD 500–AD 1420, hg. von Craig PERRY et al., Cambridge 2021, S. 431–452

Alice RIO, Corporal Punishment at Work in the Early Middle Ages: The Frankish Kingdoms (Sixth through Tenth Centuries), in: International Review of Social History 68 (2023), S. 73–92.

Olivia F. ROBINSON, Penal Practice and Penal Policy in Ancient Rome, London 2007.

Werner RÖSENER, Vom Sklaven zum Bauern. Zur Stellung der Hörigen in der frühmittelalterlichen Grundherrschaft, in: Tätigkeitsfelder und Erfahrungshorizonte des ländlichen Menschen in der frühmittelalterlichen Grundherrschaft (bis ca. 1000). Festschrift für Dieter Hägermann zum 65. Geburtstag, hg. von Brigitte KASTEN, (Vierteljahrschrift für Sozial- und Wirtschaftsgeschichte, Beiheft 184) Stuttgart 2006, S. 71–89.

Jacques RAMIN – Paul VEYNE, Droit romain et societé. Les hommes libres qui passent pour esclaves et l'esclavage volontaire, in: Historia 30/4 (1981), S. 472–497.

Youval ROTMAN, Byzantine Slavery and the Mediterranean World, Cambridge (Massachusetts) 2009.

Conrad RUDOLPH, Communal Identity and the Earliest Christian Legislation on Art: Canon 36 of the Synod of Elvira, in: Perspectives for an Architecture of Solitude. Essays on Cistercians, Art and Architecture in Honour of Peter Fergusson (Medieval Church Studies 11), hg. von Terryl N. KINDER, Brecht – Turnhout 2004, S. 1–7.

Stefan SAAR, Ehe, Scheidung, Wiederheirat: Zur Geschichte des Ehe- und des Ehescheidungsrechts im Frühmittelalter (6.–10. Jahrhundert), Münster 2002.

Igor SANTOS SALAZAR, Governare la Lombardia Carolingia (774–924), Rom 2021.

Emanuelle SANTINELLI-FOLTZ, Couples et conjugalité au haut Moyen Âge (VIe–XIIe siècles), (Collection Haut Moyen Âge 43) Turnhout 2022.

Manlio SARGENTI, Il diritto privato nella legislazione di Costantino. Persone e famiglia, (Pubblicazioni dell'Istituto di diritto Romano, dei diritti dell'Oriente mediterraneo e di storia del diritto 3) Mailand 1938.

Yves SASSIER, Représentation, délégation, ministerium dans les textes législatifs et parénétiques du règne de Louis le Pieux, in: La productivité d'une crise. Le règne de Louis le Pieux (814–840) et la transformation de l'Empire carolingien. Produktivität einer Krise. Die Regierungszeit Ludwigs des Frommen (814–840) und die Transformation des karolingischen Imperiums, hg. von Philippe DEPREUX – Stefan ESDERS, (Relectio. Karolingische Perspektiven 1) Ostfildern 2018, S. 175–183.

Knut SCHÄFERDIEK, Quellen zur Christianisierung der Sachsen, (Arbeiten zur Kirchen- und Theologiegeschichte 33) Leipzig 2010.

Maria SCHÄPERS, Lothar I. (795–855) und das Frankenreich, (Rheinisches Archiv 159) Wien – Köln – Weimar 2018.

Marco SCALENGHE, Il vocabolario del Potere fra intento etico-morale e tutela sociale – I lemmi dei Capitolari Carolingi nel Regnum Italicum (774–813), Diss. Bologna 2013.

Friedrich SCHAUB, Studien zur Geschichte der Sklaverei im Frühmittelalter, (Abhandlungen zur Mittleren und Neueren Geschichte 44) Berlin – Leipzig 1913.

Walter SCHEIDEL, Roman Slave Supply, in: The Cambridge World History of Slavery 1: The Ancient Mediterranean World, hg. von Keith BRADLEY – Paul CARTLEDGE, Cambridge 2011, S. 287–310.

Martin SCHERMAIER, Without Rights? Social Theories Meet Roman Law Texts, in: The Position of Roman Slaves. Social Realities and Legal Differences, hg. von DERS., (Dependency and Slavery Studies 6) Berlin – Boston 2023, S. 1–24.

Theodor SCHIEFFER, Angelsachsen und Franken. Zwei Studien zur Kirchengeschichte des 8. Jahrhunderts, (Abhandlungen der Geistes- und Sozialwissenschaftlichen Klasse. Akademie der Wissenschaften und der Literatur in Mainz 20) Wiesbaden 1950.

Theodor SCHIEFFER, Winfrid-Bonifatius und die christliche Grundlegung Europas, Freiburg im Breisgau 1954.

Theodor SCHIEFFER, Des Winfrid-Bonifatius geschichtliche Sendung, in: Archiv für mittelrheinische Kirchengeschichte 8 (1954), S. 9–23.

Oliver SCHIPP, Der weströmische Kolonat von Konstantin bis zu den Karolingern (332 bis 861), Hamburg 2009.

Oliver SCHIPP, Sklaven und Freigelassene im Mainz der römischen Kaiserzeit, in: BJb 213 (2013), S. 75–116.

Oliver SCHIPP, Kolonat und Aldionat bei den Langobarden (568–774), in: Frühmittelalterliche Studien 52 (2019), S. 59–81.

Walter Schlesinger, Beobachtungen zur Geschichte und Gestalt der Aachener Pfalz in der Zeit Karls des Großen, in: Zum Kaisertum Karls des Großen, hg. von Gunther G. Wolf, (Wege der Forschung 38) Darmstadt 1972, S. 384–434 [zuerst 1968].

Eva Schlotheuber, Art. Stände, in: Hoops Reallexikon der germanischen Altertumskunde (2005), Sp. 474–479.

Ruth Schmidt-Wiegand, Stammesrecht und Volkssprache in karolingischer Zeit, in: Aspekte der Nationenbildung im Mittelalter, hg. von Helmut Beumann – Werner Schröder, (Nationes 1) Sigmaringen 1978, S. 171–203.

Johannes Schmitt, Untersuchungen zu den Liberi homines in der Karolingerzeit, (Europäische Hochschulschriften 3/83) Frankfurt a. M. 1977.

Gerhard Schmitz, Zur Kapitulariengesetzgebung Ludwigs des Frommen, in: Deutsches Archiv für Erforschung des Mittelalters 42 (1986), S. 471–516.

Gerhard Schmitz, Die Reformkonzilien von 813 und die Sammlung des Benedictus Levita, in: Deutsches Archiv für Erforschung des Mittelalters 56 (2000), S. 1–31.

Gerhard Schmitz, Art. Kapitularien, in: HRG 2 (^{2}2012), Sp. 1604–1612.

Gerhard Schmitz, Ansegis (um 770–833), in: HRG 1 (^{2}2008), Sp. 249–251.

Sebastian Scholz, Politik – Selbstverständnis – Selbstdarstellung. Die Päpste in karolingischer und ottonischer Zeit, (Historische Forschungen 26) Stuttgart 2006.

Sebastian Scholz, Normierung durch Konzile. Die Reformsynoden von 813 und das Problem der Überschneidung von geistlicher und weltlicher Sphäre, in: Charlemagne: les temps, les espaces, les hommes. Construction et déconstruction d'un règne, hg. von Rolf Grosse – Michael Sot, (Collection Haut Moyen Âge 34) Turnhout 2018, S. 271–280.

Sebastian Scholz, Ausgewählte Synoden Galliens und des merowingischen Frankenreichs, (Ausgewählte Quellen zur deutschen Geschichte des Mittelalters 56) Darmstadt 2022.

Sebastian Scholz, Handlungsfähigkeit und rechtliche Stellung der freien Frau im fränkischen Reich (6.–8. Jahrhundert), in: Francia 50 (2023), S. 103–127.

Clausdieter Schott, Freigelassene und Minderfreie im alemannischen Recht, in: Beiträge zum frühalemannischen Recht, hg. von Clausdieter Schott, Bühl 1978, S. 51–72.

Ernst Schubert, Die Capitulatio de partibus Saxoniae, in: Geschichte in der Region. Zum 65. Geburtstag von Heinrich Schmidt, hg. von Dieter Brosius – Christine van den Heuvel, (Veröffentlichungen der Historischen Kommission für Niedersachsen und Bremen, Sonderband) Hannover 1993, S. 3–28.

Eva Schumann, Art. Fredus, in: HRG 1 (^{2}2008), Sp. 1713–1714.

Eva Schumann, Art. Kebsehe, in: HRG 2 (^{2}2011), Sp. 1695–1696.

Vincenz Schwab, Volkssprachige Wörter in Pactus und Lex Alamannorum, (Bamberger interdisziplinäre Mittelalterstudien 11) Bamberg 2017.

Lothar Schwinden, Menschen im römischen Trier – zur Bevölkerungsstruktur der colonia Augusta Treverorum, in: Ein Traum von Rom. Römisches Stadtleben in Südwestdeutschland. Ausstellung Trier u. Stuttgart, Stuttgart 2014, S. 184–193.

Elmar Seebold, Chronologisches Wörterbuch des deutschen Wortschatzes. Der Wortschatz des 8. Jahrhunderts (und früherer Quellen), Berlin 2001.

Elmar Seebold, Chronologisches Wörterbuch des deutschen Wortschatzes. Der Wortschatz des 9. Jahrhunderts, Berlin 2008.

Gerhard Seeliger, Mittheilungen aus einer Münchener Handschrift der Capitularien, in: Neues Archiv der Gesellschaft für ältere deutsche Geschichtskunde 19 (1894), S. 670–679.

Gerhard Seeliger, Forschungen zur Geschichte der Grundherrschaft im früheren Mittelalter, in: Historische Vierteljahrschrift 10 (1907), S. 305–354.

Klaus Seibt, Apostolische Konstitutionen, in: DNP Online (2006), https://referenceworks.brillonline.com/entries/der-neue-pauly/apostolische-konstitutionen-e128940# [zuletzt abgerufen am 31.07.2023].

Josef Semmler, Zum Testament des gallofränkischen Bischofs, in: Herrscher- und Fürstentestamente im westeuropäischen Mittelalter, hg. von Brigitte Kasten, (Norm und Struktur 29) Köln 2008, S. 573–597.

Leonardo Sernagiotto, „Spes optima regni". L'azione politica di Lotario I (795–855) alla luce delle fonti storico-narrative del secolo IX, Diss. Trento 2017.

Theodor Sickel, Acta regum et imperatorum Karolinorum digesta et enarrata, 1–2: Die Urkunden der Karolinger, Wien 1867.

Harald Siems, Zur Entwicklung des Kirchenasyls zwischen Spätantike und Mittelalter, in: Libertas. Grundrechtliche und rechtsstaatliche Gewährungen in Antike und Gegenwart, hg. von Okko Behrends – Malte Diesselhorst, Ebelsbach 1991, S. 139–186.

Harald Siems, Handel und Wucher im Spiegel frühmittelalterlicher Rechtsquellen, (Schriften der MGH 35) Hannover 1992.

Harald Siems, Recht in Rätien zur Zeit Karls des Großen. Ein Beitrag zu den Capitula Remedii, in: Wandel und Konstanz zwischen Bodensee und Lombardei zur Zeit Karls des Grossen. Kloster St. Johann in Müstair und Churrätien, hg. von Hans Rudolf Sennhauser, (Acta Müstair. Kloster St. Johann 3) Zürich 2013, S. 199–238.

Harald Siems, Herrschaft und Konsens in der „Lex Baiuvariorum" und den „Decreta Tassilonis", in: Recht und Konsens im frühen Mittelalter, hg. von Verena Epp – Christoph H. F. Meyer, (Vorträge und Forschungen 82) Sigmaringen 2017, S. 299–361.

Harald Siems, Observations Concerning the „Wergild System". Explanatory Approaches, Effectiveness and Structural Deficits, in: Wergeld. The Monetary Logic of Early Medieval Conflict Resolution, hg. von Lukas Bothe – Stefan Esders – Han Nijdam, (Medieval Law and Its Practice 31) Leiden 2021, S. 38–64.

Dietrich V. Simon, Konstantinisches Kaiserrecht: Studien anhand der Reskriptenpraxis und des Schenkungsrechts, (Forschungen zur byzantinischen Rechtsgeschichte 2) Frankfurt am Main 1977.

Adriaan B. Sirks, Der Zweck des Senatus Consultum Claudianum von 52 n. Chr, in: Zeitschrift der Savigny-Stiftung für Rechtsgeschichte. Romanistische Abteilung 122 (2005), S. 138–149.

Mary E. Sommar, The Slaves of the Churches. A History, New York 2020.

Matthias Springer, Gab es ein Volk der Salier?, in: Nomen et gens. Zur historischen Aussagekraft frühmittelalterlicher Personennamen, hg. von Dieter Geuenich – Wolfgang Haubrichs – Jörg Jarnut, (Ergänzungsbände zum Reallexikon der Germanischen Altertumskunde 16) Berlin – New York 1997, S. 59–83.

Paolo Squatriti, Landscape and Change in Early Medieval Italy. Chestnuts, Economy, and Culture, Cambridge 2013.

Fritz Steinegger, Art. Abtriebsrecht, in: HRG 1 (²2008), Sp. 53–55.

Andrea Stieldorf, Die Begriffe *marca* und *marchio* in den Kapitularien Karls des Großen und Ludwigs des Frommen, in: Vielfalt der Geschichte. Lernen, Lehren und Erforschen vergangener Zeiten. Festgabe für Ingrid Heidrich zum 65. Geburtstag, hg. von Sabine Happ – Ulrich Nonn, Berlin 2004, S. 64–85.

Arthur Stock, Die Freilassungen im Zeitalter der Volksrechte, Halle 1881.

Marco Stoffella, In a Periphery of the Empire. Tuscany between the Lombards and Carolingians, in: Charlemagne: Les temps, les espaces, les hommes. Construction et déconstruction d'un règne, hg. von Rolf Grosse – Michel Sot, (Collection Haut Moyen Âge 34) Turnhout 2018, S. 319–336.

Steven A. Stofferahn, Renovatio Abroad: Politics of Education in Carolingian Italy, in: Discovery and distinction in the early Middle Ages: studies in honor of John J. Contreni, hg. von Ders. – Cullen J. Chandler, Kalamazoo 2013, S. 149–166.

Rachel Stone, Morality and Masculinity in the Carolingian Empire, (Cambridge Studies in Medieval Life and Thought 4.81) Cambridge 2012.

Rachel Stone, Overlooked Husbands. The Paradox of Unfree Marriage in the Carolingian World, in: Gender & History 33/2 (2021), S. 408–426.

Claudia Storti, L'incendio nella legislazione Longobarda. La disciplina dell'incendio in tempo di pace tra cautele e presunzioni contro le malizie degli uomini, in: Il fuoco nell'Alto Medioevo, hg. von Enrico Menestò, (Settimane di studio della Fondazione Centro italiano di studi sull'alto medioevo 60) Spoleto 2013, S. 355–384.

Peter Stotz, Handbuch zur lateinischen Sprache des Mittelalters 1–5, (Handbuch der Altertumswissenschaft 2,5,1–5) München 1996–2004.

Jürgen Strothmann, Karolingische Staatlichkeit. Das karolingische Frankenreich als Verband der Verbände, (Ergänzungsbände zum Reallexikon der Germanischen Altertumskunde 116) Berlin 2019.

Ulrich Stutz, Geschichte des kirchlichen Benefizialwesens von seinen Anfängen bis auf die Zeit Alexanders III., Aalen [3]1972 [zuerst 1895].

Ulrich Stutz, Die Grundlagen der mittelalterlichen Verfassung Deutschlands und Frankreichs, in: Zeitschrift der Savigny-Stiftung für Rechtsgeschichte. Germanistische Abteilung 21 (1900), S. 115–172.

Monika Suchan, Der gute Hirte. Religion, Macht und Herrschaft in der Politik der Karolinger- und Ottonenzeit, in: Frühmittelalterliche Studien 43 (2009), S. 95–112.

Nino Tamassia, La manomissione „ante regem", in: Rivista italiana di sociologia 6 (1902), S. 415–527.

Gerhard Theuerkauf, Lex, Speculum, Compendium juris. Rechtsaufzeichnung und Rechtsbewußtsein in Norddeutschland vom 8. bis zum 16. Jahrhundert, (Forschungen zur deutschen Rechtsgeschichte 6) Köln – Graz 1968.

Heinrich Tiefenbach, Studien zu Wörtern volkssprachlicher Herkunft in karolingischen Königsurkunden. Ein Beitrag zum Wortschatz der Diplome Lothars I. und Lothars II., München 1973.

Matthias Tischler, Die „Divisio regnorum" von 806 zwischen handschriftlicher Überlieferung und historiographischer Rezeption, in: Herrscher- und Fürstentestamente im westeuropäischen Mittelalter, hg. von Brigitte Kasten, (Norm und Struktur 29) Köln 2008, S. 193–258.

Michael Toch, Was there a Jewish Slave Trade (or Commercial Monopoly) in the Early Middle Ages?, in: Mediterranean Slavery Revisited (500–1800). Neue Perspektiven auf mediterrane Sklaverei (500–1800), hg. von Claudia Schmidt – Stefan Hans – Juliane Schiel, Zürich 2014, S. 421–444.

Pierre Toubert, Die karolingischen Einflüsse (8. bis 10. Jahrhundert), in: Geschichte der Familie 2, hg. von André Burguière et al., Frankfurt am Main 1997, S. 89–124.

Susan Treggiari, Roman Marriage: Iusti Coniuges from the Time of Cicero to the Time of Ulpian, Oxford 1991.

Dominik Trump, Römisches Recht im Karolingerreich. Studien zur Überlieferungs- und Rezeptionsgeschichte der Epitome Aegidii, (Quellen und Forschungen zum Recht im Mittelalter 13) Ostfildern 2021.

Takuro Tsuda, War die Zeit Karls des Großen die eigentliche Ära der Kapitularien?, in: Frühmittelalterliche Studien 49 (2015), S. 21–48.

Takuro Tsuda, Was hat Ansegis gesammelt? Über die zeitgenössische Wahrnehmung der ‚Kapitularien' in der Karolingerzeit, in: Concilium medii aevi 16 (2013), S. 209–231.

Takuro Tsuda, On the so called Capitulary of Frankfurt and communication between Charlemagne and Bavaria at the end of the 8th Century, in: Spicilegium 3 (2019), S. 3–14.

Miriam Tveit, In Search of Legal Transmission – Inheritance and Compensation for Homicide in Medieval Secular Law, Tromsø 2017.

Karl Ubl, Art. Kapitularien, in: Germanische Altertumskunde Online (2017), https://www.degruyter.com/database/GAO/entry/RGA_2851_v2/html [zuletzt abgerufen 31.07.2023].

Karl Ubl, Der lange Schatten des Bonifatius. Die Responsa Stephans II. aus dem Jahr 754 und das fränkische Kirchenrecht, in: Deutsches Archiv für Erforschung des Mittelalters 63 (2007), S. 403–449.

Karl Ubl, Inzestverbot und Gesetzgebung. Die Konstruktion eines Verbrechens (300–1100), (Millennium-Studien 20) Berlin 2008.

Karl Ubl, Die erste Leges-Reform Karls des Großen, in: Das Gesetz – The Law – La Loi, hg. von Guy Guldentops – Andreas Speer, (Miscellanea mediaevalia 38) Berlin 2014, S. 75–92.

Karl Ubl, Eine Verdichtung der Lex Salica. Die Septinas septem der Handschrift Paris, BN, lat. 4411, in: Exzerpieren – Kompilieren – Tradieren. Transformationen des Wissens zwischen Spätantike und Frühmittelalter, hg. von Stephan Dusil – Gerald Schwedler – Raphael Schwitter, (Millennium-Studien 64) Berlin 2017, S. 223–244.

Karl Ubl, Sinnstiftungen eines Rechtsbuchs. Die Lex Salica im Frankenreich, (Quellen und Forschungen zum Recht im Mittelalter 9) Ostfildern 2017.

Karl Ubl, Die Recapitulatio solidorum aus der Zeit Karls des Großen. Studie und Edition, in: Charlemagne: les temps, les espaces, les hommes. Construction et déconstruction d'un règne, hg. von Rolf Grosse – Michel Sot, (Collection Haut Moyen Âge 34) Turnhout 2018, S. 61–79.

Karl Ubl, Intentionen der Gesetzgebung. Überlegungen zu den Capitula legi Salicae addita Kaiser Ludwigs des Frommen, in: Absichten, Pläne, Strategien. Erkundungen einer historischen Intentionalitätsforschung, hg. von Jan-Hendryk de Boer – Marcel Bubert, (Kontingenzgeschichten 5) Frankfurt am Main 2018, S. 95–109.

Karl Ubl, Maurinus gegen die Agenten des Fiskus. Die Lex Salica in einem Prozess um Freiheit aus der Zeit Ludwigs des Frommen, in: Vom Reichsbewusstsein zum Verfassungspatriotismus. Zusammengehörigkeit durch Rechtsregeln, hg. von Dieter

Gosewinkel – Oliver Lepsius – Peter Oestmann, (Der Staat, Beiheft 27) Berlin 2021, S. 105–124.

Karl Ubl, The Limits of Government. Wergild and Legal Reforms under Charlemagne, in: Wergeld. The Monetary Logic of Early Medieval Conflict Resolution, hg. von Lukas Bothe – Stefan Esders – Han Nijdam, (Medieval Law and Its Practice 31) Leiden 2021, S. 240–260.

Karl Ubl, Der Entwurf einer imaginären Rechtsordnung im 9. Jahrhundert: Die Kapitulariensammlung des Benedictus Levita, in: La productivité d'une crise: le règne de Louis le Pieux (814–840) et la transformation de l'Empire carolingien = Produktivität einer Krise: die Regierungszeit Ludwigs des Frommen (814–840) und die Transformation des karolingischen Imperiums, hg. von Philippe Depreux – Stefan Esders, (Relectio. Karolingische Perspektiven 1) Ostfildern 2018, S. 185–204.

Karl Ubl, Köln im Frühmittelalter. Die Entstehung einer heiligen Stadt 400–1100, (Geschichte der Stadt Köln 2) Köln 2023.

Karl Ubl, Punishment Imperative and the Construction of Political Authority in the Carolingian Empire of Louis the Pious (814–840), in: Global Intellectual History 8 (2023), S. 1–17.

Daniel Vaucher, Sklaverei in Norm und Praxis – die frühchristlichen Kirchenordnungen, Berner historische Mitteilungen 33 (2016), S. 64–65.

Charles Verlinden, L'esclavage dans l'Eruope médiévale, Brügge 1955.

Charles Verlinden, Le „Mariage" des esclaves, in: Il matrimonio nella societá altomedievale, (Settimane di studio del Centro italiano di studi sull'alto medioevo 24) Spoleto 1977, S. 569–602.

Adriaan E. Verhulst, Karolingische Agrarpolitik: Das Capitulare de Villis und die Hungersnöte von 792/93 und 805/06, in: Zeitschrift für Agrargeschichte und Agrarsoziologie 13 (1965), S. 175–189.

Bernhard K. Vetter, The Historical Development of some Important Methods of Manumission in Roman Law, in: Revue internationale des droits de l'antiquité 51 (2004), S. 355–368.

Paul Veyne, La société romaine, Paris 1991.

Joseph Vogt, Sklaverei als Forschungsproblem von Humboldt bis heute, in: Sklaverei und Humanität, hg. von dems., (Historia 8) Wiesbaden 1965, S. 97–111.

Wulf Eckart Voss, Der Grundsatz der „ärgeren Hand" bei Sklaven, Kolonen und Hörigen, in: Römisches Recht in der europäischen Tradition. Symposion aus Anlaß des 75. Geburtstages von Franz Wieacker, hg. von Okko Behrends, (Rechtsgeschichtliche Schriften 7) Ebelsbach 1985, S. 117–184.

Wolfgang Waldstein, *Operae libertorum:* Untersuchungen zur Dienstpflicht freigelassener Sklaven, (Forschungen zur antiken Sklaverei) Stuttgart 1986.

John M. Wallace-Hadrill, The Long-Haired Kings, Toronto 1982.

Christiane Walter, Ehe, Familie, Arbeit. Zum Alltagsleben unfreier Frauen und Männer im Frühmittelalter, (Studien und Texte zur Geistes- und Sozialgeschichte des Mittelalters 5) Korb 2012.

Alan Watson, Roman Slave Law, Baltimore 1987.

Paul R. C. Weaver, Familia Caesaris. A Social Study of the Emperor's Freedmen and Slaves, Cambridge 1972.

Ines Weber, Ein Gesetz für Männer und Frauen 1: Die frühmittelalterliche Ehe zwischen Religion, Gesellschaft und Kultur, (Mittelalter-Forschungen 24) Ostfildern 2008.

Max Weber, Politik als Beruf, (Geistige Arbeit als Beruf. Vier Vorträge vor dem Freistudentischen Bund. Zweiter Vortrag) München 1919.

Hans Martin Weikmann, Hoheitliche Strafbestimmungen als Instrument fränkischer Eroberungs- und Missionspolitik, in: Hoheitliches Strafen in der Spätantike und im frühen Mittelalter, hg. von Jürgen Weitzel, Köln 2002, S. 153–174.

Jürgen Weitzel (Hg.), Hoheitliches Strafen in der Spätantike und im frühen Mittelalter, Köln 2002.

Jürgen Weitzel, Ein Zweiter Paradigmenwechsel?, in: Rechtsgeschichte. Zeitschrift des Max-Planck-Instituts für europäische Rechtsgeschichte 17 (2010), S. 62–66.

Suzanne F. Wemple, Women in Frankish Society. Marriage and the Cloister 500 to 900, Philadelphia 1981.

Charles West, The Significance of the Carolingian Advocate, in: Early Medieval Europe 17 (2009), S. 186–206.

Charles West, Reframing the Feudal Revolution. Political and Social Transformation Between Marne and Moselle, c. 800–c.1100, (Cambridge Studies in Medieval Life and Thought 4.90) Cambridge 2013.

Charles West, Carolingian Kingship and the Peasants of Le Mans. The *Capitulum in Cenomannico pago datum*, in: Charlemagne: Les temps, les espaces, les hommes. Construction et déconstruction d'un règne, hg. von Rolf Grosse – Michel Sot, (Collection Haut Moyen Âge 34) Turnhout 2018, S. 227–244.

Chris Wickham, Framing the Early Middle Ages: Europe and the Mediterranean 400–800, Oxford 2005.

John P. Wild, The gynaeceum at venta and its Context, in: Latomus XXVI (1967), S. 648–676.

Paul Winogradoff, Die Freilassung zu voller Unabhängigkeit in den deutschen Volksrechten, in: Forschungen zur deutschen Geschichte 16 (1876), S. 599–608.

Harald Witthöft, ‚Denarius novus', ‚Modus publicus' und ‚Libra panis' im Frankfurter Kapitulare: Elemente und Struktur einer materiellen Ordnung in fränkischer Zeit, in: Das Frankfurter Konzil von 794. Kristallisationspunkt karolingischer Kultur. Akten zweier Symposien (vom 23. bis 27. Februar und vom 13. bis 15. Oktober 1994) anläßlich der 1200-Jahrfeier der Stadt Frankfurt am Main, hg. von Rainer Berndt, (Quellen und Abhandlungen zur mittelrheinischen Kirchengeschichte 80) Mainz 1997, S. 219–252.

Hubert Wolf, Krypta. Unterdrückte Traditionen der Kirchengeschichte, München 2015.

Ingrid Woll, Untersuchungen zu Überlieferung und Eigenart der merowingischen Kapitularien, (Freiburger Beiträge zur mittelalterlichen Geschichte 6) Frankfurt am Main 1995.

Susan Wood, The Proprietary Church in the Medieval West, Oxford 2006.

Bernhard Zeller, Local Priests in Early Medieval Alamannia. The Charter Evidence, in: Men in the Middle. Local Priests in Early Medieval Europe, hg. von Steffen Patzold – Catherine van Rhijn, (Ergänzungsbände zum Reallexikon der Germanischen Altertumskunde 93) Berlin 2016, S. 32–49.

Jan Ziekow, Über Freizügigkeit und Aufenthalt: Paradigmatische Überlegungen zum grundrechtlichen Freiheitsschutz in historischer und verfassungsrechtlicher Perspektive, (Ius publicum 21) Tübingen 1997.

Thomas Zotz, Adel, Oberschicht, Freie. Zur Terminologie der frühmittelalterlichen Sozialgeschichte, in: Zeitschrift für die Geschichte des Oberrheins 125 (1977), S. 3–20.

Susanne Zwierlein, Studien zu den Arengen in den Urkunden Kaiser Ludwigs des Frommen (814–840), (MGH Studien und Texte 60) Wiesbaden 2016.

Handschriftenregister

Quellenregister